金融服务养老研究

江世银 等 著

科学出版社
北京

内 容 简 介

金融服务养老，就是人们在走向老龄的过程中，政府和金融机构等对有养老需求的人们所提供的各种金融服务。本书系统地研究了金融服务养老的理论基础，全面构建了金融服务养老的理论框架，详细考察了国外典型国家的金融服务养老实践，尝试性地总结了国外金融服务养老模式，获得了金融服务养老的经验、教训与启示。通过广泛调研和实证研究，本书作者发现了金融服务养老存在的各种问题，探索出了中国金融服务养老的路径。本书的特色是理论联系实际，注重理论性、实用性和可操作性。

本书适合金融机构、政府职能部门、养老机构、养老者、高等院校师生、科研院所研究人员等阅读。

图书在版编目（CIP）数据

金融服务养老研究 / 江世银等著. —北京：科学出版社，2022.6
ISBN 978-7-03-070876-2

Ⅰ. ①金… Ⅱ. ①江… Ⅲ. ①金融-商业服务-养老-研究 Ⅳ. ①C913.6

中国版本图书馆 CIP 数据核字（2021）第 260060 号

责任编辑：郝 悦 / 责任校对：王晓茜
责任印制：张 伟 / 封面设计：有道设计

科 学 出 版 社 出版
北京东黄城根北街 16 号
邮政编码：100717
http://www.sciencep.com

北京中科印刷有限公司 印刷

科学出版社发行 各地新华书店经销

*

2022 年 6 月第 一 版 开本：720×1000 B5
2022 年 6 月第一次印刷 印张：37 1/4
字数：741 000

定价：298.00 元

（如有印装质量问题，我社负责调换）

目　　录

第一部分　导　　言

第二部分　金融服务养老的理论框架研究

第三部分　金融服务养老模式及国际经验研究

第一部分　导　　言

本部分主要从总体上分析金融服务养老的概况。在金融服务养老相关概念界定的基础上，本部分梳理了国内外文献并进行了评述，阐述了研究的创新性、学术价值与应用价值、社会意义和研究方法，由此构建了金融服务养老的研究框架。这是金融服务养老的总论。

第1章 总　论

近些年来，中国人口老龄化[①]问题日益突出，引起党和政府及学术界等的普遍关注。早在2016年5月，习近平在主持中央政治局第32次集体学习时就强调，人口老龄化是世界性问题，对人类社会产生的影响是深刻持久的[②]。我国是世界上人口老龄化程度比较高的国家之一，老年人口数量最多，老龄化速度最快，应对人口老龄化任务最重。满足数量庞大的老年群众多方面需求、妥善解决人口老龄化带来的社会问题，事关国家发展全局，事关百姓福祉，需要我们下大气力来应对。中央高层站在国家层面如此重视养老服务、养老产业的发展，前所未有。传统的服务养老主要属于民政、社会保障、医疗卫生领域，而在金融领域内如何开展养老服务还是一个崭新的课题。本书正是根据金融服务养老的需要而展开研究的。

1.1 金融服务养老的相关概念界定

金融服务养老涉及的学科范围较广，主要是人口学、社会保障学、社会学、心理学、金融学、经济学、管理学、法学等学科，主要领域是金融、服务、金融服务、养老、养老服务、金融服务养老、投资和消费等。本书首先对相关概念进行界定，在此基础上构建金融服务养老的理论框架。

1.1.1 金融

金融一词的英语是finance，原意为终结、期限，后来逐步演变为偿还、支付

① 人口老龄化是指一个国家或地区的人口总体上老年人口所占比重逐渐提高的动态过程。它主要表现为老年人口规模呈现总量扩张、增量提速的发展态势。

② http://www.xinhuanet.com/politics/2016-05/28/c_1118948763.htm[2021-12-31]。

衍生，包括支付、缴纳的含义。到 18 世纪，finance 表示金融管理，是指专门从事资金借贷的商人。在汉语中，“金融”一词最早出现在 1915 年版的《辞源》中，其解释为“金钱之融通”。由此可见，中国真正出现金融是 20 世纪的事了。金就是资金，融就是融通，金融就是货币资金的融通。金融从起源到发展，贯穿其中的核心职能是金融中介服务，是资金融通的服务。Merton 和 Bodie（1995）将金融定义为在不确定条件下金融资源的跨时空配置。

金融源于日常生活并融于日常生活之中，是经济的血液。伴随着货币与信用的相互渗透，金融逐步形成了一个新的资金融通的过程，并覆盖投资和保险等领域。投资、保险、信托、租赁与资金融通活动结合起来，成为金融。所以，金融就是信用货币的融通。也就是说，金融工具、金融机构、金融市场、金融交易制度等都是金融的重要组成部分。于是，金融可以被界定为涉及货币供给、银行与非银行信用、以证券交易为操作特征的投资、商业保险及以类似形式进行运作的所有交易行为的集合（黄达，2012）。

与财政的无偿性不同，金融是一种有借有还的有偿性活动。国外的金融同国内的金融区别很大：国外的金融通常是指对资源进行跨期配置，而国内的金融通常是指货币资金的融通。由此可见，金融的本质是跨时间、跨空间的资源配置。与财政相比，金融最大的特点是有偿性。金融活动要求有借有还，再借不难。如果借了不还，整个活动就都会受到影响甚至中断。金融是国民经济的命脉，各经济行为主体的生产、经营、消费、支付等活动都需要货币来支付。有资金盈余的经济行为主体把资金存放在银行中或进行投资，存在资金短缺的经济行为主体通过各种方式融入资金。金融有微观金融与宏观金融之分。它们对高就业、高经济增长、低通货膨胀和国际收支平衡等目标都有重要的影响。

1.1.2 服务

服务是一个含义比较广泛、十分模糊的概念。服务有体力的服务和智力的服务之分。在经济学中，服务被视作个人、某些社会组织依靠自己的力量或者借助某种设备、工具等媒介为消费者个人、社会群体及整个社会提供旨在满足其某种特定需求或增进社会总福利的一种或一系列活动。任何服务都是供给与需求的统一。

养老服务涉及养老与服务两个关键词，指的是为老年人提供必要的生活服务，满足其物质生活和精神生活的基本需求。养老服务涵盖老年人衣食住行、生活照料、医疗保健、文化旅游、健身娱乐、金融等多个领域的服务，见表 1-1。

表1-1　养老服务内容

种类	项目	内容
物质产品	日用产品	饮食、服装、老年用品
	家居用品	床、手杖、便桶、行动器
	房地产	规划设计、地产建筑、养老公寓
	行用产品	用具、助听器
	娱乐用品	广播电视、互联网
精神产品	家庭养老文化	孝道
	社会共识	尊老、重老、爱老
	艺术产品	影视、图书、媒体
	权益保护	法律、法规、政策、制度、规定
服务产品	家政服务	洗漱、清扫、做饭、购物
	救助服务	基本生活
	保健护理	诊疗治疗、生活护理、康健护理、临终关怀
	医疗保健	保健品、药品、器械设备
	咨询服务	心理保健、婚姻、再就业、养老权益
	旅游娱乐	旅行、舞厅、棋牌
	金融服务	存款、取款、理财、保险、投资、信托、基金、遗产处理
	信息服务	媒体信息，由传感器、呼吸器、警报器带来的信息
	法律援助	赡养、财产保护
	权益管理	养老、医疗、保险
	其他服务	长期护理保险、康健理疗

资料来源：根据老年人相关服务内容整理而得

人人都需要服务。人都有老的时候，老了由于“返老还童”就更需要服务。在人年老之后，很多日常活动都难以自理，并且社会上缺乏能满足老年人需要的产品，因此，老年人往往需要更多的服务，甚至是一些针对老年人的创新服务。如果不能获得服务，养老就可能出现各种各样的问题。养老服务的对象具有特殊性，即从年龄上来说一般是60岁及以上的老年人口。养老服务是一种针对老年人身心、家庭等的家庭照顾、专业护理、权益维护和金融服务等，通过养老服务可以提高老年人的健康程度和社会活动的参与度。

有养老，就有养老服务业。养老服务业是现代经济发展必不可少的一种朝阳产业。它是经济社会发展到一定程度和阶段的新的经济增长点。养老服务业是一个涉及面广、内容众多、产业链长的综合产业体系。养老服务包括基本生活服务、护理服务、健身服务、文化娱乐服务和金融服务等。其中，金融服务是养老服务的重要内容和方式。特别是在现代经济、社会条件下，经济社会的发展都离不开金融服务。经济的发展需要一系列的金融支持或金融服务。同样，社会进步也需要各种不同的金融服务。金融服务随经济的发展和社会的进步日益完善。没有相应的金融服务，经济社会就难以获得发展。金融服务养老水平是经济社会发展状况的重要反映。

1.1.3 金融服务

尽管金融中介机构从事相关金融服务已经有了相当长的历史，但由 Freeman（1979）首先创造的金融服务的时间还不是很长。在词典上，“金融服务”（financial services）还是一个新近出现的词。在养老日益社会化服务的大背景下，金融服务应运而生。什么叫金融服务呢？到目前为止，国内外学术界或实际工作部门都还没有一个统一的定义。英国著名学者 Meidan（1983）和 Meidan 等（2000）认为，所谓金融服务，就是指金融机构运用货币交易手段，融通有价物品，向金融活动的参与者提供收益使其获得满足的活动。根据他们的观点，金融服务包括由银行、保险公司、房产互助协会、信用卡发行商、投资信托、股票交易、特许和租赁公司、转账清算（国民储蓄）银行、单位信托、金融公司等提供的资金服务。他们关于金融服务一般性特征的研究来源于美国的科特勒（2001）、芬兰的格罗鲁斯（2002）和英国的佩恩（2003）等学者的观点。他们中的有些人尝试从提供服务和享受服务的角度进行界定，即金融服务是指金融机构提供金融商品或其他满足金融活动参与者或客户需求的业务活动（刘媛，2013）。有的学者从特征上认为，金融服务就是面向受托责任和双向信息交流而提供的资金往来活动。还有的学者从内容方面界定认为，金融服务是指在一定的金融制度安排下，由金融机构或个人为消费者提供的处理资产及其相关事务的商业性服务。我们认为，金融服务就是需要资金融通方凭借其资金、资产或权属与专门的金融机构进行的资金往来活动。

在现代经济金融相融合的大背景下，养老作为居民经济生活的重要组成部分，与金融的联系越来越密切，现代社会的养老需要得到金融的服务。金融服务什么呢？或者说金融服务的本质或内容是什么？我们认为，金融服务的本质是为需求者的金融需求提供解决方案或创新金融产品。把金融服务看作服务产品在很大程度上是从营销学角度出发的。金融服务的过程在很大程度上取决于对资金流或金融资产流的处理和理解。不同的金融服务涉及不同的信息，会对金融服务的嵌入造成不同的影响。金融信息在此过程中既是投入品又是产出品。提供和改善金融服务的关键是金融信息的获取和利用。

在金融后面加上服务，表明这种服务是一种与金融有关的服务。金融部门是一个服务部门，金融业是一种服务业，金融从业人员是一种服务人员。如果我们不再将金融作为一种制度而是作为一种服务，就意味着对金融的认识的转变。现代经济社会的运行离不开金融，因为金融是现代经济的核心，它的存在与发展需要金融的支持或金融提供的服务。在现代社会，任何一个行业、部门或地区都需要金融的支持和服务。金融支持越大、服务越好，那么，它们应越有生机和活力。

金融服务广泛涉及银行、证券、保险、信托、基金和金融信息服务等金融领域的各个方面。金融服务包括的服务内容众多，如货币支付和转移服务、存款服务、贷款服务、信用卡服务、手机银行服务、网上银行服务、投资银行服务、证券经纪服务、风险投资服务、保险服务、保险辅助服务、再保险服务、组合养老金服务、信托交易服务、基金交易服务、新金融服务等。随着金融创新的发展，金融服务路径更直截了当，金融服务内容在不断地增加，金融服务方式越来越多样化。此外，由中央银行或政府机关提供的金融制度、金融监管、金融政策、金融法规也是金融服务的重要内容。金融服务是双方在长时间内一系列的双向交易。这种交易方式使得金融机构能够收集到交易者关于账户使用、账户余额、储蓄和投资行为、信用卡购买、储蓄频率、信用情况、资产情况等资金或资产及其变化的信息。金融服务就是金融服务者提供服务，被服务者获得服务的过程。服务与被服务，提供服务与获得服务是双向的互动。

对于养老行业或养老事业来说，其也需要金融的支持和服务。这样，老年人可能会过得更美好、更幸福。离开了金融服务，养老可能是缺乏效率的。因此，金融服务养老显得更加重要和必要了。经济越发展，社会越进步，越需要金融服务养老。张岩松（2016）认为，随着互联网的飞速发展，金融正在以前所未有的速度渗透到经济生活中的方方面面，老年人正或主动地或被动地与金融业发生千丝万缕的联系；另外，金融业要顺应人口老龄化发展趋势，不断创新出一系列适合老年人的金融产品，从而保障老年人的晚年生活，使其安享晚年。金融在养老服务中大有可为。

1.1.4 养老

养老是人生必经的过程，因为人人都有老的时候。养老是社会发展到一定阶段出现的一个普遍现象。这不仅是因为生存是人类的第一需要，还因为老年人在丧失了自我谋生的能力后需要社会给予保障，使他们老有所养。社会的不同发展阶段有不同的养老方式。保障老年人的生活是任何社会都必须妥善解决的一个重大社会问题。经济资助来源于何处、如何来源，老年人能否得到照顾、获得什么样的照顾，能否获得情感安慰、获得安慰的程度，以及能否获得物质上与精神上的满意服务等，都涉及养老的内容。养老意味着需要服务，服务是养老的中心内容。

养老需要有养老产业、养老基金和养老制度，它们是养老的有机统一体。养老产业服务就是通过各种研发与生产应用提供保持和延续生命活力的全方位、全过程服务。养老产业随着养老需求的升级换代而高级化，由养老产业所形成的养老产业市场越来越发达。养老需要养老金，包括公共养老金和私人养老金。养老基金是一种用于支付退休收入的基金，是社会保障基金的一部分。有了基金（或通常意义上的资金），养老才有保险。养老基金的设立、投资、运营管理为养老提供了基本的生活保障。它是老年人生存的重要保证。老年人享受相关的养老服务，很需要健全的养老保障制度予以支撑。养老保险基金由政府、企事业单位和劳动者共同负担，由专门的社会保险机构筹集、运营和管理。劳动者、单位及国家在养老保险上各有权利和义务。

1.1.5　金融服务养老

何为金融服务养老？到目前为止，它有不同的称谓，有的叫养老金融，有的叫养老服务金融（岳磊，2016），有的叫金融服务养老（胡继晔，2017），还有的叫服务养老金融（孙博，2015）。国外一般叫养老金资产配置或养老资产配置，这是比较有代表性的看法。根据学术规范和实际需要，我们主张使用金融服务养老。根据我们的研究，所谓金融服务养老，就是人们在走向老龄化的过程中，政府和金融机构等对有养老需求的人们提供的各种金融服务。这说明了服务的主体是政府和金融机构，服务的客体，即对象是有养老需求的人们，是供求的实现，即他们需要金融服务，政府和金融机构提供服务，而前提条件是人们走向老龄化的过程中。这些服务包括养老制度方面的服务、养老产品上的服务、养老资金上的服务、养老资产上的服务、养老权益上的服务和养老财富上的服务等。由此可见，金融服务养老就是养老事业发展的金融支持或服务。也就是说，金融为养老提供生存、安全、享受、发展上的各种服务。由于人口老龄化的日趋严重及迫切需要获得金融服务的主要是老年人，本书对中青年人的养老所需要的金融服务涉及较少。

养老需要金融提供的服务，金融服务改变养老。养老问题的核心和难点都是金融问题，金融助力美好的老年生活。金融服务机构包括银行金融机构与非银行金融机构。银行金融机构主要是为老年人提供个人储蓄服务，非银行金融机构主要是为老年人提供个人保险和投资服务。养老实质上是劳动成果在人生的不同时间的享用。金融服务养老问题是一个既涉及金融，又涉及养老；既涉及养老服务，又涉及金融安全；既涉及供给，又涉及需求；既涉及养老操作运营，又涉及风险防范与金融监管的问题。养老问题本质上是养老资产如何有效利用的金融问题，金融服务养老就是养老资产的跨期配置问题。良好的金融服务养老既包括提供的服务数量又包括提供的服务质量，且金融服务养老提供的服务数量是良好的服务质量的必要条件。

1.2 国内外相关研究的学术史梳理及综述

随着金融服务养老实践的深入，国内外对此进行了大量的研究。国外从养老金融学角度进行分析，国内从养老金融或金融服务养老视角进行研究。金融服务养老研究大多数从理论框架、国际经验及中国路径等方面进行分析。有的取得了较为深入的认识，有的还只是初步的研究，有的仅仅处于探索的起步阶段。这些研究为本书的进一步探索提供了研究基础和方向。

1.2.1 对金融服务养老的背景分析

人口老龄化趋势加快的背景，将导致养老金缺口进一步呈现扩大的趋势。在政府财政体制存在缺陷，难以支持养老保障体系建设的前提下，开展金融服务养老的作用、意义重大。本书通过深入系统地研究养老对金融提出的服务需求和金融给予养老支持的金融服务养老的理论框架、国际经验和中国路径，在参考借鉴国际经验的基础上建立了一个适合中国金融服务养老的理论框架，找出了金融服务养老运行、风险防范与监管完善的问题，由此探索金融服务养老的中国路径。其目的是为金融服务养老提供一个基本的理论依据、服务体系和可供操作的政策建议。

除了养儿防老外，传统的养老主要由政府、用人单位或雇主负责。由于政府财政资金的限制和养老服务需求的不断增长，国外首先对此进行了变革。特别是随着市场经济的发展和养老问题的突出，西方不少国家都非常重视金融服务养老问题。它们拓宽资金来源渠道，建立和完善由政府、企业、个人多方共同承担的合作机制，充分发挥民间资本参与养老服务的作用。除了财政外，银行、证券、保险、信托和基金等机构发挥的作用越来越大，有的国家还成立了专门的机构解决拓宽服务面的问题。

2005 年，国家发布《关于支持社会力量兴办社会福利机构的意见》，养老服务受到重视。2013 年，《国务院关于加快发展养老服务业的若干意见》提出了开展老年人住房反向抵押养老保险试点。这标志着金融服务养老范围拓展的开始。

自 2016 年习近平总书记号召大力应对养老问题①后，在金融养老层面引起了国家的广泛关注。党的十九大报告明确指出积极应对人口老龄化，构建养老、孝老、敬老政策体系和社会环境，推进医养结合，加快老龄事业和产业发展②。针对备受瞩目的养老问题，扈秀海（2019）回溯了中国养老问题的由来与发展，通过政策研究、实地调研、国外考察、专家访谈等方式进行了深度解析。在 2020 年“两会”提案中，金融服务养老发展信托服务成为热议话题。在此背景下，金融服务养老发展得到了政府政策上的支持，进入实践阶段，需要大力鼓励金融机构积极开发金融产品，完善金融服务养老（杨寓涵，2020）。李文（2021）也提出了商业银行发展金融服务养老业务的必要性。基于上述主要研究内容，除了本部分外，本书从四个方面对国内外相关研究进行梳理和综述。

1.2.2　对于金融服务养老的理论研究

对于金融服务养老的理论研究，主要是对养老金和养老金融的研究，以及对国内外金融服务养老理论的研究等。国外一般称为养老金融理论，国内一般称为金融服务养老理论。所以，对于金融服务养老的理论研究在国内外存在差异。

（1）国内外对于养老金相关概念的界定和养老金融的研究。对于这一定义，由于国外实践早于国内，国外的学者根据其现实的需要进行了探索。首次提出养老金金融概念的学者是英国的布莱克（2014）。他在出版的《养老金金融学》中认为，养老金金融主要研究养老基金投资于金融资产、不动产、衍生工具和另类投资形式等问题，着眼于如何通过相关制度安排进行养老资产的投资管理以实现养老资产的保值增值。他的主要观点是，金融服务养老主要是指利用养老金的资产管理。实际上，布莱克（2014）的养老金融学观点也就是如何开展金融服务养老工作。

养老金金融是 20 世纪 70 年代以来金融发展的新兴领域，有不少学者都在探索。与此相关的是养老金融体系，贺强（2011）对此指出，它是由社会基本养老保险、商业养老保险、养老储备、养老住房反向抵押贷款、养老信托、养老基金等金融服务方式组成的统一体系。2013 年以后，党俊武、胡继晔、陈艺及杨燕绥等都对此进行了研究，他们对其有不同的称谓并作出了不同的定义。党俊武（2013）认为，养老金融为老龄金融。他说，老龄金融是人们在年轻时期进行各种资产准备，进入老年期后将储备资产置换为可供享用的产品和服务的金融运作机制，是通过金融资产运作实现资源跨时间配置的一种机制途径。胡继晔（2013a）提出，

① http://www.xinhuanet.com/politics/2016-05/28/c_1118948763.htm[2021-12-31]。

② http://www.china.com.cn/19da/2017-10/27/content_41805113.htm[2021-01-14]。

养老金融或称为养老金金融，定义的内涵与外延都较为宽泛。还有学者认为，养老金融包括对老年人的金融服务和对养老产业发展的金融支持等方面（陈艺，2013）。杨燕绥等（2017）认为，老龄金融旨在发挥金融在资产配置、保值增值、风险管理等方面的功能，实现改善老龄人口资产结构和提高购买力的目标。有时，上述学者也称金融养老为养老金融。

2014 年到 2016 年，随着实践的发展，许安和杨馥铭、李凯宣和刘胜题、姚余栋和王赓宇、洪崎及董克用等都从不同的角度对养老金融进行了界定。许安和杨馥铭（2016）提出，养老金融研究养老金在金融市场通过资产投资实现自身保值增值并促进金融市场发展的理论和实践问题。李凯宣和刘胜题（2016）认为，养老金融是银行、保险公司、证券公司、信托公司等金融机构根据市场上的各种养老需求提供的个人养老产品和服务。姚余栋和王赓宇（2016）将之定义为以养老为根本目的的金融活动的总和。在他们看来，养老金融就是养老与金融的结合。洪崎（2016）认为，它是金融机构的一项新业务。需要特别指出的是，董克用和姚余栋（2018，2019，2020）认为，养老金融是一个概念体系，对应的英文是“aging finance”也可以称为老龄金融，是指为了应对老龄化挑战，围绕着社会成员的各种养老需求进行的金融活动的总和。

江世银（2016，2017）认为，养老金金融、养老金融或老龄金融就是金融服务养老或养老的金融支持、服务。他将金融服务养老定义为金融机构针对老年人、养老金体系和其他养老产业提供的各类金融产品和服务活动。或者说，金融服务养老就是养老事业发展的金融支持或服务（沈佳倩和江世银，2019）。江世银等（2018）还将主要研究金融服务养老的学科归纳为养老金融学。它是一门新兴的金融学分支学科。它研究银行、证券、保险、信托、基金等各类金融机构如何积极应对老龄化社会发展要求，满足养老人群美好生活的金融服务需要，增强养老领域金融服务能力。它体现了养老人群对美好生活的向往和追求的更高层次金融服务需要。在智能化时代，互联网、大数据和人工智能等使养老金融学变得越来越复杂化、多样化。本书的研究认为，随着家庭理财观念的转变和对生活质量追求的提高，健康、养老、家庭保障等方面将越来越多地受到人们的关注。这也表明了开展商业养老保险业务的必要性（卢亚娟等，2019a）。

（2）国外金融服务养老的理论研究。国外由于较早开始了社会保障制度的改革，老龄化到来也较早，同时金融机构林立、金融市场比较发达、金融监管也相当严格，因此，随着金融服务养老的发展，国外开展此方面的研究较早，并建立了较为完善的理论框架体系。在养老金融实践发展的同时，国外的众多理论探索也已成为金融理论的前沿课题。布莱克（2014）的《养老金金融学》从养老金融衍生品、房地产等金融形态的角度来研究养老金与它们的结合，是开创性的养老金融专著。Merton 和 Bodie（1995）探讨了养老金和资本市场结合的养老金融问题。Merton、Bodie 和 Levine 倡导金融功能论和金融服务论。他们认为，养老金在金融体系中的作用较突出，使得西方国家从更深层次来审视养老金融问题，并不约而同地建立养老金融的有效监管体系。Javalgi 等（2000）阐述了金融服务养老市场需求的理论。Czechowska（2014）指出了老年人参与金融服务养老的重要性。Bovenberg 和 Gradus（2015）等还分析了养老金的投资利用问题。吴杰（2018）介绍了美国金融服务养老理论、实践及经验。张中锦（2020）从理论溯源出发，在介绍分析框架的基础上提出了发展战略。

理论界还深化了对生命周期理论的研究。由 Modigliani 和 Brunberg（1954,1955）提出，经 Modigliani（1966）发展的生命周期理论认为，一般的年龄分布、收入的年龄分布和净财富的年龄分布都保持不变，其预算约束为生命周期内的收入与消费支出相平衡。他们的看法是年轻时为养老作准备。如何作准备呢？就是实现生命周期内养老资产的有效配置。Samuelson（1958）曾用一个跨时期的一般均衡模型——世代交叠模型来证明实行现收现付制养老计划的基本原理。与生命周期理论不同，世代交叠模型假定只有成年阶段工作才获得收入：一部分用于即期消费，一部分用于退出劳动后的消费，还有一部分用来抚养下一代，那么，他们会平滑其收入而进行均衡的开支。如何在全部收入中进行划分，取决于对当前和未来消费的选择。净投资等于年轻人的储蓄与老年人的反储蓄之和，这时市场达到均衡（但唯一）。这一模型与观点为金融储蓄服务养老提供了理论支持。为了更好地做好养老服务，Hu（2012）提供了养老资产投资增长的框架。国外还有一些研究养老金资产配置理论的，Zhao 和 Qu（2021）分析了养老金市场配置决定因素并提出了相关的理论依据，限于篇幅，这里就不再赘述。

（3）国内对于金融服务养老理论的研究。柴效武（2004，2017）认为，家庭长期储蓄、财产积累的工具用于晚年期的养老。金凤伟（2012）从金融发展视角说明金融服务养老的理论。它的创立与养老基金计划的出现发生在同一时代，养老基金促进和催生了多种金融创新。徐忠（2018）提出了如何有效引导养老储蓄对接长期投资，为居民提供有力的养老保障是养老金可持续发展的关键。江世银等（2018）阐述了金融服务养老的基本内容。从理论起源和定义体系看，养老金融的研究框架应涵盖养老金金融、养老产业金融和养老服务金融三大领域（张中锦，2020）。

1.2.3 对于金融服务养老的模式及国际经验研究

对于金融服务养老的模式及国际经验的研究，主要是总结国外的金融服务养老模式、经验与教训及对中国金融服务养老的启示等。

（1）对于金融服务养老模式的总结。这一方面主要包括对养老金模式、以房养老模式、养老产业模式、养老地产模式和时间银行的居家互助养老模式的总结。一般说来，养老金投资配置在机构投资上的比例大概在10%。Clark（1998）指出，发达国家多层次养老金制度早已被视为社会基础设施的组成部分。Bodie和Davis（2000）发现，在资产证券化、金融衍生品、零息债券、期权及远期合同等金融创新中，养老金起到了关键性的推动作用。正是养老金的创新形成了养老金养老的模式。随着日本老龄化问题的进一步加剧，Phua（2006）阐述了日本金融服务养老的模式，总结了金融服务养老的经验与教训。对于大国如何养老的问题，有的学者考察了国外养老模式，探讨了适合中国国情的解决方案（扈秀海，2019）。国务院发展研究中心社会部课题组（2019）从介护保险等方面总结了养老服务体系发展的国际经验。

对于以房养老模式，国内外的研究者不在少数。Chinloy和Megbolugbe（1994）较早涉及"反向住房抵押贷款"，后来，随着实践的发展，不少学者进行了探索。在国内，有的学者认为，它是通过金融机构，将个人住房与个人养老结合在一起的产物（沈晓凯，2010）。姜睿和苏舟（2012）认为，美国将其作为金融工具或金融产品的载体。以反向房产抵押贷款为主要形式的以房养老模式为解决美国老龄化问题和社会保障问题提供了支持。以住房反向抵押贷款为基本模式，刘杰锋等（2014）建议推进"以房养老"制度体系的建立和完善。袁国方和陈近（2017）也总结了以房养老模式。为了更好地解决养老问题，Wills Tower Waston（2019）进行了全球养老金资产配置的研究，提出了关于如何实现养老住房增值的看法。

国外养老产业产生较早并形成了一些养老产业模式，一些学者结合中国实际对此进行了研究。养老产业的发展不仅要建立市场准入制度，还要建立相应的土地、税收和金融等政策（张佩和毛茜，2014）。养老金融作为养老产业的重要一环，其内涵和外延都还在随着实践的发展而发生变化。随后，中国逐步开展了以房养老的实践。郑秉文和张笑丽（2016）认为，养老金融的大力发展有助于实现养老基金的保值增值和养老保险体系的可持续发展。曹德云（2018）研究了发达经济体金融服务养老的成功经验，对我国养老产业的下一步发展具有较好的借鉴和启示意义。

有的外国学者提出了养老地产发展模式，又称为企业盈利型老年住宅模式。姜睿和苏舟（2012）提出了养老地产金融化并参考国外做法，专门建立了一个金融服务养老的养老地产金融化的金字塔图。还有学者对国外时间银行的居家互助养老模式进行了总结。有的学者在对银行服务养老的情况进行分析后认为，养老离不开银行提供的金融服务（王洋，2012）。黄少宽（2014）对中国"时间储蓄"养老服务模式进行了总结，认为利用银行进行时间储蓄来进行养老可行。随着实践的发展和认识的深入，有的学者总结出养老时间银行作为一种新型的互助养老形式，非常适合社区居家养老（程成，2015）。这个模式与前述模式都有差异，也许会更加适合低收入人群的城市社区养老。孙晓放（2016）也基本持同样的观点。

（2）对于养老金融创新发展的国际先进经验进行参考借鉴的研究。在贺强（2011）看来，国外养老住房反向抵押贷款是以房养老最为成功的模式，我们要借鉴发达国家成功养老的经验。张佩和毛茜（2014）从美国养老金发展的经验来看，提出了养老产业发展过程中的金融支持和以需求为导向的养老金融产品与服务等的参考经验。欧美各国均通过有效监管来促进养老金规范发展，以保障退出劳动后的老年人的合法权益，使得他们都有基本的生活保障。夏志琼（2019）借鉴日本金融服务养老的路径，提出了建立长期护理保险的对策建议。日本率先开展的医养结合的养老模式探索和实践很值得参考（蔡宗溢，2020）。

在参考借鉴国外成功经验方面，有的学者先后总结出美国银行业养老金融业务的成功经验，主要有实施证券或投资者服务的业务战略、提供针对性较强的业务方案（陈游，2014）。此外，还有众多的学者从不同的视角、不同的层次、不同的方面进行研究和探索，如有的学者总结了欧盟社会养老保险服务经验及其启示（王美桃，2017）。张瑾等（2018）从国际经验对中国养老服务的启示出发，提出了以国家为基础，以单位为补充，以个人储蓄保险为保障的多支柱的养老保障体系是未来发展的方向。夏志琼（2019）提出了日本养老金融服务的路径与借鉴。蒋道霞（2020）分析了瑞典的养老政策和服务并指出了可以参考的启示。江世银和张通（2020）研究了国外金融服务养老的管理、风险防范与模式，并总结了可参考借鉴的经验。

1.2.4　对金融服务养老存在问题的探索

对金融服务养老存在问题的探索主要集中在养老金融创新问题，金融服务养老体系问题，银行、证券、保险和信托服务养老问题，以及金融服务养老供求问题的研究上。目前，对基金服务养老的研究相对较少。

（1）对于养老金融创新问题的研究。有的学者认为，要想有效解决社会养老问题，离不开金融的创新和支持（贺强，2011）。张佩和毛茜（2014）认为，政策隐忧、体制障碍、观念落后制约了养老金融的创新发展。侯明和熊庆丽（2017）就金融服务养老发展问题进行了研究。有的学者认为，金融支持养老产业面临的问题就有创新不足问题（黄葵华，2016）。有的学者研究了商业银行养老金融业务创新和理论创新（侯成晓和宫杰，2017）。王力平和隋杰（2020）指出了创新对金融服务养老发展的制约。他们都认为，金融服务养老离不开金融创新。

（2）对于金融服务养老体系问题的研究。养老保障体系包括城市养老保障体系和农村养老保障体系。相比较而言，城市养老保障体系较为健全，而农村养老保障体系还需要充分发挥金融服务的作用。1998年，江世银就认为养老保障问题非常突出；2005年，他分析了中国社会保障体系特别是农村社会保障体系中存在的问题。这一观点得到了学术界和同行的广泛关注，一些地方的养老保障改革参考了这些观点并进行了试点。后来，他经过调查和实证分析得出的结论是，金融服务养老是解决养老问题的重要方式和手段。2018年，张瑾等对中国养老服务体系建设重点问题进行了研究并提出了对策建议。

（3）对于银行、证券、保险、信托和基金服务养老问题的研究。中国银行服务养老主要是存款养老。不少学者认为，时间银行模式下的互助养老是解决居家养老问题的重要途径，由于目前缺乏有力的监督和指导及规范化的培训，其在中国的开展还存在一些问题，面临不少障碍与困境（黄少宽，2014；韦佳杏，2016）。几乎同时期，陈游（2014）总结的在欧美国家非常流行的养老金融业务，在中国却“水土不服”且发展缓慢。中国金融服务养老步履维艰。为了加快其发展，甄新伟和张初霞（2019）提出以改革金融服务来推动养老产业发展的探索。南京审计大学国家社科基金重大招标项目“金融服务养老”赴苏北两县调研组（2020）通过调研发现了传统观念对银行服务养老的影响，缺少成熟的银行服务养老业务模式，考核机制不合理，缺乏针对性的政策支持等问题。张玉华（2021）剖析了商业银行发展养老金融在业务方面存在的问题。针对金融服务养老供给的不足，史静欣和李静（2021）认为，商业银行未能有效契合老龄人口金融服务和财富积累的需求。刘彤（2021）认为，商业银行在为居民增加养老财富储备、提供便捷优质服务方面发挥着重要的作用，但也存在不少创新与风险防范问题。

基于投资的需要，有的学者开展了关于证券服务养老问题的研究。在国外，养老利用资本市场提供支持和服务非常成功，养老金与资本市场的结合恰到好处。国内仅出现一些养老证券投资，但由于国内资本市场发展不成熟和不规范，证券服务养老没有得到应有的发展。不仅如此，老年人尤其不喜欢进行证券投资获取收益来养老，但是他们不考虑收益的多少而主要是担心证券投资有无风险及风险的大小。

同样，也有不少学者对保险服务养老问题进行深入研究。可以说，这方面的研究文献汗牛充栋。陈红（2012）说，金融在服务养老方面的长期护理保险很不充分，因为提供服务的机构缺少动力。事实上，长期护理保险也是一种商业保险。韩雅煌等（2016）认为，保险服务养老还存在许多问题，只有充分发挥保险的作用才能更好地服务养老。王海艳和司辛欣（2014）认为，当前，参与养老保障的商业保险的广度和深度仍十分有限。李莹（2017）提出养老保险管理还存在不少问题，主张加强管理。张杰和张雯涵（2020）认为，就目前而言，风险全部由开展住房反向抵押养老业务的保险公司来承担，导致商业保险公司参与积极性不高，开展业务规模不大，住房反向抵押养老推广缓慢。

随着金融支持的需要，在银行、证券、保险之外，人们又对信托服务养老问题进行了研究并获得了初步的认识。信托在中国本身发展较为迟缓，养老信托更没有达到应有的发达程度。也就是说，信托服务应在养老过程中发挥较大的作用却没有显现出来。如何使信托更好地服务养老本身就是一个在探索的问题。尹隆（2014）认为，养老信托的推出能够缓解中国日趋严峻的老龄化问题。胡继晔（2016）提出金融服务养老也需要将信托纳入其内，李凯宣和刘胜题（2016）也有同样的看法，本书也持有这种观点。只不过，信托服务养老更多的是资产、权益类参与服务养老。彭晓娟（2017）分析了开展养老信托存在的障碍，提出了登记制度、法律基础和税费优惠政策等建议。

伴随基金服务养老的兴起与发展，熊军（2014）进行了养老基金投资管理研究，分析了养老基金投资管理存在的问题。韦琳（2014）也分析了社保基金投资效益与风险监控问题并提出了看法。唐大鹏（2015）探索了社会保险基金风险管理问题。陈加旭（2016）分析了中国养老基金投资行为问题。江世银和陈曦（2020）基于多维度视角对生命周期基金进行了评价，发现了其中存在的问题。这些基金服务养老问题研究为提供解决对策找到了方向。

1.2.5　对于金融服务养老的中国路径研究

对于金融服务养老的中国路径研究，主要有金融服务养老创新路径、金融服务养老体系建设路径、对各金融机构提供的各种金融产品服务养老的具体研究等内容。

（1）对于金融服务养老创新路径的研究。对于创新的必要性与重要性，政府非常重视并采取了一系列的措施，获得了一些效果。2011 年，《社会养老服务体系建设规划（2011—2015 年）》提出了改进和完善对社会养老服务产业的金融服务，增加对养老服务企业及其建设项目的信贷投入。国家的这一规划为未来金融服务养老的发展奠定了基础，现在需要做的是如何实践这些规划。只有将这些规划落到实处，才能使金融服务养老获得更好、更快的发展。没有金融服务养老创新就没有真正的金融支持和服务。张雪兰和何德旭（2016）认为，伴随金融创新的监管改革依旧任重道远。除了一些具体的改革建议外（江世银，2008a，2009b），江世银（2007，2009a）还提出了金融创新背景下的监管协调机制改革等，刘锡良和刘蕾（2017）进行了金融监管组织结构的研究。本来，金融本身就需要加强监管，就更不用说金融服务养老了。夏志琼（2019）进行了金融服务养老的路径研究。午言（2020）根据中国国情提出了发挥金融在提供养老服务中的作用。江世银等（2021）探索了有中国特色的金融服务养老路径，提出了参考借鉴国外经验并结合中国实际的金融服务养老总路径与具体路径的建议。

对于如何做好创新，胡继晔（2012）主张鼓励和引导金融机构创新金融产品和服务方式，改进和完善对养老的金融服务，增加对养老服务企业的信贷投入。杨伟刚（2016）提出了应当加快推进中国养老金融体系建设，积极鼓励银行业加快养老金融创新。江世银和陈曦（2020）根据社会保障体系只能保证老年人最基本的养老需求的状况，建议居民尽早培养养老意识、做出养老规划。

（2）对于金融服务养老体系建设路径的研究。对于金融服务养老体系，江世银（1998，2005b）最初从农村社会保障体系开始，寻求最优的金融体系（江世银，2006a，2006b），后来集中在金融服务养老路径研究上（江世银，2019a，2019b，2020；江世银等，2018，2021）。贺强（2011）根据中国老龄化趋势加快的现实需要，提出必须建立完善的由社会基本养老保险、企业年金、商业养老保险、养老储蓄、养老住房反向抵押贷款、养老信托、养老基金等金融服务方式构成的统一的养老金融体系。姜睿和苏舟（2012）提出了推动和深化养老服务社会化。胡继晔（2013b）提出了加强养老金监管的建议。高建平（2016）提出了建立完善养老金融服务体系的对策。杨伟刚（2016）和岳磊（2016）提出要拓展金融服务内容，建立综合性涉老金融服务体系。张瑾等（2018）遵循中国实际，提出了养老服务体系建设的政策建议。赵东霞（2018）对养老资源进行了细分，提出了从老年人口与养老资源配置的协调关系等方面来完善养老资源配置体系建设的建议。中国银行养老金业务部（2019）提出了商业银行应当将零散分布的养老服务进行整合，构建养老金融服务体系。陈曦和江世银（2020）通过实证研究，提出了居民层面合理选择养老金融产品；国家层面规范养老金融市场运作等建议。为了更好地发挥信托在养老中的作用，范华（2021）提出了以养老信托构建养老金融服务体系的建议。

（3）对各金融机构提供的产品服务养老的具体研究。这些研究主要是对银行、证券、保险、信托和基金等的研究。对银行服务养老路径的研究是较多的。贺强（2011）与徐丹（2013）提出了银行如何更好地服务于养老的政策建议。陈游（2014）提出了推进中国银行养老金融业务的具体操作措施。杨伟刚（2016）提出了中国银行业养老金融业务发展的思路，主张鼓励银行业加快养老金融创新，建议从积极开发储蓄类、证券类、保险类、基金类、信托类等养老金融产品的具体措施上加快推进中国银行业养老金融业务发展。国家信息中心经济预测部和加拿大养老基金投资公司（2019）共同完成的《人口老龄化背景下的养老服务业发展研究》，基于养老保险体系、养老产业发展、医养结合政策方面系统地研究了养老服务业发展的现状、存在的问题及政府养老政策落实难点，提出了促进其持续健康发展的政策建议。南京审计大学国家社科基金重大招标项目“金融服务养老”赴苏北两县调研组（2020）提出了加强商业银行服务养老知识的宣讲；推出适合老年人所需要的产品；政府进行政策引导，明确养老金融服务方向等建议。针对商业银行养老金融业务创新中存在的问题，孙英昊（2021）探究了养老金融业务服务体系的创新路径和完善方向，以期为商业银行发展养老金融服务体系提供借鉴。

有越来越多的专家对证券、保险、信托及其他服务养老路径进行研究。从证券方面来看，胡继晔（2012）认为，未来中国资本市场的法律制度和监管体系将更加完善，资本市场将为养老金所必需的安全性、收益性、流动性提供制度性保障。基于 WVS（web vulnerability scanner）数据，李仲飞等（2017）分析了文化多样性对股票市场繁荣的影响。从保险方面分析，陈冬梅和陈之衡（2015）总结了商业保险介入养老产业模式。陈红（2012）提出制定商业性长期护理保险的发展战略，而阚超（2021）则提出了进行长期护理险助力养老体系建设的思考。张杰等（2019）提出了保险服务养老的风险控制对策。孟德峰等（2019）经调研后认为，提高居民保险素养，能够更好地发挥商业养老保险应对人口老龄化的积极作用。从信托方面思考，廖勤翔（2007）提出可用房地产信托投资基金来进行养老。贺强（2011）则主张鼓励信托公司开办养老财产信托业务，通过信托公司将个人财产转化为未来的养老资源。王玉国（2018）分析了未来信托在养老领域业务创新的思路并就现在面临的障碍提出了建议。杨伟刚（2016）说，银行业可以面向高端个人客户推出个人养老信托产品，在退休后增加养老资金来源。胡晓虹（2020）分析了商业银行发展养老金融面临的挑战，提出了商业银行从多方面构建养老金融生态圈的对策建议。

1.3 相关文献评述

国内外同行在金融服务养老或养老金与资本市场的结合等相关方面开展了广泛的研究，取得了大量研究成果，为本书开展研究奠定了深厚的基础并提供了大量的文献。但从现有基础和文献来看，既有的研究在不少方面还存在进一步完善和深入研究的空间，有的缺乏针对性，有的可操作性不强。

1.3.1 对相关代表性成果的分析评价

从国内外学者对金融服务养老理论与问题的研究可见，金融服务养老涉及银行、保险较多。近期的研究开始涉及风险领域，有的学者对养老金融的体系构建和监管体制进行了初步探讨。这些研究对养老金资产配置及其风险防范与监管产生了一些影响。目前，有越来越多的学者关注金融如何服务养老问题。

就金融服务养老的理论框架研究来看，已进行的理论研究几乎都是从某个方面或领域去进行分析，甚至还没有从系统的理论框架来进行深入的分析。正是理论研究的滞后，导致很多养老的金融支持和服务缺少理论的支撑。学界也同样莫衷一是，缺乏比较一致的意见。因而，金融服务养老如何进行具体的操作，如何进行养老金的收缴、投资、保值增值、风险防范、监管都值得进一步研究。国外的理论框架基本不包括金融审计监督等，这不能不说是一个缺陷。

就金融服务养老的国际经验借鉴研究来看，好多学者都是从某个国家或某个区域来总结经验与吸取教训的。从整个发达国家特别是有代表性的国家来总结经验并从中获得启示是较少的。特别是对于刚刚起步的金融服务养老如何借鉴国外经验并结合中国实际加快其发展还值得深入研究。这为本书的研究留下了进一步探索的可能。

就金融服务养老的问题研究来看，不少学者都认为其服务的程度不深、范围不广、方式不当、作用不大，传统的金融服务养老几乎都局限在保险方面特别是养老保险方面，而银行、证券、信托和基金方面所发挥的作用极其有限。随着老龄化问题的加剧，如何进行服务产品创新，如何提供适应养老人口的银行服务、证券投资服务、信托投资服务和基金投资服务，切实防范其所带来的各种风险，是摆在政府、金融机构、金融监管机构、养老人群等面前的迫切问题。这些将影响我们对金融服务养老的认识和理解，需要理论界和实际工作部门不断地进行探索。

就金融服务养老的中国路径研究的重要性来看，尽管西方发达国家已经在金融服务养老问题上进行了早期探索并取得了一定成果，但是，如何将我国人口基数庞大的现实特点及中国正向老龄化国家迈进的国情同预期中中国成为老龄化国家后面临的诸多问题相结合，并在此背景下整合金融服务养老的作用机制与影响效力、风险种类与风险程度、降低风险及实施有力监管性问题，都需要进行系统的研究，将先进经验应用于中国路径。如何让金融服务养老顺应形势发展迸发出新的活力并有序发展，需要加强对金融服务养老的监管，进而为它的发展起到保驾护航的作用并提供技术支撑。本书研究旨在通过对金融服务养老机构、服务评估机构、金融服务养老监管机构三者的演化博弈分析，提出加强金融服务养老监管的相关对策与建议。如何通过制度设计、体制机制建立和健全，为金融服务养老构建可供操作的中国路径是当前需要解决的重大理论课题和重大现实问题。

1.3.2 可进一步探讨、发展或突破的空间

尽管上述学者对金融服务养老的理论进行了研究，但由于实践的制约和认识水平的影响，将之作为完整的理论体系或理论框架还较少见。这为金融服务养老的理论框架留下了深入、系统研究的空间。如何让金融更好地服务养老，这要求在理论上回答其理论体系和理论框架是什么？如何充分发挥金融服务养老的作用？如何进一步地防范金融服务养老所带来的风险？如何更好地对金融服务养老活动进行监管？这些就是本书首先需要回答的基本理论问题。

基于此，本书是沿着金融服务养老的理论框架到国际经验再到实证问题最后到中国路径的脉络进行研究的。根据金融服务养老现状和未来发展需要，并且立足于当前金融服务养老的新变化，借鉴发达国家的历史经验，面向未来，对中国金融服务养老发展战略如何得到有效的实施，实现中国金融服务养老的新目标，进行探索和实证分析，本书试图实现一些理论和实证分析的突破和创新。可能进一步探讨、发展和突破的方面包括以下几点。

目前，虽然对金融服务养老有不少研究，但对金融服务养老的供求分析，对银行、证券、保险、信托和基金如何进行风险防范和监管完善都还涉及较少。金融服务养老中的风险预期问题及预期管理问题，以及充分发挥预期对金融服务养老的积极作用等问题都是很值得探索的。如何发挥金融审计在金融服务养老中的独特监督作用几乎还是一片空白，如何建立健全金融服务养老的监管体制机制也还没有完全破题。与需求相比，中国金融服务养老还没有获得应有的发展，需要深入研究并用于指导实践。已有的养老服务体系建设研究没有将金融服务养老放到应有的突出位置。对于金融服务养老路径的研究，大多集中在银行服务养老体系建设方面，而对于其风险防范、如何加强对其的监管始终还是不能满足实践发展需要。如何通过金融审计防范风险、进行监督全覆盖，如何建立健全法律法规体系而为金融服务养老提供法律保障，如何构建金融服务养老大体系都是非常值得探讨的问题。

1.4 研究的创新性、独到的学术价值、应用价值和社会意义

本书研究既继承前人的成果，又进行大胆的创新。相对于已有研究成果而言，本书的研究具有独到的学术价值和应用价值，可以用于指导中国的金融服务养老实践。

1.4.1 研究的创新性

本书在吸取前人成果并结合中国实际的基础上进行了创新性研究。不管是在理论框架、国际经验、实证问题分析还是在路径研究方面都进行了大胆创新。

（1）对金融服务养老理论的创新研究。本书系统地研究了金融服务养老的理论基础，构建了金融服务养老的理论框架。本书提出的金融服务养老的经济、金融、管理、心理与社会理论依据是独一无二的，构建的金融支持理论、金融创新理论、金融深化理论、金融机构理论、金融资产理论、金融投资理论、金融风险理论、金融投资组合理论、金融监管理论、金融审计理论和其他理论等共同发挥作用的理论框架是合理的。有了理论框架，金融服务养老在实践中就不会摇摆不定。综观全书，这是金融服务养老重大的理论创新研究。

（2）对金融服务养老模式及国际经验的创新研究。本书详细考察了国外金融服务养老实践，尝试性地总结了发达经济体、新兴经济体和转型经济体的金融服务养老模式；比较了各种模式的适用范围和条件；认真总结了国外金融服务养老的经验与教训。对相机进行金融服务养老预期引导与调节，合理控制金融服务养老风险，不断完善金融服务养老监管体系，注重发挥金融审计独特的监督作用，依法对金融服务养老进行有效监管等路径进行了大胆创新。可以说，中国特色的金融服务养老既要学习国外金融服务养老的成功经验、吸取教训，又要结合中国养老实际进行参考借鉴。

（3）对金融服务养老问题的创新研究。本书通过广泛调研和中外历史的比较，找到了金融服务养老出现的失衡问题、金融服务养老创新问题、金融服务养老风险问题、金融服务养老监管体制机制问题、金融服务养老的预期影响问题、金融

服务养老的审计监督与法律保障问题、金融服务养老大体系建设问题等；通过实证分析，发现了养老资产结构不合理、金融服务养老风险防范不到位与监管不完善、金融服务养老满意度不高等诸多问题。这些问题在理论界和实际工作部门中都还没有进行全面、系统地研究。本书所探索的金融服务养老问题为有中国特色的金融服务养老之路找准了目标、方向与路径。

（4）对金融服务养老中国路径的创新研究。本书根据所发现的问题探索了金融服务养老的中国路径。这样才能切实解决金融服务养老的供求失衡问题，努力实现金融服务养老在各方面的创新，防范金融服务养老运行中的各种风险，建立和健全金融服务养老监管的体制机制，建立和完善适应中国金融服务养老的审计监督体制机制，建立和健全适应中国金融服务养老的法律法规体系，完善银行、证券、保险、信托、基金服务养老大体系。本书特别研究了如何通过金融审计监督防范金融服务养老风险，加强金融服务养老的预期引导与调节，这是实现中国金融服务养老的可持续发展之路，是到目前为止国内外都还没有涉及的研究。

1.4.2　研究的独到学术价值

本书尝试从包括金融在内的多种途径来寻找解决人口老龄化背景下的养老服务问题，具有重要的理论意义与现实价值。有的学者认为，现有的养老金基本能够为养老提供生活保障。有的学者认为，它不能满足养老者对更高层次和更高水平的美好生活的需要。更有甚者认为，传统的养老模式适应不了现代养老的需要。老龄化趋势带来的巨大养老压力使得仅仅依靠养老金不再现实。无论是从国际金融服务养老的历史尺度，还是从中国金融服务养老的现实维度来看，中国金融服务养老的潜力依然巨大。鉴于此，本书结合中国现实国情，借助多种定量分析工具，从不同角度对中国金融服务养老形成准确判断，为政策制定提供科学依据。

与已有的研究不同，本书从深入剖析制约中国金融服务养老的因素出发，吸取国际经验与教训，在民政、社保、医疗卫生服务养老的基础上，深刻总结中国金融服务养老的成功模式，以便更好地为老年型国家的金融服务养老提供参考。本书独到的学术价值在于引发更多的同行关注金融如何更好地服务养老产业，弥补财政养老、自助养老等的不足。深入研究金融服务养老问题并用以指导实践，可以加速金融服务养老的推行，构建便民利民的金融服务养老路径，从而形成中国特色社会主义的金融服务养老理论体系。在老龄化问题越来越突出的今天，充分认识金融服务养老对加快解决养老问题具有极其重要的意义。对于如何提升居民养老财富储备和养老服务支付能力的问题，我们还需要从理论框架、国际经验和结合中国实际角度出发进行探索，澄清一些认识、更新一些观念，使其能更好地摆脱理论之争。与其他研究相比，这也是本书研究的学术价值所在。

1.4.3 研究的独到应用价值

金融服务养老研究具有独到的应用价值，可应用于现实中。受年龄的影响，老年人习惯于使用存单、存折等传统介质办理储蓄、国债等保本类业务，很难接受银行卡、基金等金融创新产品。他们更愿到银行网点现场办理，对网上银行、手机银行、无人银行操作不熟悉。本书的研究在传统金融服务养老的基础上更多地关注互联网金融给他们带来的机遇和挑战。本书可将成果应用于实践中。

本书通过研究，从银行金融机构来讲，就是如何使商业银行为老年人提供更多的差异化服务，实现养老资产保值增值，提升老年人安度晚年的生活品质。从证券投资来讲，就是如何让老年人的资产在运动中保值增值，拓宽投资渠道和方式，让老年人生活得更好。从保险来看，就是既要保证养老保险的基本功能又要发挥商业保险的补充作用，以住房反向抵押贷款的保险业为主导的金融创新成为新的养老保险领域。从信托来看，利用国际上通行的养老金运营模式——信托来实现养老金的终生金融服务是需要跟进的。这些研究都可以从不同的方面为养老提供不同的金融服务。这正是本书相对于已有研究的独到应用价值。

1.4.4 研究的社会意义

中国过去的城镇职工养老主要依靠财政所提出的退休金，我国农村居民仍然保持着“养儿防老”等传统的养老观念。这种养老模式与经济不发达、财政收入有限、养老人口规模不大、增加速度不快相适应。然而，在养老人口规模大、增加速度快与“未富先老”“未储先老”“未备先老”的情况下出现的养老问题的解决，需要充分发挥金融在养老中的作用。依据生命周期理论，养老者需要借助金融手段或工具参与养老金融资产配置，金融机构为其提供创新的金融服务，政府相关职能部门为其提供监督管理。我们认为，金融服务养老问题的解决、金融服务养老机制的建立与完善等，都离不开金融在养老问题解决中发挥的作用。这些都需要我们进行深入的研究。

本书旨在总结国内外金融服务养老演进历程、现状和发展趋势，推动社会各界共同关注，特别是金融部门高度重视并积极参与，探索适应中国国情的金融服务养老方式、方法。研究金融服务养老问题，有利于在构建理论框架的基础上更好地解决中国人口老龄化趋势加快下的资金不足问题和其他需要金融支持的问题；对于拓展资金渠道和投融资方式，摆脱养儿防老观念和弥补财政资金不足，实现老有所养、稳定社会都具有重要的意义。建立、健全金融服务养老体系，深入研究其中的理论问题和实际问题，满足众多老年人多方面的需求，从而真正地实现老有所养。

1.5 研究方法

本书在恒久收入假说、生命周期理论、金融学理论、金融风险管理理论、金融监管理论、金融审计理论和预期理论的指导下，采取问卷调查与访谈法、综合对比法、数量分析法和专家咨询法等方法，进一步深化研究适应于中国金融服务养老的监管框架。

1.5.1 问卷调查与访谈法

本书采用问卷调查与访谈的方式进行金融服务养老的调研。这是获得金融服务养老需求及满意度的主要方式。问卷调查获得的大量相关数据和信息，为发现问题、提出可供操作的对策建议提供了客观的依据。我们按照属地原则，对人群养老方式及年龄等进行分组，分别开展访谈，通过访谈了解一些更深入、详细的情况，进一步完善调查资料。

1.5.2 综合对比法

本书运用多元回归分析方法，进行综合对比。本书研究过程中将中国金融服务养老与国内外金融服务养老进行比较，既深刻揭示在金融服务养老的不同阶段新出现的共性问题，又注重研究中国的个性问题。本书特别关注在中国金融服务养老过程中新出现的信托投资问题、消费金融风险防范问题及金融服务养老监管问题等，并由此提出相应的对策。在进行金融服务养老的国际经验研究和实证问题分析时主要运用这一方法。与本书相关的国内外研究成果十分丰富，信息技术发展和图书资料数据库查询的便利化为收集整理前期的文献成果提供了良好的条件。在进行金融服务养老的理论框架研究时主要运用文献对比法。

1.5.3 数量分析法

本书采用模糊综合评判等数学工具及定量统计分析法，强化量化分析。理论界对金融服务养老的研究常用的是理论分析，如国际经验借鉴，而本书研究主要是通过大量调研，并进行分析。定量分析中国金融服务养老的供求问题、预期问题与金融服务养老金融监管等方面的关系；深刻揭示适应中国金融服务养老的监管框架难点和重点问题形成的原因；为定量估计金融服务养老的阶段特征、给出金融监管的预警参数及为金融监管部门解决该问题提供依据。运用一些实证方法具体地分析金融服务养老运行的风险问题与监管问题是本书研究方法的一大特色。金融服务养老的运行，特别是商业养老保险的运行离不开大数据的支撑。在大数据中挖掘出金融服务养老信息的特点与联系后，本书建立了科学的金融服务养老风险与监管数理模型。模型构建有利于分析金融服务养老过程中的风险与监管问题。本书利用大数据分析法分析金融机构、养老人员、社会保障部门的信息，从中把握金融服务养老的运行情况和风险、监管问题。

1.5.4 专家咨询法

研究的涉及面比较宽，内容也比较多，尤其是在评估金融服务养老风险预期的选择时涉及一些比较技术性的领域。尽管在本书的安排上考虑到了这一点，但还是不可能穷尽本书涉及的所有领域。因此，在研究过程中，对一些非常重要的问题，采取专家咨询的方法，召开了金融学、保险学、社会学、经济学和法学等多学科专家研讨会。在充分听取来自多学科专家意见的基础上，本书运用专家咨询法咨询了一些金融服务养老的运行情况和风险、监管问题。

本书研究通过走访政府管理部门、金融机构、养老机构、金融监管机构和企事业单位等进行实地调查研究，通过问卷调查和电话采访获得其他的资料数据。通过广泛的调查，我们发现了金融服务养老演变的新趋势。经过深入的调查分析，我们还发现了其他问题并找到了存在问题的原因，参考借鉴他国成功监管的经验和吸取教训，通过大量的计算机数据模拟和仿真手段，运用养老金融案例和数据资料，进行创新性的研究，最终由此提出了可供有关部门操作的政策性建议。本书还选取代表性地区，采取分头走访、与主管部门、银行深度访谈等方式，进行了解剖麻雀式的案例分析。

1.6 研究框架

本书的研究主要包括四个部分，分别为金融服务养老的理论框架，金融服务养老模式及国际经验，金融服务养老运行、风险防范与监管问题研究，金融服务养老的中国路径研究。根据已有的研究成果及本书的需要，其研究钻石框架，见图 1-1。

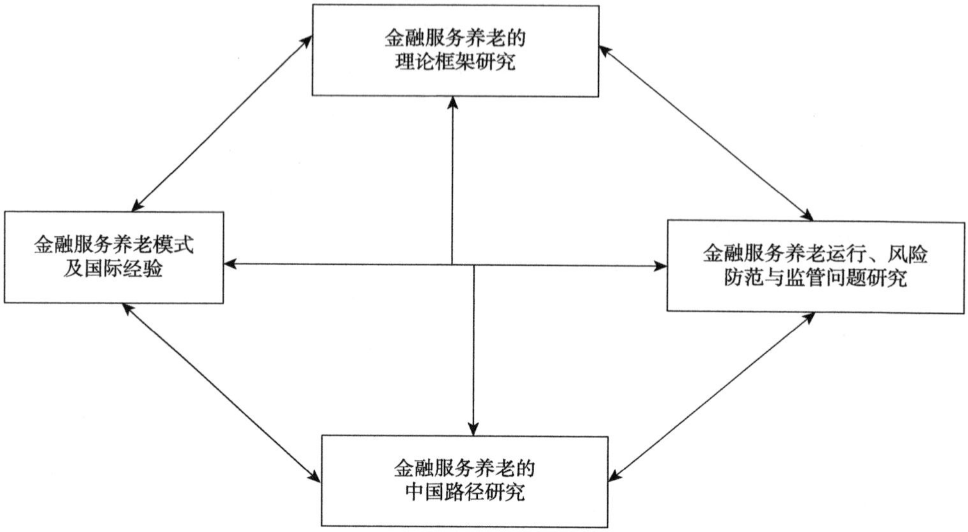

图 1-1　金融服务养老总体研究的钻石框架图

本书包括五个部分。总的来看，第一部分为导言；第二部分的金融服务养老的理论框架研究是建立理论框架，为之后三个部分的研究提供理论基础；第三部分的金融服务养老模式及国际经验研究是总结国外金融服务模式，参考借鉴国外金融服务养老的经验、教训并从中获得启示；第四部分的金融服务养老运行、风险防范与监管问题研究，是通过实证分析找出其存在的具体问题，根据其局限性和存在的具体问题为提出对策性建议打下基础；第五部分的金融服务养老的中国路径研究，是根据研究结论提出可供操作的对策建议等，具体见图 1-2。

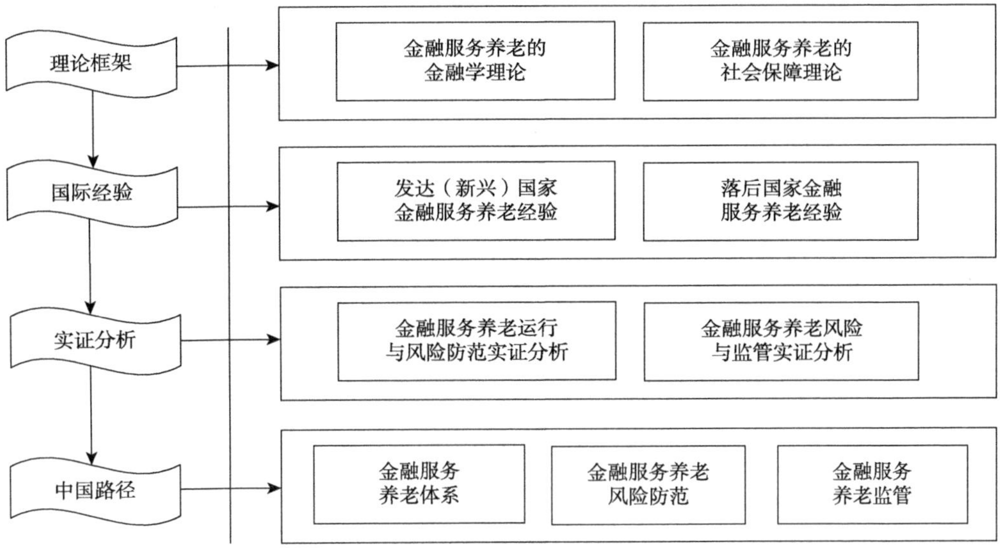

图 1-2　金融服务养老的具体研究框架

全书都是围绕金融服务养老的理论框架、国际经验、风险防范与监管问题及中国路径研究来进行的。其核心问题就是如何充分发挥金融在养老服务中的重要作用。

第二部分　金融服务养老的理论框架研究

本部分主要进行金融服务养老的理论框架研究。金融服务养老本身需要金融支持来转变养儿防老观念和克服财政支持的不足。这就需要进行金融创新，为养老提供金融支持和服务。同时，也需要进行金融深化，拓展金融机构的服务，克服传统的只依赖银行储蓄存款的单一金融服务养老方式，引导老年人进行股票、债券、基金的组合投资，在投资中防范风险。在现有社会保险等作用有限的条件下，信托服务也会在养老中发挥较大的作用。另外，有关监管部门也应当加强金融服务养老风险的监管。这些都需要进行理论总结。当然，本部分在研究中还涉及了老年人投资的预期引导，根据生命周期理论更好地进行自己资产的合理配置，利用资产期权实现利益最大化。养老保险精算的理论依据也是需要关注的。需要特别指出的是，社会保障理论更是金融服务养老的重要理论指导，因而本部分深入分析了其在这方面所能发挥的作用。

第 2 章　传统养老的合理性与局限性

中国来势汹汹的养老问题正在使传统养老走向现代金融服务养老。随着越来越突出的老龄化问题的出现，如何满足老年人的金融服务需求，切实解决老年人金融服务问题成为政府、各金融机构和养老机构的重要课题。金融服务养老事关老年人福祉和经济金融的可持续发展，充分发挥金融服务养老的作用对老年人养老和稳定社会都具有极其重要的意义。

2.1　来势汹汹的养老问题

目前，中国正面临日益严峻的养老问题，引起党、政府和学术界等的普遍关注。与西方国家不同的是，中国不仅存在养老人口数量多、增长速度快的问题，而且还有未富先老、未备先老、未储先老的问题。从国际比较来看，中国的老龄化程度高于全球平均水平，但养老金储备属于全球较低水平（周小川，2020）。如果应对不好，中国可能会陷入养老陷阱或老龄化陷阱。这不仅会给经济发展带来消极作用，而且会给社会稳定带来负面影响。

2.1.1　新生儿的过快增长带来了突出的老龄化问题

中华人民共和国成立后，由于人口出生率提高与增长过快，加之医疗条件的改善，使得人口平均寿命延长，现阶段人口老龄化的步伐加快。在人们普遍还不富有和准备不充分的情况下，老年人如何养老的问题已经出现并将长期存在。特别是改革开放以来，新生儿数量增加较快，最多的年份增加了 2500 万人，最少的年份也增加了 1600 多万人。随着新生儿增量的显著下降，老龄人口的绝对量和比例都在显著增加。这使得养老问题变得非常突出，见图 2-1。

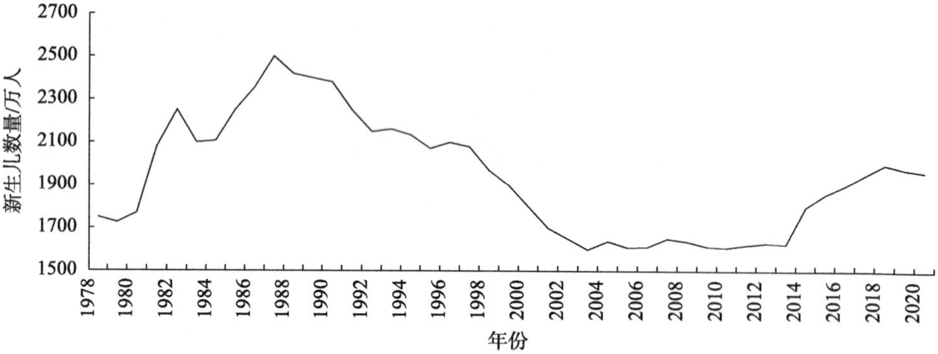

根据 1978~2020 年《中国人口统计年鉴》整理而得

图 2-1　改革开放以来中国新生儿出生数量

中国不仅是世界上老年人口最多的国家，而且也是全球人口老龄化速度最快的国家。中国将成为老龄化规模最大的国家，老龄化形势不可逆转。从图 2-1 中可看出，改革开放以来，中国新生儿数量增加较快。这加重了并将继续加重未来的养老问题。正因如此，人口老龄化将伴随 21 世纪始终。2011~2020 年，中国人口老龄化特点突出，65 岁以上的老龄人口越来越多，见图 2-2。

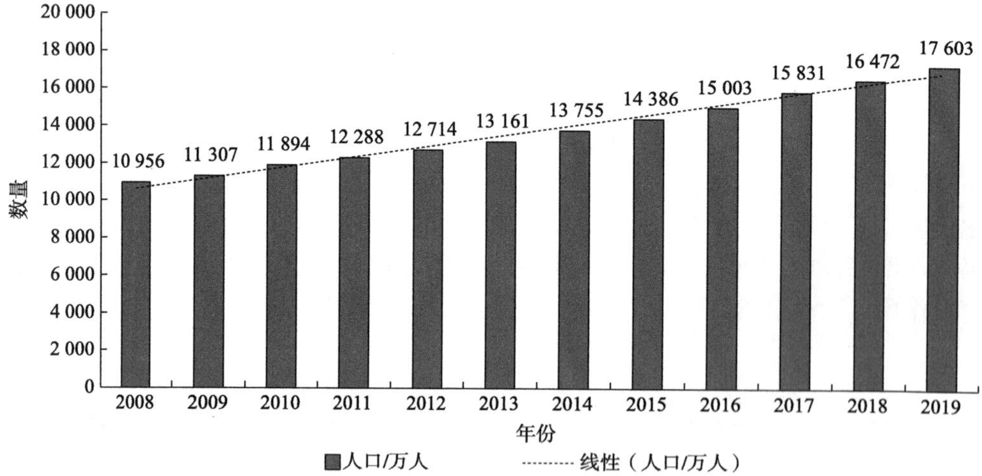

图 2-2　2008~2019 年中国 65 岁以上老年人口统计

目前是中国人口老龄化最为突出的时候。除了人口老龄化快速发展外，重度人口老龄化和高龄化的问题也越来越突出，见表 2-1。

表2-1　不同时期的人口老龄化程度

项目	快速老龄化时期	加速老龄化时期	重度老龄化时期
具体时间	2001~2020 年	2021~2050 年	2051 年以后
老年人口将达数量/亿	2.5	4.0	4.5
老龄化水平	17.0%	30.0%	35.0%
80 岁以上高龄人口将达数量/亿	0.3	1.0	1.5
高龄化水平	12.4%	21.8%	30.0%

资料来源：根据《中国人口老龄化发展趋势预测研究报告》整理而得

严重的老龄化问题让养老的问题变得越来越严峻。如果处理得不好，不仅老有所养会成为一个大问题，而且老龄化问题还可能会影响到社会稳定。

2.1.2　未富先老、未备先老条件下的养老问题可能会陷入养老陷阱

一个不争的事实是，中国老龄化来势汹汹，存在未富先老、未备先老等问题[①]。2020 年中国的人均国内生产总值（gross domestic product，GDP）刚过 1 万美元，人们还并不富有就进入了老龄化阶段。也就是说，来势汹汹的养老问题正在凸显。与发达国家的人口先富后老、富老同步不同，中国未富先老、未备先老条件下的养老问题可能会陷入养老陷阱。一旦陷入这样的陷阱，要摆脱是十分困难的。实现老有所养、保障好养老者的生活水准和使其过上美好生活将会是巨大的挑战。如果处理不好，它的过快发展将成为制约经济社会发展的重要因素。无论就老年人口规模，还是就人口老龄化发展速度而言，当前中国正面临史无前例的人口老龄化严峻形势。人口老龄化几乎对经济社会发展的各方面都产生了重要影响（张岩松，2016）。诸如有效劳动力供给不足、产业结构调整困难、社会负担加重、社会问题凸现等都与此相关。如果处理不好，中国可能会陷入老龄化陷阱。这是因为在中华人民共和国成立后出生的人口，在生活水平不断提高的情况下，纷纷进入老年行列。

中国老龄化发展规模大、速度快、结构复杂，面临着前所未有的挑战。欧洲

① 中国人口老龄化进程既比经济发展超前又没有准备好，即为未富先老、未备先老的局面。发达国家一般是在其经济发展到一个比较高的阶段才步入老龄化社会的，老龄化速度慢，通常需要花费数十年甚至一百多年的时间。这些国家往往拥有充足的时间来应对老龄化危机，在这一过程中可积蓄足够大的力量来降低老龄化可能带来的负面效应。中国步入人口老龄化时，经济发展水平还需进一步提高，现代化还未实现，这种提前步入是因为出生率急速降低，准备工作并不充足，致使老龄化既超前于经济发展又没有积蓄足够大的力量。虽然我国社会保障基金规模较大，但截至 2018 年末，中国养老金储备仅约占 GDP 的 10%，在全球属于较低的水平，高的达到 125%（澳大利亚）。未富先老、未备先老使养老问题更加突出和尖锐。

国家用 100 年时间、发展中国家用 60 年时间达到的老龄化程度，中国只需 20 年（尤元文，2015）。中国老龄化速度是发达国家的 5 倍以上，养老问题比其他任何国家都突出，这是因为中国的养老问题来势汹汹，见图 2-3。

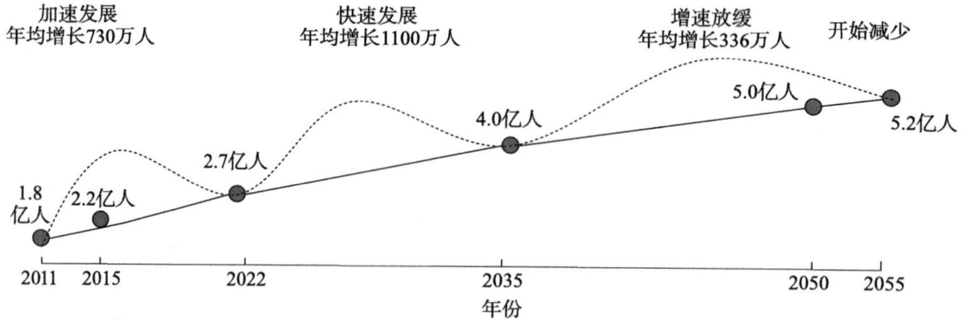

图 2-3　中国老龄化趋势（60 岁以上老年人）

图 2-3 仅为预测

在全面建成小康社会时期，人口老龄化呈加速发展态势，年均增加 730 万人。在全面建成小康社会后的初期，人口老龄化呈快速发展态势，年均增加 1100 万人。在全面建成小康社会后的中期，人口老龄化呈增速放缓态势，年均增加 336 万人。全国老龄工作委员会办公室数据显示，1991 年，中国 60 岁以上老年人口跨过 1 亿大关。2015 年，有 2.2 亿人。到 2020 年，老年人有 2.5 亿人。据预测，到 2035 年，估计老年人将超过 4 亿人[①]，老龄化呈加速发展的态势。到 2050 年，估计有 5.0 亿老年人，在 2055 年达到峰值。从老年人口占总人口的比例来看，在 2015~2020 年，老年人口占人口总数比例由 15.0%左右增加至 17.2%。到 2030 年，约占总人口的 25.3%，2050 年约占总人口的 34.1%。之所以出现未来一个时期的老龄化呈现加速发展的态势，是因为新生儿数量影响。

总之，中国当前正处在社会经济转型的关键期，人口结构转变的关键节点，防范风险的攻坚阶段，养老问题逐渐上升为国家的战略决策，关系到国家经济的长期持续发展、社会的幸福稳定。解决养老问题刻不容缓。

2.2　传统养老方式的合理性与局限性

传统的养老方式或模式是充分发挥子女或政府的作用，既有合理性又有局限

① 这几个阶段老龄人口每增加 1 亿人所需要的时间分别为 23 年、12 年和 15 年。

性。养儿防老或通过单位的社会养老是其主要方式。通过自己的劳动收入积累养老财富进行养老的模式或方式占比较小，参与金融服务养老的则更少。

2.2.1　传统养老方式概述

传统养老方式主要是养儿防老，既具有合理性又具有局限性。这与经济、金融不发达密切相关。经济不发达，人们的收入有限；金融不发达，人们的资金往来不多。目前，传统养老正在向现代金融服务养老转变。

（1）传统养老方式。老年人是一个社会的弱势和边缘群体，老有所养不仅是老年人生存权利的基本保障，而且是社会文明的一个重要伦理指向。养老有传统养老与现代养老之分。这里所指的传统养老是指家庭养儿防老、自己养老、社会组织或单位养老、社会保险养老、商业保险养老等。现代养老主要是指金融服务养老。金融服务养老主要是金融机构参与服务，老年人通过金融市场活动和金融监管机构提供监管服务进行养老。当然，这种区分只是相对的。传统养老最主要的方式是家庭养儿防老、个人银行储蓄养老和政府养老金养老。家庭养儿防老是一种主要的养老方式。这是对绝大多数农村居民和部分城镇居民而言的。父母养育子女，子女赡养老人，这是天经地义的事。有的人将家庭养儿防老形象地比喻为换手抓背。改革开放后，为了控制人口的过快增长，1985年时提倡“只生一个好，政府来养老”，事隔 30 年后的 2015 年到现在则是“一个难养老，再生一个好”。自己养老是在年轻时积累一笔财富（资金、财产、投资或拥有权益等），当失去劳动力时用其进行养老。这不仅不用子女照管或赡养，而且也不需要政府、社会组织或单位等提供养老服务。这只是较少人采取的养老方式。社会组织或单位养老是有工作单位的人在年轻时上班，到法定年龄时享受退休金而养老。社会保险养老是由财政提供基本养老金，使其能够满足最低生存需要的养老方式。目前，商业保险养老是我国老年人采取的主要晚年规划。

（2）传统养老方式的合理性。由于与经济发展、社会进步相适应，传统养老方式有其合理性。第一，传统养老方式适合当时的经济发展水平。经济发展水平决定养老方式或水平。传统养老是适应当时社会经济文化发展水平的需要而进行的养老。家庭养儿防老是最简单、最直接的养老。社会保险养老是解决养老服务供给不足，有效解决养老问题的重要途径之一。商业保险养老为传统养老提供了补充，使老年人在没有收益的情况下，生活质量也不会降低很多。由于经济发展水平低，养老运行风险也不大，只要政府为老年人提供养老制度或倡议就能保证他们的合法权益。第二，传统养老方式适合当时社会进步的需要。作为社会利益群体，老年人的利益诉求会对社会政策导向产生影响。随着社会进步，子女赡养老人的经济负担骤增，传统的养老方式已经不适合其进一步发展的要求。第三，传统养老方式适合当时的文化要求。老年人的寿命延长，有利于文化知识、非物质文化的传承。他们有利于社会稳定和文化的延续。

（3）传统养老方式的局限性。传统养老方式有许多局限性。第一，传统养老方式下的养老人群物质生活水平不高。不管是什么养老资金渠道，都有可能面临通货膨胀进而使养老资金贬值或资产缩水，使养老人群物质生活水平受到影响。个人银行储蓄养老和购买商业保险养老在严重的通货膨胀时期受到的影响尤其较大。通货膨胀所带来的原有物质生活水平的下降通常会带来养老人群的不满甚至失望。第二，传统养老方式难以推动社会进步。无论是何种传统养老方式，都难以使老年人完全享受到物质、精神、文化、旅游、美好环境等全方位的养老需求。它们几乎只在某个方面获得养老支持和服务，老有所养、老有所靠、老有所乐、老有所学难以同时获得满足。特别是难以提供养老的后代，如果他们道德还有问题的话，则更难以承担老年人对美好生活向往的需求，难以为社会投入更多的消费资金。第三，传统养老方式下的老年人缺少精神依托。本来，心理健康与精神卫生也是养老的重要内容。特别是不少老年人缺少精神依托，即难以老有所托，独生子女家庭中此种现象更为普遍。第四，传统养老方式下的金融服务养老不足。这些不足表现为提供养老服务的金融机构不多，所提供的金融创新产品和服务少，所提供的养老资金及收益有限。这种养老难以促进金融的创新和发展，反过来，金融为其提供的服务也极其有限。这就使得养老者的生活水平有待提高、生活质量有待改善。特别是他们不能得到现代科技、经济、社会、文化、生态发展所带来的美好生活享受。

2.2.2　传统养老的不同方式

传统养老主要有家庭养老、自己养老、社区互助养老和由一些机构参与所提供的服务养老等方式，各种不同的养老方式适合不同的养老者。受许多因素特别是养老资金或资产的影响，有的养老者是主动选择，有的养老者则是被动选择。

（1）家庭养老。家庭养老是指由家庭成员提供养老资源的养老方式和养老制度，主要的方式是养儿防老。养老保障来源于子女、配偶或近亲属等（也包括自身积蓄）。如果缺少养老保障来源，就不可能存在家庭养老。所以，它是一种非制度性、非保险的方式。

（2）自己养老。自己养老是指不需要政府、社会组织或子女提供养老所需要的资金、资产或服务，而依靠自己在年轻时进行储蓄或投资所获得的收益而养老。自己养老不需要养儿防老，不需要政府提供养老金，不需要社会提供养老所需要的资金、资产或服务。这种养老更多的是被动地解决空巢问题而出现的养老。自己养老是一种较为独立的养老方式。这种养老需要自己提供基本生存的保障。这些保障包括住房、满足物质生活需要的费用、身体健康等。住房属于自己是最好的。生活费用要求是源源不断的，需要有保障。身体是健康的，不需要特别的护理。否则，自己养老难以实现。自己养老需要管好自己的钱包。要活得独立自在，平时就得量入为出，该省的省，该花的花，警惕各种诈骗。否则，自己养老的老年人将因丧失劳动力而难以为继。

（3）社区互助养老。社区互助养老是通过政府、基层组织、家庭及个人的共同努力，全面发挥近邻相关养老资源的作用，对老年人的日常生活和养老需求给予人、财、物的帮助和情感安慰，让老年人可以在熟悉的社区生活中获得帮助和照顾。这种养老需要发挥政府、社会、家庭及个人在养老服务中的作用。单一的某个方面不足以完成社区互助养老。它主要是一种服务交换。这种方式使养老职责分散化，是目前未备先老、未富先老情况下普遍存在的一种养老形式。

2.2.3　传统养老方式的合理性

虽然各种不同的养老都能实现养老的目的，但不管是家庭养老、自己养老还是其他方式的养老都应当与当时的情况相适应，有其合理性。它们都是与当时的经济、社会状况相适应的。传统的养老各有各的优势，共同服务于养老。

1. 家庭养老的合理性

家庭养老主要是父母养育子女，子女赡养老人。父母与子女都较为熟悉彼此的经济状况、健康状况、生活方式与行为方式等。养老者的需求与供给都是非常清楚的。相比而言，这种养老的成本是较低的，效率也较高，因而普遍受到父母、子女的欢迎。第一，家庭养老满足了老年人的精神归属感。家庭与老年人的关系非常密切，家庭养老由具有亲情的子女承担，能够促进代际交流。家庭是社会的最基本单位，具有天然的优越性（柴效武，2017）。第二，家庭养老是子女应尽的义务。它有益于父母子女间的情感维系。如果子女不孝，他们会受到社会的谴责。第三，家庭养老能降低社会成本。父母养育子女，子女负责给父母养老，这种养老几乎不需要管理成本，养老的效率较高。

2. 自己养老的合理性

自己养老有其合理性。随着经济的发展和社会的进步，养儿防老已经有点行不通了，养老只能靠自己。自己养老自由，所受的约束少，更有利于身心健康。除了基本生活保障外，自己养老需要有独立的住所并且生活能够自理。

（1）自己养老减轻了子女、政府的负担。由于养老经济来源是自己所获得的，子女、政府不需要承担。子女可以为其自身的生存、发展而奋斗，政府只需要提供养老的制度、政策、规定和环境而不用提供养老资金。子女可以为未来的养老早作准备，政府可以为不能自己养老的人提供更多、更好的养老服务。从养老资金的供给上来看，自己养老减轻了子女、政府养老所需要的负担。所以，自己养老是子女、政府负担不重的养老。

（2）自己养老更能实现老有所养。由于自己在年轻时就为养老准备，年老时只是享受自己在社会中所获得的成果。自己养老下的生活方式、行为方式都较为自由。这是一种真正的自由养老。吃、喝、住、穿、用、行、游、乐都完全由自己决定，不受外界的约束和影响。这种养老使人的身、心都获得了全面自由的发展，更能实现老有所养。很多老年人安土重迁的观念深厚，只能自己养老。他们有养老的基本经济保障，自己身体健康，能独立生活，就可以少要他人照顾，减少对子女的麻烦。这部分老年人依靠社区来丰富自己的日常生活。

正是传统养老模式或方式的合理性，才使得它们还有存在的必要性。但是，随着经济金融的发展和老龄化问题的严重，传统的养老模式或方式越来越多地显示出它们的局限性。老年人到底采取何种模式养老，不仅取决于他们的资金来源、资产积累和所拥有的权益，而且取决于他们对各种养老方式的了解和接纳程度。

2.2.4 传统养老方式的局限性

受经济、社会、文化等因素的影响和制约，不管是家庭养老、自己养老、社区养老还是其他方式的养老都有其自身的局限。任何一种养老都不是完美无缺的，它们只在某个方面满足养老的需要。正是由于传统养老的局限性，才需要现代金融服务养老作为补充。

1. 家庭养老的局限性

传统家庭养老即使有基本生活保障，老年人一般也难以在家庭中得到所需服务。随着时代的变迁和人们生活内容、质量与标准的变化，为能更好地满足养老的需要，家庭围绕养老而产生的财富积累与资产组合也在发生相应的变动。一句话：传统家庭养老在弱化，养儿防老越来越困难，出现养老无着落问题。所以，家庭养老正在被金融服务养老等所取代。

2. 自己养老的局限性

自己养老有其局限性。并非每位老年人都可以自己养老，因为它需要一些条件。仅仅就老年人自身而言，如年轻时未能做好财富的自我积累，养老时就无法很好地满足自身生活的需要。也就是说，只有满足了一定的条件才有可能自己养老。要么有个人银行养老储蓄，要么有养老所需要的资产投资所带来的收益，这些条件是满足他们养老基本生存需要的保障。除此而外，自己养老还需要养老者身体健康，否则，这不完全叫自己养老。对于大多数普通家庭而言，光靠自身储蓄或保险根本覆盖不了养老缺口。不管在哪个国家或地区，也不管是在哪个时期，养老金只能保证基本生活需求。如果他们想过一个高质量的老年生活，还是得靠自己多挣钱或投资获得收益，否则，自己养老没有保证。不仅如此，在精神方面，当子女与父母联系较少时，老年人情感慰藉偏少。

当然，社区互助养老也是有局限性的。社区互助养老往往难以获得互助保证。社区内养老者之间互助的程度还不高。这种养老所涉及的金融服务也较为欠缺，而且服务水平也不高。如果金融、医疗护理参与其中，那么，这种养老方式也会深得养老者的喜爱。

总之，人口老龄化危机的日趋严重，使得老年人抚养比大幅提高，养老压力持续加大。养老资源的充分利用及养老保障体系的健康运行等，都面临着严峻的挑战。各种养老模式或方式存在不足，需要新的养老模式或方式的开拓。于是，充分发挥金融服务养老的作用显得非常紧迫。

2.3 传统养老资金来源的合理性与局限性

传统养老资金来源既有其合理性又有其局限性。它是与当时养老问题不突出密切相关的。受当时的经济发展水平、社会保障制度与政策、传统观念等的影响，传统养老资金来源较为单一，城乡差别较大，金融服务养老所占的比重较低。

2.3.1 传统养老资金来源渠道

农村与城市传统养老资金来源渠道存在的差别较大。农村的传统养老资金来源，部分是自己年轻时的积蓄家产、存款，部分是儿女提供的赡养费用，部分是政府提供的资金、物资保障。城市的传统养老资金主要来源于社会保险和商业保险。它们各有合理性与局限性。不管是农村还是城市，传统养老资金来源渠道都很单一。尽管社会保险与商业保险仍然是现代养老资金的来源，但通过金融服务所获得的资金极其有限。

1. 社会保险养老

社会保险养老即社会保险金养老，是由社会统筹基金支付的基础养老金和个人账户养老金组成的养老。为了解决由老龄化引起的养老金财务问题，缓冲财政支出压力，社会保险养老被大力提倡。采用这种方式养老的主要是城镇职工，因为他们能享受到社会保险金。

2. 商业保险养老

商业保险是建立在双方平等互利、自愿签约基础之上的保险。它可以使人们在退出劳动过程后仍然获得和以前一样的生活品质，即养老生活与非养老生活没有差异。它体现的是合同双方的责任、权利与义务的关系。由于有商业养老保险金的帮助，退出劳动后的人们仍然能保持退出劳动前的生活水平。其给付保险金的额度由缴纳的保费直接决定，不因工作或其他变动在缴费或给付上受到影响。总的来看，它可以发挥强制储蓄的作用，帮助中年人和青年人未雨绸缪，避免过度消费，发挥补充养老的作用。这是从传统养老向现代金融服务养老过渡过程中的养老模式。

2.3.2　传统养老资金来源的合理性

传统养老资金来源渠道有其合理性，除了依靠自己的力量养老外，老人养育儿女，儿女赡养老人，天经地义。有固定工作的人们由社会保险养老，有资金的人们参与商业保险养老。他们各得其所。

1. 社会保险养老的合理性

社会养老保险是基于法律规定成立的保险，每个单位和个人都必须参加，基金的来源一般为国家、单位和个人三方，并实现广泛的社会互济。各方都有相应的权利和义务。与其他保险相比，它具有参保人数最多、基金规模最大、承诺与兑现之间的时间最长等特点。

（1）社会保险养老保证劳动力的再生产。通过建立社会养老保险制度，为经济发展和社会进步提供了劳动力保证。社会保险养老增加了老年人年老退休与新成长的劳动力顺利就业之间的连贯性，保证了就业的延续性。这种保险自身的产品功能优势和职能优势，使其可以成为养老保险体系的重要支柱。

（2）社会保险养老有利于社会稳定。社会养老保险减少了养老者的后顾之忧。从社会预期来说，全社会增加了社会稳定的预期、减少了社会不稳定的浮躁。所以，它有利于社会的稳定。

2. 商业保险养老的合理性

在自身不能完全养老的情况下，仅仅依靠政府和家庭支撑庞大的养老负担是不够的，这就需要以商业保险养老作为补充，来弥补社会养老缴费边界限制等弊端。一方面，商业保险养老风险较小。经营商业保险的保险公司具有专家理财的性质，它不仅拥有自己的投资机构、团队，而且预防风险、把握市场机会的能力比普通居民要强得多。虽然商业养老保险具有长期性的特点，需要养老者先行履行义务，从而使养老者面临通货膨胀风险、支付风险等风险，但其风险与其他金融服务产品相比较小。在一定程度上，它能最大限度弥补社会保险的不足，切实保障养老者的经济利益并实现财产保值增值。另一方面，商业保险养老可使老年人过上更美好的生活。如果仅有社会保险，只能使老年人过上最低标准的生活。有了商业保险养老，他们可能过上更美好的生活，不仅包括物质生活，而且包括精神文化生活，享受美好的养老环境。

2.3.3 传统养老资金来源的局限性

不管是什么传统养老资金来源，都有其局限性。自己的积蓄养老、养儿防老、社会保险养老、商业保险养老等受长寿风险的影响，可能难以维系更加美好的晚年生活。特别是由于渠道单一，难以有持续资金增长的保证。

1. 社会保险养老的局限性

社会保险养老是政府为老年人的基本生存而提供的养老。老龄化使得社会保障体系中的社会养老保险金财务恶化，最终让为养老体系托底的财政压力倍增。养老广覆盖、低保障是社会保险养老的突出特点，因此，它仅能保障当事人的生存需要。虽然老年人的养老服务需求不高，但是，如果他们养老仅有社会保险而没有其他可供养老的保障，这种单薄的养老制度的风险性就变得很大，可依赖度降低。社会保险只是低水平的基础养老。社会保险与商业保险合理地搭配，才能使家庭得到充分的保障，老年人也才能过上更美好的晚年生活。正是由于社会保险养老的局限性，商业保险养老才更受关注。

2. 商业保险养老的局限性

尽管商业保险养老填补了一部分社会养老的空缺，但是仍具有局限性。商业保险养老的局限性表现在两个方面。一方面，它主要可能会面临来自公司经营保险的风险。公司的经营状况涉及的财务风险、经营风险等可能会使老年人的保险金不能及时足额到位，而老年人的养老又不能突然中断。另一方面，它很难抵御通货膨胀的影响，存在贬值风险。十年前的一万元与今天的一万元，价值差距很大。不仅如此，从机会成本来说，投入商业养老保险中的资金，同时也失去了在股票、基金和信托等渠道里投资获利的机会。值得注意的是，并不是所有的人都具有能够利用商业保险进行养老的购买能力，只有那些年轻时有能力、有意愿的人，才能利用商业保险进行养老。此外，商业保险公司风险意识较差，“以房养老”不确定的风险易为公司带来危机，从而使得许多保险公司不敢参与，“以房养老”模式推行举步维艰（张杰等，2019）。

2.4　充分发挥金融服务养老作用的紧迫性

金融服务养老具有贴现或转变非货币财富，实现既有财富保值增值的天然优势。通过金融服务养老，一方面，可以为养老储蓄或养老资产提供资金来源渠道，实现养老资金、资产保值增值的需要，满足老年人对养老资金的需求；另一方面，可以为养老提供全方位的服务，充分发挥金融服务养老在“大养老”上的积极作用，为老年人在基本生存的基础上创造更美好的生活条件。在老龄化速度越来越快、问题越来越突出的今天，充分发挥金融服务养老的作用非常紧迫。

2.4.1　为老年人提供美好生活的条件

尽管老年人的消费以食品、日用品、医疗保健和护理服务为主，但他们也追求晚年生活的美好享受，需要生活的体面与人格的尊严。他们对自己养老生活的质量与标准提出了更高的要求。当前，充分发挥金融服务养老的作用，不仅可以满足老年人物质生活的需要，而且还为老年人养老提供了精神文化生活的需要。在美好生活中，老年人期待更高更多层次的养老保障，包括美好的居住环境、优质的医疗卫生服务。由于收入的逐步减少、身体的逐步衰老和精神文化范围的逐步缩小，老年生活质量必定会与以前存在一定的差距，如果老年人对养老生活水平的要求与年轻时一致，无疑会加大养老成本。

老年人退出岗位或失去劳动能力后，就没有劳动收入。如果只靠子女养老或政府提供的基本养老，再加之一部分老年人没有其他收益或资金来源，他们的养老生活难免会受到影响。子女忙于生存，为父母提供的养老服务有限。政府提供的基本养老只是保证养老的最低生活需要。美好生活有很多指标，不仅只有满足吃、穿、住、行、医的需要，还有精神、文化、旅游的需要。金融服务养老可以提供多方面的服务，满足老年人养老的需要。特别是智慧养老，需要金融参与其中，共同实现美好的养老生活。

2.4.2　满足老年人养老的需要

满足老年人的需要，包括满足金融服务养老的需要。老年人接受新鲜事物困难，行动不便、患有高血压和其他严重疾病的老年人更需要快速的金融服务。因此，金融服务养老需为老年人提供老年专柜，让他们获得及时、便捷的服务。

2.4.3　实现养老资金、资产保值增值的需要

通常所说的财富，除了权益方面外，往往指现金、银行活期存款等货币资金与股票、债券、养老寿险等资产，再加上拥有的住房、车辆、生活器具、电器家具等实物资产。在这里，财富是供养老的资金或资产。这些资金或资产需要借助金融等工具来实现保值增值。由于供养老的基金只能存在于银行中或是购买国债，大部分养老金结余的收益实际处于不断贬值或缩水中。同时，老年人也追求财富的持续积累，以求能支持其更高水平的消费或休闲活动。

2.4.4　为养老储蓄或养老资产提供资金存续渠道

养老资金或资产大多集中在存款、房产等中，不仅没有增值，而且还可能贬值。养老资金或养老资产如何保值增值，这就涉及金融。过去，养老资金不仅来源单一，而且水平较低，适应当时的养老需要。在老龄化快速发展的条件下，养老特别需要金融为其提供各种储蓄服务、投资服务、分散和转移风险服务，使养老服务效用最大化。金融服务的存在为养老者的储蓄和资产提供了重要的资金存续渠道。在个人养老银行储蓄的基础上，可能通过增加股票的交易、债券的购买、

养老基金的投资、养老信托的开展、养老租赁的推行等金融服务促进养老资金来源多元化和保值增值能力的增强。

2.4.5 为养老提供全方位的服务

金融是一个与养老项目、养老产品、养老产业等密切相关的重要的服务行业。养老金需要通过银行才能提取，养老项目融资、养老产业投资、养老服务供给等都离不开金融的大力支持与广泛参与。养老服务是多方面的，资金供给、养老养生、医疗护理、健康体检、精神文化、休闲娱乐等都与金融密切相关。金融服务养老只是养老的一个部分，是养老服务之外必不可少的另一方面。在大数据、云计算、互联网、物联网下，金融与之融合，为养老提供全方位的服务。在金融服务养老方面，银行设立了老年人专属卡和老年专柜等老年人专属服务窗口，还为老年人推出了养老理财产品等。基金公司为老年人提供了基金产品；信托公司推出了针对老年人的信托产品；保险公司提供了一系列寿险规划。

2.4.6 实现“大养老”的客观需要

与仅靠物质生活的“小养老”不同，“大养老”是全方位的养老，既包括物质生活又包括精神生活。市场上提供养老服务的机构众多，服务产品多样，涉及家庭、社区、单位和社会多方面。金融支持是解决养老服务发展问题和实现“大养老”的有效手段。但金融服务领域是众多养老产业从业者不甚熟悉的领域。实现“大养老”，促进金融服务养老，汇集此领域的专业人才，能带动金融服务养老产业创新发展。受养老产业利润低、回收期长等的影响，金融机构只有通过创新性金融产品，才能促进自身发展。金融机构和养老机构可以通过整合众多金融产品和服务，达到养老资金或养老资产的有效整合，提供满足养老的服务需要，为不同老年人提供个性化、差异化的养老保障，从而实现利用金融服务养老实现“大养老”。

可见，金融服务养老不是主观臆想的结果，而是经济金融发展到一定阶段后养老服务的客观需要。特别是为了解决日益严重的养老问题，养老行业市场越来越需要更多的金融服务。只有当金融服务养老种类繁多之后，老年人才能在众多选择中找到最适合的金融服务，安心养老，享受美好的生活。

2.5　充分发挥金融服务养老的作用和意义

金融服务养老事关老年人福祉和经济金融的发展，充分发挥金融服务养老作用对老年人养老和稳定社会都具有极其重要的意义。金融如何服务养老、谁来管理、怎么监督等问题都需要探索。促进金融服务养老发展不但可以满足养老的消费需求而且可以满足养老的投资需求，关系到经济金融的健康发展，有利于金融资源的合理配置，能够丰富社会养老保障体系，实现老年人拥有美好养老生活的愿望。

2.5.1　金融服务养老不但可以满足养老的消费需求而且可以满足养老的投资需求

由于金融服务养老不足，绝大多数老年人都选择以个人银行储蓄方式养老。他们养老的消费主要是储蓄消费，是在信息不对称条件下的消费（江世银，2000）。日益突出的老龄化问题，不仅体现在老龄人口的不断攀升上，还表现在他们不断地追求更为优质和幸福的老年生活上，以及产生的巨大的老年金融市场需求上。老年人为了寻求更多的自我保障和自己养老，对商业保险、信托、基金等金融创新产品的需求越来越多。甚至有不少老年人将其养老储蓄、资产投资于股市、债市，投资的目的是养老资金、资产的保值增值，即个人养老理财。

2.5.2　金融服务养老关系到经济金融的健康发展

老年人的金融需求范围十分广泛，除了传统的储蓄、保险、贷款等金融业务外，还包括养老投资理财服务、住房反向按揭、遗嘱信托等金融新业务。养老业务的发展增加了金融新业务的市场需求，而金融服务养老主要是满足老年理财、养老信贷、养老投资、养老保险、养老护理等多方面的需要。在金融服务养老过程中，难免出现风险，如投资理财就存在着风险，即养老保险存在着贬值问题，养老资产可能会缩水等。促进金融服务养老，不仅关系老年人养老的生活质量问题，而且关系到宏观经济的健康运行和国家的金融安全问题。

2.5.3　金融服务养老有利于金融资源的合理配置

金融服务养老实际上是通过金融资产运作实现资源的跨时间配置的，资源配置如何涉及服务水平和配置效率两个方面。金融服务养老涉及养老服务对象、养老服务产品等方面，一般来说，金融服务养老的对象是60岁或65岁以上的老年人，他们中不少人拥有各种金融资源，但由于渐渐失去劳动力，收入逐步减少，现有的金融产品服务养老的效果难以发挥出来。因此，金融服务养老所需的产品要不断创新，在满足老年人最基本生存的基础上尽力让他们过上美好生活。此外，由于养老对金融服务的时期、实用性及持续性要求较高，而金融服务养老具有服务周期长、环节多的特点，几乎可以覆盖老年人整个晚年生活，使他们没有后顾之忧。最后，金融机构不断进行金融服务产品创新，发挥养老的功能，能够促进养老服务水平的不断提高。

2.5.4　金融服务养老能够丰富社会养老保障体系

金融服务养老能够大有作为。个人银行养老资金储蓄与家庭养老、政府养老金养老共同构成了传统的养老保障体系。随着金融服务养老的发展，银行多年经营取得的各种优势，使得它创新的个人养老理财产品在未来金融服务养老方面被赋予了重要角色和发挥了重要的作用。养老资产投资、养老权益保障等金融服务也能够丰富社会养老保障体系。经济的发展还使人们有越来越多的养老资产，如房产、门面、有价证券等。此外，养老权益保障也增加了养老的途径。正是有了金融服务养老，才形成了多层次的社会养老保障体系。这些养老保障体系包括吃、喝、住、穿等生存的保障；医疗、护理等健康的保障；知识获得、精神文化生活等文化享受的保障；受到社会关注等心理方面的保障；立法、政策支持等制度供给方面的保障；等等。总之，金融服务养老能够丰富社会养老保障体系。

金融服务养老是一种重要的养老模式或方式，在养老中具有重要的作用。它不仅能够减轻政府养老的重担，而且可以提高养老者的生活质量。它是经济金融发展到一定阶段的产物。经济金融越发展，金融参与服务养老的作用会越大。

第3章 金融服务养老的产生和发展

金融服务养老不是有金融时就有的。它是金融发展到一定阶段并且养老问题十分突出时所产生的，也是随着金融的发展和解决老年人养老问题的需要而发展的。现代意义上的金融服务养老具有越来越丰富的内容。

3.1 金融服务养老产生和发展的必然性

金融服务养老是在养老问题突出和金融发展到一定阶段的条件下产生的。随着中国人口老龄化程度逐渐加深，一系列问题开始凸显，这给社会发展提出了挑战（卢亚娟等，2019b）。它的产生是金融发展，特别是金融机构创新业务发展、老年人更好安度晚年生活的需求和现代服务发展相结合产生的必然结果。随着经济金融的发展，金融服务养老也会不断地发展。

3.1.1 它是金融发展的必然

金融服务养老是随着金融的发展而产生的。金融的发展使人们的收入增加，交易更加便捷，能够在消费之余积累养老资产或财富。养老是将资产或财富根据生活运行不同阶段的需要，给予相互间的融会贯通与价值转换，以较好地适应整个生命周期阶段的跨期优化配置的需求。养老资产或财富的价值凝聚与释放，体现了金融资产与其他非金融资产两者间的一种跨期很长的价值转换与配置融合。金融的发展为家庭资产组合提供了便利的条件。资产组合得好，有利于充分发挥资产效用，使家庭拥有的有限资源最大限度地满足各功能活动履行的需要（柴效武，2017）。金融服务养老离不开金融的发展。没有金融的发展，就没有金融服务养老的发展。金融机构开发各种各样的养老金融产品用以满足养老资产或财富配置的选择。金融市场交易的扩大使得养老服务快速、便捷。金融监管又会促使养老储蓄、养老保险和养老投资风险减少、转化和分散。没有金融的发展就没有金融服务养老的产生，更不会有金融服务养老的发展。可以说，金融的发展是金融服务养老产生与发展的必要条件和基础，金融服务养老是金融发展的必然结果。

在金融全球化趋势下，银行业务转型发展的压力不断加大。银行如何根据养老服务开展养老创新业务是其面临的新问题。养老业务与其他业务相比具有低风险、低成本的特点，且能带来长期、稳定收益，是实现银行业务创新的必经之路，因此银行开展养老业务具有其必然性。随着金融脱媒趋势的加剧，利率市场化步伐加快，银行净息差不断缩小，传统业务发展面临巨大压力。包括银行在内的金融机构参与养老市场可带动养老资产管理业务发展，拓展新的收入来源，促进金融可持续发展。一些金融机构顺势而为，为老年人提供专属金融服务，获得较好的经济社会效益。不断提高金融服务养老水平是金融机构的重要职责。

3.1.2　它是老年人更好安度晚年生活的必然

老年人同其他人一样，存在着人身风险。这种风险可能导致其本身或家庭资金来源减少、中断、利益受损或产生其他损失。资金来源减少、中断或利益受损直接影响着他们的养老生活。老年人因体力衰退，他们需要更多、更高、更好的服务。另外，老年人由于收入有限与风险不确定，对先进的金融服务产品有畏惧心理，加之行动迟缓和常有的惯性思维，他们更偏好安全性的投资。正是生理、心理和经济、社会等方面的特征，导致老年人对金融服务养老的需求是一种特殊需求。他们会思考如何更好地安度晚年生活，如长期养老生活中需要花费的钱财数额会达到多大；进行养老的钱财能满足到何种程度，满足养老需要的费用是否绰绰有余；是否参与及是主动地参与金融服务养老还是被动地适应等。随着消费后结余的增加，老年人的理财、融资需求也会变得更加突出。

相对于很多发达国家来说，中国的社会养老保险制度不仅不够完善，而且水平很低，这主要同实施的制度和经济的发展状况密切相关。很多老年人，特别是那些年轻时候没有固定工作单位的老年人，年老时依靠政府的养老金生活，这样的经济来源只是够他们填饱肚子，谈不上任何其他需求，当然会或多或少地影响老年人的生活质量和水平。因此，大力发展金融服务养老正逢其时、大有可为。

3.1.3　它是现代服务发展的必然

金融服务是在传统服务基础上发展起来的现代服务。金融服务养老是金融服务的一种高级现代化形态。金融服务养老使用一卡通、一键通或一机通等，方便老年人消费与投资结算。发展金融服务养老是顺应时代发展要求的需要。它通过金融服务维护老年人权益，减轻政府因老龄化而增加的负担。没有现代服务的发展就没有金融服务养老的产生。

可见，金融服务养老是金融快速发展和养老问题日益突出的必然结果。它不是主观意志的产物，其产生具有客观必然性。金融服务养老也随着金融和养老服务的发展而发展。人口老龄化越严重，金融越发达，金融服务养老的发展也越快。

3.2　金融服务养老的产生

供养老的货币储藏在家中很不安全，而将钱财存入银行又会贬值。虽然投资股票期货收益可观，但有较大的风险。购买国债或参与养老寿险等安全性高，但收益却太低。尽管这些都能将货币财富积累起来，以满足养老的需要，但都有不同程度的局限。在养老问题越来越突出的情况下，各种不同形式的金融服务养老便得以产生。

3.2.1　银行服务养老的产生

最早的金融服务养老仅涉及银行，其中个人银行储蓄养老一直是金融服务养老最早、最基本的形式。只有个人消费有结余时，他们才会将未消费的钱存入银行进而获得收益。当他们需要养老时就从银行取出本金和利息。只不过，由于收入的微薄和消费后所剩无几，这种方式的养老服务不是很普遍。银行服务养老主要还是银行住房按揭抵押贷款的开展，也就是说，以实物资产作为保证获得养老生活的来源。以房养老业务实现了养老需求与银行服务供给的有机结合。可惜的是，由于传统观念、政策局限、操作流程和经验特别是风险的影响，这种养老服务还不是十分普遍。

3.2.2 证券机构进行社保基金入市

证券服务养老是随着金融服务养老的产生而兴起的。证券机构提供社保基金入市是金融服务养老的新方式。事实上，它是一种以投资为主的养老方式，是经济金融发展到一定阶段的产物。2001 年 7 月，全国社保基金首次“试水”股票市场。不少上市公司高度重视，并把养老投资作为新业务来拓展，通过融资并购整合建立起了长周期的资本平台。2018 年，国家推出养老目标基金，证券服务养老得以起步并由此开始发展。

3.2.3 保险机构参与养老服务

保险服务养老一直是金融服务养老的重要组成部分。其中的商业养老保险是一种传统的养老保险方式。2010 年 8 月，智富人生养老保障新产品获得批准办理。这种养老保险新产品包括积极进取、稳健增值、避险增值等 3 个投资组合。相比于个人银行储蓄养老与社保基金投资于股票市场，保险服务养老产品处在试点阶段。保险服务养老与银行服务养老仍然是金融服务养老的主要方式。

3.2.4 信托投资机构参与养老服务

与其他金融服务养老相比，养老信托在国内开展得较晚。2013 年 3 月发布的《关于扩大企业年金基金投资范围的通知》和《关于企业年金养老金产品有关问题的通知》，为企业年金基金的投资范围及创新型养老金产品开闸。此后，信托参与服务养老越来越多。信托服务养老成为金融服务养老不可或缺的部分。

3.2.5 基金投资机构参与养老服务

随着金融服务养老需求的不断增加和养老金融产品与服务的出现，基金投资机构也开始参与养老服务。这些机构提供各种养老基金供老年人养老投资选择。2006 年，首只具有养老属性的混合目标日期基金由汇丰晋信基金管理有限公司发行。它标志着金融服务养老的开始。不久后，大成基金管理有限公司和工银瑞信基金管理有限公司也发行了类似基金。这些基金的发行大大丰富了养老服务。此外，首只养老主题基金——天弘安康养老混合型基金也于 2012 年推出。它是一种很有特色的养老基金，市场前景广阔。由此开始的基金服务养老成为金融服务养老的重要组成部分。

金融服务养老是随着金融的发展和养老服务的需要而产生的。一方面，金融机构的增加加剧了竞争，金融市场业务的创新不断为金融服务养老的产生提供前提和基础；另一方面，随着老龄化进程的加快，不断增加的老年人口的巨大需求缺口为金融服务养老提供了广阔的市场。金融服务养老的产生是经济、金融和养老发展的必然结果。

3.3　金融服务养老的发展

随着技术的进步、经济金融的发展和人口老龄化问题的突出，特别是互联网金融的发展，金融服务养老获得了快速发展。金融服务养老正处于逐步完善中。它的发展推动了金融的发展，满足了老年人养老服务的需要。

3.3.1　金融服务养老发展的原因

金融服务养老之所以能够获得快速发展，除了越来越突出的养老问题外，还有其他原因。第一，它能够实现保值增值。养老资金或养老资产着重实现保值增值，是金融服务养老得以快速发展的重要原因。金融服务养老能够克服因利率波动和通货膨胀贬值而产生的影响。第二，它具有良好的养老预期引导。由于政府良好的预期引导，人们普遍对金融服务养老看好。金融机构积极开发，老年人普遍参与。据我们的初步调查，70%以上的老年人都愿意参与，有 50%的老年人已经参与，已参与的用 80%的养老资金、养老资产（财富）进行投资。绝大多数养老者认为，金融服务养老是未来养老的一种主要的模式或方式。正是由于良好的养老预期的引导，养老者已经或正在形成个人储蓄养老的计划或规划。第三，它受到越来越规范的监管。伴随着金融服务养老的兴起，除了政府的管理外，监管机构加强了监管，并且监管越来越规范。这些监管机构通过制定越来越多的相关规定和提供越来越多的法律法规来保障老年人的权利。包括机构支持什么、不支持什么，如何防范金融服务养老的风险，这些规定使监管更加适应金融服务养老发展的需要。越来越规范的监管为金融服务养老风险防范和稳定发展提供了保证。

3.3.2 金融服务养老发展的动力

金融服务养老发展的动力来源于老年人对过上美好晚年生活的期待，金融机构开拓了市场，扩大了利润增长的空间并获得了政府的政策支持。无论是金融服务养老的受益者、提供者还是监管者，都在不断地推动养老服务快速发展。

（1）老年人对过上美好晚年生活的期待。老年人辛苦了一生，希望晚年幸福。美好的生活不是自发而来的，需要自己的努力和奋斗。老年人参与金融服务养老，将自己所拥有的资产或财富进行不同的投资组合从而实现效用最大化。资产或财富组合得如何，直接影响着金融服务养老。如果资产或财富投资组合得好，那么将十分有利于发挥养老资产或财富的效用，使家庭拥有的有限资源最大限度地满足各功能活动正常开展的需要。老年人对美好生活的向往是金融服务养老发展的根本动力。

（2）金融机构获得了新的市场开发和利润增长空间。金融服务养老能够为金融机构的资产项目提供低成本的长期资金，金融机构由此获得了新的市场开发和利润增长空间。这是它们开拓发展业务的新天地。金融机构积极开展服务创新是金融服务养老发展的基本动力。

（3）政府政策的推动。为了促进金融服务养老更好地发展，政府制定和实施了大量的政策来主动推动。政府这样做有两方面的动力。一方面，金融服务养老可以让老年人过上更加美好的晚年生活。另一方面，政府可以减轻在未富先老、未备先老状况下难以承受的养老责任。应该说，政府在促进金融服务养老上具有很高的积极性，因为它可以减少财政养老负担的压力。政府政策的推动是金融服务养老发展的重要动力。

3.3.3 金融服务养老发展的表现

尽管金融服务养老兴起的时间不长，但发展非常迅速。特别是各种长期的养老投资新产品和服务不断出现，大数据、人工智能、互联网金融的发展及区块链技术在养老中的应用，使金融服务养老快速发展。

（1）个人银行养老储蓄不断下降与商业养老保险购买不断上升。过去的金融服务养老较少，即便涉及也多数是个人银行养老储蓄。伴随着其他金融服务养老的兴起，个人银行储蓄养老呈下降趋势。由经济发展带来的收入增加使得居民保险意识得到普遍增强，商业养老保险人数不断增加、规模不断扩大、保险金额不断上升。这也使得保险机构资产迅速增加，成为资本市场的重要机构投资者。不过，一些机构推出了面向失能风险的长期照护商业保险、养老健康保险及其他商业养老保险，但由于税收等支持政策的缺位，老年人对此类保险的认知缺乏，因而其发展不尽如人意。但从总体来看，商业养老保险购买不断上升。

（2）各种养老证券、信托和基金投资不断增加。随着金融服务养老的发展，养老机构也间接参与其服务之中。无论是养老股票与债券，还是养老信托与基金都呈现快速增长的势头，提供这类服务的金融机构、从业人员、产品与服务种类、金额也不断增加。这些服务养老方式可能会成为未来主要的金融服务养老方式。人口老龄化问题越突出，这方面的养老占比就会越高。

（3）越来越多的养老离不开金融服务的支持。人们创造财富，积累资产，通过保险和投资理财规划来配置运用个人家庭拥有的财富或资产已是未来养老的普遍趋势。随着老龄化的加剧和金融的发展，人们对商业保险、证券、信托、基金等提供的金融服务产品的需求会越来越旺。就是养儿防老、社会保险养老也离不开金融服务的支持。不仅如此，老年人的衣、食、住、行、用、医疗、健康、护理、娱乐、旅游等越来越离不开金融服务的支持。

3.3.4　金融服务养老发展的特点

金融创新发展迅速和养老服务需求的旺盛，使金融服务养老快速发展并呈现出一系列特点：第三方支付平台广泛服务，专业化的金融服务养老产品层出不穷，区块链金融的支持，各种金融投资渠道更加畅通。

（1）第三方支付平台广泛服务。互联网金融和移动支付的普及，金融机构通过官方网站、网上银行、自助银行、手机银行、手机应用程序（application，App）等多种第三方平台为老年人提供便利的金融创新产品。虽然老年人对这些金融服务养老创新产品不太熟悉，但还是有越来越多的老年人开始尝试，借此来满足其养老服务的需要。

（2）专业化的金融服务养老产品层出不穷。由于政府鼓励银行、证券机构、保险机构、信托机构、基金公司等为不同年龄段的养老服务需求提供服务，各机构开发提供差异化的金融服务养老产品，因此，金融服务养老呈现快速发展的势态。这些提供养老服务的金融产品包括通过银行提供服务的养老储蓄、养老理财、住房倒按揭、养老银行卡；通过保险公司提供服务的商业养老保险、长期护理保险、健康保险、意外伤害保险、老年人住房反向抵押养老保险；通过证券公司提供服务的养老证券投资；通过信托公司提供服务的养老型金融产品；通过基金公司提供的生命周期基金与目标风险基金；等等，都是由金融专业机构提供的专业化的金融服务养老产品。

（3）区块链金融的支持。随着区块链技术在金融服务养老中的广泛应用，只有老人想不到的，没有金融服务者办不到的。区块链金融的发展及与养老的结合，让各方获得了更多的服务信息，有效地提升了金融服务养老的精细化服务和安全性保障。它们想老人之所想，急老人之所需，金融服务及时到位。老年人对这种金融服务养老非常满意。

（4）各种金融投资渠道更加畅通。银行类金融机构、非银行类金融机构都在为养老提供各种不同的金融服务。不论是银行，还是证券、保险、信托、基金等都为金融服务养老提供了投融资渠道。2016~2020 年，智能投资顾问快速兴起，通过大数据、云计算、互联网和人工智能分析养老选择偏好，掌握老年人的金融服务需求，由此结合长期投资目标进行个性化资产配置，让老年人得以更加便捷地获得服务，更方便地选择适合自己的养老服务方式和产品。

3.4 金融服务养老的内容

金融服务养老的内容繁多，从所提供服务的机构、市场、监管来看，涉及养老的方方面面。金融服务养老涵盖储蓄、投资、保险、信托及基金等内容，能满足老年人多方面的服务需求。随着金融的不断创新，金融服务养老的内容还在不断地丰富和完善。众多的金融服务使得养老更加完善、更加方便。现代的养老是包括金融服务的养老，金融是包括养老服务的金融，见表 3-1。

表3-1 储蓄、股票、债券、信托、基金、权益的区别比较

项目	储蓄	股票	债券	信托	基金	权益
经济关系（何种凭证，为何受益者）	负债，信用凭证，负有法定的保本付息责任（银行对存款者）	所有权凭证，公司股东	债权凭证，公司债权人	委托凭证，信托受益人	受益凭证，基金受益人	权益凭证，权益受益人
所筹资金的投向	存款利率相对固定，损失本金可能性很小，投资比较安全	高风险、高收益，价格波动大	低收益、低风险，价格波动小	收益相对固定，风险较小	有价证券风险分散，收益相对稳健	权益设置，设立信托计划
收益来源	利息收入	股利收入，资本利得	利息收入，资本利得	资本利得	利息收入，股利收入，资本利得	固定收益
投资渠道	商业银行、信用社、邮政储蓄银行	证券公司	发行机构，债券公司，银行	基金公司，信托公司	基金管理公司，银行、证券公司	权益公司
投资收益与风险大小	存款利率相对固定，损失本金可能性很小，投资比较安全	高风险、高收益，价格波动大	低收益、低风险，价格波动小	收益相对固定，风险较小	有价证券风险分散，收益相对稳定	收益相对固定

在表 3-1 中，储蓄、股票、债券、信托、基金、权益在服务养老方面体现了不同的经济关系，资金的投向、收益来源、投资渠道、收益与风险大小各异，但它们都为养老投资提供服务。金融服务养老内容丰富。

3.4.1　金融机构服务养老

不断增加的老年人口对日常生活、健康护理、文化休闲和外出旅游等方面的便捷金融服务提出了更高要求。金融机构服务养老包括银行、证券公司、保险公司、信托投资公司、基金公司为养老提供养老资金储蓄、养老资产投资服务和养老权益保障。吴玉韶和党俊武（2014）认为，人口老龄化与金融服务行业（包括银行、证券、保险、基金、信托等所有金融机构）存在深度联系，并且将对金融产业的发展产生重大深远的影响。不同的金融机构提供不同的养老服务。

（1）银行服务养老。除了养老理财产品外，老年人通过银行提供住房反向抵押贷款融资获得即期现金流。银行创新养老金融业务是盈利的重要抓手。银行将养老金融业务与传统金融业务相融合，不仅可以开辟出新的业务领域和赢利渠道，而且可以将养老基金用于稳定的资金投资获得回报。此外，银行还能为社保经办机构和参保对象提供便捷的服务。养老者也可以利用网上银行、手机银行、微信银行、移动互联 App、自助设备等渠道获得服务，利用银行理财实现资金保值增值服务。

（2）证券公司服务养老。除了银行服务养老外，老年人还会选择投资证券养老目标基金、购买债券和股票。证券公司为需要进行养老投资的机构和老年人提供多样化的投资服务，或是投资股票，或是投资债券，或是投资基金，或是提供中长期的资金贷款，满足双方各自的需求。证券公司能发挥资金融通优势，多渠道、多形式、多方面为养老服务和养老产业发展提供所需资金支持。2001 年 7 月，全国社保基金首次“试水”股票市场，进行了投资的初步尝试。2018 年，随着养老目标基金的推出，证券公司服务养老内容得以丰富和完善。随着养老证券投资需求的增加，证券公司会提供越来越多的养老投资服务。

（3）保险公司服务养老。保险公司所提供的养老保险是一种重要的养老方式，包括基本养老保险、长期护理保险和由全国社会保障基金理事会管理的主权养老基金等。它在医疗、健康、养老等保险业务方面具有很大的优势，主要是为养老提供养老保险资金服务。保险资金期限长、规模大、来源稳定，养老可以利用长期投资、价值投资、稳健投资和责任投资这些形式提供的便利。种类众多的投资为养老提供可以选择的服务，满足养老的需要。保险与医疗护理结合，促进医养融合发展。保险公司还可将保险资金投资于养老服务产业。

（4）信托投资公司服务养老。信托具有财产管理职能和中长期融资职能，这类似于养老保险资金运行的特点。信托公司的养老信托业务能够确保收益，在法律法规和有效监管的保障下，能够确保养老资金和资产的安全，优势明显。信托投资公司以设立产业基金的方式参与养老产业扩大市场。信托投资公司参与养老金市场投资，可以确保养老基金有稳定的收益。

（5）基金公司服务养老。基金也可以服务养老，基金公司能够为老年人提供养老基金等稳健的养老理财工具、产品和服务。养老基金是指根据老年人特征及投资风险收益要求而专门设立的供养老使用的基金，具有风险较小、收益较稳定的特点。养老基金公司受委托，专门进行养老基金的投资、管理和运营，最终服务于养老。其服务的对象为老年人，提供的产品是各种不同类型的养老基金产品。其服务养老的作用在于满足老年人养老的需要，为老年人提供充分利用养老金、养老储蓄和养老资产的机会。所以，养老基金公司也是重要的养老投资服务机构，其拥有的大量优质资产可以促进其更好地服务养老。

3.4.2 金融市场服务养老

金融市场服务养老主要是养老者通过金融市场上的养老储蓄、投资方式、渠道与参与活动而获得金融服务的活动。不管是银行、证券、保险、信托和基金的交易活动，还是通过金融市场的养老服务交易行为，都是金融市场服务养老。它是在个人养老和政府养老金资产配置基础上的完全市场化的养老。

（1）银行储蓄服务养老。银行储蓄服务养老是传统的金融服务养老方式和模式，是老年人养老的主要经济来源之一。银行储蓄服务的养老投资产品由于种类少、选择单一，加之省心、省时、省力和低风险性，吸引了很多老年人。个人在工作期间就开始根据自身情况，及早进行养老储蓄，以便他们在年老时生活有充分的保障。虽然养老储蓄具有操作简便、安全、稳定等特点，但是它的收益低，且流动性和灵活性较差。例如，银行过去推出的大额长期养老金存款就是为养老作的准备。不过，银行大额长期养老金存款流动性差，不能满足老年人资金的及时需要，所以银行可以发行大额应急养老储蓄存款，以便满足部分养老者的需要。银行大额应急养老储蓄存款更能满足老年人养老的需要。但该款投资的前提是大额，所以，没有一定的资金实力，也难以选择银行大额应急养老储蓄。此外，银行还可以根据市场变化，通过向老年人提供保值增值的养老基金产品服务，来满足老年人的养老需求。总的来看，未来的银行储蓄养老还会占一定的比重。

（2）证券投资服务养老。证券投资服务养老也是金融服务养老的一种重要方式。相对于个人银行储蓄和其他养老，其具有特殊的投资需求和风险偏好，而一些不怕风险的老年人更喜欢风险低、收益大的股票和债券投资。将养老金、养老储蓄和养老资产投向资本市场，可以扩大资金来源并增强市场流动性，特别是可以加强金融创新并给市场注入活力，发挥证券投资服务养老的作用。养老资金可投资于上市公司股票、私募股权、通货膨胀挂钩债券、政府债券和其他债券。由于养老金是养老者的养命钱，需要专门的机构定期向社会披露资金规模、投资标的、收益和风险状况等相关信息，让他们知情。一般说来，对于基本养老金可进行债券投资，对于私人养老储蓄和资产可进行股票投资。这样，资金及资产既能获得一些收益，防止通货膨胀所带来的贬值，又能因分散化将投资风险降到最低限度。证券投资服务养老在金融服务养老中发挥着重要作用，可以使养老者获得额外的收益，可以分散一些风险，能够满足老年人更高生活水平的需要，特别是满足进行风险投资的需要。如果选择得好，不仅可以获得收益，而且还可以降低风险。因金融的发展和参与养老投资规模的扩大，这种证券服务养老在未来的金融服务养老中所占的比重会越来越大。

（3）保险购买服务养老。保险购买服务养老是金融服务养老的一种基本方式。根据生命周期理论，人们将一生的消费均衡，在高收入时期减少消费而购买养老保险，为未来低收入或无收入时期的养老作好资金上的准备。老年人需要确定购买所需保险的品种和数量，确定保险的时间和所需要的收益。保险购买服务养老通常以商业养老保险为主要形式满足养老的需要。它与银行个人储蓄养老都是较为普遍的金融服务养老方式。

（4）信托投资服务养老。养老信托也相当于一种养老服务，是一种多边信用关系。其主要采用信托模式管理养老保险基金或养老资产。从产品特性来看，信托模式相较目前的社保和商业保险模式，更适合老年人养老（吴玉韶和党俊武，2014）。老年人将自己的动产、不动产及其他财产，委托投资公司按照约定的条件和目的进行管理、运用和处置。需要特别指出的是，信托型“以房养老”越来越成为养老的一种重要方式。

（5）基金交易服务养老。生命周期基金、股票基金、房地产信托投资基金等都是重要的基金，可以为养老发挥作用。各种基金投资服务养老，也称为养老投资基金，既可以达到多元化的投资目的又能分散投资风险。除了分散投资风险，这些基金也可以通过产品的设计达到某种特定的目的。目前，正在兴起的房地产信托投资基金就是这样一种养老服务形式。由于“未备先老”“未富先老”的现状，社区融资可以采取这种方式以满足养老的需要。也就是说，它可以成为养老社区建设融资的重要手段。

3.4.3　金融监管服务养老

金融风险无时不有，无处不在。金融服务养老可能会出现供求失衡、预期不当等各种问题，这在客观上需要金融监管机构对为老年人提供各种资金的金融机构和提供资产投资服务的金融市场实施有效的监管。这些监管既包括对银行、证券、保险、信托投资和基金投资机构的监管，又包括对这些机构的养老业务的监管。所以，吴玉韶和党俊武（2014）认为，老龄金融市场必将面临全球化趋势，不仅对本国金融机构开放，而且也将迎来国外金融机构的参与和竞争。这些都要求中国的金融监管部门采取全面综合、多学科、多源头的监管。金融监管服务养老需要根据金融机构提供的不同类型的产品和服务实现功能监管和机构监管的有效互补，为金融服务养老保驾护航。

（1）银行监管服务养老。老年人偏好银行储蓄养老，加强银行服务养老的风险监管比其他监管更为迫切和必要。银行监管服务养老主要是加大监管力度，促使银行机构为老年人提供便利的养老储蓄和其他投资服务，制定和完善相关的法律法规体系。尽管银行监管已经非常严格，对金融产品的进入、经营、退出等已经实施了全面的监管。但是，由于银行养老储蓄涉及的是老年人，他们最怕风险和失去养老来源，所以，银行监管服务养老非常必要和重要。老年人由于身体原因，对银行服务养老有较高的要求，对便利性、快速性、准确性的要求都是其他人群所不能比拟的。另外，制定和完善相关的法律法规体系也尤为关键，不仅要做到银行服务养老有法可依，监管也要有法可依。

（2）证券监管服务养老。养老证券投资表现为各类养老产品在风险控制、长期收益和管理成本上的竞争，让投资人难以获得稳定的收益。特别是以养老为目的的金融资产被投资到风险较大的证券中时，可能导致其血本无归。这些都说明了加强养老证券投资监管的必要性和重要性。如果老年人在退出劳动后没有其他收益，那么，他们将主要依靠银行储蓄和养老金来支撑养老生活，风险承受能力较差，尤其经受不起风险的打击或折腾。如果养老资产因进行证券投资而遭受损失，老年人可能承受不起风险，这在客观上要求对老年人的证券投资进行监管。这些监管包括对所涉及机构与从事养老证券业务的监管。监管的目的是尽量减少或化解风险，确保养老证券投资的收益。

（3）保险监管服务养老。保险服务养老的监管包括对从事此行业机构的监管、对涉及的养老保险业务的监管，也包括对自身的监管。对保险服务养老的监管特别需要制定和完善养老保险监管法律法规体系。监管机构通过制定和完善监管法律法规体系，为养老保险买卖监管提供法律保障。其目的是在进行养老保险交易监管时做到有法可依。

（4）信托投资监管服务养老。养老信托业务运作资金数额巨大，有效的监管十分重要。信托投资监管服务养老主要是从产品、过程、社会监管和法律等方面进行监管。第一，严格规定养老信托投资产品品种。其目的是让养老信托投资有可靠的收益保证和将风险降到最低限度。第二，实施全程化的监管。信托投资监管服务养老需要真正做到事前、事中与事后的全程监督。其目的是防范信托投资风险，为老年人提供稳定的收益。第三，广泛接受社会监督。信托投资监管可以让老年人知道养老信托投资情况。其目的是让养老信托投资暴露于阳光之下，使得相关机构没有作假的机会和可能。这样做有利于养老信托投资风险的防范和业务范围的扩大。第四，制定和完善养老信托投资监管法律法规体系。监管机构通过制定和完善监管法律法规体系，为养老资金或资产信托投资监管提供法律保障。其目的是让养老信托投资监管做到有法可依。

（5）基金监管服务养老。作为养老的私人基金也需要实现保值增值。养老基金的投资或买卖同样存在着风险，在给投资人带来收益的同时也需要进行监管。对养老基金及其投资的监管，主要是对相关机构的监管和所进行业务的监管。基金监管规定各机构所提供的产品品种需要接受社会监督，特别是通过法律法规做到依法监管。根据发达国家经验，除了金融监管部门外，主管人力资源的机构等部门在社保储备基金、企业年金基金、职业年金基金、基本养老保险投资基金等方面均有投资运营监管职责。

可见，金融服务养老具有丰富的内容。随着经济、金融的发展，金融服务养老会进一步丰富和完善。特别是金融创新，使得养老服务品种、方式更加多样化。在互联网和区块链金融影响下，养老与之结合，金融服务养老将会有更丰富的内容。

第4章 金融服务养老的未来趋势

为适应养老的需要，金融机构纷纷试水参与服务养老。传统的养老方式正在被金融服务养老方式所取代，子女、政府承担的养老职能越来越弱化，老年人获得金融服务的养老方式越来越普遍。金融服务养老受到经济、金融、效用、制度、文化和观念等的影响，呈现出养老资产种类多、总量大、期限长、便捷性明显、安全性高与流动性强、养老财富能够保值增值等特征。随着人口老龄化的加快和金融的快速发展，金融服务养老发挥的作用会越来越大，未来的金融服务养老呈现出前景广等发展趋势。

4.1 金融服务养老现状概述

经过金融服务养老的实践，目前，金融服务养老正在起步中，呈现出服务内容越来越多、专业越来越个性化、市场规模越来越大、政策支持越来越完善等特征，与此同时，相应的监管也在提上日程。金融服务养老正为老年人的养老发挥越来越大的作用。

4.1.1 正在起步中的金融服务养老

金融服务养老在国外较为普遍，虽然中国高度重视它，但其依然处于刚刚起步的状态。过去的养老更多的是传统的养老。这种养老主要是由子女进行的家庭养老和政府提供养老金的养老。尽管有老人自己养老和通过养老保险养老，但其比重不是太大。随着核心家庭的增加，家庭高龄化和失能化等趋势越来越明显，各种养老服务需求不断增加。老年人在衣、食、住、行、生活护理、医疗服务、文化健身、娱乐等众多领域都需要金融的支持。现代的养老更多的是金融服务养老。金融服务养老正在悄悄地被老龄人群接受是一个不争的事实。金融服务养老不仅需求呈爆发式增长，而且供给也越来越充足。金融机构提供养老服务，金融养老市场活跃，金融监管服务养老。老年人顺应时代的发展，正越来越多地通过金融服务而养老。我们调查发现，仍然依靠养儿防老的老年人主要在农村，占全部养老方式的 40%；由政府财政提供养老金养老的老年人主要在城市，占全部养老方式的 30%；通过金融服务养老的老年人主要在城市或城镇，占全部养老方式的 20%；其他养老的方式在农村或城市都有，占全部养老方式的 10%。由此可见，金融服务养老正在起步中。

4.1.2　金融服务养老内容越来越多

养老并不仅是资金的问题，老年人退出劳动以后所需要的金融服务，同样是养老从家庭顺利转向市场的必要前提。金融服务养老涉及的服务烦琐、内容众多且升级转型换代很快。在人口老龄化加快、养老问题突出和政策支持下，各金融机构加快探索和实践服务养老。除了银行、保险外，证券、信托、基金也提供了越来越多的金融服务。不少金融机构也探索了综合性的金融服务，开发出符合老年人需要的银行卡、理财等金融产品，对外借助养老服务公司，不断拓宽他们的增值服务内容，满足他们不断变化的金融服务需求。

目前，银行开发的金融服务养老产品主要有养老储蓄、养老理财、住房倒按揭，以及为老年人领取养老金、紧急救助、保健护理、挂号就医、交通出行、日常缴费的养老一卡通和养老专属银行卡；保险公司开发的金融服务养老产品主要有商业养老保险、住房反向抵押贷款养老保险和养老保障委托管理业务；证券公司开发的金融服务养老产品主要有养老证券和专属养老投资产品；信托投资公司开发的金融服务养老产品主要有养老信托业务；基金管理公司开发的金融服务养老产品主要有生命周期基金、目标养老基金和养老主题基金等养老型基金。养老服务的范围是老年人全部的生活，而金融服务养老则是养老服务的重要内容。服务养老的金融机构越来越多，服务养老的产品和内容也越来越丰富。

4.1.3　金融服务养老专业性越来越强

由于养老服务特别是养老金融服务属于新兴行业，许多金融机构对养老服务业认识存在误区，认为金融服务养老行业只是一个能赚钱的行业，并不需要十分专业的人才提供专业化的服务。事实上，金融服务养老是一个专业化程度相当高的行业。这种专业化表现为从业人员需要掌握金融专业的知识和技能，并由此根据不同老年人的需要提供不同的专业服务。有的老年人需要的是个人储蓄服务，有的老年人需要的是养老保险服务，有的老年人需要的是养老股票投资服务，有的老年人需要的是养老债券投资服务，有的老年人需要的是养老信托服务，有的老年人需要的是养老基金服务，有的老年人需要的住房反向按揭服务。这些服务的专业性都比较强。不仅如此，随着经济金融的发展和科技的进步，养老互联网的产生使金融服务养老越来越专业化。这不仅要求从业者具有专业的金融知识，而且还需要其有计算机知识、社会保障知识、医学护理知识、养老健身知识、公共管理知识等。养老金融服务专业性越来越强，这是大势所趋。

4.1.4　金融服务养老市场规模越来越大

由于养老人口众多和金融服务养老的市场广阔，金融服务养老吸引了各类金融机构的广泛参与。银行、证券公司、养老保险公司、保险资产管理公司、各类基金公司、信托投资公司等机构纷纷以不同的形式参与市场竞争。2020 年底，全国基本养老保险金累计结存 6.1 万亿元，基本养老保险投资权益类资产达 2 万亿元；全国企业年金规模达 2.3 万亿元，职业年金规模达 1.0 万亿元；银行参与的养老服务资金 3 万多亿元；商业养老保险规模达 3.0 万亿元，长期护理保险规模达 1.3 万亿元；全国主权养老基金规模达 2.9 万亿元，养老目标基金规模达 800.0 亿元；其他的养老服务资金超 2 万亿元。总的来看，金融服务养老市场规模越来越大。正是有了庞大的市场规模，金融服务养老才有非常广阔的市场前景。

4.1.5　金融服务养老政策支持越来越完善

金融服务养老离不开政策支持。有了政策，才有操作的依据。为了满足老年人借助金融服务养老的需要，政府出台了一系列的政策。2011 年，国务院办公厅出台了《社会养老服务体系建设规划（2011—2015 年）》，专门为社会养老定制规划。2013 年，《国务院关于加快发展养老服务业的若干意见》就如何加快发展养老服务提出了保障措施。2015 年，《关于鼓励民间资本参与养老服务业发展的实施意见》就吸收民间资本参与养老服务提出了具体的操作方案。以上这些政策的共同特征是提出了如何加快发展养老服务，但还没有对金融如何服务养老提出完整的政策。为适应金融服务养老的需要，2016 年，《关于金融支持养老服务业加快发展的指导意见》和《关于延长老年人住房反向抵押养老保险试点期间并扩大试点范围的通知》为金融服务养老提供了具体的操作规则。可以说，这些银行服务养老政策、保险服务养老政策等的出台，为更加具体化的金融服务养老发展提供了制度保障。2019 年 4 月,《关于推进养老服务发展的意见》发布，旨在推动养老产业发展。同年 11 月,《国家积极应对人口老龄化中长期规划》发布，鼓励家庭、个人建立养老财富储备，稳步增加全社会的养老财富储备。到目前为止，专门为此制定的相关政策有十多个。可以预见，金融服务养老政策支持会越来越多且内容趋于详细和完善。

4.1.6　金融服务养老监管提上议事日程

如同其他金融需要监管一样，金融服务养老也离不开金融监管，因为金融服务养老难免会出现风险。金融服务养老的风险是随时存在的，这是因为金融服务养老收益与风险存在着相对性。也就是说，金融在营销服务和养老产品时，卖出的是有偿服务，买入的是风险。同样，老年人在接受金融服务养老新产品时，让出的是养老资金、养老资产或养老权益，买入的仍然是风险。有时，金融服务养老存在着难以控制的风险。金融机构很难消除这些风险，老年人面临风险又无法解决，这就需要对金融服务养老进行有效监管。由于金融服务养老业务的开展，金融监管也相应提上议事日程。金融监管机构开始着手进行监管，或是设计养老制度或政策，或是制定养老监管机制和规则。2020 年,《关于建立健全养老服务综合监管制度促进养老服务高质量发展的意见》发布后，推动深化“放管服”改革，明确了养老服务监管的责任，加强了对资金和金融产品的监管，提出了养老服务高质量发展的要求。健全的养老制度和政策与完善的监管机制和规则，可以促进提供养老服务的金融机构履行职责，自觉接受监督，提供优质的产品和服务并对不当行为承担后果。这不仅有利于增强老年人对金融服务养老的满意度，而且有利于金融服务养老工作的改进，保障老年人的正当利益。

4.2　金融服务养老的影响因素

影响金融服务养老的因素众多。经济发展水平、金融发展状况、服务效用、社会养老制度、文化和观念等都是其中的重要因素。虽然其他因素都对金融服务养老有重要的影响，但它们都是从属于经济发展水平的。

4.2.1　经济发展水平

经济发展水平是金融服务养老方式和水平的决定性因素。经济发展水平不同，金融服务养老的方式和水平也不同。可以说，经济发展水平的高低决定着金融服务养老的状况。服务于老年人的金融产品主要是由相关的机构专门结合他们的资产、金融消费特点而设计的不同的养老金融产品。

（1）经济发展水平决定着金融服务养老水平的高低。金融服务养老与经济发展水平成正比。经济发展水平决定金融市场的发达程度，即金融服务养老是发达金融市场与养老需求相结合的产物。在经济不发达和人们收入有限的阶段，金融服务养老十分落后。在经济发达和收入水平很高的阶段，金融服务养老非常完善。

（2）经济发展水平的提高有助于金融服务养老相关服务的改善。经济发展水平越低，金融服务养老的机构越少，服务人员越少，服务水平也越低。经济越发展，养老服务的投资越普遍，越需要高水平的金融服务养老。特别是随着资本市场的发展，参与养老股票、养老债券、养老信托、养老基金投资的就越多。金融越发达，为养老所提供的金融服务模式、方式、渠道、内容等就越多。发达的经济为金融服务养老的发展提供了条件。

（3）金融服务养老也是经济发展水平的结果和表现。金融服务养老是建立在经济发展水平基础之上的。金融服务养老的机构、服务人员、资金规模、产品服务等都是随着经济发展水平的提高而增加或扩大的，服务质量和服务水平也是随着经济的发展而提高的。金融服务养老水平的高低是经济发展水平的直接表现。

4.2.2　金融发展状况

离开金融的发展，金融服务养老无法独立运行和存在。金融发展状况既影响金融服务养老的质，又影响金融服务养老的量，还影响金融服务养老的供求。与经济发展水平一样，金融发展状况也是金融服务养老的决定性因素。

（1）金融是金融服务养老的前提和基础。没有一定的金融发展，就没有金融服务养老。传统的养老之所以大多是养儿防老或政府养老金养老，其中的一个重要原因是金融落后。金融服务养老建立在一定水平的金融基础上，并与金融发展阶段相适应。在金融不发达和人们收入有限阶段，金融服务养老十分落后甚至根本没有。随着金融的发展和人们收入水平的提高，金融服务养老得以产生和发展。

（2）金融发展水平的提高决定着金融服务养老的改善。金融发展水平和状况决定着金融服务养老水平的高低。金融越落后，金融服务养老的机构越少，服务人员越少，服务水平也越低，这时的金融服务项目主要是商业银行类所提供的个人养老储蓄。即便有商业保险养老，其人数、保险金额和获益等占养老的比重也不大。银行员工主要是进行信用服务，为养老提供储蓄服务的人员也有限。这时的服务水平不高，主要是进行定期或活期储蓄服务。金融越发展，养老服务的投资越普遍。特别是随着金融市场（资本市场）的发展，参与养老股票、养老债券、养老信托、养老基金投资的就越多。金融越发达，为养老所提供的金融服务模式、方式等就越多，对养老服务的金融监管也越严格。

（3）金融服务养老也是金融发展状况的结果和表现。金融服务养老是建立在金融发展水平的基础之上的。它本身就是金融发展水平的标志。金融服务养老的机构、服务人员、资金规模、产品服务等都是随着金融发展水平的提高而增加或扩大的。金融服务养老的水平是金融发展的结果和表现，发达先进的金融服务养老也离不开发达的金融基础。

4.2.3　服务效用状况

服务效用是影响金融服务养老的基本因素。老年人是否需要金融服务养老，主要看其服务效用的高低。人们对于财富的占有多多益善，即在有了生活的资金保障后希望拥有更多的资产或权益。服务效用越高，越能得到支持。服务效用实际上反映了养老者对于风险的态度。金融服务养老，有质量好的服务和质量差的服务；有高水平的服务和低水平的服务；有高效用的服务和低效用的服务。服务质量越好，服务水平越高，服务效用越大，老年人越需要金融服务养老。有时，服务效用状况在很大程度上影响着金融服务养老的需求与供给。所以，服务效用状况与金融服务养老的需求密切相关。

4.2.4　社会养老制度

采取何种社会养老制度，在很大程度上影响着金融服务养老。如果政府所提供的社会基本养老保险金充足，那么，进行养老证券、信托、基金投资的比重就会增加。如果采用家庭养儿防老，那么，进行个人银行储蓄养老和购买商业保险养老的比重就会很小。社会养老制度健全、体系完善，金融服务养老则比较普遍，供需两旺。社会养老制度缺失，开展金融服务养老的机构少、市场规模小、养老金融新产品少，所提供的服务也可能不到位。所以，社会养老制度是影响金融服务养老的制度因素。

4.2.5　文化

文化是金融服务养老中的另一个重要影响因素。它是影响金融服务养老的精神因素。不同的文化对金融服务养老有不同的影响。文化影响养老贷款、个人储蓄、投资等，也影响住房反向抵押贷款。西方发达国家较为普遍的住房反向抵押贷款在中国开展困难，其中的一个重要原因就是受文化的影响。养老者和被养老者普遍认为，子女养老是天经地义的，住房是由子女继承的。他们难以接受将自己长期居住、习惯了的房子交给银行，由银行提供养老贷款服务。再有，养老股票投资因文化因素的影响难以被老年人普遍接受。传统文化对金融服务养老的影响是先父养子、后子养父。它实际上是一种养老在时间银行里的互换。现代文化对其的影响表现为只要能更好地获得养老服务，参与金融服务养老就是值得的。有时，文化对金融服务养老发挥着非常重要的作用。

4.2.6　观念

观念也是金融服务养老的重要影响因素。观念有传统的观念和革新的观念。养儿防老的观念在很大程度上影响着金融服务养老。要将老年人的个人养老储蓄投资于养老证券、养老基金或养老信托，也是他们极其不愿意做的，因为他们怕投资的风险。他们的观念就是求稳而不是求收益，因为他们经受不起折腾。当然，如果养老投资没有风险而只有收益，他们也是能接受的。但是，现实的投资哪有只有收益而没有风险的事。所以，观念是影响老年人是否参与及在多大程度上参与金融服务养老的一个重要影响因素。

众多的因素影响着金融服务养老。在金融服务养老的不同阶段，这些因素的影响程度、范围都各有差异。其中，经济发展水平、金融发展状况对金融服务养老产生直接的影响，而服务效用状况、社会养老制度、文化、观念对其产生间接的影响。由于文化、观念等影响因素都远离金融服务养老，到目前为止，它们都还没有受到重视。

4.3　金融服务养老的基本特征

金融服务养老与其他养老不同，具有养老资产种类多，养老资产总量大，养老服务期限长，养老便捷性明显，养老服务较安全且流动性强，养老财富保值增值等基本特征。金融服务养老与社会保障养老也不一样。掌握这些特征有利于充分发挥各种养老资产的作用，特别是可以更好地促进金融服务养老发展。

4.3.1　养老资产种类多

资产是货币、物资、人力资本和权益的总和。养老资产是指直接属于家庭或个人专门用于家庭成员养老生活的资产，包括物质类养老资产、金融类养老资产、人力资本类养老资产和权益类养老资产等。各种不同的养老资产有不同的种类，对养老发挥着不同的作用。其中，养老资金为养老者提供便利的养老生活。

物质类养老资产是指家庭成员的房产、贵金属、古董、古玩、艺术收藏品和其他珍藏品等供养老用的资产。它是看得见、摸得着的，可以通过置换实现残值、通过出租等价养老收入、通过抵押置换获得养老金等。这是少数老年人由于长期积累，可用以换取的养老收益，对于他们提高养老生活的水平和追求高品质的养老生活具有重要作用。只不过除了房产外，拥有这类资产的养老者并不多。绝大多数养老者既没有这种爱好又不拥有这类养老资产。但或多或少有养老者拥有这类资产，因此，以资产投资和租赁等方式参与金融服务养老是有必要的。

金融服务养老所研究的资产不是狭义的，而是广义的金融服务养老所研究的金融类养老资产。这类资产包括属于个人缴费、家庭缴费和雇主缴费的储蓄，有积累型养老金计划资产，商业养老保险，老年房产规划，养老预付金和其他存款利息、房租、股权收入等资产和资本利得收入。金融服务养老所研究的最主要的就是这类资产。

人力资本类养老资产是指基于推迟退休年龄，附加在人身上的知识、技能、能力和素质创造的个人、社会和经济福祉。受身体、知识、文化和经历等的影响，有不少的老年人几乎不具有这方面的资产。有的老年人由于身体好、有广博的知识文化，特别是人生经历，尽管老了，他们仍然可以获得收益而养老，甚至其收益大大超过其养老之所需（杨燕绥等，2017）。

权益类养老资产是由政府为保障公民权益设立的制度所安排的资产，基本上属于待遇确定的养老福利计划。这类资产包括政府为居民提供的货币形态的养老金、雇主为员工提供的福利养老金和制度内的个人养老储蓄，各类补充的权益类养老和救助型养老资产。这类养老资产来源于养老的制度安排，较好地保障了老年人的基本生活安全。此外，广义的权益类养老资产还包括养老者拥有某种权益而获得养老生活保障。

金融服务养老资产类型多、数量多、可转化为养老使用的价值多。据不完全统计，从种类来看，95%以上的老年人拥有一类养老资产，90%以上的老年人拥有两类养老资产，20%以上的老年人拥有三类养老资产，10%以上的老年人拥有四类养老资产；从数量来看，拥有的权益类养老资产达 3 万亿元，拥有的金融类养老资产达 1 万亿元，拥有的物质类养老资产达 0.5 万亿元，拥有的人力资产类养老资产达 0.2 万亿元；从可转化为养老使用的价值来看，拥有的权益类养老资产可转化为养老使用的价值达 5 万亿元，拥有的金融类养老资产可转化为养老使用的价值达 2 万亿元，拥有的物质类养老资产可转化为养老使用的价值达 1 万亿元，拥有的人力资产类养老资产可转化为养老使用的价值达 0.5 万亿元。可见，金融服务养老涉及的养老资产种类多。

4.3.2　养老资产总量大

养老离不开资金、资产和权益，特别是资金。在市场经济条件下，资金是进行养老最基本的条件。任何吃、喝、住、穿、用等基本生存都需要资金。随着金融服务的进一步发展，原本由子女和财政负担的资金流入金融服务体系，进一步扩大了现金流。由于老年人口数量多，养老需要源源不断的资金。无论通过何种途径和方式进行养老，都需要资金的支持。2019 年，全国总人口 13.8 亿。其中，60 周岁及以上的人口超过 2.4 亿，占比达 17.4%；65 岁以上的人口超过 1.5 亿，占比 10.9%。由于老年人口规模大，增长速度特别快，与之相适应，涉及金融服务养老的资金总量增大。2000 年，全国基本养老金结余 0.73 万亿元。据预测，2030 年将达到 6.0 万亿元。2018 年，全国居民资产总量达 146.8 万亿元。居民存款储蓄达到 70.0 万亿元，养老保险达到 6.0 万亿元。养老证券投资、基金投资和信托投资达到 66.5 万亿元。养老资金占 GDP 的比重达 67.5%。由此可见，金融服务养老的总量大，占比高。家庭金融资产中绝大部分是为养老而准备的，见表 4-1。

表4-1　包括养老在内的家庭金融资产量变化　　单位：亿元人民币

年份	资产总量	现金		银行存款		债券		股票		基金		保险	
		总量	占比	总量	占比	总量	占比	总量	占比	总量	占比	总量	占比
1978	384.2	173.8	45.2	210.6	54.7	—	—	—	—	—	—	—	—
1979	495.2	214.2	43.3	281.0	56.7	—	—	—	—	—	—	—	—
1980	685.1	285.6	41.7	399.5	58.3	—	—	—	—	—	—	—	—
1981	854.8	330.1	38.7	523.7	61.2	0.1	0.0	—	—	—	—	—	—
1982	1 067.0	371.9	34.9	675.4	63.3	19.7	1.8	—	—	—	—	—	—
1983	1 382.9	449.8	32.5	892.5	64.5	40.5	2.9	—	—	—	—	—	—
1984	1 941.9	664.6	34.2	1 214.7	62.5	62.0	3.2	—	—	—	—	—	—
1985	2 542.2	813.4	32.0	1 622.0	63.8	101.4	4.0	—	—	—	—	4.8	0.2
1986	3 500.0	993.9	28.4	2 238.5	64.0	254.8	7.3	—	—	—	—	12.9	0.4
1987	4 648.9	1 183.5	25.5	3 081.4	66.3	328.4	7.1	30.0	0.7	—	—	25.6	0.6
1988	5 682.2	1 174.1	20.7	3 822.2	67.3	544.0	9.6	105.0	1.9	—	—	36.9	0.7
1989	7 967.4	1 910.6	24.0	5 196.2	65.2	689.7	8.7	124.9	1.6	—	—	46.1	0.6
1990	10 266.7	2 155.5	21.0	7 119.8	69.4	797.5	7.8	137.7	1.3	—	—	56.3	0.6
1991	13 286.8	2 590.2	19.5	9 244.9	69.6	1 148.3	8.6	225.2	1.7	—	—	78.3	0.6
1992	17 546.0	3 447.3	19.7	11 757.3	67.0	1 818.9	10.4	400.0	2.3	—	—	122.6	0.7
1993	22 657.6	4 580.3	20.2	15 203.5	67.1	2 118.7	9.4	598.0	2.6	—	—	157.1	0.7
1994	30 569.4	5 647.1	18.5	21 518.8	70.4	2 550.2	8.3	639.7	2.1	—	—	213.0	0.7
1995	39 858.6	6 094.1	15.3	29 662.3	74.4	3 135.5	7.9	662.4	1.7	—	—	304.3	0.8
1996	51 193.6	6 877.2	13.4	38 520.8	75.3	4 395.9	8.6	968.0	1.9	—	—	431.6	0.8
1997	62 434.8	8 098.9	13.0	46 279.8	74.1	5 726.3	9.2	1 826.3	2.9	—	—	503.6	0.8
1998	72 944.0	8 949.6	12.3	53 407.5	73.2	7 140.0	9.8	2 684.5	3.7	—	—	762.4	1.1
1999	83 647.7	10 818.2	12.9	59 621.8	71.3	8 756.3	10.5	3 559.9	4.3	—	—	891.2	1.1
2000	91 686.8	11 722	12.9	64 332	70.2	9 452.1	10.3	8 049	5.6	424	0.5	1 598	1.1
2001	109 373	12 551	12.2	73 762	70.7	13 301	9.8	7 244	6.0	405	0.4	2 109	1.4
2002	126 092	13 822	11.6	86 911	71.8	15 469	9.0	6 244	5.7	593	0.5	3 054	1.9
2003	148 819	15 797	11.3	103 618	73.2	18 083	8.1	6 593	5.3	850	0.6	3 880	2.1
2004	169 193	17 174	10.9	119 555	74.8	20 622	7.1	5 901	5.2	1 623	1.0	4 318	2.0
2005	195 887	19 225	10.6	141 051	76.4	23 019	6.2	5 319	4.8	2 346	1.2	4 927	2.0
2006	230 838	21 685	10.6	161 587	77.2	25 159	5.7	12 510	4.6	4 283	1.9	5 641	2.0
2007	311 961	24 300	11.0	172 534	76.4	45 139	5.1	46 570	5.2	16 381	5.3	7 036	2.2
2008	337 482	27 375	10.2	217 885	78.2	50 095	3.9	22 641	5.1	9 702	2.9	9 784	2.6
2009	457 905	30 595	9.6	260 722	78.9	66 715	3.6	75 671	5.4	13 012	2.8	11 137	2.5
2010	544 253	35 703	9.7	303 302	79.4	83 198	3.1	96 555	6.4	12 520	2.3	12 974	1.5
2011	590 994	40 599	9.7	343 636	79.8	98 501	2.6	82 960	6.4	10 959	1.9	14 339	1.5

续表

年份	资产总量	现金		银行存款		债券		股票		基金		保险	
		总量	占比	总量	占比	总量	占比	总量	占比	总量	占比	总量	占比
2012	691 212	43 728	6.3	399 551	57.8	128 185	18.5	89 929	13.0	14 331	2.1	15 488	2.2
2013	776 485	46 860	6.0	447 602	57.6	150 006	19.3	99 790	12.9	15 006	2.0	17 222	2.2
2014	912 994	48 207	5.3	485 261	53.2	178 791	19.6	157 812	17.3	22 687	2.5	20 235	2.2
2015	1 086 887	50 537	4.6	526 509	48.4	239 082	22.0	208 940	19.2	37 500	3.5	24 283	4.3
2016	1 294 194	71 149	5.5	573 783	44.3	284 723	22.0	262 721	20.3	41 414	3.2	60 827	4.7
2017	1 373 541	77 268	5.6	599 587	43.7	318 661	23.2	288 443	21.0	46 700	3.4	42 580	3.1
2018	1 467 640	83 874	5.7	700 518	41.7	324 156	23.6	299 432	21.8	45 326	3.3	63 183	4.6

数据来源：根据国家统计局数据库和 1978~2019 年《中国金融统计年鉴》等相关数据计算整理而得

注：表中数据均为原始数据经过四舍五入得出

在上述家庭金融资产总量中，据调查，有 60%多的资产是用于养老储备的，只有不到 40%的资产用于现期消费。家庭金融资产成为养老资产的主要部分。用于养老的投资型的金融资产占比越来越大，用于其他类的金融资产占比越来越小。总的来看，养老资产总量大。

4.3.3 养老服务期限长

金融的本质是跨时间、跨空间的资源配置，金融服务养老则是跨时间的金融资源配置。其中的跨时间，有的是几年，有的长达几十年，有的贯穿养老的整个阶段。在这个期间内，老年人的养老都离不开金融的长期支持和服务。这些服务也许在某个时期是投资类的服务，也许在某个时期是权益类的服务，也许在某个时期是综合类的服务。养老金具有多次缴纳、未来返还的特征。缴纳的时间少的几年，多的长达几十年，返还的时间也不短，需要进行资本市场投资才能保值增值。在如此长的过程中，无论是老年人还是养老金都充满着不确定性。老年人可能生病甚至过世，养老金可能会受到利率或通货膨胀的影响而贬值。从年轻时交款、期间管理运营，再到养老时领取养老金，持续时间长达几十年，离不开金融机构所提供的各种养老服务。养老保险的参保人员从参加工作起就要按照相关规定缴纳保险费，兑现则是在参保人员达到法定退出劳动年龄后的事，期间往往有几十年的时间差。在这个过程中，金融服务养老的机构可能会发生变动，服务产品可能会有创新。特别是在互联网金融下，较长时期的金融服务会发生意想不到的变化。

4.3.4　养老服务便捷性明显

由于种种原因，老年人在接受服务的过程中非常需要得到心理上的疏导和感情上的关怀，特别是心理预期的引导与调节。由于年老，金融机构与医院、护理机构、旅行社等推出的电子挂号、预约护理服务、休闲旅游等个性化金融服务深受老年人欢迎，能够满足他们生活照顾、医疗护理和精神慰藉等服务需求。养老服务机构为需要养老的老年人提供良好的金融服务，让他们愿意去，让子女愿意送他们去，让老年人能够在养老服务机构中享受到便捷的服务，过上美好的晚年生活。金融服务养老是否便捷，决定着其服务需求量的大小。在人工服务与自助服务之间，老年人更喜欢传统的人工服务。老年人感觉自动取款机、网上银行、手机银行和其他互联网金融操作不便，并对其存在不少质疑。只有让老年人感觉到金融服务的便捷，他们才容易接受。便捷的服务是金融服务养老的一个明显特征。

4.3.5　养老服务较安全且流动性强

老年人往往更加注重养老金或资产的安全性与流动性，对获益性的要求次之。大部分老年人金融知识匮乏且更新慢、资讯渠道狭窄，导致其对网上银行、手机银行和财富中心等了解甚少，从而不喜欢甚至厌恶不熟悉的金融创新产品。老年人对不喜欢或不熟悉的养老产品和服务，难以产生对它们的需求。老年人更倾向选择储蓄、国债投资等风险较低的产品，而对股票、信托、基金等金融服务养老产品兴趣不大，并且更趋于保持一定的资金流动性。正是老年人的生理、心理特点和经济收入变化，使他们更注重养老金或资产的安全性与流动性。

4.3.6　养老财富需要保值增值

随着资金来源的多样化，老年人资金以存定期存款、购买国债、投资银行理财产品为主，以选择投资养老股票、债券或基金为辅。之所以这样，是因为他们都希望有限的养老财富不仅能够保值而且也能增值。此外，老年人自身具有的特殊性，即对价格敏感度高于其他群体，也使其受金融产品服务价格的影响更大，往往更愿意通过价格比较进行产品服务的选择。

老年人手中的钱是有限的，晚年生活的支付能力与其理财能力有着直接的关系。老年人理财的目的是使自己的养老金或动产与不动产等财产尽可能实现保值增值，实现养老效用的最大化，使自己晚年有更好的生活保障，过上更美好的生活。如果养老财富不能保值增值，不能实现养老效用的最大化，会给他们的养老生活带来一定的困难，他们也是不会参与金融服务养老活动的。老年人因为生命的不确定性而经受不起折腾，他们最大的愿望就是能够实现养老财富的保值增值。

4.4 金融服务养老的未来变化及发展趋势

随着人口老龄化速度的加快和金融的快速发展，金融服务养老发挥的作用越来越大。金融服务养老将是养老领域的未来趋势。金融服务养老机构逐步增加，市场不断扩大，需求持续上升，产品不断创新，体系更加完善，风险不断降低，监管更加严格。掌握这些变化发展趋势有利于金融机构开展服务工作，有利于政府制定恰当的政策，有利于监管部门进行有针对性的监管，特别是有利于老年人选择恰当的方式进行养老。

4.4.1 金融服务养老机构逐步增加

金融服务养老是由专门的机构提供的。金融服务养老前景广阔，机构越来越多，产品发展势头良好。它为老年人的养老提供了更多的选择。尽管参与金融服务养老的机构越来越多，但是，其服务机构仍然十分有限。最开始时，仅有银行和保险公司提供不同的养老服务产品，从目前的情况来看，除了商业性的金融机构外，参与养老服务的金融机构还有中央银行、政策性银行和金融监管机构等。中央银行主要是制定相关的政策服务于养老，政策性银行主要是提供养老的政策性支持服务于养老，金融监管机构主要是制定和实施管理、监督办法和措施服务于养老。可以说，全部的金融机构，包括银行金融机构和非银行金融机构、经营性的金融机构与监督管理的金融机构都在为养老提供金融服务。它们在服务养老中所占的地位、发挥的作用不同。缺少任一方面的服务，金融服务养老都是不全面的且难以有较好发展。

4.4.2 金融服务养老市场相应扩大

在未来半个世纪，一个非常清楚的事实是，老年人口将一直呈快速增长趋势。

其结果是不仅老年人口数量多，而且老年人口占总人口比重越来越大。庞大的老年人口将形成一个庞大的养老产业。在养老产业中，金融服务养老产业是一个经久不衰的产业。庞大的养老产业经久不衰，由此会形成一个不同于其他市场的金融服务养老市场。金融服务养老市场包括为养老提供短期信贷的货币市场和进行养老长期投资的资本市场。过去，由于家庭养老和财政养老的作用，金融服务养老仅局限于个人养老储蓄和个人养老保险等方面。未来的金融服务养老更多地体现在权益类养老、投资类养老和综合性养老等方面。与金融服务养老机构逐步增加相适应，金融服务养老市场将会相应地扩大，养老基金市场、养老信托市场、养老租赁市场将会取代相当部分的个人养老储蓄市场。有相当一部分过去由子女承担的养老服务和由政府承担的养老金供给会逐渐被金融服务养老市场活动所取代。现代金融发展表明，金融机构越来越多，金融市场越来越繁荣，金融监管越来越复杂。随着中国四十多年的经济高速发展，人民收入水平不断提高，为养老服务金融市场的发展提供了坚实的经济基础，养老服务金融市场前景广阔（董克用和姚余栋，2017）。

4.4.3　金融服务养老需求持续上升

由于人口老龄化的加快和对美好生活的追求，金融服务养老需求很大，特别是刚需总量巨大，势头强劲。一般说来，养老者具有丰富的劳动经验，收入在支出后剩余相对较多，他们会为自己的养老做准备，特别是养老生活上的准备。只不过这些人口中还有相当一部分人口金融资产存量有限、增量不多，由此抑制了对金融服务养老的需求。但随着经济社会的发展，他们将会有越来越多的养老资金、越来越多的养老资产、越来越多的养老权益。这些可供老年人选择的养老资金、养老资产和养老权益增加了金融服务养老的需求，特别是寿命延长等原因可能会使金融服务养老需求持续上升。

4.4.4　金融服务养老产品不断创新

随着互联网金融和人工智能的快速发展，金融服务养老产品创新不断。到目前为止，金融服务养老产品已经出现了银行得利宝久久添利产品、如意人生养老金理财产品、建信养老产品、金颐养老理财计划、中老年人专属借记卡“信福年华”、安愉人生产品等；保险公司推出了尊贵一生终身年金保险、“福享未来”养老金年金保险计划；基金管理公司推出了昆仑信托型养老金产品。伴随着金融创新，服务养老的金融也在不断地被创新，不断地满足养老的需要。由于经济金融的快速发展和科技的进步，金融服务养老从无到有，从少到多，从单一到多样化，产品和服务不断创新。

4.4.5 金融服务养老风险不断降低

金融服务养老风险主要是指在养老者离开工作岗位后，由于资金来源不稳定，参与金融活动所享受到的服务不稳定或基本生活存在不确定的情况。这些风险主要表现为个人银行养老储蓄或养老金受到通货膨胀的影响，社会养老保险或商业养老保险受到支付问题的困扰，养老证券投资损失，养老基金收益和养老信托收益难以保证，养老资产，如住房反向抵押贷款出现支付困难等。除了非正常死亡，人人都会进入老年阶段，失去劳动和生活自理能力。但是，持续资金保证、住房、医疗服务和生活护理却仍然被需要。这些服务与金融结合在一起，可能会出现意想不到的金融服务养老风险。由于老年人对养老金和养老资产安全性的考虑，以及对金融服务养老风险防范和监管完善的渴求，未来的金融服务养老风险会不断降低。特别是金融服务养老风险防范措施的作用和金融监管的完善，未来尽管不能完全消除风险，但金融服务养老的风险会不断降低直至可以承受。

4.4.6 金融服务养老体系更加完善

随着金融服务养老的兴起，金融服务养老体系逐步形成。由于养老服务业体系单一，盈利模式尚未形成，金融较难服务养老。没有稳定的收益，机构会缺乏提供养老服务的积极性。金融机构以自有资金（资产或权益）、个人银行储蓄、社会养老保险金、商业养老保险金、土地信托流转金、住房反向抵押贷款等资金为依托，多角度开展金融服务，推进金融服务养老体系的构建，为提高我国养老保障水平添砖加瓦。目前，金融服务养老体系正在由单一的银行、保险服务向银行、保险、证券、信托、基金、权益服务转变。养老服务的项目投资、养老产业的发展、养老机构的运营等都处在不断完善中。无论是金融服务机构还是金融服务产品，金融服务养老体系，特别是“大养老”的体系都处在构建与更加完善之中。

4.4.7 金融服务养老监管更加严格

金融服务养老涉及不同层次的人群，涉及社会的方方面面。由于养老所需的金融服务不同于其他金融服务，特别是老年人经受不起风险，金融服务养老监管会更加严格。金融创新的发展为老年人提供了新的金融产品，而金融风险也随之出现。为了使老年人能够享受到创新所带来的养老好处，金融监管将会由专门的机构制定相关的法律法规进行全方位的监管。金融越发展，金融服务养老也越发展，金融服务养老监管会越严格。在老龄化速度不断加快和养老问题更加突出的情况下，金融服务养老的需求也会越来越大，并有可能引发许多新的矛盾和问题。例如，养老风险的问题、养老服务的问题、养老监管的问题等。如果忽视这些问题，那么，金融服务养老就极有可能成为经济社会发展的短板，成为制约经济社会持续、稳定、快速发展的障碍。特别是，在互联网金融下的养老服务可能会出现许多意想不到的风险和问题，对老年人不适应的问题应该予以更多的解释和疏导，对金融机构的员工及服务也应进行严格的监督。所以，未来的金融服务养老监管不会放松而只会更加严格。

根据以上分析可知，伴随着人口老龄化问题的突出，金融服务养老发展越来越快。未来的金融服务养老机构会越来越多，市场会不断扩大，需求会持续上升，产品和服务会不断创新，风险会不断降低，体系会更加完善，监管会更加严格。金融服务养老在未来会成为绝大数人养老的重要组成部分。它为养老生活提供资金来源保证。

第 5 章　金融服务养老的理论基础

金融服务养老涉及经济学、金融学、心理学、社会学、管理学等学科。金融服务养老具有充分的理论依据，包括经济理论、金融理论、预期理论、需求理论、社会保障理论、养老保险理论及社会管理理论等。其中，经济理论、金融理论为金融服务养老提供经济方面的理论依据；预期理论、需求理论等为其提供心理方面的理论依据；社会保障理论、养老保险理论和社会管理理论等为其提供社会方面的理论依据。可见，金融服务养老同其他金融、经济活动一样，具有坚实的理论基础。

5.1　经济理论

金融服务养老具有充分的经济理论依据，包括生命周期理论、持久收入理论和世代交替理论等。事实上，除了投资外，金融服务养老更多是从消费角度来分析其收入中的家庭消费的。到目前为止，不少学者如 Keynes、Duesenberry、Modigliani、Friedman 和 Diamond 等提出的各种不同的理论为金融服务养老的操作提供了理论前提和基础。

5.1.1　绝对收入理论与相对收入理论

英国的 Keynes（1936）提出了绝对收入理论。这一理论认为，人们的消费取决于他们的绝对收入。收入决定消费，有多少收入才有多少消费。绝对收入理论为养老提供了基本的依据，因为收入的多少是影响养老的一个重要因素。后来，美国的 Duesenberry（1948）提出并论证了相对收入理论。他指出，在短期，消费者的消费受自己过去的消费习惯及周围消费水准的影响，单个家庭的储蓄率是其他收入分配的函数。但长期来看，消费者的消费水平受相对收入的影响，一个家庭的收入用于消费的部分不取决于家庭收入的绝对水平，而取决于其他家庭的收入水平是否变化。Duesenberry 的相对收入理论为养老提供了基本的理论依据。

5.1.2　生命周期理论

Modigliani 和 Brumberg（1954）等提出了生命周期假设理论，Karman、Hersey 和 Blanchard 等共同发展了这一理论。该理论认为，人们在年轻时通过劳动为自己将来的老年时期积蓄养老资本（养老资金、养老资产或权益等）。在年轻时期，将所获得的收益不是全部用光，而是将一部分用于储蓄，目的是满足未来养老的需要。它体现出养老金制度能够平滑人的生命历程，家庭代际供养与推迟退休年龄都体现了生命周期理论。生命周期理论为以房养老的推行提供了理论依据。

Modigliani 和 Brumberg（1955）等提出的生命周期消费理论却认为，个人在较长时间范围内计划他们的生活消费开支，以达到在整个生命周期内消费的最佳配置。生命周期消费理论可以用公式表示为

$$C=\beta_w \times W_r+\beta_{yw} \times yw$$

其中，C 为年消费额；β_w 为财富的消费倾向，即每年消费财富的变化比例；W_r 为实际财富；β_{yw} 为工作收入的消费倾向，即每年消费的工作收入的变化比例；yw 为年工作收入。Modigliani（1966）的生命周期假说认为，人的一生的收支是不平衡的，有时甚至直接影响着人们的生活质量。例如，刚工作不久的年轻人结婚想要买房买车，然而，由于缺少工作经验，此时的收入难以满足这个要求。金融理财的办法是，年轻人可以通过消费贷款来买房，于是，可以用未来的收入来解决现在支出不足的问题，即在年轻时进行储蓄而满足养老的需要。它是解释养老投资决策者的年龄对养老资产配置影响的理论基础。

5.1.3　持久收入理论

获得诺贝尔奖的美国经济学家 Friedman（1956）首先提出了持久收入这一假说。这一假说认为，现期收入和未来收入的长期预期收入共同决定个人的消费支出。理性的消费者为了实现效用最大化，不是根据现期的暂时性收入，而是根据长期中能保持的收入水平进行消费决策。其计算公式为

$$\mathrm{YP}_t=Y_{t-1}+\lambda\Delta Y_t;\quad \Delta Y_t=Y_t-Y_{t-1}$$

其中，YP_t 为现期持久收入；Y_t 为现期收入；Y_{t-1} 为前期收入；λ 为加权数。由此可见，该假说认为，只有持久收入才能影响人们的消费，也就是说消费是持久收入的稳定函数。Friedman（1957）区分了暂时性收入和持久性收入，目的是分析它们与消费的关系。前者是指瞬间的、非连续性的、带有偶然性质的现期收入，如工资、奖金、遗产、馈赠、意外所得等，这种类型的收入有可能随着经济环境和条件的变化而中断。后者是与暂时的或现期的收入相对应的、消费者可以预期到的长期性收入。当人们认为可以动用预计到的未来收入时，那么，在一定时期内消费者的预期支出可能会大大超过他的现期收入。也就是说，预期对它有影响。持久收入这一假说的政策含义是，家庭的消费主要同预期的未来收入、一生收入相联系，而不是与同期收入相联系，政府的相机调控对现期消费的影响则是微不足道的。

5.1.4　世代交替理论

为了深化对收入与消费的认识，Samuelson（1958）和 Diamond（1965）等以生命周期理论为基础，提出了世代交替模型和理论。世代交替模型的主要思想是父母和子女间的抚养和赡养可以看作是一种特殊的交易模式。父母养育子女，在父母年老后，子女就有赡养义务，老人百年后将遗产最大限度地留给子女，这一系列的过程可以看作是一种特殊交易。世代交替理论是 Bemheim 对 Friedman 和 Becker（1957）理论的深化研究。他认为，父母把财产留给子女，不仅仅是出于对子女生活的关心，更是希望子女以后也能将这样好的传统代代相传下去。事实上，这就涉及不动产流动理论。该理论认为，不动产在物质上是不可移动的，但是它的价值形态是可以流动的。流动性是资产发挥效用的前提。没有流动性，资产就会是一潭死水。资产只有不断地流动才会发挥作用，并且在最大程度上实现财富的保值增值。对于住房来说，拥有住房的人可以通过买卖实现其价值的流动，以求实现效用最大化。具体到住房反向抵押贷款，就是说老年人在退出劳动后，可以通过将房屋抵押给银行、保险或其他机构来获得房屋未来价值的折现，从而有效地实现不动产的流动，使其成为自身养老金的可靠来源。

世代交替理论分析了社会保险与人力资本的关系。假如人可以活到 100 岁，那么，人的一生可以划分为少年期、青壮年期和老年期三个时间段的生命周期。从出生到 20 岁为少年期，20 岁后到 60 岁为青壮年期，60 岁以后到 100 岁为老年期。一般说来，年龄在 20 岁以下的人既无资本资产又没有向社会提供劳动的能力，正处于成长和学习阶段，靠父母抚养。假定经济人的生命只有前 40 年的青壮年期和后 40 年的老年期这两个时期，也就是以 40 年为一期来划分生命周期的时间段，那么，人的一生就有两个非常重要的时间段。无限的时间可用 $t=0,1,2,\cdots,n$ 来表示。$t=0$ 表示初始时期，即刚开始的那 40 年是有较好收入的时期，而后 40 年是较少或根本没有收入的时期。消费者合理分配在青壮年期和老年期之间的收入，真正实现终生效用的最大化。这一理论假定，在年纪较轻及年老时收入都较少甚至没有收入，在中年时收入最多。为了维持一种近乎相对均衡的消费水平，确保生活质量差异不会太大，人们在收入较高时会节省开支（减少现期消费）、增加储蓄（增加未来消费），将其收入积累起来为养老或劳动力再生产作准备。可见，人们在收入较高时进行养老资源积累是必要的。

绝对收入理论、相对收入理论、生命周期理论、持久收入理论和世代交替理论等相关经济理论为需要养老的人更好地参与金融服务养老提供了基本的理论依据。其他理论依据都是在此基础上派生的，发挥补充的作用。

5.2　金 融 理 论

金融服务养老具有充分的金融理论依据。这些理论依据是货币理论、金融结构与金融功能理论、金融市场理论、公司金融理论、开放金融理论、金融风险理论、金融危机理论和金融监管理论等。它们为金融服务养老的操作提供了重要的理论导向和依据。

5.2.1　金融理论的发展脉络

金融理论就是关于货币资金运动规律的理论，不同的时期产生了不同的金融理论。金融理论随着金融活动的产生而产生，随着金融实践活动的发展而丰富完善。早期的金融理论主要与货币理论、信用理论、银行理论与利率理论等有关。随着资本市场的兴起，它对后来的金融理论产生了重要的影响。金融理论从产生到发展再到完善，逐步形成了完整的金融理论体系。

5.2.2　金融理论的内容

金融理论具有丰富的内容。根据我们的理解，它主要包括货币理论、金融市场理论、开放金融理论、金融风险理论和金融监管理论等。这些不同的金融理论都从不同的侧面反映了货币资金运动的规律。

（1）货币理论。早期的金融理论应该算是货币理论。一般的货币银行学或货币金融学就是从研究货币理论开始的。货币理论包括货币需求理论、货币供给理论、通货膨胀与通货紧缩理论、货币政策传导机制理论等。货币需求理论有 Fisher 的现金交易说、Marshal 的现金余额学、Kenyes 的流动偏好理论、Friedman 的货币需求理论等。货币供给理论有 Kenyes 的货币供给理论、Friedman 的货币供给理论等。通货膨胀与通货紧缩理论有需求方面的、成本方面的、结构性方面的，还有预期方面的。货币政策传导机制理论有 Kenyes 和 Friedman 的货币政策传导机制理论、资产价格传导机制理论等。

（2）金融市场理论。这一理论就是涉及金融市场活动及其变化规律的各种认识。现代金融市场理论主要包括资本资产定价理论、有效市场理论及行为金融理论等一系列理论体系。资本资产定价理论认为，投资者只能通过改变风险偏好来影响风险溢价。研究市场效率的理论就是有效市场理论。这一理论认为，如果在一个证券市场中，证券价格完全反映了所有可能获得或利用的信息，每一种证券的价格永远等于其投资价值，那么，就称这样的市场为有效市场。行为金融学是应用心理学、行为学、金融学的理论与方法研究金融行为及其现象的一门新兴交叉学科。金融市场理论随着金融市场规模的扩大，更加丰富和完善。Burren（1951）首次用行为心理学来解释金融市场现象，标志着行为金融市场理论的诞生。后来，Kahneman 等提出了预期理论，为行为金融市场理论奠定了理论基础。行为金融市场理论代表了金融市场理论的未来发展方向，已成为全新的金融理论。

（3）开放金融理论。开放金融理论是研究开放条件下的金融理论。这一理论认为，金融会越出国界而形成开放金融。开放金融理论就是研究在开放条件下的金融活动规律的理论，其更多地表现为国际金融理论，但它又与国际金融理论不完全等同。

金融服务养老与各种金融活动密切相关，都会或多或少地受到金融理论的影响。除了上述这些金融理论外，理论框架部分还会涉及公司金融理论、金融危机理论、金融风险理论和金融监管理论。研究公司金融的目的是提高公司金融效率。研究金融危机的目的在于预测、防范或者减小金融危机带来的损失。金融服务养老会出现各种风险，需要进行风险防范和有效的金融监管。在金融服务养老过程中，还需要在金融审计监督理论的指导下发挥审计监督的作用。为了避免重复，这将放在第 6 章中专门论述。

5.3 预 期 理 论

金融服务养老具有充分的社会预期管理理论依据。这些理论依据就是 Marx 主义的预期理论、凯恩斯学派以前的相关预期理论、凯恩斯的预期理论、理性预期理论产生前的三种非理性预期理论、理性预期理论和孔明预期理论等。它们为金融服务养老的操作提供了必不可少的理论导向和依据。

5.3.1 预期

预期在不同的领域具有不同的表现。在心理领域，它表现为心理预期；在经济领域，它表现为经济预期；在社会领域，它表现为社会预期。不同的预期呈现出不同的特征，产生着不同的影响。预期最初是从心理预期角度来进行研究的。后来，由于预期对经济运行的影响越来越大，就有很多对于经济预期的探索（江世银，2004b，2004d，2005a）。什么是预期理论呢？对未来变量的估计问题事实上就是我们所探讨的预期问题（刘瑞，2020）。江世银（2008b）认为，预期是指人们在自己作出行动决策之前对未来经济形势或某一经济变量所作的主观判断、估计或预测。预期的发展经历了不同的发展阶段。

从性质上讲，预期（江世银，2008b）有好的预期和坏的预期、积极的预期与消极的预期、乐观的预期与悲观的预期、合理的预期与不合理的预期、恰当的预期与不恰当的预期、稳定的预期与不稳定的预期、风险的预期与收益的预期、心理的预期与经济社会的预期等分类。不同性质的预期产生不同的影响（江世银，2010，2011，2012）。如积极的预期是指与经济良好发展的愿望和人们的根本利益相一致的预期，而消极的预期是指与经济非良性发展的愿望和人们的根本利益相反的预期，它是相对于积极预期而言的。积极的预期使人们对未来充满希望，消极的预期使人们对发展前景悲观失望。

5.3.2 预期的作用

不管是什么预期，都会在心理、经济、社会领域产生作用和影响。这些作用和影响表明预期绝不是可有可无的（江世银，2004a）。第一，预期在心理方面的作用。预期影响着人们的心理行为倾向。第二，预期在经济方面的作用。预期对经济运行有重要的影响，如引起经济波动（江世银，2004c）。积极寻求引导预期的方式方法来引导宏观调控手段，可以提高宏观调控的有效性。特别是理性预期对宏观经济调控的影响可能会使其出现低效甚至无效。第三，预期在社会方面的作用。社会预期既能整合社会而形成社会凝聚力，也有可能动摇社会而引起社会动荡。社会预期状况可以衡量公众对社会的满意度，社会预期影响社会生活，影响着社会管理。不少社会不稳定的问题就是由预期管理不当而引起的（江世银，2015）。

5.3.3　预期的理论

从学科来看，预期理论有心理预期理论、经济预期理论和社会预期理论。心理预期理论关注的是人们的心理预期变化情况。经济预期理论认为，预期是指经济行为人对于经济变量（如价格、利率、利润及收入等）在未来的变动方向和变动幅度的一种事前估计或主观判断。社会预期理论认为，社会预期是指社会预期主体基于一定的社会利益对社会变化趋势的主观看法、判断或估计（江世银，2017）。不同学科的预期理论反映了不同领域的预期问题。随着预期问题研究的深入，预期也逐步走向成熟与完善。

从流派来看，预期理论有 Marx 主义的、凯恩斯学派以前的、凯恩斯的、非理性的、理性的、孔明预期等。Marx 的预期理论是一种关于计划的理论。他对资本主义企业有计划性和整个社会无政府状态之间的分析就是从宏观上进行预期研究的。这一预期理论认为，预期就个人而言是一种预先计算或计划，就宏观经济而言是一种计划手段。Marx 的预期理论是从宏观上探索的一种预期理论。凯恩斯学派产生以前的预期理论都是极其简单的预期理论，如 Schultz、Ricci 和 Tinbergen 等提出的蛛网理论中涉及的价格预期问题，Fisher 提出的利率期限结构的预期假说理论，Hicks 的预期弹性理论分析和瑞典学派的“事先”与“事后”的时间序列分析所包含的预期因素等。凯恩斯的预期是指分析人们的主观情绪和心理状况。他的预期理论是一种典型的无理性预期理论。理性预期理论产生前的预期理论有静态预期、外推型预期、适应性预期等三种类型的非理性预期理论。理性预期理论认为，理性预期是指人们运用一切可以利用的信息，对经济变量在未来的变动状况做出的估计和预测。它是事先根据各种资料、数据和信息，运用有关的理论和知识作出的合乎实际的预测。孔明预期理论认为，孔明预期是指能够进行理性预期的极少数经济当事人可以采取科学预测方法来完全预测到经济变量将要发生的变化，以及所预测到的结果与实际发生的结果是完全一致的（江世银，2014）。金融服务养老过程中会形成各种不同的预期，由此形成各种不同的预期理论。

5.4　需要层次理论

人人都有需要，但每个人的需要又是不同的。当低级的需要获得满足后又会产生新的、更高级的需要。老年人在温饱问题没有解决之前几乎没有金融服务养老的需要。当越过温饱线过上小康生活时，老年人会产生金融服务养老的需要。随着技术的革新、经济金融的发展和社会的进步，老年人的金融服务养老需求会越来越大，需要也会越来越多。需要层次理论是金融服务养老的重要理论依据之一。

5.4.1　需要及其作用

需要是指有机体对其生命的存在、延续和发展所不可缺少的条件的依赖性（黄鸣奋，2004），就是需要主体对需要客体的依赖。需要既不同于愿望或欲望，又不同于需求。前者所指的对象并不一定是不可缺少的，后者所指的对象是在一定价格水平下欲望和支付能力的统一。需要有一个产生、发展、消失的过程。人的需要的发展变化是永无止境的，人的需要是一个复杂的有机体系。

Marx 指出，人首先要吃、喝、住、穿、用，才能在此基础上从事生产活动和生活活动。否则，人只能死亡。基本生活的需要就是物质生活方面的需要，也就是维持生命的需要。除了生命，人还有其他更多的需要，如精神生活的需要，这种需要使人生活得更美好。由此可见，需要对人的生存和发展具有重要的作用和影响。

5.4.2　需要层次理论的产生

需要具有不同的层次和内容。Freud 将需要区分为食、色的需要，Fromm 将人的需要区分为联系、超越、根、身份和倾向等五种需要。美国心理学家 Maslow 则将其划分为生理需要、安全需要、社会需要、尊重需要和自我实现需要五种。

当然，这些需要也有例外。Maslow 需要层次理论经历了一个产生、发展的过程。从 1943 年提出的人的需要层次理论到 1954 年探讨的求知需要和审美需要，Maslow 的需要层次理论逐渐走向了成熟。

5.4.3 社会需要层次论

社会需要是一个多层次的体系，它与人的生活水平相适应。这就是说，人的需要是有层次的。Maslow 认为，人的需要主要有生理需要、安全需要、社会需要、尊重需要和自我实现需要。人的需要总是由低到高，逐步上升的，当低一级的需要获得满足以后，高一级的需要就得以产生。老年人的需要，首先就是生理的需要，如衣、食、住、行的需要。它只能通过金钱和物质满足，因此，有保障的养老金是满足其生理需要的前提。其次，社会文化的需要，如老年人有精神寄托的需要等，它包括 Maslow 的社会需要和部分尊重需要。此外，老年人还有合群需要，即一种相互交往、相互支持、相互尊重和相互帮助的欲望，见图 5-1。

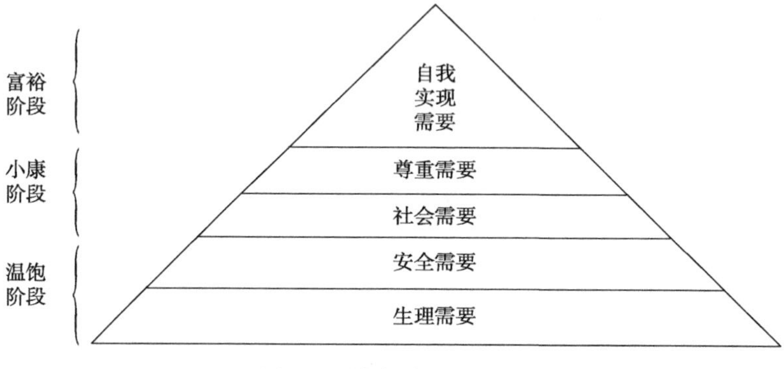

图 5-1　社会需要层次论

生理需要是最低层次的基本需要。没有生理的需要，就没有需要层次论。Maslow 认为，只有生理的需要满足到维持生存所必需的程度后，其他的需要才能成为新的激励因素。否则，就没有更高级的社会需要产生。生理的需要包括食物、水、空气、性欲、健康、睡眠、呼吸等。没有生理上的需要，就没有其他需要。Maslow 认为，安全的需要包括人身安全、家庭安全、财产安全、生活稳定、工作职位保障、健康保障，以及免遭痛苦、威胁或疾病等，这也是低层次的需要。社会的需要是由低级到高级过渡层次的需要。尊重的需要是较高层次的需要。自我实现的需要是最高层次的需要。人人都有需要，但从来没有一成不变的需要。根据 Maslow 的需要层次理论，人的需要的层次性决定了人的服务需要的差异。为了过上更好、更美的晚年生活，在一般的生存需要获得满足后，老年人需要参与金融服务来获得养老。

5.5　社会保障理论

金融服务养老具有充分的社会保障理论基础。这些理论基础包括社会保险理论、社会救济理论、社会福利理论、社会互助理论和优抚安置理论等。社会保障理论为金融服务养老的方法提供了基本的理论导向和依据。

5.5.1　社会保障及其内容

社会保障是指国家对人们的基本生活权利给予保障的社会安全制度或规定，由社会保险、社会救济、社会福利、社会互助和优抚安置等组成。各种不同的社会保障共同构成社会保障体系。社会保险面临的对象是特殊的劳动者，而社会救济面临的对象是特殊的社会成员。不同的社会保障不仅有不同的内容，而且也具有不同的目的。各种不同的社会保障对社会稳定发挥着不同的作用。

5.5.2　社会保障的作用

社会保障被称为社会的安全阀，在维护社会稳定、和谐方面发挥着重要的作用。社会保障是社会必不可少的部分。它为社会稳定提供基本的保障。由各种不同的社会保障构成的社会保障体系也是现代社会必不可少的。没有社会保障，就没有现代社会的稳定发展。

5.5.3　社会保障的理论

社会的前进要求对人们给予社会保障。社会保障理论的产生促进了社会的进步。不同阶段的社会保障理论表现了不同的社会保障体系和水平，反映了受保障者的保障状况。

社会保障理论具有丰富的内容。它主要包括社会保险理论、社会救济理论、社会福利理论、社会互助理论和优抚安置理论。每一理论都揭示了社会保障的内涵、特征、内容、适用范围和作用等。社会保障理论随着社会保障实践的发展而发展。需要指出的是，第二次世界大战后，西方各国推出普遍性的福利，结果出现巨额的财政赤字。到 20 世纪 70 年代，Hayek 和 Schumpeter 等主张减少政府对社会的干预限制，提出了福利多元主义理论。这一理论强调福利的多元化，福利供给主体的分权、参与和多元化。政府除了提供福利外，进一步通过监管金融机构的金融活动，控制金融服务养老运行的风险、规范养老金融市场秩序。

5.6　养老保险理论

社会保险是社会保障的核心。可以说，没有社会保险，就没有社会保障。也可以说，没有养老保险，社会保险就不完善。养老保险理论包括庇古的福利经济学理论和养老保险的需要理论等。金融服务养老具有充分的养老保险理论依据。它们为金融服务养老的操作提供了极其重要的理论导向和依据。

5.6.1　养老保险

养老保险是国家根据一定的法律和法规，为解决劳动者基本生活问题所建立的一种社会保险。养老保险需要合理的制度来保障，这种保险制度通常又叫养老金制度。一般说来，养老保险是最重要的险种之一，其的一个主要特征是强制性与自愿性的混合。养老保险体现了国家和政府对老年人的人文关怀。

5.6.2　养老保险的作用

养老保险是维系现代社会运转的基本制度之一，既是社会稳定的安全阀，也是经济增长的助推器。养老保险为老年人提供基本生活保障，使老年人老有所养。没有养老保险，老年人的养老生活可能会有后顾之忧。参加养老保险，意味着对将来年老后的生活有了预期，免除了后顾之忧。基本养老保险是养老者生存的保险。企业年金是养老者在岗时的一种补充养老保险。个人储蓄养老保险、商业养老保险的特点是使养老者的生活锦上添花。

5.6.3　养老保险的基本理论

养老保险理论主要有庇古的福利经济学理论和养老保险需要理论。随着实践的发展，养老保险理论还在不断丰富和完善。

（1）福利经济学理论。福利经济学是由 Hobbes 和庇古于 20 世纪 20 年代创立的理论。这一理论主张收入均等化，认为分配越均等，社会福利就越大，由此便出现了福利国家。这一理论还认为，经济福利在相当大的程度上取决于国民收入的多少和在公众之间的分配情况。事实上，国家基础养老金就是一种经济福利。

（2）养老保险的需要理论。人们为了生存，特别是在进入老年后需要养老保险，这就会产生养老保险的需要。研究养老保险的需要的理论就是养老保险的需要理论。这一理论认为，在没有养老保险时，人们渴望拥有养老保险；当拥有了最基本的养老保险时，人们又需要种类更多的养老保险；当保险水平较低时，人们需要较高水平的养老保险。养老保险的需要理论为保险服务养老提供了基本的理论基础。

5.7　长寿风险管理理论

长寿风险（longevity risk）意指人口的实际寿命比预期寿命高，是目前养老保险行业存在的一种主要风险。长寿风险会影响保险机构寿险产品的定价，对养老保险基金支付的可持续性造成巨大的冲击。基于长寿风险的特殊性，传统的风险管理方法，如风险自留、再保险等，由于风险仍存在保险系统内，并不适用。随着保险业与资本市场融合步伐的加快，长寿风险证券化逐渐成为一种摆脱长寿风险管理困境的有效手段。长寿风险及其管理理论得以产生和发展。

5.7.1　长寿风险

长寿风险是由死亡率长期趋势的不确定造成的风险，即未来的实际死亡率低于预期死亡率而产生的风险。长寿风险主要有个体性长寿风险和聚合性长寿风险。前者出现的原因主要是个人误判自身预期寿命，使个人养老储蓄金不足；后者是因为人们的平均实际寿命高于预期寿命，从而使养老金给付水平高于预定计划所带来的财务风险。所以，人口平均预期寿命的增加是产生个体长寿风险和聚合长寿风险的根本原因。此外，制度因素及宏观经济发展亦是产生长寿风险的重要因素。有的风险是可通过多元化投资组合对冲转移的可分散化风险，有的是无法有效规避的系统性风险。

5.7.2 长寿风险养老金给付的影响

长寿风险的不确定性，给金融机构或养老机构带来了经营上的问题，养老金支付难以具有可持续性，使得金融服务养老机构处于两难的境地。在现有框架下，调整缴费率和替代率只是在年轻人和老年人之间重新分摊和转移风险的零和游戏。个人账户的养老金福利是以终年年金的方式发放的，当人们的实际寿命超过期望寿命时，人们从个人账户中领取的养老金额度将远远超过其本人的缴费积累额，从而把巨大的亏空风险转嫁给了提供金融服务养老的相关机构。除此之外，由雇主提供的私人养老金或商业养老保险将保证领取者退休后能持续获得固定支付的现金流，所以其财务状况或偿付能力也将受到长寿风险的巨大冲击。由于人口死亡率预测困难，年金提供者难以准确获得年金的市场价格，这也会给其购买与负债相匹配的资产带来困难，因为他们面临着一种不存在匹配资产的风险——死亡率风险。长寿风险不仅是保险业的特有风险，更是一种社会风险、金融风险。随着经济的发展和医疗保险水平的提高，老年人越来越长寿。这虽然是好事，但给金融服务养老带来了长寿风险。长寿风险给养老金给付带来了重要的影响。

5.7.3 长寿风险的管理理论

长寿风险管理理论（longevity risk management theory）是关于如何解决长寿风险问题的理论。这一理论认为，由于长寿风险的持续期过长和未来死亡率难以预测，养老金给付可能出现不可持续性问题，再保险公司对长寿风险容纳能力有限（再保险公司必须按照规定为未来给付提取准备金）等，通过传统的风险管理手段（风险自留、再保险等）并不能有效对冲该类风险。这一理论还认为，养老保障体系是管理个体长寿风险的一种重要方式。近年来，针对长寿风险管理的研究，主要包括长寿风险的资本市场解决方案与自然对冲策略两个方面。其中，前者是在资本市场构造发行与长寿风险相连接的金融产品及衍生品，产品收益与死亡率或生存率挂钩，将长寿风险通过金融衍生产品转移到资本市场，如发行长寿债券、死亡率互换和远期等。后者是利用人寿保险和年金的相互作用，以达到应对当期死亡率攀升过高的目的，由此稳定保险公司的现金流，帮助保险公司分散风险。两者各有优劣与适用条件、范围。与资本市场解决方案相比，自然对冲策略的优势在于市场不需要满足流动性条件，不要求保险人找到交易对手，可以通过简化交易程序减少交易成本，也更加符合金融服务养老发展的实际情况。所以，这种方法能更好地解决长寿风险问题。长寿风险管理理论为长寿风险管理、确保养老金给付提供了基本的理论依据。

5.8　社会管理理论

金融服务养老具有充分的社会管理理论依据。这些理论依据包括社会治理理论、社会预期管理理论、社会心理管理理论、社会文化管理理论、社会管理创新理论、社会建设理论，以及目前西方新出现的新公共管理理论、新公共服务理论、新社会治理理论和福利国家理论等。它们为金融服务养老的操作提供了理论导向和依据。

5.8.1　社会管理

社会管理是指政府和社会组织为促进社会系统协调运转，对社会系统的组成部分、社会生活的不同领域及社会发展的各个环节进行的组织、协调、指导、规范、监督和纠正社会失灵的过程（江世银，2017）。它的基本任务包括协调社会关系、规范社会行为、解决社会问题、化解社会矛盾、促进社会公平、应对社会风险、维持社会和谐、保持社会稳定等。这些任务密切联系，为社会管理贡献力量。社会稳定可以为社会公平提供良好的空间和环境。

5.8.2　社会管理的理论

社会管理理论是西方管理理论的重要组成部分。目前，西方出现了新公共管理理论、新公共服务理论、新社会治理理论和福利国家理论等社会管理理论。新公共管理是 20 世纪 80 年代以来，西方各国进行的政府改革，实质是对社会进行的治理。以美国的 Denhardt 为代表的学者提出的新公共服务理论将新公共管理理论在原有的基础上推进了一步。社会管理理论随着社会管理的发展而丰富和完善。社会管理理论有制度层面的、精神层面的和心理层面的。社会预期管理理论（江世银，2017）就是心理层面的社会管理理论。由于社会是一个复杂的系统，研究社会管理的社会管理理论十分丰富，包括社会治理理论、社会预期管理理论、社会心理管理理论、社会文化管理理论等。这些理论共同构成了社会管理理论体系。社会预期管理理论主张引导全社会的预期，使社会预期合理、稳定。社会心理管理理论认为，社会心理管理就是有关机构对社会心理预期进行引导和调节的过程。它对稳定社会预期、引导社会舆论具有重要的作用。社会文化管理理论认为，社会文化管理就是管理社会文化，满足公众在精神上对文化的需要，使其符合社会管理的需要。养老离不开社会管理，特别是让全社会尊重老年人、赡养老年人，让老年人老有所养、老有所乐。

5.9 其他理论

除了上述经济学理论、金融学理论、预期理论、社会保障理论、养老保险理论、社会管理理论外，还有公共管理理论、人口学理论、社会学理论为金融服务养老提供理论依据，它们从不同的方面提供了理论参考。众多的理论从不同方面为金融服务养老提供了理论参考，所以，金融服务养老有坚实的理论基础。

积极应对老龄化问题，我们需要大力发展金融服务养老，为老年人提供更多、更好的优质服务。用不同的理论指导金融服务养老，其发展是大不相同的。正确的理论指导有利于金融服务养老的持续快速健康发展，错误的理论指导不利于金融服务养老的持续快速健康发展。在本书的研究中，我们认为，金融服务养老只有遵循基本的理论依据，才能获得较好的发展。

第 6 章　金融服务养老的理论框架

金融服务养老的理论框架是由一系列理论所构成的理论体系或框架。它包括金融支持理论、金融创新理论、金融深化理论、金融机构理论、金融资产理论、金融投资理论、金融风险理论、金融投资组合理论、金融监管理论、金融审计理论和其他金融理论等。这些理论共同构成一个有机的系统或体系，它们为金融服务养老提供基本的理论框架。正是有了金融服务养老的理论框架，才能有针对性地促进金融更好地服务养老。金融服务养老实践是在一定的理论影响下的活动，其本身又丰富和完善了金融学理论。本书第 14 章、第 15 章、第 16 章、第 17 章、第 18 章、第 19 章等将运用这些金融理论找出其存在的金融服务养老问题并为第 26 章、第 27 章、第 28 章、第 29 章、第 30 章、第 31 章、第 32 章等找到路径提供根据。金融服务养老的理论框架，见图 6-1。

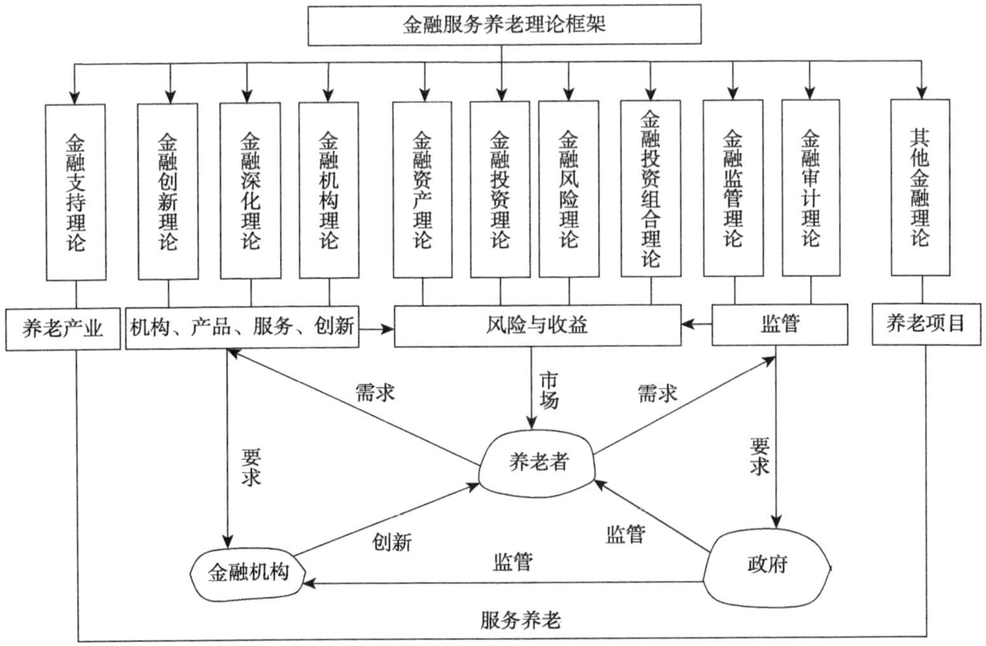

图 6-1　金融服务养老理论框架

其中，养老者是金融服务养老的核心，所需的金融服务养老由金融机构提供，政府进行监督管理，满足其需要。金融支持理论为养老产业发展提供理论支撑，金融创新理论、金融深化理论、金融机构理论等为养老服务提供理论支撑，金融资产理论、金融投资理论、金融风险理论、金融投资组合理论为金融服务养老风险防范提供理论支撑，金融监管理论、金融审计理论为金融监管提供理论支撑，其他金融理论为金融服务养老项目提供理论依据。这一理论框架为金融服务养老发展提供了基本的依据。

在图 6-1 中，金融服务养老理论框架表明，金融服务养老产业、服务等的发展都需要金融支持理论的指导。无论是金融机构、金融市场还是金融监管都要创新与深化。要实现金融养老资产的保值增值，需要进行投资，在投资中进行组合投资、加强金融监管与审计监督以防范金融风险。所以，金融服务养老以金融支持为起点，以保值增值为目的，以创新为主线，加强监管、防范风险贯穿其全过程，由此满足养老服务的需求。

6.1　金融支持理论

金融支持是政府为需要资金的部门所提供的贷款方便或政策优惠。它对项目开发、产品创新、产业发展和服务供给都具有重要的作用。到目前为止，主要有区域金融发展理论、产业发展支持的金融理论和服务创新支持的金融理论等。

6.1.1　金融支持

金融支持实际上就是为了产业的发展、地区的发展，在金融机构和金融政策上专业地、有针对性地开展一些工作和出台相应的政策，如给予贷款支持、贷款优惠利率、金融业务办理的便利条件、外汇结算方便、政府的贷款贴息、资本市场进入支持等。新产品的开发、新产业的形成，无一不需要金融的支持。现代产业的发展有各种不同的金融支持或服务（如产业信贷），特别是产业的升级换代、合理化、高级化发展更是离不开金融的支持和服务。不仅产业，现代经济的发展也离不开金融的支持。

6.1.2 金融支持的作用

金融支持对项目开发、产品创新、产业发展和服务供给都具有重要的作用。首先，金融支持表现为贷款额度上的支持。对于需要开发、创新、发展和供给的项目、产品、产业和服务等，金融机构给其提供发展所需贷款资金的支持。于是，它们能够获得发展。其次，金融支持表现为贷款利率上的支持。对于需要发展的项目、产品、产业和服务，金融机构以较低的利率给予支持。相反，对于需要限制发展的项目、产品、产业和服务，金融机构以较高的利率给予限制。最后，金融支持还表现为政策上的支持。对于一个国家或地区来说，实行什么样的金融政策表明了金融支持的导向。如果是需要大力发展或扶持的区域，那么，这样的金融政策是有利于其快速发展的。与之相反，发展会受到限制。

养老也离不开金融的支持。养老项目、养老产品、养老产业、养老服务都需要金融的大力支持，才能获得快速发展。金融机构以资金融通的优势，多渠道提供资金支持，服务于养老产业链。它们不仅可为养老产业、养老产品与养老项目提供信贷支持，而且可为养老产业链延伸提供融资服务。只要是需要支持的养老，金融都大有可为。养老服务市场前景广阔，金融机构也乐于参与服务。对于投资期限长、资金需求量大的养老地产、医疗保险、健康护理等服务，不同金融机构可利用自身的专业优势，充分发挥证券投资、保险、信托、基金服务养老的优势，形成养老股权投资与合作、养老权益保障和养老房地产信托投资（estate investment trust，REITs）基金等多种服务模式。也就是说，金融机构通过多角度、全方位参与养老服务，为其提供金融支持，能够使得养老服务业获得全面、优质、便捷的金融服务。

6.1.3 金融支持的相关理论

金融支持理论就是专门研究金融支持的金融理论。到目前为止，这一理论还没有形成成熟的理论。它主要包括项目投资支持的金融理论、产品开发支持的金融理论、产业发展支持的金融理论和服务创新支持的金融理论等。各种项目投资几乎都离不开金融支持。除了财政投资外，项目投资的资金如何筹集、如何有效运作，几乎都要求金融参与其中，为其提供所需的资金，这就产生了项目投资支持的金融理论。无论如何，不管是实物产品开发还是金融产品开发，都需要金融的支持。金融机构贷不贷款、贷给谁、贷多贷少，以及贷款利率水平高低和有无差别，都是金融支持作用的表现。研究产品开发的金融支持理论涉及相关的贷款理论。对于产业支持的金融理论而言，一个产业能否获得金融支持，关键看相关的政策设计如何。一般说来，处于刚刚兴起的朝阳产业，由于比较弱小，能获得的投资有限，特别是政府财政投入的不足，导致发展的周期较长、利润较小，所以，需要产业政策和金融政策的支持。金融支持产业发展，给予贷款支持，弱小的产业就会快速地发展起来。除了产业开发需要金融支持外，服务的创新也需要金融的支持。研究服务创新的金融支持理论涉及相关的贷款理论、利率理论等。

随着电子计算机、互联网络、人工智能、金融科技和区块链等的发展，出现了新领域的金融支持理论。例如，网络交易代替传统的人工交易，移动网络支付代替传统支付，移动网络市场代替传统市场等都离不开金融支持活动，因而在此基础上兴起了一种新的金融理论，即互联网金融理论。互联网金融的金融支持理论将产生许多新的内容，金融服务养老更是离不开各种金融支持，养老项目、产品、产业、服务等都需要金融的大力支持。没有金融支持理论的正确指导，就没有金融服务养老的健康发展。

6.2 金融创新理论

金融创新包括金融制度创新、金融体制机制创新、金融市场创新、金融工具或产品创新、金融服务创新等内容。各种金融创新理论随着创新实践的发展而得到丰富和完善。

6.2.1 金融创新

20 世纪 60 年代以来，受技术进步和市场条件变化的影响，金融领域出现了全方位、大规模的金融巨变，即金融创新的兴起。推动金融创新的供给状况中最重要的变化就是计算机和通信技术的迅猛发展（米什金，2016）。金融创新不断地采用新技术，推出新工具，提供新服务，开发新市场。所谓金融创新，就是指变革现有的金融体制、机制和增加新的金融工具、产品、服务的过程。新型的金融机构不断产生，金融市场不断扩大，金融工具层出不穷。可以说，没有金融创新，就没有经济、金融的发展。正是有了金融创新，才有现代经济、金融源源不断地发展。

6.2.2　金融创新内容

金融创新源于 Schumpeter 的创新理论。外部需求环境的变化、行业竞争的加剧、技术的进步及规避金融的监管是推动金融创新的重要力量。金融创新包括金融制度创新、金融体制机制创新、金融市场创新、金融工具或产品创新、金融服务创新、金融机构创新、金融资源创新、金融科技创新、金融管理（监管）创新和其他创新。其中最为突出的是金融科技创新和金融管理创新。金融科技创新是随着技术进步而带来的更先进的金融服务。金融管理创新是金融机构与金融监管机构由于希望从管理中获得效益而进行的变革。

自从有了银行，无论是银行的传统业务、支付清算系统、资产负债管理，还是其他金融机构、金融市场、金融监管，乃至整个金融体系都经历了创新。本来，银行的传统业务主要是进行存贷款和办理中间业务。随着金融创新的出现，银行的表外业务也跟着出现并不断发展壮大。银行的支付清算建立起了以电子计算机网络运行的支付清算系统，出现了支付清算上的创新。它从根本上减少了银行营运成本、提高了运营效率。金融自由化的出现促使金融机构从专业化向综合化方向转变，实现了多种金融业务的交叉，由此出现了大量的新金融机构。当然，这些创新也使得金融市场规模增大、业务增加、范围扩大，活动更加多样化。也正是金融创新，为防范金融风险、稳定金融秩序的金融监管变革提供了有力的保障。金融创新的影响是多方面的，总的来说是利弊兼而有之（王广谦，2005）。它在加大管理成本、带来风险的同时使传统的分工格局被突破，提高了金融机构的运行效率，改变了金融企业结构及资产和负债结构，转移和分散了金融风险。

6.2.3　金融创新的相关理论

金融创新理论就是专门研究金融创新的金融理论。它是在一定的社会经济条件下对现有金融组织架构和金融工具创新进行探索的理论。从机构方面来说，金融创新理论研究银行机构业务的创新、保险机构业务的创新、证券机构业务的创新、信托投资机构业务的创新和基金投资机构业务的创新。从市场方面来说，金融创新理论研究金融市场的新开拓、金融市场与其他市场的对接等。从监管方面来说，金融创新理论研究金融监管方面所进行的创新。不同的学者从不同的方面提出了不同的金融创新理论，但都会涉及这些领域和方面。这些理论随着实践的发展而不断得到丰富和完善。

有金融创新，就有金融创新的理论。金融创新理论主要有西尔柏从供给角度提出的约束诱导型、凯恩斯的规避性、诺斯的制度学派、希克斯的交易成本、格利和肖的金融创新等理论等。不同的金融创新理论构成了金融创新理论体系。西尔柏认为，金融创新是为了寻求最大化的利润而采取的自卫行为。凯恩斯提出机构为规避各种金融控制而创新。诺斯等认为，它是一种与经济制度互相影响、互为因果的制度变革。有学者认为，它是为了降低交易成本。有学者认为，科技进步为避免风险和促进金融发展而创新。格利和肖认为，它是盈余或企业需求与金融部门提供服务相匹配的结果。各种金融创新理论随着金融创新实践的发展而得到丰富和完善，它为金融服务养老奠定了理论基础。

6.3 金融深化理论

金融的发展离不开金融的深化。政府放弃对金融市场的过分干预，有利于金融繁荣与活跃。它是金融的自由化，包括利率自由化和汇率自由化等内容。金融深化理论是对传统理论的拓展。

6.3.1 金融深化

当代金融发展的事实表明，金融都在不断地深化。所谓金融深化，是指政府放弃对金融市场和金融体系的过分干预（让市场来决定谁提供信用、谁获得信用及以什么价格获得），放松对利率和汇率的管制，从而使得储蓄和投资增加，促进经济增长。通常，金融深化既包括金融结构的优化，也包括金融效率的提高。前者主要是对金融机构、市场、监管体系的结构，直接与间接融资的结构，存贷款的结构等进行优化。这些结构优化，使金融得到了深化。后者主要是对金融机构的效率、金融市场的效率、金融监管的效率等的提高。这些效率得以提高，金融也获得了深化。从管制与放松管制来说，金融深化就是金融的自由化与市场化，是政府各种限制与干预的减少。金融深化就是放开利率管制，取消信贷配给制，实行金融的自由化（麦金农，1994）。可以说，金融深化意味着整个经济中货币化程度的提高。

之所以进行金融深化，是因为一些国家和地区存在着二元金融机构，金融市场不完善，政府对金融活动严格管制。金融深化可以放松金融管制、实行金融自由化，依靠市场机制提高金融配置资源的效率，以此促进经济发展。正是如此，为了加快发展，主张金融深化的学者建议减少利率管制、鼓励金融竞争、实行改革等。

6.3.2　金融深化内容

通常，金融深化主要是金融的自由化。由于放松管制，金融深化更多地表现为金融自由化，包括金融机构业务自由化、金融市场自由化、金融价格自由化、资本流动自由化等内容。金融机构业务自由化就是政府减少对银行业市场准入的审批和限制等。金融市场自由化，即放松各类金融机构进入金融市场的限制，使金融工具更加全面。金融价格自由化就是放松金融价格管制，使利率市场化和汇率自由化。资本流动自由化使资金在全球范围流动并进行合理配置。此外，金融自由化还包括证券佣金自由化和资本账户自由化等。金融创新是金融深化的结果，反过来又促进金融深化。金融深化要求取消对利率和汇率的管制，鼓励银行间开展自由竞争和增加对效率高的小企业的放款。金融深化与金融创新密切相关。

6.3.3　金融深化的相关理论

金融深化理论就是专门研究金融深化的金融理论。除了 Goldsmith（1969）的理论外，它是 20 世纪 70 年代初期到 20 世纪 80 年代，肖和麦金农在分析发展中国家货币金融特征的基础上，提出的一种新的货币金融理论。它的假设前提是完全竞争，是对传统货币理论的发展。他们所主张的金融深化主要是实现金融自由化。他们还主张金融是宏观经济的核心和关键，金融压制是阻碍经济增长的主要障碍。总的来看，金融深化理论是对传统货币理论的一种发展，是在检验了传统货币理论的适用性之后提出的一种新的货币金融理论。只不过，它把金融深化认定为金融自由化是值得思考的。

6.4　金融机构理论

经济金融的发展产生了专门从事金融的机构。它们承担提供存款、经纪和交易、承销、咨询和信托的功能。金融机构为经济社会发展和再生产的顺利进行提供资金服务，包括银行金融机构与证券、保险、信托、基金等非银行金融机构。金融机构理论就是研究如何进行金融工具的创新进而满足客户投资理财的需要的理论。

6.4.1 金融机构

任何金融活动，都离不开金融机构。金融机构是指从事各种金融活动、实现金融资源配置的组织机构。它是与金融服务活动有关的机构，是金融体系[①]的重要部分。其存在有利于降低交易成本、通过资产组合的多样性来分散和降低金融风险。金融机构通常承担提供存款、经纪和交易、承销、咨询和信托的功能。金融机构有银行金融机构与非银行金融机构。前者提供间接的融资，后者提供直接的融资。

6.4.2 金融机构的类型

金融机构主要包括各类银行、证券、保险、信托投资和基金管理等公司，各类机构又可以细分。一般地，除了商业类的金融机构与政策类的金融机构外，还有管理类的金融机构与业务类的金融机构等之分。它们是专门从事货币信用相关活动的中介组织。

这里所说的银行主要是指商业银行，即吸收存款、发放贷款，办理转账结算、支付清算服务等的机构，是现代经济发展的金融中介机构。在现代经济发展过程中，银行在货币资金融通过程中发挥了非常重要的作用。没有银行，就没有其他金融机构。

专门进行证券交易的机构则是证券公司。证券是一种金融工具，记载并代表投资人对发行人未来收益或资产拥有一定求偿权的书面凭证。涉及的证券机构有证券公司和证券交易所等。前者也称证券商或券商，是指从事各种债券、股票与已上市流通的各类有价证券的代理，以及参与企业收购、兼并流程及提供财务顾问等的金融机构。后者是证券的买卖双方进行交易活动的集中地点。经济越发展，证券公司越发达，证券交易规模越大，证券交易越频繁，所发挥的作用越大。

专门经营保险的非银行金融机构是保险公司。保险是指保险人向投保人收

① 金融体系是各种金融工具、机构、市场和制度等众多金融要素的集合。它包括金融机构体系、金融市场体系和金融监管体系等。

取保费，建立专门用途的保险基金，并对投保人负有赔偿和给付责任的一种经济保障制度。保险公司进行保险，主要是进行风险转移、损失分担和补偿实施等。它为经济发展提供了风险转移保障。否则，没有保险，人们是经受不住风险打击的。

信托投资机构是专门（或主要）办理金融信托业务的非银行金融机构，进行信托交易的公司就是信托投资公司。这类公司主要经营资金、动产、不动产等的信托与财产委托、代理资产保管、金融租赁、经济咨询、证券发行及投资等业务。

基金公司是专门从事基金管理的公司。它有广义和狭义之分。从广义来说，基金公司分公募基金公司和私募基金公司。前者的经营业务及人员活动受监管机构监管，其从业人员属于基金业从业人员；后者一般不受或较少受监管机构监管。从狭义来说，基金公司仅指经中国证券监督管理委员会批准的基金管理公司。通常，投资者的资金都委托专门的金融机构，如银行、保险公司来管理。养老基金就是这种类型的投资基金，其资金实质上是公众为退休后的生活所准备的储蓄。它能够实现利益共享、风险共担，因而是一种集合的投资制度。通常所说的基金主要是广义的证券投资基金。基金的投资既可以是股票、债券投资，又可以是实业、期货投资。

6.4.3　金融机构的相关理论

金融机构理论就是专门研究金融机构的金融理论。金融机构适应现代经济金融的需要，主动进行金融工具的创新，为居民的家庭投资理财服务。金融机构理论就是研究如何进行金融工具的创新进而满足客户投资理财的需要的理论。

金融机构理论认为，同一经济功能在不同的市场中可以由不同的金融机构来行使。传统的金融机构理论认为，金融机构是筹集资金的金融中介。现代金融机构理论认为，金融功能比金融机构更稳定，金融功能的变化随着时间的推移要小于金融机构的变化。金融机构只有不断地创新和积极竞争才能使金融体系具有更高的效率。不然，它们会在激烈的竞争中败北。

6.5　金融资产理论

现代经济的发展离不开金融资产。金融资产是指一切代表未来收益或资产合法要求权的凭证。它不仅包括现金、各种存款，而且包括各种票据、债券、股票、基金理财产品和衍生金融资产等。金融资产理论是专门研究金融资产投资组合的理论。金融资产理论主要有金融资产的定价理论和资产证券化理论，并且还处在不断丰富之中。

6.5.1 金融资产

一切金融活动都离不开资产，特别是金融资产。资产是指能够给持有者带来收益、具有交换价值（市场价值）的商品。它有非金融资产和金融资产之分。非金融资产包括房产、地产、矿产和其他资产。金融资产是指一切代表未来收益或资产合法要求权的凭证。经济越落后，非金融资产占的比重越大。经济越发展和收入越多，人们持有的金融资产的种类越多，且比重也会越来越大。公众持有的金融资产的多少，是经济发展程度的标志之一。如果人们仅仅拥有金融资产，而不实现保值增值，也会影响养老。为了既获得较高收益又尽量防范金融风险，人们对金融资产的选择和对各种金融资产持有的组合也越来越重视。

6.5.2 金融资产的种类

金融资产具有资源配置和风险转移功能。金融资产包括库存现金、应收账款、应收票据、活期存款、定期存款、贷款、垫款、其他应收款、应收利息、债权与股权投资、基金投资、衍生金融资产等。金融资产可分为现金（现金等价物）与其他金融资产。两种金融资产的流动性及变现性是不同的。前者是指人们拥有的以现金形式或高流动性资产形式存在的资产，它的变现能力较强，常常受到公众的偏爱。后者是指人们由于投资行为形成的各类股票和债券等资产。相对于现金而言，其他金融资产的流动性较弱。众多的金融资产为资源配置和风险转移提供了便利条件。

6.5.3 金融资产的相关理论

金融资产主要用于交易，目的是规避风险和获得收益，因而具有价格。金融资产该如何定价，如何规避风险，于是，有了金融资产的定价理论。理性的投资者都要进行资产的组合，拥有不同的资产。作为金融资产理论重要组成部分的家庭金融资产理论，特别是生命周期内的家庭金融资产配置理论越来越受到重视。

金融资产还可以证券化，这就有了关于资产证券化的理论。这一理论是随着资产证券化的产生和发展而兴起的。它是金融市场与金融中介的关键结合点。资产证券化一般是基于资产的信用而非发起人的信用。对于投资者来说，资产证券化可以获得更高的收益，转移或降低可能出现的风险。有学者构建了包含信息非对称的资产证券理论模型。有学者就资产证券化对企业自身风险的自我证明效应进行了辨析。几乎同时，有学者提出了关于信息非对称的柠檬困境的理论。有学者提出了资产证券化的风险重整和破产隔离理论。有学者分析了资产证券化为股东提供的正向效应理论。有学者提出了金融脱媒理论。这些理论既深化了资产证券化理论的研究，又解决了金融创新实践中所出现的问题。可见，资产证券化理论在不断完善之中。这些理论从不同的方面分析了资产证券化的特征、作用、种类、定价和变化趋势等。

6.6　金融投资理论

金融投资是用金融产品或金融工具进行的投资。筹资与投资是其最基本的功能。金融投资理论有证券投资理论、股票投资理论、债券投资理论和基金投资理论等。金融投资实践的丰富会使金融投资理论更加完善。

6.6.1　金融投资

现代经济的发展离不开投资活动。促进经济增长都需要投资，因为投资是经济增长的第一推动力和持续推动力。没有投资，就没有经济增长和经济发展。投资包括实物投资和金融投资等。在经济发展过程中，当实物投资发展到一定阶段后就产生了金融投资。

金融投资是相对实物投资而言的，是在实物投资的基础上形成并用金融产品或金融工具进行的投资。简单地说，金融投资就是投资者为了获得收益而把自己的资金投入金融项目中。例如，投资者将自己的资金投放到黄金、外汇市场中进行交易，购买股票、债券、基金等相关的金融产品从而获得盈利。在货币流通过程中，投资者买入有形或无形的金融资产，如期货、股票、黄金等，这都是金融投资。金融投资品主要有股票、债券、基金、黄金、外汇、期货、期权权证和理财产品。这些都是现代经济发展的产物。金融投资促进经济的发展，因为有了金融投资，经济增长与发展才有新的渠道。尽管金融投资最终也必须与实物投资相结合，但它的直接作用对象是金融资产。金融资产的增加表示着经济规模的扩大。

6.6.2 金融投资的功能

金融投资在现代经济发展中具有重要的功能和作用。现代经济的发展表明，实物投资占比在不断下降，金融投资占比在不断上升。首先，金融投资实现了资金需求者和供给者的有机结合，通过双方的交易，使筹资和投资转化为同一过程的两个方面。对于资金需求者来说，金融投资发挥的功能是筹资。对于资金供给者来说，它发挥的功能是投资。金融投资既实现了投资权力又分散了风险。它创造了多元化的投资主体集合，从而转移了风险。其次，拥有金融资产的投资者让渡其资产，需要金融资产的拥有资产，各取所需。投资主体多元化和风险分散化，较好地实现了筹资和投资的统一。最后，金融投资既是一种直接的社会化投资又是资源运用的组合投资，是一种独特的投资形式。金融投资者在不同的金融商品之间作出选择而实现金融资源的合理配置。

6.6.3 金融投资的相关理论

金融投资理论是在不确定性情况下，以资产配置的风险与收益的计量为内容的金融理论。金融投资理论有正在形成的股票、债券、信托和基金等投资理论等。此外，金融投资理论还包括金融市场投资理论。美国经济学家珐玛（1965）提出的有效市场理论就是金融市场投资理论。这些理论从不同的角度提出了有关金融投资的观点和看法。它们为金融服务养老提供了理论视野。例如，为了老年人的资金、资本或资产保值增值，需要进行多样化的投资，实现投资收益最大化与风险最小化。他们所追求的投资是稳定的金融投资收益和最小化的投资风险。金融投资理论对于金融服务养老具有重要的理论意义。

6.7 金融风险理论

金融风险是经济主体进行的金融活动遭受损失、无法实现预期收益的可能性。

根据巴塞尔银行监管委员会的界定，它包括信用风险、利率风险、市场风险、国家风险、流动性风险、操作风险、法律风险和主权风险等。各种不同的金融风险理论为风险防范提供了理论依据。

6.7.1 金融风险

通常，金融风险指的是经济主体的金融活动遭受损失、无法达到预期的可能性。这些风险包括金融市场风险、金融创新风险和金融监管风险等。金融任何一个环节出了问题都会牵一发而动全身，引起连锁反应。当一家金融机构发生风险而无法偿还债务时，不仅生存会出现问题，而且影响的范围往往超出其自身。一家具体的金融机构因经营不善而出现风险时，有可能导致一连串的反应，各种金融问题不断出现，产生“多米诺骨牌效应”，从而对整个金融体系的稳健运行构成威胁，甚至带来难以摆脱的金融危机。

在金融风险形成中，如果市场参与者对金融市场由乐观的预期转变为悲观的预期，供给大于需求，就可能使得金融服务提供者遭受损失。金融市场出现的不确定性、信息不对称性等通常会引发金融风险。由于金融风险会带来巨大的影响，我们需要重视并采取切实可行的措施进行防范，防止引发严重的经济、政治危机。金融风险是内生于金融体系之中的。我们只能认识它、发现它、防范它，但不能完全消灭和消除它。

6.7.2 金融风险的种类

金融业是高风险行业，金融活动是高风险活动。金融风险是指金融机构未来收益的不确定性或波动性，它直接与金融市场有关。信用风险、利率风险、市场风险、国家风险、流动性风险、操作风险、法律风险和声誉风险等共同影响着金融机构和金融活动。信用风险主要是指贷款人不能或不愿支付利息、偿还本金、拖欠贷款，导致贷款损失的风险。利率风险是指金融机构在利率出现波动时所面临的风险。市场风险是指因市场价格的变动而使金融机构所面临的风险。国家风险是由于国家的主权行为，给金融机构可能造成损失的风险。流动性风险是指金融资产在流动时因遭受损失的可能性而出现的风险。操作风险是因操作而出现的风险。法律风险是因法律纠纷而给金融机构带来损失的风险。声誉风险是因金融机构的负面评价而产生的风险。各种风险都有其产生的原因、表现、影响程度和危害差异等。

只要金融活动存在，就会有金融风险。它很可能因信用特点或其他虚假繁荣而被掩盖。它不仅影响金融稳定，而且会影响经济稳定。有时，它还会引起社会的动荡。尽管金融风险客观存在，但我们可以对其进行事前识别、预测，事中防范和事后化解。也就是说，只要能将它控制在一定程度和范围内，它就不会带来经济金融的不稳定。

6.7.3　金融风险的相关理论

金融风险理论就是专门研究金融风险如何产生、影响和防范的金融理论。研究金融风险的产生，就是要预警金融风险，寻找风险警源、探索风险警度，减少金融风险产生的可能性。即使金融风险的产生不可避免，也要研究如何减少金融风险出现所带来的负面作用和影响。金融风险无处不在，不论是金融行业或部门，还是与其密切相关的企业、个人等都有可能面临金融风险。金融风险理论就是研究它在这个有机整体中的作用和影响的理论。如何发挥它的积极作用，克服它的消极影响，是金融风险理论特别关注的领域。

金融风险理论有从经济主体角度进行研究的金融不稳定假说，从市场角度进行研究的资金资产价格波动性理论，从信息角度探索的信息不对称理论，从宏观政策角度分析的金融自由化与金融脆弱性理论等。金融不稳定假说认为，融资机制直接影响经济是否稳定及稳定的程度。在一些融资机制下，经济是稳定的，在另一些融资机制下其又是不稳定的。良好的融资机制带来不同的走势。资金资产价格波动性理论认为，如果金融资产价格波动过度，那么，它就会积累金融风险。当金融风险积累到一定程度时，将爆发金融危机。信息不对称理论认为，金融交易双方的信息不对称是金融风险产生的主要原因，由此产生金融危机。

金融危机理论从产生到现在获得了快速的发展。货币危机理论是金融危机理论中最成熟的理论，先后出现了以 Krugman、Obersfeld、McKinnon 及 Agiwoon 等为代表的四代货币危机模型。银行危机理论是从货币政策失误、货币存量增速过快、银行体系功能缺失、银行过度负债、银行挤兑、存款人心理问题和道德风险角度阐释金融危机产生原因的。债务危机理论主要从企业债务融资紧缩、资产价格下跌、经济周期与国家外债负担过重关系角度解释金融危机的成因。养老者经受不起风险的打击和影响，对金融服务养老风险特别敏感。众多的金融风险理论为金融服务养老提供了参考依据。

6.8　金融投资组合理论

各种不同的金融投资组合，可以实现收益的最大化和风险的最小化。金融投资组合理论包括投资组合理论、资本资产定价模型、套利定价理论（arbitrage pricing theory，APT）、有效市场理论及行为金融学理论等。这些理论为分散投资提供了理论依据，特别是为养老提供了参考借鉴的理论依据。

6.8.1　金融投资组合

收益与风险是任何投资者在做决策时必须考虑的一对矛盾。在进行金融投资时，需要进行投资组合。金融投资组合是投资者为了分散或转移风险而对投资种类所进行的选择。所有的收益都要经过风险的调整，虽然投资组合不能消除风险，但可以分散风险或转移风险，将风险降到最低限度。投资组合的目的就是分散或转移风险，确保实现预期的收益。现代经济是有风险的经济，有时风险甚至还很大，这就需要投资组合。任何最佳的投资组合，都必须做到在确保收益的前提下分散或转移风险，在风险最小化的基础上达到收益最大化；或者说，在收益最大化的基础上做到风险最小化。也就是说，金融投资组合既要获得稳定的收益，又要达到风险的最小化。否则，金融投资组合就失去了组合的意义了。在金融服务养老中，把所涉及的产品进行金融投资组合更为必要。金融投资组合型服务养老产品，就是把储蓄类、证券类、保险类、信托类、基金类养老服务产品进行投资组合选择，为老年人提供收益最大化、风险最小化的金融服务。它是专门为不熟悉金融业务的老年人设计的、意以分散风险的金融服务产品。

6.8.2　金融投资组合的类型

金融投资意味着不同年龄段的人，面临的情况和收入不同，需要进行不同的投资组合。除 0~20 岁以外，人的一生可以划分为 4 个阶段，即低收入期（青壮年期）、高收入期（中年期）、稳定收入期（相对老年期或老年前期）和低收入期（老年后期）[①]。不同阶段的人的投资组合情况不同，见表 6-1。

表6-1　人生不同时期的金融投资组合

阶段	时期	年龄/岁	收入	收益	风险	投资组合比例
第一阶段	青壮年期	20~30	低收入期	第一位	第二位	股票、基金、债券、养老准备、不定期存款各占 20%
第二阶段	中年期	30~50	高收入期	组合	组合	股票 40%、基金 10%、国债 10%、固定收益投资 40%
第三阶段	相对老年期（老年前期）	50~65	稳定收入期	第二位	第一位	固定收益 50%、股票债券 50%
第四阶段	老年后期	65 到死亡	低收入期	第二位	第一位	固定收益型基金与债券 50%、股票 30%、个人银行储蓄 20%

第一阶段是青壮年期。在 20~30 岁时，是刚就业精力最旺盛的时期。由于刚就业，距离退休时间最远，他们的投资风险承受能力最强，投资也具有冒险精神，所以，可以进行较高的风险投资。他们缺少经验且收入较少，还需要准备结婚、买房、买车、购买耐用生活必需品等，尽管收入在经支出后所剩无几，但为了养老或退休后的生活质量不会下降过多，这一时期仍需要尽可能多投资。也就是说，处于这个时期的人群除了进行实物投资外，可以将 70%至 80%的资金投入各种股票、债券、基金等风险相对较大、收益较高的有价证券中。在这部分投资中，他们可以再进行组合，投资股票、基金、债券和不定期存款可以各占 20%。这一阶段的人群将投资收益放在第一位，将投资风险放在第二位。

第二阶段是中年期。在 30~50 岁时，是就业与收入最稳定的时期。这一时期既要进行风险投资，又要考虑投资的收益性。这期间的投资以股票（至少 40%），固定收益投资（40%），购买基金、国债（各 10%）的方式进行。除了手中保留一些现金供日常生活需要外，进行固定收益投资也应分散化。这一阶段的人群需要权衡投资收益与风险，实现收益与风险的最佳组合。

第三阶段是相对老年期（老年前期）。50~65 岁是即将或完全退出就业的时期。这个时期是金融服务养老的准备期及参与期。他们的孩子多数成人，虽然收入高但也需要防范风险。为了更好地养老，个人养老储蓄增长或养老保险比前两个阶段规模都大且增长得更快。但这一时期应增加有固定收益的投资（50%），减少股票债券方面的投资（最多 50%）。此种投资组合的目标是保留足够的现金供退休前后的不时之需。与青壮年期不同，这一阶段的人群将投资风险放在第一位，投资收益放在第二位。

① 这里的收入与年龄的对应是相对于整个社会而言的。有的吃青春饭的行业的年龄越小收入越高，如软件开发，而有的靠经验积累的行业年龄越大收入越高，如中医。

第四阶段是老年后期。到了 65 岁以上，多数人会收入减少或没有收入，这一阶段的大多数人会因经受不起风险的打击而大大减少投资甚至不投资，即使投资也会投资在比较安全的固定收益中，只将少量的资金投在股票、债券或基金上。目的是防止资金或资产因通货膨胀、利率原因缩水所带来的影响。通常，最佳投资组合是将 20%的资金用于个人银行养老储蓄，用一半的资金投资债券或固定收益型基金，其余 30%的资金用于购买股票。他们厌恶投资风险，投不投资、投资多少、投什么资等都不将收益放在第一位，放在第一位的始终是低投资风险。

不同年龄段的人群需要进行不同的投资组合。也就是说，随着时间的推移和金融资产价值的变化，投资者需要不断地进行金融资产投资组合。在投资情况变化后，需要调整金融资产的拥有量，使金融资产投资的收益与风险保持在投资者感到满意的水平。

6.8.3　金融投资组合的相关理论

有金融投资组合，就有专门研究这一实践的金融投资组合理论。金融投资组合理论研究的收益是加权平均的收益，风险是完全的风险。此外，它研究投资组合为什么及如何降低非系统性风险。随着实践的发展，这一理论会得到进一步的完善。金融投资组合理论不但为分散投资选择提供了理论依据，而且也为如何进行有效的分散投资选择提供了分析框架。

在发展货币理论的同时，凯恩斯、希克斯和卡尔多已经形成了投资组合选择理论。只不过，这时的投资组合理论还是初级的投资理论，既不系统也不全面。马科维茨制定的最优投资组合选择理论置于权衡风险和回报的背景下，将组合多样化作为减少风险的方法，从而形成了所谓的现代投资组合理论（modern portfolio theory，MPT）。托宾在马科维茨的理论中增加了货币理论。

夏普和林特纳先后提出了资本资产定价模型（capital asset pricing model，CAPM），从理论上探讨了风险与收益之间的关系。此外，有的学者如布莱克，以及 Scholes 和 Merton 还提出了期权定价依赖于使用套利推理的观点。Ross（1976）的 APT 方法根据套期定价概念，脱离了 CAPM 模型的风险与回报逻辑而提出了 APT。这一理论认为，各种投资收益受市场中很多因素的共同影响。套利机会是一种零风险但收益确定的投资机会。在此过程中，Fama（1965）提出的有效市场假说（efficient market hypothesis，EMH）可以根据信息利用情况分为强式、半强式和弱式市场。精明的投资者具备足够的知识和能力去挖掘获利的机会（Fama，1998）。

Kahneman 和 Tversky（1979）发现，投资者的大多数都是行为投资者。他们的行为表现既不理性又不回避风险。这样的投资者既考虑未来的收益又注重风险防范。金融投资组合是收益与风险的组合。它以心理学为依据并从决策心理出发，注重决策心理的多样性，讨论投资决策对市场的影响。该理论越来越影响着人们的经济行为。可见，因收益与风险的存在，进行金融投资需要进行投资组合。金融投资组合理论为养老投资的分散化、实现收益最大化与风险最小化组合提供了基本的理论依据。它给不同的人群提供了不同的启示，同样，对于老年人的养老也具有重要的意义。

6.9　金融监管理论

金融监管是金融监管机构对金融业实施监督与管理的总称。金融监管有效性理论与金融管制失灵理论是两种主要的金融监管理论。

6.9.1　金融监管

金融监管即金融监督和管理的复合。面对金融市场失灵，金融监管机构不得不依据经济金融法规，利用其掌握的各种资源，主要运用经济手段、法律手段，辅之以必要的行政手段，对各金融机构、金融市场活动等进行监管。对金融机构的监管主要是对银行业的监管、对保险业的监管、对证券业的监管和对信托投资基金的监管。可见，金融监管范围广阔。

金融是国民经济各行业中的一个重要的行业，构成了国民经济的有机整体。在这个有机整体中，金融活动无时无刻不在，金融联结着各部门，共同服务于资源配置。金融本身作为一种特殊的资源，具有引导和配置其他资源的作用。金融机构、金融活动由于其内在脆弱性，需要进行金融监管。金融监管不仅有利于维护信用活动的良性运行，而且有利于货币政策的有效执行，也有利于防范金融风险和维护金融稳定。金融监管可以在很大程度上减少逆向选择和道德风险。为了减轻负外部性，带来更多的正外部性，实施金融监管是十分重要且必要的。如果发生了逆向选择，会影响到金融体系的稳定。并且，如果发生了道德风险，最终可能导致实际结果与所预期交易不一致。由于金融活动具有高风险性，金融监管绝不是可有可无的，而是非常必须的。不仅如此，金融是监管最严厉的行业或部门。

6.9.2　金融监管的内容

金融监管是经济监督的重要组成部分。金融监管采取一般监管方法，预防性监管，存款保险制度、紧急救助和金融风险预警制度等进行监管，包括市场准入、业务范围与经营内容、市场退出等。金融机构在经营过程中还要接受管理当局的定期检查，以掌握金融状况。当金融机构有问题时，监管部门会采取多种措施进行金融监管，包括紧急援助、合并或收购甚至直接接管，让其退出市场等。金融监管具有丰富的内容。

6.9.3　金融监管的相关理论

金融监管理论是关于金融监管实践的理性认识和理论总结，包括金融监管的基础理论、金融监管的应用理论和其他相关理论。金融监管的基础理论涉及金融监管的一系列概念、范畴、原理等基本问题，包括金融监管的定义、本质、目标、对象、职能与作用、体制与机制、方法、程序、证据和原则等。金融监管的应用理论主要涉及的内容是金融监管的具体操作，是金融监管的基础理论在操作中的具体应用。金融监管理论既相互独立又自成一体，共同构成了金融监管理论的科学体系。

一般说来，金融监管理论主要有金融监管有效性理论与金融管制失灵理论。前者从效率方面研究如何进行金融监管，后者则是从是否失灵方面研究如何避免金融监管失灵。金融监管有效性理论认为，金融监管是因金融的脆弱性和公共利益性，出于社会公众利益考虑而实施的监管。金融管制失灵理论认为，金融监管是因管制俘获、管制寻租和管制供求，从私人利益视角出发而实施的监管。金融监管理论为金融监管提供了理论依据。

6.10　金融审计理论

金融审计是审计机关依据法律、法规和政策规定，对金融机构、金融市场和金融监管机构及其他机构所进行的审计监督。监督和评价、实现资产保值增值及提高效率是金融审计的重要作用。金融机构审计理论与金融资产审计理论、政策审计理论大大丰富了金融审计理论的内容。

6.10.1 金融审计

审计机关依据法律、法规和政策，对中央银行及其他金融监管机构、国有或国有资本占控股地位或主导地位的金融机构的财务收支，资产、负债、损益的真实、合法、效益情况，贯彻落实重大政策措施的情况，以及上述单位领导人员履行经济责任的情况等进行审计监督（江世银，2019b）。它既包括国家审计机关进行的金融审计，又包括金融系统内部审计部门进行的金融审计。

6.10.2 金融审计的作用

作为经济金融监督的手段和方法，金融审计呈现出延伸性、综合性、独立性等诸多与其他监督不同的特点。金融审计具有三个方面的作用。第一，监督和评价。金融审计能促进金融机构加强风险管理，保证金融安全，查处违规违纪违法情况，可以发挥审计的全方位监督作用。它既分析金融领域的普遍性问题，又揭示金融制度、金融政策、金融监管方面的不足，促使金融机构加强内部管理，促进金融监管部门加强监管，提高资产质量和运营效益，有效地防范和化解金融风险。监督与评价是金融审计最基本的作用。第二，确保金融资产保值增值。金融审计依据国家的金融法规，通过对金融监管机构、各种金融机构的财务收支和资产、负债、损益的审计，掌握其资产损失、贪污挪用的问题，反映经济管理和资金使用的情况，以确保金融资产的保值增值，这是金融审计的重要作用。第三，提高金融管理效率。金融审计特别是金融绩效审计，通过对金融机构的审计，可以有效地促使金融机构减少开展那些经济效益低、还款能力弱的项目，使有限的资金发挥最大的效益。金融绩效审计主要是对金融机构的管理绩效与金融监管机构的监管绩效进行评价，对金融管理绩效进行综合考核，提出有效监管意见与建议。提高效率是金融审计监督的最终目的。

6.10.3 金融审计的相关理论

从金融审计的机构所涉及的理论来看，金融审计理论主要是金融机构审计理论，包括银行审计理论、证券审计理论、保险审计理论、信托投资审计理论和投资基金审计理论等。银行审计理论主要是关于银行信贷、资产负债损益管理、财务收支状况、风险防范及其他研究内容的理论。证券审计理论主要是关于证券机构、市场业务及监管等方面的理论。保险审计理论主要是关于保险机构、市场业务及监管等方面的理论。信托投资审计理论主要是关于信托投资机构、市场业务及监管方面的理论。同样，投资基金审计理论是关于投资基金公司、市场业务及管理方面的理论。从金融审计的内容所涉及的理论来看，金融审计理论主要是资产与政策审计理论，包括财务收支审计理论，资产、负债、损益审计理论，政策实施跟踪审计理论和经济责任审计理论等。这些金融审计理论使金融审计范围不断扩大、内容不断丰富、方法更加多样化。随着金融大数据审计的兴起，金融审计所发挥的监督作用更大，金融审计理论更加完善。

6.11　其他金融理论

除了上述金融理论外，金融服务养老的理论还包括其他一些金融理论，如金融会计理论、银行信贷理论、银行经营管理理论、证券投资管理理论、保险营销理论等。这些理论从不同的角度、不同的方面为金融服务养老提供了理论依据，由此构成了金融服务养老的理论框架。随着金融服务养老实践的发展，这一理论框架将会得到逐步的完善。

第 7 章　金融服务养老风险防范与监管完善的紧迫性

金融服务养老存在许多风险，需要防范风险和完善金融服务养老监管。相比其他年龄段的投资者，老年人的风险厌恶程度更高，且很难经受风险，这使得风险防范成为金融服务养老的重中之重。防范金融服务养老风险更多是从老年人的角度而言的，完善金融服务养老监管更多是从监管的角度来说的。防范金融服务养老风险也需要通过完善金融服务养老监管来实现，二者之间存在非常密切的关系。金融服务养老风险防范与监管完善不仅非常重要而且非常紧迫。

7.1　金融服务养老的风险表现

同其他金融活动一样，金融服务养老活动同样存在着一系列风险，并且也需要监管。这些风险种类繁多，包括信用风险、利率风险、市场风险、流动性风险、操作风险、支付风险和其他风险。在金融不断创新的今天，随着养老资金的迅速增加、养老资产的急剧扩张，养老权益保护的增强，金融衍生产品层出不穷，金融服务养老的形式变幻莫测，金融风险随处可见。对于这些风险需要分门别类地进行分析，目的是完善监管，从而尽量转移、分散或化解各种金融服务养老风险。

7.1.1　信用风险

信用风险是指借款人因各种原因未能及时、足额偿还债务或银行贷款而违约的可能性。这种风险是在债权人与债务人相互作用的过程中产生的。信用风险使一方受损而使另一方获益。这里说的信用风险是指金融机构因经营管理问题等而不能按时足额地支付个人养老储蓄金，养老者把专门为自己养老所使用的资金存入银行或用其购买养老保险，到需要时不能随时支取的风险。其中的原因是银行或保险公司因经营管理、外部经济环境的变化导致不能按时足额支付。有的可能是经营管理不善出现严重亏损，导致不能按时支付。有的由于外部经济环境变化加大了成本，减少了收益，财务不能按时足额支付。也有的是因为机构不讲信用而拖欠了财务支付。

7.1.2　利率风险

这里所说的利率风险是指养老者个人储蓄、购买商业养老保险或进行养老投资而遭受损失的可能性。利率的上升增加了商业银行的经营成本，减少了收益。利率风险是老年人可能遇到的最主要的风险。由于利率随经济情况和形势的变化而随时波动，如果没有其他政策的保护措施，则将会给养老者带来无法预测的损失影响。尽管绝大多数老年人的生活要求并不高，但是，利率的变化可能会使养老者的收益受到影响而出现生活质量降低或生活水平下降，更为严重的是，老年人甚至会没有基本生活保障。利率风险给老年人的利益带来影响是常有的事。

7.1.3　市场风险

市场风险是金融活动中最重要的风险之一。它是指未来市场价格因股市价格和债券价格等的变动导致的价值未预料到的潜在损失的风险。它们的变化的不确定性对金融机构实现其既定目标会产生不利的影响。市场是瞬息万变的，出现波动是正常的，因为市场是处于繁荣与萧条的交替过程中的。当市场处于极不景气时，市场风险不仅可能使提供服务养老的金融机构遭受损失，而且也会使养老者因金融机构面对的市场风险而受到影响。这里所说的市场风险是指老年人的养老储蓄、保险或投资因市场变化而带来损失的可能性。金融市场的不景气可能会带来养老资金（资产）投资收益的减少，使老年人的养老基本生活受到影响。

7.1.4　流动性风险

流动性风险是指有清偿能力但又无法及时获得充足资金或无法以合理成本及时获得充足资金以应对到期债务的风险。资本是一种处于运动中的价值，资金、资产或权益都是一种资本，只有在运动中才能体现其价值，只有让它们运动起来才能真正地发挥作用。养老资金或资产的流动是金融服务养老的内在要求。资本的价值增值在于运动，只有养老资金资产处于价值循环中才有实现自身价值并保值增值的可能性。处于死水一潭的养老资金或养老资产可能会因贬值而使养老者利益受损。当然，这种流动性可能会带来难以克服的风险。养老资金在流动中可能会遇到因基金管理公司经营不善而不能支付，养老资产因外部经济环境而贬值或缩水，养老金也可能因通货膨胀没有得到保值而被稀释。所以，金融服务养老中的养老资金或养老资产存在流动性风险。它是金融机构无法保证资产增值或者到期还本付息而产生的风险。

7.1.5　操作风险

操作风险是由有问题的内部程序及外部操作不当而造成损失的风险。现代的金融服务养老，老年人的操作可能会有失误。他们远离社会发展，缺乏现代互联网金融常识，手机银行、网上银行等互联网金融都会影响他们的正确操作。如果操作不当，自己的利益或权益无疑会受到影响。有的老年人甚至被社会上的金融诈骗犯所诈骗。金融犯罪活动已成为危害性极大的经济犯罪活动之一，而老年人深受其害。当今，大量的金融平台丰富了个人理财的选择，然而很多老年人还不能接受丰富的理财方式与手段。老年人由于缺乏对风险进行预警评估的知识与能力，易遭受理财骗局。据有关方面调查，有近 1/4 的老年人有被骗的经历。有近 20%的老年人被骗过 1 万元，有 5%的老年人被骗过 10 万元。养老的钱本身就是吊命钱，对于养老生活必不可少。因操作不当而产生的风险是可控的风险，是金融服务养老中较简单的风险。

7.1.6　支付风险

支付风险是指参与养老服务的金融机构因经营不善而不能按期支付养老所应付资金的风险。银行可能不能支付养老者的储蓄，保险公司可能不能支付养老者的商业养老保险费用，其他金融机构可能不能支付养老者投资而应获的收益。支付风险是养老者难以控制且不可避免的。一旦出现养老资金支付困难，那么金融服务养老中的支付风险就在所难免。出现支付风险，还可能会带来其他一系列风险。有不少金融危机最初就是由支付困难而引发的，随后出现一系列的支付风险，最后出现完全不能支付等问题。对于支付风险，只有通过专门的金融监管机构制定和实施专门的监管政策、措施和办法才能避免。例如，提供养老服务的金融机构或养老机构上交供最低支付的基本养老保证金和拥有一定比例的养老储备金。

7.1.7　其他风险

除了以上风险外，金融服务养老还可能面临国家主权的风险和法律风险等。在进行养老资产投资的过程中，相应的经济政策、监管方案等都会影响养老的投资方向，并且可能出现各种各样的风险。众多的金融服务养老风险构成了金融服务养老风险体系。只有区分出各种不同的风险，才能更有针对性地进行风险防范和完善相应的监管，将金融服务养老风险降到最低限度。

金融服务养老风险无时不有，无处不在。凡是金融服务养老活动，都存在着各种各样的风险。在某个时期，有的风险更突出，有的风险潜伏在某个方面，有的风险较为突出，而有的风险相对不严重。各种不同的风险都会对养老产生的影响。只是影响的大小、期限、范围和程度不同而已。不管是何种风险，都需要进行金融服务养老风险防范与监管完善。

7.2　金融服务养老风险防范与监管完善的重要性

金融服务养老风险防范与监管完善对于现代养老非常重要。金融服务养老的质量、水平、满意度都会影响老年人的晚年生活。它是老年人安度晚年生活的重要保证，是防范养老风险的客观需要，是稳定社会的基础，是提高服务质量和水平的需要，是完善金融监管的重要内容。没有风险防范与监管完善的金融服务养老是难以想象的。

7.2.1　老年人安度晚年生活的重要保证

受经济发展水平的制约和老龄化问题突出的影响，大多数老年人是在收入不高、养老储蓄不多、保险准备不充分的情况下开始晚年生活的。不管是养儿防老还是社会保险养老，养老水平都不是很高，它们只能够保证最基本的养老。美好、幸福的晚年养老生活，还需要金融服务养老辅助。老年人能不能较好地安享晚年生活，在很大程度上取决于对金融服务养老风险的防范程度。如何更好地利用已积累的养老财富，拓展必要的金融创新产品与服务解决养老问题，让老年人安享晚年生活，是金融服务养老需要面对的重要问题。金融服务养老是老年人安度晚年生活的重要来源与保证。

金融服务养老风险大、监管不完善，养老者难以顺利安度晚年生活。只有对金融服务养老过程中的风险防患于未然，才能使老年人安度晚年。政府为老年人积累养老资金或养老资产，为他们提供经济保障，这些经济保障无疑需要与金融机构打交道。如果银行因经营不善而出现支付问题，则会直接影响老年人的日常生活。同样，如果保险公司因管理不善而支付困难，也会直接影响老年人的基本生活。更不要说进行养老证券投资、养老基金投资、养老信托购买等带来的收益问题会如何影响他们的生活了。一旦出现这些问题，老年人的养老预期就会悲观，生活没有保障，他们不能很好地安度晚年。因此，防范金融服务养老风险绝不是可有可无的事项，它是现代老龄化问题下所必须关注的重要内容。

7.2.2　防范养老风险的客观需要

任何一种养老风险都不仅会直接影响到老年人，而且会影响到社会，因为这些风险使老年人不能安心地养老。这些养老风险包括信用风险、利率风险、市场风险、流动性风险、操作风险、支付风险和其他风险，每一种风险都会影响到养老的正常开展。也许一个时期是单一性的风险，而另一个时期却是综合性的风险。随着老龄化对养老保险制度的挑战，在老龄化呈加速发展的态势下，社会养老保险制度能够提供的老年收入份额呈现下降的趋势。因而，如何防范养老风险的问题随之出现。虽然养老保险为公众在年老之后提供一定的经济补偿，然而，天有不测风云，这种经济补偿也可能会出现意想不到的风险。所以，养老保险也需要再保险。

随着老龄化的加快，养老风险逐步提高，养老遭遇的困境也逐渐增多。子女因外出学习、就业和结婚而离开父母，这会直接影响老年人的衣食起居，养老的生活质量和水平下降。由于年老身体欠佳的人本身缺少金融常识且跟不上技术进步和金融创新的步伐，又没有子女的帮助，金融服务养老对独生子女家庭养老的责任和心理压力比其他家庭养老更大，这种家庭所面临的风险和困境是全方位的。因此，金融服务养老风险防范与监管完善具有客观必然性。

7.2.3　稳定社会的基础

引发社会不稳定的因素很多，其中，养老问题特别是金融服务养老问题是一个重要的因素。国内外经验表明，金融服务养老风险防范与监管完善是稳定社会的基础。风险防范工作不到位带来的影响是难以估量的，甚至会直接影响到社会稳定、人民安居乐业，防范化解各种金融服务养老中的风险问题是当务之急。

对于金融服务养老市场来说，最大的问题就是金融服务养老的安全、服务、收费等方面的问题，尤其是只收费、不服务或提供与收费不相符合的服务。对于养老服务机构来说，不是有钱就能把事办好，也需要恰当的监管和其他管理。目前，与金融相结合的养老服务机构建设不仅在数量上无法满足养老者的需要，在质量、效率、服务水平等方面更是差距较大，养老服务供给与需求之间的矛盾越来越突出。如果这一问题处理得不好，将直接影响社会稳定。金融服务养老有金融产品的创新。有创新，难免会有金融风险；有金融风险，难免会带来社会不稳定。特别是养老风险难以预测和驾驭，稍有不慎，就会触及老年人的利益，影响老年人涉及的家庭，进而影响社会稳定。要稳定社会，防范金融服务养老风险非常重要，其是社会稳定的基础。

7.2.4　提高服务质量和水平的需要

金融服务存在质量和水平的差异。它不是以有形物的形式存在的，而是以金融服务活动的形式存在的。老年人选择金融服务养老，有极高的要求和期望（即预期较高）。他们希望能获得非常满意的服务，不仅包括服务的内容也包括服务的形式；不仅包括服务的某个过程也包括服务的全过程。随着技术的进步与经济金融的发展，他们还有更高的要求和预期。

随着未来物质生活的丰富，家庭财富水平的不断提高，养老日常衣食住行都会利用金融所提供的服务。在金融服务养老过程中，提供服务的金融机构由于各种因素的影响，可能会出现没有及时提供应提供的便捷服务、金融服务不到位或金融服务效率低下的问题。无论在什么情况下，商业养老保险的及时足额给付都是一种良好的服务。如果老年人不能及时获得服务，他们就会不满甚至产生抱怨。金融服务养老监管手段落后，缺乏大数据分析与比对，缺乏超前的风险预期，缺乏实时的监控特别是政策实施跟踪，缺乏主管部门与社会资源的有效结合等监管缺陷，这些都影响了金融服务养老的服务质量和水平。要解决这些问题，特别需要金融监管机构和其他政府职能部门加强监管。

7.2.5　完善金融监管的重要内容

金融监管包括对金融机构的监管和金融功能的监管两方面内容。一方面，由于人口老龄化问题的严重和金融服务养老的兴起，有越来越多的金融机构参与或提供服务。这些金融机构参与或提供服务，更多看重的是它们能够占有的市场及获得的利益。至于服务的内容、服务的水平、服务的效率，以及服务的满意度如何，都不完全是金融机构首先考虑的。金融机构可能会因为对利益的追求而侵占部分老年人及社会的权益。凡是有利可图，不管老年人是否满意，它们都会进行金融创新，积极地提供各种金融业务。金融机构降低处理金融交易过程中的成本，使得金融机构能够从这种为公众创建新型金融产品和服务的过程中获取利润（米什金，2016）。不仅如此，提供养老服务的金融机构、养老机构及从业人员参差不齐，金融服务养老风险丛生。这在客观上需要防范金融服务养老的风险和完善对金融服务养老机构的监管。

另一方面，完善金融监管的一大任务即是对养老服务进行全面监督。从制度层面来看能够从事金融服务养老的机构均是具有一定资质且严格在法律规定的业务范围内开展服务的机构，不是任何金融机构都有资格办理业务或提供服务。特殊的养老服务内容需要相关的金融机构或养老机构提供。办理储蓄、保险、投资和担保的业务内容都有进入的条件和退出的要求。如果金融服务养老风险没有得到足够的关注和合理的控制，或只注重某个阶段的风险，直到出现了风险才消极地应对，那么，这样的金融监管是不完善的。不完善的金融服务养老监管将导致服务的高成本、低质量、低效率和不满意。于是，金融服务养老过程中出现的风险防范需要进行全程的金融监管。金融服务养老监管的完善要求利用新的手段、新的方法、新的措施，及时披露信息，纠正损害养老者利益的行为，将风险控制到最低限度。完善金融监管需要完善金融服务养老功能（内容）的监管。

7.3　金融服务养老风险防范与监管完善十分紧迫

金融服务养老事关整个国家发展大局和社会稳定，解决金融服务养老问题，有效防范风险迫在眉睫。金融服务养老的快速发展不仅会带来养老资产缩水的风险，而且可能会带来各种风险，特别是支付风险和利率风险。有效防范金融服务养老风险，实施更加完善的监管是金融服务养老可持续发展的根本保证。正是如此，加强金融服务养老风险防范与监管完善对于更好地解决日益突出的养老问题非常紧迫。金融服务养老迫切需要风险防范与监管完善。

7.3.1　更好地应对老龄化所要求的金融服务需要

根据老年人的生理和心理特点，如果他们要想获得正常、健康的生活，不但需要有稳定的生活来源和相应的经济基础，还要有符合老年人需要的金融服务来配合。这些老龄化金融服务主要包括养老资金供给、商业养老保险提供和金融服务养老等。其中，养老资金旨在为养老进行资产积累提供基本的生活或生存保障；商业养老保险旨在帮助防范养老长寿风险；金融服务养老旨在为老年人提供非物质的支持，即金融服务的便利性。金融服务养老难以避免地存在各种各样的风险，因此，不管是哪方面的金融服务，都需要进行风险防范。否则，一旦出现风险，不仅老年人的生活会受到影响甚至产生致命的打击，而且社会也会出现信用危机。

7.3.2　确保养老资产保值增值的需要

金融服务养老有的老年人采取自主选择式，有的老年人采取专业顾问指导式。各类业态的出现也向监管的深度和广度提出了新的要求。2018 年的统计显示，中国五项社保基金的总规模超过 10 万亿元，相当于 GDP 的 11.1%。2018~2020 年，基金年收入增长 16.3%，累计结余增长 17.0%。社保基金累计结余超过 6.6 万亿元①。如果这些规模宏大的养老资金进入金融投资领域而缺少监管的话，则难以保值增值，风险也可想而知。

作为养老活动的主要参与者，老年人倾向拥有各种养老资产，包括存款、保险、住房、股票、债券、基金、信托和权益等。他们主要是为了预防不可知的风险或在不确定条件下的养老。通常，老年人是高储蓄意愿、高风险厌恶的群体，绝大多数老年人风险承受能力较弱，有的甚至根本不能承受风险。他们一般不愿意选择投资风险较大的投资方式。在养老问题突出、养老资产有限的条件下，如何确保养老资产保值增值呢？除了通过金融投资获益规避风险（如利率的风险或通货膨胀的风险），别无他法。也就是说，老年人只能选择金融投资。这些金融投资包括购买个人商业养老保险、投资养老股票与债券、参与养老基金和进行养老

---

① 参见中国统计出版社《中国统计年鉴 2019》。

信托等，目的是能有较高的回报，即实现养老资产的保值增值。这些投资都离不开金融服务，金融服务养老也是确保养老资产保值增值的需要。

7.3.3　稳定经济金融的需要

随着老龄化问题的突出，金融服务养老更加普遍。金融服务养老的机构、从业人员、产值、利税等对经济金融的影响都会加大。在某种程度上，金融服务养老直接影响着经济金融的稳定。为了不使金融服务养老市场出现较大的波动，防止金融服务养老的一般性风险演变为系统性的经济金融风险，特别是在老龄化加速态势下，加强金融服务养老的风险防范和监管完善是非常紧迫的。在金融服务养老市场的激烈竞争中，有些机构由于种种原因出现亏损或破产，有些从业人员素质低导致操作风险或服务不佳，有些金融创新产品不能满足养老的需要而出现供求失衡，这些都会影响经济金融的正常运行。

为了稳定经济金融和由减少波动带来的影响，加强金融服务养老风险防范与监管完善具有紧迫性。没有金融服务养老的风险防范和监管完善，就没有真正的金融服务养老。稳定经济金融，客观上需要进行金融服务养老的风险防范和监管完善。金融服务养老风险防范与监管完善伴随着金融服务养老的全过程。只要有金融服务养老活动，就可能有风险，有风险，就需要防范风险与完善监管。

7.3.4　解决诚信问题的需要

受一些因素的影响，社会会出现诚信问题，金融服务养老也是如此。除了社会管理引导外，加强和完善金融监管也是解决诚信问题的需要。受诚信因素的影响，存在着投资人有钱无处投，养老产业又找不到投资人的现象。要解决这些矛盾，需要发挥金融服务养老的作用。金融服务养老是一种金融活动，难免出现不讲诚信现象。很多人害怕老年金融产品或金融服务是假货或水货，甚至有的老年人认为，金融服务养老是在骗他们的养老钱。随着人口老龄化水平的提高，金融服务养老的需求快速增加，诚信问题也越来越突出。经常出现的老年人上当受骗等是诚信问题的表现。尽管银行因老年人的存在而获得比其他储蓄高的储蓄率，但这种资金背后依托的是脆弱的心理基础，因为他们经受不起风险的打击。这些问题与全社会的诚信，特别是提供养老服务的人员的诚信密切相关。

有很多老年人不愿意参与金融服务养老活动，主要原因是怕上当受骗。据有关调查，前几年之所以有 20%的老年人被骗，与社会诚信有密切关系。如果金融机构、养老机构及其从业人员不诚信，老年人就不会参与金融服务养老。他们也就不会进行养老投资，即便消费，也是小心翼翼。解决诚信问题，需要在客观上防范金融服务养老风险并完善金融服务养老监管。有关部门应经常开展诚信教育，大力宣传诚信行为，坚决惩戒失信人员，为全社会特别是参与金融服务养老的老年人提供良好的诚信风气和环境。

7.3.5 完善金融监管的需要

不管是金融机构还是金融市场，都需要特别监管。现代金融体系的稳定运行对经济金融发展非常重要。金融体系是受到最为严格的监管的经济部门之一（米什金，2016）。现代的金融离不开监管，监管也还处于不断的完善之中。随着经济金融的发展，金融监管可能会与金融发展不相适应，这就需要不断地完善金融监管。只有这样，才能适应其进一步发展的需要。

完善金融监管，特别是完善金融服务养老的监管。过去，由于金融服务养老在金融和养老中的地位与作用都非常有限，金融监管问题不突出。有了服务养老的监管不同于没有服务养老的监管。由于金融服务养老不能造成老年人承受不起的打击，面对各式各样的养老风险，只有不断加强和完善监管，才能使养老服务持续快速健康发展，不断满足老年人追求美好生活和安度晚年的愿望。处于金融创新中的金融服务养老运行要求时刻不放松风险防范意识并不断改进、完善金融监管，特别是实施恰当的监管。通过定期对提供养老服务的金融机构进行实地检查，监管机构可以核查金融机构是否符合金融服务养老的要求，是否使服务获得者满意。只有不断完善金融监管才能既使金融更好地服务养老又使经济金融持续快速健康发展。

7.4 总　　结

正是因为金融服务养老风险的存在，才需要完善监管体制机制，加强风险防范。金融服务养老风险防范时时处处都必不可少，忽视金融服务养老风险防范，金融服务养老就不能获得更好的发展。完善金融监管是金融服务养老发展的重要保障。只有对金融服务养老风险进行有效防范与监管完善才能促进金融服务养老更好地发展。

7.4.1 金融服务养老风险防范是时时处处都不可忽视的

在老龄人口众多、老龄化加速发展的时期，参与金融服务养老活动时时处处都存在风险。为了将风险降到最低限度，金融服务养老风险防范是时时处处都不可忽视的。如果忽视这些风险，那么一旦风险发生，则不仅会影响老年人的养老生活，而且会影响社会稳定。金融监管是金融发展到一定阶段的产物。金融代表了太多的机会，为社会带来巨大财富。高收益永远伴随着高风险。就是不图高收益的老年人参与金融活动，也会惧怕风险，而且经受不起风险。完善金融服务养老监管，目的是防范养老风险，通过各种措施控制金融机构的养老业务经营风险，防范金融服务养老风险的传播，增强老年人对金融机构办理养老业务的信任，能更好地避免引发金融危机，维护老年人的权益。

如果没有风险意识或缺少风险防范，一旦发生风险，老年人就可能会不知所措，找不到解决的最佳办法。这不仅会造成老年人利益的损失，而且会降低老年人的参与意愿或使老年人丧失信心，甚至会影响到其子女。如果处理不当，严重的金融服务养老风险还可能会带来社会的恐慌。所以，时时处处都要防范金融服务养老的风险。只有树立风险防范意识并将风险控制在最低限度或可承受的限度，才有利于金融服务养老的正常发展。

7.4.2 完善金融服务养老监管是金融监管的内在要求

过去，金融服务养老业务开展缓慢，一个主要的原因是老年人怕有风险，害怕权益受损，经受不起折腾。老年人是最不愿意承受风险，也是承受不起风险的。这意味着在客观上需要监管，并且要严格地监管。到目前为止，金融服务养老都还没有专业化的监管。专业化的金融服务养老监管应实现养老服务监管的全覆盖，提高监管力度，确保养老机构标准化运营，实现养老资产的保值增值，从而更好地满足养老的需要。目前已有的一般性的金融监管还很不完善，更不要说兴起时间不长的金融服务养老了。如果金融服务养老监管不完善，金融服务养老就难以获得健康发展。完善金融监管是金融服务养老发展的重要保证。

金融服务养老是一种金融活动，并且是一种有风险的金融活动，这就需要不断完善金融监管，特别是对养老服务的金融监管。也就是说，完善金融监管内在地包含完善对金融服务养老的监管。如果对金融服务养老的监管不严，而对其他金融活动的监管严格，金融服务养老的风险也会通过许多途径传递到其他金融活动中去，从而带来难以预料的金融风险。可见，金融监管包括对金融服务养老的监管，完善金融服务养老监管是金融监管的内在要求。

7.4.3　只有金融服务养老风险防范与监管完善才能实现金融服务养老的可持续发展

金融服务养老能不能发展，特别是能不能实现可持续发展、是不是受到老年人的喜欢、发展得如何等，受到很多因素的制约。其中重要的因素是金融服务养老的风险能否被有效地防范，金融监管体制机制是否完善。这是决定能否保障老年人权益，特别是保证养老利益最大化的首要前提。因为老年人最怕风险，经受不起风险的打击，金融服务养老的发展依赖于其风险防范与监管完善。只有金融服务养老风险防范与监管完善，才能最大化地保证老年人的养老权益或利益，才能促进金融服务养老更好地发展。如果金融服务养老风险大，防范不得力，监管又不完善，那么，老年人参与的意愿就低，需求不旺，金融服务养老就难以获得持续、快速、健康的发展。

风险是随时可能出现的。有风险并不可怕，可怕的是缺少金融风险防范和监管完善，不能有效地应对金融服务养老风险。特别是微小的风险，常常被忽视，在经过不断的扩散和放大后，最终会产生“多米诺骨牌效应”，可能会带来意想不到的后果。一旦发生难以承受的风险，金融服务养老参与者是最直接的受害者。及时防范金融服务养老风险，以完善的监管来降低或化解金融服务养老风险，金融服务养老才能获得更好的发展。只有金融服务养老风险防范与监管完善才能实现金融服务养老的可持续发展。

总之，随着金融服务养老的兴起与发展，金融服务养老风险防范与监管完善不是可有可无的，而是金融服务养老的内在要求。金融服务养老风险防范与监管完善非常紧迫。一个良好的金融服务养老市场，需要有效地防范风险与完善监管。金融服务养老越是发展，特别是要实现金融服务养老的长期可持续发展，越需要不断地防范金融风险与完善金融监管。

第三部分　金融服务养老模式及国际经验研究

本部分主要分析金融服务养老的模式与国际经验。不同的国家存在不同的养老问题，从而形成不同的养老模式。当前，传统的养老方式正在向现代的金融服务养老模式转变，成为满足老年人多样化养老需求的重要方式（Dong and Sun，2018）。有的国家金融服务养老已经发展得较为成型，如美国、日本、英国、新加坡等；而有的国家金融服务养老正在兴起，如中国等。通过对国外金融服务养老模式与国际经验的考察，本部分将深刻总结金融服务养老的国际经验，并从中发现金融服务养老的一般规律，特别是发现国外金融服务养老可为中国所吸取的经验、教训与启示，为中国金融服务养老提供参考借鉴。

第 8 章　国外养老服务现状分析

国外养老是在富裕程度很高或准备很充分的情况下进行的养老。养老服务是相关机构根据老年人需求提供的服务。根据经济富有程度和准备情况，国外养老主要有发达经济体、新兴经济体和转型经济体的养老，由此形成了不同的养老方式和模式。比较有代表性的国家有美国、日本、英国、德国和新加坡等。这些国家的养老经验对于中国如何进行养老，特别是如何进行金融服务养老有很多启示、经验教训和参考价值。

8.1　国外养老服务概况

同中国一样，国外也存在养老的问题。不同的国家在不同的时期，这一问题的差异性很大。对于居民从摇篮到坟墓的服务需求，国外不少国家都可以由政府全包下来，但养老也存在问题。虽然国外一些国家的老龄化程度高，但它们是在富裕程度很高或准备很充分的情况下进行的养老。与中国不同的是，国外的养老多数是靠社会养老金养老，很少有依靠养儿防老的。它们的金融服务养老不仅相当普遍而且发展程度很高，为中国开展金融服务养老提供了成功的经验和启示。

8.1.1　国外养老方式

一个不争的事实是，世界各国都先后步入人口老龄化国家行列。全球 60 岁及以上人口以每年 3%的速度递增，2017 年达到 9.6 亿，约占世界总人口的 13%（王杰秀和安超，2018）。2030 年，这一比例将增至 16.5%。2050 年，它将为总人口的 30%。全球人口老龄化速度仍在加快，按目前的发展趋势，在今后的 50 年内，老年人口数量将翻两番，将从 2016 年的近 9 亿增加至 20 亿以上。目前，在全球

233 个国家和地区（主权国家 195 个）中，约有 60 个国家和地区已进入“老年型”社会（尤元文，2017）。不少国家老龄化呈加速发展态势，见表 8-1。

表8-1　1970年以来世界主要发达国家老龄化比例的推移

国名	1970 年	1980 年	1990 年	2000 年	2010 年	2020 年	2030 年
美国	11.3%	12.5%	12.3%	13.1%	16.2%	19.9%	20.9%
日本	9.1%	12.1%	17.3%	23.0%	29.1%	31.6%	36.1%
英国	14.9%	15.7%	15.8%	17.0%	18.7%	21.1%	23.0%
德国	15.6%	15.0%	16.4%	20.4%	23.0%	28.0%	31.0%
法国	14.0%	14.0%	16.1%	16.9%	23.0%	23.1%	24.9%
瑞典	16.3%	17.8%	17.3%	18.2%	20.9%	22.6%	24.3%

资料来源：根据（日本）国立社会保障·人口问题研究所《人口统计资料（2013 年版）》整理而得

人口老龄化已成为当今世界一个突出的社会问题，经济合作与发展组织（Organization for Economic Co-operation and Development，OECD）2016~2020 年将如何应对人口老龄化问题作为持续关注的热点，尤其是养老金在金融市场的资产配置情况。老龄化的日趋严峻，使人们不得不考虑如何应对养老保障问题，以有效解决老年后的经济贫困问题，并且享受到更多、更好的医疗照看、日常生活照料等养老服务。也就是说，日益严峻的人口老龄化不仅推动了养老保险的发展，而且也一直是养老政策变革的推动力。面对日益严峻的人口老龄化现象，如何养老的问题也随之出现。有的国家解决得好些，有的国家则不然。根据住所（居住地点）、资金来源的不同和是否参与金融活动，国外有不同的养老模式或方式的划分。

从住所来看，国外的养老方式主要有居家养老、社区养老和养老院养老等。居家养老是指老年人年老后一直住在自己的家中，与劳动就业时过着同样的生活。美国选择居家养老的人占 70.0%。社区养老是指年老的人在社区内生活，共享基础设施的养老，不少经济不发达国家采取这种养老方式。养老院养老就是有经济基础或实力的老年人通过缴费的形式在养老机构获得物质生活、精神生活的养老。国外那些年龄特别大、需要长期护理的老年人通常采取这种方式养老。

从资金来源来看，国外的养老方式主要有养儿防老、养老金养老、资产权益养老等。养儿防老就是父母养育儿女，儿女赡养父母的养老。受许多因素的影响，比较贫穷的国家的老年人采取养儿防老的方式养老。养老金养老是靠政府、雇主分别提供的基本养老金、职业年金等进行资产配置的养老，这在国外十分普遍。一般说来，这种养老的生活水平有待提高。资产权益养老是拥有养老资产或权益的老年人通过金融机构而获得对既有资产的保值增值、贴现非现金财富、暂时性消费借款、抵押贷款等的养老。例如，养老信托、养老基金投资就是这种方式的养老。在现实生活中，人们一般采用资金来源多样的养老方式。

从是否参与金融服务获得收益来看，国外的养老方式主要有金融服务养老和非金融服务养老。前者就是拥有养老资金、资产、权益的老年人通过参与金融服务获得收益而进行的养老。例如，个人银行储蓄、政府养老金资产配置、商业养老保险、养老信托、养老基金投资等。金融服务养老已逐渐成为经济、金融发达国家的老年人普遍选择的养老方式。美国、日本、英国、德国、法国、加拿大、澳大利亚、新加坡等国家的金融服务养老十分发达。后者就是没有可用的或虽然有可用的养老资金、养老资产和养老权益但是没有通过参与金融服务获得收益的养老。一般说来，经济和金融不发达、风险大及老年人的参与意愿低等，才会多为非金融服务养老。金融服务养老包括资金支持、便利金融业务服务等。

8.1.2　国外养老现状

人口老龄化问题主要是由出生率和期望寿命等因素导致的。在养老问题上，人们关注的不仅仅是出生时的期望寿命，更关注 60 岁或 65 岁退休后的期望寿命及生存质量。因为后者更能反映人口养老压力，并且也为延迟退休和获得养老服务提供了重要的依据。正是基于对人口退休后的期望寿命的评价，在养老立法和政策上，越来越多的国家开始考虑如何为退休后的老年人提供优质的服务，特别是金融服务，以减轻基础养老金负担，降低老年人口的依赖程度，更好地为老年人提供生活保障。

（1）老年人期望寿命。由于经济的发展和医疗卫生条件的改善，老年人期望寿命的延长与养老负担之间存在一定的矛盾性。一方面，人们都期望活得更长，预期寿命越长越好。另一方面，这也导致了老年人如何养老问题的产生。受传统观念和其他因素的影响，养儿防老难以实现；自己养老缺少资金的持续保障；政府财政养老负担不起。鉴于未来老年人会越来越长寿，许多国家开始考虑或已经实行提高其养老金福利的提取年龄，还有的国家在其退休收入规定中引入了一些养老的新内容，如金融服务养老。人类寿命的延长，尤其是领取退休金后的生存时间的延长，在给养老金支付带来更大压力的同时，也对金融服务养老提出了更高要求，涉及的内容也更加广泛。期望寿命的延长，使得养老模式和方式更加多样化，其中金融服务的广泛参与丰富了养老资金来源与配置的多样化（OECD，2019）。

（2）老年人依赖率。老年人依赖率是用来评价劳动力人口对老年人的赡养压力的，一般指每一百人口中领取或者达到领取养老金法定年龄的人口数。2019 年，在所有经济合作与发展组织国家中，平均每 100 名劳动年龄的人中有 30 人在 65 岁及以上。到 2050 年，老年受扶养人比率将会达到 14%，预计从 2021 年到 2050

年将再增加一倍，到 2075 年将达到每 100 人中有 58 个老年人。这意味着老年受扶养人比率将翻番。许多国家在未来几十年将面临加速的人口老龄化。例如，巴西和中国的老年人依赖率将分别从目前的 13.0%~14.0%增加到 2075 年的 62.0%~66.0%。也正是日趋严重的人口老龄化问题，推进了世界范围内的养老金改革浪潮和金融服务养老的大发展。

（3）老年人收入与贫困。普遍的现象是，老年人获得的劳动收入较少甚至没有，所获得的平均资金量低于其他非老年人，一般随着年龄的增长而下降。2019 年，65 岁及以上的老年人能获得的资金收入占总人口收入的 41.0%，66~75 岁老年人的资金收入相当于总人口收入的 30.6%，而 75 岁以上老年人的资金收入相当于总人口收入的 25.3%。老年人经常独居，降低了他们的均衡性可支配收入。退休后的老年人收入降低的原因是没有参加劳动，对社会所作的贡献减少。随着时间的推移，他们在收入递减的同时，养老支出却在增加。养老资金资产的恰当配置在保护老年人养老费用支出方面发挥着很大作用。

在老年人养老费用的来源中，与收入有关的养老金、家计调查关联福利等公共转移支付和金融服务养老收入占总额的 92.3%。公共转移支付依赖性最强的 65 岁及以上人口居住在匈牙利和比利时，他们来自公共转移支付的收入分别为 89.0%和 84.0%，其余为参与金融投资所获得的收入。美国和以色列正常领取养老金一般为 65 岁以上，养老金占收入的 71.5%。此外，对那些几代人生活在一起的家庭，参与金融服务养老所获得的收益可能对老年人的养老资金来源更加重要。在世界各国 65 岁以上的老人中，有 10.0%以上的人生活在相对贫困之中。但总体来看，老年人贫困率平均达 11.5%的水平。如何为老年人提供较为充足的养老金保障是世界各国普遍面临的问题。

8.1.3 国外养老资金来源

国外养老资金来源多元化，主要有政府提供的基本养老金、企业提供的职业年金、个人退休养老储蓄计划的资金、其他捐赠或赡养资金等各种社会福利资金。各种资金为养老发挥了重要的作用。

（1）养老金缴费费率与替代率。除了金融服务养老等收益外，老年人的养老收益还受养老金缴费费率和净替代率的影响。在不同国家的不同时期，它们呈现出不同的特点。一方面，进行养老资产配置特别是养老金的配置，需要养老金。它有政府支付的，也有个人缴纳的强制性养老金。受政府基本养老支付压力的影响，强制性缴纳的养老金比过去更多。如果较高缴费率的强制性养老金不参与金融投资，则其所获得的收益是较低的。不仅如此，受通货膨胀的影响，它还可能贬值，直接影响养老生活。另一方面，净替代率也会影响养老。净替代率是指个人领取养老金净额除以退出劳动前的净收入。养老金领取者的税收待遇显示了个人所得税和社会保障缴费制度在养老金支付中发挥的重要作用，并通过税收激励政策支持金融机构提供更多养老服务，优化养老金资产配置服务（Horizons，2016）。对于一般收入者来说，强制性养老金计划的净替代率平均为 63.0%。这反映出人们为退出劳动时的收入支付的有效税收和缴费高于退出劳动后的养老金。他们往往无法充分享受到根据其个人所得税给予养老金或养老金领取人所应享受到的任何额外优惠。低收入者的总替代率和净替代率的差异平均为 9.0%。

各国的养老问题不同，养老金的替代率不同。为了更好地解决养老问题，不少国家进行了养老金替代率的调整。强制性养老金的总替代率介于 22.0%~97.0%。在自愿私人养老金覆盖范围很大的国家，如美国、日本、英国、德国、加拿大、新西兰、南非、比利时和爱尔兰，未来的替代养老金使得参与者的收入提高了 26%。然而，智利、墨西哥和波兰的低收入者的净替代率低于 50.0%。受经济状况的影响，大多数国家都实施了养老金改革，包括支付水平、缴费率和退休年龄的变化。提高退休年龄和延迟领取养老金时间是国外不少国家应对人口老龄化引发的养老金挑战的主要办法之一。

（2）公共养老金支出。公共养老金支出是养老金的公共支出，属于强制性的养老方面的支出。虽然这方面的支出在量上不是很多，但它是老年人养老最基本的生活保障。这方面的支出随着金融服务养老的兴起呈逐步下降的趋势。与私人养老金计划不同，公共养老金计划支付的福利金来自当期缴费，而与参与者的过去缴费关系不大（米什金，2016）。就政府财政资金而言，公共养老金往往是各种支出中最大的支出，占政府平均支出总额的 18.0%。2019 年，希腊是将国民收入用于公共养老金比例最大的国家，占 GDP 的 17.0%。目前，波兰养老保险收入充足率约为 50%，比 70%的最佳水平低，老年养老保险补贴在预算支出中所占的比例正在增加，2018 年约为 16.16%（Podstawka，2019）。冰岛的养老者普遍在 67 岁后才开始退休养老。政府在提供养老服务方面的作用较小。墨西哥养老金的低支出也反映出其养老金覆盖面相对狭窄，仅占 35.0%。绝大多数国家的公共养老金支出占 GDP 的比例相对稳定。

在过去的几十年里，大多数国家在养老金方面的支出一直在增加。因老龄化问题突出，这些国家的养老金支出预计还会增长，仅有少数国家可能会下降。养老金支出不断增长的主要原因是人口结构的变化。人口受扶养人比率的影响，65 岁以上的人数会增加近 90.0%。韩国在未来几年的养老金支出将增加一倍以上。虽然印度的长期公共养老金支出增加，但仍显现出覆盖率较低的问题。这种迅速增长既反映了老龄化过程，也反映了成熟的养老金制度在养老中的重要作用。随着金融服务养老的兴起与发展，公共养老金支出的未来趋势是，有的国家相对稳定，有的国家则在减少。也就是说，不同的国家有不同的特征。荷兰通过不断重视职业养老金，使其对目标公共养老金的依赖程度逐渐降低。新西兰则通过将养老金领取年龄从 60 岁提高到 65 岁等政策，也逐步了减少公共养老金支出。除了通过金融服务养老获益外，公共养老金支出的减少往往是通过私人和职业养老金支出的增加来表现的。韩国、墨西哥和土耳其的公共养老支出近 30 年来逐步增加。日本的支出增加是快速老龄化的结果。总的来看，公共养老金支出随着金融服务养老的兴起与发展而呈下降的趋势。

（3）私人养老金支出。丹麦、荷兰和瑞典的私人养老金占养老支出的比重较高，通常被称为准强制性的养老金支出。加拿大、日本、冰岛、荷兰和瑞士的私人养老金是待遇确定型的，而其他国家，如美国的私人养老金是缴费确定型的。它们都为养老作出了贡献。一般来说，缴费确定型和待遇确定型计划都用收入支付固定的总替代率。虽然总替代率的增长在各种收益中普遍保持不变，但净替代率往往会增加。

第一，私人养老金计划的覆盖范围各有差异。目前，绝大多数国家的私人养老金通过强制性或准强制性计划实现了近乎全民覆盖。其中，自愿性私人养老金覆盖了 40.0%以上的劳动人口。强制性个人账户系统在拉丁美洲和中欧及东欧很普遍。智利、丹麦、爱沙尼亚、以色列和瑞典几乎达到了全民覆盖的水平，但墨西哥等国家却达不到这种水平。自愿职业养老金计划的覆盖面因国家而异。当个人可以自由决定是否加入个人养老金计划时，这些计划是自愿的。美国、日本、英国、德国、新西兰、比利时、捷克、冰岛、爱尔兰、波兰等国家自愿养老金计划的覆盖率都超过了 40.0%。不同国家的私人养老金计划的覆盖率是不同的。不同的覆盖率表明参与者享受不同的养老资金待遇。土耳其、意大利和英国等在国家层面引入了自动登记私人养老金计划，结果有好有坏。土耳其推出了自动登记计划，让所有 45 岁以下的员工参加。意大利只有 20.0%的劳动人口享受自愿养老金计划。英国计划涵盖的自雇职业者的比例正在下降，因为他们没有资格自动登记。美国和加拿大的相关规制也鼓励自动登记计划。私人养老金计划实际上是指私人养老金安排。那些要成为养老金计划的成员，个人必须在计划中拥有养老资金或养老资产才能享有计划中的法定待遇。

不同结构的私人养老金体系代表了不同的养老待遇。个人养老金计划的目标是储蓄与共同保险，为那些有资金也有储蓄意愿并希望在年老时得到更多资金的人提供额外的保护。它和缴费确定型职业计划越来越重要，而代价就是牺牲了待遇确定型养老金计划。实际上，缴费确定型养老就是一种金融服务养老。与国家养老保险不同，个人养老金计划可以通过就业获得，也可以在没有雇主参与时由个人直接获得。除了比利时、丹麦、法国、韩国、挪威和瑞典等国家，其余国家的养老保险在养老中发挥了很大作用。在德国和奥地利，雇主资产负债表提供担保的账面储备是职业养老金计划的主要融资工具之一。美国的私人养老金计划由银行人寿保险公司或者养老基金经理人管理（米什金，2016）。个人养老金计划的资金往往来源于养老保险合同或由银行、资产管理公司提供的金融产品的收益。

第二，私人退休金的运营成本及费用。我们可以通过掌握与管理资产有关的运营总成本来判断养老金提供者在提供和运行私人养老金计划方面的效率。私人养老金制度的业务费用总额，包括将养老金缴费转化为退出劳动待遇过程中涉及的所有投资管理费用。一般来说，在缴费确定型和个人私人养老金制度中，提供者利用向计划成员收取的费用来支付其业务费用。如何收费、收多少费，在不同的时期和不同的国家，是有很大差别的。智利、匈牙利、以色列、波兰、斯洛伐克和土耳其都有缴费的养老金计划。墨西哥只对资产收取费用。基金存量可变收费可以根据基金的价值或回报收取。这类费用可能会鼓励养老金公司寻求更高的投资收益。捷克、波兰和斯洛伐克等国家对资产和回报都收取费用。智利投资的养老基金直接从基金中扣除管理费用。这些费用由每个养老基金管理公司分别向监管局报告，接受监管机构的监管。

第三，私人养老金计划的投资回报。一般地，持有私人养老金的大多数养老者都参与了金融服务养老。待遇确定型的支付由养老保险计划的发起人做出承诺，根据时间长短和收入水平预先确定缴纳费用和保险金额度。缴费确定型的支付根据预测确定一个相对稳定的标准，筹集养老保险基金存入个人养老账户以获得投资收益，以其账户资金和投资收益积累值作为养老金。尽管国际金融市场经常波动，但大多数国家的私人养老资金投资回报率为正值。也就是说，一般的私人养老金计划的投资回报都是正收益。这表明私人养老资金进行投资获得了回报，实现了保值增值。

（4）养老金待遇。公共养老金与私人养老金有着不同的待遇。前者更注重安全稳定，其收益通常低于后者。目前，除了公共养老金外，绝大多数国家还有私人养老金。私人养老金市场化程度本身很高且在逐步增加。不过，因金融服务养老的普遍推广，公共养老金也参与资产配置。21 世纪以来，私人养老金支付额从占 GDP 的 1.0%，比重逐步增加，现在基本保持稳定。有些国家强制实行私人养老金计划，有些国家实行自愿型私人养老金计划，个人独自或雇主提供的职业年金非常普遍。目前，私人养老金支出最多的国家是荷兰、美国和瑞士，分别占 GDP 的 6.0%、5.0%和 4.9%。加拿大、冰岛、瑞典和英国的私人养老金支出占 GDP 的比重在 2.9%至 4.4%之间。在自愿交纳私人养老金的日本，其支出也很高，占 GDP 的 2.7%。许多国家，如澳大利亚、墨西哥、波兰、斯洛伐克和瑞典等在 20 世纪 90 年代实行强制性私人养老金计划。这些国家特别强调私人养老金在养老中的作用。中欧和东欧等国家的新计划主要面向尚未开始支付养老金的年轻人。澳大利亚和瑞典记录的私人福利发放，大多在涉及私人养老金成为强制性养老金之前已经实施自愿和准强制性计划。可以说，所有退休人员都要有几十年缴纳强制性私人养老金的时期。当然，私人养老金支付增长最快的国家往往从低基数开始，因为退休人员平均花在私人养老金上的时间更长。所以，私人养老金也是养老所必不可少的部分。

（5）养老金税收政策与优惠。税收政策对养老参与者具有重要的影响，这是因为实施何种税收政策对于老年人养老资金的获得具有重要的影响。事实上，养老金税收优惠等于增加了养老参与者的收益。各国对养老特别是金融服务养老实行不同的税收优惠政策，是老年人获得的一种额外收益。许多国家为通过私人养老金计划实现的养老储蓄提供有利的税收政策。在通常情况下，个人所缴纳的养老金可全部或部分享受税收优惠，投资收益全部或部分免除纳税。一些国家对养老金付款实行减税政策，目的是为需要养老的人提供养老补贴。为防范风险，各国都对养老金税收政策实行严格的管理。许多养老金领取人一般不缴纳社会保障金。根据相关规定，老年人能够得到的养老金收入通常低于退出劳动前的收入。相当多的国家对养老金收入或养老金领取者给予税收优惠待遇。也就说，大多数国家为特定的退休者的资金来源提供税收减免，有的国家甚至提供全额公共养老金所得税减免，有的国家只是部分减免。美国公共养老金收入是否征税取决于养老金领取者的总收入，一般 15.0%至 50.0%不征税。在澳大利亚，政府对 60 岁以上从养老金缴纳和投资收益中获得的应税收入实行免征优惠。除澳大利亚和新西兰外，绝大多数国家都向员工征收社会保障金。可见，养老金税收政策与优惠直接影响着老年人的养老生活。

8.1.4 养老服务的变革

养老服务出现巨大缺口，供给不足、需求不旺，即出现供求失衡。养老服务是随着养老者的需求而变化的。原先适合老年人的养老服务变得不适合了，就需要变革养老服务。特别是在人工智能下的养老服务更需要与金融相结合。西方国家未来的养老服务变革呈现涉及养老金及养老金资产配置风险和家庭金融支持等许多新的趋势（Donkor-Hyiaman et al.，2019）。

（1）养老服务变革的必要性。为了更好地提供养老服务，大多数国家都对养老服务进行了改革。最常见的改革包括缴费的变化。人口持续老龄化给养老金制度的财政支出的可持续性和退出劳动后的养老资金充足性都带来了重大影响。与此同时，意义深远的养老金改革势头可能正在减弱。在经历了较大压力、潜在的养老金改革力度降低及其他因素后，养老服务改革步伐正在逐步放缓。不少国家的公共养老金支出占 GDP 的比例有所增加且预计还会继续增加。希腊和意大利在养老金方面的支出已经超过 GDP 的 15.0%。同时，由于采取了旨在改善养老金资产配置的支持政策，最近的改革将降低许多国家的替代率。这可能危及一些国家退出劳动后的人们获得养老资金的充足性。目前，西方国家出现了养老金支付危机。在美国，这场危机在导致股市崩溃的同时也暴露了公共养老金体系的脆弱性，加剧了许多养老金体系的偿付能力危机，并危及国家和地方公共部门工人的未来退休福利。穆迪投资者服务公司估计，尽管市场仍有反弹的潜力，但股市抛售导致了公共养老金中损失了 1 万亿美元，约占用于支付州和地方退休计划的资产的 21%。

由于财政支出的可持续性和养老金的充足性面临挑战，改革养老金制度并加大金融服务养老发展力度十分紧迫。为保证退休后的人有足够的养老资金，既可以增加政府的养老金支出，又可以通过金融服务养老而获得收益。因为不断增加的老龄人口仅靠政府养老金支出增加渠道是难以持续的，所以，开展金融服务养老更显得重要。除了提高缴费以获得更高的收益外，还可以扩大强制性计划的覆盖面。在人口老龄化背景下，继续推进养老金制度改革非常重要。在没有增加再分配的情况下，劳动力市场不平等加剧最终会使老年人的收入不平等扩大。据调查，一些国家，如巴西，较富裕老年人享受到较多的养老金，而较贫困的老年人只享受到较少的养老金。其他不少国家大同小异。经济合作与发展组织提供的《应对老龄化进程中的不平等》报告，讨论了限制老年不平等的政策，远远超出了养老金政策的范围。

（2）退休年龄改革。除了其他因素外，对于养老资金供给问题的解决，许多国家都采取提高退休年龄，如英国早在 2012 年的养老改革法案中，就将 2024 年男女退休年龄同时提高到 67 岁，而不再是之前男女的不同退休年龄。大多数国家正在调整退休年龄，如果政府能够保证提供一个恰当的退休年龄，既可以提高财政的可持续性，又可以提高养老金的充足性，那么，退休后的老年人也可以更好地养老。在确定受益型养老体系中，政府制定政策提高退出劳动的年龄，通过增加缴费而改善财政平衡，可以降低养老金支出总额，减少政府为养老所承担的财政负担。可见，提高退休年龄或延迟退休可能有助于解决财政负担养老的问题。不少国家将退休年龄与预期寿命挂钩，导致未来几十年的平均退休年龄提高 1.5 年左右。但是，还是不足以保持退休和就业时期生活之间的平衡。许多国家现在还将养老金福利与人口结构自动联系起来。这超出了缴费确定型调整机制的作用效果。无论是否提供财政支持，并扩大到一些待遇确定型计划和积分制计划，这种联系都减轻了在老龄化面前确保财政支出可持续性的压力。然而，人口老龄化还是会导致养老金水平降低，从而减少离开就业后的福祉。

总体而言，未来正常退休年龄差别很大，意味着稳定就业和退休后的时期的平衡需要政府做出努力。过去几十年退休年龄的提高，有助于增加老年人的养老资金。20 世纪 70 年代至 21 世纪初的不同趋势是预期寿命延长和退休年龄下降。虽老年时的参与率更高，但健康不佳是目前实现养老金制度目标的主要障碍。所以，延迟退休没有根本解决养老问题，只是缓解了养老金支付问题。从长远战略上看，金融服务养老才是解决养老资金供给问题的可持续发展之路。

（3）财政支出的可持续性改革。除了提高退出劳动年龄之外，还有其他选择可以帮助实现养老金制度的主要目标。为了让老年人有更好的晚年生活，许多国家仍采取步骤实现其养老金支出的可持续性。同时，除了加大金融服务养老发展的力度外，不少国家还努力提高养老金的充足性。即便不少国家在这方面都做出了不同程度的努力，但各国之间的利益变化范围和方向差别仍很大。一些国家的福利水平与养老金总支出或总缴费额有关。所有资金到位的确定型缴费计划都会通过年金定价自动调整收益水平，以适应长寿风险变化。意大利和波兰根据工资单或 GDP 的增长率来提高名义养老金账户。德国、日本、葡萄牙和瑞典设有养老金自动调整机制。德国、日本和西班牙的所有养老金领取者，都受到了养老金福利调整机制的影响。日本还列入指数化规则，相应地调整了职业养老金政策。2018 年，法国调整了职业养老金政策。其他国家也在准备调整这些政策。

从上面的分析可以看出，受老龄人口和经济的影响，世界范围内的养老金制度正在发生一场深刻的变化。公共养老金难以确保老年人有更幸福的生活。金融服务养老却可以实现这一点，为他们提供了过上更美好的晚年生活的保障。

8.1.5 国外金融服务养老的兴起与发展

国外的金融服务养老并不是在养老问题出现时就产生了。它是随着人口老龄化问题的突出，以及经济、金融的快速发展而产生的。一方面，人口老龄化问题为金融服务养老的兴起提供了前提与基础。世界各国人口寿命延长、老年人口越来越多，公共养老金难以支撑养老或者养老保障水平较低，这种状况需要开辟新的渠道获得资金。金融服务养老不仅能够缓解公共养老金支付的困难，而且能够提高老年人养老生活水平。另一方面，金融的快速发展为金融服务养老的兴起提供了可能。不仅金融机构数量增加、从业人员增多、资金往来规模扩大，而且所提供的养老服务内容丰富，金融服务养老产品不断出现。于是，政府引导需要养老的人在就业期间就开始进行个人养老储蓄计划。同时，为了使有限的养老金能够保值增值，政府既引导又亲自将养老金通过金融手段实现养老资产配置。这样的目的是使养老者有更加可靠、更高水平的养老资金保障。

国外金融服务养老随着人口的进一步老龄化和经济、金融的发展而发展，为解决养老问题发挥了积极的作用。人口老龄化程度不同，经济、金融发展程度不同，金融服务养老的普遍性和水平也不同。发达经济体的金融服务养老十分普遍、发展水平高，为养老者的晚年生活增添了光彩；而新兴经济体的金融服务养老以传统的银行、保险服务养老为主，发展水平较低，但也为养老者的晚年生活提供了一定的保障。从普遍性和发展水平来说，转型经济体的金融服务养老介于发达经济体与新兴经济体的金融服务养老之间。可以预见，金融服务养老在全球较为普遍且发展水平也在提高。

不过，国外很少叫金融服务养老，一般称为养老金资产配置，即如何使用有限的养老金进行投资、运营与管理，以满足养老者养老的需要。也有的国家叫个人退休储蓄计划或个人退休账户，即为在职者的养老进行资金储蓄，满足退休后的生活所需。当然，也有的国家叫养老保险计划或体系，即专门的保险机构为养老储备资金。还有的叫养老金融等，事实上，它就是通常意义上的金融服务养老。凡是养老资金、资产、权益，不管是政府的基础养老金还是企业职业年金，只要是通过金融手段而实现的养老，就都是金融服务养老，更不用说个人退休储蓄计划了。它的目的就是让老年人更好地养老。国外在应对人口老龄化带来的养老金给付不足时，一方面延迟退休或领取养老金时间并采取鼓励措施，另一方面推进非现金消费的时间银行和就业福利改进。

8.2　美国养老服务

美国是经济高度发达的国家，虽然早在 1946 年就进入了人口老龄化时代，但其养老问题有很好的经济保障。美国当时有 1.4 亿人，65 岁以上老年人口有 2227.8 万人，占总人口的 15.9%。对这些人的养老，美国有专门的养老保障体系。1935 年，美国实施的《社会保障法》主要是提供老年与遗属退休养老计划及其他相关福利津贴。直到第二次世界大战后，雄厚的经济和其他社会保障体系的完善，才使得美国的社会保障待遇水平持续提高，并将老年退休计划扩展为老年人保险制度、健康保险和老年人医疗保险计划及其他保险。美国的养老保险体系是一种高度市场化的商业养老保险体系。除一些以医院为依托、采取市场模式的特殊保险组织外，美国还有由商业保险公司或医疗机构提供的养老健康保险服务，以及有由一些社区和金融机构提供的养老服务。金融服务养老就是养老者利用自己的养老资金或资产，通过金融市场投资、运营来获得的养老服务。例如，住房反向抵押贷款与养老信托就是这样的养老服务。老年人通过多支柱，即多种金融服务与养老相结合获得了充分的养老服务。2019 年通过的《安全退休储蓄法案》，对美国退休储蓄账户制度进行了自2006年以来的最大幅度改革，包括改变缴费年龄上限和增加提前取款条件等五大改革要点。[①]

8.2.1 养老保险服务体系

美国的社会养老保险主要是针对老年人的退休计划，直到第二次世界大战以后，才建立起三个层次的养老保险体系。美国的老年人可以享受的养老福利包括多种退休计划和各种福利。除了退休保险福利外，其他养老福利都是与养老相关联的福利。目前，除了上述保险福利外，美国老年人还可享受养老金福利担保公司提供的养老保险。它是传统的确定型养老基金保险，但部分为确定缴费型（defined contribution，DC）养老基金保险。公务员退休制度提供的保险让此类老年人享受到养老保障。员工也可以参加节俭储蓄计划，作为退休后的附加养老金收入。拥有确定缴费型养老金的人，在对养老金政策的缴费的连续性及个人储蓄计划上存在明显个体差异，25%的不知情者在收入下降时会中断缴费，只有15%的知情者会加大个人养老储蓄（Margaret，2019）。

（1）法定养老保险。与英国的保险资金来源相似，国家法定养老保险的资金主要是通过雇主与个人缴费、税收、财政拨款和基金投资收益等途径积累。本质上，美国的法定养老保险是一种面向老年人退休后的收入维持计划，通过按月向老年人及其家庭提供现金支持，弥补其因退休后收入中断造成的收入损失。资金按工资税统一征缴，占工资收入的25.0%左右。美国法定的养老金领取年龄是62岁，养老金税率也不同。这种法定的养老金保险为老年人提供了最基本的保障。美国第一支柱社会保障包括老年和遗属保险、伤残保险和补充性保障收入。2019年，信托基金含利息后的总收入为1万多亿美元，储备资产按有效年利率3.0%赚取利息。但并没有达到中长期中位数为7.25%的目标回报率[②]。照此支付，信托基金可能会在2034年耗尽。这是美国员工退休后获得的最大构成部分，对低收入者的影响最为明显。由此看来，大力发展第二支柱并进入金融市场投资才是养老问题解决的主要办法。

（2）企业补充养老保险。企业补充养老保险是根据1978年之前通过的《国内税收法》确定的缴费确定型保险。它是企业为其员工提供的养老保险费，实质上是由劳资双方共同出资延期缴纳个人所得税的储蓄计划。只有当员工离职时才可以自由提取属于自己的资金，雇主出资部分的提取有很多限制条件。账户资金

---

① 参见《美国 退休制度发生13年来最重大改革》，搜集于《2019年养老金融文集汇编（上）》论文集。

② 参见《美国 2019财年公共养老金回报率未达到目标》，搜集于《2019年养老金融文集汇编（上）》论文集。

通常由银行、保险公司和共同基金等金融机构负责管理。美国养老金的第二支柱包括待遇确定型计划和缴费确定型计划。作为待遇确定型计划的替代，缴费确定型计划增长势头良好。缴费确定型计划通常由劳资双方共同确定退休计划缴费金额。第二支柱计划使每名员工得以评估自身状况，从而决定满足自身的最佳储蓄率。通常，美国的养老基金投资于股票、债券、基金中，实现了保值增值。但 30.0% 的缺口，凸显了第二支柱的不足。2025 年，40 万人的雇主养老金将缩水 98%①。这也说明发展金融服务养老的重要性。为了适应老年人更好地养老的需要，美国养老金体系第三支柱的重要性和资产在不断增加。

（3）个人退休账户。除了劳资共同出资建立的养老金账户以外，美国还设置有个人退休账户（individual retirement accounts），又称为个人退休养老计划。1974 年，《雇员退休收入保障法案》首次提出了个人退休账户概念。与企业补充养老保险相似，个人储蓄的资金是一种典型的私人保险计划。个人退休账户有普通个人退休账户和特别账户两种。前者可以享受延迟纳税优惠，而后者则必须在满 5 年且达到法定退休年龄以后才可以免交所得税。与企业补充养老保险计划相似，个人账户的储蓄没有最低额度限制，只有最高额度限制。美国第三支柱养老金制度主要是指个人的储蓄和投资计划。经过几十年的发展，个人退休账户成为一种重要的税收优惠工具，已成为美国最大的养老金支柱，在一定程度上减轻了政府的养老负担。

2019 年，美国个人退休账户计划资产达 8 万多亿美元。其中，雇主发起型个人退休账户是为了鼓励小企业为员工提供退休养老金计划的账户。美国还先后建起了一种适用于任何规模企业简化的个人退休账户（1978 年）和专门针对不足 100 名员工的小企业而设立的个人退休账户（1996 年）。这种年老后依然可以继续储蓄的激励政策，为老年人的私人金融服务养老提供了资产配置上的需求。

美国的养老保障体系是较为健全的，保障水平也是较高的。如果退休后的所有收入和财富达到退休前家庭收益的某一特定比例，那么大多数家庭退休后能维持与之前相似的生活水平（孙颖等，2017）。老年人为了生活得更体面，特别是为了保持退休前的生活水平，一般都会参与金融服务养老。他们通过个人退休账户，不仅减少了风险而且获得了更多的养老投资收益。

8.2.2　养老医疗服务

美国的老年人养老不仅有三支柱的保障体系，而且还享受全面的医疗保障服

① 参见《美国 2025 年 40 万人的雇主养老金将缩水 98%》，搜集于《2019 年养老金融文集汇编（上）》论文集。

务。美国的医疗保险制度包括社会医疗保险和商业健康保险等。其中，前者是指针对 65 岁以上老年人的医疗照顾计划、医疗救助保险等，后者包括由劳资共同分担保费、由市场化的保险公司或医疗机构承保的保险。在美国，无论是养老保险还是医疗保险，都为老年人养老提供了应享有的服务。

1965 年，美国年满 65 岁的老年人，在缴费满 10 年后就可以免费享受医疗照顾计划的待遇，具体由商业保险机构承办。因政府提供约 75.0%的资金支持，绝大多数老年人都参加了医疗保险，真正地实现了老有所医。美国现正大力发展远程医疗、远程健康类产品，给老年人养老给予了极大帮助。老年人的医疗费用由政府办的医疗保险、医疗救助中心各承担一部分。健康储蓄账户计划强调参保人员的预防保健意识，具有老年医疗费用储备的作用。与美国的健康储蓄账户计划类似，中国在 2015 年推出的个人税收优惠型的健康保险计划，也具有非常相似的保障功能。美国 60 岁至 65 岁的老年军人还可选择由商业保险机构承办和投资基金管理的联邦军人保险。可见，美国的老年人可以享受到充分的医疗保险服务。

8.2.3 养老社区服务

面对严峻的老龄化趋势，美国现在越来越倾向居家养老。目前，全美养老者选择居家养老的占 70.0%。政策规定，政府对照顾老年人的家庭成员或配偶给予奖励，这实际上类似于一种向社会购买的养老服务。除了居家养老服务外，美国的老年人还享受养老社区服务。目前，美国养老主要是居家养老、社区养老和金融服务养老等模式和形式。养老社区服务不仅与缴费挂钩，而且与符合年龄和相关资格要求的老年人的社会福利挂钩，但主要指向是提供服务而与现金给付不相关，因为现金给付一般都与养老保险体系挂钩。美国的老年人养老社区服务很有特色，为养老发挥了积极的作用。

美国社区涵盖完整的养老产业链，形成了一种养老社区投融资模式。社区养老的成本不低，传统的开发模式想从中实现盈利非常困难。目前，美国的社区养老模式能满足不同群体的需求。这些模式主要有持续护理退休社区模式、太阳城模式和房地产投资基金模式等。美国大力发展持续护理退休社区，为老年人养老提供周到的服务。以资本市场为主导，美国的养老社区服务高度市场化。这些模式对中国未来以市场化的机构为主导的社区养老模式，有很好的借鉴意义。

8.2.4　养老金融服务

美国是金融高度市场化的发达国家。除了政府与雇主提供的养老服务外，金融市场的深度发展对养老服务也具有很大的保障作用[①]。美国金融服务养老的主要形式有住房反向抵押贷款、住房反向抵押保险、养老信托投资和养老基金投资等。美国允许在银行、基金公司、保险公司等金融机构自由选择开设个人退休账户，即开展了最为常见的个人退休账户养老。美国的暂时性困难贷款计划，目的是保障养老金支付的连续性。美国在以房养老方面是世界上运作最为成熟的国家，主要业务是住房反向抵押贷款。美国第二、第三支柱养老金主要投向资本市场，其中养老股票投资大大高于养老债券投资。2019 年，美国养老资产达 29.0 万亿美元，占 GDP 的 135%。在美国的养老投资产品结构中，占比最多的是基金，占 46.9%；其次是股票和债券等，占 40.6%；占比较少的是银行储蓄和商业养老保险，分别占 7.5%和 5.0%。私募股权投资在养老金资产配置中表现最佳，10 年期年化回报率高达 13.6%（尤元文，2016）。这一结构体现了养老投资渠道多元化的发展趋势。在基金方面，美国开展了老年和遗嘱保险信托基金。其中，美国的养老基金投资规模达 23.6 万亿美元，占全球的 62.0%，近 10 年年均增长 5.0%。美国采取立法型审计监管模式对提供养老服务的金融机构进行合规性审计和绩效审计。

美国其他金融服务养老行为也形成了高度市场化的运营模式。涉及养老服务的各方只是专门为老年人提供养老服务。美国的老人公寓类似四星级宾馆，一般有多个单元房，只租给 55 岁以上的老年人，除了租赁房屋外还提供就餐、清扫房间、健身设施、日常医疗、文化娱乐、洗衣、交通、社会活动等便利服务（尤元文，2016）。房地产投资基金常见的投资方式主要有不需要承担项目经营风险的净出租模式和承担经营风险的委托经营模式。整体来看，美国是全球金融服务养老最普遍、发展水平最高、养老者获得服务满意度较高的国家。

8.3　日本养老服务

可以说，日本是老龄化发展速度最快的，也是老龄化程度相当高的一个国家。日本人口 1.3 亿人，65 岁以上的老年人口数量已达到 3557.0 万，占总人口比例的

① 美国既拥有先进的养老保险服务体系，又有养老金融服务。养老保险服务本身就是养老金融服务的组成部分，其他国家也类似。

27.4%。随着超老龄社会的到来，日本要提供更加适合老年人的各种产品和服务。日本的养老服务具有自己的特点。当前，在发达国家中，65 岁以上老龄人口占总人口比率超过 20%的国家只有日本。我们非常赞成这种观点，即认真研究率先进入少子高龄化社会的日本的养老经验和教训，对于建立和发展适合我国国情的养老体系，具有重要借鉴意义（尤元文，2014）。

8.3.1 养老保险服务体系

日本建立了国民养老金制度，设立了厚生养老金和共济养老金。它们相当于中国的养老保险。国民养老金待遇占老年人家庭收入的 63.6%，成为养老生活的主要保障。但也面临工资替代率下降的问题，到 2050 年后养老金工资替代率或将跌破 40%[①]。此外，日本还有非公共的养老保险和商业养老保险。不同的养老保险对养老发挥不同的作用。今天，日本的保险服务体系非常健全。

8.3.2 养老医疗服务

日本在 20 世纪 70 年代就成为全球人口老龄化最严重的国家，但其凭借完备的国民社会保障体系与先进的医疗技术，率先开展了医养结合模式的探索和实践（蔡宗溢，2020）。老年人的医疗与护理保障服务体系健全，是由于日本实行全民皆保的公共医疗保险制度，具有强制性、模式化、公共服务性和公平性的特点。一方面，日本有专门针对退休的老年人而设立的医疗保险。作为世界上人均寿命最长的国家，日本拥有世界一流的医疗服务。所以，日本的医疗保险服务对于老年人来说，是常见的事。另一方面，日本有面向老年人的护理保险制度。这是老年人基本不需要承担任何费用的福利制度。金融机构将护理与金融结合起来，使老年人获得一流的护理服务。护理保险服务的支付对象具有严格的限制，包括居家护理服务和专业机构护理两大类。前者是老年人大部分时间在家里，偶尔去老年人护理专业机构接受护理的来院护理。后者是老年人全部在护理院接受护理服务。可见，日本老年人享受到了非常好的医疗保险服务。

① 参见《日本 2050 年后养老金替代率或跌破 40%》，搜集于《2019 年养老金融文集汇编（上）》论文集。

8.3.3　养老社区服务

日本养老者因经济发达而获得了应有的服务。老年人不仅享受到的社会福利多，而且通过社区服务养老，得到了大实惠。日本与金融相结合的养老社区服务，使得老年人感觉到非常便利。尽管日本老龄化问题突出，但老年人获得的养老社区服务仍是很有特色的。

（1）日本的养老社区服务。日本养老社区通常是指由专门的养老机构，服务于无自理能力的老年人养老的社区。目前，日本的养老服务已经在主推“小规模多机能的社区养老”（尤元文，2015）。社区养老与居家养老互补，与金融相结合，构成了日本的主要养老服务模式。日本养老者得到了很大的实惠。各种金融机构在养老投资组合中发挥着非常重要的作用。日本社区养老的发展，得到国家政策和法律的支持与引导，有效地保证了老年人的权益。比如，介护保险制度解决了老年人生活不便的问题，增强了社会稳定。

（2）为老年人开展众多的定制服务。为帮助老年人融入智能社会，利用互联网金融及时获得服务，日本的电信运营商在社区中开设了面向老年人的智能手机教室，让他们能自由地使用智能手机。在社区养老中，日本鼓励延长职工退休年龄及退休后的再就业，这样既可以有额外的收入来源又得到精神上的慰藉。日本的养老社区服务是比较有特色的养老服务。作为老龄化问题严重的国家，日本在养老方面的经验值得中国借鉴（尤元文，2015）。

8.3.4　养老金融服务

日本的金融服务养老十分发达。虽然个人储蓄养老和商业保险养老占比不是特别高，但是，日本设立了世界上最大的市场化投资养老基金——政府养老投资基金。其中，固定收益类与权益类资产分别占 43.0%和 52.0%，而短期资产仅占 5.0%。该基金公司管理资产达 100.0 万亿日元，委托投资占比 73.0%。它是全球养老金中外部委托比例和规模最大的养老金。该基金从 2017 年开始追踪专注于日本股市的环境社会治理（environment social government，ESC）指数，未来将加大 ESG 投资力度[①]。2019 年，日本的养老基金投资规模为 3 万亿美元，占全球的近 8.0%。日本还开展住房反向抵押贷款养老，贷款限定只接受某地区的房子作担保，以房养老产品大多限制老年人与他人共同居住。日本以信托为手段，从财产管理

① 参见《日本 全球最大养老金加大 ESG 投资力度》，搜集于《2019 年养老金融文集汇编（下）》论文集。

的角度出发，通过以住房设定抵押，为有需求的老年人按照各自不同的意愿，提供量身定制的养老生活保障。整体来看，日本是金融服务养老非常普遍、发展水平非常高、养老者获得服务非常满意的国家。

8.4 英国养老服务

英国较早进入老龄化社会。目前，英国有 0.6 亿人，65 岁以上的老年人口有 1300.0 万，占总人口的 21.7%。英国人的预期寿命也在不断增加。英国是西方率先建立起较为完善的社会保险体系的国家。英国养老服务模式通常被称为国家福利型保障模式。英国不仅是较早进入老龄化的国家之一，而且也是世界上第一个全面建成高福利社会的国家。除了公民能够享受的社会福利以外，英国还为老年人提供了很多特殊福利。它建立起了一套“从摇篮到坟墓”的全生命周期国家福利体系，包括社会保障型的现金给付式的福利及服务提供式的福利，即资金给付型福利和直接提供服务的福利。英国的低收入福利也对老年人养老提供了一定支持，包括地方税减免、收入支持、住房福利、按揭利息支持、预算贷款及低收入养老金补贴等。英国《社会保险法》规定，凡缴纳社会保险税的年满 65 岁的公民都可享受养老退休金，而 62~65 岁的退休者只能享受部分养老退休金（靳晓黎，1999）。尽管英国自称为免费服务、真正公共福利的高福利国家，但其养老保险服务的待遇并不是很好，而且劳资双方需要承担较高的养老保险税，仅个人收入就占 20.0%以上。英国社区养老形成了较为完善的服务体系，金融服务养老非常发达。

8.4.1 养老保险服务体系

英国有健全的养老保险服务体系，主要包括以下内容。A 类养老金为缴费关联性质的国家统一基础养老金和补充养老金，B 类养老保险是针对没有缴纳社会养老保险费的劳动者家属的养老保险，C 类养老保险是一种针对在退休前长期领取病残救助金的人员的过渡性保障，D 类养老金主要是对年龄在 80 岁以上的老年人的补贴和不满足 A 类缴费资格的人的养老保险。根据养老保险基金的来源，英国的养老保险分为国家基本养老保险、职业养老保险与个人养老计划、商业补充养老保险三个层次。政府在保险缴费基础上给予一定的补贴支持。英国的养老保险强调最低缴费年限为每年 52 周且总年限为 44 年，要求参加基本养老保险的人员必须有国民保险缴费记录，以实现基本养老金的不间断持续积累，同时尽可能延长缴费年限以领取更多的基本养老金以安度晚年。2019 年，英国养老金监管机构授权建立多雇主职业养老金计划即生活景观（life sight），这是迈向具有更好保障措施的养老金计划市场的重要一步[①]。

英国基本养老金的领取要求较为复杂。达到退休年龄后满 5 年的领取者必须转为应税的退休养老金。为了弥补基本养老金的不足，英国政府还对中高收入者实行强制性的补充养老计划。职业养老保险是由雇主为员工提供的养老计划，属于国民养老保险体系的第二层次，也是最重要的组成部分。由于基本养老保险只提供维持养老的最低生活标准，而职业养老保险则有助于改善其生活质量和提高消费水平，较多的英国人选择参与职业养老保险。根据缴费水平、投资收益和保险待遇，英国的职业养老保险分为确定型、缴费确定型和混合型三种。职业养老保险要求其缴费部分可以依法享受一定的税收优惠。职业补充养老保险基金由私人部门管理。

英国的金融服务养老以法律为基础，依法进行监管。根据法律规定，英格兰银行拥有广泛的处置权力，如负责有问题金融机构的有序处置和退出、依法对问题机构实施特别的监管等。可以说，英国对养老保险的监管和监督特别严格，特别是实行审计监督。对养老保险审计的要点主要包括：养老保险监管机构的履职情况，以及养老保险基金的征收、管理、投资和分配。除了审计是否存在违法问题和养老金错发问题以外，监管机构更加关注会计报表的编制情况（王玉芳和吴传俭，2018）。除此以外，就像中国设置全国社会保险基金一样，英国也设有养老金保护基金，以保护养老金支付困难时的员工权益。英国养老基金管理方式与中国的全国社会保险基金的管理方式相似。养老金保护基金的设置和统一经营管理，使得待遇确定型的养老计划得到充分的保障，增加了老年人养老的信心。

8.4.2　养老医疗服务

除了养老保险外，英国老年人还享受较好的医疗保障服务。英国实行全民福利型的医疗体制模式，具有覆盖广、满足多层次需求且成本低的特点，老年人比非老年人享受更好的医疗服务。与医疗服务相关的保障都被统一纳入英国国民健康服务体系中，并不存在单独的缴费机制。这一体系由初级、二级和社会保健服

① 参见《英国 监管部门授权设立首个固定缴费型多雇主职业养老金计划》，搜集于《2019 年养老金融文集汇编（下）》论文集。

务三级医疗保健组成。其中，社会保健为老年人等社会弱势群体提供服务与帮助。英国的医疗服务与金融相结合，为老年人提供了十分便利的金融服务。老年人在医院挂号、缴费，以及休闲旅游等都可以通过金融途径进行操作。他们享受到的是十分人性化的金融服务。医疗与社区养老相结合，老年人获得了十分便利的服务。老年人医疗保障服务是英国养老服务的重要组成部分。

8.4.3 养老社区服务

英国由大量以营利为目的的商业性养老机构服务于社区养老。另外，一项非常重要的社会福利是社区照顾资助，这是英国养老者享受到的免费的午餐。在达到法定退休年龄的人中，低收入者还可以领取养老金补助。如果是需要别人照顾的残疾老年人，还可能得到更多的养老金补助。低收入养老金补助的目的在于减少老年人贫困数量。英国的养老保障对于减少老年贫困具有较完善的措施，但是这些措施似乎是鼓励低收入者对自己退休后的养老生活负责，全部花完在退休前的所有储蓄。为了防范风险，英国审计署还对社会福利进行过专门审计。

社区养老模式是英国大多数老年人的养老模式或方式。目前，英国社区养老已经形成了一套较为完整的服务体系，能够让老年人最大程度地融入社区安度晚年。老年人可选择老年人活动中心、日托所、护理机构等，内容包括照顾生活起居和金融服务等。大多数社区养老与金融服务相结合，受政府相关部门和金融监管机构的监督，机构的资质、服务水平及从业人员的资格等都定期受到核查。老年人可做力所能及的事，如投资开小饭店、做项目融资顾问或办养老投资咨询公司等。由此可见，社区金融服务养老在英国养老体系里发挥了重要的作用。

8.4.4 养老金融服务

英国是开展金融服务养老较早的国家。除了个人银行储蓄和商业保险养老外，英国是最早开展住房反向抵押贷款的国家之一，但其市场发展缓慢，甚至一段时间内出现了停滞（韩再，2014）。英国的以房养老模式探索是以住房证券化方式施行的房产价值释放机制试点。它更多地借助于保险公司的力量，要么把房产抵押给银行、保险公司等机构，每月获得贷款养老；要么出售大房子换购小房子，用差价款养老。英国的保险市场和资本市场极为发达，已经形成了多层次、高效率、全覆盖的市场体系，能够满足多元化的投融资需求，因而英国成了全球长寿风险转移市场中的领导者（郭金龙等，2017）。英国能够开立个人养老金计划账户的机构包括符合条件的金融机构，这些机构为养老者提供了多样化的金融服务。2019年，英国的养老基金投资规模为 3 万多亿美元，约占全球的 8.0%。英国也开展了多种形式的养老信托。整体来看，英国是金融服务养老十分普遍、发展水平很高、养老者获得服务的满意度较高的国家。

8.5　德国养老服务

德国是继日本之后世界老龄人口最多的国家。德国的养老保险在日益严峻的老龄化形势下已出现了支付问题。所以，进行养老金资产配置，是德国未来解决养老服务问题的主要办法。德国人口为 0.8 亿，65 岁以上的老年人口有 2100.0 万，占总人口的 26.3%。尽管德国在 19 世纪 90 年代通过了《伤残与养老保险法》，成为现代社会保险制度的开创者，并对西方国家的社会保险制度产生了启示作用，但是，德国的社会保险并不是由国家包揽包括老年人在内的普通福利，而是强调个人对本人幸福负责。德国的各种养老服务实行的是国家、雇主和员工共同分担的制度。养老保险等费用的承担并不是像美国、英国那样，而是通过风险共担机制，较好地体现公平与效率的合理兼顾。所以，德国的养老服务既包括从市场获得的服务，又包括政府提供的养老服务。德国在养老问题上已经拥有一套较为健全的养老服务体系。德国是一个典型的老龄化国家，从 20 世纪 50 年代开始，其已经为老龄化问题做好了准备，具有应对老龄化问题的丰富经验（尤元文，2016）。德国养老金涨幅一直快于价格，东部更是高达 20%①。金融服务养老在德国养老服务中发挥的作用越来越大。

8.5.1　养老保险服务体系

世界上第一个建立现代社会养老保险制度的国家是德国。1889 年，德国就开始为养老提供法律依据。1991 年后，全德国实行统一的养老保险法，主要解决年老生活保障、遗属等养老问题。德国的养老保险制度具有明显的家属连带保障作用，对夫妻双方的养老金领取和子女津贴都具有重要的影响。德国的养老保险服务体系主要包括义务养老保险、个人养老保险和企业补充养老保险（金乐琴，2014）

① 参见《德国 多年来养老金的涨幅一直快于价格》，搜集于《2019 年养老金融文集汇编（下）》论文集。

三个部分。经过多年的演变、改革和发展，德国养老金目前大致分为零支柱、第一支柱、第二支柱和第三支柱四个支柱。为了确保养老金能够满足养老的需要，政府每年还补贴养老金总支出的 1/5。对于作为重要组成部分的企业补充养老保险，国家通常以税收优惠的方式鼓励企业设立补充养老保险，覆盖人数约占从业人员的 2/3。部分私人购买的商业养老保险也能获得政府补贴。

（1）零支柱。德国于 2003 年建立的零支柱是为 65 岁及以上的老年人提供的财政转移支付养老。受益人无须缴费，但有资格受益者的收入须低于规定的水平。也就是说，零支柱与社会救助相似，是以收入为基础的。德国的零支柱的主要对象是收入在贫困线以下的养老者。它是老年人能够享受到的最基本的养老保险。为了有效应对社会弱势群体的养老保障问题，德国联邦议会表决通过包括提高“母亲养老金”和残疾人养老金待遇在内的一揽子养老金改革措施，并在 2019 年正式增加退休者的养老金待遇①。

（2）第一支柱。作为养老金重要内容的第一支柱，由不同的养老金计划所构成，分别覆盖不同的人群。其中强制性养老保险计划覆盖所有德国受雇人员、一部分强制和自愿参加的自雇人员及其他自愿参加的人群。不同类型的养老有不同的制度规定和不同的资金来源。德国努力将缴费率由目前的控制在 20.0%以内向 2030 年前控制在 22.0%以内转变。

（3）第二支柱。第二支柱主要是指自愿型的职业年金计划。由于德国部分州的私营部门只有不到 47%的雇员能获得职业养老金，德国已从 2020 年开始将职业养老金作为一项义务，纳入强制性实行范围②。目前，第二支柱主要有直接承诺、直接保险、普通养老基金、专门养老基金和支持基金五种。直接承诺是指雇主仅承诺在员工退出劳动后向其支付养老金，但一般没有专门的养老金资产，雇主将从其他资产中支付养老金。直接保险是指雇主代表员工与商业保险公司签订养老或人寿保险合同并支付保险费。员工在退休后从保险公司领取养老保险金。普通养老基金是由以合股公司或互助养老基金协会形式成立的独立法人实体，或由单一公司、金融服务提供商及雇主协会发起的行业养老金计划所设立的养老基金。专门养老基金是指由提供养老服务的特别保险公司，多为金融服务提供商组成设立的养老基金。支持基金是以协会、有限责任公司或基金会形式成立的独立法人实体提供的养老基金。雇主对员工有养老金义务。各种不同形式的养老保险基金适用于不同职业及不同收入的人群。

（4）第三支柱。第三支柱属于自愿型基金积累制的个人养老金计划，包括由

---

① 参见《德国 通过养老金改革措施明年将正式增加养老金》，搜集于《2019 年养老金融文集汇编（上）》论文集。

② 参见《德国 劳动和社会事务部长呼吁强制性的职业养老金》，搜集于《2019 年养老金融文集汇编（上）》论文集。

银行提供的银行储蓄计划、由保险公司提供的个人养老保险合同和由投资基金公司提供的投资基金储蓄计划三种形式，分别适用于不同年龄段和风险偏好的人群。由于经济发展水平高和收入多等优势，德国第三支柱的养老保障水平也较高。政府通过补贴和税收减免方式鼓励第三支柱的发展。德国第三支柱的养老支出占整个养老支出的比重较大，它是德国金融服务养老的主要形式。

德国养老保险、护理保险和医疗保险三种保险形式都有相应的法律作为支撑。老年人享受到这些保险，安度晚年生活。由此可见，德国有健全的养老保险体系。健全的养老保险体系使老年人过着衣食无忧的生活。

8.5.2　养老医疗服务

德国在医疗保险上实行的多元化医疗保险体系，以法定保险为主体，以私人保险为辅助，具有普遍性、公平性的特点。1995 年，德国对养老者开始实施长期护理保险制度，将之作为社会保险的重要内容。长期护理保险旨在保障老年人的护理支出，保费由劳资双方合理分摊，并且设置最高缴费收入限额。德国长期护理保险的待遇不仅保障基本医疗费用，还承担老年人的健康护理。因此，德国老年人享受了较好的医疗服务。

8.5.3　养老社区服务

德国的社区服务养老主要是通过同居的方式相互提供照料的，并由此形成了所谓的时间银行的跨年龄照顾模式。安静的村庄是很多老年人聚集养老的地方。社区养老的好处是，老人生活在原有的社区内，不脱离社区的人际关系，而且还可以在社区内组织老年人之间相互帮助。如今，这样的社区养老形式越来越受到老年人的认可和欢迎（尤元文，2016）。德国社区与机构实现资源共享；金融机构也跟进养老服务。德国老年人在社区享受到了各种养老服务。所以，与其他国家相比，德国的养老是世界上很有特色的养老模式。

8.5.4　养老金融服务

除了一般的养老服务外，德国也开展各种形式的金融服务养老，但以养老保险为主。养老保险在德国整个社会保障中所占基金最多，保险支出也最大。德国是全球保险业极为发达的国家之一，是全球第六大寿险市场。德国民众也通过购买保险公司的年金和养老金产品来管理个人所面临的长寿风险（郭金龙等，2017）。2019年，德国的养老基金投资规模达0.5万亿美元，占全球的1.0%左右。德国的养老信托也较为普遍，养老基金繁多，增添了养老生活资金来源。德国金融机构提供的养老储蓄产品，与其他金融产品的管理没有本质的不同。整体来看，德国是金融服务养老比较普遍、发展水平较高、养老者获得较为满意服务的国家。

8.6 新加坡养老服务

新加坡老龄化问题突出。目前，新加坡人口有3100.0万，65岁以上老年人口440.0万，占总人口的14.2%。新加坡的中央公积金制度（central provident fund，CPF），已经发展成为一种强制性的综合型社会保障储蓄计划，为老年人养老、医疗等方面提供全面保障。它的社会养老保险制度是独成一派的，是世界上仅有的养老储蓄模式的社会保险制度。中央公积金型社会保障制度并不存在界限清晰的社会保险边界，它是通过具有社会保障综合功能的法定公积金账户，承担公积金会员的养老、医疗等功能的制度。这一制度为养老提供了多样化的服务。公积金账户相对独立，具有完全累积性质的强制储蓄作用，主要满足低收入老年人的养老所需，保险待遇与年龄密切相关。

8.6.1 养老保险服务体系

新加坡也有养老保险服务体系。参加社会保险并建立中央公积金账户的人员，通常被称为中央公积金会员。在55岁之前，养老者通常拥有普通账户、特别账户和医疗储蓄账户，分别承担基本保障、老年应急保障和医疗保障等功能。普通账户主要提供资金转账。随着参保人员年龄的增加，普通账户资金所占比例降低，而特别账户资金占比则相应增加。但特别账户资金最多增加到55岁，因为到此时，作为晚年应急之需的特别账户就被取消了。特别账户为老年人提供一些特殊保障。医疗储蓄账户为医疗服务。伴随着退休年龄的延长，到2030年重新雇用者年龄将延长至70岁[①]。

① 参见《新加坡 延长国民退休年龄》，搜集于《2019年养老金融文集汇编（上）》论文集。

新加坡的中央公积金保障制度与其说是社会保险，不如说是一种新型的储蓄投资型理财账户，是为养老提供资金支持的。中央公积金的用途已从最初的为缴纳者提供养老退休及丧失工作能力后的生活保障这一单一用途扩展为多种用途。对于公积金的缴纳者来说，公积金不仅可以用于退休或丧失工作能力后的生活保障，而且可以用于购买政府建造的公共住房、投保家庭保险、作为本人或家属的医疗保健费用（靳晓黎，1999）。从具体的保障范围上，中央公积金的用途主要是退休后的基本养老保障和医疗保障等。最低存款计划还允许会员将普通账户资金转账给父母的退休账户等，以此为个体成长过程提供资金支持，并减轻其抚养子女和赡养老人的压力。

8.6.2　养老医疗服务

新加坡是世界上医疗保障体系健全、保障水平很高的国家，全民享有医保。新加坡医疗储备方案是全国性的并且带有强制性的储蓄方案。在职人员都必须参加这个储蓄项目，拥有自己的专门账户。老年人可以享受到中央公积金的医疗服务。新加坡医疗保障服务主要包括医疗储蓄、健保双全和保健基金三大部分。保健储蓄计划是公积金制度中最完善的医疗保障计划，它形成了多元化和较合理的筹资机制。此外，新加坡还有乐龄健保计划[①]，其是专门为残疾老年人提供终生保障的一种医疗保障。这种计划为需要长期看护的失能老年人提供财务上的保障。老年人享受到了体系健全、保障水平很高的医疗保障服务。可以说，新加坡政府为老年人提供了世界上最完善的医疗保障服务。

8.6.3　养老社区服务

新加坡社区养老始于 1998 年的乐龄公寓，老年人通常通过金融机构拍卖的方式卖掉现有住房，用其中一部分收入购买乐龄公寓。社区公寓由政府提供 90.0% 的建设资金，剩下的由金融机构与社会募捐资金补充。政府对承担养老服务的金融机构进行补贴，以保证服务机构能够获得长期稳定的收益。社区拥有满足老年人多方面服务需求的各类养老设施、活动中心和诊疗中心。新加坡政府出台各类优惠政策鼓励子女赡养和照顾老人。相关津贴既减轻了老年人赡养负担，也提高

① 乐龄健保计划是为乐龄人士专门提供的财务保障。在新加坡，乐龄人士是对年长者的尊称，乐龄公寓就是养老者居住的地方。

了子女照顾老年人的积极性与便利性，老年人也获得了其所需要的养老服务。

8.6.4　养老金融服务

面临日益突出的老龄化问题，新加坡通过推进以房养老等政策缓解养老压力。以房养老方式起源于新加坡保险合作社，现以政府名义开展住房反向抵押贷款。新加坡发展住房反向抵押贷款，帮助老年人将住房资产变现，以补贴退休后的生活支出（韩再，2014）。它的做法是，60 岁以上的老年人把房子抵押给有政府背景的公益性机构或金融机构，由它们一次性或分期支付养老金。不过，只有私人建造的商品住房才能参与这一养老活动。它的实质是根据生命周期理论将住房转换为现金，以满足拥有住房但养老困难的老年人的特殊需求。作为新加坡中央公积金保障的储蓄投资型理财账户，除了基本保障功能以外，该账户还允许公积金会员将账户资金用于购买政府债券，在支持社会生产的同时实现资金的保值增值（王玉芳和吴传俭，2018）。整体来看，新加坡是金融服务养老较为普遍、发展水平较高、养老者获得较为满意服务的国家。

国外除了美国、日本、英国、德国、新加坡等国的养老服务很有代表性外，法国、意大利、瑞典、韩国、加拿大、澳大利亚、新西兰、俄罗斯、巴西、墨西哥、智利等国的养老服务也很有特色。国外养老服务全面，养老保险服务、医疗保障服务、养老社区服务健全，养老金融服务对老年人养老很有帮助。除了强制保险外，法国的保障体系是一种包含自愿保险的混合型保障体系。自愿保险包括互助团体、保险公司、储蓄银行和个人自愿保险等（金乐琴，2014）内容，不少就是为养老作准备的。加拿大两类不同的第三支柱个人账户都可以通过银行、信用合作社、保险公司或信托基金设立个人退休账户。超过 62 岁的老年人可将居住的房子抵押给银行获得贷款进行养老。为了更好地解决养老问题，智利建立的融资方式从传统的现收现付制转变为现代的个人账户累积制。

从国外的养老来看，相当多国家的基础养老几乎都由政府包下来。也有国家的金融服务养老曾有失误，虽然作为传统养老手段有机补充的金融服务养老已经稳步推进，然而由于各国国情等的限制，水平仍然参差不齐。金融服务养老与它们的经济发展水平呈现高度的正相关关系。由于各国有各国的经济发展水平、养老传统和观念、制度规定等，各国有不同的养老模式与方式。从来就没有一个标准的适合任何国家的养老服务模式或方式。

第9章　国外金融服务养老模式及其差异

金融服务养老主要有四个途径，这也可以说是国外主要的金融服务养老模式。一是银行等金融机构面向风险和消费需求提供的日常生活服务，二是各机构面向个人养老金或者个人银行储蓄类资产提供的金融服务，三是各机构针对政府强制实施的公共养老金提供资产配置服务，四是社区与金融机构合作所提供的养老服务。由于不同国家的经济收入水平和金融市场的成熟程度不同，金融服务养老的模式也不尽相同。发达经济体不仅在养老保险体系上较为完善，而且个人银行储蓄、商业养老保险、养老证券投资提供的专项金融服务产品和住房反向抵押贷款等金融服务业务也相对发达。转型经济体则面临从以政府养老保障为主的方式转向以保险等金融服务养老为主的方式，因而存在政府与市场混合型的过渡形式，但政府主导养老的痕迹较为明显。从经济相对落后国家发展起来的新兴经济体，则在政府养老和金融服务养老不断完善的过程中向西方发达经济体学习，建立起类似西方国家的金融服务养老模式，同时，金融机构、金融市场和金融监管的地位和重要性日益突出。银行、证券、保险、基金和信托在不同的模式中的地位与作用存在差异。国外不同的金融服务养老模式为探索走有中国特色的金融服务养老之路提供了参考借鉴。

9.1　发达经济体的金融服务养老模式

发达经济体经济较为发达，人口老龄化程度较高。发达经济体国家的老年人一般都有基本的养老保障。由于经济和金融发达，他们达到的金融服务养老程度较高，不仅有政府的基本养老保障，而且还有金融服务养老锦上添花。发达经济体已形成了银行服务养老模式、住房反向抵押养老模式、养老金资产配置模式和社区金融服务养老模式等多种金融服务养老模式。目前，比较流行的金融服务养老模式主要是养老金资产配置模式与住房反向抵押养老模式。

9.1.1　发达经济体的银行服务养老模式

发达经济体银行服务的混业经营业务特征比较明显。一方面是服务于老年人的日常金融业务，银行开发出具有老年人特征的一些特殊金融服务，并提供费用方面的减免措施。另一方面，银行在养老金的第三支柱上提供服务，尤其在自愿性个人养老金领域服务发挥着非常重要的作用。不少西方国家实施的个人自愿性私人养老金政策，主要在于提供个人收入的养老金存款的税收减免，而承接这些业务的机构主要是商业银行。除了住房反向抵押贷款服务养老外，新加坡等国采取个人储蓄型账户的方式，但由于个人账户资金等资产配置在中央公积金管理局，银行实际上并不承担储蓄账户资金管理与配置义务，主要是承担储蓄账户达到一定额度且符合领取养老金年龄后从个人储蓄账户中提取出来的资金的处置。类似的情况还包括美国的养老金业务，个人账户或者职业养老金在达到法定领取年龄后，可以一次性提取出来以现金存款的方式交由银行管理。这些发达经济体的银行也提供了相应的面向老年人的便利服务，特别是与老年人的生理、心理、生活和金融服务便利性等内容有关，但主要服务内容是便利提取存款。存取款业务和个人理财业务并没有强制的法律措施，因而金融机构的责任心对个人金融服务便利性具有非常重要的影响（Kausel et al.，2016）。

英国的巴克莱银行开发出了一项能够使老年人更加方便使用网上银行的业务技术，通过指纹技术与银行卡的捆绑，解决老年人因记忆力衰退等原因而导致的无法凭借密码取现的问题。爱尔兰为老年人的银行业务提供免费服务，包括爱尔兰银行和爱尔兰联合银行等在内的银行为 60 岁以上的老年人提供免费金融服务，并通过相关措施激励老年人主动获取相关的优惠金融服务。但各家银行的优惠业务存在一定差异。受回报的影响，特别是为了实现养老资产保值增值的目的，发达经济体的银行服务养老逐步向其他金融服务养老转变。

9.1.2　发达经济体的住房反向抵押养老模式

发达经济体以房养老非常普遍。房地产不仅是一种财富，也可以提供年老时一种稳定的收入流（Monika and Sabrina，2020）。发达经济体的住房反向抵押贷款养老十分普遍。它是美国、日本、英国、新加坡、德国、加拿大、澳大利亚等发达国家一种重要的金融服务养老模式。住房反向抵押养老模式就是将住房转化为消费现金的方式或模式。住房反向抵押贷款能够满足养老的现金需要。这一模式是老年人利用自己的家产进行养老的特殊模式。尽管通过住房反向抵押贷款养老需要有可抵押的住房及相应的观念，但它仍占整个养老服务约 52.0%。美国、日本、英国、新加坡是发达经济体国家中以住房反向抵押贷款养老最为典型的国家。

（1）美国以房养老探索及经验。美国以房养老模式产生于 20 世纪 80 年代。当时，美国社会存在房子富有、现金匮乏的现象，即老年人拥有住房，缺少获得养老服务的现金流保障。为减轻养老压力，美国的《国家住房法案》通过住房反向抵押贷款为以房养老提供了法律依据。在贷款养老期间，房产所有权仍然属于获得养老服务的老年人，并拥有对房产处置的权利，但前提是还清所有的贷款本息。如果老年人没有足够的养老资金归还贷款，那么，银行等机构有权处置房产。美国住房反向抵押贷款养老主要有房产价值转换抵押贷款计划模式、住房持有者计划模式和财务自由计划模式（江生忠和薄滂沱，2015）。第一种是拥有独立产权住房并居住在拟抵押房屋内的老年人在贷款期间，金融机构有义务按时支付养老金，养老者可继续居住在抵押房屋内。当贷款到期后，养老者的继承人根据情况可拥有或放弃抵押房屋。它基本上满足了美国老年人利用自己的资产进行养老服务的需要。第二种模式在运作方式上突破了贷款额度的限制且限制条件更少。只不过，美国联邦政府只提供政策优惠并负责监管。银行贷款养老，实际上就是既有资产抵押的养老服务模式。第三种是由纯私人机构以营利为目的开展的一种养老服务模式。该计划由拥有高价值独立房产的老年人将房屋抵押给贷款机构，由贷款机构将贷款一次性支付给寿险公司，寿险公司按约定向养老者发放终身年金。

（2）日本以房养老探索及经验。日本较早地开展了住房反向抵押贷款产品的研究和探索实践。目前，它有民营机构与政府参与提供的服务产品。前者为一次性或随时支付的住房反向抵押贷款，其参与机构提供的养老产品为传统银行、信托公司等金融机构经营的住房反向抵押贷款产品等。其实行的是在基准利率基础上加 1.5%的浮动利率。还贷期限为到贷款人去世时变卖抵押房产还贷。其贷款利率浮动比政府推出的住房反向抵押贷款的大。后者分为一次性或分期支付的政府直接融资方式住房反向抵押贷款和政府间接融资方式住房反向抵押贷款两种。贷款期限为贷款人去世或贷款额度达到上限，利率为 5%，还款采取变卖房产还贷或继承人还贷赎房等方式。相应地，后者的风险也大于前者。两种模式各有优劣。

（3）英国以房养老探索及经验。英国以房养老模式通常被称为一种住房证券化方式的资产释放计划。具有金融服务需求的老年人将房屋抵押给贷款机构，以浮动利率的方式进行贷款，并将贷款投资于股票或者债券，由此获得服务。随着人口老龄化的加深和以房养老的开展，英国的以房养老逐步走向成熟。其住房反向抵押贷款等业务由金融行为监管局负责。目前，英国以房养老有两种模式。第一种是参与者（不管是不是夫妻）必须年满 55 周岁的终身抵押贷款模式。这种模式可以供参与者灵活地选择。第二种是参与者年满 60 周岁的逆向年金模式或住房转换计划模式。当然，这种模式的好处在于既转移了风险又能保证养老资金的提供。两种模式对老年人以房养老各有利弊。

（4）新加坡以房养老探索及经验。1997 年，职总英康保险合作社开始经营住房反向抵押贷款产品，为老年人的养老提供金融服务。养老者一般都被要求需要是该公司的寿险客户且购买抵押保险和房屋保险，而政府也会提供保费补贴。这种抵押贷款规定，最高可申请不超过房屋估价的 70.0%的额度。除此之外，该金融产品没有追偿权保证。如果贷款超过房屋价值，养老者或其继承人必须偿还该差额。由于限制条件过多，这种住房反向抵押贷款模式几乎不存在。很显然，这种模式面临长寿风险。

此外，国外采用住房反向抵押贷款养老的还有德国、加拿大、澳大利亚等。德国有以房出租养老和拿到钱住进高档养老院养老等方式，养老方式多样且质量高。加拿大对 62 岁以上老年人的住房反向抵押贷款养老，一次性或分期支付养老贷款，后者可以赎回房屋。澳大利亚 55 岁以上的老年人通过房产租金收益来维持比较好的退休生活，老年人离世后，房屋所有权不变。日本的贷款额度不能超过抵押房屋土地价值的 70%，一次性或分期支付养老贷款。英国、新加坡等出现过以房养老但监管没有及时跟上，金融机构与养老者都缺少积极性的教训。各国各具特色，有的贷款年龄大，有的贷款年龄小；有的是一次性贷款，有的是多次贷款；有的有追偿权，有的没有追偿权。住房反向抵押贷款在养老中发挥了重要的作用。

9.1.3　发达经济体的养老金资产配置模式

发达经济体的典型特征是各类金融机构全面服务各支柱的养老金资产配置，由此形成了发达经济体的养老金资产配置模式。1994 年，世界银行首次提出养老金的第一支柱、第二支柱和第三支柱的多支柱概念。2005 年，世界银行又将三支柱扩展为五支柱[①]，即零支柱养老金制度、缴费型基本养老金制度、强制或准强制职业养老金制度、灵活多样的自愿型保险制度和非正规的养老服务保障

① 一是非缴费型养老金的零支柱，就是定额式养老金的国民养老金或社会养老金提供最低水平的基本养老保障。二是缴费型养老金的第一支柱，就是与本人的收入水平不同程度地替代部分收入的养老保障。三是强制或者准强制型的雇主、员工养老计划的第二支柱，就是以不同的缴费型养老保障。四是灵活多样的自愿型保险的第三支柱，就是完全个人缴费型、雇主资助型、缴费确定型或待遇确定型，政府提供税收优惠，个人可自主决定是否参加及缴费多少的养老保障。五是非正规养老保障形式的第四支柱，即退出劳动后的养老者的再就业保障，对老年人在经济或非经济方面的医疗和住房方面的援助、资助，如长期护理保险等。各支柱对于养老具有不同的适用性。

制度。最后一个支柱不仅仅是直接的养老金积累的形式，还包括对老年人在经济和非经济方面的援助。世界银行将三支柱扩展为五支柱，主要目的是发挥财政的基本养老保障功能与运用市场手段来达到熨平个人消费波动的作用。此外，扩展的目的还在于广泛地运用各种养老服务政策，最大限度地将长寿风险分散化。金融服务养老在发达经济体开展得十分普遍，为养老服务发挥了重要的作用。

（1）私人养老金计划和公共养老储备基金的资产配置。私人养老金计划是指私人养老金安排和有公共资金支持的计划。资产配置既包括对股票和债券、现金和存款的直接投资，又包括通过集中投资计划进行的间接投资。不管是公共养老金计划还是私人养老金计划，都需要在资产配置中注意防范风险，实现保值增值。许多国家积累了大量养老资产，以帮助支付未来的养老金负债。丹麦、荷兰、加拿大、冰岛、瑞士、美国和澳大利亚等国家早就实行了私人养老金计划。这些国家还有强制性或准强制性的私人养老金制度。养老金资产在各国养老资产中的重要性各不相同，所发挥的作用也有差异。美国拥有经济合作与发展组织成员国中最大的养老金市场，资产价值 25.1 万亿美元，占总额的 2/3。拥有完善的养老金体系的其他国家包括加拿大，资产价值 2.4 万亿美元，占经济合作与发展组织养老金市场的 6.4%；英国 2.3 万亿美元，占 6.1%；澳大利亚 1.5 万亿美元，占 4.0%；日本 1.4 万亿美元，占 3.7%；荷兰 1.3 万亿美元，占 3.5%①。发达经济体的私人养老金计划和公共养老储备基金在金融市场上的资产配置，推动了金融服务养老的发展。随着各国人口年龄结构的老化，主要市场经济国家的传统现收现付制养老保险制度普遍面临财务危机，难以为继。1995 年，意大利等国家创造出一个崭新的制度——名义账户制（关博，2016）。这一制度将个人缴费数作为确定退休后待遇的决定性因素。

（2）公共养老准备金资产的配置。金融服务养老离不开公共养老准备金的资产配置，它的投资实现了保值增值。养老金提供者和公共养老准备金，主要投资于债券和股票等资产类别。特别是大多数发达国家，债券和股票仍然是最重要的两种投资资产类别且比例差别很大，但投资于债券的比例通常大于股票。尽管人们一般对债券的偏好更大，但有些国家的情况正好相反，它们的股票超过债券，澳大利亚为 5.0：1，美国为 1.3：1，芬兰为 1.2：1。许多公共养老金提供者持有的直接债券占很大份额。一些国家的现金和存款在养老金提供的投资组合中也占很大份额。在大多数国家，贷款、房地产、未分配保险合同保单和私人投资基金，只占养老金提供者投资的相对较小数额。但在澳大利亚、加拿大、芬兰、葡萄牙和瑞士等国占总资产的 5.0%~20.0%，而房地产是养老金提供者投资组合的重要组成部分。一些公共养老准备金还开始投资于非传统养老资产类别。一些储备基金也出现了明显的股票投资倾向。这反映了它们的长期投资前景和更为普遍性的投

① 这里的数据均为大致测算而得。

资自主权。这些资产配置主要还是通过金融机构来完成的。

在为一些公共养老金制度提供资金方面，信托基金减轻了人口老龄化对公共资金需求的影响。美国社会保障信托基金拥有 2.8 万亿美元的最大储备金，占经济合作与发展组织资产总额的一半多。排名第二位的日本有 1.1 万亿美元，占 22.1%。韩国、加拿大和瑞典等国也积累了大量储备金。当然，也有国家进行了公共养老准备金的改革。爱尔兰国家养老金储备基金改为爱尔兰战略投资基金，不再为公共养老金储备基金，因为其超出了为现收现付养老金计划所提供的资金。可见，公共养老准备金得到了有效配置。

9.1.4 发达经济体的社区金融养老模式

在传统的社区服务养老模式中，人们在年轻时储备财富，然后再用现金从社会购买养老服务，金融服务发挥的作用十分有限。于是，美国、日本、德国等国家进行了成功的时间银行养老模式的探索[①]。随着金融服务养老的开展，在社区养老中，时间银行养老模式只是取消了货币交换的媒介，替代为存储养老所需要的时间。当然，这种时间照看在数量上看似等量交换，但服务费用却具有很大的上升空间。这类经济回报可能会远远高于资产配置的收益。这是由于在通货膨胀的影响下，当前提供的单位时间费用，可能会远低于未来时间的单位费用。政府不仅鼓励和引导低龄老年人积极参与，而且制定政策解除以时间银行获取养老服务照看的需求者受到的条件约束。参与者能够每天都有充裕的时间去社区照看老年人，其服务时间会被存入社会保障系统的个人账户中。当需要照看时，他只需要凭借时间银行卡到社会保障机构支取时间即可获得服务。当前，很多瑞士老年人都非常欢迎这种养老服务方式。政府还专门立法为时间银行养老提供法律保障，进一步提高了未来获取养老照看服务的预期。

到目前为止，发达经济体的社区服务养老模式主要有：德国同居式的社区服务养老模式、美英等国照看式社区服务养老模式和瑞士等国基于跨年龄段的相互照看的时间银行社区服务养老模式。由于发达经济体的经济发展水平较高，尽管人口老龄化严重，但它们的社会养老福利和金融服务养老水平相对较高。德国形成了一些老年人因志趣相投、自愿组合在一起过起同居的晚年生活的养老服务模式。美英等国照看式社区服务养老模式就是老年人在社区获得长期护理保险服务的养老模式。时间银行服务模式本身只是服务时间的代际滚动，而不是与服务对

---

① 时间银行养老模式是指低龄老年人或志愿者照顾高龄的或生活有困难的老年人，把他们的服务时间进行储蓄，待自己的直系亲属年老需要照顾时根据储蓄的时间来接受他人同等时间服务的一种互助养老模式。

象之间的相互交换，这与美国和英国等社区照看的性质不同。瑞士的时间银行养老服务模式，充分体现了对自己老年时需要照看的未雨绸缪理念。时间银行养老服务是瑞士联邦社会保险机构面对老年照看的需求而开发的一种新产品服务。这一模式在本质上是在代际之间建立起滚动式的年轻人照看老年人的社区服务养老模式。青年人照看老年人的时间都通过社会保障部门等累积起来，当这些年轻人年老以后，再从新的年轻人那里获得等量时间的照看服务。

除了具有充足的社会服务资金支持和时间照看，西方发达经济体在社区服务养老上还有充分的金融服务养老产业的支持。日本金融机构通过不断扩展融资渠道，提供养老设施建设支持，让老年人享受到具有福利性质的养老服务。养老服务机构的福利性质，通过政府提供资金和向金融机构合理融资实现，而那些纯粹的以商业模式运营的营利性养老设施项目，则主要是通过市场提供的金融支持来完成的。在发达经济体中，金融对养老产业的支持力度很大，市场化程度较高，主要包括信贷、新发证券和债券等融资，以及房地产投资信托基金和私募基金等。其中，最为典型的是美国的社区房地产养老服务模式。为了更好促进社区养老产业的发展，除了金融机构参与养老社区建设和服务，政府还提供很多利息减免和税收优惠等支持。为了吸引更多社会资金参与养老社区服务，或者帮助养老产业获得更多的金融信贷资金，很多国家采取了积极的利息减免、补贴或税收优惠。日本无论是营利性机构还是以慈善为主的非营利性养老社区服务机构，都可以获得来自金融机构的信贷资金支持。发达经济体还通过强化养老服务政策实施提供金融支持。面对养老服务的产业专项支持基金，德国和日本的各类机构都或多或少地获得了政府的政策性金融支持。金融服务养老政策的实施为老年人的养老服务提供了基本的保证。

发达经济体的金融服务养老最为普遍，在养老服务中占有重要地位，也发挥了重要作用。经济、金融越发展，养老越需要金融服务。金融服务养老的产品、服务越来越多，对金融服务养老的监管也越来越严格。加大金融服务养老的风险防范与监管，对通过金融服务养老来解决老龄化问题具有重要的作用。除银行和保险服务外，发达经济体还有其他一些更为具体的金融服务养老模式，养老金资产配置模式、信托服务养老模式、基金服务养老模式等。由于业务量不大，涉及的人数不多，对老年人养老发挥的作用有限，限于篇幅，这里就不详细介绍了。

9.2　新兴经济体的金融服务养老模式

新兴经济体并没有一个准确定义，既包括“金砖”五国又包括“新钻 11 国”。

“金砖”国家主要是巴西、俄罗斯、印度、中国和南非；“新钻”国家主要是韩国、印度尼西亚、菲律宾、巴基斯坦、越南、伊朗、孟加拉国、土耳其、埃及、墨西哥、尼日利亚等。由于俄罗斯是前苏联核心成员国，面临经济转型发展问题，因而通常被纳入转型经济体。新兴经济体正成为世界经济稳定的来源。很多新兴经济体国家的经济结构问题非常突出，由此涉及这些国家金融服务养老体系的完善。目前，新兴经济体正逐步形成银行服务养老模式、商业养老保险模式、养老金资产配置模式和就业+社区金融服务养老模式。

9.2.1 新兴经济体的银行服务养老模式

新兴经济体国家的金融服务养老，尤其是银行服务养老的现象越来越明显。这些国家的银行业务多数是混业经营，因此要准确划分金融服务养老的边界是比较困难的。与发达国家的金融资产主要用于股票和债券的投资获取收益不同，新兴经济体的银行存款更多的是用于养老储蓄的需要，进而从股票收益中间接提供银行养老理财产品的收益。目前，新兴经济体的养老者采取传统的银行存款方式养老的已经越来越少，不少国家转向以银行金融产品投资的收益为主。菲律宾允许养老投资的领域主要限定于银行储蓄或有期限的存款。印度、印度尼西亚、土耳其、埃及、墨西哥到目前为止仍以银行服务养老为主。所以，相对于发达经济体公共养老金的资本化及经济欠发达国家的银行储蓄，新兴经济体的银行服务养老，主要是以金融衍生品和养老理财产品提供收益养老。虽然新兴经济体国家也有养老保险和理财产品投资养老，但银行服务养老模式仍然是新兴经济体的主要服务模式。至于信托养老、基金投资养老等方式就更少了，至少说还没有形成较为成熟的信托养老模式、基金投资养老模式。新兴经济体的银行服务养老方式在相当长时期内仍可能是主要的金融服务养老方式。

9.2.2 新兴经济体的商业养老保险模式

新兴经济体的商业养老保险模式，主要是保险公司为老年人提供的养老金准备和健康服务消费资金准备模式。它是新兴经济体普遍的金融服务养老模式。这种模式与银行服务养老模式的不同之处在于，商业养老保险同时考虑了预期寿命的不确定性与累积财富之间的时间差。所以，相对于银行开发的稳定储蓄型金融服务产品，商业养老保险能够在养老服务上同时关注养老金的充足性和预期寿命的不确定性风险，这也是不少新兴经济体国家大力开展商业养老保险和与老年人护理需求相关的健康保险的原因。面对日益突出的老龄化问题，新兴经济体更注重发挥商业保险养老的作用。

伴随着新兴经济体发展起来的养老方式主要是日益发达的商业养老保险，目前基本覆盖了老年人的养老金保险、健康保险和长期护理保险等。各种不同的保险满足了老年人养老的不同需要。为了保证在银行以存款形式提取的养老金的安全及私人储蓄资金的安全，新兴经济体还以法律法规的方式，确定了银行存款保险制度。但与美国、德国等以商业保险公司运营养老金的服务模式不同，新兴经济体国家的商业保险依然处于补充地位，主要用于弥补国家强制性保险的不足。印度尼西亚只能提供有限的养老保险。这类保险既包括普通养老保险，也包括商业健康保险、长期护理保险、住房反向抵押贷款保险，以及其他具有投资性质的保险+投资的商业养老保险。目前，新兴经济体推出的个人税收优惠型全生命周期累积型的商业养老保险，更好地兼具了普通保险和养老资金准备的特点，能更好地满足养老的需要。

9.2.3　新兴经济体的养老金资产配置模式

新兴经济体在金融服务养老上的显著特征是采取向发达经济体学习借鉴的跟随战略，不但养老服务体系与发达经济体的比较接近，在养老金资产配置途径和方式上也比较类似。但新兴经济体的养老面临的最大问题主要是未富先老。在养老金支柱体系和保障水平上，新兴经济体都大大低于发达经济体。不仅如此，由于经济、金融基础与发展阶段的不同及观念的差异，金融服务养老模式的差异也较为明显。

同样，在养老金供给上，新兴经济体也逐渐形成了以国家基础养老金为主体、金融服务养老为辅助的多层次养老服务体系。除了基础养老金外，这一类型国家的职业养老金发展较为迅速，但同时也面临个人养老金发展短板问题。在养老金资产配置上，新兴经济体的养老服务也主要是金融机构对公共养老金或者主权养老金的投资、运营与管理服务。除了管理养老金外，韩国还引导需求者参与金融服务养老。养老金管理中心主要负责基金管理和技术服务等日常事务。当然，它也对养老中的其他问题提供服务。合规监管部门主要对基金运营中的合规性进行监督，目的是防范金融服务养老可能出现的各种风险。2004 年，尼日利亚的养老金创造了从现收现付到完全供款计划的改变（阿达姆，2012）。南非的养老保障包括个人储蓄、私人退休基金计划。由于监管问题，南非的养老资产配置效率低下，养老者面临较大的风险，生活难以获得充足的资金保障。

由于新兴经济体国家养老多以向发达经济体国家学习借鉴为主，在资产配置上与英美等国家的资产配置方式基本相似。与之不同的是，养老金资产配置产品主要包括固定收益类资产、权益类资产和另类投资等，而股票、债券相对较少。相比之前的投资方向和比例，特别是与固定收益类资产占比的不同，权益类和另类投资的比例在不断增加，这是受到人口老龄化和通货膨胀等影响的结果。这基本反应了新兴经济体国家的金融服务养老变化趋势。最近，新兴经济体国家的养老金资产配置的信托或者委托投资上升也比较明显。尼日利亚将参与者的养老基金用于资本市场投资，目的是价值增值。韩国公共养老金的部分资产由专业投资管理公司投资管理，但仍能充分发挥市场的作用，由此增加养老资产投资收益。目前，公共养老金资产的 1/4 由市场基金管理公司负责。借助外部管理方式，尽管会使资金面临更高的潜在风险，但同时也有助于提高资金的投资效率和收益水平，以有效应对韩国日益突出的人口老龄化问题。随着经济、金融的发展和老龄化问题的出现，新兴经济体的养老金资产配置规模会越来越大。

9.2.4 新兴经济体的社区就业的养老金融服务模式

大多数新兴经济体国家陷入“未富先老”的迷局，由于应对老龄化的顶层设计和战略规划滞后，未达到发达经济国家那么高的社会福利水平，因而在养老问题上面临养老金保障能力偏低、养老服务业的劳动力供给短缺、金融服务养老不发达等多种问题。随着人口期望寿命的提高，老年人占总人口的比重也在不断增加。对于老年人面临的养老压力，巴西主张老年人在社区通过再就业进行养老。2019 年，韩国 65 岁以上的老年人口占总人口数的 14.6%，这也意味着韩国在进入老龄化阶段后开始突出的养老问题。韩国 100 岁以上的老年人已达 4000 人，增长速度高达 12.1%，出现了老年人的相对经济贫困问题。韩国不但用最短的时间实现了从老龄化社会转向老龄社会，而且预计到 2050 年会达到世界第二的人口老龄化水平。也正因如此，经济增长的人口红利正在成为养老问题的最大风险。这类问题在中国和其他新兴经济体国家也日益明显。如何更好地通过金融服务养老解决养老问题显得十分紧迫。尽管新兴经济体国家尚未正式大幅度像发达经济体国家那样，通过正式立法延迟老年人的法定退休年龄，但在实际上，老年人通过就业养老的模式正在逐渐形成。金融机构给社区中生活的老年人提供贷款支持。

随着人口老龄化问题的日益突出，老年人的养老压力也越来越大。除了在社会上谋取有报酬的劳动外，在家中要求子女提供看护服务也是老年人养老的一部分。韩国及包括其他一些新兴经济体国家在内的养老模式主要是家庭养老模式和居住社区服务养老模式。这些模式在金融支持下已成为老年人养老并接受养老照看的主要模式。与此对应的以家庭和社区服务养老模式为主的金融服务养老也得到了快速发展，尤其是中国。韩国规定，银行通过房产抵押的方式借款给在社区中的老年人，帮助其养老，在老年人去世以后收回，剩余部分的资产价值，则以遗产的方式转移给其继承人。新加坡公寓养老有金融机构的支持。

总之，新兴经济体的金融服务养老模式正伴随它的兴起与快速发展处于形成之中。许多新兴经济体国家，如韩国、菲律宾等金融服务养老中的资产配置规模越来越大，金融服务养老方式越来越多。与发达经济体相比，新兴经济体的金融服务养老正发挥越来越大的作用。

9.3　转型经济体的金融服务养老模式

转型经济体是指经济及经济体制由传统向现代迈进的经济体，包括资源配置与发展模式、发展要素和发展路径等的转变。转型经济体国家主要是指前社会主义国家解体后，向市场经济体制转型的国家，包括俄罗斯、蒙古、乌克兰、哈萨克斯坦、捷克、匈牙利等。旧的体制打破了，新的体制还处在建立与完善之中，这无疑会或多或少地影响金融服务养老。转型国家是将政治和地缘相结合的一种分类方法，主要包括在中欧、东欧等的一些由社会主义计划经济向资本主义市场经济转型过程中对养老服务相关体制进行改革的国家。由于经济发展相对滞后，经济和养老保险方面的水平都比较低，因而金融参与养老服务的力度也不够，主要是传统的金融服务业务，介入商业养老保险和养老资产配置等服务的内容相对较少，金融向社区养老提供的服务有限。

9.3.1　转型经济体的银行服务养老模式

传统的银行服务养老模式在转型经济体中相对比较普遍。由于商业银行并非特种行业，俄罗斯商业银行数量及分支都比较多。金融机构数量多所对应的问题就是规模较小，加上银行的负债率较高，因而在风险抵御能力上也较低。转型经济体国家的银行在服务养老方面的信用等级较低，缺乏对长期养老资产的吸引力。金融服务养老中有针对性的银行养老业务较少，缺少创新性的金融服务养老产品，因而以吸收居民的短期储蓄等业务为主。当然，这也有助于增加银行对老年人养老服务的便利性。养老金资产配置主要是投向具有政府背景的大型商业银行，同时由于隶属于国有大型企业独资或合资控股，在服务这些企业的员工养老方面具有便利性。俄罗斯银行为私人养老金提供便利的服务。匈牙利多数人知道在退休后可能发生经济困难，越来越多的人意识到需要尽早开始进行储蓄，到了退休后会有较多的资金供其支配。现在，转型经济体的银行服务养老在养老服务中还占有相当大的比重，其他养老服务所占的比重相对较小，未来可能会出现更多的养老方式或形式。随着经济转型的成功，银行服务养老模式将被其他金融服务养老模式取代。所以，银行服务养老模式是转型经济体主要的金融服务养老模式。

9.3.2　转型经济体的养老金资产配置模式

由于涉及养老方面的资金、政策等几乎都由政府掌管，个人较少拥有养老资金、养老资产和权益，所以，转型经济体的养老过去以政府养老金为主。与发达经济体、新兴经济体不同，转型经济体的养老金资产配置由于人口老龄化的程度不同，金融的发达程度差异，传统的计划配置占比较高，形成的模式是一种独特的金融服务养老模式。这种模式也为包括中国在内的其他国家提供了借鉴经验。

（1）转型经济体养老服务模式的转变。随着经济的转型，转型经济体的养老服务模式也在转变。转型经济体面临的最大挑战是将之前的国家养老保障模式转变为市场化模式的压力。由于转型之前大多采取的是退休金养老，以及政府提供的免费或者公费医疗保障，市场化不可避免地存在名义账户现象。这些国家的养老几乎都由政府全包下来，但覆盖面不宽。这不仅发生在俄罗斯和蒙古等国家，同时也大量存在于其他转型经济体国家中。蒙古养老保险以覆盖了全部人口的待遇确定型保险为主。基于现收现付压力，蒙古从 2000 年开始进行改革，为 1960 年以后出生的人口设置个人账户基金积累，但其实际上还是一种名义账户。蒙古第三支柱主要是所有愿意参加的高收入者的自愿型私人养老金，这也意味着蒙古依然没有完全建立起三支柱的养老保障体系。设置储备基金是世界上很多转型经济体应对名义账户的主要办法，俄罗斯也采取了类似的方式。哈萨克斯坦根据养老的相关规定，统一养老储备基金，以股份公司的形式向社会提供养老基金、养老金资产核算和投资方案。转型经济体的养老服务模式正在由传统向现代转变。这也反映出由养儿防老、家庭养老、自己养老向现代金融服务养老的转变。

与此相对应的是，在转型发展的过程中，金融机构尚未建立起较高的信用体系，因而对养老者的吸引力不强，商业养老保险和投资机构的参与度也相对较低。随着俄罗斯等国家对金融业务的整合和金融监管力度的增强，金融机构逐渐加大了对养老服务的支持，但依然局限于对公共养老金的资产配置，部分商业保险信托、基金服务养老投资等业务范围依然偏窄。转型经济体养老服务模式的转变表明了发展金融服务养老的必要性和紧迫性。

（2）俄罗斯养老金资产配置及其管理。最能代表转型经济体的国家莫过于俄罗斯了。它于 20 世纪 90 年代由计划经济转向了市场经济。养老责任主要由政府与企业、个人共同分担。2002 年，俄罗斯进行了养老金制度改革，设立了劳动养老金计划，它为俄罗斯养老服务体系的形成奠定了基础。俄罗斯的养老金资产配置主要是三支柱的养老安排。第一支柱是指公共养老金制度，包括公共养老金、军人及其家庭养老金两个部分。公共养老金是政府提供给不能享受劳动养老金的老年人等享受的养老金。不过，由于经济实力的影响，这部分养老金发挥的作用有限。公共养老金无须被保险人缴费；养老金给付金额相对固定，但也不定期增加。目前，公共养老金的配置收益越来越多。第二支柱是指劳动养老金制度。这一制度相当于强制性的职业年金，雇主需缴纳 26.0%的强制养老保险，雇主缴费总计不得超过 1/3。同公共养老金相同，这方面的资产配置收益也越来越多。第三支柱是指自愿性补充养老保险制度。因为公共养老金供给的不足，所以这部分养老资金在养老中发挥着极其重要的作用。该部分养老基金是独立的法人实体，既可以是个人账户也可以是统一账户，资金既可来源于雇主缴费也可来源于个人缴费，养老资金给付方式一般是终身年金或有期限年金。这部分养老资金参与金融服务，虽然可能会出现风险，但老年人可获得收益以供养老。只不过，因俄罗斯的非国有金融机构信誉差，人们普遍缺乏充分的信任。

养老金参与金融服务进行资产配置，可以更好地为养老服务。俄罗斯联邦养老基金在第二支柱的管理中处于核心地位，主要承担缴费、发放养老资金、记账、账户管理、养老资产的投资及其他职能。此外，它还包括非政府养老基金、资产管理公司、保险公司、行使对养老金投资资产日常监测的特别存托机构。俄罗斯养老金资产配置通常还受国家审计。第二支柱的缴费由俄罗斯联邦养老基金负责收取并进行投资，投资积累部分的养老金资产管理架构也有差异。第三支柱的养老金资产可由非政府养老基金直接投资，也可委托私营资产管理公司来投资，但不允许委托银行和保险公司来投资。进行投资的目的都是减少养老风险、获得更多的收益，为养老提供资金上的保证。可见，俄罗斯养老金资产配置很具特色。

（3）其他转型经济体国家的养老金资产配置。蒙古由于经济落后，养老主要靠政府提供的低层次、低水平的基本养老金，养老金资产配置非常有限。适用于所有愿意参加的高收入者的自愿型私人养老金，大多数养老者从它们中获得的养老服务并不多。其他处于转型期的欧洲国家经济欠发达，养老金资产配置类似于蒙古，只不过处于现代金融服务养老的萌芽而已。乌克兰、捷克等国家的养老金资产配置规模不大，也谈不上有多少金融服务养老。

9.3.3 转型经济体的社区金融养老模式

养老社区服务在俄罗斯养老中发挥着重要的作用。俄罗斯在社区服务养老上的成本比较高，因而在中国东北地区养老的人数日趋增加。但金融与社区服务养老相结合还是很有市场的。养老社区与医疗机构、金融机构相结合，提供了各种各样的养老服务，现在仍是一种较为流行的养老服务模式，只是它的社区范围有限，金融参与度不高，发挥的作用不大，如蒙古等国家。随着金融服务养老的兴起与发展，转型经济体的社区与金融相结合的养老社区服务模式越来越成熟。

转型经济体的金融服务养老模式随着经济、金融的发展而正在形成之中。匈牙利的私营养老金和补充养老保险就是一种典型的金融服务养老形式。它是在人口老龄化问题不是特别突出、经济与金融也不十分发达情况下形成的一种新兴金融服务养老模式。这种模式会随着经济的发展和社会的进步而被更好的模式所取代。当然，这一模式为那些老龄化问题越来越突出的国家解决养老问题提供了一种参考与启示。

9.4 国外不同机构提供的金融服务养老模式

随着人口老龄化问题的日趋严峻，养老金领取人数的不断增加和收不抵支问题，估计在未来短时间内难以改变。为了弥补公共养老金在未来的收支缺口，俄罗斯、法国、哈萨克斯坦、澳大利亚、智利和挪威等许多国家，都开始鼓励养老者参与金融服务养老。除了财政服务养老外，这些国家因财力有限也大力提倡金融服务养老。大部分国家没有专门设立养老型产品，通常投资于市场上现有的金融产品，但也有部分国家或地区为引导投资者选择适合的长期养老投资产品（董克用和姚余栋，2017）。只要有养老资金、养老资产及养老权益等，理性的养老者会通过金融服务来养老，由此形成了各有适用范围与特点的金融服务养老模式。这些模式主要包括银行服务养老模式、证券投资服务养老模式、保险服务养老模式、信托服务养老模式、基金服务养老模式等。

9.4.1 银行服务养老模式

银行服务养老主要体现为两个方面。一是提供面向老年人所需要的日常金融服务，如进行贷款、存款服务。不少国家开发了手机银行、网上银行，方便老年人进行养老金的支取与消费。老年人获得这方面的服务越来越多，越来越便捷。二是开发面向老年人养老的金融产品和服务，一般是养老型基金投资。银行提供的投资理财越来越多。各经济体的银行服务养老各具特色，特别是各国的银行服务养老千差万别。一般说来，发达经济体的银行服务养老占比相对较小，新兴经济体的银行服务养老占比相对较大，而转型经济体的银行服务养老占比介于二者之间。

银行服务养老模式是西方国家最为普遍的金融服务养老模式。银行存款或理财是大部分人进行养老投资和理财的首选。只不过，随着其他养老模式和方式的兴起，银行服务养老正变得越来越少。银行服务养老包括养老金的支付、信息提供、养老基金投资、其他理财产品和住房反向抵押贷款等。美国是最早发展员工持股计划的国家之一，《雇员退休收入保障法案》设立了养老收益担保公司，确保了一定数额的养老金的支付。这一法律使员工的持股计划合法化，包括进一步从银行等金融机构获得养老支持的另类模式都有了法律保障。后来，澳大利亚的第三支柱也直接称为个人退休账户并有法律依据。通过专门的个人养老账户，养老者能增强自我养老保障能力。个人可以依据收入情况，选择在存入该账户的缴费中予以扣除。这种账户是完全由个人选择参加并完全由个人支配或享用的一种退休计划或特别金融安排。参加者自愿将在岗工作时每年所得工资的一部分储蓄起来以备日后退休时享用（郭金龙等，2017）。国外第三支柱较为发达的英国、智利等大多数国家几乎都采取了账户制模式。

9.4.2　证券服务养老模式

证券服务养老模式主要存在于发达经济体中，是面对个人养老储蓄计划和个人自助投资养老金而演变的金融服务养老模式。这种模式是在经济十分发达、金融在经济中具有极其重要的作用、制度非常完善、操作流程非常规范的国家中能够普遍地被养老者所接受的一种金融服务养老模式。经济越发达，这种养老所占的比重越大。养老者通过养老资金、养老资产的投资而获得收益，为养老者提供养老资金保证。补充养老金资产配置的资产包括流动性资产，贷款、房地产、保单、基金等另类资产。这些养老资产或养老资金，也能够通过金融服务养老而获得收益。目标日期基金和目标风险基金，既可以在全生命周期内根据资金需要调整收益日期，也可以根据风险偏好的变化而调整个人风险承受压力。两种基金的投资组合成为养老金资产配置的最理想组合，是西方发达经济体养老金资产配置的主要方式或模式。德国自 2005 年以来，养老金计划联合基金投资规模增加了 2

倍。2018年，养老资产总额超过6110亿欧元，投资于联合基金的比例高达61%[①]。养老资金或养老资产投资多样化，既保证了收益又分散了风险。

证券服务养老主要为了获得收益，通过市场化的投资实现养老资金或养老资产的保值增值。美国设立养老金计划的机构提供的养老信托，使得众多的投资机构形成了激烈的竞争关系，进而促使投资机构不断提高其回报率，降低服务费用。实现养老金保值解决的是通货膨胀预期、通货膨胀问题。实施何种政策对通货膨胀预期有很大的影响。如果全社会出现较高的通货膨胀预期，养老者参与投资难免受到影响。政策对预期强烈依赖导致很多不同的通货膨胀预期变成自我实现的预言，因为预期诱导出必要的政策调整，进而使这些预期成为现实（伯南克等，2006）。增值解决的问题是如何获得比过去更多的收益问题。养老金投资运营的监管体制和模式，在很大程度上决定着投资目标的实现情况。

在投资型养老服务过程中，员工持股计划是发达经济体的一种比较特殊的金融服务养老模式。尽管它属于一种薪酬福利体制，但事实上却具有养老资产投资的性质，能提高金融服务养老的水平和增加服务的范围。美国是较早发展员工持股计划的国家。为了防范风险，政府对员工持有的资产投资给予税收优惠。总体来看，员工持股计划相当于人们把累积的收入在资本市场存储起来，尤其是在股票市场寻求不同的公司股票以供日后所需。员工持股计划既优越于证券形式的投资，也优越于投机性的股票投资等形式。所以，它受到养老者的青睐。新兴经济体与转型经济体的员工持股计划还不甚普遍。

从国际经验看，金融服务养老还使得养老金投资产品多元化。资金保值增值是完全积累制的个人养老资金运转的关键，而多元化的投资则是养老资金保值增值的有效保障。美国个人养老账户对产品不设置准入门槛。英国个人养老账户可以投资股票、开放式基金、信托、债券等。市场化和多元化投资取向非常明显。不仅如此，金融服务养老也使得基金资产支付方式多元化。当养老者到了一定年龄后，第三支柱养老金账户一般会设置多种领取方式，一般会对一次性领取设置较高的税率，目的是鼓励参加者分期领取。这种模式能够较好地满足养老服务的需要。

9.4.3 保险服务养老模式

已经建立起相对完善的养老保险体系是发达国家养老服务的基本特征。它们

---

① 参见《德国 自2005年以来养老金计划联合基金投资规模增加了两倍》，搜集于《2019年养老金融文集汇编（下）》论文集。

具有完善的养老保险服务体系，不仅国家层面的社会养老保险水平比较高，而且商业养老保险水平也比较高。除此之外，发达国家还通过养老证券投资获得收益而进行养老。也有的国家通过基金、信托来进行养老。与其他模式的养老不同，保险服务养老模式同银行服务养老模式一样，都是传统的金融服务养老模式。虽然它没有证券服务养老模式那么流行，但它比银行服务养老模式更为普遍。所以，发达经济体的保险服务养老模式比较成熟，新兴经济体的保险服务养老模式正在发挥越来越大的作用。

1994 年后，发达经济体基本都建立了多支柱的养老保险体系。这些国家中的大部分采取的是三支柱养老模式。其中，第一支柱为养老者提供最基本的生活保障。有的覆盖全民，有的只有部分人员才能享受。第二支柱实行由个人缴纳、雇主匹配、国家税收优惠规定的保障。第三支柱由个人为养老提前做好准备。三支柱养老模式的目的在于合理分担政府、雇主和个人的养老责任。澳大利亚的国民年金就相当于第一支柱养老金。在澳大利亚连续居住 10 年以上者均可领取，申请者需接受有关调查。另外，养老金领取者的配偶即使没有享受福利待遇的资格，按规定也可以领到一定的抚恤金（靳晓黎，1999）。不过，这一类型的养老金只是提供了最基本的养老生活保障，还没有提供非常富有的养老生活保障。第二支柱的职业年金也发挥养老保险的作用，只不过有的新兴经济体和转型经济体国家已经建立起来，有的国家还在起步之中。

个人退休金账户围绕第三支柱，参与养老金资产配置的机构众多。个人自愿参加的养老金计划由政府给予税收优惠激励个人自愿参与，目的在于为就业者提供更加灵活、多样的补充。这种计划更多涉及金融服务养老的投资方式。因养老金通过金融投资而获得的收益，对于个人养老的保障作用日益明显。这种养老金金融就是金融服务养老，是对三支柱养老金资产的投资、运营和管理，以实现养老金最有效率的保值增值的金融服务。其中，它的安全性和稳健性是参与者首先考虑的因素，尤其是基础养老金，一般不投资于高风险或者暴利的领域，通常以国债和稳健型股票为主。只有后两种类型的养老金才投资于有风险的股票与债券，目的是获得较高的回报，实现保值增值。需要注意的是，所谓无须缴费的零支柱养老金，在大多数情况下，一般指的是普遍能享受到的社会福利。有时也非专指税收对应的第一支柱养老金。为了更好地为养老提供服务，英国提供服务的金融机构包括基金、寿险公司、银行、信托及其他金融机构。加拿大的第三支柱个人账户都可以通过银行、信用合作社、信托基金或保险公司设立。美国允许养老参与者在银行、基金公司和保险公司等机构间进行选择。各种不同的金融机构都能为养老提供各具特色的服务。

保险服务养老模式是较早形成的一种金融服务养老模式。许多国家对长期护理保险需求大，为老年人获得市场化的养老服务提供了便利。德日韩三国的长期护理保险制度实施之后，为养老服务市场的形成提供了条件（陈诚诚，2016）。养老保险制度的设计几乎都采取了第三支柱的个人账户模式。这是世界各国第三支柱发展的共同选择。因第三支柱发展得比较成熟，英国、意大利、智利、美国和澳大利亚直接将第三支柱称为个人退休账户。其主要优势在于账户资金及投资收益都享有税收递延优惠，能够通过准确掌握个人养老金缴费规模和投资收益，从而对养老金获益准确征税。此外，它还可以引导养老者形成良好的未来收益预期。可见，保险服务养老能为养老者养老活动提供充足的资金保证。

9.4.4 信托服务养老模式

信托服务养老模式是随着人口老龄化问题的突出而产生与发展起来的一种新的金融服务养老模式。全世界养老金在组织形式上一般都有信托的形式，只不过是数量多少的差异而已。发达经济体的信托服务养老模式最普遍。例如，美国服务于第一支柱养老金的最大养老信托基金是美国联邦老年、遗属和伤残人保险信托投资基金，其采取的就是信托的形式。第二支柱、第三支柱的私人养老金更是绝大多数国家采取养老信托的模式，因而信托服务养老成为金融服务养老中的普遍模式。英国老年人享受到的免费医疗服务也采取信托模式。相对于其他金融服务养老模式，信托能提供整个生命周期的养老服务。由于这种独特的养老服务特征，信托基金已经成为世界上一种主流的金融服务养老模式。到目前为止，信托服务养老有两种典型的模式，一种是养老金的信托投资或资产配置模式，另一种是个人资产的反向抵押信托养老模式，主要是住房资产的反向抵押贷款模式。各种模式都有各自的优劣。

发达国家的金融服务养老模式，可以称为信托型金融服务养老模式，因为不少国家的养老金在组织形式上大都采取信托方式。受益人即需要养老服务的老年人。其中，雇主发起人的计划也需要得到各方关注。养老信托是信托服务养老模式的主要内容。为什么信托能更好地服务于养老呢？相比于证券、保险等其他模式，只有养老信托可以实现养老金的终生金融服务。因此，养老信托可能会成为金融服务养老形式的主流。

除了养老金采取信托投资管理的模式外，西方国家在商业保险金、养老财产和养老消费上也采取信托的方式。保险信托主要是富人将房地产和企业股权等纳入统一的财富传承架构中，通过保险金信托的方式，采取“保险+信托”模式全面规划各类财富的传承分配。有的国家实施保险金信托，有的国家则实行养老财产信托。可见，养老信托是一种非常普遍的金融服务养老形式。

9.4.5 基金服务养老模式

基金服务养老模式也是一种新兴的金融服务养老模式。美国和加拿大等国家没有特设养老型基金类别。养老型基金是从储蓄转化为投资型养老的特殊养老服务基金，也是银行服务养老业务的扩展，但有时并不局限于银行服务。基金服务养老还允许投资者在全市场范围内选择既有共同基金产品。美国专设养老产品，目的是降低养老投资管理机构的门槛进入，让个人有机会选择符合养老特性的基金产品。澳大利亚和智利等专门设置了只能定向投资的养老型基金产品。美国规定了供参与者选择的养老基金投资的范围。相比较而言，澳大利亚对个人选择超级年金的限制则比较小。经济、金融越发达，基金服务养老越普遍。发达经济体的基金服务养老优于转型经济体，而转型经济体又优于新兴经济体。未来，新兴经济体的基金服务养老会越来越普遍，对养老服务发挥的作用会越来越大。

由此可见，不同的经济体具有不同的金融服务养老模式。不同的金融服务养老模式又有不同的表现。不同的模式适合不同国家养老问题的解决。发达经济体的金融服务养老模式适合老龄化问题突出、金融发达、制度和规定较为完善的国家解决养老问题。新兴经济体的金融服务养老模式适合老龄化问题已经出现但并不突出、金融还不够发达、制度和规定尚有待完善的国家解决养老问题。转型经济体的金融服务养老模式适合老龄化问题突出、金融越来越发达、制度和规定越来越完善的国家解决养老问题。不同的机构提供的金融服务养老模式各有差异，各种金融服务养老模式又有不同的表现，适合不同的国家解决养老问题。现有国外金融服务养老模式各有其适用范围与特点，应对其认真分析、对比和总结，结合中国养老实际，找到适合中国的金融服务养老模式，由此提出可供操作的对策建议，走有中国特色的金融服务养老道路，这是金融服务养老发展中的重要理论课题。国外金融服务养老模式为走有中国特色的金融服务养老道路提供了有价值的参考。

第10章　国外金融服务养老的风险防范

同其他金融活动相同，金融服务养老也同样存在各种不同的风险。一方面，金融机构会因经营不善而出现养老资金支付困难。另一方面，养老者会面临养老风险，他们退休后会因收入不稳定、健康每况愈下和生活自理能力逐渐下降而出现养老不确定性。由于老年人承受不了风险的打击，为了减轻子女负担并让老年人能够更好地养老，国外非常注重金融服务养老的风险防范与监管完善。多数国家高度重视金融服务养老监管与管理，有效防范金融服务养老风险，建立合理的金融服务养老监管体制，构建恰当的金融服务养老监管框架，成立专门的金融服务养老监管机构，依法进行金融服务养老监管。国外金融服务养老的风险防范与监管完善为走有中国特色的金融服务养老之路提供了宝贵的经验。

10.1　高度重视金融服务养老监管与管理

国外金融服务养老比较发达的国家，在充分发挥金融服务养老作用的同时，也高度重视并不断加强对它的管理，以有效防范可能引发的养老资金经营风险和支付困难。金融服务养老管理问题随着人口老龄化程度的加深而越发严重，同时使对人口老龄化相关风险的综合管理越发困难。虽然各国养老金的构成、所受的管制和约束、资本市场完善程度、风险偏好有所不同，但大多数国家公共养老金采用市场化投资运作的方式，通过大类资产配置组合投资于股票、债券、基金、货币等各类金融资产，实现养老金的保值增值（董克用和姚余栋，2017）。为了使养老者更好地养老，它们都高度重视金融服务养老管理。总的来看，对凡是银行、证券、保险、信托、基金涉及的养老服务，都进行了严格的管理。

10.1.1 银行服务养老管理

国外银行服务养老管理，主要是通过制定相关的服务规划、准入与退出规定、业务种类与范围、风险防范措施和法律法规进行管理。银行服务养老管理既包括银行等金融机构内部自身的管理，又包括政府相关部门外部的监督与控制。可以说，银行是受到最严格监管的部门之一。对银行提供的养老服务的监管更是严中之严。银行服务养老管理虽然严格，但这是由养老服务的特殊性所决定的。不管是公共养老金介入银行基金投资，还是个人养老储蓄等，都受到严格的管理。为确保公平对待老年人，日本对银行推销理财产品有严格的规定。意大利的商业银行为获得较少养老金的老年人提供免费服务。根据相关规定，爱尔兰的银行为 60 岁以上的老年人的个人活期账户提供免费的金融服务，受全社会的监督。

为了更好地服务养老，美国相关机构针对获得反向抵押贷款需要支付的高额保险费、评估费、签约费等涉及老年人权益保护的事宜做了深入的调查和严格的操作规定。德国和法国控制了 60%以上的养老基金投资的银行都受到监管机构的严格监管和操作管理。因为一旦出现风险，银行就难以服务养老、让老年人满意。德国金融监管局严格监管养老金操作全过程。当前德国金融机构提供的补充养老金资产配置服务已经开始放在新出现的全球金融框架内探索，并遵守新的会计标准（Clark et al.，2001）。2004 年，英国金融服务局对开展住房反向抵押贷款业务的金融机构及中介机构都进行了严格的审查，目的是防范可能出现的风险。瑞典银行控制了 80%的养老基金资产投资，该国风险防范主要是降低银行风险。俄罗斯联邦养老基金委托俄罗斯银行和对外经济事务银行负责保险部分短期结余资金的投资管理，主要是直接投资于政府债券。与前者不同的是，积累部分的投资管理架构相对复杂。这部分的个人账户余额既可由俄罗斯联邦养老基金管理，也可转移交由不同的非政府养老基金管理，取决于拥有积累个人账户成员的自主选择。这方面的资产配置管理也是银行服务养老管理的重要组成部分。

10.1.2 证券服务养老管理

国外证券服务养老管理，几乎都由专门的机构进行。目前，受私人投资经理和顾问投资失败影响，机构投资越来越愿意绕过私人承包商进行资产配置（Urban，2020），破坏了健全的投资管理制度的执行。由于养老证券投资风险大于其他金融服务养老风险，西方国家特别注重证券服务养老管理。涉及养老证券投资的几乎所有机构、市场、政策实施和法律法规都纳入其中进行严格的管理。日本推行统一的年金制度，由金融机构负责投资管理与运营。美国证券交易委员会对养老投资进行监督与管理。正是由于严格的证券服务养老管理，养老投资风险一般都低于普通证券投资风险。如果养老基金通过证券市场交易获得收益，则不能豁免资本利得税，目的是合理控制养老基金投资的风险。在养老证券投资的激烈竞争中，为了吸引养老资金的投入，美国审计监督不再是一种被动的行为，而是积极寻求社会审计机构及政府审计机构，对养老基金及资产投资运营效率进行审计监督，以客观公正地表明自己的投资收益能力。它从外部对养老资金或养老资产投资进行审计监督。这与中国当前的被动审计监督理念完全不同。中国的审计更加强调对资金或政策违规性问题的发现和整改，而不是主动地进行绩效审计。其他国家也有进行审计监督的。还有的国家注重对养老证券投资的预期引导。

10.1.3 保险服务养老管理

保险服务养老就是保险公司等金融机构为老年人提供商业养老保险。养老保险主要的目标是保证退休者在退休后仍能维持与退休前相差无几的生活水平（郭金龙等，2017）。对于保险服务养老，国外有专门的机构进行管理。为了保障养老资产的安全，美国推出了默认自动加入模式，解决了参与者选择金融产品和服务的困难。日本的保险服务养老管理，主要是对提供养老保险的金融机构进行商业化的管理。日本的第三支柱主要采用个人年金保险、团体年金保险的方式来开展，由个人和家庭自愿储蓄与购买年金保险产品，主要由人寿保险来进行商业化的运营管理（郭金龙等，2017）。其他国家也进行了类似的保险服务养老管理。商业养老保险管理使得养老者获得了资金上的保证。

10.1.4 信托服务养老管理

养老信托是金融服务养老的重要组成部分，涉及信托方与被信托方复杂的利益关系，因此西方国家都对信托服务养老进行了严格的管理。美国由专门的信托基金委员会统一管理社会保障和医疗保险信托基金，使得社会保障与医疗保险基金能够按信托基金委员会的决策运营管理。此外，它还通过养老金计划的投资多元化，实现主要损失风险的最小化。日本信托银行则通过养老金信托等方式，对企业养老金进行管理和经营（鹿野嘉昭，2003）。为了保证养老金及时支付的要求，菲律宾专门由一名独立委托人管理信托基金。智利对养老信托的监管比较严格，仅允许投资政府债券和大公司的债券。尽管目前智利放松了投资领域，但其对养老信托的管理仍然较为严格。大多数国家对信托服务养老进行管理，发挥了信托服务养老的作用。

10.1.5　基金服务养老管理

养老型基金允许投资者在养老市场范围内选择现有的基金产品。澳大利亚、智利要求某类别养老金只能定向投资于该类养老型基金产品。在养老基金管理领域，由于信息披露、政策支持和法律保障等，行为监管职责包括检查近几年养老基金管理情况、经营业绩、信息披露、有无误导行为等。监管的主要目的是促进市场公正、透明、有效、有序地运作。养老基金在资本市场上通过市场化运作来保值增值，其参与资本市场更可以推动金融产品的创新。在创新的同时，养老基金也可能出现风险。为此，美国和澳大利亚的养老型基金几乎都具有默认选项设置。美国基金在抵御通货膨胀风险和长寿风险上具有的优势受到老年人的普遍欢迎。澳大利亚超级年金的默认投资选项设定，要求资金必须进入被核准的账户。于是，参与者获得了养老资金和权益上的保证。有的国家或地区强积金制度实施以来的年均投资收益率为 2.8%，实现了养老金资产的保值增值。日本监管机构定期检查投资管理公司是否遵循了养老投资指引，分析投资业绩和风险管理的具体情况，所以，日本为养老提供了良好的金融服务。智利专门组建基金管理公司，实现从传统的集中管理转变为分散化管理。可见，国外都无一例外地加强了对养老基金的管理。

总之，几乎所有的国家都对金融服务养老进行了不同程度、不同范围的管理。这些管理表现为有专门的监管与管理机构，有专门的监管法律法规或规定，形成了各具特色的监管、管理体制与框架等。金融服务养老监管与管理实现了全覆盖，这使得金融服务养老市场秩序井然，最大限度地降低了金融服务养老风险。

10.2　有效防范金融服务养老风险

同其他金融活动一样，金融服务养老活动同样存在着一系列风险，同时也需要防范与监管，尤其是防范人口老龄化和健康、长寿等支付压力风险（Eggleston，2019）。所谓有效地防范金融服务养老风险，就是通过金融资产的配置防范养老所产生的金融风险。在金融不断创新的今天，养老权益的保护诉求、金融衍生产品层出不穷，金融服务养老的形式变幻莫测，金融风险随处可见。对于这些风险需要分门别类地进行分析，目的是进行监管完善，尽量转移、分散或化解各种金融服务养老风险。

除了以上风险外，金融服务养老还可能面临法律的风险等。在养老方面进行的资产投资受众多因素的影响。经济政策、通货膨胀、金融市场、资本结构与运营、信誉、地缘政治风险、监管风险等都在影响养老投资的规模与方向，都可能出现各种各样的风险。众多的金融服务养老风险构成了金融服务养老风险体系。只有区分出哪些是主要风险，哪些是次要风险；哪些是能够承受的风险，哪些是不能承受的风险，才能更有针对性地进行风险的防范和监管的完善，将金融服务养老风险降到最低限度。

10.2.1 银行服务养老风险防范

银行经营面临着各种各样的风险，银行服务养老也是如此。但是，养老者却经受不起风险的折腾和打击。他们每天都需要使用养老资金进行消费。为了生活得更好，他们还需要进行养老投资，以获得更多收益。进行养老投资，出现风险在所难免。所以，除了养老者自身需要防范风险外，银行金融机构与政府相关部门也需要采取各种措施防范银行服务养老风险。西方国家高度重视金融服务养老风险防范，特别是银行服务养老的风险防范，为此成立了专门的监管机构，制定了各种法律法规，不仅对一般金融活动进行严格的监管，对于金融服务养老活动也进行非常严格的监管，以确保风险降到最低程度。美国住房反向抵押贷款借贷双方可以通过权益分享的制度安排，共同承担房屋价格波动风险。新加坡华联银行在 2000 年成立之初承办的住房反向抵押贷款业务由于风险防范存在问题，人们的预期不看好，在开展不久就停办了。这是银行服务养老风险防范不力的教训。

10.2.2 证券服务养老风险防范

证券服务养老主要是利用证券市场进行养老资产配置，风险难以避免。国外进行了各有特点的养老资产配置风险防范。不少国家通过投资组合分散风险。澳大利亚养老资产配置风险防范的优势就是实行配置多元化和风险分散化的投资管理。有的国家成立了专门的机构进行投资经营。在 1997 年以前，加拿大养老金计划基本不进行养老方面的投资。由于加拿大养老金计划不进行投资，养老资金供给出现了问题。为了使养老基金供求保持自我平衡，加拿大成立了加拿大养老保险基金投资董事会，它的职能是防止通货膨胀预期的影响。加拿大银行考虑了从加拿大咨询委员会的季度调查中产生的结果，预测值列在“舆论预测”部分，同时还列出了 30 年期保守名义债券和实际指数化债券回报率的差额(伯南克等，2006)。许多国家都进行长期投资和管理，以使养老投资获得长期回报，尽可能地降低养老资产配置风险。有的国家通过加强监管以防范养老资产配置风险。美国、日本、英国、德国、法国、意大利、澳大利亚和新加坡等不少国家资产配置都实行严格的监管。

10.2.3　保险服务养老风险防范

商业养老保险是保险服务养老的重要形式，也是传统的金融服务养老方式，其最大的特点在于风险较低。但是，随着金融服务养老的开展，商业养老保险创新产品越来越多，越来越复杂，风险也越来越大。为了降低风险，英国规定养老参保者领取养老金年龄采取渐进式推迟的办法。还有的国家通过提高商业养老保险保费来降低风险。保险公司通过提高产品的投保年龄、领取年龄、保费等改变保险产品设计的方式来降低它所面临的风险。住房反向抵押保险、健康医疗保险、长期护理保险等产品越来越个性化。在提供服务、满足养老者需要的同时，保险服务养老风险也是相伴而生的。国外也非常注重保险服务养老的风险防范。

10.2.4　信托服务养老风险防范

信托服务养老即养老信托，有时存在权益受到侵犯与养老者利益受损的问题。因此，需要防范信托服务养老所带来的风险。美国的《雇员退休收入保障法案》强行规定实行养老信托制，给养老者带来了来自资本市场的个人福祉。日本推行的反向抵押贷款信托也非常注重风险的防范。信托养老是指委托人基于对受托人的信任，以其住房所有权抵押所获资金设立信托，由受托人以自己的名义，按照委托人的意愿，为受益人提供信托行为中约定的养老生活所需费用，并依法管理或者处置信托财产的行为。智利、菲律宾也通过对养老信托的严格监管而有效地防范了风险。这种养老信托能使拥有住房的老年人利用信托财产的收益有效补充养老生活费用。

10.2.5 基金服务养老风险防范

金融服务养老相关的风险是一种客观的风险，其风险防范也是属于风险管理的范畴。美国的目标日期基金与目标风险基金的风险防范，具有一定的借鉴意义。欧洲以养老基金特定期间内投资组合的最大市盈率为基准而提取的技术性准备金，以及投资养老基金非现金资产的风险及投资对象风险的自有资本，均是这种被内化为受托投资机构成本的激励机制的代表（张春丽，2016）。2018 年，日本退休金养老基金在国内股市的占比达 26.0%，成为全球资金最大的养老基金。不过，养老投资基金在运营中也有很大的风险。它主要面临投资的风险、由通货膨胀造成贬值的风险、支付的风险、操作的风险等。虽然保险公司的金融监管越来越接近银行的金融监管，但是养老金基金监管仍然与其非常不同。银行、人寿保险公司和养老金基金之间的区别在于，前两者受制于偿付能力标准，而养老金基金则受制于筹资标准。偿付能力标准确保资产超过负债，筹资标准则为缴费铺平道路，使其能在漫长的期限内支付承诺的福利（布莱克，2014）。基金服务养老，特别需要基金公司能够实现支付承诺。否则，它会出现支付承诺上的风险。所以，有效地防范基金服务养老风险也是金融监管的重要任务。

是否设立养老型基金产品主要受资本市场、投资者行为特征的影响。美国股市推动基金等金融产品因投资而获取长期稳健的良好投资业绩。尽管美国在养老基金投资方面没有过多限制，也不会对个人养老资产投资造成选择困难和较大风险，但这仍然难以满足养老服务的需要。相对而言，尽管澳大利亚、智利等国家的资本市场规模长期处于增长态势，但是在投资选择与教育、信息获取及投资顾问等方面仍有不少欠缺。这就需要进行恰当的选择，以帮助投资者选择与其风险偏好及生命周期特征相匹配的产品，从而更好地实现养老资产的保值增值。

总之，金融服务养老存在许多风险，需要进行风险防范和监管完善。特别是，老年人一般不仅厌恶风险而且也经受不起风险的波折，所以，金融服务养老比其他任何金融活动都要注重风险防范。金融服务养老更多的是发挥市场配置养老资产的作用，但过度的市场化所带来的风险防范也是一个非常重要的问题。养老问题过度的市场化给日本一部分老人群体带来了不利影响，如当前颇受关注的“老后破产”问题，不少购买这些金融产品的老人出现亏损（尤元文，2017）。老年人除了需要具有风险意识外，有效防范金融服务养老风险也是实现金融服务养老可持续发展的重要任务。防范金融服务养老风险更多是从老年人的角度而言的，完善金融服务养老监管更多是从监管的角度来说的。防范金融服务养老风险也需要通过完善金融服务养老监管来实现，二者之间存在非常密切的关系。金融服务养老风险防范与监管完善不仅十分重要而且非常紧迫。

10.3　建立合理的金融服务养老监管体制

由于金融服务养老的发展程度不同，老年人对风险的承受差异较大，所以，各地建立了各自的金融服务养老监管体制。目前，世界上比较有特色的金融服务养老监管体制主要有美国养老金投资监管体制、英国养老金投资监管体制、欧盟金融服务养老监管体制和澳大利亚的双峰金融服务养老监管体制等。各种监管体制各有利弊，适用于不同的金融服务养老发展要求。

10.3.1　美国养老金投资监管体制

美国负有养老金资产配置责任的监管机构主要包括劳工部、财政部、国家税务总局、联邦储备体系、证券交易委员会、货币监理署、国家信用社管理局、州银行和保险委员会等。此外，还有养老金给付担保公司对确定型养老计划进行相关的监管。上述多部门联合监管架构是由《雇员退休收入保障法案》等确定的。该法案规定，劳工部可以监管任何有可能对缴费确定型雇主养老金的参与者权益造成影响的行为。劳工部下设立的员工福利保障局负责监管，主要是对养老金计划的受托人、投资管理者和行政管理人员是否依法依规运作并按照审慎人的标准进行监管，监管雇主是否保持养老金计划与企业资产的相互独立，监督相关市场主体是否详细披露补充养老基金的财务和各种管理数据，执行法案赋予的法律诉讼职责。财政部负责制定补充养老金的税收优惠政策，国家税务总局具体监督执行税收优惠政策。国家税务总局通过对养老金计划税收优惠资格的拟定和监察来实施监管，凡是违反相关规定的机构都会受到惩罚。联邦储备体系对整个金融市场稳定负责。《证券交易法》《投资公司法》等法律规定，证券交易委员会监督管理养老资产管理机构和各类投资产品。它们主要是颁布相关法律法规，保护养老金参与者的投资利益，加强对养老金资产管理机构等的监管。在美国金融服务养老中，养老方面的投资较为普遍，占金融服务养老规模的比重也比较大。银行和银行产品受美国货币监理署和州银行监管机构等的监管。

美国多部门联合对金融服务养老的监管很有特色，它既有行政管理机构的一般性管理，又有金融监管机构的专业性监管。参与监管的机构多，监管的规定细，金融服务养老的风险相对较小。面对金融发展的新情况，美国也进行了金融服务养老监管体制的改革，总的趋势是对金融服务养老的监管比对其他金融活动的监管更加严格，这是基本上符合美国金融服务养老监管需要的。

10.3.2 英国养老金投资监管体制

英国在长期的养老金投资中形成了它的监管体制。养老金监管系统主要由英国就业和养老金部、养老金监管局、审慎监管局等三个机构组成。就业和养老金部主要负责养老金缴费、领取的相关政策制定和执行。养老金监管局和审慎监管局负责养老金受托管理并承担投资运营的监管职责。它们各司其职，各负其责，共同维护金融服务养老活动的开展。此外，比较专业的职业养老金管理委员会和对资金运行进行常规监管的金融行为监管局也是金融服务养老的重要监管机构。

作为一个相对独立的监管部门，英国职业养老金管理委员会主要管理协议推出的职业养老金计划，负责信息披露、提供咨询和修改养老金计划等。对确定给付型（defined benefit，DB）与 DC 计划分别采取资产负债管理方式与审慎监管方式。英国职业养老金监管局在形式上对职业养老金进行独立监管，摆脱了监管的从属地位。但其实质上依然处于被动监管的地位，存在目标不明确、权力有限和收集信息不充分等缺陷。英国专门设立了和外汇、证券、银行、保险等监管部门并列的“养老金审核部”，这是世界各国中率先把养老金监管提高到与银行、证券、保险同等位置的监管部门（胡继晔，2013b）。为了适应监管的需要，英国还组建了养老金监管局和金融服务监管局。英国金融服务监管局是专门的养老基金监管部门，对养老基金投资管理履行监管职责，主要负责相关政策和标准的制定，依法监督养老基金运作。在英国的养老金监管中，受托人一般为保险公司等，受审慎监管局监管，基金公司等的行为受金融服务监管局的监管。但英国的监管也同样存在交叉监管的情形，形成了所谓的双峰监管体系，只是各有侧重和分工。

面对金融出现的新问题，英国不断改革金融监管体制，适应包括养老风险在内的金融风险。为克服职能上的交叉，英国曾考虑将养老金监管局和金融服务监管局合并，让金融服务监管局接管养老金监督和监管。只不过，由于它们能很好地防范金融服务养老风险，并未合并。于是，英国更加需要强化中央银行的监管职责。所以，英国实行集中的金融服务监管体制以结束金融监管各自为政的局面。养老金投资监管体制为金融服务养老风险防范提供了基本的保证。

10.3.3　欧盟金融服务养老监管体制

在金融监管机构设置、职能等体制方面，许多欧盟成员国家与美国、澳大利亚等国家有所不同。具体到金融服务养老的监管上，欧盟注重养老金与保险业之间的联系，而美国、澳大利亚等国家则注重养老金与资本市场之间的联系。前者表现为养老金资产配置与保险非常密切，后者养老金资产配置与资本市场的联系变得越来越密切。可以说，离开了资本市场的金融服务养老是不完美的。

为了更好地进行金融监管，特别是金融服务养老的监管，欧盟设立了欧洲银行管理局、欧洲保险和职业养老金管理局、欧洲证券和市场管理局来取代原来的监管机构。这些新机构能更好地为金融服务养老提供监管服务。为更好地满足养老者获得服务的需要，欧盟成立了保险和职业养老金管理局。它与欧盟的养老金制度和体系特点相关。欧盟保险机构参与职业年金较多，通过保险为养老者提供补充保障。但欧盟的养老金体系存在许多欠缺。例如，希腊、意大利等由于养老金体系过度依赖财政，有时会出现兑现不及时现象。以德国、法国为代表的养老金体系也是逐步向扩大第二支柱和第三支柱比例、不断减少第一支柱比例的方向变化的。私人养老资金进行养老股票、债券投资，获得了更多的收益。欧盟的三大监管机构中，养老金已经和银行、证券、保险并驾齐驱。可以预见，与美国相似，欧盟未来的金融服务养老监管体制，也必然会加强养老投资与资本市场的密切联系。

相比较而言，欧盟金融服务养老监管体制下的养老资金难以实现可持续性，而美国、澳大利亚等国家的三支柱的养老金体系更具可持续性。与此相适应，除劳工部以外，证券交易委员会发挥的作用较大。因此，三支柱养老金体系日益成为世界各国的普遍选择，在通过市场化投资运营促进养老资金可持续发展的情况下，以美国、澳大利亚为代表的劳工部和证券部门联合监管的体制，可能会更具有前瞻性。欧美金融服务养老监管体制将会越来越有利于金融服务养老的发展。

10.3.4　澳大利亚的双峰金融服务养老监管体制

澳大利亚金融服务养老监管机构主要有对养老资金投资运营监管负有责任的审慎监管局、证券与投资委员会及税务局等。澳大利亚审慎监管局负责业务监管、机构的注册和牌照颁发、评估、修正和改进管理方式、保证超级年金基金的安全。其经费来自被监管单位缴纳的管理费。澳大利亚证券与投资委员会是澳大利亚证券的监管者。除了机构监管外，涉及的养老证券投资也在监管之中。澳大利亚税务局负责养老税收优惠确定和监管政策。它们彼此分工负责，共同监管金融服务养老活动，维护其正常运转。

10.4　构建恰当的金融服务养老监管框架

不同的金融服务养老监管体制形成不同的监管框架。从国际上来看，养老金投资运营监管，主要包括监管主体的选择、监管方式的确定、监管方法的利用等。这些监管框架涉及监管主体及其职责。美国、英国、欧盟和澳大利亚等的金融服务养老监管主体及其职责最能代表国外目前存在的金融服务养老监管框架。与监管框架相适应，国外形成了养老资产配置的核心监管原则，监管内容由此得到了不断的丰富。

10.4.1　合理的养老监管框架

（1）美国金融服务养老监管框架。美国实行联邦政府和州政府两级分业监管体制和框架。联邦一级的监管机构主要有美国联邦储备系统（简称美联储）、货币监理署、联邦存款保险公司、储贷监理署、国家信用社管理局、证券交易委员会等。除此之外，保险业由各州单独监管。这种金融监管体制影响着包括金融服务养老在内的金融监管，由此形成了美国独特的金融服务养老监管框架，见图 10-1。

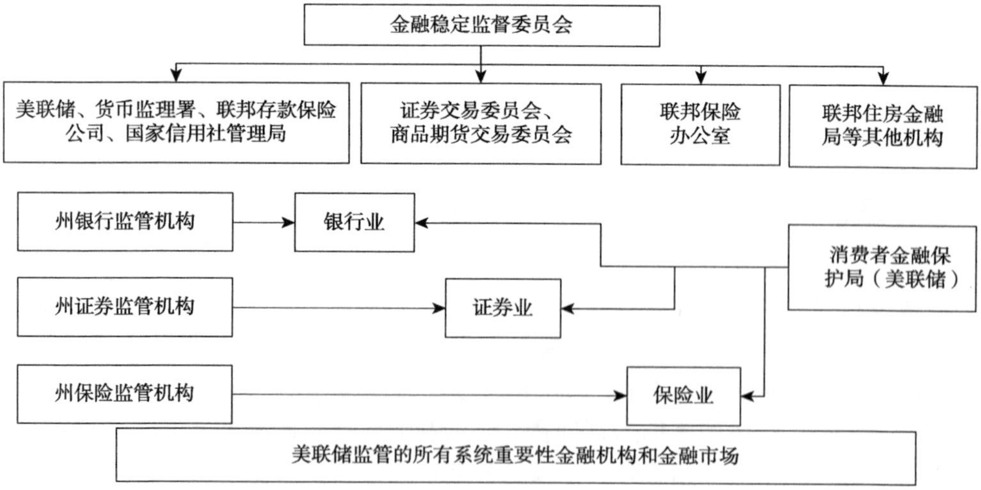

图 10-1　美国现行金融服务养老监管框架

在美国金融服务养老监管框架中，州监管机构进行的监管发挥着重要的作用。如果没有州一级的监管发挥的作用，美国金融服务养老监管框架就是不完整的。处于最高层级的金融服务养老监管是金融稳定监督委员会，不仅对金融服务养老监管负总责，而且也对整个金融监管负总责。对银行、证券、保险、信托、基金等服务养老的监管都由专门的监管机构负责监督。所以，美国的金融服务养老监管是很有特色的养老监管，不仅分工明确，而且效率较高。

（2）英国金融服务养老监管框架。英国审慎监管局与金融行为监管局共同负责宏观审慎管理和微观审慎监管。其监管对象包括英国各类金融机构，如信托银行、基金管理公司、信用社、零售银行、建筑协会、寿险公司、保险中介、按揭中介公司、抵押贷款公司、财务咨询公司、财富管理公司、信贷批发公司等（许凌艳，2016）。金融政策委员会负责识别、评估、监测系统性风险，全面维护金融稳定。为进一步提高金融监管的效率和透明度，英国 2015 年以来再度调整了金融监管架构，形成了英格兰银行直属的货币政策委员会、审慎监管委员会和金融政策委员会等监管框架。三个委员会分工、合作，分别承担货币政策、微观审慎监管和宏观审慎管理的职能。为了适应英国金融服务养老监管框架变化的需要，这些监管机构之间还建立了定期沟通机制，开展既包括避免重复收集信息、重复监管等，又包括防止出现监管真空在内的监管合作。

（3）欧盟金融服务养老监管框架。2010 年，为适应金融服务养老等金融监管的需要，欧盟成立了欧洲系统性风险委员会，构建起宏观审慎监管和微观审慎管理相结合的金融监管框架。2012 年，欧盟开始强化金融监管，将欧洲中央银行的职能确定为货币政策、金融稳定和金融监管。欧盟全面改革监管体系，使得金融服务养老监管得以加强。除了维护币值稳定外，欧洲中央银行还向维护金融稳定延伸，包括维护金融服务养老市场的稳定。欧洲系统性风险委员会与其他监管机构建立了信息沟通和共享机制，进行定期沟通协调，监管成效显著。

（4）澳大利亚金融服务养老监管框架。澳大利亚金融服务养老体系在双峰监管框架下运行。澳大利亚对大部分超级年金的监管主要是要求所有的超级年金基金都必须取得注册许可证。这种管理将风险降到最小限度。审慎监管局全程监管金融服务养老。证券与投资委员会确保养老者能够持续获得投资信息和通畅的投诉渠道。此外，澳大利亚还有专门的税务局，监管自营型超级年金。

10.4.2　恰当的养老资产配置监管原则

金融服务养老离不开养老资产的配置。在整个金融服务养老体系中，对养老基金的投资监管，是各国非常重视的问题。国外养老资产配置监管遵循一系列的基本原则，内容十分丰富，监管方法也很多样。这些原则为养老资产配置的风险防范提供了基本的保证，同时也尽可能使诸如现收现付养老金实现与人口结构和社会经济变化的动态平衡（Del Carmen Boado-Penas et al.，2020）。

（1）广泛监督的原则。金融服务养老监督机构广泛监督养老基金和计划，并重点关注法律遵从度、财务控制、精算检查和管理人员，设立适当的监督机构进行广泛监督，以便在相关的情况下进行外部和现场监督。监督机构应被赋予对个人计划适当监管和监督的权力。尽管监督机构仍然负责监督过程和决策，但养老金监督机构有权将监督任务外包给审计人员或精算师等第三方。金融服务养老监督机构评估他们的能力、监管他们的业绩，并确保他们独立于养老基金之外。金融服务养老监督机构采取明确、透明的监督程序，至少每年公布一份关于政策执行、目标解释和业绩的定期报告。养老金监督机构遵守定期审计和报告要求，以便评估机构的职责履行情况，并确保养老金监督机构的责任和职能不能随便改变。

（2）实行权益与义务对等原则。金融服务养老既涉及权益又有义务。监管的目的应当不歧视私人养老金计划获益的机会，充分考虑到老年人退休后能获得的资金来源，在提供个人选择的情况下促进信息披露和进行金融知识教育，比较养老金计划各自的成本与收益，促进个人养老金计划的有效实施。在一般情况下，禁止单个公司层面的无供资的现收现付型私人养老金计划。

（3）保证养老资金供给充足的原则。金融服务养老必须要有充足的资金流量。在严格监管条件下，各机构要保证养老资金供给的充足。金融服务养老监管对养老基金投资有最低资本要求。考虑到养老基金的安全和营利目标，金融服务养老的监管应坚持养老资金供给的可持续性。为了获得稳定的收益，监管既要遵循必要的监管原则，允许养老基金投资，也要遵循养老基金全行业风险管理标准。为了保证养老资金供给充足，金融服务养老的监管会提供关于适当控制风险报告和审计机制的细节，以及正在实施和已建立的恰当投资政策说明。

（4）有效监管的原则。金融服务养老的监管坚持有效监管的原则。它以全面、动态和复杂的养老计划，构建适当的私人养老金监管框架，以保证能够保护养老金计划成员和受益人维持养老金计划和基金的稳健性。退休储蓄投资的风险分散，需要良好的资本市场和金融机构作保证。预付制养老基金使得金融市场运行监管框架不断完善。金融服务养老监管能够促进不同经营者之间的公平竞争。公平竞争应有利于养老者，并允许发展适当的私人养老金市场。

金融服务养老监管需要以服务优先，实现设置养老基金的目标，即以养老基金保障退休后获得资金生活来源。其监管需要遵循适当的可操作和责任监督条款，以及建立和健全相应的问责机制。监管还需要建立适当的控制、沟通和激励机制，监管机构定期审查和评估养老资金的运行情况。独立于养老金实体、理事机构和养老金计划发起人的审计人员根据需要进行定期审计。一般监督框架要求审计人员实事求是地提供养老金的财务状况或管理、会计潜在风险的审计报告。理事机构应以明确、准确和及时的方式向养老金计划受益人、监督机构和审计人员等各方披露相关信息。如果理事机构没有采取任何适当的补救行动，则应向主管当局和其他有关人员报告。

只有遵循这些原则，养老资产配置才能得到有效的监管。不管什么监管体制，也不管什么监管框架，养老资产配置监管遵循这些原则，监管才会有效率，养老者才能获得养老资金保证，才会有更多积极性去参与金融服务养老。

10.4.3　丰富的金融服务养老监管内容

金融监管包括金融机构的监管和金融功能的监管。与此相适应，金融服务养老的监管既有对提供养老服务的金融机构、养老机构的监管，又有对金融服务养老市场的监管。为了适应监管框架变化的需要，国外金融服务养老监管内容不断得到丰富。一方面，由于人口老龄化问题的严重和金融服务养老的兴起，有越来越多的金融机构参与养老服务或提供养老服务。它们更多看重的是能够占有市场及获得利润的多少。至于养老服务的内容、服务水平的高低、服务的效率、服务的满意度如何，都不完全是金融机构首先考虑的。凡是有利可图，不管老年人及社会是否满意，它们都会进行金融创新，办理或提供这样的养老金融业务。不仅如此，提供养老服务的金融机构及其人员唯利是图的本性使得风险滋生。这在客观上需要进行金融服务养老的风险防范。完善对金融服务养老的监管需要完善对金融服务养老机构的监管。

另一方面，金融监管的完善包括养老服务监管的完善。能够提供养老服务的金融内容都是有相关规定的。不是任何金融机构都可以无条件地办理任何养老业务或提供任何养老服务内容的。特殊的养老服务内容需要相关的金融机构或养老机构提供。办理储蓄、保险、投资和担保等养老业务内容都有进入的条件和退出的要求。如果金融服务养老风险没有得到足够的关注和合理的控制，或只注重某个阶段的风险，或是出现了风险才消极地应对，那么，这样的金融服务养老监管是不完善的。不完善的金融服务养老监管可能会导致服务成本高、质量差、效率低和满意度低。因此，金融服务养老过程中出现的风险需要进行全程的金融监管并不断完善才能有效地防范。金融服务养老监管的完善要求利用新的手段、新的方法、新的措施，及时披露信息，纠正损害养老者利益的行为，将风险降到最低限度，将损失降到最低限度。完善金融监管需要完善金融服务养老功能（内容）的监管。凡是金融服务养老普遍、发展水平高、参与人员多、资金支付有保障的国家，如美国、日本、英国等，都在不断丰富金融服务养老监管的内容。这是这些国家金融服务养老能够得到较好、较快发展的基本经验。

10.5　成立专门的金融服务养老监管机构

金融服务养老的风险需要监管机构进行有效监管才能更好地进行防范。作为金融服务养老监管主体的金融服务养老监管机构就是对提供养老服务、活动、内容、政策执行和投诉处理等进行全程监管的监管机构。这些监管有政府监管机构的监管、半官方监管机构的监管和社会监督治理机构的监管。各种监管机构发挥各自的作用，共同作用于金融服务养老。

10.5.1　政府监管机构

不管是哪种模式的金融服务养老监管，都离不开政府监管机构的监管。就监管主体来说，多部门联合监管是主流趋势，如对美国金融进行监管的机构就有 7 个。就监管方式来说，不少国家以审慎监管与数量监管相结合为主。这些实践为中国金融服务养老监管提供了诸多有益的经验。政府监管机构的监管主要是制定相关的法律法规和规定，确定各监管机构的监管职责与任务。几乎每个国家都有专门的政府监管机构对金融服务养老进行监管。日本成立了专门的机构管理日本政府养老投资基金。英国的金融服务监管局对养老基金投资管理履行监管职责。美国的证券交易委员会对养老资产管理机构和各类投资产品具有监督管理权。瑞典的养老保险基金管理局负责资金监管。波兰的金融监管局负责养老资金监管。阿根廷的养老基金监管管理局是养老投资、运营的政府监管机构。墨西哥的国家退休储蓄系统委员会负责养老资金的管理。蒙古在议会设有相当于政府性质的社会保险国家委员会负责养老金的运营与管理。可以说，金融服务养老几乎不存在没有政府监管机构监管的情况。总之，各国政府对金融服务养老，特别是养老金资产配置普遍设立监管机构进行监管。

10.5.2 半官方监管机构

除了政府监管机构外，大多数西方国家的金融服务养老业务还设有半官方的自律组织性质的行业协会，接受政府监管机构的部分授权，履行相应的职责。美联储内部设立了相对独立的消费者金融保护局，统一行使原来分散在 7 家金融监管机构的消费者权益保护职责。美国半官方监管机构的职责主要是加强消费者的金融教育、规范销售和放贷行为等。美国金融业监管局是一家监管券商、分支机构和注册代理人的自律组织。除了常规监管外，它的监管还涉及养老方面的股票、公司债券等。所有不受其他自律组织监管的证券交易公司必须成为金融业监管局的成员。澳大利亚超级年金协会是超级年金的行业自律机构。在养老金投资运营，特别是在出现支付困难时，具有半官方性质的德国养老保险协会代替养老基金公司支付养老费用。可以说，半官方监管机构对金融服务养老的良性运行和协调发展发挥着积极作用。

10.5.3 社会监督治理机构

西方国家的金融服务养老也有由社会监督治理机构进行监管的。美国的养老金投资管理机构就有社会保障顾问委员会、社保基金理事会。联邦社保基金参与投资，不仅形成了收支两条线，而且还形成了收入、支出、管理严格分离的制度。美国社会保障顾问委员会对社保基金的投资、风险防范进行整体上的监督、咨询和评估，以此保护参与者的利益。除了由中央政府进行监管外，地方政府也负有对金融服务养老进行监管的责任。美国所有州级养老基金的管理和运作，特别是进行养老基金投资，都要接受外部审计和公众监督。虽然州级养老金管理机构相对独立运营、监管，但彼此之间也共同监督，共同研究一些长远的战略问题。可见，社会监督治理机构参与金融服务养老监管，更能客观、公正地维护各方利益。专门的金融服务养老监管机构为金融服务养老的正常开展提供了基本的秩序。其中，政府监管机构是金融服务养老监管的主体，半官方监管机构与社会监督治理机构是补充。它们各有所长，共同作用于金融服务养老。充分发挥半官方监管机构、社会监督治理机构的监管作用，是国外金融服务养老监管的显著特征。

10.6 依法进行金融服务养老监管

国外多数国家的金融监管都注重依法监管。金融服务养老法律中设有风险防范条款，注重依法加强金融服务养老风险防范与监管完善，为第三方监督治理机构提供法律依据。依法进行金融服务养老监管是国外市场经济的重要组成部分和表现。也只有依法进行金融服务养老监管，才能更好地维持金融服务养老的良好秩序，切实保障老年人获得金融服务的权益。

10.6.1 提供金融服务养老风险防范的法律依据

用法律来保证金融服务养老秩序，是成熟的市场经济的重要特征。国外不仅对一般的金融活动进行监管，而且对金融服务养老活动依法进行监管。美国通过的《养老金保护法案》，特别注重用法律来规避可能出现的风险。对住房反向抵押贷款可能出现的长寿风险防范，也是做到了有法可依。2006年，日本修订了《信托法》，将受托人忠实义务设置为任意性规定并明确其内容，增加了可以解除忠实义务的适用条件。新的修订使受托人忠实义务的法律规定更加灵活，扩大了信托当事人的自主选择权，为更好地发挥信托基金服务养老的作用提供了更好的法律保障。英国由《福利改革与养老金法案》来规范风险防范，服务于养老金投资的保值增值等金融服务养老。澳大利亚审慎监管局对提供养老服务的金融机构等发放许可证进行监管，内容包括操作风险的法律规定等。国外普遍提供金融服务养老风险防范的法律依据，所以，金融服务养老也是依法治理的养老。不管是提供养老服务的金融机构、养老机构还是相关管理机构，都要遵守相关的法律法规。

10.6.2 注重依法规范金融服务养老风险

美国养老金计划、投资产品及分销商，均受到政府的各种法规的约束。联邦社保基金投资所获利息被要求存入信托基金。《雇员退休收入保障法案》严格禁止投机行为，进一步体现了养老金的安全性与收益性。瑞士形成了现在的《全国养老保险法》，确立了养老金和收入关联制方式，注重风险防范，确保步入老龄阶段的人们有更多的保障。所以，凡是涉及养老的钱，敢于以身试法侵占、挪用的几无先例。严厉的执法使金融服务养老有了法律上的保障。

10.6.3　为第三方监督治理机构提供法律依据

除了政府相关部门管理和金融监管部门监督外，第三方对金融服务养老进行的监督治理也具有重要的作用。第三方监督治理既是市场自律无法完成的，也是政府职能管理部门及金融监管部门无法完成的。它承担了对金融服务养老的监督。政府通过制定法律，为金融服务养老提供依法监督保证，特别是为第三方监督治理机构的监督提供法律依据。美国的养老者金融保护局依法保护养老者的金融消费。澳大利亚超级年金协会也是依法履行职责的。

从上述可见，虽然各国金融服务养老各具特色，但都非常注重金融服务养老风险防范与监管完善。越是金融服务养老发达的国家，越重视金融服务养老风险的防范，并以低风险、高收益（或稳定的收益）吸引了大量养老者参与其中。这在很大程度上减轻了政府养老的压力。对于老龄人口众多、增长快速，养老资金与养老资产有限的中国来说，认真分析和总结国外金融服务养老风险防范的经验并吸取相应的教训，对更好地解决中国金融服务养老问题具有重要的参考价值。

第 11 章　国外金融服务养老的经验与教训

金融服务养老既可以减轻政府承担的养老负担，又可以使老年人过上更加美好的晚年生活。国外养老与金融的有机结合，改变了传统的养老方式，形成了丰富的经验与教训，如充分发挥金融服务养老的作用，注重防范金融服务养老风险，不断强化金融服务养老运行监管，设立专门的金融服务养老管理机构，日益完善金融服务养老体系，提供金融服务养老法律保障体系。国外金融服务养老的发展，为老龄化问题严重的国家如何开展金融服务养老提供了宝贵的经验与教训。这些经验与教训为走有中国特色的金融服务养老路径提供了重要的参考借鉴。

11.1　充分发挥金融服务养老的作用

受财政养老局限等因素的影响，充分发挥金融服务养老的作用是国外解决养老问题的一个不可忽视的经验。国际金融咨询公司 Wills Tower Waston（2019）发布的《2019 全球养老金资产研究报告》显示，全球 22 个主要经济体的养老金资产总规模为 40 173 万亿美元，受到国际经济形势、股市及汇率的波动影响，相比于 2017 年下跌了 3.3%。其中，中国的养老金（仅统计企业年金）规模仅为 1980.0 亿美元，仅占 GDP 的 1.5%，远低于世界平均水平。这就需要参考借鉴国外的经验及吸取其教训。一些国家充分利用金融服务养老构建多层次养老保障体系，一些国家充分利用成熟的资本市场配置养老金资产，还有些国家充分发挥金融机构在社区服务养老中的作用。充分发挥金融服务养老的作用是国外金融服务养老发展的重要经验。

11.1.1　充分利用金融服务养老构建多层次养老保障体系

金融服务养老是金融发展到一定阶段后与解决严重的养老问题相结合的结果，包括很多方式和内容。有的以银行储蓄为主，有的以保险购买为主，有的以养老证券投资为主，还有的以养老信托和养老基金参与为主。养老服务的多元化要求金融服务相应跟进。随着实践的发展和认识的升华，养老服务需要多层次的体系。正如前述，2005 年，世界银行又将三支柱扩展为五支柱，由此形成了多层次的养老保障体系，见图 11-1。

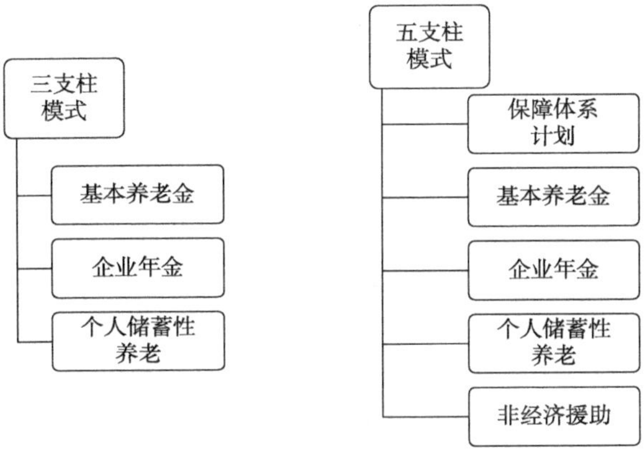

图 11-1　国外由三支柱扩大到五支柱的养老保障体系

将保护老年人权益与利益的三支柱扩展为五支柱，目的是使长寿风险更加分散化。其中，零支柱是以消除贫困为目标的来自转移支付的基本支柱。第一支柱的基本养老金通常以参与投资的形式实现保值增值。第二支柱、第三支柱与金融服务养老密切相关。由三支柱扩展为五支柱，体现了养老服务的进一步深化，最大限度地将长寿风险分散化。第四支柱包括其他更加广泛的经济、社会政策，如退休后的医疗服务和住房反向抵押贷款等。私人养老金非常发达的荷兰，就将退休后的再就业收入作为自己未来的养老供款。虽然各支柱涉及的金融服务养老程度不同（有的甚至没有涉及金融服务），但它们都共同服务于养老。

尽管多支柱很好，但它们的资金最终还是来源于社会创造的财富，而不完全是国家创造的财富，依然难以最终解决养老的社会经济负担问题。金融服务养老的核心问题在于增加社会总财富。对老年人的财富，并不能局限于保值，更重要的是如何增值，包括参与金融增值的计划。老年人通过金融机构与市场相结合而获得收益计划的支持。西方发达经济体的金融服务养老体系都较为完善，尤其是大多都设有税收优惠型的个人养老金作为第三支柱。例如，美国的养老股票、债券投资大大增加了老年人的收益。加拿大设有注册养老金储蓄计划和免税储蓄计划，可以根据个人资金需求和投资意愿，自愿参与储蓄型养老金计划。与加拿大不同，尽管中国不断提高个人收入所得税起征点，通过免税的形式将政策福利转为可获得的个人收入，但却难以形成有效的个人储蓄激励。

国外充分利用金融服务养老构建多层次养老保障体系，适合不同年龄、不同地区的养老服务方式或模式，充分发挥了金融服务养老的作用，为老年人养老作出了贡献。尽管金融服务养老方式还在不断完善，体系还在不断健全，但这种体系仍是金融服务养老发展的一条重要经验。

11.1.2 充分利用成熟的资本市场配置养老金资产

相对于发展中国家和转型国家，美国、日本、英国、欧盟国家和新加坡等发达经济国家的资本市场比较成熟，表现为不仅可用于金融服务养老投资的金融产品众多，而且还有政府为防范养老资产投资风险而提供的专门养老资产配置产品。通过成熟的资本市场完成养老金融资产的最优配置，实现养老资产的保值增值，并防范、化解金融服务养老风险，形成良好的养老服务预期，实现较为稳定的金融服务养老收益。即使养老者有再多的养老资金或资产，如果不用于投资，资产没有得到很好的配置，他们的利益也难以实现最大化。中国第一支柱结余的 5 万亿元养老金如何进行投资，可以借鉴国外充分利用成熟的资本市场投资进行保值增值。

除了零支柱和第一支柱主要由政府负责资产配置而受到严格监管外，其他养老资产基本实现完全市场化运营。它最大的好处在于能够实现金融服务养老利益的最大化。三大支柱的成熟，也同样配套了较为完善的投资选择，充分利用相对成熟的资本市场来实现养老资金或养老资产的投资收益。例如，加拿大的个人储蓄计划部分可以在银行、信用社、信托公司和基金公司乃至保险公司、证券交易机构开设个人账户，也可以自己创建一个自主管理的注册养老计划。选择的工具也非常广泛，包括允许个人以股票账户形式直接管理账户进行投资。在个人储蓄养老计划投资产品的选择上，养老者可以选择由银行、保险公司、基金公司和信托公司提供的相关金融服务产品。澳大利亚的个人储蓄也类似于此，其资产配置满足了老年人对金融服务养老的需求。

国外充分利用成熟的资本市场配置养老金资产，可供选择的金融服务养老产品多种多样，注重防范、化解资产配置的风险，充分发挥了金融服务养老的作用，为老年人养老作出了贡献。充分利用成熟的资本市场配置养老金资产，也是金融服务养老成功的一条重要经验。

11.1.3　充分发挥金融机构在社区服务养老中的作用

社区服务养老是养老中一种重要的形式。虽然社区养老规模小，金融服务的面较窄且作用有限，但是，西方各国仍然非常重视发挥金融机构在社区服务养老中的作用。美国养老社区以资本市场为主导，高度市场化，由政府辅助管理。社区涵盖完整的养老产业链，市场竞争充分，投资商、开发商、运营商各尽其责，在其匹配的风险下各得其所（董克用和姚余栋，2017）。金融服务社区养老，主要是金融机构经常到社区开展金融知识普及教育与宣传，分析上当受骗案例，为老年人提供个性化的金融服务，这是一种很有特色的金融服务养老方式。

国外充分发挥金融机构在社区服务养老中的作用，为老年人养老作出了贡献。老年人在社区也能享受到智能金融服务所带来的好处。社区积极牵线搭桥，承办开展金融服务养老的相关活动，架起了金融机构、养老机构与养老者之间的桥梁。社区提供养老信息，金融机构、养老机构提供养老服务，养老者享受金融服务。英国、爱尔兰等国的银行直接为社区养老提供各种服务。美国的住房产业投资基金也是重要的养老社区建设投资基金。金融机构、养老机构积极投身到最基层的养老社区中，宣传、开展金融服务养老活动。养老者通过社区平台，获得所需要的金融服务。政府相关部门为在社区开展金融服务养老牵线搭桥，监管机构为其保驾护航。

11.1.4　制定和实施有利于金融服务养老可持续发展的政策

国外金融服务养老发展有好的政策支持。养老资金能够得到保障，养老资产能够保值增值，养老权益能够得到保护，这些都与金融服务养老的政策密切相关。居民生命周期内养老资产的配置在不同的金融服务养老阶段需要不同的政策保障，政府需要建立健全严格的监管标准，完善养老行业的法律法规。同时，对投资养老股票、债券的年轻人给予相应的政策引导，对投资养老基金、养老保险、养老信托的中年人给予相应的政策支持，对进行养老储蓄的老年人给予适当的政策关照，从多途径更好地保障居民的养老权益。

11.2 注重防范金融服务养老风险

金融监管都注重对金融服务养老风险的防范与化解。确保安全是金融服务养老风险防范的永恒主题。金融服务养老风险防范是受许多因素的影响与制约而形成的监管模式。总体来看，金融服务养老监管模式，主要有美国、日本、英国、澳大利亚和新西兰等国家基于审慎规则的审慎监管模式与德国、瑞典、挪威、西班牙和葡萄牙等国家基于严格数量限制规则的数量监管模式。前者对包括养老服务在内的金融活动都有比较严格的监管，后者从数量限制上制定了众多的监管规划。它们都为金融服务养老风险防范发挥了作用。

11.2.1 恰当选择养老基金配置类别

并非任何机构及参与者都可以任意选择养老金资产配置，因为风险类型不同的养老基金对不同年龄的人们的影响是不同的。补充养老金市场较为发达的国家的资产配置与产品选择可以分为两种模式。一种是美国、加拿大等的金融服务养老产品模式，投资于共同基金、股票、债券等，不设置专门的养老金产品或者投资组合，主要目的是防范风险。另一种是澳大利亚、智利等的专设产品模式。进入 21 世纪后，智利为使金融更好地服务于养老，为养老基金提供了不同的投资组合模式。金融机构可提供不同的养老金投资组合供投资者选择，见表 11-1。

表11-1 养老基金配置的不同风险类型

养老基金风险配置类型	低于 60 岁的男性和低于 55 岁的女性	60 岁及以上的男性和 55 岁及以上的女性	退出劳动人员
最高风险的 A 型基金	适用	不适用	不适用
有风险的 B 型基金	适用	适用	不适用
风险中性的 C 型基金	适用	适用	适用
风险保守的 D 型基金	适用	适用	适用
最保守的 E 型基金	适用	适用	适用

资料来源：根据各国养老基金配置风险类型整理而得

之所以有两种金融产品模式，是因为一方面，它与本国的养老资产管理及监管特征有关。美国符合条件的金融机构都可以参与养老资产投资、运营与管理。也就是说，养老投资只是金融机构在市场上的某项业务。同时，美国发达的资产管理，除了养老债券与养老股票投资外，养老信托与基金为补充养老金提供了很好的投资产品。可以说，美国的金融服务养老是全世界最发达的。为了防范风险，澳大利亚与智利都有专门从事养老资产管理的公司与监管机构。这些公司必须满足一定条件并取得政府颁发的经营执照。没有执照，提供养老服务的金融机构或养老机构会受到惩罚。澳大利亚的第二支柱超级年金的基金投资竞争非常激烈，管理也非常严格。超级年金管理公司与其他金融机构合作，进行大量服务产品创新来吸引老年人参与。另一方面，它与个人投资选择范围有关。美国第二支柱的个人投资选择权是有限的。不过，金融改革促使资本市场的产品更加多样化，使投资者有了更广阔的选择余地。美国个人退休账户是一种受到老年人普遍欢迎的养老方式。加拿大对个人储蓄养老计划设置合格投资品和不合格投资品，并禁止投资品控制养老的资产配置方向。除了可以自由选择自己账户资产的投资标的以外，澳大利亚超级年金的参与者还可以自由选择自己的投资管理者。因此，各个投资管理者之间的竞争比较激烈。为了吸引更多的老年人参与，金融机构需要创新各种各样的金融产品、提供各种各样的金融服务来提高自己的核心竞争力。因此，监管导向及个人选择权范围的不同，导致形成了两种金融产品模式。

美国、加拿大、澳大利亚、智利等国家恰当选择养老基金配置类别，形成了不同的金融服务养老产品模式。这些模式都非常注重金融服务养老风险的防范。根据老年人的需求，进行养老金资产配置类型的选择，为养老资产提供不同的投资组合就是防范风险的表现。

11.2.2　注重审慎监管

国外金融服务养老还注重审慎监管以防风险。它是指在养老个人储蓄计划和养老基金的管理过程中，由管理机构进行审慎监管。审慎监管在英美信托中处于核心位置，它要求受托人不得将自身置于与受益人相冲突的地位。受托人的审慎标准是客观的。日本等国家采用审慎人原则，因而养老金制度更接近英美法系的受托人制度。澳大利亚要求只要是在审慎监管局注册的年金实体和基金投资养老，就都可以进行受托运营和投资管理。审慎监管带来了养老金管理市场的激烈竞争，使得各类机构只有提供更多、更好的金融产品或服务才具有竞争力。

11.2.3　采取数量限制监管

公共养老金或者主权养老金基本上采取的都是数量和投资方向被严格限制的

类型，以实现对投资风险的有力控制。数量限制监管是指对养老基金投资的资产类别、投资比例等进行直接的数量限制。监管机构直接审查信息披露的真实性、准确性和完整性。所以，国外采取数量限制监管，大大降低了金融服务养老的风险。

一般说来，养老基金投资的风险小于其他普通基金的风险，而收益却高于普通基金。从实际监管效果来看，养老基金投资的审慎监管在一定程度上优于数量限制监管。实施审慎监管的养老金大部分投资效果相对较好。实施审慎监管的为日本、英国、澳大利亚、新西兰；实施数量限制监管的为丹麦、德国、挪威和葡萄牙。审慎监管的监管成本更低、效率更高。当然，二者有自己的适用条件，可能也影响了监管成本和效率。如何更好地将养老金在金融市场进行投资而获益是监管面临的主要问题。日本对养老基金在国外的投资实行审慎监管。英国和荷兰规定养老基金自我投资所占的比例不能超过整个养老基金的 5.0%。美国、澳大利亚和德国则规定该比例不能超过 10.0%。加拿大税法规定养老基金在国外投资的税收优惠不能超过 30.0%，否则，就会课征超过限制比例的税。意大利、瑞士的养老保险基金在投资股票、债券、抵押借款和不动产方面，都有严格的数量限制。到目前为止，瑞士约有 80.0%的养老保险基金采用审慎监管。不管是审慎监管还是数量限制监管，目的都是根据具体情况防范金融服务养老可能会出现的风险。尽管审慎监管有很多好处，但是，总的来看，采取数量限制监管也是国外金融服务养老风险防范成功的重要经验。

11.3　不断强化金融服务养老运行监管

尽管西方国家在养老金资产配置上采取了审慎监管和数量限制监管，但是在基金运营上采取信托或者委托外部人管理时，仍基本采取了严格的准入和退出制度，并且对基金运营进行全过程管理，同时还积极调动各种社会力量参与基金运营治理。几乎所有的国家都在不断强化金融服务养老运行监管。

11.3.1　形成金融服务养老机构准入和退出机制

作为市场主体的金融服务养老机构的经营能力容易受到市场波动的影响，所以，大多数国家在选择养老资产配置上，都形成了明确的准入和退出机制。并非任何机构都可以参与提供养老服务。由于老年人经受不起金融服务养老的折腾与风险打击，各国几乎都建立了金融服务养老机构准入和退出机制。美国在这方面的准入与退出很有代表性。美联储、联邦存款保险公司、证券交易委员会、联邦保险办公室共同为提供服务的金融机构的准入与退出负责。如不符合要求，它们可限制其业务。提供养老服务的金融机构都有明确的准入与退出条件和要求。日本对养老基金投资的监管主要是对资产委托投资组合的监管。监管机构根据相关规定检查新申请者的投资资质、历史业绩和资产状况等事项。投资管理公司必须报告委托组合的管理情况。养老投资基金在金融市场进行的投资满足了参与者获益的需要，实现了养老基金保值增值的需要。所以，日本也有严格的准入与退出条件。

澳大利亚于 2006 年设立的未来基金是它的养老金储备基金，是为了应对人口老龄化带来的挑战而设立的。澳大利亚对未来基金的退出是有明确规定的。加拿大对第一支柱养老金实行专营管理，由养老基金投资理事会授权经营退休计划基金；而对于第二支柱的注册养老储蓄计划的资金，则实行计划管理公司审批制度，其实行审批就是有准入条件的，其经营公司不只局限于国内的金融服务公司，同时也包括国外符合投资管理公司资格的金融服务公司。这些经营公司提供的金融服务给养老增添了光彩。它表明，在加拿大不是任何金融机构都是可以提供养老服务的。

爱尔兰储备养老基金是在外部投资管理公司进行投资选择的基金，它也是有进入门槛和退出要求的。这种养老基金主要考虑的是投资管理公司创造利润的能力、投资流程的规范性、预期收益实现情况、对外信息披露情况、公司治理结构情况等。不能满足以上条件的机构，就不能提供养老服务。可见，爱尔兰的养老基金投资呈现的特点表明它的金融服务养老也是很有特色的。

总之，金融服务养老机构准入和退出机制的形成，加强了金融服务养老风险防范，使提供让参与者满意的养老服务有了基本的保障。严格的金融服务养老机构准入和退出不仅能给自身带来动力，而且也存在着压力。它们只有为养老者提供其所需要的服务，才能赢得市场。

11.3.2　金融服务养老运营始终处于有效监管之中

由于风险的存在与老年人风险承受能力的低下，各国都对提供养老服务的各种运营机构进行全方位的监管。美国第一支柱养老金资产由专门的机构管理。一般说来，这一支柱的养老金资产管理的风险是较小的，只不过收益有限。美国第二支柱养老金资产也在有效地管理之中。为保护参与者利益，美国专门对这种类别的养老资产进行了规定。在一般情况下，鉴于与养老金计划相关的受托风险，雇主们与财务顾问、金融服务公司合作来提供投资项目，降低专业知识有限带来的风险。目前，有近 2.6 万亿美元投资于共同基金，养老资产达 3.5 万亿美元。美国的资产配置情况是国内股票占 43.7%，全球股票为 16.3%，混合类为 27.3%，债券为 10.2%，货币市场为 2.5%。参与者可根据年龄、风险承受能力及是否有其他退休资产等，在股票、固定收益或现金等资产类别间进行配置，通过多种方式的资产配置来降低风险。多种类的投资机会，不仅可降低风险，而且可增加回报。美国非常注重养老服务的风险防范。2006 年的《养老金保障法》，旨在解决养老金如何规避风险与实现保值增值的问题。由于雇主发起的缴费确定型计划已成为个人退休储蓄的主要来源，美国不会轻易修改这些法规。美国第二支柱养老金采取多种方式监管资产投资。除了联邦法律，为这些计划提供投资产品的公司也受各自的监管机构监督，还包括州保险监管部等。其他机构，如劳工部也对第二支柱的养老金资产投资进行管理与监督。可见，这些机构对金融服务养老投资都具有监管或管理的职能。

借鉴国际金融监管经验，欧盟经济、金融实力最强的德国根据自身的金融发展情况，对本国金融监管体制进行了改革，从而影响了对金融服务养老的监管。一是突出德国中央银行在维护金融稳定方面的作用。德国中央银行在金融监管中扮演着重要角色，负责监测和评估金融机构的风险并对其进行审计监督等。二是强化宏观审慎管理。德国金融稳定委员会负责宏观审慎管理，中央银行负责识别和评估金融稳定风险，为金融稳定委员会提交讨论报告和初步政策建议。三是构建更加有效的金融机构处置机制。德国联邦金融市场稳定局处置金融机构重组事务。一方面，德国强化提供服务机构的风险管理职能；另一方面，相关利益方能够清楚地知道其资产运行情况，以此来完善金融机构服务养老服务的风险治理机制。

拥有个人账户的受资助公共养老金计划往往与私人账户一样受到监督。例如，丹麦商业保险公司与其他养老服务公司都按照同等基准接受金融服务监管机构监督；瑞典不管是公共养老金投资还是私人基金管理公司投资都由金融服务监管机构监督，其他基于信托的职业养老计划也都接受养老金监管机构监管。爱尔兰养老储备基金与公债管理局负责对养老投资公司进行日常监督，这表明爱尔兰的养老储备处于监管之中。

除了美国、德国、丹麦、瑞典、爱尔兰等国外，其他国家的金融服务养老或养老金资产配置的监管也都如此。这是这些国家金融服务养老较为成功的经验。总之，国外金融服务养老运营始终处于有效监管之中。

11.3.3　多元化的第三方监督治理机构参与运营管理

除了专门的机构外，西方大多数国家的金融服务养老还有第三方监督治理机构参与监管。这些机构既不属于政府方也不属于市场方，而是属于履行监管职责的专门的第三方机构，如养老协会、老年人权益保护协会和老年人消费者权益协会等。有的是政府批准设立的，有的是自发成立的。美国的消费者金融保护局、澳大利亚超级年金协会与未来基金管理委员会等就是第三方监督治理机构。根据未来基金的法律规定，未来基金管理委员会独立于政府，是一个法人团体。国外有的国家还有社会审计机构参与养老资产配置的审计。正是有了多元化的第三方监督治理机构的有效参与，西方国家的金融服务养老监管才十分有效，不仅较好地防范了金融服务养老风险，而且也为养老者提供了满意的金融服务。

11.4　设立专门的金融服务养老管理机构

高效的金融服务养老需要职责明确的政府管理机构与专门的金融服务养老管理机构进行管理，对金融服务养老风险负责。不同国家的政府管理机构与金融服务养老管理机构对金融服务养老风险防范产生不同的影响。除了监管机构监管外，国外金融服务养老发展得较好的一个重要经验是设立专门的金融服务养老管理机构进行全方位的管理。

11.4.1　设有职责明确的政府管理机构

国外金融服务养老一般都有职责明确的政府管理机构。尽管不同国家存在差异，但为了金融服务养老的有序运行，各国都有这样的专门机构。当然，各国管理机构的职能、内容、设置都有不同。日本的养老金管理机构由立法、行政管理、执行、社会保障基金管理运营和保险基金监督机构等组成。它们各自分工明确，相互独立又相互制约，构成了一个完整的运营管理体系。没有这些机构的管理，就没有日本发达完善的金融服务养老体系。英国十分注重金融为老年人提供的服务。它在公共养老金计划的基础上，大力推进市场化的养老金资产配置。英国设立了一个总资产为 24.0 亿美元的养老金计划，向任何参与者开放并用低成本办法进行投资管理。它为英国养老者提供了一种较好的养老投资选择。英国也特别重视金融服务养老的监管。它有众多的专门机构负责管理与监督金融服务养老的正常开展。英格兰银行代表政府管理机构依法负责宏观和微观审慎管理。韩国的养老金管理机构由 16 个政府或半官方机构组成，在全国设有 107 个办事处。美国对养老金资产配置的管理机构有劳工部、财政部等政府管理机构。它们分工负责，共同管理养老金的投资运营。

澳大利亚金融服务养老主要是由未来基金的受托管理和其他金融机构提供的各种养老服务。政府主要对为养老所需的未来基金进行管理，达到为金融服务养老的目标。澳大利亚金融服务养老管理机构叫澳大利亚未来基金管理委员会，其唯一的职责就是负责基金的保值增值。澳大利亚还成立了未来基金管理局，专门负责未来基金的投资、管理、风险防范等运营事务。其他金融机构提供的养老服务也由专门的机构进行依法管理。可以说，没有哪个国家的金融服务养老是放任自流的。

11.4.2 设有专门的养老金资产管理机构

一般地，西方国家的金融服务养老都有专门的管理机构。例如，养老服务水平非常高的美国的个人退休账户、经济发达的日本的养老投资基金、英国的国家就业储蓄信托基金、加拿大养老金计划投资委员会的储备基金、瑞典的公积基金、丹麦的养老计划、新加坡的中央公积金和挪威的财富基金等。这些基金的运营都由专门的管理机构进行。大多数小型计划由人寿保险公司管理，负责基金的投资。人寿保险公司通常将养老金缴费投资在自己可分红的或者自己管理的基金中。大多数的大型养老金计划都是自行管理或者自我保险型的，也就是说，它们自己进行投资。小型的养老金基金可能会选择保险公司来管理投资组合（这种投资组合称为保险管理投资组合）（布莱克，2014）。

与其他国家不同的是，美国、日本、英国、加拿大等国经济发达，虽然养老问题突出但养老保障体系健全，而金融服务养老在养老保障体系中又占有重要地位，因而，老年人普遍获得了全面的金融服务。美国金融服务养老高度发达，金融服务养老的计划多、覆盖范围广、参与人员多、投资收益高、风险损失小。对于不同的养老对象，有不同的养老计划。到 2019 年，近 6000.0 亿美元的养老资产由政府机构——联邦退休储蓄投资委员会运营与管理。美国专门的养老金资产管理机构为养老金及时足额支付发挥了应有的作用。与之相适应，金融服务养老也实行双重多头管理。美国的金融实行中央政府与地方政府共同监管的体制。在次贷危机后，美国对银行住房反向抵押贷款、养老基金与信托等加强了监管，特别是加强了对养老者权益的保护。这些机构共同为金融服务养老的管理负责。

日本的金融服务养老为老年人的养老提供了重要的保障。它对金融服务养老的管理非常严格，目的是防范风险，更好地保护养老者的权益。金融机构负有披露义务，金融机构如果能够提供良好的投资者教育，各项养老金制度的推动将更加容易（董克用和姚余栋，2018）。日本由专门的养老资产管理机构进行管理。对英国来说，英格兰银行理事会下设的英国金融政策委员会，全面维护金融系统整体稳定。审慎监管局作为英格兰银行的附属机构，负责对银行、信用合作社、保险公司及被认定为系统重要性投资的机构进行微观监管或管理。加拿大也有养老金的资产管理机构，这个机构是加拿大养老计划投资委员会。养老储备基金旨在保证其国内养老金制度的实施。成立于 1997 年的养老储备基金也是一个投资管理机构，目的是投资加拿大养老金计划的资产，使其实现保值增值，更好地服务于养老。该管理组织管理着约 2500.0 亿美元的投资组合，并向加拿大养老金计划提供现金管理服务。

瑞典、丹麦、新加坡、挪威和蒙古也有专门的养老金资产管理机构，养老服务水平非常高。瑞典是一个养老保障水平相当高的国家。瑞典早在人口老龄化问题初露端倪之时便已着手采取有效措施和出台相应政策，逐步建立起高效、覆盖面广的养老制度体系（郑则鹏和邓慧博，2012）。2000 年，瑞典设立了保费养老金，员工向其缴纳应计养老金收入的 2.5%，让老年人能享受到养老计划的好处。公积基金在瑞典的保费养老金制度内提供了默认选择，这是公共系统内的强制性养老金计划。瑞典还成立了专门的机构管理总资产达 400.0 亿美元的保费养老金，尽可能使参与者的风险损失最小化。拥有多种养老资金或养老资产的目的是使养老资本的投资多样化及风险最小化。瑞典养老金机构资产达 1520.0 亿美元，有专门的机构组织金融服务养老的开展。为适应养老的需要，丹麦广泛开展了金融服务养老。1964 年，丹麦制定了一个强制性的缴费确定型职业养老金计划。这个计划由专门的机构进行投资、运营和管理。新加坡也是一个经济发达、养老保障体系十分健全、金融服务养老水平较高的国家。新加坡的中央公积金也是一种强制性退休储蓄计划。参与者能够获得投资收益保证。国家发行特别债券提供担保，总资产达 237.0 亿美元。它也有专门的机构管理金融服务养老。新加坡也注重风险的防范与化解，力图将金融服务养老风险降到最低限度。挪威财富基金也为养老提供金融服务。成立于 1967 年的国内基金由专门的机构管理，资金来自挪威的国家保险计划。此后没有再出现流入或流出的情况，基金有稳定的预期回报。2019 年，挪威 300 多亿美元的养老资产由一家特别立法公司管理，为养老服务发挥了作用。蒙古社会福利和劳动部负责制定养老金资产管理政策，下属的社会保险总局及其分支机构负责执行。

可见，国外的金融服务养老大多设有专门的养老金资产管理机构。养老资产通过这些机构和其他金融渠道进行投资，实现了保值增值。同时，这些机构也为金融服务养老风险防范负责。专门的资产管理机构为金融服务养老发挥了积极作用。

11.4.3 形成金融服务养老的治理框架体系

在老龄化越来越严重的情况下，养老服务的提供面临新的任务。这意味着养老基金缴费和支付及投资范围都有新的变化，如在待遇确定型计划中引入风险分担要点。监管机构应该信任这些基金的治理能在不中断的情况下推出新的运营和投资战略。在有些情况下，政府可能决定改变公共投资机构的使命，如法国和爱尔兰等国。2001 年，法国设立了一种特别的养老基金，作为养老金制度的储备基金，它的作用更像是一个主权财富基金。爱尔兰国家养老金储备基金于 2014 年转变为爱尔兰战略投资基金，主要任务是满足养老的需要。虽然差异很大，但国外大多数国家都形成了金融服务养老的治理框架体系。

（1）责任。金融服务养老涉及各方利益，这就必须界定各方的责任。凡涉及养老服务的投资机构以不直接干预原则为基础；参与各方被认为是独立和平等的，任何一方都不能控制另一方。新西兰政府可向退休金基金监护人发出指示，只要这些指示符合基金投资应审慎的职责。同样，美国储蓄委员会可以对养老投资工具或产品进行任何变更，但都必须获得相关机构的批准。监管者监督这些工具或产品是否拥有私人养老基金。只有各方责任明确的金融服务养老，才能获得可持续的发展。

（2）适宜性。国外对金融服务养老的治理涉及相关机构及人员的适宜性。根据对私营养老金机构的规定，所有机构都要求董事会成员具有相关从业经验、见解和专业背景。加拿大议会的总督可以因不当行为或失职解除相关养老机构成员的职务。如果丹麦监管机构认为管理者不符合所需标准，则应由就业部长决定他们是否可以继续提供服务。同样，瑞典政府有权终止未到期的基金的管理者。养老信托管理者根据投资组合管理、成员代表、财务、审计、治理和业务管理等选择具体经营人员，目的是有助于鉴别、治理潜在风险来源等。

（3）风险导向型内部控制。行政管理部门负责提供养老服务的机构的日常管理和养老投资战略的执行。在大多数情况下，首席风险干事是执行委员会的成员，职责是防止金融服务养老风险的出现。美国养老基金的经理人试图持有高预期回报的资产，并通过多样化的投资来降低风险（米什金，2016）。在某些情况下，一些国家的养老金资产配置有严格的限制条件，目的是保护养老者的权益免受损害，将风险降到最低限度。加强风险导向型内部控制是不少西方国家金融服务养老的明显特征。

（4）信息披露。相关机构向所有参与金融服务养老者作出准确和及时的信息披露。这些机构的信息披露类型和程度取决于它们的监管方式。储备基金和其他养老基金投资与运营管理通常由政府部委直接进行监督。大多数机构公布关于养老投资组合、风险防范措施及投资的详细数据。金融服务养老的投资运营监管同样要求私营部门提供相关的服务信息，并要求它们必须有能力分析这些信息并由此采取行动。除政府外，金融服务养老的风险防范还针对金融分析师、同行、决策者、财经媒体等专业受众。这些受众可在业绩、政策评价等方面提供有益的服务。经营个人账户计划的机构定期向参与者发布财务报告书，养老者可以从中全面了解老年人期望的个人财务状况，包括私人养老金计划、养老储蓄安排和养老投资状况。监管机构可将此类报告书作为对各类金融服务养老方式进行比较的依据。

（5）董事会。恰到好处的管理者会使金融服务养老管理的效率更高。金融机构和养老基金受托责任的商业利益存在冲突。董事会强调了金融机构管理养老基金时明确承担责任的重要性。这使金融机构在任命其所管理的养老金治理机构成员时减少了风险冲突。董事会在确保投资机构的有效治理方面发挥着关键作用。美国、新加坡和瑞典的任命是由政府与相关利益方协商进行的。美国由总统任命管理储蓄存款计划资产的董事会成员。新加坡由财政部部长与总统协商任命董事会。瑞典基金的董事会成员就一些立场向利益相关者进行咨询，由政府任命。英国的受托人目前由就业和养老金国务秘书任命。加拿大和丹麦的受托人任命由利益相关者向政府推荐候选，加拿大人员组成的咨询委员会会提出任命的建议，丹麦的董事会候选人参与协商解决。

（6）治理框架。金融服务养老投资机构在各国养老服务体系中发挥着不同的作用，这反映在其治理框架的重要作用上。这些投资机构的治理框架反映在监督委员会上。新西兰未来基金董事会设立了一个冲突协调委员会，以解决董事会可能存在的利益冲突。这使监督机构和利益相关者能够监督业绩和任务的执行情况。这些机构在监管和法律的框架内运行，但与政府监管保持一定距离。各委员会对养老业务运营风险和其他内部风险进行监督。

11.5　日益完善金融服务养老体系

金融服务养老面对的或者是老年人的养老金、养老资产或养老权益，或者是非养老者准备用于老年阶段的财富。它的本质在于面向老年阶段进行的资产安排及为老年后消费行为提供金融支持。金融机构的服务内容主要包括养老金准备、养老金资产配置、养老资金投资收益管理和与老年人特征相适应的消费行为的金融服务等。从国外的金融服务养老整体来看，无论哪种类型的养老保障模式，也无论经济、金融发展水平与状况如何，金融服务的主要任务都是通过金融支持构建起较为完善的多层次金融服务养老体系。随着养老服务需求的不断增加和经济、金融的不断发展，包括金融监管体系在内的金融服务养老体系在日益完善之中。日益完善的金融服务养老体系是国外应对人口老龄化的成功经验，而且在社会权利与金融市场的矛盾发展中，金融市场服务养老的优势将日趋明显（Da Costa Cabral, 2019）。

11.5.1 构建起多层次的金融服务养老体系

金融机构为养老者提供的基本服务包括个人银行储蓄管理及其保值增值、以保险形式对老年阶段的资金准备及不确定性应对、必要的以养老资产抵押为主的信用借贷、金融行为的特殊服务等。根据各个国家的收入水平、人口老龄化趋势，金融机构提供的养老服务形成了以养老金储备为基础，包括个人银行储蓄、养老保险、医疗保险、养老资产投资和社区服务养老等在内的多层次金融服务养老体系。金融服务养老体系的完备程度，与个人的养老金储备能力密切相关。西方发达经济体由于资金支持能力较强，形成了相对完整的金融服务养老体系。尽管早期的养老服务形成了多种模式，但从各个国家的养老服务体系的变化趋势来看，减轻财政负担、提高养老的金融市场化程度，进而形成国家、用人单位和个人共同分担养老金储备的混合模式，特别是形成金融服务养老的模式，已经成为一种基本的趋势。西方发达国家已经基本形成养老投资选择的三支柱或五支柱的养老金保障体系，许多国家都在开展金融服务养老活动。不少国家由用人单位或雇主分担养老金，激励个人形成较为充足的资金准备并积极参与金融服务养老。诸如福利水平极高的英国等国家也在通过金融服务养老来减轻政府养老的负担。诸如以商业养老保险为主的美国等国家，除加大政府对老年人尤其是老年人中的低收入者的支持力度外，也更加积极地提倡金融服务养老。

在进入并完成老年阶段的消费资金储备的过程中，如何更好地利用已经完成的储备资金，更好地实现其保值增值和有效防范风险，是金融服务养老发展中的一个重要问题。比如，美国和新加坡等采取养老资金或资产的市场化配置，而不是进行个人银行储蓄养老。也就是说，在大部分发达国家的金融服务养老体系中，银行几乎不再是简单地承担储蓄功能，而是转为为老年人提供更好的金融服务体验、个性化需求和便利性服务的功能。与此同时，银行以混业经营的方式改善养老资金与养老资产的合理配置，并由此形成金融服务养老体系。除了提供金融服务养老的现金支持外，对老年人拥有的住房等固定资产，金融机构也积极参与住房反向抵押保险与贷款服务，以公租房形式提供住房保障的国家，如新加坡，也允许利用房屋获得更多的资金以满足老年阶段的生存需要和对美好生活的消费需求。针对老年人对住房的需要，美国等西方国家还通过提供租赁式房屋的办法，解决将住房等固定资产转为现实养老消费资金的金融服务养老等问题。

由此可见，在金融服务养老体系上，西方国家按照如何最大程度地满足老年人资金需要来提供全方位多层次的金融服务。既通过多层次养老保险体系提供资金储备，同时又根据老年人的资产进行贴现，从而实现了全生命周期养老资金需求与实际消费需要更好地匹配。这也是住房反向抵押贷款、提供住房租赁及相应养老服务出现的基本原因。构建多层次的金融服务养老体系是国外金融服务养老发展的主要经验。

11.5.2　形成完善的养老服务的金融机构体系

养老是一种全方位的生活需要的满足，而金融机构则是从多个角度完成资金供给、资产利用和消费。除了常规性的资金供给，资产的利用还可能面临许多不确定性的影响。金融机构除了对养老金进行常规管理外，还需要进行资产配置和提供其他服务。诸如，美国和英国都有提供短期消费信贷以帮助老年人度过暂时性困难的金融服务，但由于这种金融服务是非抵押贷款，政府往往会提供必要的担保。即便是住房反向抵押贷款，也可能存在资产小于实际消费支出的问题。也就是说，加大金融服务养老的力度并不意味着政府的退出。保险公司提供个性化的养老保险，证券公司提供多样化的养老股票投资，信托公司提供养老信托业务，基金公司提供养老基金投资服务。国外在养老服务上形成了完善的金融机构体系。各类金融机构的养老服务作用得到充分发挥，这是国外金融服务养老的一个普遍现象。

金融服务养老既要发挥市场的作用，又要发挥政府的作用，二者缺一不可。国外在市场与政府对金融服务养老的作用上做得非常好。也正是有了政府合理的功能定位，西方国家的金融服务养老内容才较为丰富，各类金融机构的养老服务功能才得到较好的发挥。除了多层次养老保险体系外，养老者的养老还存在以个人储蓄账户和投资账户的资金管理方式。在各类机构提供的养老服务中，多样化的金融服务养老得以存在和发展。因此，银行等传统金融服务机构的作用依然存在，新兴的金融服务养老机构得以产生。各类金融机构在金融监管下通过金融市场共同服务于养老。

11.5.3　日趋明显的养老混业经营服务的金融市场体系

经济、金融发展水平与各类金融机构参与服务养老的业务范围密切相关。从国外金融机构的养老服务内容来看，几乎很少有单独从事某一项金融服务的机构。金融机构的混业经营趋势非常明显，即便是诸如俄罗斯等经济转型国家，银行采取的也是混业经营模式。美国的金融机构混业经营就更不用说了。中国金融也正在走向混业经营，特别是合并银行和保险监管机构进行混业监管就是其表现。当前，在西方发达国家的金融服务养老中，我们很难再找到银行是银行、保险是保险的边界明确的金融服务机构。我们能够看到的是以养老保险资金为中心，形成了日趋明显的保险、银行和投资相互混业经营的养老服务模式。不但在普通金融业务上，金融服务一体化趋势十分明显，而且在金融服务养老上也尤为突出。这在美国、日本、欧盟国家和俄罗斯等国家中都非常典型。一个金融机构具有多个法人和多个执照，从而从事多种关联金融服务。美国通过颁布《金融服务现代化法案》，确认了金融机构混业经营和提供养老混业服务模式。这种经营模式现在越来越接近金融服务养老领域。

当然，在养老服务方面，金融机构的混业经营并不是完全不受约束的，而是分类确定业务边界。无论是银行还是养老保险公司，基本上都是向投资领域扩展的，也就是由传统金融服务机构向现代投资机构的业务扩展。这些业务范围实现了在大集团内部的混业经营模式，不同的子公司之间的业务具有明确的范围或边界，并受金融监管部门的监管。因此，金融服务养老市场在混业经营模式下发展前景广阔。目前，全能银行对金融服务养老产生了越来越大的影响。以德国为代表的全能银行模式正在冲击着传统的银行储蓄养老。在养老混业经营市场上，这些国家的金融机构依法提供养老储蓄、贷款、承销养老债券和股票投资、管理和保险等一系列金融服务。正因为如此，绝大多数老年人在金融机构中都能获得所需要的服务。

11.6　提供金融服务养老法律保障体系

金融服务养老法律保障体系，是金融服务养老系统的相关法律法规和规定。不同的法律层级和来源，通常都与国家养老体系相关。无论是养老金方面的法律体系，还是金融机构参与养老投资的资产管理，国外都有非常完善的法律保障体系。法律与政策的不同之处在于制度和执行上的差异。即便是法律法规的修改，也只能是更加有利于相关利益者的。一般地，法律相对稳定，社会预期也相对稳定。如果政策的变动较大，社会预期也会不稳定。提供金融服务养老法律保障体系，是国外顺畅解决养老问题的宝贵经验。

11.6.1　金融服务养老立法先行

金融服务养老立法先行。养老问题越突出且金融服务养老越发达的国家，越是用法律来保障养老者的权益。美国对于金融服务养老风险的管控主要是通过立法对市场行为进行监督以保证金融服务养老消费者的利益。《社会保障法案》《雇员退休保障法》《国内税收法典》是美国支配员工养老计划的主要法律依据。《信托法》《统一审慎投资者法》要求代为管理养老金的受托人以审慎专业的态度进行投资，不得将自身置于与受益人利益相冲突的位置上。为了鼓励人们储蓄，美国利用法律手段为参加养老储蓄者给予减税和优惠利率提供保障，使养老储蓄能够不因通货膨胀而贬值。这些由不同部门执行的养老服务法律为金融服务养老提供了充分的法律依据。

同美国一样，日本的金融服务养老立法也是相对完善的。日本每一项社会保障制度出台前总是立法先行，都有相应的法律法规且非常详细。为了让老年人能够获得更多、更好的服务，日本制定了不少相关法律和规定。为发挥余热，日本《高龄雇佣保险法》加大了对大量雇佣高龄者的奖励和补助。《老人保健法》《社会福利及护理福利法》《推进高龄者保健福利推进 10 年战略计划》《介护保险法》为日本金融服务养老提供了法律法规依据。《介护保险法》的实施，为护理保险和护理服务提供了充足的资金保障。为保证老年人在财产管理上的安全，日本 2006 年修订的《信托法》，通过连续受益人制度的制定为生前遗嘱信托的发展奠定了法律基础。养老者获得金融服务都有法律保障。养老生活都有与之相适应的完备的法律保障体系，有力地支持了包括养老在内的日本社会保障制度的顺利推进和快速发展。

除了美国和日本外，大多数发达国家立法先行，法律为金融服务养老提供的保障都是非常明显的。可以说，立法先行，用法律来保护老年人的养老权益是发达经济体金融服务养老的基本特征。也就是说，发达经济体的金融服务养老做到了依法保护。尽管其他经济体的法律还不完善，但金融服务养老都是有法律保护的。那些金融服务养老正在兴起的国家的法律在不断地建立和健全。

11.6.2　金融服务养老离不开完善的法律保障体系

金融服务养老与其他金融活动一样，都需要依法开展。无论是养老保险制度的构建，还是金融机构参与养老金资产配置、金融机构提供的市场化养老服务，以及如何依法进行监管，都与完善的法律保障体系密切相关。作为最为重要的市场主体的金融机构，维持金融秩序稳定和进行风险防范也都需要完善的法律体系作为保证。金融服务养老体系是养老服务体系的重要组成部分，构建完善的养老服务体系是维护社会稳定的重要内容。政府在税收上提供养老投资优惠政策、金融机构在养老服务上给予大力支持，需要完善的法律体系作保证。金融服务养老离不开完善的法律保障体系。

从美日和欧洲的发达经济国家来看，金融服务养老体系的构建，往往得益于完善的法律体系，为参与养老服务计划的雇主、员工、基金发起者、账户管理者和养老信托各方形成良好的制度约束和法律保障。基于立法先行原则，与完善的金融服务养老体系相对应的是完善的法律体系。1908 年，英国首次通过《养老金法案》，此后不断完善。近 30 年来，英国有《养老计划法案 1993》《养老金法案 1995》《养老金法案 2008》《2013 养老金改革法案》等，完善了养老金资产配置的法律保障体系。美国养老金监管的法律体系是由以多次修订的《雇员退休收入保障法案》为主的一系列法律构成的（郑则鹏和邓慧博，2012）。该法案明确了政府机构的职责，并由这些机构推动建立专门的金融服务养老监管体系。与完善的法律体系相对应的是完善的强制性养老保险体系。作为市场化运营的养老金资产配置，金融市场的波动或多或少地会影响养老金资产运营的安全。对此，在经历较大的经济波动以后，美国的《证券法》《证券交易法》《证券投资者保护法》《萨班斯法案》等，为养老资产的资本市场投资奠定了坚实的法律基础。

作为现代养老保险制度起源地的德国，先后以法律的形式确定了养老保险框架，紧跟其后的英国和法国等也相继建立起《老年生活保险法》《国民保险法》《国民健康法案》《国家养老服务框架》等与养老保险制度密切相关的法律法规体系。为了保证老年人过上幸福的晚年生活，日本出台了《推进高龄者保健福利 10 年战略计划》《老年人福利法》《老人保健法》《护理保险法》《介护保险法》等法律，为金融服务养老发展提供了完善的养老法律保障体系。

除了养老保险外，国外的养老信托、养老基金投资都有完善的法律保障体系。推进以房养老的反向抵押贷款，需要完善的法律体系提供的保障。不仅如此，政府还在以房养老方面以法律形式强制取消或限制了金融机构在对房屋价值不足以抵消信贷的情况下对后代的追索权。也正是得益于政府提供的法律保障体系，美国、日本、英国和新加坡等国的以房养老制度才得以有效实施。

11.6.3　金融服务养老监管以法律为准绳

英美等发达经济国家养老金资产的投资与累积，改变了养老资产的结构与特征。对这些养老金进行投资，实现保值增值离不开有效的监管。美国的监管较为严格，为养老证券投资提供了良好的秩序。美国先后推出的一系列法律为以养老资产配置为主的金融服务养老的良性运行奠定了法律基础。为了更好地监管金融服务养老，澳大利亚 2001 年通过了《金融服务改革法案》，主要意图是给金融服务业和有效的市场监管提供相关的法律根据。澳大利亚根据监管的需要构建了与金融服务相关的框架，依法建立的未来基金监管受到其法律的保护。包括养老在内的未来基金的投资、运营主要受《2006 年未来基金法案》《公共管理、责任和绩效法案 2013》的约束，其提供服务者则受《公共服务法 1999》的约束。所以，国外金融服务养老监管都以法律为准绳。

国外金融服务养老开展的时间长，给养老服务带来的效果显著，既有较为成功的经验，又有养老问题解决不好的教训。政府对老年人养老的补贴、贷款担保、金融服务养老监管缺位后，产生了不少问题，如老年人的养老金发放错误问题及参与资产配置被骗，新加坡的住房反向抵押贷款受不良预期的影响而夭折，其他金融服务养老出现风险等，后来通过政府、法律等的介入，得到了较好的解决。国外充分发挥金融服务养老的作用，设有专门的金融服务养老管理机构，日益完善金融服务养老体系，注重防范金融服务养老风险，不断健全金融服务养老运行监管，提供金融服务养老法律保障体系等启示为走有中国特色的金融服务养老路径提供了重要的参考经验。

第 12 章　国外金融服务养老的启示与参考借鉴

国外在金融服务养老方面相机进行预期引导和调节，合理控制金融服务养老风险，不断完善金融服务养老监管体制，注重发挥金融审计独特的监督作用，依法进行金融服务养老监管的做法是在经历了曲折后逐渐形成的。即便是当前西方经济发达国家已经建立起的较为完善的金融服务养老体系，也不是一蹴而就的，而是在不断的探索过程中逐渐完善的。其中，这一过程也经历了很多的挫折和失败，为其他国家提供了宝贵的经验和教训。这些经验和教训，为中国金融服务养老路径建设提供了重要的启示和参考价值，非常值得关注。它可以减少中国金融服务养老发展的波折，走出一条有中国特色的金融服务养老路子来。中国社会经济转型升级发展，需要更加公平、健全和可持续的金融服务养老体系（Chi，2019）。

12.1　对相机进行金融服务养老预期引导和调节的借鉴

预期有心理、经济和社会三个层面。心理预期理论认为，预期是人们对客观对象的心理反应。经济预期理论认为，预期是指经济行为人对于经济变量在未来的变动方向和变动幅度的一种事前估计或主观判断。社会预期理论认为，社会预期是指社会预期主体基于一定的社会利益对社会变化趋势的主观看法、判断或估计（江世银，2017）。社会预期对社会运行具有重要的作用和影响。不同学科的预期理论反映了不同领域的预期问题。随着对预期问题研究的深入，预期理论也逐步走向成熟与完善。

预期对金融服务养老具有重要的作用和影响。它既可以改变对金融服务养老计划的看法并由此产生示范效应，又可以促进金融服务养老行为方式多样化，如存款养老、住房反向抵押贷款养老、商业保险养老、资本市场投资收益养老、信托投资收益养老和权益收益养老等的扩散效应。老年人群过去对这些养老行为心理预期的作用不明显、不突出。随着金融服务养老的普遍开展，充分发挥乐观预期促进金融服务养老的积极作用，努力减少悲观预期阻碍金融服务养老的消极影响，力争在全社会形成金融服务养老的良好、合理和理性的预期，及时解决金融服务养老中的风险预期问题，相机进行金融服务养老预期的引导和调节，就是达到金融服务养老的预期合理。

12.1.1　金融服务养老的社会预期管理作用

金融服务养老的社会预期管理包括两个方面的预期引导和调节，一是对收益预期的管理，二是对投资风险预期的管理。不管是老年人还是中青年，在养老金资产配置或养老投资过程中，都不可避免地受到预期收益和预期风险的困扰。尽管养老金入市存在风险，但有较大的风险就相应有较高的回报。对养老金资产配置设定科学的合理预期收益率，既可以有效控制投资组合风险，又可以保持资本市场发展的稳健性。因此，养老金投资方案的选择既不能为了追逐单纯的高收益率而冒险赌博，又不能缩手缩脚不敢入市投资。事实上，纵观国外的养老投资收益，总是存在收益较高的年份，同时也存在收益较低的年份；存在风险较大的时期，同时也存在较小的时期。当然，从投资管理的角度，金融服务养老预期在长期中可能会表现为稳定的风险预期和长期的收益预期。英国有个“以房养老”的房产价值释放计划，安全住房收入计划委员会成员在所有交易中传递对这一计划的良好预期（尤元文，2014）就是发挥预期引导作用的表现。

（1）金融服务养老社会预期管理作用。社会预期管理主要通过四个途径实现，即将分散的良好预期整合成为公众社会预期、正确引导社会预期、有效引导社会预期和巩固积极健康向上的社会预期。金融服务养老的预期不仅事关每位老年人年老后的养老问题，而且是面向未来的长期社会预期。所以，推动金融服务养老可持续发展，需要制定积极的养老服务社会预期管理措施，使老年人对未来金融服务养老形成稳定的长期预期。

如何制定积极的养老服务社会预期管理措施呢？一是定期披露金融服务养老的相关信息，尤其是提供各种养老金资产配置的保值增值信息、相关的财务数据信息，以及专家对未来变动预期的判断。二是正确引导金融服务养老的未来预期，尤其是使老年人对公共养老金的未来保障能力形成正确的认知，正确看待养老金收支缺口问题，明确参与金融服务养老对他们过上更幸福的晚年生活的重要性。

三是选择能够具有未来稳定收入预期的基金作为主要资产配置，尤其是关注目标日期基金和目标风险基金。在养老金资产配置过程中，在人们能够接受和承受的风险上，充分满足他们多元化的资产配置和养老保障需要。四是降低金融服务养老的风险预期，增加收益预期。对于那些害怕参与金融服务养老的老年人，努力降低他们的风险预期，让他们在获得收益的同时认识到可能遇到的风险的程度或在面临风险时获得收益的可能性。

（2）金融服务养老中的养老基金投资受预期的影响很大。各种养老基金众多，目标日期基金和目标风险基金产品实际上是为个人养老在核心资产配置下进行的产品安排，前者最为普遍。目标日期基金以不同养老投资者的退休为时间节点，它的固定收益类与权益类资产占比会发生变化。所谓目标日期，就是投资者预计退出劳动的日期。养老目标基金在达到目标日期以后，将主要投资于固定收益类资产，目的是减少可能出现的风险。养老目标基金是一个以退休日期命名的基金，其中各基金以 5 年为间隔。因收益和风险的不同人们对目标日期基金，往往会形成不同的预期。只有正确地引导预期，才能使养老基金更好地服务养老。目标风险基金是指养老投资者根据不同风险承受能力进行的资产配置基金。对于养老者来说，目标风险基金持有者受风险及投资者情绪的影响难以形成良好的预期。个人投资者的情绪容易随着资本市场波动发生变化：当市场低迷时，投资者纷纷离场，或者投身于银行理财等无风险产品中，在市场上行时又容易在高点追涨（董克用和姚余栋，2018）。从成长型到稳健型再到保守型的目标风险基金，风险依次递减，人们的预期从看好到不看好，从积极预期到消极预期变化。目标基金的主要资金来源为第二支柱职业养老资金及第三支柱的个人税收递延养老资金。这些基金通过金融市场投资不断增长，既规避了风险，又获得了满意的预期收益。这些不断增长的养老金收益能为人们在老年阶段获得经济保障，形成较为稳定的积极向上的社会预期服务。

12.1.2　用待遇确定型养老基金相机引导金融服务养老预期

目前，西方国家在金融服务养老发展过程中的服务变化表明，待遇确定型养老基金出现的支付压力越来越大，因而被认为是最昂贵的养老金，从而更多地引入缴费确定型的养老金。尽管待遇确定型养老金相对支付压力很大，但对社会预期管理具有非常重要的作用。大多数人都厌恶风险和不确定性，尤其是老年人，在退出社会劳动以后生活来源减少甚至失去了生活来源，如果没有稳定的养老生活保证，那么他们将难以形成良好的养老预期。与缴费确定型养老待遇相比较，老年人对待遇确定型更容易形成良好的社会预期，因为它更容易在资本市场获得高收益。与此不同，对于缴费确定型养老基金，参与者担心的是它的风险，他们害怕上当受骗，所以难以形成良好的预期。可见，相机引导金融服务养老预期，待遇确定型更容易达到目的。

在大多数选择待遇确定型养老基金的国家，资产数额相对于负债的供资比率保持相对稳定。比利时、加拿大和爱尔兰的待遇确定型计划的提供者改善了他们的供资状况，使平均供资比率得到了极大的提高，预期良好。所以，这更有利于金融服务养老预期的引导。从西方国家的养老待遇情况来看，待遇确定型养老金计划的平均供资比率变化不大，收益更加可靠。与此相适应，老年人对它的预期也较为稳定与合理。不管是缴费确定型还是待遇确定型养老基金，都是养老金参与者投资组合的重要组成部分。对这些养老投资基金的预期引导有利于金融服务养老的顺利开展，但要考虑的问题在于如何使待遇设置与国民收入增长率及消费物价指数（consumption price index，CPI）等相适应。

12.1.3 协同目标日期基金和目标风险基金调节预期

金融服务养老是一个长期的资产配置管理过程，因而不可避免地存在资产保值和增值的双重矛盾。各种基金所面临的风险差异是相当大的。由此，人们也就形成了不同的预期。如果预期不良，可能会影响金融服务养老的开展。生命周期基金有效匹配养老基金投资为老年人获得生活来源提供了保障，拥有这种基金者的预期是较好的。

目标日期基金预期收益较好，风险也较低，所以，21 世纪以来获得了快速发展。它能满足投资者抗风险能力及对获得稳定收益的迫切需要。目标日期在调节金融服务养老预期中有重要影响。对于大多数投资者而言，在退休后仍能保持基本不变的生活水平，是未来最好的金融服务养老预期。在收入规划期，如果大多数投资者缺少日常生活保证，预期就会受到不良的影响。在退出劳动后，养老投资者更加需要有稳定收益的资产投资。只有这样，他们才会有稳定的良好预期。参与金融服务养老就是一种预期养老资金或养老资产的资本积累过程。与其他金融服务养老相比，目标风险基金具有自身的特点，预期的形成与结果也不相同。也许目标风险基金的收益与风险有所偏差，但总的来看，符合预设的风险度量。只要有稳定的收益与可承受的风险，他们的预期就是有利于这种养老基金投资的。目标日期基金临近，调整中、高风险资产比例，并逐渐增加固定收益类债券的比例，可以确保养老投资者获得预期的收益。养老投资者对这种基金的预期一般都是较好的。目标日期基金与目标风险基金存在很大的收益与风险差别，人们对它们的预期也是不同的。当出现预期不良而影响金融服务养老时，只有协同二者的关系，进行相应的预期引导与调节，才能实现金融服务养老的良性运行和协调发展。

12.1.4　对中国相机引导和调节金融服务养老预期的参考借鉴

中国推进金融服务养老发展，需要相机进行预期引导与调节。金融机构，尤其是民营金融机构提供的养老产品和服务，主要集中在理财产品开发、商业保险、商业性房地产与养老院建设等方面。由于缺乏政府背景的金融服务机构经常面临业务不稳定、经营不确定和其他问题，难以对养老需求者形成良好、稳定的养老服务预期，从而会影响到金融服务养老业务的开展。大部分金融服务集中在国有金融机构中，包括政府的公共养老金投资也主要依托于国有金融机构，这难免带来资源配置的低效率，难以避免全社会形成不合理的养老服务预期。西方发达经济体的实践经验证明，养老预期社会偏好对优惠政策和资助资金配置的影响非常明显（Devesa and Doménech，2020）。

中国养老保障体系尚不完善，尤其是基础养老金面临较大的潜在支付缺口，资产配置的收益不稳定，给人们带来不稳定预期的担忧。不仅如此，对养老证券、基金和信托投资风险的过分宣传，特别是对目标风险基金风险的夸大，使人们形成养老风险增加的预期。因此，在未来的养老保障方面，有关机构既要给出明确的养老金支付能力预期，同时也需要结合中国的实际，加快构建多支柱的养老保障体系，推出具有中国特色的个人储蓄养老计划。中国尚未制定有关个人养老储蓄的税收优惠等政策，主要依靠国家提供的基础养老金，缺乏应对人口老龄化的金融服务对策。推进金融服务养老发展，政府更需要引导和调节缴费型养老基金的预期，更好地管理好目标风险基金的预期，从总体上引导养老参与者形成良好、稳定的预期。

能否按时足额支付养老金对预期的影响较大，基本养老金支付使得人们的预期主要还是希望政府的待遇不会降低，老年人用于养老的现金并不多，参与金融服务养老的资本市场的配置比例非常低，大量资金被投放到收益预期看好的房地产市场。中国应顺势推进金融服务养老发展，积极做好住房反向抵押贷款和保险，为老年人提供住房和日常消费资金支持的基本保障。对于金融服务养老中出现的问题，一方面，在基本养老保障的基础上，加大对金融机构提供的投资类养老服务的监管，严厉打击投资机构的欺骗性违法行为，以形成良好的金融市场投资回报预期和资金安全预期。另一方面，加大金融服务养老教育，使老年人更加理性地看待养老服务的投资回报，避免因追求短期高额回报而上当受骗，使他们由此形成更为理性的预期，避免因非理性投资而做出与自己的风险承受能力不匹配的金融产品选择。在养老金资产的长期配置上，国外注重兼顾目标日期基金与目标风险基金选择，促使参与者形成更加理性和更加稳定的社会预期。养老资产配置使养老者对公共养老金的保障能力转换为获得金融服务的能力，进而形成一种较为稳定的预期，积极通过个人银行储蓄养老方式转变为其他金融服务养老方式，切实解决可能存在的短期养老金供给短缺或者波动问题。中国可以借鉴国外预期引导与调节促进金融服务养老发展的做法。

12.2　对合理控制金融服务养老风险的借鉴

金融服务养老面临的最大压力在于如何有效防范投资风险问题。从西方国家的养老金资产配置来看，不仅对基础养老金和公共养老金都普遍采取了恰当的资金、资产配置选择和非常严格的风险防范措施，而且对职业年金也采取了较为慎重的监管措施。尤其对普遍适用于西方公共养老金资产的配置，目前也在不断地进行风险防范与监管完善，加大了风险防范力度。投资管理公司既要承担各种风险，避免收益波动；又要把资金来源主要放在预期收益的实现上，确保养老投资者有稳定的收益。各个国家都严格进行数量限制的监管，这对公共养老基金配置最为明显，而审慎监管强调的是法律责任和个人应尽义务的规范。那种放任自流的金融服务养老活动几乎是不存在的。

12.2.1　构建以受托人利益为核心的审慎监管

构建以受托人利益为核心的审慎监管主要是为了控制金融服务养老的风险。有的学者认为，金融服务养老就是养老金入市，这是有风险的。养老金入市固然存在风险，但有风险也会有相应的较高回报或收益。不然，谁还会参与有风险的金融服务养老呢？主要的问题是如何保证参与者在面临风险时有合理的预期收益。审慎监管既可以有效防范组合投资的风险，同时又有利于资本市场的稳健发展。因此，在养老资金或养老资产投资方案的设定上，不能为了追逐单纯的高收益率而冒险赌博。事实上，综观世界各国的养老投资绩效，收益率波动起伏，有的年份高，有的年份低。但从养老的长期组合投资来看，它所追求的是长期、稳定的收益，而不是一个年度或者短期的高收益，特别是如何实现可持续的预期收益。正是如此，为了合理地防范金融服务养老风险，需要构建以受托人利益为核心的审慎监管。

构建以受托人利益为核心的审慎监管，各国之间仍存在差异。美国防范金融服务养老风险采取的是，只要受托人诚信投资，投资于私人证券也是合法的。为了化解长寿风险，美国又将信托应用于养老，出现养老信托，目的是通过投资组合来分散和化解金融服务养老风险。日本的个人养老金信托也以受托人利益为核心，注重风险防范。按照审慎监管原则，英国要求受托人的投资范围主要限于债券，然后是投资普通股票与信托本金。所以，英国养老金资产配置中的风险是较小的。不少国家构建了以受托人利益为核心的审慎监管，为金融服务养老风险防范提供了重要的保证。

12.2.2　合理限制职业年金的资产配置

国外职业年金的资产配置也是金融服务养老的重要内容。虽然金融服务养老的范围和资产配置渠道日益多元化，但世界各国对养老金资产配置渠道设置了十分严格的监管规定。国外设定的原则基本涵盖了从基金公司的养老金配置到保护受益人的权利。受益人的目的是通过金融渠道获得更多的服务和收益以享受充足的养老生活保障。之所以要合理限制职业年金的资产配置，目的是要防范可能出现的风险。目前，许多养老基金在股市进行投资都面临波动或损失的巨大风险，而这些风险对养老者的打击是巨大的，因为养老者根本无法承受资产面临缩水这一事实。为了减少金融服务养老风险，经济合作与发展组织要求各国政府执行《职业养老金监管核心原则》，解决与养老金有关的其他问题，如开展金融教育。这样做的目的是通过金融教育来防止老年人上当受骗，将金融服务养老风险降到最低限度。这些核心原则包括：有效监管和监督的条件，建立养老金计划、养老基金和养老基金管理公司，养老金计划负债、融资规则、清盘和保险，如何管理资产配置，如何进行有效监管等。国外对职业年金的资产配置的合理限制，大大降低了金融服务养老风险。

除了核心原则外，该原则也包含不少其他方面的规则。基金公司不仅应力求确保其养老基金的资产充分涵盖潜在负债，包括在财务报告中提供有关养老资金的信息，以便投资者意识到亏空风险，而且应为其养老基金建立单独的法律实体。一旦提供养老服务的机构破产，这将有助于确保参与者的养老基金安全。职业年金的资产配置限制对于风险防范具有重要的作用。提供养老服务的机构在没有对计划做出预定缴款的情况下，应定期和透明地向参与者通报其养老基金的投资状况。政府相关部门应当有权取消不恰当标准的养老基金管理机构的资格。总之，合理限制职业年金的资产配置才能让参与者有充足的养老资金保障。国外合理限制职业年金的资产配置，为金融服务养老打下了基础。

12.2.3　高度重视投资风险管理并努力实现风险最小化

由于养老资金涉及养老者的基本生活保障问题，许多高度市场化运营的国家都普遍重视对养老资金与养老资产配置风险的控制，特别是基础性公共养老金，一般都在政府的管控之下，因而保守型资产配置是西方国家在金融服务养老选择上的最基本特征。养老基金的管理主要围绕资产管理：养老基金的经理人试图持有高预期回报的资产，并通过多样化投资来降低风险（米什金，2016）。澳大利亚和日本等国开发了处于政府有效控制的低风险专业养老资产配置产品，这些产品实现了投资风险的最小化。为了有效应对金融危机对国家强制养老金的影响，美国要求金融机构审慎选择资产配置产品，并充分履行风险值注意义务（Volodymyr and Ivan，2017）。

实现养老资产配置风险最小化，主要是要严格防范养老资产的投资、运营风险。除了实行严格的数量限制监管措施，以及限制在低风险的养老债券类资产外，它还通过设置风险最低的保守型养老金，实现风险的有效防范。以专设产品运营投资模式的澳大利亚为例，其超级年金的风险控制就非常严格。澳大利亚超级年金主要分为公司基金、行业基金、零售年金、公共部门年金和小型年金等五种类型，它们具有典型的风险与收益相匹配的特征，总体上长期保持年金收益处于相对稳定的收益率。在应对风险的投资组合型养老金产品中，不仅收益分散型养老金产品相比较平衡型产品采取了更加保守的投资策略，而且还包含一种风险最低的保守型养老产品，目的就是防范养老投资风险。澳大利亚不仅通过多样化养老金产品的提供丰富了养老服务的投资选择，而且也使得养老投资者能够根据个人年龄对养老服务的需求及风险偏好等因素选择与风险承受能力相匹配的养老投资产品。除了成长型和平衡型等产品面向长期的高风险收益外，收益分散型、保守型产品都设有低风险限制，能够将养老金投资风险降到最低状态。如果没有将养老投资风险控制在最小化程度，金融服务养老就难以实现可持续发展。

与澳大利亚类似，日本养老金也通过实行分类管理来综合平衡 DC 参与者的风险和收益之间的关系。日本批准设立的投资管理公司，将混合基金按风险程度分成低、中和高三个等级，其股权投资占比分别为 30.0%、50.0%和 20.0%。另外，它还提供保本型产品。这些产品基本上满足了养老服务的需要。日本政府的养老投资基金主要是进行长期投资，将风险降至最低，投资采取多重资产配置，深受养老投资者的欢迎。

12.2.4 对中国金融服务养老风险防范的参考借鉴

为了保证金融服务养老的资金安全和合理控制其运营风险，养老投资监管机构和相关部门齐抓共管，建立了全流程的风险防范体系，贯穿投资前、投资过程中和投资后的各个环节。投资各阶段的风险防范重点不同。投资前风险防范主要是从产品筛检和审核、风险管理制度、系统性风险控制指标等方面着手。这一阶段主要是为防范风险做准备。投资过程中的风险防范，主要包括对风险指标触发机制的反馈和对分级决策机制方面的风险防范。这一阶段主要是采取措施和办法防范各种风险。投资后的风险防范主要从业绩考核、审计监督评价和投资策略再优化等方面展开。这一阶段主要是总结风险防范经验，为未来风险防范提供参考意见。风险防范体系的建立旨在严格控制风险，以实现养老资金或养老资产的保值增值。

如何借鉴国外金融服务养老风险防范经验呢？对于金融服务养老市场的安全保障，中国可以借鉴国外的数量限制监管做法，让公共养老金资产配置以固定收益证券为主。大多数国家的公共养老金资产配置都是以债券类投资为主的[①]。这种风险防范的好处在于，投入金融市场的公共养老资金配置必须安全至上，入市有风险。纵观其他国家，智利、波兰、葡萄牙等国的公共养老金绝大部分也是投资债券，其股权类投资占比不能超过 20.0%。当然，也有一些国家的公共养老金投资于股权类资产的占比很高，但这些国家都非常注重风险防范与监管。

防范金融服务养老风险，中国可结合美国和澳大利亚的风险防范与监管经验，未来目标日期型养老金产品和不同风险偏好下的多样化金融产品选择值得借鉴。目标日期型基金的投资与运营尤其需要防范风险隐患。金融服务养老应该综合考虑不同年龄的风险承受能力和配置各类资产的预期收益，即同时考虑各类投资的收益及与其风险的对应程度。金融服务养老风险防范需要特别注重老年人的风险承受能力，因为他们经受不起折腾和打击。与此同时，借鉴国际上各种目标日期基金模式的特点，养老者可从中选择适合自己的养老投资方式，确保低风险和高收益。除了基金公司以外，中国目前的养老服务机构还包括银行和保险资金管理

① 需要说明的是，美国、西班牙和比利时等国只允许公共养老基金全部投资于债券，美国甚至不允许公共养老基金入市，是只能持有不可转让的国债。

公司等金融机构，规模较大的基金公司适合采用内部管理人+内部基金的模式，而保险公司等机构适合采用内部管理人+全市场基金的模式，为养老资产配置和其他金融服务养老方式提供资产配置选择。在金融服务养老风险的防范上，我们应结合中国实际，借鉴澳大利亚和美国等的经验，设计出符合中国投资偏好的养老金融产品。只有低风险和高收益的金融服务养老产品才能受到老年人的普遍欢迎。能否有效地控制风险是中国金融服务养老能否实现可持续发展的关键。

12.3　对不断完善金融服务养老监管体制的借鉴

要实现金融服务养老的可持续发展，还需要不断完善金融服务养老监管体制。经济合作与发展组织的《私人养老金监管核心原则》为各国政府职能管理部门、金融机构、养老机构和监管机构提供了有关养老资金和私人养老金制度的设计、运作的建议，目的是构建围绕资金到位和足额支付的监管框架，以促进金融服务养老体系的健全。恰到好处的监管体制需要有专门的金融服务养老监管机构、明确金融服务养老监管机构的监管职责、有多方利益主体参与治理和政府相关部门之间彼此分工负责。

12.3.1　建立专门的金融服务养老监管机构

在英美等发达经济国家，一般都设有专门的金融服务监管机构，自然也覆盖了对金融服务养老机构和行为的监管。不少国家在国家层面都设有专门的养老服务监管机构。美国设有证券交易委员会，负责实施监督管理，日本由健康、劳动和福利部监管，加拿大则直接由财政部等机构监管，英国由养老金监管局和审慎监管局进行专门的监管。其他发达经济国家的机构设置基本类似，要么是专门的金融监管部门，要么直接是政府的行政部门。即便是转型国家或者经济相对落后国家，在金融服务养老监管上也设有职责明确的相关监管机构。阿根廷由养老基金监督管理局承担监管责任。智利设有养老金管理总监署，负责对养老金管理公司进行技术监督和投资行为控制。哈萨克斯坦由国家养老金支付中心直接监管。在设立金融服务监管机构的同时，各监管机构的监管力度也在不断加大，但整体趋势是从数量限制监管向审慎监管转变。国外对金融机构提供养老服务的法律监管成效也非常显著。可以说，几乎不存在金融服务养老活动和行为不受监管的国家，只是监管体制、机制、力度、范围、手段、方式、方法和措施不同而已。

具有最具代表性的金融服务养老监管机构的国家是美国和英国。美国有众多的金融监管机构，各机构各负其监管职责。在金融服务养老统一监管的框架下，对金融控股集团风险防范的过程及资本充足率的监管是美联储监管的重点所在。美联储在进行养老服务监管时采取的手段也是不一样的。英国设有审慎监管局、金融行为管理局和养老金监管局等监管机构，全方位对金融服务养老的金融行为进行有效监管。每一个监管机构侧重不同的领域，金融行为监管局负责被监管公司的成立、运营和解散，监管养老金投资行为。监管机构监管的目的在于保护金融产品消费者的权益。审慎监管局是英格兰银行的一个组成机构，只负责对英格兰境内的诸如银行、购房互助协会、信用合作社、大部分投资公司和保险公司等1700多家金融服务公司进行审慎监管。它的监管目的在于保障并促进被监管公司的安全健康运营，避免因经营不善而可能导致的风险给受益人权益带来损失，同时对保险公司的保单持有人利益提供偿付能力保障。德国金融机构及其提供的金融服务养老产品由专门的德国联邦金融服务局负责监管。

12.3.2 明确金融服务养老监管机构的职责

国外众多金融服务养老监管机构不是摆设，而是各司其职，各负其责。因公共养老基金难以满足养老的需要，法国自1998年开始由储备基金监管委员会管理养老储备基金。参与者根据自己的实际进行选择并拥有知情权，具体的投资管理由拥有丰富养老基金投资管理经验的法国信托投资局（1816年成立）负责。法国采用直接投资模式与委托投资模式管理养老储备基金资产。正是职责明确的监管机构使得法国金融服务养老天衣无缝，风险防范做得非常好，养老者获得了满意的金融服务。

为了应对人口老龄化的挑战，1990年，挪威专门成立了石油基金，后改为挪威全球养老基金。这种养老基金是以石油收入为来源所建立的专门供养老使用的基金。根据有关规定，该基金由挪威银行进行管理。挪威养老基金采取直接投资与委托投资相结合，以委托投资为主的模式。实践表明，它是一种比较成功的基金服务养老监管模式。韩国养老金计划由韩国国民年金管理公团管理。加拿大养老金计划由加拿大养老保险基金投资理事会负责。其他国家也大同小异。拥有职责明确的监管机构是国外金融服务养老成功的重要经验。

12.3.3　有多方利益主体参与治理

如果想让养老资金投资为投资者带来预期的收益，并使他们信任和参与，就必须有强有力的治理措施。在养老金提供者的治理框架和投资政策中，非常重要的一环就是养老投资和风险防范要符合监管机构所要求的规定。诸如储备基金、养老基金等各种投资机构，提供了如何治理、制定投资标准和实施监管的实例。这些机构在其国内养老金制度中发挥着不同的作用。国外金融服务养老所遵循的《私人养老金监管核心原则》不仅能够保障私人养老金的安全，而且能够获得预期的收益。养老投资机构的治理框架和投资政策，都有相关的严格规定。多方利益主体参与的治理不仅包括与投资标准的实际应用有关的关键政策问题，还包括养老投资机构如何解决这些问题，并且提出了坚持私营养老机构适用核心原则的措施。虽然多方利益主体参与金融服务养老治理，各方有各方的利益，但由于监管恰当，参与金融服务养老的老年人的权益得到了切实的保障。特别是多方利益主体参与治理，非常值得正处于快速发展的中国金融服务养老监管参考借鉴。

12.3.4　对中国完善金融服务养老监管体制的参考借鉴

目前，中国金融服务养老面临的最大挑战，就是如何将有限的养老资金、养老资产实现最大程度的保值增值，不断增加养老投资收益。收益与风险总是相伴的，老年人很容易因为厌恶风险或收益不确定将养老资金配置到保守型资产，如手持现金或银行储蓄上，这无疑是一种潜在的收益损失。另外，中国老年人的金融知识较为匮乏，他们对金融服务养老持怀疑态度，认为参与金融服务养老就是要骗取他们的养老钱，甚至因此大多数老年人会以现金方式储备养老资产，降低收益以减少风险。目前，养老投资违规问题高发多发，已降低了他们对提供养老服务的金融机构的信任。于是，借鉴国外经验，加快中国的金融服务养老发展，要通过政策加强养老服务监管，不断完善金融服务养老监管体制，既要建立专门的金融服务养老监督机构，又要明确监管职责。完善金融服务养老监管体制，既要有对金融一般性的监管机构的监管，又要有对金融服务养老专门性的监管机构的监管，实现对银行、证券、保险、信托、基金服务养老监管的全覆盖。按照中国人民银行等发布的《关于金融支持养老服务业加快发展的指导意见》，不断完善金融监管政策，加强对银行、证券、信托、基金、保险等金融机构开展养老领域金融组织、产品和服务方式创新的监管。建立由多方主体参与的金融风险治理监督体制，充分发挥各种媒体和金融审计的监督作用，在更广范围实现金融服务养老的规范化和增加其透明度，进而形成更好的养老金融服务的信用。

12.4　对注重发挥金融审计独特监督作用的借鉴

由于金融审计的独特监督作用，西方国家的养老金运作、养老资产投资及养老权益保护、提供养老服务的金融机构、金融服务养老绩效、金融服务养老合规性、金融服务养老相关政策实施，都有或多或少的审计监督。美国、日本、英国、法国、德国、加拿大等国家都对金融服务养老进行了不同的审计监督。注重发挥金融审计的独特监督作用，是不少西方国家金融服务养老的一个重要特点。

12.4.1　金融审计监督的独特功能

在所有的金融监督中，只有审计能够提供独立的具有高度公允性的第三方监督服务。西方发达经济国家的明显特征在于市场化金融服务养老，政府一般不直接参与或者主导金融服务养老业务。这样，为了吸纳更多的参与者，提供养老服务的金融机构需要对自己的资产管理和盈利能力提供公允性的判断，而这个任务是由审计机构承担的。金融审计在参与金融服务养老的过程中，充分发挥了监督作用。

金融机构或养老机构与养老者之间的养老资金往来都要通过银行等中介机构。金融审计与银行等金融机构合作配合，获取这些机构真实的资金状况、财务和风险等信息，都需要它们共同努力。它并不具有第三方独立性，仅作为不同于金融监管部门的直接监管机构，其实际所履行的职能仍然只是金融监管部门的代理人而已。与金融监管不同的是，金融审计的独特功能主要体现在绩效审计、基于法律法规前提下的延伸审计和政策实施跟踪审计上。也就是在法律赋予的审计监督职能下，金融审计可以利用自己独特的审计监督框架体系对金融服务养老进行全面监督。即使没有直接的法律监管制度，金融审计也有众多的审计监管原则、指南、规定和准则，所以，当它依法参照这些内容进行养老服务审计时，也具有法律法规监管的性质，可以弥补法律监管的不足。正是由于审计独特的监督框架，发达国家对养老金融服务的审计监督已经不再局限于合规性审计，而是全方位多角度的审计。在美国，隶属于明尼苏达州立法机构的明尼苏达州立法审计师办公室是一个专业的无党派的审计和评估机构。其内设机构——养老金审计处监督700 多个公共养老金计划的投资、财务收支和精算报告，以确保这些计划遵循州和联邦管理的法令，独立审计师办公室要对诸如明尼阿波利斯雇员退休基金、城市教师退休基金等大的养老金计划的投资业绩进行监督（任治俊和陈学明，2007）。

受利益集团的影响，国外金融服务养老几乎都有金融审计的监督。为了实现不同部门与主管部门之间权限的相互制约，日本为养老基金建立了内控系统。外部审计人员除了会计师以外，还包括由外部专家组成的投资监督委员会。不管什么基金都需要向瑞典政府报告，所审查的所有机构都要向政府提交经审计的年度账目或季度报告。从国外不少国家建立的养老金资产配置监督治理框架来看，除了要求具有明确的立法监管体系外，审计、精算师和社会力量广泛参与，也是加强养老金资产配置治理的必要措施。金融审计在国外金融服务养老运行中发挥了独特的监督作用。

12.4.2　金融服务养老审计监督内容

金融审计是审计机关依据法律、法规和政策规定，对相关金融等进行的审计监督（江世银，2019b）。作为经济金融监督的手段和方法，金融审计呈现出与其他监督不同的特点。通过对提供养老服务的金融机构的审计监督，金融审计所发现的问题为相关监督机构或政府管理部门的管理提供了重要的参考依据，让金融机构注重金融风险防范并确保金融服务养老的安全与稳定。西方发达国家既按照审计监督的国际惯例和准则进行审计，同时又制订适用于养老资金监管的核心原则和具体的监管行为准则，包括审计监督的准则和行为规范。即便是审计监管水平较高的美国，也特别强调自身的审计风险，审计署为了规避可能发生的审计风险，制订了规避和通过保险转嫁审计风险的工作规范，要求制定有自信的保险决策，遵守国家法律（王玉芳和吴传俭，2018）。

西方国家都较为重视金融服务养老的风险审计。作为其内部控制和核查制度的一部分，所有接受检查的金融机构都接受外部审计，其中许多机构为促进这一进程设立了特别职能，如内部审计员、指定精算师、首席风险干事、监管人和风险防范机构。美国税务局及审计机构对个人养老储蓄计划发起者进行审计，全程监督养老金计划规则的执行情况。在养老保险的多层次体系中，个人储蓄激励计划也是一项重要的内容，它与税收优惠的激励方式不同，是一种典型的所得税延迟激励措施，因而审计监管主要关注税收政策执行的合理性、是否存在逃税和过度储蓄等问题。对过度利用或违规利用的问题，提出审计监管整改意见，并提出调整税收政策的审计建议（王玉芳和吴传俭，2018）。一个非常突出的特点是，俄罗斯养老金资产配置需要国家审计进行审计监督。俄罗斯每年对资产管理公司和存托人进行金融服务养老资金的审计，由独立审计人或一家国家审计机构进行审计。这是很有特色的金融服务养老监督模式。正是由于审计监督的作用，国外金融服务养老的风险比其他金融风险小。

纳入金融审计范围的养老资金或养老资产的审计监督主要是进行合规性审计、绩效审计、经济责任审计和政策实施跟踪审计。在绩效审计比较发达的英国，在养老服务审计监督中，合规性审计业务数量占 70.0%，但绩效审计的资金支出比例却高达 70.0%。在《绩效审计手册》规定的内容和通用技术之下，英国国家审计署和审计委员会开发了很多进行绩效审计的工具，体现在绩效审计技术和方法的专用指南、框架和指标中，以方便审计人员在审计实践中操作。众多的绩效工作指南、可持续性的绩效审计指南、综合绩效评估框架等对养老资金、养老资产监督发挥了重要的作用。英国对养老保险的审计要点主要包括：养老保险监管机构的履职情况，养老保险基金的征收、管理、投资和分配。除了审计是否存在违法问题和养老金错发问题以外，金融审计也更加关注会计报表的编制情况（王玉芳和吴传俭，2018）。在养老服务方面，德国采取审计鉴证与信用评价相结合的审计监督方式。

由此可见，西方发达经济国家的审计监督，更加关注养老金的可持续发展及资产配置阶段的保值增值效果。金融服务养老审计主要关注三个方面的内容。一是养老金的错误发放问题。针对这个问题，英国审计署有专门针对社保系统复杂性的审计，出具财务审计报告，对养老保险政策提出了改进建议。二是老年人是否获得了应有的养老服务。他们是否得到了服务回报，面临的风险及投诉情况、与他们的沟通方式等，是审计关注的重点。三是养老保险管理体制和机构改革的效果。审计机构重点关注这些体制和机构所提供的养老服务情况及面临的潜在风险等。金融服务养老审计能够及时发现问题，促进有关机构加强管理，防止损害养老者利益的行为发生。

大多数监管机构或管理机构都设立了专家委员会，目的是在具体问题上与管理层更密切地合作，负责专门业务的咨询。进行养老服务管理的董事会必须成立投资委员会与审计委员会。有的国家的养老服务管理机构成立了一个管理委员会、一个审计委员会、一个自留风险和偿付能力评估委员会。新加坡中央公积金局成立了多个委员会，包括行政、审计、财务、投标委员会，强积金改革问题工作小组，以及最低和最高关联收入水平调整机制审查工作小组。还有的国家成立了风险管理委员会、审计委员会等机构。法国储备基金监管理事会根据执行机构的建议，任命独立审计师对基金运作绩效进行审计。可见，金融服务养老的审计监督内容是非常丰富的。可以预见的是，未来会有越来越多的国家关注金融服务养老的绩效审计和政策实施跟踪审计。

12.4.3　对中国发挥金融服务养老审计监督作用的参考借鉴

从上述可见，国外金融服务养老普遍进行审计并充分发挥它的监督作用，实现了金融服务养老监督的全覆盖，将审计作为金融服务养老的重要监督内容。美国、日本、法国、德国、俄罗斯、加拿大、新加坡等国都进行了相应的金融服务养老审计。

（1）充分发挥金融审计对金融服务养老活动的监督作用。在金融服务养老体系中，国外在政府机关普遍设立监管机构，以及具有政府背景的半官方监管机构，因而与审计监督往往在职能交叉上存在多重问题。但审计的重要性显然是由其独特的审计监督职能决定的。审计机构不仅能够按照相关要求独立进行金融服务养老的监督，而且还能够代表国家权力对监管部门和被监管部门进行审计，从而提供更加公允的审计监督服务。一些国家在金融服务养老中主动购买审计服务，获得公允鉴证服务。另外，审计还具有职能上的延伸性，可对参与金融服务养老的待遇资格进行审核，甚至可以延伸到家庭财富审查或调查中。绩效审计重点关注监管部门关注的财务合规性问题，反过来更好地促进政策和法规的完善。在加快金融服务养老发展的过程中，中国可以借鉴国外的经验，充分利用金融审计的监督职能，广泛监督金融服务养老活动。各类金融服务机构自觉接受和积极利用审计监督，吸引更多的老年人选择适合自己的养老服务业务，更好地满足老年人的养老服务需求。

（2）实现金融服务养老审计的全覆盖。完善金融服务养老审计监督，金融审计需要实现相应的转变。一方面，从被动审计转到积极寻求审计。传统的审计被认为是一种对违规单位或者违法行为的审查，难以形成信用和投资收益能力的审计监督机制。对于美国和德国等的以商业化运营的养老保险体系，各银行、保险公司和资产配置公司，为了吸引更多的投保人和投资人，往往会主动寻找社会审计机构对其经营状况进行全方位审计，以充分发挥审计的外部监督作用。英国开展的绩效审计也非常有特色。由于中国的养老保险还停留在基础养老金阶段，而且资产配置主要由全国社会保障基金理事会统一管理，在审计监督上还处于被动接受审计阶段。未来的金融服务养老审计监督，应该从被动审计转向积极寻求各类审计服务，既让养老者及其子女放心，同时也有助于促进金融服务养老业务的开展，为老年人提供更多更好的养老服务。另一方面，从合规性审计监督转到可持续审计监督。金融审计既注重涉及养老服务的资金管理者的任期经济责任审计，又进行金融服务养老政策实施跟踪审计。从当前的金融服务养老审计内容看，我国审计主要还停留在对养老金征收、管理和使用的合规性问题层面，尚未涉及投资的可持续审计内容。然而，诸如英美等审计水平较高的国家，已经开始关注养老金投资的可持续性审计。一些西方国家非常注重养老资金与养老资产的审计监督，全程跟踪资金的流入、流出，全面监督养老资产的运行情况。此外，从资金、资产的审计转到既包含资金资产又包含政策实施跟踪的全面审计。金融服务养老既要审计养老资金、养老资产的投资、运营、管理、效益情况，又要进行政策实施全程跟踪审计；既要审计提供养老服务的金融机构与养老机构，又要审计金融服务养老监管机构，实现金融服务养老审计的全覆盖。

总之，要借鉴国外金融服务养老审计监督经验，充分发挥金融审计对金融服务养老活动的监督作用，实现金融服务养老审计的全覆盖，为金融服务养老建立起一道外部防火墙。实现金融服务养老审计的全覆盖，是走有中国特色的金融服务养老的正确之路。

12.5　依法对金融服务养老进行监管的借鉴

金融服务养老离不开对金融服务养老的监管。发达经济体的养老服务体系较为完善，大部分都是通过立法先行的方式建立的，因而对金融机构参与社会保障资金（养老金）的资产配置管理，有非常严格的法律监管。依法对金融服务养老进行监管，包括建立起与金融服务养老相适应的法律监管体系，确保所有服务养老的金融机构在法制框架内运营，依法明确各监管主体的责任边界。依法进行金融服务养老的监管，使国外金融服务养老发展获得了法律的保障。

12.5.1　建立起与金融服务养老相适应的法律监管体系

国外对金融服务养老依法进行监管，建立起了与金融服务养老相适应的法律监管体系。《银行法》《英格兰银行法》《金融服务法》《银行法案》等的出台，使英国金融服务养老被纳入依法监管中。2013 年，新《金融服务法》的诞生标志着新的金融监管体制的形成，英国逐步建立起了包括金融服务养老在内的金融法律监管体系。

德国以法律为基础，主要根据《欧盟金融集团指令》进行监管。该法律经过不断的修改，最终形成了相对成熟的金融监管规定，成为德国金融监管的重要法律依据。《德意志联邦银行法》《证券收购和兼并法》《第四部金融市场促进法案》等为德国养老金资产配置提供了法律监管保障。此后，德国的证券监管局根据需要进行了一些改革。联邦金融监管职责加强了对市场操纵的监管。如果员工进行交易，需要报告相关信息，目的是监管机构可以监督他们披露的信息。如果相关人员滥用职权制造虚假消息或披露不实信息，将会受到严厉的处罚。后来，德国一直按照相关的法律监管体系监管金融服务养老，在养老服务方面取得了很大的成绩。《社会保障法》《超级年金行业监督法》《超级年金保证法》《信托法》《税法》共同构成了澳大利亚超级年金投资运营监管的法律法规体系。同英国、德国和澳大利亚一样，其他国家的金融服务养老都有法律监管体系的有效保证。

12.5.2　确保所有服务养老的金融机构在法制框架内运营

不管是什么样的金融机构，只要涉及养老服务，都需要在法制框架下运营。例如，尽管第三支柱养老资金及资产配置比较灵活，但美国提供的养老服务机构也必须在法律框架内运营。有关养老投资的养老证券机构是由证券交易委员会和州证券监管部门共同监管的。州保险部门对保险产品销售具有管辖权，同时，银行受美国货币监理署及州银行监管机构的监管。凡是进行这样的活动都要受相关法律法规的约束。美国以证券法律法规和规章制度为依据，通过全面的电子数据收集、分析和检索数据库，为养老证券投资者提供定期财务报告。由于美国金融服务养老规模是相当大的，涉及多方利益，所以它的监管是相当严格的。涉及养老的资金用于投资特定类别产品的，在法律许可下受到严格的监管。国外几乎不存在脱离法律框架的金融服务养老活动。

12.5.3　依法明确各监管主体的责任边界

随着人口老龄化程度的日益严峻，世界各国都普遍重视发挥各类金融机构的养老功能和提供的养老服务，既包括银行等传统金融机构，也包括各种新兴的投资管理机构等。但由于养老服务是在制度和政策作用之下的特殊金融业务，特别需要明确政府各部门与监管主体的责任边界，以防止因政府对养老服务活动的过度干预而降低监管效率甚至使监管失效。

除了联邦法律外，美国各州都有自己的法律法规，可为本州的保险公司提供法律监督保障。美国伊利诺伊州对州养老金的金融支持债务脆弱性设置了明确的监管范围，以避免政府对金融机构的养老金资产管理做出过度行政干预。只有获得法律许可的各种保险才能交易。除了《雇员退休收入保障法案》外，美国监管机构还监管计划资产投资的公开披露和报告是否符合法律要求。私人养老金在某种程度上已成为美国金融稳定的基石。所以，对各种金融服务养老产品进行的监督都受到各种法律法规的约束。

12.5.4　对中国依法进行金融服务养老监管的参考借鉴

国外大多数国家的金融服务养老通过法律法规给予保障。它为中国金融服务养老提供了重要的经验和启示。进行金融服务养老还要加快立法并不断完善监管体制，并且尽可能依法进行监管，以形成有效的监管并成为监管的法律依据。中国的金融服务养老发展需要加快立法，金融服务养老也需要加强依法监管。对金融服务养老监管立法要贯彻以保障老年人根本利益为唯一目的的原则。有了立法保护，才有金融服务养老违法的执法依据。美国三支柱的监管表明，公共养老金资产配置体现了安全性原则和私营养老金投资体现了收益性原则。这些原则都是为了保护老年人的根本利益，是值得中国借鉴和参考的经验。法律规定，日本老年人享有养老金、医疗保障和介护保险等三种保障，各种保险使得老年人在晚年有了很好的生活保障。中国的养老基金作为养命钱，对其进行监管的目的就是保障正在养老或即将养老的人们的利益，监管立法始终遵循这一原则。其他金融服务养老，也必须在法律法规的允许及保障下开展，更不用说其监管了。金融服务养老的依法运行是中国金融服务养老的有效途径。

除了以上启示外，国外时间银行储蓄模式、社区金融养老模式都有其适用的范围与条件，美国防止养老金中断的临时贷款计划实施、政府担保中的无追偿权做法、政府购买审计服务获得公允鉴证服务养老操作，对于走有中国特色的金融服务养老路子都有发人深省的启示。限于篇幅，本书只是提及。

从金融服务养老的国际经验来看，各国有各国的养老情况，各国有各国的金融服务供给，因而各国有各国的金融服务养老实际。国外金融服务养老的实践为中国开展金融服务养老提供了众多的启示和参考借鉴。国外金融服务养老相机进行金融服务养老预期引导和调节、合理控制金融服务养老风险、不断完善金融服务养老监管体制、注重发挥金融审计的独特监督作用、依法对金融服务养老进行有效监管等启示，为走有中国特色金融服务养老路径提供了重要的参考借鉴。只有遵循金融服务养老的国际惯例并结合中国老龄化突出问题，才能在老年人口规模大、增长快，人们富裕程度和应对老龄化准备程度都不充分的实际情况下，走出一条有中国特色的金融服务养老路子来。

第四部分　金融服务养老运行、风险防范与监管问题研究

本部分主要研究金融服务养老运行、风险防范与监管问题。金融服务养老的运行是有波动的。它的良性运行和协调发展有利于宏观经济的正常运行和金融服务养老的发展。风险在金融服务养老中是无时不有、无处不在的。加强风险防范和金融监管是金融服务养老持续、快速、健康发展的保证。通过对金融服务养老运行、风险防范与监管问题进行研究，利用实证分析，可以从中找出其存在的问题，为实现金融服务养老的中国路径打下基础。

第13章 金融服务养老运行、风险防范与监管问题概述

推动金融服务养老发展，对于老年人的养老生活十分重要。老年人需要机构为其提供各种有针对性的金融服务。但是，受许多因素的影响，除了金融服务养老创新问题，体制机制问题和审计监督、法律保障问题外，金融服务养老还随时可能会出现供求失衡问题、风险防范问题和监管问题等各种各样的问题。为了促进金融服务养老事业的发展，本部分主要研究金融服务养老运行、风险防范与监管等各种问题。

13.1 金融服务养老运行问题

同宏观经济的运行一样，金融服务养老的运行也是有波动的。它的良性运行和协调发展有利于宏观经济的正常运行和金融服务养老的发展。受许多因素的影响，金融服务养老可能出现供不应求、供过于求，还可能出现供求大体平衡。稳定的金融服务养老运行对养老者及其家属、金融机构、政府和社会都是十分有利的。

13.1.1 影响金融服务养老运行的因素

金融服务养老运行受众多因素的影响和制约。风险、预期收益、养老者的积蓄、流动性、参与意愿、经济金融的发展状况和外部经济环境等都在不同的范围、不同的领域、不同的方面、不同的程度上影响着金融服务养老的运行。其中，风

险、预期收益和养老者的积蓄是影响金融服务养老运行的主要因素。

（1）风险。老年人的金融服务需求与非老年人的普通银行业务服务需求是有很大差异的。作为特殊群体，老年人非常注重金融服务养老的安全性、流动性、收益性和稳定性。几乎所有的老年人都是风险厌恶者。与确定性损失和在冒着更大损失风险时所期望出现不损失可能的侥幸心理不同，他们进行金融服务养老投资，首先考虑的是安全性，其次是收益性，最后才是流动性。并且他们参与活动首先考虑的就是有无风险、风险在哪里、有多大的风险、能不能规避风险和如何规避风险等问题。基于此，他们更倾向于选择养老储蓄、国债等风险较低的金融产品。

一些金融机构在提供养老服务时既没有考虑到个体的差异对风险的不同承受能力，又没有考虑到金融市场的变化及波动所带来的影响。它们没有根据金融市场的波动进行动态调整，这就会导致出现很大的金融服务养老风险。金融服务养老可能出现投资风险，这种风险是在投资过程中因决策的失误或经济周期的变化、利率的波动、政策的调整等所造成的收益不确定的风险。虽然提供养老服务的银行、证券、保险、信托、基金等金融机构可以实现资源、信息、数据等的共享和优势互补，但也增加了其组织机构的复杂性，容易因养老资金管理不当进而导致产生投资失误、出现内部关联交易等问题，在监管不到位的情况下增大金融服务养老风险的程度。一些金融机构在营销中掩盖了理财产品中的风险。在日常的业务活动中，它们也没有针对老年人的理财知识进行风险宣传活动。这在很大程度上影响了金融服务养老的开展。老年人往往将参与金融服务养老的安全性放在首要位置。所以，风险是影响金融服务养老运行的首要因素。

（2）预期收益。预期收益对金融活动具有重要的影响。它是指投资者预先垫付实物或资金，在未来获得的经济收益。它是比所付出的成本高出的预期部分，实际发生的可能与预期的相同，也可能不同。不管从什么角度去进行分析，对收益进行预期的实质都是投资者为了获取更多的经济利益（江世银，2005a）。高的预期收益能吸引养老者参与金融服务养老活动。养老者之所以参与金融服务养老，就是为了获得更多的预期收益从而使养老生活更好。预期收益有保障，金融服务养老就运行良好。没有预期收益或不能实现预期收益，金融服务养老参与者就会退出这一过程。预期收益的损失带来的苦恼常常大于预期收益的获得带来的喜悦。能否实现预期收益是影响金融服务养老运行的基本因素。

一般说来，养老者的预期收益往往大于实际收益，由此形成不良的预期。预期收益的实现程度可以反映金融服务养老的运行情况。能够实现预期收益的金融服务养老运行通常是良好的。难以实现预期收益的金融服务养老运行通常会出现波动或不良现象。这里的预期收益既包括养老者的预期收益，又包括提供服务养老的金融机构的预期收益；既包括提供服务的养老机构的预期收益，又包括监管者的预期收益。涉及各方利益的养老机构及其人员都有各自的预期收益。不同的利益方在不同的时间有着不同的预期收益。各方的预期收益也是变化的，没有一成不变的预期收益。研究金融服务养老运行中的预期收益一般都是研究养老者的预期收益。他们参与金融服务养老，因此他们就是在付出一定成本后获得预期收益。其他的养老资金或资产管理公司，银行、证券、保险、信托和基金机构，提供服务的养老机构等都是为养老者提供服务的。虽然它们也有预期收益，但本章研究的是金融服务养老对象所获得的预期收益，见图 13-1。

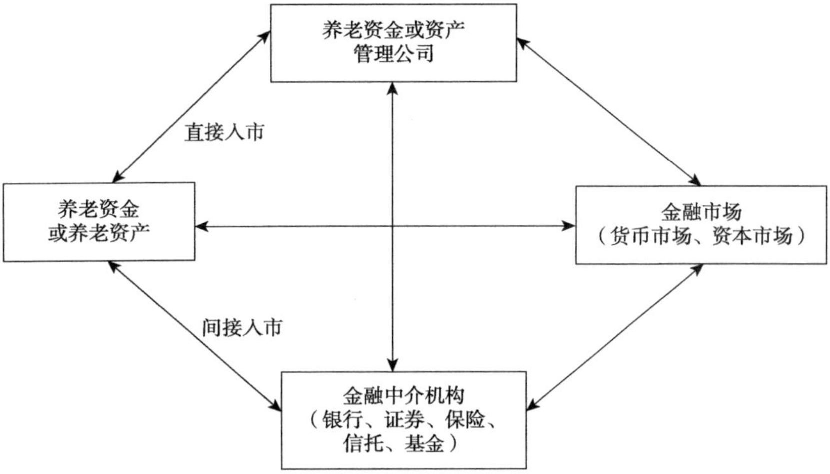

图 13-1　养老资金或养老资产的入市

（3）养老者的积蓄。金融服务是与养老需求者终身理财、退休后的收入保障相关的金融服务。其中，养老者的储蓄可能是他们退休以后的养老生活费。养老者的积蓄是参与金融服务养老的物质基础。养老者的积蓄来源于养老前（劳动时期）所获得的供养老的资金、资产或权益。有的养老者积蓄多，有的养老者积蓄少。有的养老者拥有多种可供养老的资产，有的养老者仅拥有一种能养老的资产，有的甚至根本没有任何积蓄。如果养老者没有任何积蓄，又没有其他养老资金或养老资产等财富，就谈不上参与金融服务养老。养老者的积蓄越多，参与金融服务养老获得的收益可能会越多。

（4）流动性。参与金融服务养老的老年人对养老股票、养老债券、养老信托或养老基金等金融产品不太感兴趣。在安全性、流动性与收益性之间，除了安全性外，他们最在意的就是流动性。出于对生活便利支出、健康和意外的考虑，他们都会要求养老资金具有较强的流动性。对于养老资产，他们也有同样的考虑。是否具有流动性、具有多强的流动性等，是养老者参与金融服务养老的重要影响因素。保持安全性也需要养老资金或养老资产具有较强的流动性。越有流动性的养老服务越受到养老者的欢迎，流动性越小的养老服务越不受欢迎。这是因为“天有不测风云，人有旦夕祸福”。养老者的健康状况直接影响着他们对养老资金或养老资产流动性的需求程度。养老资金或养老资产能否及时流动是影响金融服务养老运行的重要因素。

（5）参与意愿。金融服务养老发展较为滞后，既有政策的原因，也有产品和服务的原因，还有老年人参与意愿的原因。对老年人来说，生活中处处有金融需求。老年人收入水平的提高增加了金融服务养老的需求，但是否参与金融服务养老还受老年人的参与意愿的影响。老年人在做出和养老相关的决策时总是面临着参与意愿、安全性、流动性、收益性等诸多影响因素，难以做出最优的选择。他们可能会面临不少问题，如缺乏长期规划（短期行为明显）和基本的金融常识、不了解相关的金融产品和服务、忽视预期寿命和长寿风险、盲从心理普遍、缺乏自信与主见和容易上当受骗等。

参与金融服务养老的养老需求者多数属于被动式参与，主要是因为他们不完全了解相关的技术与市场走势，一般都是听从儿女、其他亲属、朋友、专家、相关经营机构和媒体的推荐和建议，所以，养老需求者参与金融服务养老的意愿受外界影响较大。养老需求者有不同的心理预期，且对不同的账户风险的态度也是不同的。对于风险性金融资产，他们具有较强的风险厌恶特点；对于安全性较好的资产，他们具有较弱的风险厌恶特点。可见，他们对同等程度的收益和损失的态度是不同的。

（6）经济金融的发展状况。经济金融的发展是金融服务养老产生和发展的重要条件。经济越发达，金融越活跃，金融服务养老的提供者与参与者将越多。经济越发达，人们的收入越高，在消费之后还能考虑养老的问题，参与金融服务养老的可能性越大。金融活跃，为金融服务养老提供了资金融通的便利条件。发达的经济、金融有利于金融服务养老的发展。也可以说，金融服务养老是随着经济、金融的发展而发展的。在某种程度上，经济金融的发展状况决定着金融服务养老的发展状况和水平。

（7）外部经济环境。外部经济环境是处于上行还是下行状态，对金融服务养老的影响较大。当经济处于上行时，金融服务养老需求与供给都较旺盛。这时全社会的预期，特别是养老者的预期看好，参与金融服务养老的人员较多，所提供养老服务的金融机构或养老机构也较多，对金融服务养老的监管也较为轻松。当经济处于下行时，金融服务养老可能会供求失衡，主要表现为需求不足。由于经济不景气，全社会预期不看好，可能还会存在风险隐患。良好的外部经济环境有利于金融服务养老的发展。

由此可见，金融服务养老运行受许多因素的影响和制约。金融服务养老运行之所以可能会出现波动，是因为这些因素综合作用的结果。保持金融服务养老的良性运行和协调发展，需要采取措施减少风险、增加预期收益和提高老年人的参与意愿。

13.1.2　金融服务养老的均衡运行与非均衡运行

金融服务养老运行通常会出现供不应求、供过于求和供求大体平衡三种情况。每种情况都有其具体的表现和特征。研究金融服务养老，就是要用来指导实践，努力克服供不应求、供过于求，力争实现供求的大体平衡。

（1）供不应求。金融服务养老运行可能会出现供不应求的状况，也就是说金融机构提供的养老产品或服务不能满足养老者的需求。这种需求一方面是量的需求，另一方面是质的需求。量的需求主要表现为金融机构所提供的服务量的不足，质的需求主要表现为养老者要求养老生活质量不断改善。特别是老龄化问题日益严重及呈现加速发展的态势，为了更好地过上养老生活，越来越多的老年人都有参与金融服务养老的意愿。养老者通过养老资金、养老资产或养老权益进行投资理财，为其自身获得各种各样的金融服务，由此过上体面或美好的养老生活。虽然金融机构及相关的养老机构在不断地创新，不断地提供养老所需要的养老产品或服务，但是，金融机构等仍不能及时有效地向养老者提供这些产品和服务，金融监管部门不能提供制度保证，政府管理部门不能相应地提供相关的政策支持。这就是金融服务养老的供不应求问题。

（2）供过于求。金融服务养老运行也可能会出现供过于求的状况，也就是说金融机构提供的养老产品或服务超过养老者的需求。特别是，养老者需要支付成本，面临不确定性和投资风险，难以保证预期收益，导致他们参与金融服务养老的意愿不高。尽管金融机构不断地推出大量的金融创新产品和服务，但养老者对这方面的需求不旺盛，出现供过于求。

（3）供求大体平衡。金融服务养老运行还可能会出现供求大体平衡的状况，也就是说金融机构提供的养老产品或服务能满足养老的需求，养老者也基本能获得满足。金融服务养老运行没有出现供不应求或供过于求的状况，而是大体平衡。这种状况在经济相对平稳时期较为明显。

金融服务养老供求大体平衡既有利于宏观经济的稳定，又有利于金融服务养老活动的正常开展。由于人口老龄化带来的问题增多及越来越多的人们参与金融服务养老活动，涉及这方面的资金运行越来越多，金融服务养老供求大体平衡为宏观经济的总量平衡提供了前提和基础。如果这方面出现失衡，宏观经济运行或多或少地会受到影响。金融服务养老供求大体平衡还有利于金融服务养老活动的正常开展。如果供求不平衡，养老者就无法根据他们的需要进行选择。在供求平衡的条件下，养老者积极参与金融服务养老活动。他们能根据自身的情况进行各种不同的投资活动，享受各种不同的服务所带来的好处。

13.1.3 老龄化陷阱问题

随着老龄化问题的严重，落叶难以归根，一系列的老龄化难题陷入泥潭，很可能出现老龄化陷阱。所谓老龄化陷阱，是指出生率不断下降，人口结构不断老龄化，甚至整个经济都要靠外来的年轻移民来支撑的状态。它与经济、社会紧密相关，不仅影响个人、家庭，而且还会影响生活质量和社会稳定。

（1）人口老龄化是一个自然渐变的过程。与西方发达国家不同，中国人口老龄化进程与城市化、工业化及经济发展程度不同步，社会物质财富积累和精神文明程度、养老服务体系、社会保险水平还远没有准备好，即未富先老（尤元文，2015）。随着人口老龄化进程的加快，养老危机来临的速度可以用空前绝后来形容。总体来说，在一个国家或经济体进入中等收入后，由于经济减速等原因，会带来很多问题，中等收入陷阱[①]就是这样的结果。中国的人口在 21 世纪 20 年代后已出现很大幅度减少的情况。到 2030 年，中国老龄化人口将达到高峰，养老问题会更加突出。同时，这也将导致出现老龄化退休人口锐增问题。

（2）老年人的金融服务有别于其他人群的金融服务。由于生理、心理和经济等原因，他们是一个非常特殊的金融服务群体。如果处理得不好，有可能出现类似于经济发展中的中等收入陷阱的老龄化陷阱。在老龄化陷阱情况下，老年人不在劳动力供给阶段，而且人口是年轻人口的倍数。当退出劳动力供给阶段的老年人越来越多的时候，劳动的人就越来越少了。在一个经济体中，储蓄的人越来越少，就会导致人均资本的下降。不管是中等收入陷阱还是老龄化陷阱，对经济社会的不利影响都是十分明显的。

（3）老龄化陷阱是未富先老、未备先老的结果。在人口老龄化快速发展时期，如果经济发达、社会进步、收入水平高、养老储蓄多，或者有充分的养老准备，是不会出现老龄化陷阱的。经济本身较为落后，人们的收入低、储蓄少，老龄人口多且增长迅速，在发展到一定阶段后就可能会出现老龄化陷阱。所以，老龄化陷阱的特点是：经济落后，人们的收入低、储蓄少，老龄人口多，老龄化速度快，老年人缺少养老生活的保证，养老问题越来越突出，养老者缺少生活信心，有时

---

① 中等收入陷阱指中等收入的经济体在成功跻身为高收入国家后，往往会陷入经济增长的停滞期，既无法在工资方面与低收入国家竞争，又无法在尖端技术研制方面与富裕国家竞争。中等收入陷阱具有经济增长回落或停滞、就业困难、分配不公、贫富分化、金融体系脆弱、过度城市化、社会公共服务短缺、社会保障体系不健全、民主乱象、腐败多发、社会动荡、信仰缺失等特征。

还会引发养老恐慌。中国的人口老龄化呈现出速度快、空巢化、未富先老等特点，将使中国遭遇人口结构失衡、劳动力供给减少、赡养老年人口增多、中青年人口负担重等危机，并引发多种社会问题（尤元文，2015）。老龄化陷阱是一定经济社会发展的必然结果。

（4）老龄化的宏观影响基本上是弊大于利的。年轻人越来越少，人口增速也在下降。老年人需要的尿片的数量超过了婴儿。中国人口在迅速变老。在老龄化陷阱条件下，社会的劳动力供给不足，抚养比大，经济发展缓慢，社会进步困难。由于"未备先老"，在很大程度上将对经济、社会和政治稳定形成巨大压力（尤元文和秦绪强，2020）。有的老年人可能会悲观失望，发出"老了不中用了，老了没有用了"的感叹，苦了一生没有美好的老年生活。

老龄化陷阱问题是在人口老龄化问题严重、不富有、没有充分准备的情况下的养老问题。如同其他陷阱问题一样，如果处理得不好，不仅会影响老年人的晚年生活，而且还会影响其子女的养老责任与义务，影响整个社会的和谐与稳定。

13.2 金融服务养老风险防范问题

金融活动是高风险活动，金融行业是高风险行业，凡是参与金融活动，都不可避免地会出现风险。金融服务养老同样如此，在某种程度上更厉害，一旦出现难以避免的风险，金融服务养老就不但会影响老年人的养老生活，而且会影响全社会的人心和稳定。金融服务养老的风险在于参与服务的养老者的收益受损的可能性。不少金融机构不断开发金融服务养老新产品和提供新服务。这些机构不仅较少考虑这些产品是否能够满足老年人的服务需求，而且也忽略了老年人的风险承受能力，因而这些新产品市场需求不旺。

13.2.1 个人银行养老储蓄风险

个人银行养老储蓄风险主要是银行可能发生的支付困难或信用风险。它是安全性最高、收益最低、流动性最好的投资方式。但是，在经济不景气时期或金融危机时期，提供养老服务的银行经营困难，可能不能按时支付或足额支付养老者因生活需要所进行的提款。一般说来，这种风险发生的概率较小，但它是存在的。在银行出现经营困难特别是面临破产时，政府会为稳定社会而进行救助，让银行渡过暂时的难关。可以说，这种风险是相对较小的。所以，养老者比较喜欢这种养老服务方式。

随着个人收入的增加，银行养老存款在资金管理中所占的比重逐渐下降。从资金使用效率来看，虽然个人银行养老储蓄相对于其他投资管理方式而言风险较低，但其资金利用效率也较低。受经济外部环境和条件的影响，银行在经济不景气时期出现的经营困难也会影响养老储蓄服务。与其他方式相比，正常收入的人们可以通过金融市场为退休积累储蓄。然而，"实际"的固定收入债券只会使这样的储户避免不确定的通货膨胀，它们保证不了储户面临的实际生活水平提高所带来的风险（默顿，2013）。这说明，个人银行养老储蓄是存在风险的。

13.2.2 商业养老保险风险

商业养老保险风险主要是经营这方面的养老保险机构因外部经济环境的影响和内部管理问题而不能按时支付或足额支付养老者所进行的投保收益。也就是说，基于保费缴纳自愿原则，投保人根据自身需要及承受能力，按照保险合同领取养老金。虽然保险公司的资金运作很谨慎，保险资金主要用于买债券、存银行，较少部分投资在股市及一些不动产上面，而且还有政府兜底，但这并不能表明它就没有风险，只不过是把风险分散化了。商业养老保险具有长期性的特点，投保人必须先履行义务，而保险人承担义务和责任的时间长且具有不确定性，由此给投保人带来风险。这些风险不仅种类多，而且也非常大。与其他保险相比，商业养老保险分摊风险的范围大、效率高，但是，与社会保险相比，它的价格较高，且面临较大的不确定性。出现这样的结果会使养老者的基本生活受到影响，因为这是养老保险出现的风险，虽然小，但比其他保险的风险影响都大。在很多情况下，商业养老保险资金是老年人的养老钱，防范这种风险是非常必要的。

13.2.3 养老股票投资风险

养老股票投资是从储蓄养老到投资养老迈出的最大步。它在金融服务养老中发挥着越来越重要的作用。不过，养老股票投资是高风险活动。有时，投资养老股票不仅不能获得预期收益，而且还可能失去本金。人口老龄化情况下，居民的股票投资将会上升，居民风险资产主要由股票和借出款构成，这两者的比例将大大超过基金和理财产品，使得整体投资风险上升（卢亚娟等，2018a）。如果养老者将养老资金都投资于养老股票，这种风险可能大到使他们完全失去基本生活保障。所以，除了入市需谨慎外，养老股票投资也是监管部门监管的重要领域。

13.2.4 养老债券投资风险

养老债券投资风险不如养老股票投资风险大。它的收益较为稳定，风险相对较小。但这并不能认为它就没有风险。它可能会出现利率风险、市场风险和通货膨胀风险等。利率的上升导致收益的减少。市场波动导致养老信托受损。通货膨胀的出现使养老信托资金或资产贬值等。这些风险使得养老资金或资产等财富贬值，从而影响养老者的养老生活。于是，如何稳定利率的过大变化，减少市场波动变化及控制通货膨胀等所带来的风险是债券服务养老风险防范的重要方面。

13.2.5 养老信托投资风险

不同种类的养老信托形式可以满足不同的养老需要。信托投资的目的是获得稳定的收益和减少风险。它涉及养老受托人、管理人和投资管理人等。养老信托投资风险主要源于养老者在支付或委托支付了信托基金后没有被完全兑付收益而出现风险。因此，参与各方都要尽力防范或化解风险。提前预测信托是否能获得预期的回报、养老基金信托面临哪些风险、有多大的风险、如何防范或化解这些风险等都是养老信托投资风险分析的重要内容。

13.2.6 养老基金投资风险

养老基金的风险存在于基金筹集、投资运营和支付兑现中。一个完整的养老基金投资风险防范包括养老基金投资风险监测与预警等。正是由于养老基金可能会出现风险，养老者希望通过优化投资组合来尽量减少投资过程中的风险和不确定性。

风险意味着机会，是创新的动力，能够带来新的生活方式，但也会带来损失。这就需要老年人考虑自身承担遭受损失的责任和如何进行风险防范。金融服务养老的主体是老年人，他们由于身体和收入的原因，经受不了市场波动，更需要注意将金融服务养老风险防范贯穿于整个服务过程中。

13.3 金融服务养老监管问题

金融风险的存在及其带来的严重后果客观上要求加强金融监管。由于金融服务养老的风险和其他问题，加强对金融服务养老的监管是其内在的必然要求。这些监管包括准入的监管、过程的监管和退出的监管。准入的监管主要是对参与服务养老的金融机构的准入进行监管。也就是说，并不是任何金融机构都可以进行金融养老服务或办理金融服务养老业务，只有具备相应的条件的金融机构才可以提供养老业务。金融服务养老监管是现代金融服务养老运行和风险防范所必不可少的。本着促进金融服务养老产业发展的目的，金融监管机构往往会放松对各类金融服务养老产品和服务的监管，这不仅会导致识别金融服务养老风险困难，而且会因缺少监管经验而出现监管问题。所以，规范金融服务养老还有一个漫长的过程。

13.3.1 投资前的预警不够

金融服务养老的过程就是老年人的养老资金或养老资产进行投资进而获得收益的过程。在获得预期收益的同时，它也面临着各种各样的风险，这就需要金融服务养老监管，而进行监管就需要在事前进行预警。有关部门或金融监管机构有义务告知参与者经济金融状况及变化趋势，金融服务养老的风险及问题，如何参与金融服务养老活动，如何在实现风险最小化、收益最大化的投资组合中进行预警等。投资前的预警是将风险关口前移，避免风险来临时各方措手不及。投资前预警的目的是让老年人提高警惕，防止上当受骗。由于金融服务养老发展的时间不长，投资前的预警还做得十分不够。所以，获得金融服务的养老者常常有上当受骗的感觉，他们没有多少参与的积极性或意愿。

13.3.2 收益的预期引导和调节不及时

金融服务养老的参与者在参与前就有对收益的预期。这种收益预期可能是合理的也可能是不合理的，可能是理性的也可能是不理性的，可能是符合实际的也可能是不符合实际的。总之，金融服务养老的参与者有各种不同的预期。不利于金融服务养老的预期需要引导和调节，有利于其发展的预期需要加以稳定。金融服务养老监管需要进行预期的引导和调节。目前，金融服务养老监管几乎都是制定和实施一些规定，是一种限制性的监管，没有对收益预期的引导和调节，老年人参与金融服务养老只能根据自己的判断进行投资，实际收益与预期收益往往相差甚大。所以，养老者经常出现不合理的、过高的、非理性的预期，这就是收益的预期引导和调节不及时的表现。

13.3.3　投资行为监控不到位

金融服务养老监管需要对养老者的投资行为进行实时监控。金融服务养老监管机构通过信息收集和分析，在职权范围内提供预警，对养老者的投资行为进行必要的监督和控制，全程跟踪金融服务养老过程。仅对养老服务的准入及业务进行监管是不足的。数量监管不但限定了高风险资产的养老投资比例，而且限制了养老投资组合的多元化程度，因而阻碍了金融服务养老投资的效率。由于它对养老投资行为没有进行具体、明确的规定，难免会出现投资管理的道德风险和不谨慎行为。由于部分投资理财机构管理不规范，从业人员的素养还不是很高，所以，时常发生从业人员借投资理财名义行骗敛财的现象。受诸多因素的制约和影响，监管部门没有对金融服务养老投资行为的全程进行监控或存在监管不到位，因此出现风险是难免的。

13.3.4　投资风险防范不严

投资风险以价值投资为主，是以获取高于银行储蓄存款的微小利息收益为目标带来的投资损失性风险。这种投资多为长期投资，以追求长期稳定的收益为目的。金融服务养老投资风险主要以保值、规避风险、降低成本和减少损失为目的，这类投资风险一般小于其他投资风险。尽管如此，它仍然存在着各种各样的风险。有时，这种风险使养老者难以承受或完全不能承受。这就需要进行金融服务养老风险的防范和监管。出现投资风险，要么是投资收益与投资成本付出不成比例，要么是投资收益率低于预期。投资风险防范与投资前的预警不同。从防范的时间来看，投资前的预警是事前的风险防范，投资风险防范是事中的风险防范。金融服务养老的过程也是投资风险防范的过程。老年人由于金融知识不足，一旦做出投资决策并付诸实践，就有可能面临因金融知识不足带来的风险。当风险积累到一定程度时，这种风险可能成为一代人的风险。所以，金融服务养老风险不仅体现为个人风险和家庭风险，更体现为一代人的社会风险。如何防范养老投资风险是各国面临的金融服务养老的重要问题。在人口老龄化问题突出和受金融活动影响大的国家，如何防范养老投资风险更是一个重要的经济社会问题。有的国家采取限制金融服务养老的方式来降低或防范金融风险。有的国家通过加强监管来降低或防范金融风险。有的国家更多通过行政管理手段加强监管。有的国家更多通过经济手段和法律手段加强监管。这说明降低或防范金融风险在不同的国家所采取的监管措施也是有差异的。

13.3.5 监管制度的不健全

在新型金融服务养老等方面，监管制度存在的漏洞与缺陷带来许多问题。官方的金融服务养老活动都缺少监管制度保障，更不用说民间的金融服务养老活动监管制度了。即使是已有的金融服务养老监管制度也不尽合理，既有监管重复的，又有监管真空的，只在形式上监管，并没有实质性的监管，特别是没有一个综合的、统一的金融服务养老监管机构协调各机构之间的监管。

13.3.6 监管内容的创新不足

金融的发展出现金融创新，金融创新带来金融风险，金融风险要求加强金融监管，这是金融发展的内在逻辑。由于老龄化的加快及快速的金融创新，金融服务养老监管的内容也需要不断创新。原有的监管适合当时的金融服务养老情况，情况变化了则需要在监管内容上及时地进行创新。否则，监管的落后可能会制约金融服务养老的快速发展。老年人对有风险的投资行为大多持保守态度。由于没有专门的机构进行专业化的监管，过去的金融服务养老监管都是对基础养老金、金融机构和养老院等的监管。对于养老权属、养老投资类、住房反向抵押贷款保险等的监管还十分不够。特别是对有较高风险的养老股票投资及衍生金融工具的监管非常滞后。

13.3.7 监管手段的使用不合理

金融服务养老监管与其他金融监管存在一些差异，因而其监管手段的使用与其他金融监管手段的使用是不同的。除了经济、法律、行政手段外，其监管还需要采取软的预期心理的管理手段。金融服务养老监管的经济手段主要是利用利率、价格进行监管，法律手段主要是利用政府及监管机构的立法进行监管，行政手段主要是利用金融服务养老制度、规定和金融审计监督进行监管。预期心理的管理手段主要是通过引导和调节参与者的预期、社会舆论等进行监管。一般说来，金融服务养老监管需要综合使用经济手段、法律手段、行政手段和预期心理的管理手段。将不同的监管手段配合使用，可以起到事半功倍的效果。也只有综合使用这些手段才能更好地服务于养老。现有的金融服务养老监管只是分散于各种政策规定中，更多的是行政手段，经济手段和法律手段发挥的作用还极其有限，更不用说预期心理的管理手段了。

13.3.8　监管模式的选择不当

随着个人养老金融资产服务市场的发展与成熟，金融服务养老业务逐渐繁荣。这在客观上需要采取更加适合其发展的模式。发展水平的不同、政治经济制度的差异和监管历史的要求，导致要求选择适合的金融服务养老监管模式。不同的监管模式对金融服务养老的作用和影响是不同的。不区分对金融服务养老的监管与对普通的综合金融监管，适合人口老龄化问题不突出和金融服务养老问题影响不大的国家和时期，将金融服务养老与普通的综合金融进行分业监管，适合人口老龄化问题突出和金融服务养老问题影响大的国家和时期。通常，一个国家选择何种金融服务养老监管模式受多方面因素的作用和影响。从目前世界各国的监管模式来看，绝大多数国家主要通过成立专门的监管机构、制定相关的法律法规进行监管。这些国家的金融服务养老监管主要是对养老金的投资进行监管，由此形成了不同的监管模式，见表 13-1。

表13-1　世界各国金融服务养老监管模式比较

国家	监督部门	监督性质	管理部门
德国	联邦劳动和社会保障部	一般监督	各类金融机构具体管理
法国	社会事务与产业部	一般监督	社会保险和家庭津贴征收联盟与各基金会
英国	社会保障部	一般监督	相关机构及公司管理
瑞典	国家社会保障委员会	一般监督	税收机构收费
瑞士	联邦内政部	一般监督	内政司管理、联邦平衡基金会
美国	卫生与公众服务部	一般监督	税收机构收费、社会保障署支付
日本	厚生省年金局	一般监督	社会保障厅管理

续表

国家	监督部门	监督性质	管理部门
新加坡	劳工部	一般监督	中央储蓄基金会管理
智利	基金管理公司监管委员会	一般监督	管理公司管理个人资本化账户
澳大利亚	国库部保险及养老金管理委员会	一般监督	审计部门抽查管理
新西兰	养老金管理局	专业监督	管理个人账户
加拿大	养老投资管理局	专业监督	计划审查与管理投资相结合
韩国	卫生福利部	专业监督	制订基金发展计划和目标，并监督基金管理
俄罗斯	联邦养老金基金会	专业监督	对投资机构的经营进行监督和评估
意大利	人力资源与健康及社会政策部	专业监督	个人账户积累制
中国	人力资源和社会保障部	专业监督	个人账户管理

资料来源：根据各国养老金资产配置或金融服务养老情况整理而得

从表 13-1 中可以看出，对金融服务养老的监管，既有集中监管的，也有分散监管的。不同的国家、不同的时期，金融服务养老的目标、方式、内容等都有所不同，因而对金融服务养老的监管也有所不同。到目前为止，各国的金融服务养老监管模式各异，需要各国根据自己的情况选择恰当的监管模式。

从国际经验来看，金融服务养老监管还处于实践探索阶段，没有统一的模式和操作模型。中国将提供服务养老的金融产品的种类与机构种类作为划分监管权限的依据，这既有合理性，同时也存在着局限性。金融服务养老是在人口老龄化背景下出现的新兴金融服务行业或产业，有其自身的特点。它同其他国家的金融服务养老一样，都存在着风险问题与监管问题。需要探索适应金融服务养老发展的相关监管模式，只有根据金融机构与其他政府部门提供的不同类型产品和服务实现功能监管与机构监管的有效互补，才能为金融服务养老的发展保驾护航。

13.3.9　监管效率有待提高

高效监管是有效防范风险的前提和基础。没有高效的监管就难以防范风险，这是因为高效监管能有效地防范金融服务养老风险。反过来，有效防范金融服务养老风险有助于金融服务养老监管效率的提高。低效率的监管成本高、收益低，养老者权益难以保护，可能导致参与者对金融服务养老不满意。

金融服务养老机构准入、运营行为和业务的监管通常由专门的金融监管部门实施，主要是为了保护养老者的利益、确保金融服务养老市场健康发展、防范金融服务养老风险。由于监管体制存在问题、监管的方法不科学、监管的手段落后等，金融服务养老监管效率还有待提高。从已有的监督来看，金融服务养老的监管成本高、收益低，监管部门花费了巨大的人力、物力和财力，监管的效果却并不明显。关于这方面的问题，会在第 17 章再专门分析。

从总体来看，金融服务养老存在市场供求问题、风险问题及监管问题。每种问题都有其产生的原因、表现及不良影响。不仅如此，这些问题的影响程度也有不同。只有认清了这些问题，才能采取更有效的措施真正解决中国可能出现的老龄化陷阱问题，并促进金融服务养老持续、快速、健康发展。

第 14 章　金融服务养老供求失衡问题

金融服务养老的供求失衡问题是影响金融服务养老正常发展的重要问题。为了金融服务养老的可持续发展，我们必须着重解决金融服务养老的供求问题，努力使金融服务养老供求均衡。实现金融服务养老的供求均衡发展，不仅对老年人和金融机构、养老机构，而且对金融监管部门和政府相关部门都具有重要的意义。金融服务养老供求问题主要在于需求乏力、供给针对性不强。这在很大程度上制约了金融服务养老的正常发展。根据第 6 章所提出的金融支持理论，金融服务养老需要解决养老投资失衡问题。

14.1　金融服务养老的需求问题

金融服务养老存在着需求不足或需求过旺等问题。不管是需求不足还是需求过旺，都会导致金融服务养老的供求失衡。调查发现，问题主要在于需求乏力，这使金融服务养老受到很大的影响。

14.1.1　需求

需求是在一定的时期和一定的价格水平下，消费者愿意并且能够购买的商品数量。消费欲望与货币支付能力，两者缺一不可。在其他因素不变的情况下，需求显示了价格的变化对消费者所愿意购买商品数量的影响。在某一价格水平下，消费者愿意购买商品的总的数量就是需求量。价格不同，需求量会有所不同。价格高，需求量小；价格低，需求量大。需求与需要密切联系但又存在差异。需要是人们对某种缺少的东西的渴望，是力求获得满足的心理倾向。需求说的是消费者在某种价格水平下所愿意购买商品的总的数量，既需要意愿又需要支付能力。需要就没有考虑支付能力。需要有物质方面的需要，也有精神方面的需要。需求比需要的层次更高。所以，有需要不一定有需求，而需求一定是包含需要的。

需求有消费需求、投资需求、储蓄需求和进口需求等。需求具有层次性。当低级的需求获得满足后，需求主体又会产生更高级的需求。受一些因素的影响，他们的需求可以被明显地放大，也可以被明显地缩小。需求是会随时发生变化的。从长期来看，几乎没有一成不变的需求。对于具有一定资金或资产的需求者来说，一方面，其需求可以被唤起；另一方面，在一定的刺激条件下，他们可以从一种需求转向另一种需求。需求者对生活质量的追求导致了需求的不断变化。需求变化的规律是由低级向高级，由简单到复杂，由追求数量到追求质量，由追求物质上的满足到追求精神文化上的享受，由大众化到个性化，由繁杂到便利的。

许多因素影响和制约需求数量。如果用函数式来表示，则为 $D=f(P, T, I, S, C, E, O)$。需求受商品自身价格（P）、消费者偏好（T）、消费者收入（I）、替代品的价格（S）、互补品的价格（C）、对未来价格的预期（E）和其他因素（O）的影响。在某个时期，某些因素的作用明显。在某个领域，某些因素的作用可能会有局限。宏观经济金融政策的变动、预期与信心等，都对需求有重要的影响。

14.1.2　金融服务养老的需求

需求是市场存在的前提。人口老龄化对市场的影响也是通过需求来实现的。金融服务养老的需求是养老者在金融服务上的需求。它是金融服务养老在需求方面的表现。有资金或资产等养老财富，一般就有金融服务养老的需求。老年人既要消费，又要储蓄和投资。为了养老的需要，他们还需要参与金融服务养老活动，产生了金融服务养老的需求。养老者的金融服务需求多种多样，主要包括基本养老服务需求 D_b、便利结算需求 D_c、专属理财需求 D_f、个性服务需求 D_p、金融学习需求 D_s 和其他服务需求 D_o 等。据此，金融服务养老的总需求有：

$$D_a = D_b + D_c + D_f + D_p + D_s + D_o \tag{14-1}$$

其中，D_a 表示金融服务养老需求。各种金融服务养老的需求的作用是不同的。

（1）基本养老服务需求。养老者不仅有国家养老政策的支持、养老服务监管要求，而且需要有稳定的养老金保障、子女的照顾，这样其养老生活才能基本无忧。在此基础上，如果他们又有金融服务养老收益，那么，就能满足他们的基本养老服务需求。当基本的生存得到满足后，养老者对金融服务养老的认识就越多，也越容易接受它，从而金融服务养老需求越多。

（2）便利结算需求。由于老年人接受新事物不如年轻一代，并且行动相对不便，他们很难接受创新型金融产品和金融服务，而是更加看重金融服务的可操作性，特别是便捷性。由于大多数老年人存在听力差、记忆力下降等问题，提供便利的老年通道、老年专柜、上门服务等人性化设施和服务很有必要。由于行动不便，老年人具有强烈的便利结算需求。他们还需要享受绿色通道、应急支付、便捷支付和安全支付等多项为老年人量身定制的便捷金融服务。

（3）专属理财需求。为了养老生活能有更好的保障，老年人也有投资理财服务方面的需求。他们往往更加注重资产理财的收益性与安全性。投资理财有收益，但风险也随之而生。如果因风险而产生损失，那还不如不理财。于是，在追求养老资金安全的条件下，老年人会更加看重资金的流动性、金融价格与融资成本的合理性和提供特别服务的专属性。从机构来看，他们更乐意与管理规范、口碑好、信誉度高的金融机构合作。同时，老年人对养老保健、医疗健康和长期护理保险等方面需求更为突出，这些成为他们的生活必需品。

（4）个性服务需求。不同年龄段的人群的金融服务养老需求是有差异的。通常，老年人更喜欢具有良好保障功能的金融产品。金融机构向养老需求者提供养老规划、保险、支付结算等金融服务，由此满足他们养老生活的需要。不同的老年人有不同的需要，这需要对老年人进行区别对待，满足他们的个性服务需求，有的老年人侧重于基本生活方面的服务需求，有的老年人侧重于高层次生活方面的服务需求。

（5）金融学习需求。尽管老年人对学习的需求不如年轻人，但他们仍然需要学习。参与金融服务养老活动，他们需要了解什么是金融、金融如何服务养老，即金融能对他们的养老生活提供什么样的服务，金融能对他们提供哪些养老服务等。一般说来，老年人难以适应新事物，有的甚至排斥新事物，对于金融创新所带来的服务的接受往往有一个过程。他们缺少金融知识，并因缺乏金融常识而屡屡上当受骗，所以对新金融服务、产品知识的学习需求是真实客观存在的。

与年轻人不同，老年人对金融服务养老的需求更倾向于保守。第一，受自身的心理、生理、文化影响，老年人偏向储蓄性和保障性的金融产品，喜欢便利性的金融服务。老年人特别厌恶手续烦琐的金融服务。第二，老年人选择金融产品时非常关注其对收益的保证程度。如果收益没有保证，他们不会参与活动。他们喜欢形式较为简单的金融服务。

虽然金融服务养老对于养老者不是唯一的养老选择，但它是养老的重要方面。是否参与金融服务养老对于养老者的养老生活的影响是大不相同的。养儿防老或政府养老金养老是一种较为传统且养老的生活水平有待提高的养老。由于金融服务养老需要支付成本，并非人人都可以任意地决定是否参与。除了能否支付其成本外，还要看是否有意愿参与及参与的程度。金融服务养老的参与程度表明了金融服务养老的弹性。所谓金融服务养老的弹性，就是指金融服务养老支付成本价格与其参与度的比较，即

$$E_{\mathrm{fa}}=\frac{\Delta I_{\mathrm{fa}}}{\Delta \mathrm{CP}_{\mathrm{fa}}} \tag{14-2}$$

其中，E_{fa} 为金融服务养老的弹性；$\Delta \mathrm{CP}_{\mathrm{fa}}$ 为金融服务养老支付成本价格的变化；ΔI_{fa} 为金融服务养老投资的变化。

一般地，如果 $0<E_{\mathrm{fa}}<1$，表明金融服务养老缺少弹性。如果 $E_{\mathrm{fa}}>1$，则表明金融服务养老富有弹性。E_{fa} 越大，其弹性也越大。

通过研究金融服务养老的弹性，可以制定政策使金融更好地服务于养老。对于不同的养老者而言，其获得收益的可能性及拥有养老财富的多少决定了是否具有弹性及弹性的大小。

14.1.3　金融服务养老存在的需求问题

金融服务养老服务面广，能够满足养老者在金融服务上的需求。在过去的几十年中，老年人的金融服务需求在很大程度上被抑制。老年人因养老积累及省吃俭用，他们往往拥有个人银行储蓄，这使得养老者有投资理财的需求。但是，由于身体、心理、经历、认知等方面的原因，老年人作为特殊的金融参与群体真实存在，而金融机构却没有为其提供合适的产品和服务，导致老年人金融服务养老产品和服务的需求不大，金融服务养老还存在许多需求方面的问题。

（1）金融服务养老需求有待提高。从长远来看，金融服务养老取代社会养老是大势所趋。特别是高龄、失智失能和空巢老年人逐年增多，金融服务养老需求问题日益突出。越来越大的老龄人口规模，使金融服务养老存在巨大的潜在需求。但是，银行服务养老却存在产品难以满足养老需求、企业年金覆盖率不高等问题。其他金融机构又存在难以满足养老者的服务需求且难以保证资金安全等问题。养老的短期需求流动性与长期需求资金安全性之间存在矛盾。相当大一部分居民的可支配收入有限，在很大程度上制约了其参与养老服务金融的能力，从而导致金融服务养老需求乏力（董克用和姚余栋，2019）。老年人的养老需求是刚性的，而其他养老需求者的需求存在着变数。如果只是将金融服务养老产品推向市场，而监管与管理没有跟上，那肯定会影响他们的需求。

（2）有限认知抑制了部分金融服务需求。非老年人认知有限，而老年人更是如此。绝大多数老年人对于网上银行、手机银行、自助银行和个人理财等自动化、无形化的服务形式认知有限且不太适应。银行金融教育、宣传没有跟上，导致老

年人对传统金融产品与创新金融产品的认识差距逐步加大。据调查，老年人对金融服务养老是有很大需求的。在养老生活中，需求一方通常是弱势群体。养老者是非专业人士，面对强大的保险公司和银行，合同书都难看懂，更不用说他们在交易市场上的合法权益被保护了。

是什么因素导致了养老需求者的认知有限呢？这既有养老需求者自身的因素，也有提供服务的金融机构和外部环境的因素。相当一部分老年人对手机银行、网上银行、无人银行、自助银行等知之甚少。相比年轻人，老年人具有更保守的金融观念，低风险和高收益难以同时满足，更加限制了老年人的金融服务养老需求。面对复杂的金融服务养老投资环境，老年人不仅缺乏对养老投资风险预警评估的基本金融知识，而且也缺乏进行风险防范的基本能力，非常容易遭受理财骗局。从已发生的金融欺诈案件来看，参与金融服务养老的被骗案件占金融欺诈案件总数的 2/3 以上。道理很简单，老年人认知有限，缺少基本的金融知识和防骗能力。

（3）产品难以满足个人养老需求。老年人参与金融服务养老，目的是获得收益，是在风险最小化或无风险状态下实现预期收益的最大化。金融服务养老所提供的产品难以满足其需要，因为其收益率大大低于参与者的预期，更不用说未来的金融产品将会出现风险。由于金融服务养老市场的前景广阔，越来越多的金融机构推出了针对养老需要的金融产品和服务。养老者也获得了一定程度的满足。但是，不少金融机构只是打着养老的旗号推出毫无特色的普通金融产品，没有推出有针对性的长期金融服务，根本谈不上金融服务养老。很多老年人的理财观念还停留在养儿防老、个人储蓄存款养老的时代，他们跟不上时代前进的步伐。养老产品的功能不完善制约了金融服务养老的需求。金融服务养老的发展需要金融服务养老产业的发展。金融服务养老产业覆盖面广、产业链长，能推动日常生活、家政、社保、医疗、健康、保健、护理、体育、文化、卫生、旅游、信息等与金融的有机结合。可惜的是，这些产业到目前为止并没有与金融形成有机的结合，难以满足养老者的需求。即便有的结合了，也还没有形成统一的养老服务链，还不能发挥它的综合效应。

总之，老年人对养老美好生活的追求，巨大的养老服务需求缺口，预示着金融服务养老进入了重要发展时期。在这个时期，金融服务养老的需求问题越来越突出。认知的限制、个性化的差异、风险的存在和陈旧的养老观念等导致金融服务养老需求不旺。

14.2　金融服务养老的供给问题

金融服务养老不仅存在需求问题，而且也存在供给问题。供给与需求的不一致会导致供求失衡，正是供求不一致导致了金融服务养老的供求失衡。当前，金融服务养老发展水平还不高，且与之相配套的金融服务相对滞后。金融服务养老存在着供给总量不足、结构失衡的问题。

14.2.1　供给

供给是指生产者在一定时期内，在一定的价格条件下，愿意并可能为市场提供某种商品或服务的数量。或者说，在特定市场上，在一定时期内，与每一价格相对应，供给者愿意且能够提供的商品或服务的数量。它是在一系列价格水平下的一组产量组合。如果将全社会的供给加总起来，就会形成全社会的总供给。

在供求中，许多因素影响和制约商品或服务的供给。如果用函数来表示，则有：$S=f(P, T, I, R, E, O)$。它受商品的自身价格（P）、生产技术水平（T）、生产过程中投入品的价格（I）、相关商品的价格（R）、经营者对未来价格的预期（E）和其他因素（O）的影响。同需求的作用相同，在某个时期，某些因素的作用明显。在某个领域，某些因素的作用可能会有局限。

14.2.2　金融服务养老的供给

金融服务养老的供给是金融机构或相关部门为养老者所提供的金融方面的服务的总和，它是金融服务养老在供给方面的表现。金融服务养老的供给形式多种多样，供给种类也繁多，主要包括金融服务养老机构的供给 S_i、金融服务养老专业人员的供给 S_m、金融服务养老产品的供给 S_p、金融服务养老业务的供给 S_b、金融服务养老政策的供给 S_r、金融服务养老监管的供给 S_s、金融服务养老法律的供给 S_l 和其他方面所提供的供给 S_o 等。

据此，金融服务养老的总供给有

$$S_a = S_i + S_m + S_p + S_b + S_r + S_s + S_l + S_o \tag{14-3}$$

其中，S_a 表示金融服务养老供给。各种金融服务养老供给的作用是不同的。

（1）金融服务养老机构供给。金融服务养老离不开银行与非银行金融机构及养老机构。从广义上说，这些服务机构还包括金融监管机构等。它的主体是金融服务养老机构，客体即服务对象，是养老群体或养老人群。金融服务养老的过程就是金融服务养老机构为养老群体或养老人群提供金融服务，满足其需求的过程。随着养老积累的逐步增多，老年人需要的金融产品和金融服务也更多，因此，金融服务养老的发展需要越来越多的金融机构与养老机构的参与。

（2）金融服务养老专业人员供给。金融服务养老中提供服务者是各种金融服务养老专业人员。他们经过严格的专业培训，为养老人群提供存贷款、汇兑、投资理财、保险办理、权益信托和养老咨询等业务。这些专业人员涉及经济、金融、会计、统计、审计、投资、信用管理、营销、计算机、保险、社会保障、法律等领域。金融服务养老业务是一种专业性极强、复杂性很高的业务，没有受过专门的业务训练的服务人员是很难胜任的。金融服务养老业务能否成为金融机构的重要业务，关键在于人才，特别是金融服务养老专业人才。一支有研发设计、投资交易、会计核算、账户管理、资产估值、权益托管和信息披露、风险管理等各项职能的专业团队对金融服务养老的发展至关重要。

目前，金融服务养老专业人员多数还是只懂金融服务方面的单一专业人才，既懂金融服务又懂养老护理服务的复合型人才十分缺乏。金融服务养老从业人员要么只懂金融不懂专业技能，要么只懂专业技能不懂金融。复合型专业人才缺乏、整体素质不高，特别是优秀的复合型专业人才严重不足在一定程度上制约了金融服务养老的发展。金融服务养老队伍建设还十分薄弱，这在短期内难以改变。

（3）金融服务养老产品供给。金融服务养老产品主要是金融服务养老机构为养老群体或养老人群提供存贷款、汇兑、养老股票投资、养老债券投资、保险办理、信托投资、基金投资和养老咨询、金融权益保障等金融产品。不同的养老产品或与货币有关，或与资金融通有关。尽管不同的金融服务养老产品存在一些技术上的差异，但在本质上是相同的。养老需求者在选取各类金融服务养老产品时，首先考虑的不是收益而是风险。他们只能在风险大小与风险承受力中做出最优的选择。中国的金融服务养老产品和服务供给不足等问题突出。从产品提供的机构来看，银行机构开发的金融服务养老业务不仅产品少而且规模也较小。在养老产品市场的选择上，养老需求者多倾向于保险机构等，几乎不能满足老年人的特定需求。

（4）金融服务养老业务供给。金融服务养老机构是向养老群体提供养老规划、个人理财、养老金财富管理与咨询服务的机构。这些机构的专门养老业务与金融相结合满足养老者的金融服务需求，这些服务本身就是金融服务。它们还利用自身的信息优势，提供充当服务顾问，进行代理、信托服务，拓展中间业务等服务，增加非利息收入。由于技术的进步，传统的金融服务养老业务正在由从固定的场所成交的方式转变为随时随地成交的方式。人们无论在何时、何地都能享受到便捷的金融服务。

（5）金融服务养老政策供给。金融服务养老政策是政府有关职能部门根据金融服务养老发展的需要而制定、实施的一系列规范和措施的总和。它包括提供服务养老的金融机构的准入条件、业务范围、操作流程，服务养老的金融专业人才政策，服务养老的金融机构与享受服务的养老者之间的权益规定等。事实上，金融服务养老就是一些关于养老服务方面的金融活动规定，它是金融服务养老必不可少的一种制度供给。有了制度供给，金融服务养老才能得到正常的发展。现有政策还需要进一步完善。不仅金融服务养老政策供给不足，而且配套政策与实际需求不符，扶持金融服务养老发展的相关政策也不完善。特别是金融服务养老政策针对性不强，没有在金融、保险、证券、信托、基金等关键性配套政策上有所突破。

（6）金融服务养老监管供给。金融服务养老监管是金融服务养老监管机构为了保持其正常运行、防范和化解风险而进行的准入、运行、退出监管和管理。制定、实施一系列法律、法规、政策和规定，通过恰当的金融服务养老监管可以将风险降到最低限度，最大限度地满足养老者的金融服务需要。金融服务养老监管是一种重要的制度供给。没有监管，金融服务养老就不可能得到有序的发展。它是金融服务养老持续、快速、健康发展的重要保证。有效的金融服务养老监管是金融服务养老发展的必要前提。西方国家的金融服务养老发展得较好，其中的一个重要原因是有效的金融服务养老监管，国家为金融服务养老提供了一套完整的金融服务养老监管制度。

（7）金融服务养老法律供给。金融服务养老是一个涉及各方利益关联的过程。需求方与供给方各有自己的权利和义务。为了更好地提供服务和享受服务，这些权利与义务需要通过法律法规予以明确的界定。这就需要政府有关部门及监管机构提供金融服务养老法律。同金融服务养老监管相同，金融服务养老法律也是一种重要的制度供给。没有法律服务，金融服务养老也不可能得到有序的发展。金融服务养老法律是金融服务养老持续、快速、健康发展的重要保证。

金融服务养老供给涉及机构、人员、产品、业务、政策、监管和法律服务等方面的内容。它受许多因素，如服务的价格、预期收益、政策、法律服务等的影响和制约。只有源源不断的金融服务养老供给，才能推动金融服务养老的快速发展。金融服务养老的供给是其可持续发展的重要保证。没有金融服务养老供给，就没有金融服务养老的发展。

14.2.3　金融服务养老存在的供给问题

为了保障老年人基本生活和健康需要，金融机构所提供的养老产品和服务基本能够满足老年人的金融服务需求。但是，针对养老的金融服务还十分匮乏，不能完全满足老年人更高的金融服务养老需要。目前的基本养老保险太少，且商业性的养老保险、信托、基金、证券等金融存量也不多，未来的养老生活将面临长寿风险。老年人的养老需求不断增加，总体来看，目前金融服务养老总体供给不足。

（1）缺少金融服务养老的长远规划。虽然老年人退出了劳动而迈入了暮年，但他们还有多样化的养老需求。满足老年人的金融服务养老需求，需要提供服务的金融机构进行长远的规划，让老年人能从规划中选择金融服务养老方式。金融机构只有从养老产业需求出发去规划相应的金融服务，才能更好地满足养老的金融需求。虽然到目前为止，有一些关于养老服务业的规划，但涉及金融服务养老的规划难以满足需求。

（2）专业金融服务养老供给不足。从提供服务养老的机构来说，如果金融机构不能对养老政策进行深入分析并密切关注其变化，便很难有效进行投资选择，也无法为养老服务的发展提供有效支持。长期以来，由于金融服务养老业务具有经营、投入回报周期长等特点，再加上管理制度和管理体制制约了金融服务养老业务的发展，其供给经常不足。一般说来，60 岁及以上的老年人几乎都是风险厌恶型投资偏好者，他们认为安全性是第一位的，收益性是第二位的，即安全比收益更重要。他们需要保持一定的资金流动性，特别是应对不时之需。只是传统地把钱存入银行获得利息收入的正在养老的老年人有近四成之多。金融服务养老产品碎片化问题突出。

虽然银行非常重视养老服务，不仅制订养老服务规划，而且在各级分支机构成立金融服务养老业务部门，但绝大多数机构都缺乏较为完整的组织结构，独立的金融服务养老业务开展得不多。它们几乎都在托管或零售业务部下开展金融服务养老业务。正因如此，金融服务养老业务较为零散且分布在不同的业务部门。银行业务部门管理社保基金存款，个体金融部门发放社保卡和年金借记卡，投资理财部门负责养老的专属理财。成立不久的金融服务养老业务部门仅仅是销售年金业务产品和养老金融产品。金融服务养老业务部门的养老服务流程繁多、服务周期长、与相关部门协商合作开展服务的成本高，很难满足老年人的需求。即使能满足其需要，也已难以适应瞬息万变的市场。这表明银行服务养老业务的开展还需要大大改进。

（3）人性化服务考虑不足。从金融服务养老产品的收益来看，金融养老理财产品收益率普遍高于银行存款利率，但是，其操作相当烦琐，往往会出现难以达到预期目标的问题。尤其是不少机构所提供的金融服务养老产品没有考虑到老年人的个性化需求，满足不了老年人的实际需求。在全社会金融意识普遍增强的情况下，不仅老年人自身偏好购买养老保险，而且子女为老年人办理保险的热情也很高。目前，由于金融机构提供的金融产品和服务缺乏个性服务考虑，金融服务养老供给远远不能满足需求。本来，智能化的金融服务养老是促进老年人独立生活的重要支撑，但是，最近几年，已经暴露出老年人难以享受到智能化的服务等问题。

金融服务养老基本上局限在银行推出的养老专属金融产品中，并且这些产品并不是根据老年人的各种需求而设计的，只是仅仅把风险较低的产品简单地捆绑在一起。各家金融机构已推出的养老产品在门槛、期限、风险和收益上与普通银行产品几乎没有差别。针对老年人开发设计的金融产品少和服务体系不够健全，难以有效满足老年人的金融服务需求。其他金融服务养老投资品种少、渠道单一，难以满足养老的长期需求。

（4）没有专门的养老金融教育。金融服务养老产品的消费者主要是学历不高的老年人或几乎没有受过教育的老年人。他们绝大多数没有受过系统的高等教育，普遍没有金融知识，特别是养老金融常识。有关金融方面的知识也大多是道听途说得来的，对金融消费等也缺乏系统的了解。为了更好地开展这方面的工作，中国人民银行等开展了普及教育。但这也存在许多问题，针对老年的金融消费较少，金融机构一般是通过发行相关纪念品、分发宣传册等形式间断地进行，教育形式和方式、方法、手段单一，缺少生动性及趣味性。不仅如此，养老金融教育没有长远规划，随意性特别明显。总之，养老金融教育的欠缺在很大程度上影响了金融服务养老的开展。

（5）缺乏金融服务养老领域专业人才。由于金融服务养老具有技术门槛高、更新速度快等特点，需要大量的优秀专业人才。他们是确保金融服务养老持续、快速、健康发展的基本保证。目前，各金融机构普遍缺乏从事养老服务业的专业人才，更鲜有金融机构专门设立养老金融事业部，由此带来不少问题。在银行提供养老服务方面，这使得银行不能区别对待贷款期限、利率水平等，金融服务养老质量和管理水平滞后于养老服务业的发展速度。在保险服务养老方面，这使得保险公司在老年人购买商业养老保险时有许多不知情、不懂的问题。在证券服务养老方面，这使得证券公司没有根据每个老年人的资金、资产或权益等具体情况来建议老年人进不进行养老投资、进行哪方面的养老投资、进行多少养老投资等。在信托、基金服务养老方面更是如此。

（6）金融服务意识缺失。从服务意识来看，金融服务养老也存在不少问题。服务网点的不足导致老年人排长队领取养老金，没有为老年人提供及时服务的意识。对于那些眼花、耳背、行动不便、患有慢性病的老年人来说，不仅服务不是非常周到，而且服务意识冷淡。对于不懂也不会操作的老年人，业务办理人员态度生硬，缺乏耐心细致的讲解和帮助。不少老年人难以获得及时、系统的咨询指导。总之，在银行服务养老过程中，老年人还有很多不满意的地方。同银行服务养老一样，证券、保险、信托、基金投资不仅缺少专业顾问的服务，而且服务意识淡漠。他们获得权益类服务养老的服务意识更加欠缺。养老者进行投资、消费获得金融服务，很多信息也不清楚。据调查，有 60.2%的养老者反映，他们根本不知道自己参与金融服务养老的相关信息，包括风险、收益及未来变化趋势。

（7）没有专门的金融服务养老监管机构和部门。自 2011 年起，为了进一步加强金融消费权益保护，金融监管机构相继成立了金融消费者（投资者）保护部门。但是，到现在，还没有金融服务养老的专门监管机构和部门。中国人民银行、中国银行保险监督管理委员会、中国证券监督管理委员会都只是从各自的职能出发进行金融服务养老的监管，虽然有国务院金融稳定发展委员会发挥协调作用，但金融服务养老缺少一个综合协调的监管机构，这在很大程度上影响了金融服务养老的发展。

（8）政策供给准备严重滞后于老龄化进程。先老已经不可逆转，未富尚可补救。金融服务养老的发展需要相关政策的支持。如何克服老龄化陷阱需要从长计议。实施有利于金融服务养老的政策，会推动金融服务养老快速发展。反之，则发展缓慢。虽然国家积极应对老龄化问题，鼓励老年人参与金融服务养老，但是，由于受认识不足和实践水平的影响，有关金融服务养老的政策十分欠缺，特别是专门的金融服务养老政策更是少得可怜。金融服务养老政策没有跟上金融服务养老发展的需要。

（9）金融服务养老法律制度供给不足。目前，养老者的金融消费法律制度还没有建立起来，更不用说完善了。在涉及金融服务养老法律、法规和操作流程时，金融机构和养老者的权益很难得到保护。这些法律法规制度供给主要表现为没有“金融服务养老法”及其与之相适应的一系列法律法规，更不用说具体的金融服务养老操作流程与方法了。

老有所养，安度晚年，牵动着千家万户的心，是每个人的美好愿望。这种愿望能否实现，实现的程度如何取决于养老服务供给，特别是金融服务养老供给。金融服务养老的长远规划、个性化的考虑、专门的服务机构和专业的服务人员、法律制度供给等都影响着金融服务养老的发展。金融服务养老供给既有提供服务的机构的不足，又有监管部门服务的不足；既有法律制度供给的不足，又有服务意识的欠缺和金融知识普及的不足。

14.3　金融服务养老供求不平衡问题

无论是金融服务养老供给还是需求，都可能会出现失衡问题，即供给大于需求或需求大于供给。这是金融服务养老运行中的常态（沈佳倩和江世银，2019）。金融服务养老供求失衡影响着它的良性运行和协调发展。

14.3.1 供求失衡

根据经济学原理，供给与需求有可能是平衡的也有可能是失衡的。供求平衡是指供给与需求相等，供求不平衡意指供给与需求不相等。如果供求相等，那么供求是平衡的，即

$$D=S \text{ 或 } S-D=0 \tag{14-4}$$

其中，D 表示需求；S 表示供给。

现代经济确有供求相等的情况，只不过，时间上很短。不仅如此，它还是有条件的，是暂时的。受多种因素的影响，更多时期的供求是不平衡的，即供求失衡。或者供大于求，或者求大于供，这是经济运行过程中的常态。

供求失衡是指需求与供给的非均衡状态，表现为供给大于需求或供给小于需求。当供求差率大于一定程度时，就是供求失衡。供求失衡是经济运行中的常见现象。由于外部经济环境和经济周期的影响，供求失衡是难免的，即

$$D \neq S \tag{14-5}$$

当 $S>D$ 时，是供大于求，当 $S<D$ 时，是供小于求。

或者当 $S-D>0$ 时，是供大于求；当 $S-D<0$ 时，是供小于求。这两种情况都是供求失衡。根据经济学的基本原理，供求的变化对价格有不同的影响，并且价格本身就是受供求关系变化而变化的，见图 14-1。

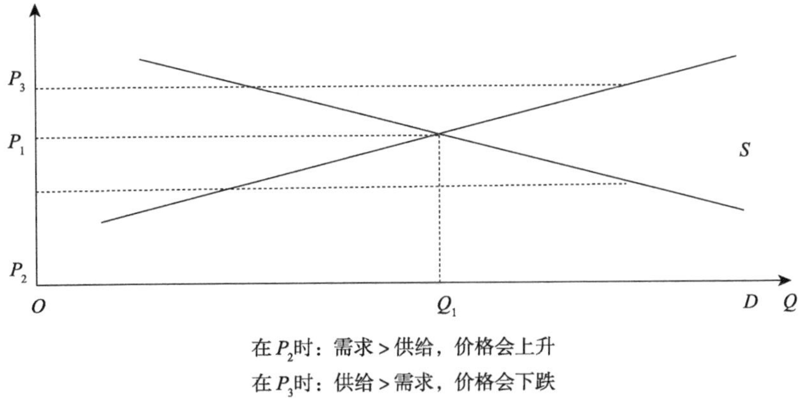

图 14-1　供求变化影响价格

供大于求还是供小于求，都会影响价格。供求失衡用可以从供需比衡量，供

需比是指供给量与需求量的比值，即

$$r_{sd}=\frac{S}{D}\times 100\% \tag{14-6}$$

供需比比值小于 1，即 $r_{sd}<1$ 时，就是供不应求。供需比比值大于 1，即 $r_{sd}>1$ 时，就是供过于求。供需比比值越小，竞争越小。供需比比值越大，竞争也就越大。供需比与竞争呈高度的正相关性。

一般说来，供求平衡是暂时的，是有条件的，因而是相对的。供求失衡是永恒的，是无条件的，因而是绝对的。供求平衡是绝对与相对的统一。供求平衡与供求失衡是交织在一起的。经济的运行就是供求平衡与供求失衡的统一。

供给大于需求即供过于求，是指需求不足、供给过剩的经济运行。相反，供给小于需求即供不应求，是指供给不足、需求过旺的经济运行。两种经济运行状态都是经济运行的常态。前者也可以称为买方市场，后者称为卖方市场。供求失衡的程度对经济运行的影响是不同的。一般地，用供需差率来衡量供求失衡的程度。供需差率是指供给与需求之间由不平衡所产生的差额。

$$R_{sd}=\frac{S-D}{S}\times 100\% \tag{14-7}$$

其中，R_{sd} 表示供需差率。在激烈的竞争市场条件下，R_{sd} 不可能太大也不可能太小，一般在 ±6% 范围内即被认为是供需平衡的。超过这个幅度，就被视为供需不平衡。

供需差率 $R_{sd}>6\%$ 为供过于求，$R_{sd}<-6\%$ 为供不应求。供需差率越小，特别是越接近 0，说明供需越趋于平衡。供需差率越大，说明供需越不平衡。如果需要保持供求大体平衡，则需要调节供需差率。如果出现供需不平衡且程度较大，那么，则政府需要进行宏观调控才能保持总供求的基本平衡。

14.3.2 金融服务养老供求失衡

金融服务养老供求失衡是指金融服务养老供给与金融服务养老需求不相适应，表现为金融服务养老供给大于金融服务养老需求或金融服务养老供给小于金融服务养老需求的状况，它是金融服务养老在供求上的表现（沈佳倩和江世银，2019；魏礼群，2019）。

当 $S_f\neq D_f$ 时或 $S_f-D_f\neq 0$ 时，就是金融服务养老供求失衡。S_f、D_f 分别表示金融服务养老供给与需求。

同其他供求平衡一样，金融服务养老供求平衡是暂时的、有条件的，因而是相对的。金融服务养老供求失衡是永恒的、无条件的，因而是绝对的。金融服务养老是一个供求平衡、失衡交替的过程，是供求相对平衡与绝对失衡的统一。

14.3.3　金融服务养老存在的供求失衡问题

金融服务养老供求可能会存在失衡问题。一般情况下，会存在金融服务养老供给大于金融服务养老需求，或者金融服务养老供给小于金融服务养老需求。较少的情况是金融服务养老供给等于金融服务养老需求。

（1）金融服务养老供给大于金融服务养老需求。由于支付成本和风险损失，养老者对金融服务养老缺少意愿或积极性，需求不旺，金融机构推出的金融养老产品和服务供给过剩。这种失衡是在经济过剩条件下的表现。

当 $S_f > D_f$ 时，是供大于求，或者当 $S_f - D_f > 0$ 时，也是供大于求。这是一种从绝对量衡量的供求失衡情况，此时出现供给过剩。较小幅度、短暂的供给过剩对经济的影响并不明显。但是，较大幅度、长期的供给过剩不利于经济的发展。

从相对量衡量的供求失衡情况是

$$r_{\text{fa}} = \frac{S_{\text{fa}} - D_{\text{fa}}}{S_{\text{fa}}} \times 100\% \tag{14-8}$$

其中，r_{fa} 为金融服务养老供需差率；S_{fa}、D_{fa} 分别表示金融服务养老的供给与需求。根据我们的测算，如果 $r_{\text{fa}} > 4\%$ 或 $r_{\text{fa}} < -4\%$，则表示金融服务养老的供求失衡。当然，如果 $-4\% < r_{\text{fa}} < 4\%$，则就是金融服务养老的供求平衡。其差率越大意味着金融服务养老的供求失衡越严重，越需要相关政策的调节与引导。

从相对量衡量金融服务养老供过于求就是，如果 $r_{\text{fa}} > 4\%$，则表示金融服务养老供给大于金融服务养老需求。其差率越大，意味着金融服务养老供给大于金融服务养老需求越大，这时需要采取扩大需求量的政策。

（2）金融服务养老供给小于金融服务养老需求。绝大多数老年人在退出劳动以后，收入来源渠道单一，收入不高甚至没有收入，但他们仍然需要消费。有的老年人能够保证原有的生活水平和质量，有的老年人生活水平有所下降且质量难以保证。由于外部经济环境和过严的监管的影响，金融机构和人员缺少提供金融服务养老的积极性，出现金融服务养老供给短缺。这种失衡是在经济供给不足条件下的表现，尤其是老年人的金融保险、理财服务供给滞后于市场需求（王章华，2010）。

当 $S_f < D_f$ 时，是供不应求，或者当 $S_f - D_f < 0$ 时，也是供不应求。这是另一种从绝对量衡量的供求失衡情况，此时出现需求过旺。

同样，从相对数衡量金融服务养老供不应求就是，如果 $r_{\text{fa}} < -4\%$，那么，金融服务养老供给小于金融服务养老需求。差率越大意味着金融服务养老供给小于

金融服务养老需求越大，这时需要采取扩大供给量的政策。

引起金融服务养老供求失衡的因素很多。主要有人口老龄化问题的严重性，金融服务养老制度的供给或设计，养老者参与金融服务养老的意愿，金融服务养老产品与服务创新的程度，金融服务养老的成本高低与预期收益的多少，金融服务养老的风险防范及其监管情况，金融服务养老的政策、制度、体制机制供给情况，金融服务养老法律法规体系建设等。从目前来看，对养老方面的项目、产业、产品和服务信贷支持还不够，监管政策既不完善又没有形成监管的合力，政策落实与执行困难等，都不同程度地制约了金融服务养老的发展。解决金融服务养老供求失衡问题，需要正确分析这些影响因素并制定和实施相应的政策措施。

14.4　金融服务养老的供给侧结构性改革问题

金融服务养老存在着供给侧结构性改革问题。这一问题已经成为并将继续成为金融服务养老的障碍，如果处理得不好，还可能成为金融服务养老良性运行发展的重要制约因素。金融服务养老的可持续发展需要进行供给侧结构性改革。

14.4.1　供给侧

供给侧是相对于需求侧而言的，就是供给方面。国民经济需求和供给的相对平衡，是国民经济正常运行的前提和保证。供给侧不合理，可能会导致社会总供求失衡、结构不协调，从而直接影响经济的运行。现代经济的发展越来越要求供给侧与需求侧一样，要合理并相互协调。否则，宏观经济的运行和微观经济的变化可能会出现不良反应。经济中的波动现象就是宏微观经济变化的表现。

需求侧主要有投资、消费、出口等方面，供给侧则有劳动力、土地、资本、制度变革、创新等要素。每个侧面又可以进行细分。所以，需求侧与供给侧是非常复杂的。只有需求侧或者只有供给侧，都是不可能的，它们共同构成经济运行的两个方面。只有需求侧与供给侧都合理并相互协调，才有利于宏观经济的运行。供给侧对宏观经济运行及至整个经济社会发展都有极其重要的影响。供给侧既包含硬的要素又包含软的要素。其中，制度变革、观念更新和创新等供给侧软要素对经济的运行越来越明显。进行供给侧结构性改革，就是要发挥制度、观念更新与创新的作用，见图 14-2。

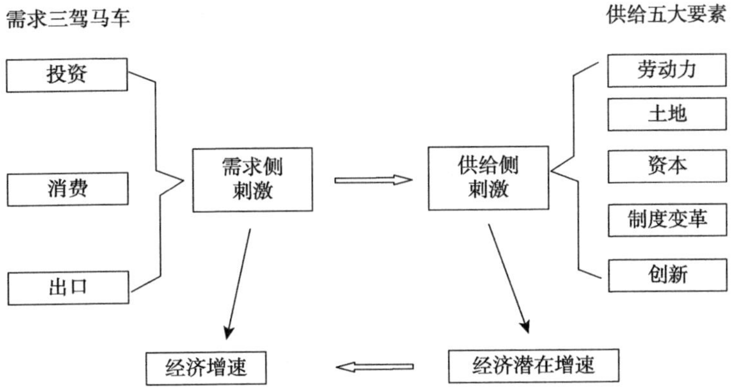

图 14-2　需求侧与供给侧结构

从图 14-2 可以看出，供给侧与需求侧都具有不同的构成要素与内容。无论是从供给侧还是从需求侧进行改革，都会促进经济增长。有的是直接提高经济增速，如需求侧，有的是间接提高经济增速，如供给侧。所以，进行金融服务养老供给侧结构性改革，不仅能促进金融服务养老发展，而且也会发挥经济增长的潜能，从而促进经济增长。

14.4.2　供给侧结构性改革

供给侧结构性改革的目的是在适度扩大总需求的同时，从生产领域加强优质供给、减少无效供给、扩大有效供给、实现高效供给，提高供给结构的适应性和灵活性，使供给体系更好适应需求结构变化。供给侧结构性改革涉及各方面的内容，主要包括供给侧中的劳动力、土地、资本、制度变革、创新要素等。

$$S_r = F\left(S_h, S_l, S_c, S_i, S_{r'}\right)$$

其中，S_r表示供给侧结构性改革；$F(\bullet)$表示函数；S_h、S_l、S_c、S_i、$S_{r'}$分别表示供给侧中的劳动力、土地、资本、制度变革、创新要素。此式表明了供给侧结构性改革S_r是由劳动力S_h、土地S_l、资本S_c、制度变革S_i、创新$S_{r'}$等要素改革构成的。可见，供给侧结构性改革需要从多方面进行全面系统的推进。它表明供给侧结构性改革具有丰富的内容。如果仅就某个方面推进供给侧结构性改革，是难以达到改革预期的目的的，甚至还可能会事与愿违。

供给侧结构性改革是在适度扩大总需求的同时进行的结构性改革（江世银，2019a）。这种供给侧结构性改革能更好地满足人们对美好生活的向往和需要，促进经济社会可持续发展。所以，把人们对美好生活的向往，作为进行供给侧结构性改革的根本目的。供给侧有哪些问题呢？从总体上看，它呈现中低端产品和一般服务过剩、高端产品和优质服务供给不足的状况。此外，还表现为不少消费品供给规模有余而品质不足，不少一般性的服务过剩而高端的金融养老服务不够。这就出现了供需失衡的状态。失衡的供需不仅不利于经济的良性运行和协调发展，而且也不利于经济的转型升级换代。这种失衡是经济社会体制长期形成的结果，在短期内是难以根本改变的。人们对美好生活的向往和需要要求进行供给侧结构性改革。

在供需失衡格局下，供给侧结构性改革的任务就是将生产要素从过剩的产业、产品和服务转向为消费服务的朝阳产业提供更多的供给。金融服务养老就是一种需要增加供给的朝阳产业。金融服务养老不是有没有需求，即不存在需求不足的问题，而是满足不了需求，即供给不足的问题。供给侧结构性改革需要防范化解金融风险，加快形成融资功能完备、基础制度合理、市场监管有效、投资者权益得到保护的投资市场。供给侧结构性改革要改到价格机制可以灵活地调节供给和需求，市场对资源配置起决定性作用，生产要素、产品与服务领域的排队现象消失时为止。

14.4.3 金融服务养老存在的供给侧结构性改革问题

积极应对人口老龄化，加快金融服务养老发展，是推进供给侧结构性改革的重要内容（江世银，2019a）。金融服务养老不仅是落实供给侧改革、切实改善民生福祉、健全完善社会投融资体系的重要支撑，也是实现美好生活的现实需要。虽然养老产业受到普遍关注，但是由于缺乏顶层设计，养老服务仍然面临用地、专业人才、金融支持等众多方面的障碍，再加上养老服务产业涉及多个部门的协调，导致协调周期相对较长，政策难以真正落地。

（1）金融服务养老的素养问题。它包括老年人的金融素养和提供服务的人员的素质两方面的内容。二者共同作用于金融服务养老的全过程。对于老年人来说，他们所掌握的金融知识有限，即便有金融的基本常识，金融创新所带来的知识更新也使得他们跟不上时代的步伐。对于提供服务的人员来说，尽管他们受过专门教育，但精通相关专业的复合型人才仍然缺乏。

一方面是参与金融服务养老的老年人的金融素养问题。所谓金融素养，是指投资者对金融知识的掌握、对金融技能的运用等。高素质的金融素养不仅能提高他们参与金融市场的广度与深度，而且能帮助他们在金融市场上通过理性决策获得预期收益和减少风险损失。老年人的金融知识有限，特别是接受新的金融认知慢，对风险十分害怕，运用金融产品来获得预期收益和减少风险损失的能力不高。金融知识是老年人参与金融服务养老应该具备的，但不断的金融创新使得他们总是跟不上时代的步伐。只有掌握各种金融服务养老产品的各种具体特点，才能更理性地选择适合他们自身的服务，实现资产的保值增值。一味地害怕风险，不参与金融服务养老活动，他们将难以获得服务。另一方面是提供金融服务养老的人员素质问题。金融服务养老是一项专业性极强、服务人员素质要求很高的金融活动。过去，因金融服务养老的需求小，相应地，从事此方面的人员数量少、素质不高。现在，虽然这种情况有所改变，提供服务的专业人员在不断增加，但他们仍有待专业化的培训和经验的积累。专业化的培训涉及金融学、投资学、管理学、社会学、保险学、社会保障学、心理学、医学、护理学等方面。不仅如此，金融服务养老还需要有经验的专业人员的参与。既掌握金融服务养老所需专业知识又具有丰富服务经验的复合型人才太少了。据我们的调查，目前能满足金融服务养老需要的高素质人才不到 30.0%，未来还有更多、更大、更高的需求。金融服务养老市场作为一个新兴市场，在专业人员及实践经验方面均存在一定程度的匮乏。

（2）金融服务养老的土地融资问题。老年人的养老需要满足基本生活的需要，特别是以住房倒按揭为主的养老者更有土地确权、认证和融资的需要。无论是涉及土地的养老项目、养老产品，还是养老产业，都有可能涉及金融服务养老的土地融资问题。金融服务养老的供给侧结构性改革自然包含这方面的问题。尽管国家大力支持这方面的融资，但仍难以完全满足需求，这是金融服务养老中的重要问题。有的金融机构打着办理养老服务获得土地的旗号，却背离或偏离宗旨。有的金融机构利用提供养老服务的土地进行融资，却挪作他用。正是金融服务养老的土地融资问题，极大地降低了金融服务效率。

（3）金融服务养老的资金来源与运作问题。天下没有免费的午餐，参与金融服务养老，需要养老的资金或资产等财富。养老资金或资产从起点出发，经过不断的运动，回到出发点。也就是说，金融服务养老的资金如何来？支付给谁？谁进行运作？完全是养老者个人的事还是政府与其他社会组织共同出资？出资者支付给银行还是证券公司、保险公司、信托投资公司、养老基金公司、金融监管机构、社会保障部门或其他部门？由哪些机构对参与金融服务养老的资金进行操控或运作？这些都是金融服务养老的供给侧结构性改革问题的核心内容。没有养老资金或养老资产的运动，就没有金融服务养老。总之，金融服务养老过程是一个资金或资产不断运动的过程。

（4）制度变革问题。金融服务养老的供给侧结构性改革要求制度也应进行相应的变革。这些制度包括金融服务养老制度、金融服务养老监管制度、金融服务养老审计监督体制机制、金融服务养老法律制度等。由于金融服务养老兴起的时间短，缺少发展的经验特别是可供操作的经验，所以现有的制度安排还不利于其发展。有的制度还没有被建立，有的制度已过时，有的制度不完善。西方主要的发达国家早在老龄社会到来之前或初期就建立了完善的社会保障制度，并且在不断完善，而中国的老年社会保障制度建设严重滞后。正是由于制度的缺失，在很大程度上制约了金融服务养老的发展。目前，涉及金融服务养老的会计标准、监管标准、信息披露、外部审计等相关标准制度还需要进一步完善。

（5）金融创新问题。金融服务养老处在不断的变化之中，提供养老服务的金融也需要不断地进行创新。只有不断地进行金融创新，才能满足金融服务养老的需要。金融创新包括金融业务创新、金融市场创新和金融制度创新等层面。更具体地说，这些金融创新包括金融业务的创新、金融制度的创新、金融体制机制的创新、金融机构的创新、金融产品的创新、金融服务的创新、金融市场的扩大、金融监管的创新、金融法律的创新等。尽管目前不断的金融创新促进了金融服务养老的发展，但是，在金融服务养老的供给侧结构性改革问题上存在的金融创新问题仍然是一个有待攻克的难题。即便金融创新了，养老服务需求的变化也使得原有的金融创新不适应新的变化。各种金融创新之时就是金融服务养老大发展之际。

金融服务养老供给侧结构性改革，涉及所需要的劳动力、土地、资金等要素。其中，劳动力创造是动力，土地是场所、场地，资金是黏合剂，创新是大事。其改革不仅是经济发展的生命力之所在，而且也是金融服务养老顺利开展的必要条件。只要某个方面存在问题，就需要进行改革。提供金融服务养老的人员素质不高，金融服务养老的土地融资不畅，金融服务养老的资金来源有限与运作效率低下，制度变革不适应金融服务养老的需要，金融创新不足等，都需要进行金融服务养老的供给侧结构性改革。唯有改革，才能扫清各种供给侧障碍，使金融服务养老更好地发展。

金融服务养老既存在供给不足、需求不旺，又存在供求失衡的问题。金融服务养老供求失衡问题是阻碍金融服务养老可持续发展的基本问题。只有实现供求的大体平衡，才能实现金融服务养老的良性运行和协调发展。

第 15 章　金融服务养老创新问题

金融的创新及老年人对养老美好生活的向往和追求，要求金融服务养老的创新。根据第 6 章的金融创新理论、金融深化理论、金融机构理论、金融监管理论，金融服务养老的创新包括机构、产品、服务、方式方法、监管、模式等方面的创新。由于金融服务养老兴起不久，老年人对金融服务养老的需求正处于从低级向高级的转变之中，加之金融创新的不足，金融服务养老创新存在不少问题，这些问题正制约着金融服务养老的发展。

15.1　金融服务养老机构的创新问题

除了其他创新外，金融服务养老本身要求服务机构进行创新。只有金融服务养老机构进行创新，才能带来养老产品、养老服务等的创新。当然，金融服务养老机构的创新会带来创新的问题。相同的金融服务养老产品、服务由不同的机构提供，受益人所获得的满足也是不同的。

15.1.1　金融服务养老机构创新的必要性

金融服务养老的发展离不开基本金融设施，特别是金融服务养老机构的创新。由于人口老龄化问题的突出和养老市场的广阔前景，满足养老服务需要的金融机构得以产生。不少金融服务机构不同于原有的养老机构，是兼具养老与金融服务的新机构。这些金融服务养老机构不断进行养老产品、养老服务创新，自身也获得了创新。金融服务养老市场前景广阔，吸引了各类金融机构和养老机构的广泛关注。除了银行外，养老保险公司、养老资产管理公司、养老基金公司、券商、养老信托公司等金融机构纷纷以不同的形式参与市场竞争。这本身是好事，但如果竞争过度，则不但不利于发展，而且还会带来很多问题。提供养老服务的金融机构本身也需要创新。

金融服务养老需要各金融机构广泛参与，不断提高养老服务水平。金融服务养老需要进行机构创新，但创新可能会出现机构创新问题。创新意味着新的机构加入。原有的金融机构提供的养老服务适应当时的需要，不仅拥有市场而且能够满足老年人获得服务的需求。如果仅靠原有的金融机构提供服务，则可能提供的数量有限，服务水平也不高。这就需要金融服务养老进行机构的创新。不同的金融中介参与这一过程，形成密不可分的伙伴关系，由此形成了新的金融服务养老机构。

15.1.2　服务机构的创新问题

金融服务养老机构的创新带来了不少新的问题，如原有金融机构提供的服务市场需求有限，规模难以扩大。新的金融服务养老机构为了补偿因创新带来的成本而恶性争夺市场。面对激烈的市场竞争，创新带来了过程竞争问题。原有金融服务养老机构与新的金融服务养老机构竞争本身是好事，但恶性竞争可能会导致机构提供的服务不能相互衔接，使老年人的养老受到影响。在金融服务养老过程中，参与的金融机构明显增多，金融服务养老市场难免存在竞争。

最初的金融机构只有银行，提供金融服务养老的机构也只有银行。后来，由于银行经营可能存在问题，提供保险产品的保险公司出现了。因养老的需要，保险公司参与金融服务养老，提供商业养老保险、住房反向抵押贷款保险等。再后来，证券、信托投资和基金公司等金融机构出现。金融机构在不断地进行创新，服务养老的金融机构也在创新过程中。

一般地，根据金融机构理论与金融创新理论，金融服务养老机构的创新受许多因素的影响和制约，$F(\cdot)$是创新函数。假如I_{fa}表示金融服务养老机构的创新，$F\left(I_f, D_{\text{fa}}, F_o\right)$表示创新函数，那么有

$$I_{\text{fa}} = F\left(I_f, D_{\text{fa}}, F_o\right) \tag{15-1}$$

其中，I_f、D_{fa}、F_o分别表示金融创新、金融服务养老需求和其他因素。

如果不考虑其他因素的影响，金融创新与金融服务养老机构创新及创新后的金融服务养老需求是呈线性相关的，那么，金融服务养老机构创新有

$$I_{\text{fa}} = \alpha I_f + \beta D_{\text{fa}} + \mu \tag{15-2}$$

其中，μ为随机干扰项；α、β为影响系数，且$\alpha + \beta = 1$。

由于金融服务养老是一个复杂的活动，它们之间的关系并非线性相关的，所

以，金融服务养老机构创新可能会有

$$I_{\text{fa}} = \alpha_1 I_f + (\alpha_1 + \beta_1)^2 D_{\text{fa}} + \mu \quad (15\text{-}3)$$

其中，α_1、β_1均为影响系数。

金融机构林立，提供的服务花样百出，但并非每一个产品或每一种服务都是老年人需要的。他可能只需要一个，也可能需要多个，这要根据他的养老财富及需要而定。养老资金或资产多，其需求也就相应较多。不仅如此，金融服务养老机构在进行创新时，还需要能够提供养老者所需要的专门的机构或专业化的养老金融机构。这样的机构在有的国家被称为养老银行或时间银行。到目前为止，中国还没有这样专门的养老银行或时间银行，更谈不上金融服务养老产品和服务的创新了。

15.2　金融服务养老产品的创新问题

养老者的金融产品服务需求是随时变化的，这需要金融服务养老产品的创新。但是，由于创新需要时间和成本，而且是一个长期的过程，金融服务养老产品的创新问题是客观存在的。中国老龄金融领域缺乏创新，体现为产品形式单一、没有充分考虑老年人实际需求、在老年人中接受度低等多方面（吴玉韶和党俊武，2014）。之所以存在这样的创新问题，是因为金融机构提供的产品创新满足不了养老需求者的金融产品服务创新要求，特别是新兴的养老投资理财产品创新。

15.2.1　金融服务养老产品创新的必然性

金融服务养老产品存在创新的风险。中国金融服务养老得到迅速发展，各机构纷纷推出特点不同的金融服务养老产品。不同包装下的金融服务养老产品层出不穷，其中既包括正规合法的金融服务养老产品，也囊括打着金融服务养老旗号实则为金融产品类的不合规产品。金融服务养老产品推出后在经营运作过程中也应时刻防范合规风险。随着金融的发展和养老需求的变化，金融服务养老产品在不断地创新。到目前为止，已有 10 多种产品并将继续增加，见表 15-1。

表15-1　金融服务养老产品种类

行业种类	低风险型	中等风险型	保障型	创新型（小众）
银行业	养老储蓄	养老理财	—	住房反向抵押贷款
证券业	—	养老目标证券投资基金	—	养老资产证券化
保险业	养老保障委托管理业务	—	商业养老保险	住房反向抵押养老保险
信托业	—	养老信托	遗嘱信托	多形式融合信托产品
基金业	生命周期基金	目标风险基金	—	养老权益基金

资料来源：根据目前金融机构所提供的相关产品进行归纳总结而得

随着经济的发展、收入的增加和社会保障的健全，老年人对金融服务养老的产品需求也在不断地增加，这就要求金融服务养老产品的创新。金融服务养老产品就是以养老市场为目标，由金融机构为养老服务需求者所提供的一整套服务，它包括固定收益的货币市场产品、固定收益的资本市场产品、浮动收益的金融投资产品等。但无论哪个类别产品，都未能实现长足发展，规模增长有限，对于金融机构来说，并未形成真正的商业模式和业务生态（董克用和姚余栋，2017）。由于经济的发展和社会的进步，养老服务需求者对金融服务养老产品的需求在不断变化，存在升级换代问题。原先适合的产品可能不适合他们的需要，也满足不了他们的需求。为了满足他们获得服务的需要，创新金融服务养老产品非常必要。

15.2.2　服务产品的创新问题

为了满足金融服务养老的需要，各金融机构相继推出了各自的理财产品。银行理财产品创新带来了许多高端新产品，证券市场的发展带动了信托、理财、保险、基金等众多领域金融产品的创新。保险产品体系完善和领域拓展都有新的发展，传统保险品种创新不断，又出现了新的保险领域，如住房反向抵押贷款保险等。养老信贷产品与租赁、保险、信托、基金等产品组合和交叉销售日趋活跃。但是，由于金融服务养老监管的严格和创新所带来的风险及利润难以保证，金融机构缺少金融服务养老产品创新的动力。特别是当创新难以带来回报时，金融机构更是无心去创新。

快速兴起的智能投资顾问按照长期目标进行专业化的养老金资产配置，吸引了越来越多的老年人参与。尽管银行养老金融产品的收益远远高于银行存款收益，但是由于其操作烦琐、手续复杂多变，老年人更喜欢将自己的资金存入银行而获得利息收益。如果金融服务养老理财产品的收益率过低，难以实现他们的预期收益，那么他们参与的意愿不大，积极性不高。在没有考虑养老者的特殊需求条件下，银行等金融机构缺乏对老年人生活水平质量的关注，主要原因在于其创新不够。从长远来看，简化手续、便捷服务，确保实现预期收益及提供很有针对性的金融服务养老投资理财产品是金融机构在养老服务创新方面的努力方向。

一般地，根据需要层次理论与金融创新理论、金融深化理论，金融服务养老产品的创新受许多因素的影响和制约，$F(\cdot)$ 是创新函数。假如 I_{fp} 表示金融服务养老产品的创新，$F\left(I_f, D_{\text{fp}}, F_o\right)$ 表示创新函数，那么有

$$I_{\text{fp}} = F\left(I_f, D_{\text{fp}}, F_o\right) \tag{15-4}$$

其中，I_f、D_{fp}、F_o 分别表示金融创新、金融服务养老需求和其他因素。持续的金融服务养老需求来自持续的金融服务养老产品的创新。

如果不考虑其他因素的影响，金融创新与金融服务养老产品创新及创新后的金融服务养老需求是呈线性相关的，那么，金融服务养老产品创新有

$$I_{\text{fp}} = \alpha I_f + \beta D_{\text{fp}} + \mu \tag{15-5}$$

其中，μ 为随机干扰项；α、β 为影响系数，且 $\alpha+\beta=1$。

由于金融服务养老是一个复杂的活动，它们之间的关系并非线性相关的，所以，金融服务养老产品创新可能会有

$$I_{\text{fp}} = \alpha_1 I_f + (\alpha_1 + \beta_1)^2 D_{\text{fp}} + \mu \tag{15-6}$$

其中，α_1、β_1 均为影响系数。

金融产品层出不穷，但并非每一个产品都是老年人需要的。他可能只需要一种，也可能需要多种，这要根据他的养老财富及需要而定。在满足低端产品服务需要后，老年人的养老需要高端产品的服务。

金融服务养老产品创新风险包括设计风险、经营风险、投机风险、流动性风险等。养老者的需求偏好的变化与提供服务的金融产品设计出现偏差，会出现设计风险。金融服务养老的经营风险是金融机构在经营过程中由于出现判断错误、记账结算交割失误与合约错误而给老年人带来损失的可能性。一些外部投机者参与服务，利用产品创新进行投机而给老年人带来风险。在金融服务养老产品创新过程中，如果市场估计有偏差，那么产生流动性风险是难免的。

银行推出的各种各样的养老理财产品，由于长寿风险的影响，短期的多、长期的少。金融服务养老仍然是以银行储蓄的方式进行养老，这是占主体地位的传统金融服务养老，以投资理财为主要方式的现代金融服务养老仍然不多。这在客观上需要进行金融服务养老产品的创新，由此满足养老者选择的需要。满足需要是养老者选择的基本出发点，能否满足需要则取决于金融服务养老产品的可转让性或转手的难易等。由于养老理财产品缺少针对性，特别是针对即将退出就业的准老年人的投资理财产品少，不少银行的金融服务养老有名无市。

债券市场并未为服务养老提供充分的条件。因为长寿风险可能无法通过债券市场覆盖，而且退休人员还有一些其他缩减他们存储情况的原因存在，如债券上

的利率波动会使预存的养老资金总额呈现出收缩的情况。养老债券不仅发行得少，而且流通也不是非常通畅。由于创新的不足，这种长线的养老投资还没有深得老年人的欢迎。

因金融服务养老的发展所带来的供给市场的扩大，老年人多样化资产配置的诉求使得金融服务养老市场供求逐步失衡。有的机构能提供充足的金融服务养老产品的创新，但不少机构受利润和市场前景的影响而创新不足。虽然银行竞争激烈，但仍然缺少创新的动力。保险公司正成为金融服务养老市场中的强势者，从而导致其他金融服务养老产品创新动力不足。

金融机构提供的与服务养老相关的金融产品还十分有限。这些金融服务养老创新产品主要是包括养老银行理财，养老基金、养老信托、养老保障管理产品、老年信用卡等在内的自主养老服务金融产品探索，它们基本满足了养老的产品需要。尽管金融服务养老产品比较多样，但是无论哪个类别的产品，都没能实现长足发展。据有关方面调查，由于老年人特殊的投资需求和风险偏好，股票直接投资在金融服务养老产品序列中相对缺少前景。特别是在目前已经上市的养老基金和信托产品中，部分资金投向股票、国债等证券市场，但因为有特殊的收益要求，风险相对较高的股票投资比例并不是很高（吴玉韶和党俊武，2014）。金融机构的创新能力有限，已创新的产品不仅针对性差而且很快过时，结果只能是引起更强烈的市场竞争。目前，金融服务养老产品五花八门，其中不乏“挂羊头卖狗肉”的劣质产品。

15.3　金融服务养老服务的创新问题

同金融服务养老产品的创新问题一样，金融服务养老服务的创新也存在问题，这已经影响到了金融服务养老的服务需求。特别是适合老年人的个性化、人性化的便捷服务更是难以满足需要。需要服务的养老需求者渴望不断创新的金融服务。

15.3.1　金融服务养老服务创新的必要性

金融服务是指金融机构及金融监管部门向各类金融活动参与者提供的服务的总称，它主要由银行、证券、保险、信托、基金和各监管机构提供。银行主要是提供贷款、存款、支付结算、代理、担保、承诺、理财、银行卡和电子银行服务等。证券主要是提供养老股票和债券投资服务等。保险主要是提供养老保险、住房反向抵押按揭和各种代理服务等。其他的养老服务包括养老基金、养老信托、养老租赁、养老权益等。中央银行主要是提供养老金融统计、制定和实施金融服务养老政策、监督金融服务养老的运行等。其他金融监管机构主要是为养老服务提供机构、业务、市场、经济责任和政策实施监管等。这些金融服务在养老过程中发挥着极其重要的作用。随着人工智能与区块链金融的发展，金融服务养老服务也在不断创新。

涉及养老服务的金融资产复杂多样，其投资会发生很多难以想象的变化。如何公开服务信息，以及这些信息如何被养老需求者知晓也是一个问题。专业团队和服务人员的经验都会对金融服务养老效果产生影响。不同的养老者的服务需求也是不断变化的。金融机构应如何满足这些服务需求变化很值得研究。所以，提供很有针对性的服务内容和形式，不断地进行产品和服务的创新是金融机构提供养老服务的内在要求。特别是，在激烈的竞争下，提供差异化的服务非常重要。没有金融服务养老服务的创新就不能持续赢得顾客。

15.3.2　养老服务的创新问题

各家银行、证券公司、保险公司、信托投资公司、基金公司等金融机构所提供的金融产品的功能基本相同，对金融服务而言，金融服务养老创新更多地表现为服务的创新。金融服务养老服务的创新就是用新的养老服务方式、方法、模式等代替原有的服务方式、方法、模式等。在金融服务养老过程中，金融机构创新了支付结算服务，大多数交易可使用储蓄卡、信用卡、支付宝、财富通、电子钱包、QQ 红包、微信红包等，使支付更加便捷。

与产品相同，根据产品创新的理论，金融服务养老服务的创新受许多因素的影响和制约，$F(\cdot)$ 是创新函数。假如 I_{fs} 表示金融服务养老服务的创新，$F\left(I_f, D_{\text{fa}}, F_o\right)$ 表示创新函数，那么有

$$I_{\text{fs}} = F\left(I_f, D_{\text{fs}}, F_o\right) \tag{15-7}$$

其中，I_f、D_{fs}、F_o 分别表示金融创新、金融服务养老需求和其他因素。创新是增加金融服务养老需求的源泉。也就是说，持续的金融服务养老需求同样来自持续的养老服务的创新。

如果不考虑其他因素的影响，金融创新与金融养老服务创新及创新后的金融服务养老需求是呈线性相关的，那么，金融养老服务创新有

$$I_{\mathrm{fs}} = \alpha I_f + \beta D_{\mathrm{fs}} + \mu \tag{15-8}$$

其中，μ 为随机干扰项；α 、β 为影响系数，且 $\alpha + \beta = 1$ 。

由于金融养老服务是一个复杂的活动，它们之间的关系并非线性相关的，所以，金融养老服务创新可能会有

$$I_{\mathrm{fs}} = \alpha_1 I_f + (\alpha_1 + \beta_1)^2 D_{\mathrm{fs}} + \mu \tag{15-9}$$

其中，α_1 、β_1 均为影响系数。

金融服务特别是人工智能下的金融服务花样百出，但并非每一种都是老年人需要的，他可能只需要一种，也可能需要多种，这要根据他的养老财富及需要而定。原来需要的服务，随着时代的变迁又有新的服务要求了。金融服务养老的服务也存在升级换代问题。金融服务品种较为单一，没有形成金融服务链。长期护理保险正在兴起中，另外其他不少服务几乎还是一片空白。此外，金融服务养老中的一些技术问题，如服务器瘫痪、网络线路连接速度缓慢和交易操作失误等，都影响了养老者的参与意愿。老年人不仅担心交易的安全性，还担心他们的交易能否真正地保障隐私。

15.4　金融服务养老业务的创新问题

目前，根据市场变化，特别是养老服务的需要，各金融机构纷纷开展了一系列的金融服务养老新业务。但是，金融服务养老业务零散化与同质化现象严重，风险在所难免。不少机构对 55 岁以上的老年人提供涵盖财富、出行、护理、健康四大专属方面的增值服务。但它们所推出的养老服务的金融产品业务存在零散化、同质化及风险多样化并存等问题。这些问题影响了金融服务养老的发展。

15.4.1　银行养老金融业务零散化

为满足老年人的金融服务需要，银行创设了社保卡、医保卡、交通卡、储蓄卡。不仅如此，面对越来越突出的养老问题，就养老金融产品发展规划而言，各大商业银行不断地推出新的养老金融产品业务，但是仍没有建立完善的养老金融业务组织体系，缺少专门的机构和人员负责。所以，现有的银行养老金融业务是零散化的业务，缺乏系统性的、全方位的服务，更不要说提供全方位的金融机构和专门的服务了。即便有这样的金融机构，开展的业务也会不仅非常零散，而且

几乎没有个性特点，更不用说提供全程的金融服务养老业务了。不少老年人在拥有不同功能的卡后，反而带来了生活上的不便。在流动性风险的影响下，这种业务的市场并不看好。

15.4.2　金融服务业务同质化明显

目前，老龄金融产品业务创新仍然困难重重，不仅成本高而且风险也大。于是，很多机构放弃创新，转而模仿已有的养老产品，导致养老服务与产品同质化现象特别明显，专属的养老服务和产品较少，产品区分度不强。由于银行与其他部门之间的沟通欠缺，在研发和拓展养老新业务时，金融服务养老产品的针对性不强，进而导致市场需求不大。养老者不仅难以获得满足，而且也不满意这些产品。金融机构常常不是以提高服务质量来赢得养老服务市场，而是采用价格战等手段争夺。从长远来看，金融服务业务同质化不利于其持续健康发展。一个不争的事实是，看起来各家金融机构推出了适合老年人的养老业务，但它们提供的服务业务几乎没有差别，甚至千篇一律，更谈不上养老服务特色。不仅如此，支付困难或问题时有发生。金融服务养老产品与服务分离，难以获得市场。也就是说，要留住老年人的金融服务业务应针对不同老年人的需求而实现异质化，要各有特色。

15.5　金融服务养老方式方法的创新问题

随着金融的快速发展特别是互联网金融的发展，金融服务养老方式方法处在不断的变化之中。金融服务养老处在陈旧的方式方法被抛弃，新的方式方法被利用的过程中。由于多种因素的影响，金融服务养老方式方法创新往往落后于其发展的需要。

15.5.1　金融服务养老方式创新出现了新的问题

金融服务养老方式方法的创新有利于金融服务的发展。从目前来看，金融服务养老有金融机构人工服务、金融机构自助机服务、非金融机构的他人服务、自己服务及未来的机器人服务等服务方式。这些服务满足老年人的多元化需求。但是，随着互联网、人工智能和区块链等的发展，老年人希望金融机构提供更多更便捷的服务。

同样，根据与产品、服务创新相同的理论，金融服务养老方式的创新受许多因素的影响和制约，$F(\cdot)$是创新函数。假如I_{fm}表示金融服务养老方式的创新，$F\left(I_f, D_{\mathrm{fm}}, F_o\right)$表示创新函数，那么有

$$I_{\mathrm{fm}} = F\left(I_f, D_{\mathrm{fm}}, F_o\right) \tag{15-10}$$

其中，I_f、D_{fm}、F_o分别表示金融创新、金融服务养老需求和其他因素。持续的金融服务养老需求同样来自持续的金融服务养老方式的创新。

金融服务养老需要提供多样化的服务。老年人由于身体的原因，对于金融服务，更多使用的是传统的人工服务方式，对于互联网金融带来的好处反而难以接受。在银行办理业务时，老年人喜欢人工柜台而不喜欢自助存取款机，这就出现了金融服务养老的方式创新问题。之所以存在金融服务养老方式的创新问题，一方面是因为老年人没有这方面的需求，另一方面是因为金融机构没有创新的动力和压力。关于养老的产品比较分散，不便于产品开发和监管，其中的一个重要原因就是金融服务养老方式方法不符合老年人养老便捷的需要。在人工智能下，金融服务养老要求使用新的、更加多样化的服务方式。

15.5.2　金融服务养老方法创新出现了新的问题

伴随着金融服务养老风险的变化和金融创新的发展，金融服务养老方法也在不断地创新，因此出现了方法上的创新问题。保险、证券组合投资等曾在金融服务养老风险防范中居于主要地位。但是，由于金融服务养老方式方法的不断创新，改变了风险防范方法的传统思维。传统的简单化的风险防范方法显得陈旧，涉及一系列大数据、云计算的复杂方法不断出现并被用于实际中。

根据金融投资理论、金融投资组合理论、金融风险理论与金融创新理论，金融服务养老方法的创新受许多因素的影响和制约，$F(\cdot)$是创新函数。假如I_{fw}表示金融服务养老方法的创新，$F\left(I_f, D_{\mathrm{fw}}, F_o\right)$表示创新函数，那么有

$$I_{\mathrm{fw}} = F\left(I_f, D_{\mathrm{fw}}, F_o\right) \tag{15-11}$$

其中，I_f、D_{fw}、F_o分别表示金融创新、金融服务养老需求和其他因素。持续的金融服务养老需求同样来自持续的金融服务养老方法的创新。

适应养老服务需求的变化，金融服务养老方法为什么要创新？如何进行金融服务养老方法的创新？这些都是金融服务养老发展到一定阶段会出现的问题。特

别是在人工智能出现后，金融服务养老要求使用新的、更加便利的服务方法。未来的金融服务养老更加注重与金融相结合的智能养老，并且金融智能养老是金融服务养老的大势所趋。

15.5.3　服务方式方法的创新问题

伴随着金融的快速发展和养老者需求的变化，金融服务养老方式方法落后于其他非金融服务养老方式方法。不少老年人很不适应自助金融服务，金融服务养老环境有待优化，金融服务养老的智能化手段与老年人的需求尚有不小的差距。有的金融服务养老方式方法过于超前，如智能金融，让老年人感觉到很不适应；有的金融服务养老方式方法落后于实际需要，如人工业务，金融机构感觉到参与同行的激烈竞争后不得不创新。总之，金融服务养老还存在一系列创新问题。

15.6　金融服务养老制度的创新问题

先进的制度对金融服务养老具有重要的影响。金融服务养老的制度创新推动着金融服务养老的前进和发展。如果在政府层面有政策和制度方面的支持，老年人的养老一定会从低水平、低层次的养老转变成高水平、高层次的养老。

15.6.1　金融服务养老制度创新存在巨大风险

金融服务养老制度的创新是指引入新的金融制度因素或对原有金融制度进行重构。这种创新有可能加大原有的系统性风险。进行金融服务养老制度的创新使得金融服务养老风险更加复杂，降低了整个金融体系的稳定性。所以，金融服务养老制度创新的风险大大高于其他类型的创新风险。

15.6.2　服务制度的创新问题

金融服务养老也需要制度创新，也有可能会出现制度创新问题。制度创新是永恒的，只有不断地提供金融服务养老的制度创新，才能不断地满足老年人养老在制度上的需求。在进行金融制度创新的过程中，原有的金融市场格局往往会发生改变，也必然会导致金融产品价格发生变化。金融市场格局发生变化，极易形成信用风险，造成整个金融市场的不稳定。

根据金融监管理论、金融审计监督理论与金融创新理论，金融服务养老制度的创新受许多因素的影响和制约。$F(\cdot)$是创新函数。假如I_{fi}表示金融服务养老制度的创新，$F\left(I_f, D_{\text{fi}}, F_o\right)$表示创新函数，那么有

$$I_{\text{fi}} = F\left(I_f, D_{\text{fi}}, F_o\right) \tag{15-12}$$

其中，I_f、D_{fi}、F_o分别表示金融创新、金融服务养老需求和其他因素。持续的金融服务养老需求同样来自持续的金融服务养老制度的创新。

（1）金融服务养老制度缺少顶层设计。尽管全社会都非常重视金融服务养老的发展，特别是政府也制定和实施了不少有利于其发展的政策和措施。但是，到目前，无论是金融服务养老的一般管理还是外部监管，都仍然缺乏顶层制度设计和政策协同。管理的碎片化和缺少顶层设计的制度在实践中难以进行具体操作，是不利于金融服务养老发展的。金融服务养老管理涉及众多的机构和部门，因而所设计的制度往往互不衔接。金融服务养老投资在国际上还没有统一的模式，也缺少相应的制度设计。金融服务养老的基本制度还没有建立健全，还很不适应金融服务养老的需要。因此，适合老龄化趋势严重、未富先老、未备先老国情的金融服务养老制度需要在实践中不断创新和总结，并用以指导实践。

（2）缺少系统的金融服务养老制度设计。与养儿防老、财政养老相比，金融服务养老的发展相对不足，系统的金融服务养老制度设计至今还尚未提上议程。正是由于金融服务养老制度供给的不足，参与金融服务养老的投资范围和种类、缴费水平、税收优惠比例、账户功能、管理运营机制、监管主体等问题还没有十分明确的政策规定。由于金融服务养老制度不受制于外界因素而受制于金融因素，如果这种制度设计得当，那么，金融服务在养老服务中将会成为主力军。系统的金融服务养老制度设计的缺乏，特别是金融服务养老具体操作制度的缺乏，在很大程度上制约了金融服务养老的快速发展。

15.7 金融服务养老监管的创新问题

在金融服务养老创新下，受部门、行业利益的影响，金融服务养老监管创新问题繁多。由于法律、法规制定和实施的滞后，监管者依法监管跟进速度下降，

因而出现了监管效率降低等问题。金融服务养老监管法律创新不是推翻原有的法律法规，而是对过时的监管法律法规予以清理，对没有的法律法规及时地予以补上。目前，随着金融服务养老的快速发展,《金融服务养老监管法》等法律还是一片空白。金融服务养老监管法律创新没有跟上金融服务养老的快速发展。

15.7.1　金融监管制度创新缺少动力

一些金融机构在获得养老服务资格后，由于金融监管部门缺少对其经营过程的监管，金融服务养老的质量很难满足老年人的需要。监管总是针对现有的金融服务养老业务及经营范围制定规则，缺少长远的监管规划。金融机构为了获得利益而逃避金融服务养老监管，可能会通过创新来增强竞争力。然而，金融服务创新与监管创新总是不同步。这就是说，监管的创新滞后于金融业务或工具的创新，从而使得现实的金融监管效率不高。中国金融服务养老风险大、市场供求失衡，与金融服务养老监管体制机制不合理密切相关。

15.7.2　金融服务养老监管创新目的不明确

由于金融服务养老业务统一由金融监管机构进行监管，不分类别的金融监管不仅缺少创新的动力而且创新的目的不明确。为什么要进行金融服务养老监管创新？金融服务养老监管创新的目的何在？金融服务养老监管创新会带来哪些利弊？如何进行金融服务养老监管的创新？这些问题在金融监管部门看来都是次要的，只要金融是稳定的就行了。在监管部门或监管机构看来，是否进行金融服务养老监管创新并不重要，重要的是金融稳不稳定、有没有老年人的投诉、是否会引起社会的不稳定等。正是由于金融监管创新的目的不明确，金融监管目标、原则、手段、方法等在相当长时期内都是不变的。

15.7.3　金融服务养老监管创新跟不上金融创新的步伐

金融服务养老监管创新与其相关的机构、人员没有动力和压力。金融服务养老监管机构进行监管不是为了创新，而是为了不出问题，为了稳定社会。在监管创新方面总是滞后的。并且，由于监管目标和任务的不同，各监管机构在金融机构提供服务养老的内容、内部风险控制等方面不仅跟不上金融创新的步伐，而且因受不同的规定影响，产生了金融服务养老监管重叠的现象。

15.7.4 多重部门的交叉监管出现重复监管现象

从监管职能看，金融服务养老业务受政府许多部门的监管。多重部门的交叉监管难免出现重复监管的现象。例如，对企业年金的监管，人力资源和社会保障部门通过制定和实施企业年金政策进行监管；中国银行保险监督管理委员会既负责银行托管及账管业务又负责年金监管。中国证券监督管理委员会则负责投资运作和监管。此外，国务院金融稳定发展委员会还涉及一些相关业务。由于缺乏沟通且难以协调，影响了业务开展效率。可见，金融服务养老监管效率还有待提高。总之，这些金融服务养老监管缺少专门的养老金融业务监管。金融服务养老模式的创新不足也与监管过严存在密切的关系。

15.8 金融服务养老模式的创新问题

金融服务养老也需要进行模式的创新。如同养老模式的变化一样，由于金融的发展和养老的需要，金融服务养老模式也会不断变化，从来就没有一成不变的金融服务养老模式。金融服务养老模式也存在资金、资产和权益养老模式等创新问题。

15.8.1 金融服务养老模式创新的必要性

一种新的模式的形成并不是主观臆想的结果，而是客观经济社会条件的必然结果。一定的养老模式是一定经济社会发展的产物。随着金融服务养老机构、产品、服务、业务、方式方法、监管的创新，金融服务养老模式也需要创新。从来就没有一成不变的金融服务养老模式。金融的发展带来金融养老模式的更新，这种更新最终形成了金融服务养老新模式。

随着经济的发展和社会的进步，金融服务养老形成了各种不同的模式，不同的模式有不同的适用范围。初级的金融服务养老模式较为简单，银行起主导作用，养老金融产品有限，养老金融服务较为单一，金融服务养老发展缓慢。现代的金融服务养老模式较为复杂，银行金融机构与其他非银行金融机构共同服务养老，养老金融产品丰富，养老金融服务周到全面，金融服务养老发展得很快。正是如此，根据老年人的需求变化和金融服务养老的创新，促进金融服务养老模式创新是非常有必要的。

金融服务养老模式的创新既可供老年人养老参考、选择，又可以为金融机构进行新的创新提供条件。旧的模式被新的模式所取代也是一种创新。缺乏创新的金融服务养老模式是没有生机和活力的。实践表明，金融服务养老模式创新都是随着实践的变化而形成的。原来老年人的住房由子女继承，子女赡养老年人就是一种传统的养老模式。正在兴起的住房反向抵押贷款及保险是一种金融服务养老模式的创新。

15.8.2　服务模式的创新问题

金融服务养老模式众多。从提供金融服务养老的机构模式来说，主要有银行服务养老模式、证券公司服务养老模式、保险公司服务养老模式、信托投资公司服务养老模式、基金公司服务养老模式。从金融服务养老的服务模式来说，主要有个人银行储蓄服务养老模式、住房反向抵押贷款保险服务模式、养老权益类服务模式。总之，金融服务养老模式众多，但也需要进行创新。

住房与金融结合进行养老，就是住房金融服务养老。住房的金融养老模式主要有住房反向抵押贷款模式，也称银行住房倒按揭模式。这些都是参与金融服务养老的模式。原来几乎没有这种金融服务养老模式，现在的创新丰富了金融服务养老模式。

实现金融服务养老的可持续发展，需要推动金融服务养老的创新。金融服务养老机构、产品、服务、业务、方式方法、制度、监管、模式等创新问题抑制了金融服务养老的供给。金融服务养老的创新问题是阻碍金融服务养老发展的关键问题。只有不断进行各方面的创新，才能更好地促进金融服务养老的发展。

第 16 章　金融服务养老风险问题

社会保障水平的低下和养老人口的众多，导致基础养老金（基本养老保险）还不能支撑老年人退出劳动时间后 20~30 年那么长时间的生活需要。金融创新活动本质上是对利益的追逐和对风险进行分散与转移。不论哪种创新都不能消灭或消除风险。由于金融创新所带来的风险和金融服务养老所产生的风险，存放在银行里的大量养老储蓄面临通货膨胀、利率变化等情况，进而带来贬值风险。也就是说，金融服务养老的风险问题普遍存在，并对养老产生很大的影响。根据第 6 章中提出的金融资产理论、金融投资理论、金融风险理论、金融投资组合理论，金融服务养老要找准其风险问题才能更好地进行风险防范。

16.1　金融服务养老风险问题概述

金融服务养老风险无处不在，无时不有。各种各样的风险的作用和影响也不尽相同，而各种不同的风险都与信息披露不完全、不及时相关。到目前为止，由于金融服务养老信息平台的缺失，其还没有一个准入、退出渠道。

16.1.1　各种不同的风险

不管是何种金融活动，都存在着风险，这是一个基本的事实。这种风险指的是造成损失的可能性，也是实际结果对期望值的偏离。金融服务养老作为一种金融活动，同样存在着各种各样的风险。对于养老者来说，它更是一种容易发生的风险。这些风险有系统性的风险，有非系统性的风险，还有具体的中间风险，见图 16-1。

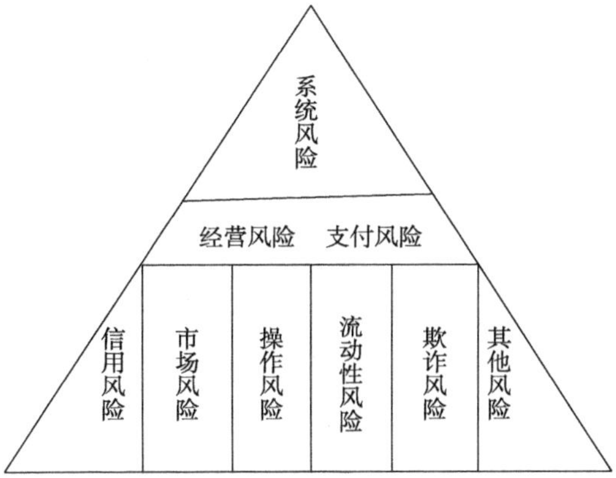

图 16-1　金融服务养老的风险

从图 16-1 中可看出，金融服务养老风险可分为一级的系统性风险，二级的经营风险和支付风险，三级的具体风险。一级风险、二级风险、三级风险共同构成了金融服务养老的风险体系。各种风险都不同程度地影响着金融服务养老。一级的风险是提供养老服务的金融机构无法控制的风险，称为系统性风险。二级的风险是中间的经营风险和支付风险。前者指的是金融机构因经营问题而出现的风险，是提供养老服务的金融机构可以影响但难以控制的风险。后者指的是金融机构因经营及其他原因而出现的养老费用支付困难。二者统称为中间风险。三级的风险是提供养老服务的金融机构可以控制的风险，也叫非系统性风险。非系统性风险主要包括信用风险等其他风险。各种风险下面又有很多更细小的风险。不同的风险在金融服务养老中所产生的影响和危害是不同的。

（1）一级风险。正如上述，一级风险是提供养老服务的金融机构无法控制的系统性风险。这种风险的化解更多是需要金融监管部门的整体协调监管。一级风险具有广泛性、普遍性和传染性等特点，直接影响养老者的利益，对金融服务养老的影响广、作用大。这种风险广泛地存在于金融服务养老活动中，普遍地影响着参与者，具有巨大的传染性。它使金融系统性风险具有倍数扩散和传染效应，并且一旦发生，在短期内难以消除。甚至有时它对养老者的危害是无法挽回的。出于安全的考虑，一级风险很容易导致养老者产生不良的心理预期，甚至产生恐慌情绪。金融服务养老风险的防范需要更加注意一级风险。

（2）二级风险。二级风险是中间的经营风险和支付风险，是提供养老服务的金融机构可以影响但难以控制的风险。这种风险的化解既需要外部的监管，又需要内部控制或管理。内部管理和外部环境都有可能导致金融服务养老费用支付困难，进而给养老者带来损失。如果没有政府的干预，发生支付风险，不仅会降低养老者对金融机构提供的养老服务的信任程度，甚至会影响社会稳定。虽然二级风险没有一级风险对金融服务养老的影响广、作用大，但也是非常值得注意的金融服务养老风险。如果这种风险没有得到及时的分散、转移和化解，也有可能演变为一级风险。介于一级风险与三级风险之间的二级风险，具有长期隐蔽性和积累性等特点。它不仅使金融服务养老风险隐藏其中，而且存在于整个金融服务养老活动中，很容易被忽视。经营风险出现在以房养老模式中，一个重要原因是以房养老与中国人的传统观念相悖。如果老年人将房屋抵押给银行或保险机构，他们可能会因这些机构的经营或诚信问题而不能获得应得的养老资金。金融服务养老风险的防范也需要注意二级风险的防范。

（3）三级风险。三级风险是提供养老服务的金融机构面临的非系统性风险。这种风险的化解更多需要加大提供服务养老的金融机构的内部控制或管理。虽然三级风险对金融服务养老没有一级风险、二级风险影响广、作用大，但它对养老者的作用和影响更直接。如果这种风险没有得到及时的化解，也有可能转化为一级风险、二级风险。事实上，有些金融服务养老风险在萌芽时期影响和作用较小，但会在后期受内外因素影响后演变为有较大影响的风险。

16.1.2　系统性风险与非系统性风险的特征

在金融活动中，系统性风险（systematic risk）与非系统性风险（nonsystematic risk）都可能随时出现。有时，金融活动中很小的风险也有可能演变为影响很大的系统性风险。系统性风险中隐含着非系统性风险，它们表现出不同的特征，见图 16-2。

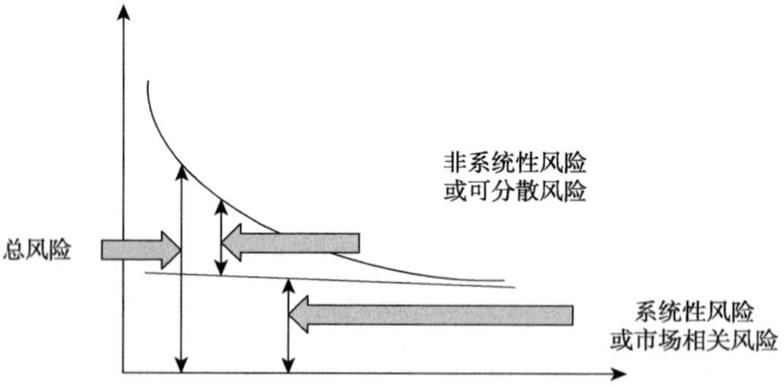

图 16-2　资产组合的总风险构成

（1）系统性风险的特征。系统性风险被广泛用于经济学理论研究和实践中。不同时期的不同的学者对系统性风险的看法不同。有的学者认为，系统性风险是在金融体系大面积受到损害后所引起大范围的金融功能丧失及金融服务的中断。

有的学者认为，系统性风险是指有重大影响的金融机构遭到重大损失后对经济造成负面影响的风险。张维（2018）认为，系统性风险是指无法通过分散方法来消除的微观市场总体风险。根据这些看法，我们认为，系统性风险是指金融机构之间因出现支付困难、违约或破产清算而相互传播的风险。这种风险通常由一家机构出现而传播到其他机构，进而波及整个金融系统。它是影响所有金融变量的可能值。不过，这种风险对各种投资品的影响程度是不同的，对有的投资品影响较大，有的影响较小；有的是长期影响，有的只是短期影响。总的来看，系统性风险在短期内很难被及时发现，具有长期隐蔽性的特点，这主要是因为信用缺失可能被信用循环所掩盖，使得当期风险会被借新还旧、通货膨胀等现象掩盖。这种短期内的隐蔽性在长期中由于杠杆的作用表现得更为厉害，导致其在未来可能演变为更为严重的系统性风险。同时，这种系统性风险在长期传播中会表现出越来越严重的趋势，直接威胁到所有的金融机构，而且可能会影响实体经济。由系统性风险引起的金融机构破产给整个经济社会系统带来的成本远远大于金融机构自身的成本。但由于风险的隐蔽性和广泛性，监管当局对系统性风险的监管比个别风险的监管更复杂、更困难。

系统性风险的发生与信用风险、流动性风险有密切的关系。一般说来，信用风险和流动性风险的出现可能导致出现系统性风险。刚出现这些风险时，由于影响不大，在监管不严的条件下，这些风险就悄然演变成了难以控制的系统性风险。防范系统性风险的发生，要首先从源头上控制这些风险。

（2）非系统性风险的特征。同样，不同时期下不同的人们对非系统性风险的看法是不同的。我们认为，非系统性风险是由个别人、企业或行业等可控因素带来的风险，因而也称为可分散风险或可控风险。但如果处理得不好，这种风险也难以分散与化解。由于非系统性风险通常只存在于个别公司或个别行业中，往往不如系统性风险对经济产生的影响巨大，但忽视非系统性风险的存在也可能会使其转化为较大的风险，甚至可能会影响到整个金融市场。这类风险通常与整个投资市场的状况不发生系统性的联系，可以通过分散投资来降低其风险，而且如果分散是充分有效的，其还能被彻底消除。

16.2　金融服务养老的系统性风险问题

系统性风险是相对于非系统性风险而言的，指具有同类金融工具的所有金融产品共同面临的风险，其不能通过分散转移等措施消除，也被称为不可分散风险或不可控风险（金融市场中无法消除的或不可控的风险就是系统性风险）。这里需要重点研究的是系统性风险，因为它的影响比非系统性风险的大。系统性风险是由许多因素共同作用的结果。这些因素主要包括宏观经济政策，特别是货币政策、利率、通货膨胀率、经济周期循环的改变等，以及社会方面的进步或倒退和政权方面的更替等。

如果金融服务养老出现系统性风险，将会难以满足养老者对预期收益的追求，这会导致大家对金融服务养老的可持续性产生怀疑，这一问题值得重视。未富先老、未储先老、未备先老现象突出，这是中国即将面临的最大的系统性风险。

16.2.1　系统性风险问题

风险是关于不愿发生的不确定的客观体现，是可测定的不确定性或可能性，并非只是实现决策时带来的损失。现代经济发展表明，如果监管不到位，一些风险会通过关联性利益影响，借助金融体系的运行机制，不断地放大并且迅速蔓延到其他的金融机构中，最终转化形成系统性风险。不仅一般的金融活动存在系统性风险，金融服务养老同样存在系统性风险。金融服务养老系统性风险是在整个养老服务市场中出现的系统性风险，而非某一个方面出现的风险。它对全部的金融服务养老活动都有影响，使参与者蒙受损失。不仅是单一的某个金融机构使参与者损失，全部金融机构都可能会使参与者损失。养老者不仅某种金融活动存在风险，其他任何金融活动都有风险。金融服务养老系统性风险降低了养老者的收益预期，增加了风险预期。所以，及时、准确地识别风险及其传染路径是有效提高金融服务养老系统性风险识别能力的关键。如果忽视金融服务养老系统性风险识别与防范，其他风险识别与防范几乎失去了意义。

金融服务养老系统性风险识别是金融服务养老风险防范的重要领域。识别金融服务养老系统性风险有助于提高决策效率和系统性风险处置能力。提供养老服务的金融机构相关性系数是识别系统性风险的重要参照指标。正确地识别金融服务养老系统性风险，需要综合运用指标预警法、前瞻性分析法和状态转换法等多种方法和工具，准确地把握系统性风险发生信息，这样才能更好地提高识别系统性风险的准确程度。如果风险识别不准确，则难以克服系统性风险。

16.2.2　金融服务养老所带来的系统性风险问题

金融服务养老所带来的系统性风险是指养老者因参与金融服务活动，而不能维持养老最基本生活需要所面临的全局性、整体性风险。这种风险不仅会对社会稳定带来重大的影响，而且也使得养老者难以维持生计。在短期内，这种系统性风险难以消除。它与非系统性风险不同，非系统性风险是由管理的低效率或缺乏经验等引起的风险。金融服务养老的系统性风险比非系统性风险的影响范围更大，影响程度更严重。

（1）市场流动性丧失。由于金融市场相互联系，一种服务养老活动会影响另一种服务养老活动。市场流动性受阻会使养老者在投资到期时可能得不到决策时所预期的收益，进而使预期收益受损。当系统性风险累积到一定程度而爆发时，金融系统可能会瘫痪，金融服务养老活动可能会由此中断。不仅金融服务养老业务难以完成，而且可能发生连锁的支付危机。

（2）引发大规模的连锁反应。系统性风险是金融体系整体可能出现危机的风险，或者是银行个人养老储蓄贬值，或者是商业养老保险不能按期支付，或者是其他养老投资不能实现预期收益。某个方面的风险可能导致整个金融服务养老出现问题，进而给老年人带来养老问题，再影响到社会稳定。系统性风险比较隐匿，金融服务养老难以避免这种风险。金融服务养老市场萎缩，金融机构利润下滑；养老者利益受损，正常生活被打乱；金融体系混乱，各方惶恐不安。如果系统性风险控制得不及时，就会演变为金融危机，社会也会动荡不安。系统性风险不仅影响金融服务养老活动，而且还会给众多的养老者带来损失。金融网络联结利益关联各方，系统性风险无限扩大。一旦有重大影响的金融机构出现问题，迟早会通过金融风险传导机制进行传导，在金融网络关联性利益影响下产生放大效应而形成系统性风险。一家服务养老的金融机构出现问题，可能会蔓延到其他相关的机构中，从而影响整个金融服务养老过程。

（3）通货膨胀使得养老者利益受损。在金融服务养老风险中，通货膨胀所带来的影响是最容易使养老利益受损的风险。如果债券、存款等投资方式的名义收益率低于通货膨胀率，则养老基金投资的实际收益率甚至可能为负。作为经济中必然发生、难以预料且不易控制的通货膨胀风险，很难保证大多数养老者有稳定的收益。通货膨胀的出现，使得货币的实际购买力下降，也就是说，老年人辛辛苦苦结余的资金放在手中越来越不值钱，财富一天天地在缩水。

通货膨胀使养老者的收益只能在数量上增加，而不能在价值上增值。如果出现过高的通货膨胀，即使改变金融服务养老的资产投资组合也难以避免利益受损的可能性。也就是说，通货膨胀会使得他们的利益受损。哈耶克（1997）说，通货膨胀会使中等收入的人士越来越难以靠自己的收入安度晚年……导致个人对政府的日益依赖。所以，通货膨胀给养老者带来的利益受损是金融服务养老风险中的重要风险。要推进金融服务养老发展，必须重视研究通货膨胀对养老者产生的影响及后果，以便找出更好的规避风险的策略和应付风险的办法。在金融服务养老中，老年人普遍缺乏风险防范意识，监管部门对金融服务养老系统性风险防范力度不够，金融机构面临的长寿风险还没有比较好的解决办法。因此，防范金融服务养老风险的重点在于防范金融服务养老的系统性风险。

16.3 金融服务养老的非系统性风险问题

金融服务养老会带来种种非系统性风险，由此产生的非系统性风险问题可能会被分散或化解，也有可能由此引发更为严重的系统性风险问题。在注重金融服务养老所带来的系统性风险问题时，各利益方也要重视非系统性风险，防止非系统性风险转化为系统性风险。

16.3.1 非系统性风险问题

非系统性风险又称为可控风险，此类风险能够得到控制甚至消除。一般说来，可以通过多样化的分散投资方法来降低非系统性风险发生的概率，甚至最终消除。所以，它也叫可分散风险。与系统性风险相比，非系统性风险危害性也要小些。虽然非系统性风险没有系统性风险危害那么大，但它也是风险的重要表现。如果忽视不管，它会逐步扩大影响，最终难以控制。历史上，有许多非系统性风险逐步演变为系统性风险的先例。金融危机由最初的很小的风险经过发酵、扩散，最后成为危害极大的系统性风险。所以，除了重视系统性风险外，金融服务养老还需要重视非系统性风险。

16.3.2 金融服务养老所带来的非系统性风险问题

金融服务养老所带来的非系统性风险问题主要表现在利率与通货膨胀风险、预期损失市场风险等方面，特别是在信用、结算等环节。由于对金融机构所带来的金融服务养老产品存在监管滞后的问题，金融服务养老不仅存在现实的风险而且也存在着潜在的风险。

（1）利率、通货膨胀等引发的风险问题。金融服务养老中的利率问题与通货膨胀问题是相关机构和养老者普遍遇到的问题。这些问题是正相关的，也就是说，它们随时间而往同一方向变动。利率是借贷资金的价格，利率发生变化，可能给养老带来收益或损失。利率风险是因利率变化而给养老者带来的收益减少的风险。通货膨胀的出现无疑会减少参与者的预期收益。通货膨胀风险使老年人的未来实际收益低于预期收益。这些风险都或多或少地影响了金融服务养老的开展。我们可以对金融服务养老风险进行预警与预控，将风险降低到可以承受的范围内。

对于利率问题和通货膨胀问题，如果没有提供保值增值的办法，那么，利益相关方可能会遭受过大的损失。利率总体水平可能会上升或下降，影响各方利益。通货膨胀意味着价值随时间而损失，也就是说，通货膨胀使养老资金或养老资产贬值，养老者收益受到损失，失去其他获益的机会。通货膨胀减少了人们对退休的积极看法，促使更多达到退休年龄的人把继续工作作为维持生活水平的一种手段。但在保证生活水平不降低的同时，如果老年人参与金融服务养老活动，尽可能地分散他们的投资风险，那么，他们的晚年生活是更美好的。

（2）预期损失市场风险问题。对于金融机构来说，提供金融服务养老服务就是为了获得回报，实现预期的收益，这个预期的收益就是能保证正常的经营利润。对于养老者来说，参与金融服务养老是为了获得养老所需要的预期收益。天有不测风云，不管是哪一方，都有可能出现预期损失市场风险，也就是实现不了预期收益，而提供养老服务的金融机构面临的风险也极有可能会给养老者带来风险。就算这些机构没有预期损失市场风险，养老者也会面临风险。这些风险问题降低了金融机构提供服务与养老者参与的积极性。

金融服务养老所带来的非系统性风险主要集中在资本、信用、流动性、经营、结算等方面，其防范需要对单个金融机构、养老机构等进行严格的管理和监督。否则，一旦出现非系统性风险，不仅会给养老者、金融机构、养老机构，而且会给社会带来各种难以解决的问题。

16.4　金融服务养老的信用风险问题

金融服务养老本身就是一种信用活动，是交易双方信用的表现。有信用，就可能会出现信用风险及信用问题。由信用风险产生的金融服务养老信用风险问题是不容忽视的。

16.4.1 信用风险

有信用，就可能会出现借贷关系的信用风险。以合约进行交易的现象普遍存在，如果出现失信，经济中的风险也越加集中在信用风险上。也就是说，信用风险是普遍存在于金融机构、金融活动中的风险，这是一种常见的风险。金融服务养老活动也不例外。受多种因素的影响，金融服务养老可能会出现供给方到期不付款，即支付的风险。未来老龄化将会迎来高峰时期，金融服务中的养老金可能会面临巨大的支付风险。

在金融市场中，信用风险是一种非常复杂的风险，存在着一种内在推动和制约力量。正是这种力量的存在，才导致了信用风险的产生。信用风险是因信用出现问题而带来损失的风险。如果谁能把握时机并迅速行动，那么，谁将获得较多的预期收益。当然，虽然这种风险有消极的一面，但它也可能会有利于市场的良性运行，并且它与市场风险有一定的重叠。有些信用风险是金融创新风险带来的，这是因为金融创新扩大了金融交易规模，吸引了较多的交易者或参与者，尤其是金融交易范围的扩大使得信用风险影响增大。金融创新在客观上增加了信用风险，且养老者的损失也随之相应地扩大。虽然金融创新不仅会增加信用风险，而且还扩大了风险波及的范围，但金融创新依旧是不可逆转的潮流，这就对如何防范金融服务养老风险提出了要求。

16.4.2 金融服务养老所带来的信用风险问题

受外部经济环境和其他因素的影响，金融服务养老可能会出现信用风险问题，如违约风险问题等。在金融服务养老过程中，违约风险是指金融机构因没有按时足额支付养老金而使养老者的生活受到影响，或者因养老者不能按时支付投资承诺的本金而获得收益。双方都有可能导致信用风险产生。例如，金融机构不能按时进行服务养老的结算而出现结算风险；银行不能按时足额地支付个人养老储蓄；住房倒按揭的养老者不能获得银行或保险公司提供的养老金；购买养老股票的养老者不能按时获得股息红利；基金公司因财务不佳或风险损失而不能给养老者支付投资回报。不能给养老者支付的信用风险是影响金融服务养老的重要因素。

如果提供养老服务的金融机构在到期不履行信用承诺并且给养老者造成了损失时，养老者就遇到了信用风险问题。由于金融机构无力履行信用承诺，养老者的养老生活会因此受到很大影响，有的甚至是打击性的影响。它可能导致养老者的物质生活中断经济来源，进而导致社会不稳定。

16.5　金融服务养老的市场风险问题

金融服务养老是一种市场交易行为。有市场交易，就会有市场风险。金融服务养老的市场风险是一种重要的风险，由它引起的金融服务养老的市场风险问题普遍存在。金融服务养老市场不景气，金融机构提供的养老服务无人问津，养老者利益受损。

16.5.1　市场风险

市场是捉摸不透的，随时的变化会带来市场风险。市场风险普遍存在于一切经济过程中。市场风险是指由金融市场行情的变动而带来的未来收益偏离其预期目标的可能性，这种由价格波动带来的表内表外资产价格变化将会使养老者遭遇损失。由于市场千变万化，市场风险也变化莫测，它是一个复杂的复合性风险。随着金融创新的发展，金融体系内各机构的联系日益密切，利益影响越来越明显。利益各方随时都会发生复杂的债权、债务关系。旧的债务化解了，又出现新的债务。在债务变化的同时，债权也相应地发生变化。许多因素都有可能导致市场风险的出现，因此，市场风险具有不确定性。它的发生需要一定的内外部条件。当经济不景气时，养老金资产配置风险加大，养老者难以获得预期的资金保证。

16.5.2　金融服务养老所带来的市场风险问题

金融服务养老存在市场风险问题，它是由市场风险所带来的问题。不管是金融机构还是养老者，都会面临这样的市场风险。金融机构可能会因为养老业务缺少需求而遭受经济损失，养老者也会因为机构经营问题而面临市场风险。也就是说，金融服务养老供求双方都有可能会受到市场风险的影响。市场风险在一定程度上抑制了金融服务养老的发展。

参与金融服务养老的老年人总会受到市场风险的影响。在金融服务养老过程中，金融机构将参与金融服务养老的支付款用于再投资，而这可能会引起再投资风险。由于期限的不同，再投资的收益风险可能低于首次投资的收益风险，造成潜在收益的减少。在此过程中，这种风险较少会引起金融机构的重视和金融监管机构的严格监管。

16.6　金融服务养老的操作风险问题

金融服务养老是一种交易行为，这种交易离不开操作，有操作就有可能会出现操作风险。操作风险既普遍存在于各金融机构中，又普遍存在于养老投资者中。金融服务养老中的操作风险会使参与者蒙受损失。只有加强风险防范与监管，才能避免金融服务养老操作风险。

16.6.1　操作风险

操作风险是指因操作程序不当、信息科技系统问题和外部不良事件给金融机构造成损失的风险。只要有操作，操作风险就可能会出现。引起操作风险的原因有很多。人为错误带来的损失、操作程序的不规范、内部控制的不恰当和电脑系统出现故障等都可能会带来操作风险。金融服务产品越来越多样化和复杂化，金融业务高度依赖以计算机为代表的互联网技术（internet technology，IT），这可能带来一些技术操作上的失误，产生较大的甚至是极其严重的后果。

16.6.2　操作不当带来的风险问题

由操作不当带来的金融服务养老操作风险问题普遍存在。一方面，技术进步会带来操作风险，特别是由大数据、云计算、互联网、人工智能和区块链金融带来的业务操作问题比比皆是。另一方面，因管理不善而出现的金融服务养老操作不当也使参与者蒙受损失。

金融服务养老普遍存在操作风险问题。这些操作风险问题有的表现为机构的内部欺诈，有的表现为参与者被骗，有的因业务操作程序复杂而出现操作中断，有的则出现流程管理不当问题。操作风险发生会给参与者造成损失。只是不同的事件发生所造成的风险的损失是不一样的，即使是同样的事件发生所造成的风险的损失通常也是不一样的。所以，要预测操作风险损失是很困难的。不仅如此，养老者在需要取出服务收益时却因机器故障不能及时取出资金，致使养老者利益受损。金融服务养老的操作风险更多地表现为出现支付问题。操作风险事故易使金融服务养老参与者受到损失，这说明加强操作风险防范既是十分必要的，也是十分重要的。

16.7　金融服务养老的流动性风险问题

资本是一种不息的运动，养老资金、养老资产是流动的，也只有在流动中才能实现保值增值。不过，它的流动性可能会带来流动性风险。流动性风险是金融服务养老中的一种重要风险，由它所带来的风险问题直接影响着老年人的参与意愿。

16.7.1　流动性风险

流动性风险与其他风险共同构成金融风险体系。流动性风险是因金融资产流动中变现能力的不同所带来的风险。无论是养老资金、养老资产还是养老权益都不是静止不动的。它们在不息地运动，并且只有在运动中才能保值增值。老年人为了获得收益，使自己的资金或资产进行流动，这种流动带来的风险就是流动性风险。随着老龄化不断呈现加速态势，金融服务养老转手活动越加频繁，不少老年人担忧未来资产流动性较差会导致资金受损，进而影响日后养老生活质量。

16.7.2　金融服务养老所带来的流动性风险问题

在金融服务养老过程中，银行、保险、证券等都存在流动性风险。老年人处于债权方，将养老金存入银行而获得收益；银行处于债务方，得到养老资金或资产且在日后支付养老金。于是，银行流动性风险随之出现。同理，保险公司在债务到期或发生给付义务时，也可能出现同样的情况。老年人的养老资金或资产因流动性而遇到了流动性风险。如果经济不景气，养老证券投资实现不了预期收益就会出现较大的流动性风险。为了获益，创新型商业养老保险产品，如房来宝产品也随处可见。这种产品由于流动性，可能会出现流动性风险。这种风险在某种程度上可能还会不断放大，引发其他风险。这种金融服务养老产品的办理需要专门的中介参与。中介公司在办理、评估和支付中都可能会出现流动性风险。流动性风险有时会成为影响养老者的主要风险。

16.8 金融服务养老的欺诈风险问题

金融服务养老中出现欺诈风险是客观存在的。由于老年人的金融知识有限，对金融服务缺少了解，也没有参与经验，普遍缺乏风险防范意识，往往盲目跟从，特别是偏听服务人员介绍，不少老年人因此上当受骗。可以说，金融服务养老的欺诈风险问题是最普遍的风险问题。

16.8.1 欺诈风险

影响金融服务养老的一个重要因素是金融欺诈风险，主要由老年人金融知识欠缺和监管不到位导致。这种风险对相关方产生直接的影响。由于种种原因，老年人比年轻人更容易受骗。经常出现的网络诈骗、电信诈骗、投资理财诈骗令老年人防不胜防、损失惨重。一系列的欺诈行为给老年人带来了欺诈风险，让老年人蒙受损失。一些机构或个人假借互联网金融名义，打着 P2P[①]的网络理财幌子，以低门槛、高收益来诱导老年人，等目的得逞后就卷款跑路，不少老年人因此受骗并损失了很多资产。

16.8.2 金融服务养老所带来的欺诈风险问题

金融服务养老需要相关方的交易，所以会产生交易中的欺诈风险，因此金融服务养老所带来的欺诈风险问题比比皆是。有住房的老年人将自有房子抵押给银行，从而获得相应的收益。虽然老年人拥有的住房颇为值钱，但限于自身年事已高，行动不便，估价往往不准。这就出现了某些机构试图以较低价格从老年人手

① P2P 指 peer to peer，意为点对点网络借款。

中谋取住房，使一些环节的服务者获得不正当的利益的问题。在这个服务过程中，老年人可能会遇到某些人品不佳、行为不端、图谋不轨的代理人，从而遭受欺诈。老年人将中介机构产权界定不清或界定有争议的住房视为抵押品，抵押给银行进而获得养老收益。有的中介机构由于监管不严，采取虚拟抵押方式骗取资金；有的金融机构诱骗老年人购买高风险金融产品；还有的机构故意采取低估养老资产的手段，在养老者不知情的条件下使他们的利益受损。这些欺诈风险问题大大影响了金融服务养老的正常发展。

16.9　金融服务养老的其他风险问题

除了上述风险外，金融服务养老还有不少其他风险问题。这些风险都会使养老者的利益受损并且同样影响着金融服务养老的开展。

16.9.1　其他风险问题概述

除了上述的信用风险等外，金融服务养老还存在其他许多风险，如利率的风险、法律的风险等。不同的风险对养老者的影响范围、程度、大小和后果都不同。金融服务养老所带来的其他风险主要包括由管理不佳或缺乏经验等带来的非系统性市场风险；由信息不对称或不完全而带来的道德风险；由欺骗、过于冒险的投资或逆向选择等带来的代理风险；由资产与负债相对价值不成比例引起的剩余变化风险；由过于依赖发起人缴费产生的集中度风险等。除了各种银行卡外，随着手机银行、网上银行、支付宝、财富通、电子钱包、QQ 红包、微信红包等新型金融服务的发展，金融服务养老面临攻击的可能性也越来越大。特别是在人工智能和区块链下的影响下，各种金融风险更加普遍。

16.9.2　其他风险问题的具体表现

不管是在银行、保险领域，还是在证券、信托、基金领域，都存在许多其他的金融服务养老风险。个人银行养老储蓄和住房倒按揭等都可能存在信用支付风险。当养老者需要养老资金进行养老时，由于银行不能按时足额支付而出现信用支付危机，使他们不能获得应有的金融服务和支持。特别是在经济不景气时，这种信用支付风险更大。同样，赎买了商业养老保险的养老者因保险公司出现支付困难产生了信用支付风险，养老者的养老有可能失去基本的生活保障。

进行养老股票投资的养老者因股市波动而面临市场风险，进而不能或难以获得预期收益，甚至影响到之后的养老生活。一般说来，与其他养老投资相比，养老股票投资的风险更大。如果金融服务养老监管不严，特别是审计监督不严，一些公司会打着养老服务的旗号去套取养老资金。受损的是养老者，影响到的是社会稳定，后果是出现诚信危机问题。进行养老债券投资的养老者因债市波动而面临市场风险或利率风险，其预期收益受到影响，进而导致养老生活受到影响。一般地，进行养老债券投资的养老者的收益预期是较好且较稳定的。但是，市场带来的养老债券收益受损及利率变化导致的预期收益没有保证都会影响到金融服务养老活动。养老者也会因债券市场出现的市场风险或利率风险而大大减少这方面的养老投资。进行养老信托投资的养老者因管理而出现失信风险，致使养老信托投资因诚信而没有收益保证，即发生支付风险。养老信托投资公司或因外部经济环境，或因管理不善而不能保证信托投资收益，失去服务养老的宗旨。进行养老基金投资的养老者因物价波动和管理不善而面临市场风险或通货膨胀风险，致使养老基金投资因市场或通货膨胀等没有收益保证。养老基金公司也会因外部经济环境或因管理不善而不能保证基金投资收益。

由于互联网、区块链和人工智能的快速兴起，特别是金融创新的不断出现，养老者会因自身操作不当或失误而面临操作风险。他们或因不懂如何操作而导致参与金融服务养老的收益受损，或因身体原因而操作不当导致上当受骗进而导致利益受损。这里所说的操作风险主要是指养老者的操作风险而非金融机构的操作风险。

16.9.3 其他风险问题总结

由于年龄增长的原因，老年人判断和识别金融服务养老产品风险的能力不断下降，这就使得他们在参与金融服务养老时的风险增加。许多老年人都容易受到一些感情营销技巧的蒙蔽，在参与金融服务养老过程中难免会面临风险。总之，金融服务养老存在着种种风险，每一种风险都可能会对金融服务养老产生影响。刚兴起不久的金融服务养老更是问题多多。再加上老年人厌恶风险，同时他们也经受不起风险的影响，种种不同的金融服务养老风险更加会影响他们参与的积极性。

16.10　银行、证券、保险、信托、基金服务养老支付危机的连锁效应问题

金融都离不开支付。如果支付出现困难，就会引发一系列的问题。一家机构发生了支付问题，往往会使整个金融体系周转不灵，最终诱发支付危机，产生一系列的连锁效应问题。这一问题最终演变为银行、证券、保险、信托、基金服务养老支付危机的连锁效应问题。

16.10.1　一种服务养老可能会带来其他服务养老支付危机的连锁效应

老年人的养老金或金融资产的主体部分仍然是以短钱为核心的传统金融，而金融服务养老必须是以长钱为核心的老龄金融。这就是说，市场中的短期金融资产投资与养老所需要的长期金融资产投资项目在时间结构上极为不匹配，所以，难免会出现养老现金支付问题。金融服务养老藏富于老，也叫投资于老，是解决老年人养老生活问题的。一些金融机构因经营或管理等问题，可能会产生养老现金支付问题，如果出现这种问题，支付问题可能会演变为金融服务养老支付危机的连锁效应问题并且越来越严重。银行、证券、保险、信托和基金也会产生服务养老支付危机的连锁效应问题。

提供养老服务的金融机构的业务联系具有广泛的社会性，某家机构特别是大型机构支付困难或倒闭，可能会引起各方面的连锁反应。由于各种服务之间是相互关联的，银行服务养老支付危机会带来证券、保险、信托、基金服务养老支付的连锁反应。同样，证券服务养老支付危机会带来银行、保险、信托、基金服务养老支付的连锁反应。保险服务养老支付危机牵一发而动全身，一旦出现问题便会影响到银行、证券、信托和基金等的正常运行。这种连锁反应势必影响金融服务养老的整个过程。

16.10.2 金融服务养老支付危机会涉及消费的各个领域

金融服务养老也存在需求的风险，集中在消费者对金融服务养老产品的认知不足上。由于金融服务养老产品的消费人群主要是老年群体，他们的金融知识相对匮乏，使得其在维护消费者权益方面处于不利境地。有调查显示，老年人受骗的比例为 26.1%。有些金融服务养老产品的设计缺乏对消费者风险承受能力的评估，导致部分消费者在承担了一定损失后要求提前赎回本金，为养老基金的稳定运行带来一定风险。大家都知道，金融服务养老风险不仅涉及养老者，而且涉及养老者家属；不仅涉及金融机构，而且涉及与此相关的其他组织；不仅涉及金融服务养老活动的正常开展，而且涉及社会稳定。金融服务养老风险牵一发而动全身，养老消费的各个环节、各个方面都受其影响。养老者不能获得及时、定额的现金，消费就不能正常进行。其他一切活动无从谈起。

目前，金融服务养老还缺少准入、退出的渠道和机制，特别是提供养老服务的金融机构、养老机构没有准入、退出的操作流程。养老服务投资顾问队伍欠缺，也没有一个完善的相关机制。政府监管机构只是对金融服务养老进行日常监管，缺少长期的、健全的监管机制。所有这些问题，都或多或少地给金融服务养老带来了风险，影响了老年人的根本利益。

金融服务养老既存在系统性风险与非系统性风险，又存在信用风险等其他种种风险；既存在银行、证券、保险、信托、基金风险问题，又存在支付危机的连锁效应问题。由金融服务养老创新所带来的风险问题制约了金融服务养老的发展。金融服务养老风险问题是实现金融服务养老可持续发展的根本问题。只有不断降低、分散、转移金融服务养老风险，才能实现金融服务养老的持续、快速、健康发展。

第 17 章　金融服务养老监管体制机制问题

金融服务养老监管存在监管效率问题和与之相关的其他一系列问题。金融监管的效率就是如何实现监管收益的最大化和监管成本的最小化。只有加强金融服务养老风险防范和监管完善才能更好地促进金融服务养老的发展。适应未来金融服务养老发展的需要，加强金融服务养老监管，不断提高金融监管效率，是金融服务养老发展的客观要求。根据第 6 章所提出的金融监管理论，金融服务养老需要高度重视监管问题。金融服务养老监管问题主要包括金融服务养老监管体制问题、金融服务养老监管机制障碍、金融服务养老监管效率问题及与金融服务养老监管体制机制相关的其他问题。本章主要研究的是金融服务养老监管体制机制与效率问题。

17.1　金融服务养老监管体制问题

金融服务养老发展得如何，除了自身的原因外，与监管密切相关。金融服务养老监管又与金融服务养老监管体制呈高度的正相关性。健全的金融服务养老监管体制有利于金融服务养老的快速发展。反之，不合理的金融服务养老监管体制会制约或阻碍金融服务养老的发展。金融服务养老监管体制的局限性及其他诸多问题，是金融服务养老发展需要解决的重要问题。

17.1.1　跟不上监管体制本身变革的要求

一国金融监管体制历史与国情密切相关。高度集中的行政管理体制，薄弱的经济基础，金融发展的乱象，儒家传统的文化和“一死就放、一放就乱、一乱就管”的监管要求及高度集权的经济管理模式导致了金融监管集权过多、过重。目前的金融监管体制是不太合理的体制。特别是严格的金融服务养老监管体制由于缺乏有效的外部协调机构，整体上降低了监管的效果。现有分业经营、分业监管体制的好处在于实行专业化的监管，能够将相同的金融业务监管由一个专业性的监管机构实施。中国人民银行维持金融稳定。中国银行保险监督管理委员会负责银行、养老投资公司、养老基金公司、养老保险公司及其业务的监管。中国证券监督管理委员会负责养老证券公司及其业务的监管。国务院金融稳定发展委员会为稳定这些金融业务进行协调。这种体制有其合理性，也有其局限性。

金融服务养老监管体制存在的主要问题是集中监管与分业监管区分不清。分业监管有其积极的一面，也有监管缺位、越位与不到位等消极的一面。通常，分业监管的不足比分开监管的优势更明显。现有金融服务养老监管协调性不强，各监管机构依然处于各自为政、互不协调的境况。当金融监管机构之间出现潜在冲突时，监管机构可能会采取一些有利于本行业利益而有损于其他行业利益的行动。由于不少金融服务养老业务都是涉及多机构的金融业务，难免出现不同监管机构争夺监管对象和监管权力的现象。这些都是金融服务养老监管体制问题的表现。目前，金融服务养老监管体制跟不上自身变革的要求。

17.1.2 跟不上金融创新发展的需要

金融创新是随时的，金融监管体制一经形成，其变革会有一个过程。原先适应金融服务养老的监管体制在经济金融发生变化后变得不适应了。如果不进行监管体制创新，那么，这种监管会阻碍金融的发展。当监管体制严重不适应金融服务养老的需要时，只有加快改革监管体制、实现监管体制的创新，才能进一步促进其发展。除此之外，别无他法。由于监管体制创新滞后于金融创新（监管体制变革总是落后于金融创新），出现跟不上金融创新发展需要的金融服务养老监管体制问题在所难免。

对由金融创新带来的许多混业业务，即使加强监管，单一的某个方面的分业监管也难以监管好复杂的金融服务新业务。这就需要变革金融服务养老监管体制，实现各分业监管机构共同监管。它们在各自领域实施监管的同时，在监管中的协调与合作问题也显得十分突出。创新给养老者带来的只是越来越多、越来越复杂且难以了解的金融产品和服务，致使养老者根本无法了解和选择适合他们需求的养老产品和服务，风险随之越来越大，极可能对养老生活产生不利的影响。金融服务养老监管体制跟不上金融创新发展的需要。

17.1.3　跟不上老年人服务需求的变化

尽管老年人的需求不高，但是他们的金融服务养老需求也是变化的。过去是养儿防老或靠政府、单位养老金养老，金融服务养老的需求不高。但随着经济金融的发展、养老资金的增加和对美好生活的追求，老年人对金融服务养老的需求越来越高。这些需求，不仅会导致服务数量增加，而且使服务期望、服务种类、服务方式、服务效果等也在不断地变化。智能金融的兴起给养老带来了新的变化。尽管金融服务养老监管也进行了跟进，但从总体上看仍然没有跟上老年人服务需求的需要。原先较低的需求被更高的需求所取代。老年人服务需求的提升需要金融机构提供相应的养老产品和养老服务。金融机构提供的相应的养老产品和养老服务活动又需要金融服务养老监管。当出现某个监管机构无法有效地进行监管时，就需要进行金融服务养老监管体制的创新，使之符合监管的客观要求。

金融服务养老监管体制跟不上老年人服务需求的变化，可能会导致养老者利益受损。社会主要矛盾的变化带来了养老服务需要的变化，金融服务养老需要也在快速地发生变化。老年人产生了新的金融服务需要，如果仍由原有的监管体制进行监管，只能阻碍金融服务养老的发展。如果缺少监管体制创新，金融服务养老的发展必然会受到影响。创新需要成本，并且创新还有风险。不当的创新不仅不能起到促进作用反而会起到阻碍作用。此外，即使有监管体制创新，但如果创新不足，同样也会影响其发展。

17.1.4　跟不上金融服务养老监管创新的要求

“一行两会”[①]进行的准入监管，长期下去往往会出现父爱主义[②]。这种监管还容易形成市场分割，产生监管空白。这就需要进行金融服务养老监管的创新。注重收益心理预期引导和调节，将金融审计监督纳入监督管理是实现金融服务养老监管创新的重要途径。从目前的金融服务养老监管创新来看，几乎没有心理预期引导和调节，老年人普遍对参与的金融服务收益回报预期超过实际，对风险的预期较小甚至为 0。这种预期是不符合实际的不恰当预期，往往会给金融服务养老带来消极的影响。已纳入金融服务养老审计监督的金融服务非常少，大部分非国有及非国有占控股地位的养老资金或养老资产还没有纳入审计监督。这在客观上也要求进行金融服务养老监管的创新。过去的监管创新要求监

① 一行两会是指中国人民银行、中国银行保险监督管理委员会、中国证券监督管理委员会。

② 父爱主义是指像父亲那样的行为，或是对待他人像对待孩子一样。

管体制相应跟进。然而，金融服务养老监管体制却长期不变。金融服务养老监管体制跟不上金融服务养老监管创新的要求。

总之，金融服务养老监管体制的不健全导致了监管真空和重复监管。有的金融机构和养老机构打着服务养老的旗号进行空手套利，甚至让老年人蒙受损失。当要大力发展金融服务养老时，往往放松监管导致出现许多乱象。当要有序促进金融服务养老发展时，往往加大监管力度导致供给不足现象。可以说，金融服务养老既没有跟上金融创新发展的需要，又没有跟上老年人服务需求的变化，不适应金融服务养老监管创新的要求。

17.2　金融服务养老监管机制障碍

金融服务养老不仅存在监管体制问题，而且也存在监管机制障碍。没有好的监管机制，金融服务养老难以获得好的发展。过去的金融服务养老发展缓慢，不得不说确实与其有关。正是金融服务养老监管机制障碍制约了金融服务养老的发展。

17.2.1　金融服务养老运行机制障碍

虽然中国养老资金及资产规模较大，但是养老资金管理不合理，养老资产使用浪费严重，导致它们在养老中没有充分发挥出应有的作用。虽然养老资金、资产与权益各不相同，但都存在渠道不畅、运行机制不全的问题。到目前为止，进行养老资金、养老资产分类投资的机制也尚未建立。正是这些运行机制障碍，导致养老资金及养老资产使用效率较低。

从金融服务养老运行来看，总的是供给不足，需求大于供给，是需大于供的结构性失衡。由于老年人对美好生活的追求和向往，其金融服务养老需求是不断增加的。受利益的影响，提供服务的金融机构或养老机构能否源源不断地供给创新性的养老金融产品和服务，是金融服务养老运行中的主要问题。金融服务养老运行机制不畅，老年人获得服务需要经过许多中间环节。由于缺少正常的金融服务养老运行机制，在很大程度上阻碍了金融服务养老的发展。

17.2.2　金融服务养老监管机制存在的障碍

随着个人养老资金及资产的积累，除了进行传统的权益类、固定收益类产品投资外，他们还进行房地产、基础设施建设等领域的投资。在养老资金投资、运营、风险防范与监管体制机制上，多部门及相关利益主体共同参与的综合监管机制有其局限性。这种分工负责的监管机制，容易导致监管责任不清、效率不高等问题。除了这些，它还存在很多制约金融服务养老监管机制的因素。

（1）没有硬约束机制。虽然金融服务养老是在金融监管机构监管下运行的，但是，其监管往往没有硬约束机制。由于缺少专门的监管机构，金融服务养老的监管是由一般的金融监管，如中国银行保险监督管理委员会等来完成的。这种监管没有区分金融服务养老活动与一般的金融活动的差异，所以这样的监管只是软约束的监管。软约束的监管可能会出现监管不到位，金融服务养老机构、金融服务养老行为还没有硬的约束。正是由于没有金融服务养老监管硬约束机制，金融服务养老监管还不是有效的监管。

（2）缺乏激励机制。金融服务养老监管不同于其他监管。虽然也需要考虑利益各方，但其监管的评价主要由参与服务的老年人来进行。如果老年人认为，金融服务养老监管得好，金融服务养老所带来的好处多、风险小，那么，这样的监管就是好的。金融监管机构由于缺少激励机制，对于金融服务养老监管是好还是不好，没有客观的评价标准，也不会受到影响。良好的激励才能花最小的成本而获得最大的收益。只有拥有一种好的激励机制，金融监管机构才能更好地进行监管。

（3）缺少合作机制。金融服务养老是一项系统工程，涉及各方利益，风险大且参与者又经受不起风险的打击，由多机构分业监管，因此需要在恰当的监管体制下形成相互合作的机制。目前，涉及金融服务养老监管或管理的机构主要有人力资源和社会保障部、全国社会保障基金理事会、中国人民银行、中国银行保险监督管理委员会、中国证券监督管理委员会、国务院金融稳定发展委员会等。众多的监管机构各自从自己的职责、权限和利益出发进行监管或管理，所制定与实施的金融服务养老政策和规定往往互不衔接。这些机构之间缺少彼此分工合作，使得金融服务养老监管缺少合作机制。

金融服务养老监管体制问题与机制障碍，是金融服务养老发展中存在的重要问题。它们在很大程度上影响了金融服务养老的监管效率。提高金融服务养老监管的效率，需要在不断改革金融服务养老监管体制的基础上克服其监管机制障碍。建立金融服务养老的硬约束机制、激励机制和合作机制，是提高金融服务养老监管的效率，更好地满足老年人养老需要的重要条件。

17.3　金融服务养老监管效率问题

金融服务养老监管为金融服务养老正常开展提供了基本保证。但是，由于种种原因，当前的金融监管政策还处于宏观政策层面，缺乏针对养老金融业务具体监管的指导意见，对相关机构的业务资质、服务标准、业务流程、申诉渠道等也没有进行明确的规范，从而影响了养老服务金融的监管效率（董克用和姚余栋，2018）。总的来看，目前中国金融服务养老监管成本高、收益低，监管的效率有待提高。

17.3.1　金融服务养老监管效率

与一般金融活动不同的是，老年人首先考虑的是养老资金或资产的安全性，其次是流动性，最后才是收益性。将安全性放在首位是因为老年人大都经受不起风险的冲击和打击。虽然一般的金融活动也首先注重安全性，但老年人参与的金融服务养老更注重安全性，即要求风险小于一般的金融活动的风险。否则，他们也许不需要甚至可能退出金融服务活动，从而影响金融服务养老的发展。

在安全性条件下，老年人还需要考虑养老资金或养老资产的流动性。除了养老资金外，老年人喜欢流动性高的养老资产甚于流动性低的养老资产。只有方便流动，老年人才愿意参与或选择。如果流动性过低或难以流动，将在很大程度上制约老年人参与金融服务养老的愿意。那种长期不流动的养老资产一般得不到老年人的青睐。

金融服务养老也讲收益。没有收益或收益过低，老年人参与的意愿也不高。要获得收益，就要花成本。不仅养老者需要花成本，监管也要花成本。金融服务养老监管效率是监管成本与监管收益的比较。在监管成本一定的条件下，监管收益高才是有效率的。监管的收益越高，监管的效率越高。在监管收益一定的条件下，监管成本低才是有效率的。金融服务养老监管效率可以用成本—收益的比较衡量。金融服务养老监管的成本是指金融监管机构为了防范风险进行监管所花费的人力、物力、财力和时间，以及失去其他服务养老创新所带来的收益等。金融服务养老监管的收益是指金融监管机构进行监管而带来的利益，如获得了比成本更多的收入、减少了波动、形成了良好的预期、获得了较高的满意度、稳定了市场和社会、积累了监管经验等。假如金融监管机构进行一单位的金融服务养老监管为 x，监管收益函数为 $R(x)$，监管成本函数为 $C(x)$，监管的净收益为 $N(x)$，那么，$N(x)=R(x)-C(x)$。一般地，监管收益函数为凸函数，监管成本函数为凹函数，见图 17-1。

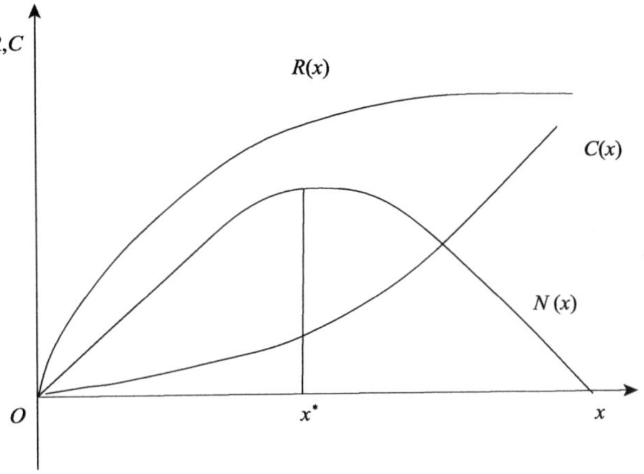

图 17-1　金融服务养老监管效率函数

监管成本 $C(x)$ 包括直接成本、执行成本、代偿性支付成本、善后处理成本和机会成本等。监管收益 $R(x)$ 包括养老者及其家属的收益、被监管机构收益、金融体系的总体收益、社会总体收益、良好的预期和较高的满意度等。只有当 $C(x)$ 最小化、$R(x)$ 最大化时，金融监管的净收益 $N(x)$ 才能达到最大化。金融服务养老监管效率旨在分析金融监管净收益的最佳值，也就是金融监管效率最大化的状态。金融监管机构增加一单位的监管所带来的监管预期收益增加值，被称为金融服务养老监管的预期边际收益 $\mathrm{MR}(x)$。金融监管机构增加一单位的监管所花费的监管成本增加值，被称为金融服务养老监管的边际成本 $\mathrm{MC}(x)$。如果 $\mathrm{MR}(x)>\mathrm{MC}(x)$，继续进行监管会增加收益，那么，监管效率得到提高。如果 $\mathrm{MC}(x)>\mathrm{MR}(x)$，继续进行监管或加强监管会减少收益，那么监管效率会下降。只有当 $\mathrm{MR}(x)=\mathrm{MC}(x)$，即边际收益等于边际成本时，金融服务养老监管预期净收益 $N(x)$ 才达到最大。

17.3.2　金融服务养老监管收益分析

进行金融服务养老监管就是为了获得收益，提高效率。正如上述，这些收益主要有获得收入、减少波动、形成良好的预期、获得较高的满意度、稳定市场和社会、积累监管经验等。监管的收益来自多个方面，既有微观的方面又有宏观的方面。不同的利益相关方所获得的收益是不同的。它们各取所需，共同服务养老。

假如不考虑预期、满意度、市场和社会稳定等因素，那么，金融服务养老监管的收益为 $R(x)$，是涉及一系列利益方获益的函数，即

$$R(x)=F(\mathrm{ra})+F(\mathrm{rf})+F(\mathrm{rm})+F(\mathrm{rg})+F(\mathrm{ro}) \tag{17-1}$$

其中，$F(\mathrm{ra})$、$F(\mathrm{rf})$、$F(\mathrm{rm})$、$F(\mathrm{rg})$、$F(\mathrm{ro})$分别为老年人因监管获得的收益、金融机构因监管获得的收益、金融监管机构因监管获得的收益、政府获得的收益和其他收益，并且 $R(x)$大于 $F(\mathrm{ra})$、$R(x)$大于 $F(\mathrm{rf})$、$R(x)$大于 $F(\mathrm{rm})$、$R(x)$大于 $F(\mathrm{rg})$、$R(x)$大于 $F(\mathrm{ro})$。也就是说，金融服务养老监管的总收益大于每个利益方所获得的收益，这就是监管所带来的经济、社会效益。

对老年人来说，进行金融服务养老监管主要是保证其获得预期收益，减少参与风险，增加养老资金或资产的流动性，形成良好的预期，获得较高的满意度。实现了预期收益，老年人参与金融服务养老的积极性才高，晚年才能过上更好的养老生活。除了经济上获得满足外，老年人还需要稳定的收益预期、最低的风险预期、养老资金或养老资产安全性的预期，将会感觉到非常满意。

对金融机构来说，进行金融服务养老经营管理和接受专门的监管主要是为了防范风险特别是支付风险、信用风险和其他风险，确保能够进行养老支付和其自身获得应有的服务收益。不能确保养老支付，就会失信，没有市场也就没有服务收益。面对激烈的市场竞争，金融机构只有提供优质的养老金融产品和服务，才能赢得市场，才能在市场竞争中获益。

对金融监管机构来说，进行金融服务养老监管主要是稳定金融服务养老秩序，分散、降低或化解各种风险，不断地提高监管效率。只有这样，才能确保金融服务养老的良性运行和正常开展。否则，金融服务养老秩序会出现混乱。如果金融监管机构不能产生监管效益或提供高效率的金融监管，那么金融服务养老无疑会或多或少地受到影响。

对政府来说，进行金融服务养老监管或管理主要是防范风险，稳定社会，减少政府财政养老金支出，让老年人同其他人一样，能过上美好的生活，赢得社会各方的赞许。通过金融服务养老的开展来做好养老工作是政府和老年人共同的责任。金融服务养老很少或没有出现问题，预期好，满意度高，表示政府较好地履行了养老方面的职能。

由此可见，不同的利益相关方各有其收益。正确地分析利益方的收益，实现收益最大化，才能进行恰到好处的金融服务养老监管。金融服务养老监管就是要实现各利益方的收益最大化。只有使各方收益最大化，金融服务养老才能得到长

期可持续的发展。

17.3.3　金融服务养老监管成本分析

虽然金融服务养老监管获得了收益，但这是需要花费成本的。正如上述，这些成本主要有人力、物力、财力和时间，以及失去其他服务养老创新所带来的益处。

金融服务养老监管的成本为$C(x)$，是涉及一系列利益方所花成本的函数，即

$$C(x)=F(\mathrm{ca})+F(\mathrm{cf})+F(\mathrm{cm})+F(\mathrm{cg})+F(\mathrm{co}) \tag{17-2}$$

其中，$F(\mathrm{ca})$、$F(\mathrm{cf})$、$F(\mathrm{cm})$、$F(\mathrm{cg})$、$F(\mathrm{co})$分别为老年人因监管花费的成本、金融机构因监管所花的成本、金融监管机构因监管花费的成本、政府管理所花的成本和其他成本，并且$C(x)$大于$F(\mathrm{ca})$、$C(x)$大于$F(\mathrm{cf})$、$C(x)$大于$F(\mathrm{cm})$、$C(x)$大于$F(\mathrm{cg})$、$C(x)$大于$F(\mathrm{co})$。也就是说，金融服务养老监管的总成本大于每个利益方所花的成本。

对老年人来说，进行金融服务养老监管主要是因为老年人不能获得创新给他们带来的好处。养老者对美好生活的追求，使他们渴望进行金融创新特别是金融服务养老方面的创新，以便为他们提供更多可供选择的金融产品和金融服务。只有不断地进行创新，才能不断地满足养老者的需要。

对金融机构来说，进行金融服务养老监管的困难主要是金融机构的利益与强有力的监管相矛盾。金融机构由于达不到监管要求，难以创新或根本不能进行创新，因而失去服务养老市场获得的收益。金融服务养老监管使得金融机构提供养老服务具有准入条件或门槛，需要遵循监管规则，按监管提供养老金融产品或服务，按时足额支付养老资金，不得损害老年人的利益。

对金融监管机构来说，进行金融服务养老监管会花费大量的成本，包括人力、物力、财力和时间。面对金融服务养老创新所带来的风险问题，金融活动客观上需要监管，养老者及金融机构主观上也需要监管，但监管花了成本却达不到目的。金融服务养老监管也需要积累监管经验，缺少经验的金融服务养老监管成本是很高的。

对政府来说，进行金融服务养老监管或管理主要是花费大量的人力、物力和财力进行监管，失去了创新机会，有时甚至得不偿失。政府所提供的金融服务养老制度、体制、机制、监管规则和管理规定，以及对违规违法的处理，都需要花费成本。政府服务得越好，金融服务养老才能发展得越好。政府服务的质量是衡量金融服务养老好坏的重要标准。

由此可见，不同的利益相关方各有其成本。正确地分析各利益方的成本，实现成本最小化，才能进行恰到好处的金融服务养老监管。金融服务养老监管不是将其管住甚至管死，而是让其有序发展，维护金融服务养老的秩序。那种认为金融服务养老监管就是将其管住、管死的观点是错误的，是与监管目的背道而驰的，它不仅在理论上是错误的，而且在实践中也是有害的。

17.3.4 结论

目前，金融监管效率不高，金融服务养老监管效率更为低下。在金融服务养老监管中，不仅没有专门的监管机构，是由中央银行、金融监管部门代行监管的，而且存在很多部门都在监管的现象，这就难免出现重复监管、监管真空和交叉监管等问题。金融服务养老同时涉及银行信贷、证券投资、保险购买、基金投入、信托参与等多个业务领域，单一的监管容易使交叉领域出现监管真空，造成监管缺位或滞后。金融服务养老监管的绩效不尽如人意。

除了金融服务养老及其监管法律法规的保障作用有限外，在金融服务养老方面能够发挥独特监督作用的金融审计也没有发挥好应有的作用。从目前来看，金融审计多半是对国有或国有占控股地位的金融的监督，对于广大从事金融服务养老的非国有机构或活动还没有充分发挥它的监督作用或者监督作用有限，更不用说对金融服务养老政策实施跟踪审计监督了。即使有的金融审计发挥了重要的作用，但是对于大面积的金融服务养老活动的监管效率也仍然有待提高。

17.4 与金融服务养老监管体制机制相关的其他问题

与金融服务养老监管效率相关的其他问题包括没有综合的、统一的金融服务养老监管机构，金融服务养老监管手段不合理，监管方法不科学，信息共享渠道不畅，准入标准不规范与市场秩序监管不力并存，监管创新不足和政策支持不够。它们从不同的角度、不同的方面影响着金融服务养老监管效率。

17.4.1　没有综合的、统一的金融服务养老监管机构

金融服务养老的顺利发展离不开金融服务养老的监管。就目前的金融服务养老监管来看，没有一个综合的、统一的金融服务养老监管机构，容易出现多头监管问题。

（1）没有综合的、统一的金融服务养老监管机构。老年人因经受不起折腾，客观上需要有专门的监管机构进行监管。金融服务养老快速发展，但对此方面的监管没有相应地跟上。缺少综合的、统一的服务养老的金融监管组织机构容易导致监管混乱，风险难以防范，并进一步影响了金融服务养老的正常开展。对金融服务养老的监管还是针对不同养老金融业务实行分业监管，监管机构各执一端，尚未建立监管机构之间的协调配合机制，难免出现监管套利及其他行为。如果没有一个综合协调的监管机构，难免会群龙无首，各自为政，各行其是，不能形成监管的合力。

（2）金融服务养老出现多头监管问题。金融服务养老不仅是一种非常特殊的金融活动，而且是一种专业性很强的金融服务活动，需要进行专业性的统一监管。由于金融服务养老没有综合的、统一的监管机构，容易出现多头监管问题。[①]在众多机构同时监管的情况下，由于具体的监管细则没有出台，在某一具体事项上可能会出现多重机构监管，且机构权力不同、监管标准不同的情况，这样难免出现因多头监管而产生的利益纷争问题。

（3）金融服务养老监管重叠与监管真空并存。金融服务养老涉及群体的特殊性导致其在监管实施的过程中，需要多家行政部门的参与，因为参与机构与产品类型不同，会涉及不同的行政监管部门，主要涉及人力资源和社会保障部、财政部、中国银行保险监督管理委员会和中国证券监督管理委员会等。比如，各部门在对职业年金进行监管的过程中，难免会形成职责的交叉及监管盲区；当年金在各个金融监管机构之间转入转出时，会发生漏损及在投资中出现道德风险，以及逆向选择的监管问题；当养老金融以交叉性金融形态出现时，其监管可能既涉及中国银行保险监督管理委员会也涉及中国证券监督管理委员会，由于产品设计的复杂性等原因，既可能导致多重监管，也可能导致部分领域的监管真空。

① 对于涉及养老方面的资金、资产、权益及政策规定，中国目前的监管机构包括人力资源和社会保障部、中国人民银行、中国银行保险监督管理委员会、中国证券监督管理委员会、国务院金融稳定发展委员会、财政部等多个部门。企业年金、职业年金由人力资源和社会保障部负责准入、政策制定、业务监管、信息披露，个人养老储蓄和银行的托管业务由中国银行保险监督管理委员会负责，养老证券投资和监督由中国证券监督管理委员会负责，保险养老业务由中国银行保险监督管理委员会负责。

17.4.2　金融服务养老监管手段不合理

由于金融创新的出现和监管面临的变化，需要采取恰当的监管手段。自上而下的行政管理既有优势又有很多不足，特别是不断创新的金融服务养老面临金融监管手段陈旧单一的挑战，这些无疑会导致监管效率的降低。采取什么样的手段进行监管对金融服务养老有重要的影响。从已有监管来看，金融监管更多采用的是行政手段，经济手段和法律手段较少。由于监管理念落后，金融监管往往重视合规性监管，特别是侧重机构准入性管理，轻视风险性监管。不管是合规性监管还是准入性管理，都运用的是行政手段。目前，金融服务养老监管未建立事前预警机制和过程风控机制，也没有收益预期心理引导和调节，潜在的市场风险巨大。在具体的监管中，个别金融服务养老监管机构重查轻处，忽视后续监管与被监管的内控自律。

17.4.3　金融服务养老监管方法不科学

金融服务养老监管是一项系统工程，涉及众多机构，牵涉各方利益，难度也很大。如何科学地进行监管是摆在监管面前的一个重要课题。相对于经济、金融发展而言，过去的金融服务养老发展较为滞后，与之相适应的监管更为滞后。到目前为止，金融服务养老的监管方法仍然很不科学。金融监管机构的监管主要是审批金融服务养老机构的设立和业务活动，对日常营运监管较少，作用十分有限。

伴随着养老服务需求的变化，金融尤其金融服务养老产品与服务不断创新，金融机构推出各种各样的网上金融服务，养老者的服务需求获得了满足。金融服务养老的电子化与网络化虽然使传统业务获得了快速发展，但也使金融服务养老监管面临许多挑战。金融服务养老监管仍然采取传统方法进行监管，使得交易对象难以明确，无纸化操作为稽核、监管增加了不少难度，导致出现监管真空与重复监管等问题。网上的综合性业务专业性强，不仅对监管机构的技术水平、监管方法，而且对监管能力提出了更多、更高的要求。金融服务养老缺少科学的预警机制。这些都与金融服务养老监管方法不科学密切相关，应该用科学的方法进行监管。

金融服务养老监管的系统复杂，需要进行大监管。但是，金融服务养老大监管是多个监管部门协同实施养老服务监管的一种新形式。金融监管机构受利益影响而重复监管，监管方法的不科学造成监管分散形成不了合力。现有的监管方法还是普遍的审批式的监管，导致监管重点不突出。监管服务意识不强，因监管责任不明确而出现了监管真空，降低了监管效率。

17.4.4　金融服务养老信息共享渠道不畅

金融服务养老监管是一个系统工程，需要实现信息共享。信息共享需要专门的渠道。信息共享渠道畅通，金融服务养老就发展顺畅。多年来，虽然金融监管机构为了进行监管而致力于信息公开与信息共享并且有了初步的成效，还开发了多个版本的金融信息系统，但这些信息不仅不全，而且相互割裂，至今尚未建立起综合的、统一的金融服务养老信息交流平台。平台的缺乏已给金融服务养老监管带来了许多难以克服的问题，特别是使得提供服务养老的机构为规避监管规定而相互嵌套，导致多重风险被掩盖。金融服务养老参与者缺少知情权，在很大程度上制约了金融服务养老的发展。

金融服务养老监管的信息交流渠道和信息基础设施建设还无法完全满足信息公开与信息共享的需要，就是已有的信息公开与信息共享还存在渠道不畅问题。这些问题表现为各机构间的信息不能共享，缺少沟通交流协作的机制。受利益的影响，甚至还存在人为的信息封锁问题。由于金融服务养老信息共享渠道不畅，虚假信息、小道消息满天飞，不仅让老年人难以获得全面的真实信息，金融监管机构也同样如此。金融监管机构缺少共享信息下的监管难免会出现各自为政现象。

17.4.5　金融服务养老准入标准不规范与市场秩序监管不力并存

一方面，对于传统金融机构，金融服务养老的准入门槛依旧比较高，获得资质的商业银行还是少数，而商业银行是经营相对比较规范的金融机构，其养老金融业务准入受约束会制约金融服务养老的发展。另一方面，在市场上养老与互联网、民间集资、以房养老、夕阳红旅游等各种金融服务养老结合形式层出不穷，由于缺少相关的准入标准与规范，这些监管也缺失。各类机构借名进行金融服务养老业务层出不穷，导致了金融服务养老市场的混乱。金融服务养老监管也忽视消费者的准入门槛，因为金融服务养老业务的客户群体主要为中老年人，他们大都缺乏金融知识并且容易受感性因素的影响，这就导致他们无法作为理性经济人正常参与到市场竞争中。加强金融服务养老准入标准的管理变得十分重要。

金融服务养老市场秩序监管不力。从博弈论的角度来看，放开监管并不会爆发出大量滥竽充数的机构及产品，因为虽然调整了监管的频率及随机性，但在机构眼里监管对其的威胁会一直存在，也就自然会注意自身的决策。但目前金融机构内部控制不完善、监管真空的存在，仍然使得金融服务养老市场有较高的风险。一方面，金融机构的预警机制不健全，评估标准还有待规范；另一方面，监管制度及监管机制的设计不能快速调整以跟上市场发展的需要，在鼓励金融服务养老发展的同时，一些假借金融服务养老名义进行非法集资的行为时有发生，严重扰乱了金融服务养老市场的健康发展。

17.4.6　金融服务养老监管创新不足

金融服务养老新产品的问世、新服务的提供，客观上要求进行金融服务养老监管的创新。这时，如果监管部门仍然采取传统的方式方法进行监管，那么就会跟不上时代的步伐。技术进步、经济金融的发展所带来的金融创新，如技术的进步带来的智能金融，特别是金融服务养老的创新，需要金融监管的创新。只有不断地进行金融监管的创新，金融服务养老才能获得持续快速健康的发展。

目前，由金融服务养老创新带来的监管不到位十分普遍，如住房反向抵押贷款的出现在客观上需要采取新的金融监管政策和措施。不少养老基金不断创新，金融监管还是使用一般的金融监管办法。许多想获得养老土地的投资机构，目的是获得房地产的开发，并非专门提供养老服务。对于养老信托、养老基金和养老权益的兴起，金融监管也没有及时地跟进，客观上也需要进行监管的创新。

17.4.7　金融服务养老政策支持不够

2001~2020 年，相关部门出台了一系列涉及金融服务养老的政策、措施和规定，但多数偏向宏观指导，缺乏详细的操作指引与实施细则，导致金融服务养老的政策支持不仅效率较低而且支持不足。有的养老机构因无资产抵押而得不到银行贷款，有的养老项目因短期利润问题而难以融资，有的养老产业投资因没有明确的政策规定而被拖延。无论是金融服务养老项目还是养老产业，都由于政策供给不足而难以获得金融的大力支持。以往的养老金投资政策过度追求“安全性”，受限于投资品种，收益十分微薄（徐忠，2018）。金融服务养老因政策支持不够而受到了或多或少的影响。

不仅如此，关于金融服务养老的大部分政策也比较分散，分布于各种支持养老服务业、保险业和证券投资业等的政策之中，仅有《关于加快发展养老服务业的若干意见》《关于金融支持养老服务业加快发展的指导意见》等相对系统和完整，但已经时过境迁。许多应该制定和实施却还没有出台和推行的金融服务养老政策在很大程度上已经制约了金融服务养老的发展。我们在河南省项城市的调查表明，该市的金融机构不愿意为没有抵押的养老院提供信贷支持，这表明金融服务养老的信贷政策还缺少顶层设计。

金融服务养老与其风险防范、监管完善密切相关。金融服务养老监管体制不合理、监管机制存在障碍、监管效率低下及其他监管问题带来了不少风险，制约了金融服务养老的发展。有关金融服务养老监管体制机制的问题是实现金融服务养老可持续发展的重要问题。只有不断完善金融服务养老监管体制机制，才能更好地实现金融服务养老的健康发展。

第 18 章　金融服务养老审计监督与法律保障问题

除了加强自身内部管理与相关机构的监管外，金融服务养老既需要从外部进行全面的审计监督，又需要能够保证其可持续发展的法律保障。金融审计监督对于金融服务养老发展具有重要的作用。金融服务养老的法律法规体系的健全是其发展的内在要求。由于金融服务养老兴起的时间不长，审计监督还没有实现全覆盖，特别是金融审计监督的效率有待提高。金融服务养老的立法滞后，导致金融机构不能完全依法提供养老服务，监管机构也不能依法进行高效率的监管。由此可见，根据第 6 章提出的金融审计理论，除了法律保障外，它还需要加强金融服务养老的审计监督。金融服务养老的可持续发展还存在全面的审计监督问题和相关的法律保障问题。

18.1　缺少审计监督的金融服务养老难以持续快速健康发展

同其他金融活动一样，金融服务养老也需要外部的审计监督。特别是金融服务养老的持续快速健康发展，除了自身的管理与监管外，金融审计监督也是其内在的重要组成部分。金融审计监督为金融服务养老的持续快速健康发展提供重要的保障。如何利用金融审计监督金融服务养老活动是一个亟须解决的重大问题。

18.1.1　金融服务养老需要审计监督

金融活动或行业不仅需要内部审计，而且也需要外部的金融审计监督。要对办理养老业务的机构及其项目资金活动、资产运行进行有效的监督，金融审计是一种较好的办法。金融审计是审计机关对金融机构业务活动的真实性、合规性和经济效益，政策实施跟踪及经济责任等进行的监督和审查①。它对金融机构及其资产、负债、损益情况等，以及经济责任和政策实施跟踪审计进行监督。金融审计运用现代化的信息技术手段，对相关的机构、资金往来、资产保值增值、政策实施、监管贯彻等情况进行全面的审计。这样既可以全程监督金融服务养老的活动，又可以全面掌握金融服务养老的情况，更有利于金融服务养老的持续快速健康发展。

18.1.2　金融服务养老的审计监督问题

由于金融服务养老兴起的时间不长，服务养老的目的、内容、形式、方式、方法等还在不断地变化之中，金融审计仅仅针对国有及国有占控股地位的金融资产或活动，对非国有部分参与养老服务的审计较少或几乎没有。在金融服务养老过程中，大多数金融机构都未从审计的角度密切监督政策变化带来的投资策略影响，中国还缺少金融服务养老活动审计监督的操作流程和经验。缺少外部的金融审计使得金融服务养老出现风险和其他问题的可能性大增，金融服务养老监管的难度也相应增加。金融服务养老即使出现一些小问题，也会影响老年人参与金融服务养老的积极性。从目前来看，将金融服务养老的各种资金往来、资产运作和政策实施跟踪纳入审计监督还有很长的路要走。

18.2　金融服务养老的金融审计监督问题

虽然金融审计在金融服务养老活动中发挥了一些监督作用，但金融服务养老还存在金融审计监督缺失问题和监督效率低下问题。现有的金融审计仅仅对国有

① 金融审计是指审计机关依据法律、法规和政策，对中央银行及其他金融监管机构、国有或国有资本占控股地位或主导地位的金融机构的财务收支及资产、负债、损益的真实、合法、效益情况，贯彻落实重大政策措施的情况，以及这些单位领导人员履行经济责任的情况等进行的审计监督。金融审计有狭义和广义之分。狭义的金融审计是指审计机关依据法律、法规和政策，对中央银行及其他金融监管机构、国有或国有资本占控股地位或主导地位的金融机构的财务收支及资产、负债、损益的真实、合法、效益情况，贯彻落实重大政策措施的情况，以及上述单位领导人员履行经济责任的情况等进行的审计监督。广义的金融审计是指国家审计机关和金融系统内部的审计稽核部门对各级金融机构的各项业务和财务收支活动的真实性、合法性、合理性、效益性等进行审查、评价，以加强金融宏观调控和管理，促进金融健康发展的经济监督活动。

或国有占控股地位的涉及养老服务的金融资金或资产进行了监督，对于大量非国有或国有未占控股地位的涉及养老服务的金融资金或资产的金融审计监督作用几乎还是空白。更谈不上对有关金融服务养老实施政策的跟踪审计了。有关养老服务业发展的项目融资、产业发展的资金支持、土地融资等缺少金融审计监督。养老机构经营放开后，其中涉及的资金活动的审计也是空白的。涉及的一些金融服务养老审计监督也还不完善。如何更好地发挥金融审计监督促进金融服务养老制度建立、体制改革与机制完善的作用都还存在不少问题。

18.2.1　金融服务养老的金融审计监督不全面

加强和完善金融服务养老的金融审计监督是未来金融服务养老更好发展的重要保障。由于金融服务养老还没有得到养老者的普遍认同，在养儿防老、政府养老金养老还比较普遍的情况下，金融服务养老出现的风险可能会影响这些活动的开展。金融服务养老离不开金融审计的监督。目前，涉及国有资本或资产的养老服务一般有金融审计的监督。但涉及非国有资本或资产的养老服务一般还没有纳入金融审计监督。所以，金融服务养老存在普遍的金融审计监督缺失问题，包括制度缺失、操作缺失、经验缺失。金融服务养老审计监督还没有实现全覆盖。更不用说一些具体的金融服务养老产品了。“金融服务养老的兴起，特别是住房反向抵押贷款方面的审计监督显得不够”（江世银，2019b）。

另外，国家金融服务养老政策实施的跟踪审计监督也是十分缺失的。到目前为止，国家一系列宏观经济政策实施几乎都实现了审计监督上的全覆盖。但是，金融服务养老政策实施的跟踪审计监督还没有起步。一方面，金融服务养老的国家金融服务养老政策本身就不多；另一方面，对已实施的金融服务养老政策的审计监督就更少了，这是因为金融服务养老发展的滞后受政策支持作用的审计监督影响。到目前为止，金融服务养老政策所发挥的作用极其有限。不仅政策实施而且政策制定都没有跟上金融服务养老发展的需要，就更谈不上金融服务养老政策实施的跟踪审计监督了。

18.2.2　金融服务养老的金融审计监督效率不高

由于对金融的审计监督局限在国有或国有控股资本部分，对大量的非国有部分的审计监督还有待加强，就目前来看，金融服务养老的审计监督缺乏经验，监督的成本高、收益少、效率低，没有达到预期的效果。特别是金融服务养老的金融审计监督效率还不高，有的早该纳入审计监督的还没有进行监督，纳入监管范围的审计监督效率也不高。金融服务养老没有实现长期跟进审计监督的目标。缺少金融服务养老方面的责任审计、绩效审计和大数据审计，金融服务养老的审计监督效率有很大的提升空间。

18.3　金融服务养老审计监督体制机制问题

金融服务养老既存在审计监督体制问题，又存在审计监督机制问题。地方的审计既要接受上级的审计业务指导，又要服务地方政府的意志，存在金融服务养老的中央审计与地方审计监督体制问题。相应地，金融服务养老审计监督也缺少约束机制。不少养老者利益受损与金融服务养老审计监督体制机制问题密切相关。

18.3.1　金融服务养老审计监督体制不合理问题

金融服务养老审计监督体制合理，有利于金融服务养老的长期可持续发展。随着金融服务养老的产生和发展，审计全覆盖对金融服务养老也不例外。中国在金融服务养老获得迅速发展的同时，金融服务养老的监督制度、体制机制建设却明显滞后，风险管理机制中预警和控制水平较低，事后的外部监督作用有限与体系不健全，没有将保障金融服务养老安全纳入金融服务养老风险监管目标。许多金融服务养老活动不仅没有纳入审计监督，而且在中央与地方审计监督上的职责也不明确。在监管手段上，金融审计监督缺乏科学的监督指标体系，也缺乏风险预警系统，导致一些金融服务养老风险不断增大。这些都与金融服务养老监管体制不合理有关。如何通过外部审计监督提高金融服务养老风险防范的能力，是当前金融服务养老风险防范与监管完善的重大问题。

中国的审计体制是审计机关地属于同级政府，并且下级审计业务接受上级业务指导。这种审计监督体制是基本适应监督需要的，但也有其局限性。到目前为止，中央的政府审计只涉及国有及国有占控股地位的养老资金、资产和权益。对金融服务养老资金、资产、权益没有进行专门的审计。地方较少涉及金融服务养老资金、资产、权益审计。金融服务养老审计监督缺少中央与地方的合理权限、职责的划分。对金融服务养老的审计还停留在对一般金融行为与功能的审计上。社会审计与外部审计在金融服务养老上还没有发挥出作用。实现金融服务养老审计监督的全覆盖，需要构建中央与地方，政府审计、社会审计与外部审计相结合的审计监督体制。

18.3.2　金融服务养老审计监督机制不健全问题

虽然金融服务养老审计监督随着金融服务养老的发展已经起步，但到目前，金融服务养老缺少一种长期的自动监督机制。几乎都是在养老资金有了问题或出现了风险后，才加强审计监督。事实上，这是一种事后的监督，只能起到弥补的作用，没有发挥预防的功能。不仅金融服务养老审计监督体制不合理，其监督机制也没有完全建立、健全。金融服务养老审计的预警功能及免疫系统功能没有得到充分的发挥。金融服务养老审计监督不到位，发挥的作用有限，养老者利益受损时有发生。

一方面，对金融服务养老资金、资产、权益的审计主要是对提供服务的机构的普通审计，既没有对其相关活动过程、市场运行进行审计，也没有对提供养老服务的相关经济责任人员的审计，特别是缺少对金融服务养老政策实施跟踪审计的长效机制。另一方面，金融服务养老审计缺少协同监督机制。涉及养老金资产配置的信息沟通不足，金融服务养老审计信息跨部门使用较少，披露金融服务养老审计实际过程与结果不及时，养老者缺少参与金融服务信息的知情权。

18.4　金融服务养老的法律保障问题

金融服务养老需要法律法规的保障。金融机构与养老机构依法提供养老金融服务，老年人依法获得权益保障，金融监管机构依法进行监管，这些都需要相关的法律法规。从目前来看，金融服务养老的法律不健全、不完善，涉及的法规还没有完全建立起来。即使是已有的相关法规也缺乏可操作性。特别是中国的金融服务养老还没有建立和完善既遵循国际惯例又具有中国特色的法律法规体系。于是，导致了金融服务养老活动存在有法不依、执法不严、违法不究等问题。

18.4.1　金融服务养老立法滞后

金融服务养老的发展需要依法保护，依法保护就需要有明确的法律作为保证。伴随金融服务养老的发展，相关的立法也在不断推进。但是，由于立法的滞后，许多早该立法的内容还没有制定出来，更谈不上实施了。例如，“金融服务养老法”还没有制定和实施，金融服务养老在金融发展中的地位与作用如何，金融服务养老与其他养老需要哪些法律保障。法律条文的缺失使得很多金融服务养老的具体操作流程无从谈起，更谈不上金融服务养老的严格执法与自觉守法了。其他与之相关的法律法规就更不用说了。金融服务养老立法滞后已经制约了金融服务养老行业的发展。

金融服务养老立法滞后，导致金融服务养老无从执行与守法。毕竟金融服务养老的法律与一般的金融法律不同，在执法上应更加严格，就如同对妇女、儿童的人权的保护比其他人更严格一样，为了保护老年人安全地获得金融服务，对老年人获得金融服务的权益保护要比其他人更加严格。有关调查表明，金融服务养老不守法、执行不严还时有发生。加快养老服务立法进程，不仅是完善老年人权益保障法律制度的当务之急（李连宁，2020），而且也是使金融服务养老有法可依的保证。

18.4.2　金融服务养老法律法规教育宣传与其发展不同步

金融服务养老快速发展，但由于法律法规教育宣传没有跟上发展的需要，金融服务养老运行出现了许多问题。一是老年人经常上当受骗。有不少老年人一生的养老钱都被骗走①。二是投资损失。他们积极参与养老投资理财活动，不但没有获得收益，反而血本无归。三是对投资风险估计不足。凡是金融活动，都存在风险。金融服务养老也是如此，只不过老年人承受风险能力较差。一旦出现风险，他们就会措手不及。四是预期不合理。他们不是收益预期过高，就是风险预期不足。这些都与金融服务养老法律法规教育宣传没有跟上密切相关。老年人知道的金融知识较少，知道的金融服务养老知识更少，了解的金融服务养老法律几乎没有。老年人普遍缺少金融服务养老法律的智力帮扶。一方面，

① 甘犁所提供的《中国养老金融调查报告（2017）》显示，60 岁以上人群中，理财被骗的比重高达 26.1%，可能是由于该部分人缺乏金融知识教育，容易被不断翻新的金融犯罪手段所欺骗。参见董克用和姚余栋的《中国养老金融发展报告（2017）》，社会科学文献出版社出版。

老年人参与的金融服务养老教育培训不多。另一方面，相关机构对金融服务养老的宣传也不够。所以，金融服务养老法律法规教育宣传与其发展不同步。

18.4.3 金融服务养老的法律监管缺失

金融监管的法律体系由《中国人民银行法》《银行业监督管理法》《金融资产管理公司条例》《商业银行资本充足率管理办法》《证券法》《保险法》《保险公司管理规定》等组成。这些法律法规为金融监管提供了法律依据，也为金融服务养老监管提供了基本的法律依据，也为促进金融服务养老发展提供了法律保障。但是，尽管金融监管法律法规体系被不断地建立和完善，其仍然不完善、不健全，缺乏可操作性的现有法律依据问题也不能被忽视。金融监管更多的是进行准入的审批，使相关的机构缺乏完善的市场退出机制。同时，还存在对业务活动的监管不到位问题，对有问题的金融机构的处置往往采取接管、关闭等做法。

到目前为止，中国还没有针对金融服务养老的专门法律、法规，更没有形成金融服务养老的法律法规体系。现有的制度规定主要零散在各个部委出台的各种支持养老服务业、保险业等的政策之中。金融服务养老缺少基本的法律依据和保障。没有可供操作的金融服务养老法律条款，老年人上当受骗时有发生。据笔者调查，每 100 人中就有 5 人被骗过。被骗 1 万元以上金额的参与者占所有参与者的 7.4%。金融服务养老违规违纪查处力度不够，执法不严，不少金融机构、养老机构及从业人员违法没有得到及时追究。这已经给金融服务养老发展带来了不少问题。对金融服务养老的监管也没有监管机构出台专门的指导规定，对其业务范围、从业机构、服务标准、业务流程等内容也没有进行界定和规范（董克用和姚余栋，2018），同时也缺失金融服务养老的监管法律。特别是监管法律机制很不健全，关于服务养老投资的法律法规体系不完善，出现了监管空白。老年人的金融消费权益缺少严格的法律保护。住房反向抵押贷款也缺少相关的法律规定。

监管法律法规体系的不健全是目前金融服务养老监管存在的一个重要问题。法律法规的规定不能覆盖现有的金融服务养老业务，对于金融服务养老监管的重点与方向同样缺乏明确的规定。正是金融服务养老监管法律法规体系的不完善，导致金融服务养老发展受到很大的制约。不仅提供服务的金融机构、养老机构缺少法律保障，进行监管的机构也无法可依。

18.4.4　金融服务养老监管法律创新不足制约了它的快速发展

金融服务养老因为风险的存在而需要监管。金融监管需要有法可依。金融服务养老监管法律是监管的重要依据和保障。缺少法律依据的监管是盲目、随意的监管。金融服务养老监管与一般的金融监管不同。对这一领域的监管是特殊的监管，需要比其他领域的监管更加严格。金融服务养老监管与其他监管一样，都需要法律依据。但金融服务养老监管需要更细、更具体的规定，尤其是金融服务养老监管法律。原有监管法律即使适应了当时金融服务养老发展的需要，由于外部环境和条件的变化，监管法律也会跟不上监管需求的步伐。这就需要金融服务养老监管法律创新。由于立法是一个长期的过程，涉及各方利益，调整法律关系的难度也很大，因此拉长了相关法律创新的战线，金融服务养老监管法律创新不足，也制约了金融服务养老的快速发展。

发达国家金融服务养老监管表明，监管特别需要监管法律的创新。金融服务养老监管法律创新不足，老年人感觉没有法律保障或法律保障不够，从而影响了参与度，金融机构感觉法律对提供的产品和服务创新保护不够，金融监管机构感觉监管操作有的缺少法律依据。这些影响了金融服务养老的供给和需求，从而大大制约了金融服务养老的快速发展。由于老年人常常处于劣势，如果没有法律保障或法律保障不够，其利益就会受到损害。特别是如果没有明确的、及时跟进的法律作为依据，监管机构就难以具体操作或实施有效监管。

18.4.5　金融服务养老监管法律创新问题影响了监管效率

金融监管效率与法律密切相关。有可靠法律保障的监管效率普遍较高。相反，缺少法律保障的监管效率普遍较低。有待提高的不只是金融监管效率，还有金融服务养老监管效率。其中的原因是多方面的，而金融服务养老监管法律创新问题是其重要表现。目前，许多金融服务养老监管都是依据一些政策、相关规定或指导意见而进行的，没有完整、系统的金融服务养老监管法律法规。金融服务养老监管法律创新（制定或实施）大大影响了监管效率。

由于金融服务养老监管法律创新没有跟上发展的需要，金融服务养老监管在实施中缺少法律依据，因而有的监管没有到位，有的监管重复。不仅如此，金融服务养老监管的成本较高，获得的收益相对较低，而且老年人和家属对出现的养老者被骗现象十分不满。总的来看，金融服务养老的监管效率还不是很高。为了让各利益相关方都得到法律保护，需要加快推进法律创新，从而可以提供相应的法律保障，特别是充分保护老年人在金融服务养老中的正当权益。监管法律创新能够大大提高金融服务养老监管效率，是实现金融服务养老可持续发展的重要保证。

总之，实现金融服务养老的可持续发展，需要全面的审计监督与法律保障。金融服务养老存在审计监督与法律保障问题。这一问题是关系金融服务养老可持续发展的保障问题。前者提供养老服务的金融机构、养老机构的外部监督，从业人员按相关规定从业，从而保证养老资金、资产与权益的良好运行。后者从法律方面提供金融服务养老良好运行的法律秩序保证。二者都是金融服务养老不可缺少的重要制度。

第 19 章　金融服务养老体系问题

不管是什么样的金融服务养老，都存在一定程度、一定范围的风险。虽然这些风险问题具有不同的表现，但都会或多或少地影响金融服务养老。有时，某种风险会演变为金融服务养老系统性风险，进而直接产生金融危机。不管是何种金融机构提供的养老产品和养老服务，它们的一个共同特征就是都可能会出现种种风险。有的风险大些，如养老股票投资，有的风险小些，如商业养老保险。有的可能会出现系统性风险，有的只会出现非系统性风险。正确地分析银行、证券、保险、信托、基金服务养老风险问题的种种表现，有利于相关机构采取更有针对性地监管和更有效地防范金融服务养老风险。除了其他因素影响外，金融服务养老的风险与其体系不健全、不完善密切相关。无论是银行、证券、保险、基金还是信托服务养老，都存在体系不健全、不完善的问题。有的相对完善，如银行服务养老体系，有的正在完善过程之中，如保险服务养老，还有的如证券、基金、信托服务养老还只是在发育过程之中。目前的金融服务养老还没有形成“大养老”“养老大”“老养大”体系。

19.1　银行服务养老体系问题

银行服务养老是金融服务养老的主体。随着其他金融服务养老特别是证券服务养老的兴起，银行服务养老会逐步下降。银行服务养老具有丰富的内容，也存在着风险。尽管银行服务养老所占比重最大，但服务体系仍需要继续完善。

19.1.1　银行服务养老体系内容

银行服务养老体系主要是对涉及养老的项目提供融资，对涉及养老的产品进行开发，对涉及养老的服务给予提供，对涉及养老的产业给予金融支持，给养老者提供便利化的金融服务。办理养老机构，投资养老项目，一般通过银行贷款解决。这就是发挥银行的资金融通功能。涉及养老的产业，也都需要银行提供金融支持。银行实施信贷利率优惠，满足养老服务业的信贷需求也是银行服务养老的可行方法。银行还可利用市场化的金融服务方式，将人口老龄化与金融服务差异化有效整合，充分发挥主体养老作用。针对养老需求者的日常生活打理、健康保障、财富支配等需求，提供多样化的服务。银行服务养老体系还涉及个人时间银行提供的养老服务便利。养老者在养老前将养老服务储存在个人时间银行中，等需要服务时再从中提取。

19.1.2　银行服务养老风险问题的种种表现

由于信息的不对称性和逆向选择问题，银行服务养老风险存在具有客观必要性。它有各种各样的表现。如果处理得不好，这些风险会波及其他领域，从而带来更大的风险。

（1）银行服务养老风险存在的客观必要性。银行在金融服务养老体系中扮演着重要角色，处于主体地位。银行服务养老主要是为需求者提供个人银行储蓄存款、支取个人养老金等服务，特别是为养老金融提供服务的基础设施。然而，由于银行理财业务发展迅猛，竞争激烈，大多数银行为了抢占市场份额，在风险控制方面存在严重的缺失（张杰等，2018）。个人养老储蓄存款和养老金因银行倒闭而不能按时支取。银行经营问题会带来一系列连锁反应。可见，银行服务养老也存在着一些风险。

（2）银行服务养老风险问题的种种表现。通过电子银行设施进行的业务往来，在降低成本的同时也可能给享受此方面服务的人们特别是老年人带来风险。看似银行所提供的养老服务是最受欢迎的，但由于金融创新的影响和自身风险的存在，银行服务养老也存在种种风险问题。老年人通常认为传统的银行更加安全，更信赖传统银行对私人信息的保护，被骗的风险相对小些。在人工智能时代，银行提供的其他养老服务越来越多。如果监管不严或不到位，银行服务养老风险是可想而知的。

19.1.3　银行服务养老体系存在的问题

个人养老储蓄是传统的养老方式或模式，已经形成了较大的规模。养老理财正成为养老者选择的主要方式。银行养老投资基金受到越来越多老年人的关注。银行对小微养老机构提供的信贷支持十分有限。虽然银行服务养老开展得较早，但银行服务养老体系由于其他养老服务体系的影响，需要日益完善。市场上的银行服务养老产品不少，但针对老年实际的养老理财产品与服务不多。时间储蓄银行还没有建立起来。对于银行服务养老的监管还是采取对一般的金融产品的监管模式与方式。相对健全的银行服务养老体系还在不断完善之中。

19.2　证券服务养老体系问题

证券服务养老是未来金融服务养老的主体，呈现参与人数持续增多、规模不断扩大、作用更加明显的趋势。证券服务养老是一种收益最多、风险也最大的金融服务养老，它的发展状况在某种程度上代表着金融服务养老发展的程度。受许多因素的影响，不管是养老股票投资还是养老债券购买等都还没有形成较为完善的证券服务养老体系。

19.2.1　证券服务养老体系内容

证券服务养老体系主要是为养老者提供适合他们需要的投资产品和相应的服务体系。证券服务养老体系具有丰富的内容，主要是养老股票投资、养老物业证券化和养老债券投资。养老股票投资就是养老者为了获得收益而购买养老股票，这是一种风险较大、收益较高的养老投资。养老物业证券化的目的是让拥有房地产的老年人通过证券化方式获得收益。作为资本市场商业地产证券化的主流模式，其市场前景越来越广阔。养老债券投资就是养老者通过养老购买债券而获得收益的过程，这是一种期限较长的养老投资。

19.2.2　证券服务养老风险问题的种种表现

只要参与养老证券投资，风险就客观存在。正是这些风险的存在，才使得参与金融服务养老的部分老年人获益受损，有的甚至血本无归。

（1）证券服务养老风险存在的客观必要性。证券服务养老主要是进行养老股票投资和养老债券投资。股票是一种高风险、高回报的投资工具。债券是一种期限较长、收益较稳定的投资工具。金融市场的发展特别是证券市场的发展为证券服务养老提供了便利，但也带来了风险。由于它是一种收益较高的养老方式，风险也是较大的。由于内外经济环境的变化和管理的问题，证券服务养老的风险在所难免。

（2）证券服务养老风险问题的种种表现。证券服务养老的风险既包括系统性风险也包括非系统性风险。证券服务养老的非系统性风险是由市场主体行为造成的，往往只涉及单个资本市场主体，并不影响整个市场运行。但如不加以控制，这种风险也可能转化为系统性风险。通常，相关机构可以运用风险管理技术防范化解这类经营风险。证券服务养老的系统性风险通常是由投资不当所带来的。由于其影响大且难以克服，证券服务养老的系统性风险，如支付风险会带来一系列的风险问题。由于全社会的信用问题，证券服务养老由此出现风险。

证券服务养老通常存在代理风险、委托风险、并购业务风险、自营交易风险等。代理风险使得代理业务收入受到影响。委托风险是面临价格逆向变动时的亏损风险。并购业务风险是因资产所有权变化而产生的风险。自营交易风险是由自身管理导致的风险。

19.2.3　证券服务养老体系存在的问题

证券服务养老是未来金融服务养老的主要方式或模式。只不过中国目前证券服务养老的主要方式是养老债券购买。养老股票购买、养老物业证券化尚未完全成为证券及金融服务养老的主流。与之相对应，目前证券服务养老的法律法规还不健全。证券服务养老监管还不是专门的业务监管，即专业化的监管。证券服务养老的风险防范体系尚未形成。证券服务养老体系正在发育过程之中。推动证券服务养老，构建完善的证券服务养老体系还有很长的路要走。

19.3　保险服务养老体系问题

同银行服务养老一样，保险服务养老也是金融服务养老的一种主要方式或模式。但是，新型养老保险特别是养老保险衍生品发展不足。保险服务养老体系还不健全。

19.3.1　保险服务养老体系内容

保险服务养老体系由社会养老保险、商业养老保险和住房反向抵押贷款保险，以及养老机构投保的责任保险等构成。社会养老保险是由专门的机构提供的一种满足养老最基本的保险，通常通过银行等金融机构进行发放。商业养老保险已是个人银行储蓄养老保险的重要组成部分。随着社会养老保险体系的逐步完善，商业保险体系正在形成，住房反向抵押贷款保险体系开始起步。个人在退休前积累财富，目的是在退出劳动后的养老期中实现基本养老保险之外的锦上添花。此外，保险公司将保险产品与养老服务相结合，以此满足养老者的养老服务需要。各种保险提供不同的服务养老方式，满足养老者的养老保险需求。

19.3.2　保险服务养老风险问题的种种表现

保险服务养老风险同其他养老服务风险一样，存在着客观必要性。保险服务养老的风险一经放大，会比其他养老服务风险的影响及危害更大。

（1）保险本身也有风险。保险服务养老存在支付风险、结算风险、操作风险等一系列风险。保险公司可能因经营不善或内部管理问题导致出现养老保费支付困难，老年人也有可能因不会操作或操作失误而给自身带来损失。

（2）除了一般性的产品外，为了开发更多的产品，养老保险理财与金融衍生品相结合，打破了保险市场与资本市场间的藩篱，使得保险服务养老更加多样化。不过，随之而来的保险服务养老的风险也在所难免。保险服务养老通常存在定价风险、支付风险和其他多维风险等。定价风险是指投资收入、死亡率、索赔和损失等未来的不确定性所带来的风险。支付风险就是指因经营管理问题而不能按时足额支付养老保险金。多维风险是由管理不示范、计算机网络等内部管理和流动性及运营等方面引发的风险。此外，我国家庭金融资产主要是银行储蓄，商业养老保险总量不大，大致比例是 8∶2，而美国是 2∶8。如此结构隐藏着潜在的金融风险，因而保险服务养老的保障功能还有待完善。

19.3.3　保险服务养老体系存在的问题

虽然商业养老保险在过去及至将来相当长的时期都是中国养老者养老的主要选择之一，但商业养老保险的储蓄、投资效应没有显现出来。长期护理保险的作用没有得到充分的发挥。住房反向抵押贷款保险仅是在探索过程中。由养老金保险、职业年金保险、商业养老保险、长期护理保险、住房反向抵押贷款保险、保险服务养老监管等形成的服务体系还在完善过程中。

19.4 信托服务养老体系问题

未来的信托服务养老也会随着参与者的增多而获得大发展。以养老资金信托、养老财产信托、养老消费信托和遗嘱信托等为主的信托服务养老体系处于发育过程中。信托服务养老规模不大，所发挥的作用有限，服务养老体系有待完善。

19.4.1 信托服务养老体系内容

信托服务养老体系是为养老提供信托的服务体系。养老信托主要是金融服务养老信托、养老房产信托、养老土地信托和养老权益信托等。与其他金融服务不同，只有养老信托可以实现养老金的终生金融服务。无论是银行还是证券、保险，都难以满足养老需要，只有养老信托可以覆盖个人从工作到退休的全过程。

养老信托来源形式多样，主要有养老资金信托、养老财产信托、养老消费信托和养老遗嘱信托等不同的类型。养老资金信托是指养老保险机构将按照有关法律、法规的规定缴纳的养老保险费作为信托资金，交给金融信托机构管理和经营而获益的一种信托业务创新形式。养老资金信托具有专业性、安全性和收益性的特点，是养老信托业务最主要的形式。养老资产与养老资金一样，参与信托也可以保值增值。例如，有资产的养老者将房产、土地抵押给专门的金融机构，经过评估和核算，由此每月支付给资产所有者相应金额供其养老所需。养老资金信托能让老年人享受到信托工具带来的经济与管理效益。不仅如此，养老财产信托还能够实现养老资产的保值增值。养老消费也可以参与信托，从中获得收益。信托不仅有利于选择，也可以说它是收益与权益的结合，是养老者对于自身养老方式及途径的极佳选择。随着信托服务养老的兴起和发展，养老消费信托市场前景广阔。例如，养老信托公司经营所积累的大量高端客户有养老服务的需求。这些需求是养老信托公司的经营方向。养老遗嘱信托是养老权益转变的表现。这种信托又叫死后信托，因为其生效是在立嘱人死后的事。养老遗嘱信托拓宽了养老信托的渠道。在金融服务养老发展过程中，这种形式的信托会越来越多。

19.4.2　信托服务养老风险问题的种种表现

信托服务养老风险也存在着客观必要性。虽然信托服务养老开展得还不多，但在养老信托的投资理财方面仍然存在风险隐患。

（1）信托服务养老风险存在的客观必要性。养老信托是指养老资产的所有者委托养老信托机构代为管理、运用或处理养老资产的法律行为。信托服务养老同样存在投资风险、支付风险等风险问题。随着市场环境的不断变化，养老信托业务的范围在不断扩大，逐渐有与其他金融业务交叉的趋势。但是，很多信托保单都与保险保障功能相违背。如果资金来源不符合相关法律法规或者是变动资金的使用方向，会产生信托资金或资产来源的风险。养老信托也可能因纠纷而出现支付风险。有的养老信托还难以使资产增值，甚至会出现资产缩水的情况。

（2）信托服务养老风险问题的种种表现。信托与养老具有天生融合性。经营信托投资的公司因外部环境的变化可能会难以及时支付或保证提供应有的服务，进而出现种种风险。养老信托的风险主要是资金或资产来源的风险。如果受托人不能按照谨慎管理的原则规范运作养老信托资金或资产，就会出现严重的风险。有的养老信托机构抵抗风险的能力较弱，一旦出现风险，老年人的养老信托利益就会受损。在信托服务养老方面，到目前为止，老年人的养老信托需求还难以满足。有的信托服务养老只是投资理财的信托，有的信托服务养老只是财富传承的信托，没有将投资理财、财富传承与养老服务结合起来的。

19.4.3　信托服务养老体系存在的问题

信托服务养老同证券服务养老一样，规模和发挥的作用还十分有限。经济、金融越发展，越需要信托服务养老。目前，养老信托的参与人数不多、规模不大，发挥的作用还十分有限。中国养老信托机构、产品、服务与监管体系还没有完全形成，养老信托投资法律还没有建立起来。由养老信托投资、运营、管理、监督所构成的信托服务养老体系还在形成过程中。

19.5　基金服务养老体系问题

基金服务养老包括公募基金、养老目标基金和养老信托投资基金等服务养老。

虽然基金服务养老风险不如证券服务养老风险大，但它也是通过养老金资产配置进行的，因而也存在各种大大小小的风险。虽然各种基金产品越来越多，但基金服务养老体系还没有最终形成。

19.5.1　基金服务养老的内容

与其他金融服务养老不同，基金服务养老具有专业性强、投资便利和收益稳定等特点。如果基金服务养老被监管得恰当，会受到养老者的普遍欢迎。目前，它在金融服务养老的发展中呈现上升的趋势。基金服务养老主要包括公募基金、养老目标基金和养老信托投资基金等内容。

公募基金服务养老的专业性强。这种基金的投资组合及风险防范，都显示了专业性对其收益的影响。它能够引导人们进行长期投资。由此可见，它是专业性很强的养老服务方式。养老目标基金可满足在生命周期的不同阶段实现风险与收益相统一的养老支出需要。正是由于它们各自的优势，老年人能够获得养老基金投资的好处，因而受到他们的普遍欢迎。养老信托投资基金能实现养老资金的长期稳定收益。养老信托投资基金类似于养老目标基金，但又存在不同。其区别在于风险与收益的差异大小不同。只要基金实现了长期稳定的收益，老年人就是有购买欲望的。不仅如此，随着长期资金的不断增长，它将进一步推动资本市场和养老基金的结合，从而形成一个繁荣的资本市场。

19.5.2　基金服务养老风险问题的种种表现

基金服务养老有种种不同的风险表现，其风险的出现是不以人的意志为转移的。不同的基金投资具有不同的风险。这些风险有时还可能出现连锁反应。

（1）基金服务养老风险存在的客观必要性。随着金融创新的发展和养老需求的增加，基金也服务于养老。过去的二十年中，公募基金已经成为老年人为获得金融服务而主要投资的养老金融产品，基金管理公司成为这种养老金融产品的专业管理机构。但是，现有的基金管理公司不仅规模小而且管理也不规范。养老基金投资于资本市场，容易产生风险。究其原因，一方面，表外业务不能真实反映交易情况，增加了出现风险的可能性；另一方面，大量金融创新工具或产品存在合规性问题。有的机构通过作假获得市场和不正当的利益，却给参与者带来风险。不合规的金融服务养老产品或服务同样存在风险。绝大多数养老需求者的养老财富毕竟是有限的，难以通过分散投资或其他途径而降低风险。如果进行基金投资，养老需求者不仅可以分享各类基金收益，而且可以通过基金投资将风险分散于各类基金，大大减少投资风险，增加养老的投资收益。但养老基金也存在风险，如基金贬值的风险。各具特点的养老基金为老年人提供了养老的多样投资选择。这是金融服务养老发展到一定阶段的产物。基金服务养老风险存在着客观必要性。

（2）基金服务养老风险问题的种种表现。同样，经营养老投资的基金公司因外部环境的变化可能会难以保证提供应有的产品或服务，进而出现种种风险。养老基金的使命毋庸置疑是提供养老收入的保障，但养老基金投资活动充满着风险，养老基金可能面临雇主破产、投资或操作失误、通货膨胀、利率变化等各种风险。

不仅雇主破产，投资或操作失误也会致使基金公司不能给参与投资的老年人兑现，从而出现支付风险。这些都是基金服务养老出现的内在风险。从外部环境来说，通货膨胀、利率变化使得基金原有的价值缩水，最终转移给老年人。美好的老年生活需要充足的养老金等收入作为保障。没有收入作保障，就没有美好的老年生活。不仅要有收入作保障，还要保障获得收入的长期性。养老需要长期的收入保障，这使它不可避免地要经历不同的经济周期，面临许多风险的影响。养老基金的投资，能保证养老期间的个人生活安全。投资有风险，特别是基金服务养老同样会受到风险的影响。如果忽视这一风险，那么老年人的利益受损是无疑的。

19.5.3　基金服务养老体系存在的问题

尽管目前中国的养老基金公司越来越多，为养老提供的基金产品也越来越多，但是养老基金投资管理体系、养老基金信托体系还需要不断建立和完善。普通的养老基金信托得到了广泛的发展，而养老基金投资管理体系还不健全，既缺少专业的管理规则又缺少相应的法律法规。尽管有为老年人提供理财咨询的队伍存在，但专门为老年人提供养老投资顾问的培育机制还未最终形成。

总之，银行、证券、保险、信托和基金所提供的金融服务养老体系不完善会导致机构有限，产品创新不足，管理不到位等。特别是金融服务养老供给体系的不足，会导致中国难以快速推进金融服务养老，也难以减轻财政养老与养儿防老负担。

19.6　总　　结

由于风险的存在，目前的金融服务养老发展受到了影响，因供求失衡、监管不到位等，没有发展到应有的程度。事实上，由于各方面风险的存在，金融服务养老受到了种种因素的影响。老年人更需要养老服务、医疗保健、康复护理服务等，而不仅仅是投资、理财服务等。不管是投资也好还是理财也罢，难免有风险相伴。很多金融服务养老产品只具有金融的功能，不具有养老服务的功能。已有的金融服务养老产品都存在各种各样的风险。银行、证券、保险、信托、基金服务养老风险存在具有客观必要性。

金融风险既有可能给从事金融活动的经济主体带来损失，也有可能给他们带来收益。金融服务养老风险同样如此。由于老年人承受风险的能力较低，更加需要注意提供养老服务的机构随时都可能出现的风险。一般说来，证券服务养老所带来的风险通常会大于银行、保险、信托、基金服务养老所带来的风险。通常，证券服务养老风险会出现连锁效应，更容易给金融服务养老带来系统性风险。大多数老年人的金融素养水平较低，缺少一般的金融常识。他们在服务者的帮助下才知道如何行事。在没有外部帮助提高认知能力和选择的情况下，这些老年人参与金融服务养老很容易面临风险。金融服务养老是一种金融活动和过程。只要涉及金融活动和过程，就难免会出现这样那样的风险。正是由于其客观性，金融服务养老需要根据具体情况进行风险防范和监管完善。

目前，为满足养老者金融服务的需要，金融机构推出了不少养老创新产品，但经常出现信息披露不及时等问题，而且关于创新产品的解释与说明也不清。很多养老金融产品创新只注重形式创新，内容创新并不能很好地满足养老需求者的长期需求和提高他们的风险承受能力，这是金融服务养老的最大风险。金融服务养老处于兴起阶段，所以很多操作不规范，风险防范失控。各种民营养老机构管理很不规范，导致第三方难以掌握它们的经营信息及对其进行评估与监控。监管漏洞的存在和内部管理的不完善等问题导致老年人利益受损，进而给这些机构造成了额外的损失。

金融服务养老在供需上不平衡、结构上不合理，仍有很大的发展空间。中国金融服务养老的缺陷在于它的服务体系不健全，仍处于初步发展阶段，相关制度还存在明显的短板。各种金融服务养老都有不同的内容并有不同的风险，都需要进行专门的监管，以适应金融服务养老的需要，为了更好地配置养老资源，走有中国特色的金融服务养老路径，需要加快构建金融服务养老的“大养老”“养老大”“老养大”体系。

第 20 章　金融服务养老的数学模型构建及分析

养老尤其是金融服务养老离不开财富。财富是收入减去消费支出后的结余。生命周期理论告诉我们，个人整个劳动期间实现的总收入，应当在个人整个生命期间尽量被平均消费，以此实现个人财富效用的最大化。家庭财富受投资、消费、储蓄等的影响。金融服务养老受成本、收益、需求、消费、储蓄、投资、供给、风险等方面的影响。本书对金融服务养老量化的分析就从这些方面展开。

20.1　前人对金融服务养老的相关量化分析

金融服务养老产生的时间不是很长，但这并不意味着没有对金融服务养老的相关的分析。相反，前人在此方面的相关分析为金融服务养老量化分析提供了基本的方向。本章沿着他们的分析，通过建立和完善金融服务养老的数学模型，对金融服务养老进行量化分析。

20.1.1　前人的相关分析

事实上，金融服务养老是在收入约束下的消费、储蓄、投资的选择组合行为。Ramsey（1927）认为，人的行动是进行足够的储蓄以达到或无限接近最大可得的享乐率，即极乐。人们应该实现在无限长的时间上最小化极乐与现实享乐之间的差的享乐。绝对收入假说、相对收入假说、阶级收入假说、生命周期假说和持久收入假说都涉及消费、储蓄与投资的选择。Diamond 的世代交替模型研究了跨期消费的权衡问题。后来，随机游走假说、预防储蓄理论、缓冲存储模型和最佳财富收入比模型在一定程度上深化了认识。这些假说、理论及模型从收入、消费、投资和储蓄等方面进行研究。这些不同角度的研究为金融服务养老的相关量化分析提供了思路。特别是他们中关于预防性储蓄的研究既是金融服务养老的理论基础，又是金融服务养老的基本内容。

事实上，金融服务养老就是在养老之前所获得的收益中进行投资与储蓄等的养老资金、资产、权益选择。这种选择离不开金融机构和养老机构等提供的服务，离不开参与金融市场活动，同时也少不了金融监管行为。以上这些研究也有局限性。他们仅在某个方面涉及金融服务养老，没有从整体上进行全面的、综合的分析。金融服务养老的相关量化分析就是借助成本、收益、需求、消费、储蓄、投资、供给、风险等进行全面的、系统的研究。这种分析使得金融服务养老研究更加精确化。

20.1.2　金融服务养老的相关量化分析

金融服务养老的相关量化分析众多。本章从养老者参与金融服务养老的成本、收益、需求、消费、储蓄、投资、供给、风险等方面进行分析，既为丰富金融服务养老理论提供科学依据，又为养老者提供养老选择与实践参考。此部分在定性的基础上建立了相应的数学模型并进行了修正，全面系统地深入研究金融服务养老，为利益各方提供决策的科学依据。

金融服务养老是一项复杂的系统工程，涉及养老、服务、金融、养老服务、金融服务和养老金融等概念。它是在收入约束下的消费、储蓄、投资行为选择。进行这些量化分析的目的是在定性分析的基础上，深入地研究金融服务养老的供求及其变化规律，并为提出相应的对策提供基本的依据。

20.2　金融服务养老的成本收益分析

金融服务养老是在收益最大化、成本最小化条件下的经济活动。支付成本才能获得收益，正如天下没有免费的午餐，参与金融服务养老活动需要支付成本才能获得收益。但并非支付了成本一定就能获得收益，因为还受到风险等因素的影响。

20.2.1　金融服务养老的收益分析

养老需要生存，首先需要满足基本的消费。要消费，就需要有消费的来源，特别是有稳定的收益。收益是养老者转让自己所有的资金、资产或权益的所有权或使用权而获得的收益，是养老所有权人经济利益的实现。金融服务养老的收益是养老者将自己的养老资金、资产或权益通过参与金融活动而获得的收益。这些收益或者是资金让渡的收益，或者是金融资产让渡的利益，或者是动产、不动产及其他权益让渡或转移使用权所获得的收入，或者是养老资产运营获取的收益等。金融服务养老的收益贯穿至老年人生命终止。

现有的金融服务养老实践表明，财富、资产、年龄和所受教育程度是影响养老者参与风险资产投资的主要因素。这些因素共同作用于金融服务养老。养老者在获取收益时需要有初始财富或资产，其投资行为会因教育程度的不同并随着年龄的变化而出现差异。根据世代交替模型假设，人的一生在 t 时期诞生的时代划分为两个时期，即青年期 t 期及老年期 t+1 期，也就是人的养老财富的积累期和消费期。在青年积累期，t 期就业获得收入，消费并储蓄；老年期消费完所有储蓄并在期末死亡。

假如青年积累期 t 期的总收益为 Y_t，消费为 C_t，储蓄为 S_t，那么 $Y_t = C_t + S_t$ 或 $S_t = Y_t - C_t$。S_t 为养老财富或资产的积累。其中，$Y_t > 0$，$C_t > 0$，且 $Y_t > C_t$。如果 $Y_t < C_t$，则说明 t 期没有为养老储蓄，本章暂不考虑这种情况。现在为 $S_t > 0$ 或 $Y_t > C_t$，S_t 包括哪些呢？一般地，S_t 包括为养老而进行的银行储蓄 S_t^b，购买的商业养老保险 S_t^c，进行的养老股票投资 S_t^s，养老债券投资 $S_t^{b'}$，养老信托投资 S_t^t，养老基金投资 S_t^f，其他 S_t^o，那么，有

$$S_t = S_t^b + S_t^c + S_t^s + S_t^{b'} + S_t^t + S_t^f + S_t^o \tag{20-1}$$

其中，$S_t > 0$，$S_t^b \geqslant 0$，$S_t^c \geqslant 0$，$S_t^s \geqslant 0$，$S_t^{b'} \geqslant 0$，$S_t^t \geqslant 0$，$S_t^f \geqslant 0$，$S_t^o \geqslant 0$。

式（20-1）的前提是，老年人的养老生活受到保障，只依赖于其养老财富或资产积累，而不依赖于子女的养老金或政府补助的养老金。为了保障自己的养老生活，他们只能增加 t 期的储蓄。但仅有 t 期的储蓄还不够。由于养老财富或资产受利率、通货膨胀等因素的影响，他们还需要参与金融服务养老活动，实现养老财富或资产的最大化。

假如这些老年人在 t+1 期的养老财富或资产为 $S_{t+1}(S_{t+1} > 0)$，如果只参与一种金融服务养老活动，那么，有 $S_{t+1} = S_{t+1}^b$ 或 $S_{t+1} = S_{t+1}^c$ 或 $S_{t+1} = S_{t+1}^s$ 或 $S_{t+1} = S_{t+1}^o$。仅参与一种金融服务养老活动的情况会如何呢？虽然 S_t^b 收益稳定，但受利率、通货膨胀的影响较大。虽然风险不大，但经济不景气或经营管理不善时银行也可能出现

支付困难等风险。所以，老年人会减少以这种途径获益的养老。

购买商业养老保险 S_t^c 同银行储蓄 S_t^b 类似。虽然它的增值收益性好于 S_t^b，但其仍然不是最好获益的养老。银行储蓄或购买商业养老保险是传统的养老方式。这两种方式风险相对较低，较为安全，但收益一般也与预期相差较大。不仅如此，购买商业养老保险也会受通货膨胀的影响。金融服务养老收益可能不尽如人意。

进行养老股票投资的 S_t^s 收益较高，但风险也较大。老年人对此特别谨慎，因为他们中的绝大多数是厌恶风险的，经受不起风险的打击或折腾。对于养老股票投资，不管是老年人的参与意愿还是满意度均不理想。

购买养老债券的 $S_t^{b'}$ 与 S_t^s 相比，风险小得多，收益也相对稳定，但它受政策影响较大。如果出现利率的不利影响，其收益也是难以让人满意的。老年人对此也相对谨慎。只不过老年人对这种方式的参与意愿与满意度好于进行养老股票投资方式。

进行养老信托投资 S_t^t，收益高于 S_t^b、S_t^c 而低于 S_t^s，风险在于这些公司对财产的管理情况。一般说来，这是他们在 S_t^b、S_t^c 的基础上进行的一种投资选择，常受养老财富或资产多寡的影响。

进行养老基金投资 S_t^f 与 S_t^t 类似，收益高于 S_t^b、S_t^c 而低于 S_t^s，风险也在于公司的经营管理情况。通常，老年人对此二类不加区分。现实的情况是，S_t^f 比 S_t^t 更普遍，更易于被老年人接受。老年人对这种方式的参与意愿与满意度好于养老信托投资方式。

其他 S_t^o 存在如养老权益类的收益—风险的对比。此类与其他相比，因权益变化较小，所以收益更稳定，风险较小。因拥有权益的老年人较少，本章对此不作深入研究。

20.2.2 金融服务养老的成本分析

参与金融服务养老活动，获得收益是需要花成本的。没有成本，就没有收益。收益是在付费前提下获得的。有养老服务就要支取费用，即支付成本。享受服务越多，支付费用越多。金融服务养老需要哪些成本呢？参与个人银行储蓄养老需要本金，购买商业养老保险需要保费支出，进行养老股票交易需要股本，购买养老债券需要资金，进行养老信托投资需要信托资金，进行养老基金投资需要养老基金，这些都是金融服务养老所必须花费的成本。在参与金融服务养老的财富积累 $S_t = S_t^b + S_t^c + S_t^s + S_t^{b'} + S_t^t + S_t^f + S_t^o$ 中，每项都需要花费成本。S_t^b、S_t^c、S_t^s、$S_t^{b'}$、

S_t^t、S_t^f、S_t^o 所对应的成本分别为 C_t^b、C_t^c、C_t^s、$C_t^{b'}$、C_t^t、C_t^f、C_t^o，它的总成本为

$$C_t = C_t^b + C_t^c + C_t^s + C_t^{b'} + C_t^t + C_t^f + C_t^o \tag{20-2}$$

如果金融服务养老各项成本 C_t^b、C_t^c、C_t^s、$C_t^{b'}$、C_t^t、C_t^f、C_t^o 所获得的收益分别为 Y_t^b、Y_t^c、Y_t^s、$Y_t^{b'}$、Y_t^t、Y_t^f、Y_t^o，那么，他们获得的总收益为

$$Y_t = Y_t^b + Y_t^c + Y_t^s + Y_t^{b'} + Y_t^t + Y_t^f + Y_t^o \tag{20-3}$$

则有，金融服务养老的净收益为

$$nY_t = aY_t^b + bY_t^c + cY_t^s + dY_t^{b'} + eY_t^t + fY_t^f + gY_t^o \tag{20-4}$$

即

$$\begin{aligned} nY_t = Y_t - C_t = a(Y_t^b - C_t^b) + b(Y_t^c - C_t^c) + c(Y_t^s - C_t^s) + d\left(Y_t^{b'} - C_t^{b'}\right) \\ + e(Y_t^t - C_t^t) + f(Y_t^f - C_t^f) + g(Y_t^o - C_t^o) \end{aligned} \tag{20-5}$$

其中，a、b、c、d、e、f、g 都为大于 0 或等于 0 的常数。

可见，金融服务养老的总收益与净收益都是由养老者付出了成本而获得的。这些成本主要来自养老者的财富或资产积累。当然，它也可能来自子女、政府、社会捐赠等，但这部分资金的比例不大。参与金融服务养老的需求者的目的一般都是获得收益或实现养老资金、资产的价值增值。

20.3 金融服务养老的需求模型构建

养老者在退出劳动后仍有需求，不仅包括基本生活的需求，而且包括金融服务养老的需求。金融服务养老是在收入或财富一定条件下的消费、储蓄、投资的最佳选择。

20.3.1 金融服务养老的一般需求模型

养老者最基本的需求是生存的需求，他们首先必须满足生存的需要。这与普通大众进行最基本的消费没有区别。他们的一般需求函数是

$$D = C_t \tag{20-6}$$

其中，D 为需求；C_t 为 t 时期的消费。

在此基础上，他们有更高的需求，投资方面的需求，以及包括文化、精神、

外出旅游等在内的其他需求。那么，一般需求函数就变为

$$D = C_t + I_t + O_t \tag{20-7}$$

其中，I_t 为投资需求；O_t 为其他需求。

一般需求函数为金融服务养老需求分析奠定了基础。本期的养老消费既可能来自上期的养老财富存量，也可能来自本期的金融服务养老收益。同样，本期的收益也可能来自上期的养老财富存量或同期的投资收益或其他收益。本期养老消费的增加有可能导致本期金融服务养老投资的减少，收益也因此受到影响。是否真的导致金融服务养老投资的减少是不确定的，需要进行具体分析。

20.3.2　金融服务养老的消费、投资与储蓄

养老是需要终生消费的，因此，养老者需要寿险来抵御长寿风险。由于不确定性因素的影响，养老寿险又有不同的需求。Yaari（1965）研究了养老期间不确定的寿险需求。本章利用 Fisher 效用函数和 Marshall 效用函数，沿着 Yaari 的思路研究金融服务养老下的消费、投资、储蓄问题。

Fisher 效用函数为

$$v(c) = \int_0^T a(t) g\left[c(t)\right] \mathrm{d}t \tag{20-8}$$

其中，$a(t)$ 为主观贴现函数；$c(t)$ 为消费函数；g 为效用函数，且是凹函数。与 Fisher 效用函数类似，Marshall 效用函数为

$$u(c) = \int_0^T a_t g(c_t) \mathrm{d}t + \beta_t \varphi(s_t) \tag{20-9}$$

其中，β 、φ 都是凹的，即 β 也是定义在无穷区间上的实值递增的凹函数。养老者在 t 时期的纯财富或资产（包括现金）为

$$s_t = \int_0^t e^{\int_T^t j_t} \mathrm{d}x \left[m_t - c_t\right] \mathrm{d}t \tag{20-10}$$

其中，j_t 为在 t 时期的预期利率；m_t 为在 t 时期的收益率；c_t 为 t 时期的消费率。m 和 j 在 $[0,\ t]$ 上连续，并要求 $s_t \geqslant 0$。

在 Fisher 函数的基础上引入一个限制项叫金融服务养老收益的效用 $\varphi(s_t)$，那么，其效用函数变为

$$u(c)=\int_0^T a_t g(c_t)\mathrm{d}t+\varphi(s_t) \tag{20-11}$$

设φ为定义在$(-\infty,+\infty)$上的实值递增函数，为凹函数且$\varphi(0)=0$。由于φ是递增的，当$s_t<0$时，$\varphi(s_t)<0$；当$s_t>0$时，$\varphi(s_t)>0$，在养老消费效用上有所减少。养老者找到使u期望最大化的无限制条件下的最优解。

在上一效用函数中导入β，则变为类似于 Marshall 效用函数

$$u(c)=\int_0^T a_t g(c_t)\mathrm{d}t+\beta_t(s_t) \tag{20-12}$$

养老者为了获得收益进而更好地养老，参与金融服务活动。定义在t时期的投资利率为r_t，且$r_t>j_t$。这表明参与金融服务养老活动事实上获得了收益。但是，获得了收益并非就能更好地养老，因为他们还面临通货膨胀率π_t的影响，一般地，有

$$\pi_t=\frac{p_{t+1}-p_t}{p_t}\times 100\% \tag{20-13}$$

其中，p_t为t期的养老资产价格，p_{t+1}为获得收益后t+1 期的价格。如果$\pi_t>0$，则金融服务养老受通货膨胀的影响而消费有所降低。养老者参与金融服务养老，支出了成本c，面临着风险损失R，所以，他们真正地靠养老获益而获得的消费效用为

$$u(c)=S_t+C_t-\pi_{t+1}-R_{t+1} \tag{20-14}$$

或

$$u(c)=\int_0^T(s_t+c_t-\pi_t-r_t)\mathrm{d}t+\beta_t(s_t) \tag{20-15}$$

其中，S_t为养老财富或资产；C_t为t时期参与金融服务养老所花的成本；π_{t+1}、R_{t+1}为t+1 时期所面临的通货膨胀影响和风险损失；s_t、c_t为t时期参与金融服务养老活动所有的养老财富或资产比率；π_{t+1}、r_{t+1}为t+1 时期的通货膨胀率和风险损失概率。金融服务养老有利有弊。利弊大小的关键是支出成本、获益、风险损失的比较。一般地，获益要大于成本、风险，否则养老者会拒绝金融服务养老。通常的情况是

$$\sum_{t=1}^{\infty}S_t+C_t>\sum_{t=1}^{\infty}\pi_{t+1}+R_{t+1} \tag{20-16}$$

或

$$\sum_{t=1}^{\infty}(S_t+C_t-\pi_{t=1}-R_{t+1})>0 \tag{20-17}$$

根据上述金融服务养老，如果存在：

$$\sum_{t=1}^{\infty}(S_t + C_t - \pi_{t=1} - R_{t+1}) \leqslant 0 \tag{20-18}$$

那么就会有部分养老者退出服务活动，金融服务养老也会因此受到影响。金融服务养老的消费、投资和储蓄等是相互影响的。

20.4 金融服务养老的消费需求模型构建

迄今为止，理论界对于消费的研究和一般消费模型的建立和完善可以说是汗牛充栋。从理论上来看，生命周期理论与持久收入假说等无一不是消费的经典模型。消费纯粹由收入决定，收入的多少决定消费的多少。消费要考虑到整个生命周期内的所有收入预算，即人的一生的消费不管收入的多少都是接近平均的（Friedman，1956）。然而，对金融服务养老的消费研究还只是在开始阶段。

20.4.1 金融服务养老的一般消费模型

因为不同的老年人在生理、心理、偏好及需求等方面不同，所以他们的消费也有其自身的特点。虽然老年消费总的趋势在不断下降，但这种消费仍然不可缺少。根据生命周期理论，老年人在消费和储蓄的选择上与其他年龄段的人不同，他们年轻时的储蓄会在这一阶段被消费，所以老龄化的加速会使消费增长。从传统的消费模型到原始的生命周期模型再到现代消费模型，消费模型处于不断完善之中。假如不考虑养老者获得政府基本养老金的影响，养老者除了消费以外，不考虑投资、储蓄等其他需求，那么，养老者与非养老者的消费不存在差别。事实上，金融服务养老的一般消费模型与其他消费模型类似。其一般消费模型为

$$C_t = W_o + Y_t - S_t - I_t - O_t \tag{20-19}$$

其中，C_t、Y_t、S_t、I_t、O_t分别表示第 t 期的消费、收益、储蓄、投资和其他；W_o为养老者的初始财富，包括养老资金、资产及权益等。一般说来，养老者可以不参与其他经济活动，但不能不进行消费。离开了消费，老年人的基本生存活动，如饮食、衣着等需求将无法被满足，甚至有可能失去生命，又何谈其他活动的进行。假如只考虑养老者的消费，其他影响因素不变，那么，养老者的消费为

$$C_t = W_o + Y_t + \mu_t \tag{20-20}$$

消费受养老者所拥有财富的多少和获得收益多少的影响。财富越多、收益越多，消费也越多。

20.4.2　金融服务养老的消费需求模型

现在，非常确定的事实是未来的不确定性。受预期因素的影响，养老者形成了不确定性预期。养老者的养老财富或资产可能会出现流动和不流动状态。这就是他们的财富或资产有的不受流动性的影响，有的受流动性的影响。

不受流动性影响的金融服务养老消费函数模型，由于不确定性的预期作用而不同于一般的消费函数模型。假设养老者既无流动性约束，又无遗产动机，参与金融服务养老的时间周期为 T；消费效用函数 $U(\bullet)$ 的时间是可变的，且 $U''<0$；养老对未来支出存在着不确定性预期，包含在 C_t 内，且 Y_t 是一个随机变量，其中，$t=1,2,3,\cdots,T$，那么，养老者的动态财产积累过程为

$$K_{t+1} = \left(K_t + Y_t - C_t\right)\left(1+r\right) \tag{20-21}$$

$$\theta\text{.s.t.}\max\sum_{t+1}^{T}E\left[\frac{U\left(C_t\right)}{\left(1+\theta\right)^t}\right],\ K_t > 0 \tag{20-22}$$

其中，K_{t+1} 表示养老者在 t 时期拥有的财富或资产；r 为实际利率；$E(\bullet)$ 表示对未来收入、支出的预期；θ 为偏好率。上式表示了养老者参与金融服务养老在不确定性预期影响下，最终实现预期养老消费效用总和的最大化。据此，求出最大化的消费序列 $C_1,C_2,\cdots,C_i,\cdots,C_T$，则有

$$C_t(K_t) = \max E\left[\sum_{t}^{T}\frac{U\left(C_t\right)}{(1+\theta)^{i-t}}\right] \tag{20-23}$$

在流动性影响下的消费 $\bar{C}_t$ 仅仅等于收入 $\lambda\bar{Y}_t$，即 $\bar{C}_t=\bar{Y}_t$，对其取自然对数后进行一阶差分，有

$$\ln C_t = \ln Y_t = \alpha\ln\bar{C}_t + \left(1-\alpha\right)E\left(\ln C_t\right) \tag{20-24}$$

假如受流动性影响的养老者的比例为 θ，那么，上式为

$$\ln C_{t+1} = \theta\ln\bar{C}_{t+1} + \left(1-\theta\right)E\left(\ln C_{t+1}\right) \tag{20-25}$$

如果再假如受流动性约束的养老者的收益变化与不受流动性约束的养老者的收益变化是对应的，那么，利用 Y_{t+1} 代替 $\bar{Y}_{t+1}$，可得：

$$\ln C_{t+1} = \theta_0 + \theta_1 r + \theta_2\operatorname{var}\ln C_{t+1} + \theta\ln Y_{t+1} + \mu_t \tag{20-26}$$

其中，$\operatorname{var}\ln C_{t+1}$ 为消费变化的方差；μ_t 为随机项。

20.4.3 金融服务养老的消费效用

根据研究连续时间动态问题的基本模型，即 Ramsey 模型，假设人的一生都能实现消费效用最大化，其效用为

$$\int_0^{\infty} u\left[c(t)\right]e^{-pt}\mathrm{d}t \tag{20-27}$$

其中，$c(t)$ 表示个人养老期的消费；$u\left[c(t)\right]$ 是瞬时消费函数；而 e^{-pt} 是收益贴现率。对于每个养老者，假设他们不存在借贷或外来（如政府养老金、养儿防老等）消费，那么，他们每个时期的消费满足预算约束：

$$k = s_t + (y_t - r_t)k(t) - c(t) \tag{20-28}$$

其中，s_t 表示 t 时期的养老财富或养老资产；y_t 表示 t 时期金融服务养老的收益；r_t 表示金融服务养老的风险损失；$k(t)$ 表示收益与风险的权值；$c(t)$ 表示他们的消费。

由 s_t 参与金融服务养老而获得的收益 y_t 扣除风险损失 r_t 后就是可供养老终生消费的部分。

一项将他们所拥有的终生消费可能性表示为初始财富、投资收益和遗产函数的一般模型为

$$\sum_{t=1}^{T}\left[\frac{C_r}{(1+r)^t} + \frac{B_t}{(1+r)^t}\right] = W_o + \sum_{t=1}^{D}\frac{Y_t}{(1+r)^t} \tag{20-29}$$

其中，C_r 表示第 t 年的消费；r 表示利率；D 为退休直至死亡的年数；T 为养老年数；W_o 表示养老的初始财富或资产；Y_t 表示第 t 年的金融服务养老投资收益；B_t 表示第 t 年的遗产。于是，养老遗产为

$$B_t = W_o - W_t + Y_t - C_r \tag{20-30}$$

其中，W_t 表示第 t 年的财富或资产。养老财富或资产的增加值 ΔW 与储蓄 ΔS 部分分别为

$$\Delta W = \sum_{t=0}^{T}(W_o - W_t) \tag{20-31}$$

即

$$\Delta S = \sum_{t=0}^{T}(Y_t - C_r) \tag{20-32}$$

$$B_t = \Delta W + \Delta S = \sum_{t=0}^{T}(W_o - W_t) + \sum_{t=0}^{T}(Y_t - C_r) \tag{20-33}$$

一般说来，第 t 年的遗产 B_t 总的来看是趋于 0 的，即

$$B_t = \lim_{t \to \infty} \left[\sum_{t=0}^{T} \left(W_o - W_t \right) + \sum_{t=0}^{T} \left(Y_t - C_r \right) \right] = 0 \tag{20-34}$$

式（20-34）表明，参与金融服务养老的养老者的遗产趋于 0。他们实现了较好的养老生活。

20.5　金融服务养老的储蓄需求模型构建

储蓄是未来消费的前提和基础。储蓄的功能主要是为投资和未来的消费进行融资。如果不考虑消费的影响，储蓄的用途就是供养老直接使用或进行投资养老，因此，投资风险的特点及变化也可能影响到储蓄规模和水平。

20.5.1　金融服务养老的一般储蓄模型

金融服务养老的储蓄理论表明，高储蓄形成更多的资本，导致更快的增长，带来更多的收入，从而产生更高的储蓄，它们是一种正反馈放大机制。可见，储蓄是指耗尽的收益。除了影响自身外，储蓄还影响整个经济运行。储蓄是为了未来更好地消费。

养老储蓄是指人们为了应对未来的养老所需进行的储蓄。养老储蓄对养老有重要的影响，它为养老者提供了养老资金的保障。对此，不少学者研究了养老者为什么储蓄、需要进行多少储蓄，受不确定性影响如何，与财富积累的关系如何等问题。Kimball 对个人最优谨慎程度进行了度量。后来，Lusardi 提出了不确定性与财富之间呈正相关关系，这与早期的研究是一致的。Keynes（1936）认为，人们在获得收入后进行消费，剩余即是储蓄，即 $Y_t = C_t + S_t$。Friedman（1956）提出了永久性收入，即财富储藏假说。这一假说所指的财富是由家庭所拥有的各种债券、股票、土地、房屋及人们所受的教育程度等构成的。由于未来收益具有高度的不确定性，考虑到以后的养老消费需要，人们的收入主要取决于稳定的可预测的收入，即永久收入。它可表示为可观测的实际收入 Y_t 的函数：

$$Y_t = Y_{t-1} + \theta \left(Y_t - Y_{t-1} \right) = \theta Y_t + \left(1 - \theta \right) Y_{t-1} \tag{20-35}$$

其中，θ 为权重，取决于依据过去的经验所持的预期，且 $0 < \theta < 1$。永久收入函数包含储蓄的因素。

后来，对于相对收入的研究，又有关于收入、消费、储蓄的新理论。预防动机的储蓄模型得以建立和完善（Leland，1968）[①]：

$$S_t^p = \hat{C}_t - C_t \tag{20-36}$$

其中，$\hat{C}_t$ 为在确定性等价下 t 时期的消费；C_t 为在不确定性条件下 t 时期的消费；S_t^p 为预防性储蓄。养老者的养老储蓄由其谨慎动机决定。如果它为外生随机变量且为个人的控制变量，那么，个人的最优化谨慎为 $\max EU(\theta,\tau)$，其中，E 为个人对未来的预期；$U(\bullet)$ 表示效用函数。个人的最优化谨慎程度为

$$\eta\theta,\tau = -\frac{\partial^3 U(\theta,\tau)/\partial\theta^2\partial\tau}{\partial^2 U(\theta,\tau)/\partial\theta\partial\tau} \tag{20-37}$$

养老者参与金融服务养老，存在预防性储蓄动机。他们的一般储蓄模型为

$$S_t = Y_t - C_t - I_t - \mu_t \tag{20-38}$$

其中，S_t 为储蓄；Y_t 为收益；C_t 为消费；I_t 为投资；μ_t 为不确定性影响。

这一模型表示了养老者进行储蓄是在收益中扣除消费、投资和不确定性影响后的部分。Bodie 和 Davis（2000）也建立了生命周期模型。为了有折现的现金流并将其应用于生命周期储蓄，正如博迪等（2010）所说，我们所有人都必须在生命的不同阶段做出主要金融决策，从为退休而储蓄多少的决策开始，我们逐步发展并完善一项用于广泛财务规划的生命周期模型。这些研究为养老者参与金融服务养老提供了基本的储蓄依据。

20.5.2　金融服务养老的储蓄需求模型

随着收入的增加，消费之后的资本存量积累，即储蓄为金融服务养老收益的实现提供了可能。如果将在收入进行消费后的剩余投入金融服务养老中，就实现了由可能向现实的转化。在满足基本的生活需要条件后，养老者会考虑到自己的财富保值增值问题，选择金融服务养老中的储蓄，从而实现积累。有了积累，他们会考虑资本的繁衍升值，如参与金融服务养老。如果没有积累，没有自己的金融服务养老收益，其生活或多或少都会受到影响。在养老过程中，不确定性是随时出现的。不确定性导致了养老者需要储蓄。不确定性越大，储蓄会越多，即越有不确定性，越需要储蓄。参加何种储蓄呢？他们可以参加养儿防老、个人银行储蓄养老、购买商业养老保险或其他金融服务养老活动储蓄。

---

① 当养老者面临的未来收支不确定时，他们往往倾向于增加当期储蓄以抵御未来可能遭遇的不利影响，这就是所谓的谨慎性储蓄动机。在将储蓄行为模型化时必须考虑到谨慎性储蓄动机的存在。

在 $S_t = S_t^b + S_t^c + S_t^s + S_t^{b'} + S_t^t + S_t^f + S_t^o$ 中，假定为更好生活的养老投资 S_t^s 、$S_t^{b'}$ 、S_t^t 、S_t^f 不变，因为这些活动虽然是为了获得更多收益但可能出现风险。虽然购买商业养老保险的 S_t^c 也获得收益，但风险较小，且主要是为养老进行消费而储蓄的。因此，本章在此只研究 S_t^b、S_t^c 变化的金融服务养老储蓄行为。

过去，养老除了养儿防老或政府基本养老金养老外，养老者主要是进行银行储蓄养老或购买商业养老保险储蓄进行养老。储蓄就是为了未来的养老消费。于是，金融服务养老储蓄需求模型为

$$S_t = S_t^b + S_t^c + \mu_t \tag{20-39}$$

考虑一些影响因子及实际的养老财富或资产，则有金融服务养老储蓄模型的一种计量形态为

$$S_t = \theta_0 + \theta_1 S_t^b + \theta_2 S_t^c + \mu_t \text{，} t=1,2,3,\cdots,T \tag{20-40}$$

对于时间序列数据，t 时期的金融服务养老储蓄为各种方式在不同时期的加权和：

$$S_t^p = \theta S_t + \theta(1-\theta)S_{t-1} + \theta(1-\theta)^2 S_{t-\theta}\text{，}\ 0<\theta<1 \tag{20-41}$$

即有

$$S_t^p - S_{t-1}^p = \theta\left(S_t - S_{t-1}^p\right) \tag{20-42}$$

再假设 $S_t^p = \kappa Y_t^p$ ，将 $S_t = S_t^p + S_t^t$ 中的 S_t^t 归入随机干扰项，根据 $Y_t^p = \theta Y_t + (1-\theta)Y_{t-1}$，有

$$S_t = S_t^p + \varepsilon_t = \kappa Y_t^p + \varepsilon_t = \kappa\theta Y_t + \kappa(1-\theta)Y_{t-1}^p + \varepsilon_t \tag{20-43}$$

化解得

$$S_t = \kappa\theta S_t + (1-\theta)S_{t-1} + \varepsilon_t \tag{20-44}$$

这就是金融服务养老的储蓄数学模型。κ、θ 为权值。以储蓄进行养老，要么是为了养老期间的实际生活水平和质量不致下降过多，要么是为了过上更好的晚年生活。

20.6　金融服务养老的投资需求模型构建

投资与风险密切相关，有投资就有可能面临风险。一般而言，由于在不完全市场中信息不完全，不可能通过各种避险工具来完全对冲投资风险，因此，投资风险的增加倾向于降低储蓄率（张明，2009）。投资理财是增加养老者收益的一种

手段，增加收益是为了保证有稳定的和更好的养老生活。金融服务养老为养老者提供了增加收益的投资理财路径。

20.6.1　金融服务养老的一般投资模型

投资的目的是获得回报，即实现或获得预期收益。现代的投资在支付成本获得预期收益时也面临着各种不同的风险。所以投资 I 可表示为

$$I = I(C,Y,R,O) \tag{20-45}$$

其中，I 表示投资；C 表示为投资所支付的成本；Y 表示支付成本后所获得的收益；R 表示投资所面临的风险；O 为其他影响因素。如果它们是各自独立的且对投资的影响是线性的，那么，上式可写为

$$I = s_y Y - s_c C - s_r R - s_o O \tag{20-46}$$

其中，s 表示养老投资对各因素的敏感度。如果实际的养老投资由 N 个相互独立的因素决定，那么，养老投资量为

$$I = \sum_{i=1}^{N} s_i F_i ,i=1,2,3,\cdots,N \tag{20-47}$$

其中，F_i 为影响养老投资的第i个因素；s_i 为养老投资对该因素的敏感度。

考虑时间因素，对投资的研究主要涉及的变量有成本、收益和风险等。一般的投资模型是

$$I_t = Y_{t+1} - C_t - R_t - O_t ,\ t=1,2,3,\cdots,T \tag{20-48}$$

其中，I_t 表示 t 期的投资；Y_{t+1} 表示 t+1 期进行投资后在 t 期获得的收益；C_t 表示 t 期的投资成本；R_t 表示 t 期的投资风险损失；O_t 为其他投资成本、收益和风险的影响因素。如果 $I_t > 0$ 或 $Y_{t+1} > C_t + R_t + O_t$，则进行投资。相反，则不进行投资。它表明了是否投资、投资多少等变化。对于金融服务养老投资来说，养老者更注重风险损失 R_t 的大小如何。只有 R_t 为 0 或极小时，他们才会进行投资。当然，C_t 也是一个重要的影响因素。如果支付的成本很大，即使能保证他们过上满意的养老生活，他们也有可能放弃投资。只有当 R_t 极小且有稳定的收益 Y_{t+1} 时，他们才会进行投资。

假如一个人确信的预期寿命为 T 年，年龄为 t 时的收入为 R_t，消费为 C_t。在出生时获得的遗赠现值为 B_i，死后留下的遗赠为 B_{i+1}，则在完全资本市场的假定条件下跨时预期预算约束为

$$\sum_{t=1}^{T}\frac{R_t}{(1+r)^{t-1}}+B_i=\sum_{t=1}^{T}\frac{C_t}{(1+r)^{t-1}}+\frac{B_{i+1}}{(1+r)^t} \tag{20-49}$$

式（20-49）表明一个人的预期预算是受收入、消费、遗赠等因素约束的。能进行养老投资的量是收入（包括资金、资产、权益等）及遗赠等在消费扣除后剩余的量。

参与金融服务养老的投资是为了满足养老者的享乐从而获得更多的收益。于是有

$$\min\int_0^{\infty}\left[B-U(C)+V(I)\right]\mathrm{d}t \tag{20-50}$$

$$\text{s.t.}\frac{\mathrm{d}K}{\mathrm{d}t}+C=F(K,I) \tag{20-51}$$

其中，B 为极乐值；$U(C)$ 为消费的效用；$V(I)$ 为投资的负效用，现实的享乐等于消费效用与投资的负效用之差；$F(\bullet)$ 为所获收益；K 为养老资本存量；I 为所进行的投资。

在没有养老保险条件下，有

$$\int_0^D C(t)e^{-rt}\mathrm{d}t=\int_0^R W(t)e^{-rt}\mathrm{d}t \tag{20-52}$$

其中，D 为人的寿命（岁）；R 为退休（年）；$C(t)$ 为 t 时期的消费流；$W(t)$ 为 t 时期的收入流。

如果引入养老保险，S_t 为保险费率，退休年龄为 R，$P(t)$ 为养老资金流，那么，有

$$\int_0^D C(t)e^{-rt}=\int_0^R W(t)(1-S_t)e^{-rt}+\int_R^D P(t)(1-S_t)e^{-rt} \tag{20-53}$$

如果养老保险提供的收益等于保费按市场利率获得的收益，那么，养老者生命周期内的资本存量或资产不发生变化，即 $K=C$。上述模型表示养老进行投资，是在支付成本中考虑风险损失影响后的部分。由于现实世界的不确定性是受不确定性预期的影响，金融服务养老的一般投资模型也是一种不确定的投资模型。这种不确定的投资表明金融服务养老也有风险损失。它为养老者参与金融服务养老提供了基本的投资依据。

20.6.2　金融服务养老的投资需求模型

在 $S_t = S_t^b + S_t^c + S_t^s + S_t^{b'} + S_t^t + S_t^f + S_t^o$ 中，假定为了更好地进行养老储蓄，S_t^b 和 S_t^c 不变，即 $S_t^b \equiv 0$ 、$S_t^c \equiv 0$ ，因为这是确保更好生活的基本储蓄。进行养老股票投资 S_t^s 、养老债券投资 $S_t^{b'}$ 、养老信托投资 S_t^t 、养老基金投资 S_t^f 的收益一般高于 S_t^b 、S_t^c ，但风险也高于它们。于是，养老者就有风险规避要求。本章在此只研究 S_t^s 、$S_t^{b'}$ 、S_t^t 、S_t^f 变化的金融服务养老投资行为。

根据上述假定，金融服务养老投资模型为

$$S_t = S_t^s + S_t^{b'} + S_t^t + S_t^f + \mu_t \tag{20-54}$$

考虑一些影响因子及实际的养老财富或资产，有金融服务养老投资模型的一种计量形态为

$$S_t = \theta_0 + \theta_1 S_t^s + \theta_2 S_t^{b'} + \theta_3 S_t^t + \theta_4 S_t^f + \mu_t, t=1,2,3,\cdots,T \tag{20-55}$$

其中，$\theta_0 + \theta_1 + \theta_2 + \theta_3 + \theta_4 = 1$ 。

对于时间序列数据，t 时期的金融服务养老投资为各种方式在不同时期的加权和：

$$S_t^e = \theta S_t + \theta(1-\theta)S_{t-1} + \theta(1-\theta)^2 S_{t-2} + \cdots + \theta(1-\theta)^\theta S_{t-\theta} \quad 0<\theta<1 \tag{20-56}$$

即有

$$S_t^e - S_{t-1}^e = \theta\left(S_t - S_{t-1}^e\right) \tag{20-57}$$

到底进行何种投资，有成本、收益、风险的比较。在这些养老投资中，购买养老债券收益相对稳定且风险最小。购买养老股票收益可能会最多，但风险也最大。至于养老信托和养老基金，则需要具体地分析其情况。所以，$R\left(S_t^s\right) > R\left(S_t^{b'}\right)$，$Y\left(S_t^s\right) > Y\left(S_t^{b'}\right)$。

20.6.3　金融服务养老的投资组合

养老者参与金融服务养老活动，获得金融机构提供的服务，同时也面临风险。他们面临金融服务养老的投资组合选择。如果养老者只赚钱而不保障参与金融服务养老投资的稳定性，就会有很多潜在风险。他们甚至可能不仅没有获得收益，反而因风险而遭受损失。事实上，金融服务养老的投资组合就是收益与风险的组合选择。

由 θ 所占比例表示的金融服务养老投资和其他所占比例的投资构成的任意两种金融服务养老投资组合的预期收益为

$$E(R)=\theta E(R_1)+(1-\theta)E(R_2) \tag{20-58}$$

其中，$E(R)$为金融服务养老投资的预期收益；$E(R_1)$为第 1 种投资的预期收益；$E(R_2)$为第 2 种投资的预期收益。同理，如果有n种投资，那么，其预期收益为

$$\begin{aligned}E(R_n)=&\theta_1 E(R_1)+(1-\theta_1)E(R_2)+(1-\theta_1-\theta_2)E(R_3)+\cdots\\&+(1-\theta_1-\theta_2-\cdots-\theta_{n-2})E(R_{n-1})\end{aligned} \tag{20-59}$$

在这些投资中，尽管有的投资有或多或少的风险，但也有的投资无风险，如个人银行养老储蓄。参与金融服务养老投资面临着遭受损失的风险，但不投资也面临着贬值的可能。无风险投资被认为是由计价单位和养老者投资决策时间跨度的长度等提供完全可以预测的预期收益的投资。当无法确认特定的养老者时，无风险投资指的是在交易即时跨度内提供可以预测的收益，即获得预期收益的投资。

假如θ表示投资于风险的比例，剩余的$(1-\theta)$是投资于无风险的比例。参与金融服务养老的任意投资组合的预期收益为

$$E(R)=\theta E(R_s)+(1-\theta)E(R_f)=R_f+\theta\left[E(R_s)-R_f\right] \tag{20-60}$$

其中，$E(R_s)$为有风险投资的预期收益；R_f为无风险投资的预期收益。

20.7　金融服务养老的供给模型构建

金融服务养老不能只有需求而没有供给。金融服务养老的供给包括提供服务的机构、人员、产品、服务、监管、制度安排等。金融服务养老的供给模型是供给在金融服务养老上的表现，包括金融服务养老的一般供给模型和要素供给模型。它是金融服务养老运行的一个重要方面。它的一般供给模型就是这些供给要素的组合。

20.7.1　金融服务养老的一般供给模型

金融服务养老的供给包括很多方面。首先必须满足养老者生存所需的资金供给（即提供老年人养老的生活费用）。这与普通大众进行最基本的生活消费所需的资金是一样的。它的一般供给函数是

$$S = S_t \tag{20-61}$$

其中，S 为供给；S_t 为 t 时期的供给。

不过，获得满足生存的费用通常并不是养老者参与金融服务养老的主要目的，除了养儿防老外，因为他们一般都能获得政府所提供的基本养老金，即生存的费用。在金融服务养老基本供给的基础上，提供服务的金融机构、养老机构会提供更高层次的供给，包括金融服务养老机构的产品和服务的供给、金融监管机构的监管供给、政府职能部门法律法规、政策等制度的供给，以及包括金融服务养老社会软硬环境的供给等在内的其他供给。那么，它的一般供给函数就变为

$$S = P_t + S_t + A_t + I_t + C_t + O_t \tag{20-62}$$

其中，P_t 为 t 时期产品的供给；S_t 为 t 时期服务的供给；A_t 为 t 时期监管供给；I_t 为 t 时期的制度供给；C_t 为 t 时期环境的供给；O_t 为其他供给。金融服务养老的总供给等于 t 时期产品、服务、监管、制度、环境和其他供给的总和。

一般供给函数为金融服务养老供给分析奠定了基础。本期的养老服务供给既可能来自上期的养老财富存量，也可能来自本期的金融服务养老供给。只有源源不断地提供有效的供给，才能满足养老者获得服务的需要。养老者在本期能获得多少养老服务供给，有可能既取决于上期的供给又有可能取决于本期的供给。金融服务养老供给的增加也主要取决于以上因素。是否真正增加金融服务养老的供给是不确定的，也需要进行具体分析。

20.7.2　金融服务养老的要素供给模型

从要素供给来看，金融服务养老供给主要是金融服务养老专业人员、土地资源、金融产品和服务、金融监管、法律与政策等制度，以及环境方面的供给。金融服务养老的要素供给模型为

$$\begin{aligned} S = {} & \theta E_t + (1-\theta)E_{t-1} + \theta L_t + (1-\theta)L_{t-1} + \theta P_t + (1-\theta)P_{t-1} + \theta S_t + (1-\theta)S_{t-1} \\ & + \theta A_t + (1-\theta)A_{t-1} + \theta I_t + (1-\theta)I_{t-1} + \theta C_t + (1-\theta)C_{t-1} + \mu_t \end{aligned} \tag{20-63}$$

θ 表示本期的金融服务养老供给所占的比例；$(1-\theta)$ 表示上期的金融服务养老供给所占的比例。其中，E_t、L_t、P_t、S_t、A_t、I_t、C_t 分别表示 t 时期的提供服务的专业人员、土地资源、产品、服务、监管、制度和环境的供给；E_{t-1}、L_{t-1}、P_{t-1}、S_{t-1}、A_{t-1}、I_{t-1}、C_{t-1} 分别表示 t–1 时期的专业人员、土地资源、产品、服务、监管、制度和环境的供给；μ_t 表示 t 时期的其他供给。

各要素在金融服务养老中发挥着不同的作用，每个要素都是必不可少的。其中，最普遍的供给是产品、服务、监管和制度的供给。如果再进行细分，金融服务养老

的要素供给模型还可以进一步修正完善。限于研究的需要，本章至此为止。

20.8　金融服务养老的风险模型构建

收益与风险是进行投资时必然会面临的一对矛盾。有收益就一定会有风险。收益越大，风险也就越大。如何在各种投资中达到收益最大化、风险损失最小化，就需要防范金融服务养老的风险并研究投资组合问题。

20.8.1　金融服务养老风险与收益的组合

养老者在选择金融服务养老之前，自己或委托人会对其参与的选择进行收益与风险的综合判断与估计，由此形成预期。进行投资组合选择就是如何防范风险。从数学角度来看，预期收益实际上是收益这个随机变量的数学期望。金融服务养老的投资组合预期收益为

$$\mathrm{EY}=\sum_{t=1}^{T}R_t p(t) \tag{20-64}$$

其中，EY 为金融服务养老的投资组合的预期收益；t 为可能出现的情况；R_t 为 t 时期的预期收益；$p(t)$ 表示第 t 种情况出现的概率。n 种情况出现的概率之和等于 1，即

$$p(t_1)+p(t_2)+p(t_3)+\cdots+p(t_i)+\ldots+p(t_n)=1 \tag{20-65}$$

养老者一般是不喜欢风险的，但风险又客观存在。该如何处理呢？一个典型的养老基金投资组合通常由 60%的股票和 40%的债券组成（霍和李尚斌，2007）。在获得预期收益的同时，金融服务养老也存在各种风险。风险一般用收益对预期收益的偏离程度来反映。数学上的方差就是进行风险分析的。其公式为

$$\sigma^2=\sum_{i=1}^{n}\left[R_i-E(R)\right]^2 P(i) \tag{20-66}$$

一般用方差的平方根——标准差来衡量风险，即

$$\text{标准差}\ \sigma=\sqrt{\sigma^2} \tag{20-67}$$

根据上述公式，金融服务养老的投资组合预期收益为

$$EY=\sum_{t=1}^{T}R_t p(t) \quad (20\text{-}68)$$

假设各种投资的预期收益为$E(R_p)$，$E(R_j)$为投资组合中 j 种投资的预期收益，j 种投资所占全部投资比重为H_j，n 是投资组合中的资产数目，那么，金融服务养老的加权平均值的投资组合预期收益为

$$E(R_p)=\sum_{j=1}^{n}E(R_j)H_j \quad (20\text{-}69)$$

不过，投资组合风险并不等于单个投资风险的简单加权平均。因为每种投资组合的风险大小很难是完全相同的。根据大量分析，金融服务养老的加权平均值的投资组合风险为

$$\sigma_p=\left[\sum_{j=1}^{n}H_j^{\,2}\sigma_j^{\,2}+\sum_{0\leqslant j<k\leqslant n}H_jH_k\sigma_j\sigma_k\rho_{jk}\right]^{\frac{1}{2}} \quad (20\text{-}70)$$

其中，σ_p表示投资组合的总风险；j、k 表示第 j 种和第 k 种投资；ρ_{jk} 表示第 j 种投资收益和第 k 种投资收益之间的相关系数。更多的投资是在此基础上组合而成的。

养老者利用初始财富或资产投资是获得金融服务养老收益的前提条件。一般说来，养老者的财富与资产越多，他们选择持有风险资产的比重就越大。经调查，随着养老年龄的增长，养老者参与金融服务养老风险市场的程度先上升后降低，在 50~59 岁年龄段的养老者参与金融服务养老风险投资的比例达到最高。他们更多地选择的是低风险与低收益的投资组合。有投资组合就有金融养老混合产品，而有的是分期领取，有的是终生年金。哪些是分期领取，哪些是终生年金，是由不同的公司提供的。这样做的目的是在分散风险时实现收益最大化。由于这种金融养老混合产品期限、预期收益及风险不同，养老者需要进行金融服务养老的投资组合。

20.8.2 金融服务养老的投资风险概率

金融服务养老投资风险是客观存在的，但每种服务的风险大小及概率是不同的。有的发生风险的概率较高，有的发生风险的概率较低。金融服务养老投资风险程度的大小及概率因外部经济环境、社会保障系统风险等的影响而出现差异。

20.9 总　　结

金融服务养老的量化分析众多，包括参与金融服务养老的成本、收益、消费、储蓄、投资、供给和风险等内容。只有既满足当前生活的需要，又实现可持续的养老才是最好的养老。可持续的养老就是要通过参与金融服务而养老。这种可持续性养老表现为既能满足现时（当下）的生活需要，又能实现源源不断的养老供给。

根据我们查阅的相关国内外文献并结合中国的实际，如果不考虑监管的影响，那么，本章构建出的金融服务养老的一般模型为：

$$\text{fse} = C_t^{\text{fse}} + S_{t+1}^{\text{fse}} - R_{t+1}^{\text{fse}} + \mu_t \tag{20-71}$$

其中，fse 为金融服务养老；C_t^{fse} 为参与者 t 时所付出的成本；S_{t+1}^{fse} 为参与者 $t+1$ 时所获得的收益；R_{t+1}^{fse} 为参与者 $t+1$ 时出现的风险损失；μ_t 为随机项。参与者的成本可能不是一次而是多次投入的，所获得的收益也是逐步得到的，但面临的风险存在于全过程。如果我们再考虑监管因素所带来的收益与风险影响，那么，金融服务养老模型则更加复杂。限于篇幅，这里就不再过多阐述。

金融服务养老有收益，但是需要支付成本（养老资金、资产），并且还有风险的存在，特别是个人养老。金融服务养老首先要满足养老者消费、储蓄和投资的需要。因此，参与金融服务养老的各方需要谨慎行事。

第21章　金融服务养老一般问题的实证分析

为了更好地促进金融服务养老发展，要深入进行金融服务养老问题的实证分析，从中找出真正存在的问题，本章根据需要进行此方面的探索。充分掌握养老资产的结构、收益与风险和现有金融服务养老的满意度，对实现金融服务养老的可持续发展具有重要的作用和意义。养老资产结构问题、风险普遍性问题、服务满意度问题对更好地促进金融服务养老发展具有重要的影响。

21.1　养老资产结构问题的实证分析

不同的养老资产及其结构对金融服务养老的影响是不同的。对众多养老资产的不同选择组合形成了不同的养老资产的结构。进行养老资产结构分析的目的在于发现养老资产选择与收益之间的关系问题，通过分析可以更准确地找出金融服务养老中存在的问题，由此提出有针对性的对策。

21.1.1　养老资产的种类

养老资产繁多，主要包括手持现金、活期与定期存款、借出款、股票、债券、保险、基金、信托、理财产品和其他。需要强调的是，这里的养老资产是广义的养老资产。它的流动性大，并且也较为安全，能随时满足老年人的养老所需，但收益较少。其他养老资产流动性较小，且具有一定的风险，但收益较多。养老者到底会持有何种资产，主要看他们的需要和偏好。多数养老者偏好风险较小的资产，仅有少数养老者偏好收益较大的资产。不同的养老资产结构对金融服务养老的影响是不同的。流动性强的养老资产比弱的养老资产更受养老者的偏好。

21.1.2　养老资产的结构

进行养老资产的结构分析，主要目的是分析养老者获得的金融服务及参与度。它可以为金融服务养老风险防范和监管完善提供依据。假如不同的养老资产对外部冲击的敏感性不同，人们会根据对养老需求的预期和风险概率来选择不同养老资产的持有比例。不同养老资产的持有比例会产生不同的结构风险，风险的转化会影响他们的养老资产结构与收益。

（1）防风险、保安全是养老者持有资产的首要选择。老年人经受不起风险的折腾。尽管持有某种资产会带来可观的收益，但他们更注重资产的安全。养老者选择风险最小化，就是选择平均收益额最小化的可能性，见表 21-1。

表21-1　养老资产结构比较

年龄/岁	手持现金	活期存款	定期存款	借出款	股票	债券	保险	基金	信托	理财产品	其他
50~60	7.2%	26.2%	13.2%	20.4%	13.1%	1.1%	4.4%	4.4%	2.1%	4.5%	3.4%
60~70	5.7%	24.4%	25.7%	10.8%	5.9%	1.9%	4.0%	5.0%	1.7%	14.2%	0.7%
70 以上	4.5%	18.8%	36.4%	7.2%	5.1%	1.6%	3.2%	6.4%	0.7%	16.0%	0.1%

资料来源：根据《中国金融年鉴》（2019）等整理而得

从表 21-1 中可看出，风险较大的股票、债券、基金等资产所占的比重相对较小，仅占所有资产的 10.0%多。养老者随时都有医疗费用支出和养老生活费用支出。为了安稳地度过晚年，他们选择持有安全性较高的金融资产。养老者的活期存款、定期存款占所有资产的比重在 40.0%左右。

（2）银行存款仍然是养老者持有资产的主要形式。从表 21-1 中还可看出，年龄越大的老人所拥有的养老资产越少。养老者具有较强的储蓄动机，更愿意以现金或活期存款的方式持有资产，现金或活期存款占养老资产结构的 1/3。如果加上定期存款和借出款，流动性大的养老资产已占 2/3。这说明银行存款仍然是养老者的首要选择。他们非常注重资产的安全性与流动性。他们持有股票、债券、基金、信托等资产相对较少。也就是说，他们参与金融服务养老的储蓄较多、投资相对较少。

（3）老年人有不同的资产偏好。每个老年人拥有和面对的养老资产不同，面临的家庭情况不同，收入也不同，这些都会影响老年人对不同风险类型的养老资产的选择和持有。如果养老资产少，资金来源少，他们更多的是谨慎投资者。一般地，他们不会选择和持有风险较大的养老资产，如股票等。相反，如果养老资产多，并且资金来源有保证，他们更多的是非谨慎投资者。不同的资产偏好影响着养老资产的结构。金融服务养老受资产选择偏好的影响。

21.1.3 养老资产结构的实证分析

金融服务养老受资产结构的影响很大。养老资产结构是否合理，直接影响着金融服务养老的规模和发展前景。养老资产结构的实证分析，主要是指标选择、构建模型、实证结果、结论。

1. 指标选择

除了住房和养老权益外，养老资产结构的指标选择为手持现金 cur、储蓄存款 tid、购买股票 sto、购买债券 bon、购买保险 ass、持有基金 fun、参与信托 tru 等。根据他们的资产拥有量 toa、获得收益 rec、风险偏好 ris 等，老年人拥有多种资产。各种不同的资产的收益、风险都是不同的。

2. 模型构建

根据实证分析的需要，需要构建养老资产选择和持有模型，其优点在于可以较为清楚明白地分析老年人的养老资产结构。现设定其模型：

手持现金为 $cur=f\text{（}L.toa,ris,rec,tid,sto,bon,ass,fun,tru\text{）}+u$ （21-1）

储蓄存款为 $tid=f\text{（}L.toa,ris,rec,cur,sto,bon,ass,fun,tru\text{）}+u$ （21-2）

购买股票为 $sto=f\text{（}L.toa,ris,rec,cur,tid,bon,ass,fun,tru\text{）}+u$ （21-3）

购买债券为 $bon=f\text{（}L.toa,ris,rec,cur,tid,sto,ass,fun,tru\text{）}+u$ （21-4）

购买保险为 $ass=f\text{（}L.toa,ris,rec,cur,tid,sto,bon,fun,tru\text{）}+u$ （21-5）

持有基金为 $fun=f\text{（}L.toa,ris,rec,cur,tid,sto,bon,ass,tru\text{）}+u$ （21-6）

参与信托为 $tru=f\text{（}L.toa,ris,rec,cur,tid,sto,bon,ass,fun\text{）}+u$ （21-7）

各种养老资产的收益是不同的。养老资产遵循低收益、低风险，高收益、高风险的原则。只有实现风险最小化条件下的收益最大化投资组合，才是最佳的金融服务养老投资策略。一般地，信托在目前的养老资产中所占的比重还不是很大，因此在分析时可忽略不计。对养老资产的收益进行分析，本章也建立了相应的数学模型。

手持现金的收益是非常稳定的，遇到的主要风险只不过是利率和通货膨胀的风险。假如不考虑这些风险的影响，那么，这种方式的收益是完全恒定的，$\overline{R_c}=\overline{c_o}$。

其中，$\overline{R_c}$ 为手持现金的恒定收益；$\overline{c_o}$ 为初始的养老资金。手持现金的一般收益模型为

$$\text{cur}=f(\text{L.rec,toa,ris,tid,sto,bon,ass,fun,tru})+u \tag{21-8}$$

将钱存入银行，即进行个人银行储蓄，收益是相对稳定的，风险较小，几乎可以忽略不计。所以，这种方式的收益几乎也是恒定的，即

$$\overline{R_{bt}}=\frac{B(t)-C_t^o}{C_t^o}R_b \tag{21-9}$$

其中，$\overline{R_{bt}}$ 表示 t 时期银行储蓄的收益率；$B(t)$ 为 t 时期的预期收益；C_t^o 为养老使用的初始资金；R_b 为银行储蓄风险。储蓄存款的一般收益模型为

$$\text{tid}=f(\text{L.rec,toa,ris,cur,sto,bon,ass,fun,tru})+u \tag{21-10}$$

用养老资金购买股票，其收益可能会很多，但风险也最大。不管是风险还是收益，都具有高度的不确定性，老年人对此种资产选择持谨慎态度，即使选择这种资产，其占的比例也不大。只有那种资产较多、敢于冒险又不怕风险的极少数人才会选择这类风险资产参与金融服务养老。所以，对这种资产选择的研究意义和价值小于其他种资产选择。购买股票的一般收益模型为

$$\text{sto}=f(\text{L.rec,toa,ris,cur,tid,bon,ass,fun,tru})+u \tag{21-11}$$

购买债券，特别是用养老资金购买债券，其收益也相对稳定，风险是不确定的。政府或公共机构发行的养老债券的风险大大小于养老机构等发行的债券的风险，那么，其收益为

$$R_{bt}=\frac{B(t)-B^o}{B^o} \tag{21-12}$$

其中，R_{bt} 为购买债券在 t 时期的收益率；$B(t)$ 为 t 时期的债券收益；B^o 为初始花费的债券资金。购买债券的一般收益模型为

$$\text{bon}=f(\text{L.rec,toa,ris,cur,tid,sto,ass,fun,tru})+u \tag{21-13}$$

用养老资金购买保险养老，收益相对稳定，风险也介于其间。它的收益率为

$$R_s=R(S_t)=\frac{S_i(t)-S^o}{S^o} \tag{21-14}$$

其中，$R(S_t)$ 表示在 t 时期购买养老保险的收益率；$S_i(t)$ 为 t 时期的收益；S^o 为初始花费的保险资金。购买保险的一般收益模型为

$$\text{ass}=f(\text{L.rec,toa,ris,cur,tid,sto,bon,fun,tru})+u \tag{21-15}$$

持有基金进行养老已越来越普遍。一般说来，持有基金的收益较为稳定，风险也能为持有者所承受。未来的金融服务养老将会有更多的基金持有者。持有基金就是将养老资金用于购买养老基金，目的是获得收益，实现养老资金、资产的保值增值。持有基金的一般收益模型为

$$fun=f(L.rec,toa,ris,cur,tid,sto,bon,ass,tru)+u \qquad (21\text{-}16)$$

同样，信托也与基金的收益、风险是类似的。参与信托进行养老，也是未来金融服务养老不可或缺的重要内容。信托的收益与风险比股票的低，比手持现金、储蓄的高。参与信托的一般收益模型为

$$tru=f(L.rec,toa,ris,cur,tid,sto,bon,ass,fun)+u \qquad (21\text{-}17)$$

以上这些模型基本能反映养老资产参与金融服务养老的收益与风险之间的相互关系。由此，我们可以对其进行实证结果分析。

3. 实证结果

根据上述指标选择和模型建立，金融服务养老资产结构的实证分析可通过养老资产选择、收益、风险等进行进一步量化分析。其目的是为更好地开展金融服务养老提供科学的依据。如果不考虑随机项的影响，那么，养老资产是由手持现金、活期与定期存款、借出款、股票、债券、基金、信托、保险、权益、理财产品等组成的。各种资产的占比不同，收益有差异，风险也不同，见表 21-2。

表21-2　2018年养老资产结构表

指标	养老资产选择		养老资产收益		养老资产风险	
	（1）	（2）	（3）	（4）	（5）	（6）
	资产拥有量	占比	收益	占比	风险偏好	权重
手持现金	83 874	5.6	0	8.6	0	0.045 6
活期存款	528 350（含定期）	36.0（含定期）	1.3	4.4	0.1	0.021 0
定期存款	528 350（含活期）	36.0（含活期）	3.2	9.9	0.2	0.033 9
借出款	74 850	5.1	2.0	6.6	0.1	0.654 9
股票	212 808	14.5	5.5	14.5	0.4	1.563 2
债券	239 225	16.3	4.8	9.9	0.3	1.000 3
基金	48 432	3.3	3.3	9.5	0.2	0.985 6
信托	7 388	0.5	3.9	11.3	0.2	0.834 2
保险	675 114	4.6	2.6	5.5	0.1	0.054 7
权益	33 760	2.3	2.8	2.1	0.1	0.007 8
理财产品	270 855	10.8	4.2	9.2	0.3	1.010 5
其他	14 674	1.0	2.1	8.5	0.1	1.003 2
合计	2 189 330	100.0	35.7	100.0	0.1	

资料来源：根据《中国金融统计年鉴》相关数据测算和调研整理所得

借出款包括活期存款、定期存款。权益类包括房产、地产、矿产、珠宝、首饰和其他权益类。

从表 21-2 可看出，养老资产的结构受到许多因素的影响和制约，主要是风险与收益。一般地，在收益一定的前提下，金融服务养老资产结构主要是实现风险最小化下的资产结构。在风险相同的前提下，金融服务养老资产结构主要是实现收益最大化下的资产结构。最多的养老资产仍然是个人银行储蓄存款，信托、基金、权益类占的比重还不是很大。

养老资产组合收益率的计算为 N_1、N_2、N_3、N_4、N_5、N_6、N_r，分别为手持现金、储蓄存款、股票、债券、保险、基金、信托和养老资产组合的对数收益率，P_t 为 t 期价格，再定义其对数收益率分别为 $N_1=\ln\left(\frac{P_{t+1}^{N_1}}{P_T^{N^1}}\right)$、$N_2=\ln\left(\frac{P_{t+1}^{N_2}}{P_T^{N^2}}\right)$、$N_3=\ln\left(\frac{P_{t+1}^{N_3}}{P_T^{N^3}}\right)$、$N_4=\ln\left(\frac{P_{t+1}^{N_4}}{P_T^{N^4}}\right)$、$N_5=\ln\left(\frac{P_{t+1}^{N_5}}{P_T^{N^5}}\right)$、$N_6=\ln\left(\frac{P_{t+1}^{N_6}}{P_T^{N^6}}\right)$、$N_7=\ln\left(\frac{P_{t+1}^{N_7}}{P_T^{N^7}}\right)$，那么，养老资产组合的对数收益率定义为 $N_r=\ln\left(\frac{P_{t+1}^{N_r}}{P_T^{N^r}}\right)$，养老资产组合的收益率定义为 $R=\ln\left(w_1e^{N_1}+w_2e^{N_2}+w_3e^{N_3}+w_4e^{N_4}+w_5e^{N_5}+w_6e^{N_6}+w_7e^{N_7}\right)$。其中，$w_i$ 表示各类养老资产的比重，满足 $w_1+w_2+w_3+w_4+w_5+w_6+w_7=1$，见表 21-3。

表21-3　养老资产选择和持有的收益率

年份	手持现金对数收益率	储蓄存款对数收益率	股票对数收益率	债券对数收益率	保险对数收益率	基金对数收益率	信托对数收益率	养老资产组合对数收益率
1978	0.0000	0.2884						0.2538
1979	0.0000	0.3519						0.3246
1980	0.0000	0.2707						0.2213
1981	0.0000	0.2544		5.2832				0.2217
1982	0.0000	0.2787		0.7207				0.2593
1983	0.0000	0.3082		0.4258				0.3395
1984	0.0000	0.2892		0.4919				0.2694
1985	0.0000	0.3221		0.9214	0.9886			0.3197
1986	0.0000	0.3196		0.2538	0.6854			0.2839
1987	0.0000	0.2154	1.2528	0.5047	0.3656			0.2007
1988	0.0000	0.3071	0.1736	0.2373	0.2226			0.3380
1989	0.0000	0.3150	0.0976	0.1452	0.1999			0.2535
1990	0.0000	0.2612	0.4919	0.3646	0.3299	0.3380	0.0290	0.2579
1991	0.0000	0.2404	0.5745	0.4599	0.4484	0.3992	0.0335	0.2781
1992	0.0000	0.2571	0.4021	0.1526	0.2480	0.3233	0.0271	0.2557

续表

年份	手持现金对数收益率	储蓄存款对数收益率	股票对数收益率	债券对数收益率	保险对数收益率	基金对数收益率	信托对数收益率	养老资产组合对数收益率
1993	0.0000	0.3474	0.0674	0.1854	0.3044	0.2852	0.0204	0.2995
1994	0.0000	0.3209	0.0349	0.2066	0.3567	0.4331	0.0177	0.2653
1995	0.0000	0.2613	0.3794	0.3379	0.3495	0.5227	0.0285	0.2503
1996	0.0000	0.1835	0.6348	0.2644	0.1543	0.4725	0.0232	0.1985
1997	0.0000	0.1432	0.3852	0.2206	0.4147	0.3891	0.0304	0.1556
1998	0.0000	0.1101	0.2822	0.2041	0.1561	0.3353	0.0107	0.1369
1999	0.0000	0.0760	0.8158	0.0765	0.5839	0.6427	0.0278	0.0918
2000	0.0000	0.1368	−0.1054	0.3416	0.2775	−0.0458	0.0320	0.1764
2001	0.0000	0.1640	−0.1486	0.1510	0.3702	0.3813	0.0315	0.1422
2002	0.0000	0.1758	0.0544	0.1561	0.2394	0.3600	0.0287	0.1657
2003	0.0000	0.1431	−0.1109	0.1314	0.1070	0.6468	0.0177	0.1283
2004	0.0000	0.1653	−0.1038	0.1100	0.1319	0.3684	0.0398	0.1465
2005	0.0000	0.1359	0.8552	0.0889	0.1353	0.6019	0.0322	0.1642
2006	0.0000	0.0656	1.3144	0.5845	0.2210	1.3415	0.0433	0.3012
2007	0.0000	0.2334	−0.7212	0.1042	0.3297	−0.5238	0.0112	0.0786
2008	0.0000	0.1795	1.2066	0.2865	0.1295	0.2935	0.0372	0.3051
2009	0.0000	0.1513	0.2437	0.2208	0.1527	−0.0385	0.0453	0.1728
2010	0.0000	0.1249	−0.1518	0.1688	0.1000	−0.1332	0.0237	0.0824
2011	0.0000	0.1508	0.0807	0.2634	0.0771	0.2683	0.0405	0.1566
2012	0.0000	0.1136	0.1040	0.1572	0.1061	0.0460	0.0377	0.1163
2013	0.0000	0.0808	0.4583	0.1755	0.1612	0.4133	0.0119	0.1620
2014	0.0000	0.0816	0.2806	0.2906	0.1824	0.5025	0.0274	0.1743
2015	0.0000	0.0860	0.2290	0.1747	0.9183	0.0993	0.0337	0.1746
2016	0.0000	0.0440	0.0934	0.1126	−0.3566	0.1201	0.0400	0.0595
2017	0.0000	0.1556	0.0374	0.0171	0.3947	−0.0299	0.0369	0.0663
2018	0.0000	0.1334	0.0033	0.0885	0.1192	0.0641	0.0391	0.0659

资料来源：数据经过整理处理，养老资产组合对数收益率中各资产的比重通过表 21-2 得到

由表 21-3 可看出，受风险大小及风险偏好的影响，养老资产组合的对数收益率与单一资产的对数收益率存在差异。这说明，为了获得更多的养老服务收益，养老者只有将总资产进行投资组合，选择和持有不同的养老资产，才能实现收益的最大化和风险的最小化。如果他们仅仅选择某种单一的养老资产，则难以获得最佳效应的服务。

4. 结论

养老资产的拥有量是受其收益、风险、收入来源、偏好和预期等因素影响的。各种养老资金具有不同的收益和风险，不同的收益和风险决定着金融服务养老的开展。从趋势上看，投资收入将逐渐成为未来退休队列人口养老的重要资金来源，而投资回报率与人们的投资风险偏好密切相关，因此对投资风险偏好影响因素的研究具有重要的现实意义（齐明珠和张成功，2019）。老年人由于手持现金较少，难以掌握金融市场的变化，对于各种养老理财产品了解甚少，因此他们宁愿选择收益偏低，但是风险小、安全性高的产品。所以，为了更好地开展金融服务养老，相关机构应提供各种不同的创新产品和服务，政府职能部门应加强监管，为金融服务养老提供一个有序的环境。

21.1.4　养老资产结构问题

养老资产的结构直接影响着金融服务养老。在金融服务养老过程中，流动性强的养老资产参与度低，收益也相对较低。相反，流动性弱的养老资产参与度高，收益也相对较高。养老资产还存在非常突出的结构问题。

（1）养老资金还不多，资产规模还不大。拥有养老资金可以方便养老的日常生活所需。养老资产可以带来收益。正如前述，广义的养老资产包括养老资金。我国目前养老资金或养老资产的结构不合理。尽管养老资金已达 146.8 万亿元，但对于 60 岁以上的约 2.5 亿老年人来说，人均仅 58.7 万元。这突出地表明了中国未富先老、未备先老、未储先老。如果不考虑政府提供的基础养老，再按人均每月 3000.0 元的生活费、医疗费、护理费、文化娱乐费及其他费用支出计算，实际仅能维持 16.3 年。如果按每月 4000.0 元，实际仅能维持 12.2 年。如果按 80 岁寿命计算，那么，每人人均仅有 2446.7 元供养老支出。如果按 90 岁寿命计算，那么，每人人均仅有 1631.1 元供养老支出。中国的未备先老问题突出。这方面的养老资产结构问题主要是为金融服务养老提供充足的资金问题。

（2）养老资产较单一，以储蓄为主。中国的养老资产以个人银行储蓄为主，占 36.0%，如果加上手持现金及借出款，则几乎占一半。虽然这些资产选择风险较小，但收益也较少。它难以从根本上改变未富先老、未备先老的状况。受此影响，老年人仅能维持基本的生存，难以过上幸福的晚年生活。这方面的养老资产结构问题主要是如何转变金融服务养老方式的问题。

（3）具有较高收益的养老债券、股票、基金等资产占比还不大。这些资产仅占 1/3。虽然拥有或选择这些养老资产的风险较大，但其收益也较多。它们可以为老年人提供较高的收益以保证他们过上更幸福的晚年生活。这方面的养老资产结构问题主要是如何防范风险和完善监管的问题。

21.2 金融服务养老风险普遍性问题的实证分析

金融服务养老在获得收益的同时，也存在着风险。金融服务养老的风险是客观存在的，源于持有的不同种类的养老资产面临着不同的不确定性。进行这方面的实证分析，需要选择恰当的指标，构建相应的模型，进行风险度量并进行总结。

21.2.1 指标选择与研究说明

本章选择手持现金、储蓄存款、购买股票、购买债券、持有基金、持有信托等指标作为养老资产风险模型构建和进行实证数据分析的主要内容。手持现金、储蓄存款等为无风险养老资产，购买股票、持有基金等为有风险养老资产。我们通过构建 Copula 函数，计算养老资产组合的联合分布函数，由此再计算出养老资产组合的 VaR①值。

VaR 模型是 J.P.摩根公司用来计量市场风险的模型，主要用来代替传统大型联立方程（SEM）对经济的分析与预测。假如养老资产投资组合的初始价值为 W_o，根据各人的情况从 W_o 中选择 I_o 投资，那么，在不考虑风险影响的情况下，投资获得收益为 R，则有

$$R = R_o - I_o \tag{21-18}$$

其中，R_o 为包含投资成本的毛收益。事实上，风险是客观存在的。如何度量风险呢？本章选择 VaR 方法进行实证分析。

VaR 是在一定的时期及置信度内，某种金融产品或组合投资所面临的最大的潜在损失，即 $p_r > \mathrm{VaR} = 1 - c$。VaR 为在一定置信水平下处于风险中的价值，并由此得到损失值。只不过，它只能度量组合投资在一定置信度下可能的最大损失的分位数，并不能度量高于 VaR 值的损失发生的可能性。VaR 度量法有许多用途，如如何进行风险防范与管理、如何评价风险偏好者的投资行为等。如果将投资组

① VaR 指 value at Risk，意为在险价值。

合中的动态收益率与风险综合起来，那么就可知风险损失序列的动态行为。对金融数据的拟合效果最好的是当均值为 0、方差服从 GARCH（1,1）时。金融服务养老风险损失变量波动率模型为

$$E_t = \mu_t + \delta_t Z_t \tag{21-19}$$

其中，E_t 表示 t 时期的预期收益率，条件均值 μ_t 和条件异方差 δ_t 在信息集 Π_{t-1} 上是可测的，Π_{t-1} 包括 $t-1$ 及其以前各时刻的所有信息，Z_t 是一个严格的白噪声过程，均值是 0，方差为 1，边际分布为 $F_z(Z)$。其动态风险度为

$$\mathrm{VaR}_m^t = \mu_t + \sigma_{t+1} Z_m \tag{21-20}$$

其中，$Z_m = \inf\{Z \in R : F_z(Z) \geqslant m\}$。测度金融服务养老风险最重要的就是在时间段（$t$,$t$+1]上对波动 δ_{t+1} 的预测。

21.2.2　相关养老资产风险模型构建

目前，国内还没有成熟的养老资产风险模型。本章借助 Copula 函数进行改进并建立相应的模型。Sklar 将具有 n 个变量的联合分布分解为它的 n 个边际分布和一个描述各变量之间相依性的 Copula 函数。本章用 Copula 函数，目的是将养老资产中的风险资产与无风险资产结合起来，形成联合分布函数，通过计算 VaR 值来作为防范金融服务养老风险的科学依据。

Copula 函数是一个多维分布函数 C: $[0,1]^n \to [0,1]$，其边缘分布 $F_1, F_2, \cdots, F_n$ 为区间（0,1）上的均匀分布。对应的风险价值 VaR 是 P_r（r 小于 VaR_r）$=1-c$，其中，$P_r(\bullet)$ 为概率；c 为置信度；VaR_r 为 VaR 值，可正可负，也可为 0。如果 $F(\bullet)$ 是一个二维的联合分布函数，其边际分布为 $F_1(\bullet)$、$F_2(\bullet)$，那么，存在一个 Copula 函数 C 使得：

$$F(x_1, x_2) = C\left[F_1(x_1), F_2(x_2)\right] \tag{21-21}$$

如果 $F_1(x_1)$ 和 $F_2(x_2)$ 是连续的，那么，Copula 函数是唯一确定的。如果 $F(\bullet)$ 是一个 n 维的联合分布函数，其他边际分布为 $F_1(\bullet), F_2(\bullet), \cdots, F_n(\bullet)$，那么，存在一个 Copula 函数 C 使得：

$$F(x_1, x_2, \cdots, x_n) = C\left[F_1(x_1), F_2(x_2), \cdots, F_n(X_n)\right] \tag{21-22}$$

如果 $F_1(x_1), F_2(x_2), \cdots, F_n(X_n)$ 是连续的，那么，Copula 函数是唯一确定的，这就是 Sklar 定理。利用 Sklar 提出的函数理论，我们可以将一个多维的分布折成一维的边际函数及相关性的结构。这样做的目的是了解各种养老资产在参与金融服务养老过程中的风险情况服务。

根据研究的需要，以下构建出一系列的养老资产选择风险模型，目的是进一步地为金融服养老风险防范与监管完善找到充分的科学依据。

假如养老资产仍然是手持现金 cur、储蓄存款 tid、购买股票 sto、购买债券 bon、购买保险 ass、持有基金 fun、参与信托 tru，各种风险不同，且受很多因素影响与制约。

手持现金 cur 与其他养老资产相比，风险相对较小，甚至可以忽略不计风险。一般地，手持现金风险的一般模型为

$$cur=f(L.ris,toa,rec,tid,sto,bon,ass,fun,tru)+u \quad (21\text{-}23)$$

如果不计风险，则变为

$$cur=f(L.toa,rec,tid,sto,bon,ass,fun,tru)+u \quad (21\text{-}24)$$

同样，储蓄存款 tid 的风险也相对较小，假如不计其风险，那么，储蓄存款风险的一般模型为

$$tid=f(L.toa,rec,cur,sto,bon,ass,fun,tru)+u \quad (21\text{-}25)$$

与前两种养老（资金）资产不同，购买股票 sto 的风险较大，有时甚至可能会血本无归。尽管相关部门都在加强监管特别是加强养老股票交易行为的监管，但风险仍然不可避免。它只是将风险尽可能地降到最低程度但并没消除风险。购买股票风险的一般模型为

$$sto=f(L.ris,toa,rec,cur,tid,bon,ass,fun,tru)+u \quad (21\text{-}26)$$

与购买股票相同，购买债券 bon 也有风险，只不过一般情况下比购买股票的风险更低。即使没有信用风险，也可能面临利率风险、通货膨胀风险等。购买债券风险的一般模型为

$$bon=f(L.ris,toa,rec,cur,tid,sto,ass,fun,tru)+u \quad (21\text{-}27)$$

购买保险，其收益与风险介于手持现金、储蓄与购买股票、债券、基金等之间。这也是一种较为传统的商业养老保险形式。购买保险的一般模型为

$$ass=f(L.ris,toa,rec,cur,tid,sto,bon,fun,tru)+u \quad (21\text{-}28)$$

持有养老基金 fun 和参与信托 tru，也是存在风险的。这些风险与提供服务的金融机构、养老机构、国家宏观经济环境等密切相关。持有养老基金和参与信托风险的一般模型分别为

$$fun=f(L.ris,toa,rec,cur,tid,sto,bon,ass,tru)+u \quad (21\text{-}29)$$

$$tru=f(L.ris,toa,rec,cur,tid,sto,bon,ass,fun)+u \quad (21\text{-}30)$$

根据这些模型，进行养老资产风险大小的度量，可以为金融服务养老风险防范和监管完善提供更有力的证据和依据。我们选择多元正态 Copula 函数构建联合分布函数，养老资产的风险价值 VaR 的上下区间为

$$\mathrm{VaR}=R\pm\varnothing Z_{\alpha} \quad (21\text{-}31)$$

其中，R 为多元正态 Copula 函数值；$\varnothing$ 为其标准差。标准差 $\varnothing$ 的显著性水平为

0.04，$Z_{0.04}$ 为 1.02。由此，根据养老资产组合风险收益函数及标准差和分位数，可得养老资产投资组合风险收益对数经验分布函数和 VaR 上、下限值。

21.2.3 养老资产风险度量

根据上述养老资产风险模型设定，将 1978~2018 年的相关数据代入进行计算，可得到养老资产投资组合风险收益对数经验分布函数、VaR 值，见表 21-4。

表21-4 1978~2018年养老资产投资组合风险收益对数经验分布函数、VaR值

年份	养老资产投资组合风险收益对数经验分布函数	VaR 下限	VaR 上限
1978	—	—	—
1979	—	—	—
1980	—	—	—
1981	—	—	—
1982	1.3085	0.9014	1.7155
1983	1.4905	1.0835	1.8976
1984	1.6551	1.2480	2.0621
1985	2.3598	1.9527	2.7668
1986	2.3227	1.9156	2.7297
1987	2.7131	2.3060	3.1202
1988	2.7282	2.3212	3.1353
1989	2.5302	2.1232	2.9373
1990	2.6527	2.2456	3.0597
1991	2.8668	2.4598	3.2739
1992	2.8003	2.3933	3.2074
1993	2.7111	2.3040	3.1181
1994	2.5937	2.1867	3.0008
1995	2.6875	2.2804	3.0946
1996	2.7550	2.3479	3.1620
1997	2.8300	2.4229	3.2370
1998	2.9020	2.4950	3.3091
1999	3.1368	2.7297	3.5438
2000	3.0663	2.6593	3.4734
2001	2.9540	2.5469	3.3610
2002	2.9791	2.5720	3.3861

续表

年份	养老资产投资组合风险收益对数经验分布函数	VaR 下限	VaR 上限
2003	2.8601	2.4531	3.2672
2004	2.7936	2.3866	3.2007
2005	3.1155	2.7085	3.5226
2006	3.6139	3.2069	4.0210
2007	2.6663	2.2592	3.0733
2008	3.3703	2.9632	3.7774
2009	2.8324	2.4254	3.2395
2010	2.5525	2.1455	2.9596
2011	2.6691	2.2620	3.0761
2012	3.7067	3.2996	4.1138
2013	3.8920	3.4850	4.2991
2014	4.0233	3.6163	4.4304
2015	4.7034	4.2963	5.1104
2016	3.9854	3.5784	4.3925
2017	3.9759	3.5689	4.3830
2018	4.0317	3.6246	4.4388

资料来源：数据经过整理处理，养老资产组合对数收益率中各资产的比重通过表 21-3 得到

一般地，选择和持有单个养老资产的风险都是较高的，而养老资产投资组合的风险明显低于其他风险。这说明，为了在收益一定的条件下实现金融服务养老的风险最小化，养老者需要将总资产进行投资组合，选择和持有不同的养老资产，才能实现风险的最小化。

表 21-5 表明了无风险资产对数收益率与风险资产对数收益率的平均值、标准差、偏度、峰度和 Jarque-Bera 检验结果。无风险资产对数收益率的偏度、峰度较大，而风险资产对数收益率的平均值、标准差较大。所以，它们的风险不同，收益也不同。风险资产对数收益率出现较大的平均值、标准差，与监管不完善或不到位密切相关。

表21-5　对养老资产的描述性统计

统计项目	平均值	标准差	偏度	峰度	Jarque-Bera 检验
无风险资产对数收益率	0.0456	0.0311	0.4321	1.324	2.6508（0.2238）
风险资产对数收益率	0.1327	0.3754	−0.2110	3.432	0.5237（0.7438）

资料来源：根据实证分析结果进行检验而得

21.2.4　金融服务养老风险普遍性问题

与其他金融活动相同，金融服务养老活动同样存在各种风险。这些风险时时、处处都存在。有的是显现的风险，有的是潜在的风险。有的风险大，有的风险小。

（1）一种养老资产的风险会传递到其他养老资产上。由于各种养老资产的密切相关性，一种养老资产出现风险，如果防范不当或监管不到位，可能会蔓延到其他养老资产上去，由此不断扩大进而形成金融服务养老的系统性风险。养老资产的风险通过借贷市场、保险市场、债券市场、股票市场、基金市场、信托市场等途径传染到整个金融市场。养老资产风险在一个市场中形成、变化，会引起另一个市场风险的变化，最终会形成整个金融服务养老的风险。这种传染途径既有金融服务养老市场内部的途径又有外部的途径。

（2）养老资产投资组合的不普遍带来了潜在的风险。由于绝大多数养老者还是选择和持有单一的资产，多数资产是无风险资产或低风险资产，于是养老资产投资组合不普遍，因此，绝大多数养老者还在面临非最小风险，金融服务养老风险防范任重道远，特别是如何防范其潜在的风险任务艰巨。

（3）金融服务养老风险监管还不甚严格。尽管已经有了一些监管，但监管还不到位并且也不完善。个别养老资产投资的监管还没有及时跟上。缺少涉及金融服务养老政策实施的跟踪监管。老年人在获得金融服务的过程中，上当受骗还时有发生。

21.2.5　结论

金融服务养老面临着各种风险，各种风险的大小各不相同。最优的投资是在风险最小化的基础上实现收益最大化或在收益最大化的基础上实现风险最小化。要想实现最优的投资，只有将养老资产进行投资组合，才能达到这一目的。

（1）养老资产投资与其他资产投资一样，都有风险。养老资产同样是资产，资产投资在获得收益的同时，也面临着风险。如果忽视养老资产的风险，那么，金融服务养老参与者就可能面临损失。这不利于金融服务养老的可持续发展。

（2）不同的养老资产投资的风险是不同的。有的养老资产投资风险较小，如手持现金或活期存款；有的养老资产投资风险较大，如股票、债券投资等；有的养老资产投资风险介于二者之间，如定期存款、基金、信托等。选择正确的、适合老年人选择和持有的养老资产投资是非常重要的。

（3）金融服务养老资产的选择与持有需要实现安全性、稳定性与收益性的统一。这三者之间有一致性的一面，也有矛盾的时候。金融服务养老如果要求安全、稳定，则往往难以保证收益，如果要求收益又难以保证安全与稳定。如果只顾及某个方面，则不利于金融服务养老的可持续发展。

21.3　金融服务养老满意度问题的实证分析

从某种意义上来说，满意度直接影响着金融服务养老的开展。如何提高参与者的满意度，是金融服务养老发展的关键环节。除了调查研究外，本章对金融服务养老满意度问题进行了深入的实证分析，以期发现满意度问题并为解决这一问题提供基础。

21.3.1　有关满意度的指标选择

选择何种指标，对金融服务养老满意度的实证分析影响较大。本章通过对不同层次指标的选择和细分，通过问卷调查与个案调查相结合的方法获得相关数据，并由此进行满意度的实证分析，从中发现金融服务养老中存在的问题。

（1）金融服务满意度。经常有人被问对某个事满不满意。满意度高，意味着大家都称道。满意是人们忠诚的基本条件。忠诚是老年人对于金融服务养老模式的认同和持续性投入。没有满意，人们就没有获得感，也不会忠诚。

服务满意度反映的是被服务对象的一种心理状态，是指被服务对象对其明示的、通常隐含的或必须履行的需求或期望已被满足的程度的感受。它类似于性价比，满意度越高，参与金融服务养老的人数越多。与收益、风险密切相关，但并非正向关系。

金融服务是金融机构向被服务者提供的服务。一方面，金融机构提供服务，另一方面，被服务者获得服务。提供服务方获得收益，被服务方获得效用。双方各取所需。在实现收益最大化、效用最大化后，双方达到最佳的状态。

金融服务满意度是服务满意度的一个分支，指获得服务的被服务者对提供服务的金融机构的服务质量的主观评价。它是服务满意度在金融领域的具体应用。它涵盖的领域非常广泛，主要是银行、证券、保险、信托、基金等行业。从其包含的内容来看，主要包括提供金融服务的员工素质、职业道德、工作效率和质量、服务价格与费用、风险控制状态、不满意的投诉状况、金融产品质量与营业网点环境和设备系统的便利化程度等。

（2）金融服务养老满意度指标。衡量老年人的金融服务养老满意度可用一系列指标进行分析。本章主要选择金融服务质量指标、金融产品质量指标、金融服务跟踪监测指标和金融机构形象指标等二级指标，这是从狭义上选择的指标。如果从广义上选择的话，它还包括金融服务养老监管指标、政府相关部门的管理指标等。限于研究，本章仅从狭义方面选择相应的指标。每个二级指标又包括很多具体的三级指标，见表 21-6。

表21-6　金融服务养老满意度指标

一级指标	二级指标	三级指标
金融服务养老满意度指标	金融机构形象指标	金融机构网点便利程度
		金融机构信誉度
		金融机构环境舒适度
		其他
	金融产品质量指标	金融产品的种类
		金融特色产品
		金融产品定价的合理性
		金融风险控制能力
		其他
	金融服务质量指标	营业网点分布密度
		服务人员的素质
		服务人员的态度与职业道德
		流程构造是否合理
		自助服务投入运营情况
		业务办理等候时间
		特殊人群服务
		其他
	金融服务跟踪监测指标	投诉处理效率
		追踪服务质量
		对被服务人员的隐私保护
		其他

上述指标可以进行细分。指标越多越细，越能反映金融服务养老的满意度。除了这些指标外，金融服务养老满意度还可用预期状况与变化、监管体制、政策支持、金融审计监督和法律保障等指标来进行测度。限于篇幅及实际情况，本章选用了如上一些指标进行金融服务养老满意度的实证分析。

21.3.2　金融服务养老满意度的实证分析

本章进行金融服务养老满意度的实证分析的数据是从调查研究中获得的，通过三个层级的指标进行分析。根据研究的需要，我们进行了一些权重取舍。

金融服务养老指标为 tfs，则有

$$tfs = \alpha fi + \beta fp + \gamma fs + \delta fa + \mu \tag{21-32}$$

其中，fi、fp、fs、fa 分别为金融机构形象指标、金融产品质量指标、金融服务质量指标和金融服务跟踪监测指标；α、β、γ、δ 为影响系数；μ 为随机项。其中，$\alpha+\beta+\gamma+\delta=1$。

本章经过广泛的调研，采取发放问卷调查与个案调查，特别是与社区调查相结合的方法，全面了解金融服务养老的满意度。我们发放的 9902 份调查问卷得到了广泛的关注，收回了 9671 份，回收率达 97.7%。我们也对农村与城市，东、中、西部地区，相对年轻的养老者与相对较老的养老者，养老者与子女，金融机构、养老机构、政府与养老者等进行了个案调查。通过对三级指标的满意度采取加总平均的办法，从而获得二级指标的满意度。金融机构形象指标、金融产品质量指标、金融服务质量指标和金融服务跟踪监测指标的满意度分别为 90.6%、82.0%、89.4%和 74.5%。如果对上述四个指标取其均值，如果同样不考虑随机项的影响，那么，金融服务养老的满意度为 84.1%。

金融服务养老满意度主要在于其服务获得者的感受。假如金融机构形象指标、金融产品质量指标、金融服务质量指标和金融服务跟踪监测指标的影响系数分别为 2∶2∶4∶2，再假设不考虑随机项的影响，那么，金融服务养老的满意度为 86.3%。此满意度高于均值的满意度。假如随机项也是有影响的，而且各分指标也不是呈线性相关的，那么，要掌握金融服务养老的满意度就更复杂了，见表 21-7。

表21-7　金融服务养老指标满意度

<table>
<tr><th colspan="2">一级指标满意度</th><th colspan="2">二级指标满意度</th><th colspan="2">三级指标满意度</th></tr>
<tr><td rowspan="17">金融服务养老满意度指标</td><td rowspan="17">86.3%</td><td rowspan="4">金融机构形象指标</td><td rowspan="4">90.6%</td><td>金融机构网点便利程度</td><td>87.4%</td></tr>
<tr><td>金融机构信誉度</td><td>94.2%</td></tr>
<tr><td>金融机构环境舒适度</td><td>90.3%</td></tr>
<tr><td>其他</td><td></td></tr>
<tr><td rowspan="5">金融产品质量指标</td><td rowspan="5">82.0%</td><td>金融产品的种类</td><td>92.7%</td></tr>
<tr><td>金融特色产品</td><td>81.5%</td></tr>
<tr><td>金融产品定价的合理性</td><td>76.4%</td></tr>
<tr><td>金融风险控制能力</td><td>77.4%</td></tr>
<tr><td>其他</td><td></td></tr>
<tr><td rowspan="8">金融服务质量指标</td><td rowspan="8">89.4%</td><td>营业网点分布密度</td><td>89.2%</td></tr>
<tr><td>服务人员的素质</td><td>91.3%</td></tr>
<tr><td>服务人员的态度与职业道德</td><td>90.4%</td></tr>
<tr><td>流程构造是否合理</td><td>91.2%</td></tr>
<tr><td>自助服务投入运营情况</td><td>90.4%</td></tr>
<tr><td>业务办理等候时间</td><td>84.2%</td></tr>
<tr><td>特殊人群服务</td><td>89.7%</td></tr>
<tr><td>其他</td><td></td></tr>
</table>

续表

一级指标满意度		二级指标满意度		三级指标满意度	
金融服务养老满意度指标	86.3%	金融服务跟踪监测指标	74.5%	投诉处理效率	84.2%
				追踪服务质量	80.7%
				对被服务人员的隐私保护	58.6%
				其他	

资料来源：根据研究的需要设计而得

以上仅是一个对金融服务养老简要的实证分析。从实证分析结果来看，金融服务养老一级指标的满意度为 86.3%。金融机构形象指标、金融产品质量指标、金融服务质量指标和金融服务跟踪监测指标的满意度分别为 90.6%、82.0%、89.4%和 74.5%。满意度最低的为金融服务跟踪监测情况，满意度最高的为金融机构形象情况。

21.3.3　金融服务养老满意度问题

金融业是典型的服务行业。金融服务的质量是客户进行选择的直接参照标准。无论是金融机构形象、金融产品质量、金融服务质量，还是金融服务跟踪监测等，都存在金融服务养老满意度问题。

（1）金融机构形象有待改变。金融机构的信誉关系到自身的生存问题。提供服务养老的金融机构自身形象的好坏关系到是否能吸引更多的老年人参与。有的金融机构只顾赚钱，没有把老年人的长远利益放在首位。有的金融机构表面上服务养老，事实上唯利是图，参与者的利益往往没有保障，甚至其资产会被欺骗。

（2）金融产品质量提高。金融产品的质量低不仅会影响金融机构的声誉，而且会影响金融市场的运行。由于科技的进步，特别是互联网金融的发展，金融创新不断。虽然金融服务养老产品在不断创新中，但仍有不少金融服务养老产品并不适合老年人。有的金融产品收益高但风险也大，有的金融产品有收益但缺少流动性。目前，金融机构对自身金融服务养老产品的开发与管理还没有达到老年人预期的水平。他们往往不愿意花钱购买金融产品，或者在购买了金融产品后对其感到不甚满意。在金融产品定价的合理性方面，老年人对此基本满意。但是，有许多收费还是偏高；也有不少产品风险较大。

（3）金融服务养老质量有待提升。相较于其他服务行业，虽然金融服务人员的整体素质是较高的，但是，金融服务养老的从业人员素质还有待提高。既懂护理、医疗、保险等，又懂金融的复合型专业人才的数量还很少。绝大多数金融服务养老人才几乎都是单一的专业人才。这些人提供的金融服务养老很难使老年人感到十分满意。

服务养老赢得赞许就是满意。在对银行自助服务投入运营情况的调查中，认为自助系统会出现问题的老年人占了一半多。在对从业人员素质与职业道德的调查中，认为态度好和态度一般的人数之比为 2：1。金融服务养老赢得赞许是金融服务养老满意度的重要体现。

（4）金融服务跟踪监测不够。提供服务的金融机构，服务跟踪监测是衡量这个机构的一个重要指标。金融机构跟踪养老服务，让老年人满意是其经营的宗旨。吸引老年人参与金融服务，需要跟踪其参与的全过程。对于对服务不满意的老年人进行的投诉，往往答应得快，处理结果慢。有的参与金融服务养老的老年人的隐私被泄露，其隐私权没有得到应有的保护。资料的部分泄漏状况让老年人感到很麻烦。在进行投诉时处理起来较慢。如何保护老年人的隐私值得深思。

21.3.4 结论

金融服务养老的开展需要提高金融服务养老满意度。一种满意的金融服务养老产品和服务深得养老者的欢迎。事实上，有的金融服务养老产品和服务并没有给养老者带来多大的收益，但他们却很满意，满意的金融服务养老产品和服务正好满足了他们养老的需要。金融服务养老的便利性、金融服务人员的态度、金融机构的形象等都是非常被养老者看重的。

第 22 章　金融服务养老风险防范与监管的实证分析

与一般的金融风险防范不同，金融服务养老风险防范需要对其全程进行全面的跟踪并将风险降到最低限度。为了防范金融服务养老风险，本章基于动态博弈模型、均值-方差模型和向量自回归（vector auto-regression，VAR）模型对其风险防范与监管进行实证分析，从中找出金融服务养老监管存在的问题，为其监管提供基本的依据。

22.1　基于动态博弈模型的金融服务养老风险防范与监管分析

根据国家统计局发布的《中国统计年鉴（2019）》，随着人口老龄化趋势越来越明显，中国的金融服务养老也呈现出蓬勃发展的态势，但其供求仍面临巨大缺口。金融机构可以提供的金融服务养老产品并不多，不能适应越来越大的养老产业需求。金融服务养老市场中假借养老产品名义进行非法集资，养老者上当受骗等案例屡见不鲜，对老年人的养老规划产生了极为不利的影响。如何更好地防范金融服务养老风险，让其顺势迸发出生机和活力并有序发展，需要加强对金融服务养老的监管，这样才能为它的发展保驾护航及提供技术支撑。本章旨在通过对金融服务养老机构、服务评估机构、金融监管机构三者的演化博弈分析，找出金融服务养老风险防范与监管存在的问题，为提出加强金融服务养老监管的相关对策建议提供基础。

22.1.1　研究综述与理论分析

1. 研究综述

不同的学者从不同角度对金融服务养老的监管进行了研究。针对中国金融服务养老目前存在的问题，杨文鹤（2016）认为，应该加快对金融产品的创新、金融监管的创新，以及实施新的金融监管方式。胡晓荣（2013）通过建立主客体之间的博弈模型，分析了养老基金监管的激励机制。他通过模型分析得出的结论是，需要建立良好的多元化的监管机制。岳向华和林毓铭（2019）在三方博弈的基础上还增加了公众参与监督这个变量，从中可以看到当公众监督力度较大时，即使监管机构的监管力度不大也能使金融服务养老机构提供高质量服务；而当公众参与度较低时，则任何博弈主体的行为都会被金融机构与金融监管机构所影响。

2. 理论分析

以上的文献综述，对金融服务养老机构、服务评估机构、监管机构三者的演化博弈分析有较强的现实适用性。基于诸多模型假设，考虑到参与方的博弈绝对不止一次，而是逐次博弈，这会给对方带来持续性的影响，故演化博弈模型拥有向后延展性上的优势。在决定是否使用决策树时，由于博弈矩阵与决策树在本质上相似，且不需要考虑子博弈的均衡，故舍弃了用决策树表示，并将其独有的序列博弈作为动态博弈模型的假设前提来确定平台在自然状态下的发展方向是否合法合规。为了提高博弈参与方决策时选择意愿的倾向程度，本章使用简洁的三方博弈模型，采用混合策略分析，这样更具有可行性。研究中运用的三方博弈模型能将一方的行为模式解释为受到另外两个参与方的行为影响，比起两两博弈更具有相互关联性，故更加贴近现实情况。模型分析中用到的复制动态方程可用来描述参与者对优势策略的模仿能力，这是基于有限理性的博弈方调整动态策略的机制。当博弈主体中出现一种发展的最优解时，采用这一策略的主体会增加。复制动态可以用来观测各个机构趋利性的决策模式。

通过建立三方演化博弈模型，金融服务养老机构处于多重监管下，我们的目的是分析哪一种监管模式更适合机构的长远发展。采用动态博弈模型的原因在于，金融服务养老作为金融的重要部分，机构经营主体与监管主体都是有限理性人。由于金融服务养老还处于初步发展阶段，监管与行业发展之间存在着对立统一的关系，两者需要不断试错来确定适合双方发展的最优策略。这一反复博弈的过程适合用演化博弈模型进行分析。根据 Nash 的均衡思想，博弈双方在选择这一决策时，对于任何一方来说都是优于其他选择的。我们认为，博弈思想能够解释参与主体在市场行为中通过降低成本，尽可能获得收益的行为。这一均衡符合市场上经济理性人的假设，并且排除了极个别的变异个体，即不按常理进行市场参与的个体。

22.1.2　金融服务养老动态博弈模型构建

为了深入研究金融监管对金融服务养老风险的防范，本章通过构建金融服务养老动态博弈模型并进行实证分析来找出其中存在的问题。根据研究的需要，本章首先提出动态博弈模型五个方面的前提假设。

假设 22-1：假设该博弈的参与主体有三，一是以中国银行保险监督管理委员会为主导的监管部门，二是受到监管方委托，对金融服务养老机构进行审计的服务评估机构，三是市场上的金融服务养老机构。在博弈过程中，监管部门可以在监管力度上选择严格监管及宽松监管两种策略；服务评估机构可以选择真实评估及虚假评估两种策略；金融服务养老机构可以选择提供优质服务及提供劣质服务两种策略。监管的宽严影响监管的效率，评估的真假影响服务的质量，服务的优劣影响受益者的满意度。

假设 22-2：市场上金融服务养老机构决策者、服务评估机构决策者和监管部门决策者是有限理性人，三者都会理性地追求收益最大化，都有一定的换位思考能力，即在考虑决策时会预测对方在自己发布该决策后做出的应对策略。

假设 22-3：在信息的对称性上，根据博弈论的相关知识，知识（信息）可以分为相互知识及公共知识，前者意指各方可以掌握自己接触到的知识；后者意指各方不仅可以认识各自的信息，而且还能知晓其他人获得的信息。两者的差别是对信息的拥有程度和利用的不同。假定金融服务养老机构与评估机构只能接触到自己可见的信息，监管机构也无法获得其他参与方想隐藏的信息。

假设 22-4：由于模型中需要假设的变量较多，对由策略选择差异产生的变量（比如说两种监管下监管成本差额）用两者的差值表示。监管部门严格监管与宽松监管的成本差额为 c_1，如果发现评估机构存在寻租行为而进行虚假评估，则对其处以 e_2 的罚款；若发现金融服务养老机构存在寻租行为或是提供劣质服务，则对其处以 e_3 的罚款。服务机构接受监管部门委托，对金融服务养老机构进行评估的收益为 r_1，评估机构进行真实评估与虚假评估的成本差额为 c_2，可以理解为进行虚假评估减少了实地盘查的成本。评估机构进行真实评估会比另一行为多产生 g 的声誉值。如果进行虚假评估被监管部门查获，将受到 e_2 的罚款。如果与金融服务养老机构发生寻租行为，将会得到 e_4 的寻租收益。假设获得的寻租收益在短期来看大于罚款产生的损失，对于金融服务养老机构来说，机构提供优质与劣质服务的经营成本差额为 c_3，机构进行优质服务的收益比进行劣质服务的声誉高

f。如果被监管机构查处，机构会为自己的违规行为支付 e_3 的罚款，对服务机构支付的寻租费用为 e_4，寻租带来的收益为 j。

假设 22-5：根据混合策略分析，假设监管机构选择严格监管的概率为 p_1，则选择放松监管的概率为 $1-p_1$；评估机构选择真实评估的概率为 p_2，则其选择虚假评估的概率为 $1-p_2$；金融服务养老机构选择提供优质服务的概率为 p_3，则选择劣质服务的概率为 $1-p_3$，其中 $0 \leqslant p_i \leqslant 1(i=1,2,3)$。

根据上述假设，监管部门、服务评估机构及金融服务养老机构的三方博弈模型，如表 22-1 所示。

表22-1　金融服务养老三方博弈模型

金融服务养老机构	监管部门			
	严格监管		放松监管	
	服务评估机构			
	真实评估	虚假评估	真实评估	虚假评估
提供优质服务	$-c_1$	$-c_1$	0	0
	r_1-c_2+g	r_1-e_2	r_1-c_2+g	r_1-e_2
	$-c_3+f$	$-c_3+f$	$-c_3+f$	$-c_3+f$
提供劣质服务	$-c_1+e_3$	$-c_1+e_3+e_2$	0	0
	r_1-c_2+g	$r_1-e_2+e_4$	r_1-c_2+g	$r_1-e_2+e_4$
	$-e_3$	$j-e_3-e_4$	0	$j-e_4$

22.1.3　金融服务养老动态博弈模型的演化均衡分析

为了更好地进行金融服务养老风险防范与监管分析，我们对金融服务养老动态博弈模型的演化均衡进行相应的分析。

1. 监管部门采取严格监管的预期收益

监管部门采取严格监管的预期收益模型为

$$E_{11}=p_2p_3(-c_1)+(1-p_2)p_3(-c_1)+p_2(1-p_3)(-c_1+e_3)+(1-p_2)(1-p_3)(-c_1+e_3+e_2) \tag{22-1}$$

$$E_{12}=0 \tag{22-2}$$

平均预期收益为

$$\overline{E_1}=p_1E_{11}+(1-p_1)E_{12} \tag{22-3}$$

其复制动态方程为

$$\frac{\mathrm{d}p_1}{\mathrm{d}t}=F(p_1)=p_1(E_{11}-\overline{E_1})=p_1(1-p_1)[-c_1+e_2+e_3-p_3(e_2+e_3-e_2p_2)] \tag{22-4}$$

令 $F(p_1)=0$，当 $p_3=\dfrac{c_1-e_2-e_3}{(1-p_2)e_2+e_3}$ 时，无论 p_1 取何值，监管部门的策略选择也不发生变化，此时为稳定均衡状态。

当 $p_3\neq\dfrac{c_1-e_2-e_3}{(1-p_2)e_2+e_3}$ 时，令 $F(p_1)=0$，得 $p_1=0, p_1=1$。

对 $F(p_1)$ 求导，可得

$$F'(p_1)=(1-2p_1)[-c_1+e_2+e_3-p_3(e_2+e_3-e_2p_2)] \tag{22-5}$$

因为其中的 $-c_1+e_2+e_3>0$，$e_2+e_3-e_2p_2>0$，所以，当 $0<p_3<\dfrac{c_1-e_2-e_3}{(1-p_2)e_2+e_3}$ 时，$F'(p_1)\big|_{p_1=1}<0, F'(p_1)\big|_{p_1=0}>0$，可得 $p_1=1$ 为演化均衡策略。当 $\dfrac{c_1-e_2-e_3}{(1-p_2)e_2+e_3}<p_3<1$ 时，同理可得 $p_1=0$ 为演化均衡策略。

对于此均衡点的一般解释为，当金融服务养老机构执行优质养老服务的意愿较低时，监管机构会选择严格监管来规范金融服务养老机构的行为。当金融服务养老机构执行优质服务的意愿高于一定的程度时，监管机构会选择放松监管。可以看到，监管方的行为策略由博弈对象的行为决定，而非我们按常理认为的由自己的行为收益决定。

2. 服务评估机构的演化均衡分析

服务评估机构做出真实评估的预期收益为

$$\begin{aligned}E_{21}=&p_1p_3(r_1-c_2+g)+(1-p_1)p_3(r_1-c_2+g)+p_1(1-p_3)(r_1-c_2+g)\\&+(1-p_1)(1-p_3)(r_1-c_2+g)\end{aligned} \tag{22-6}$$

其平均预期收益为

$$\overline{E_2}=p_2E_{21}+(1-p_2)E_{22}=p_2(r_1-c_2+g)+(1-p_2)(r_1-e_2+e_4-e_4p_3) \tag{22-7}$$

其复制动态方程为

$$\frac{\mathrm{d}p_2}{\mathrm{d}t}=F(p_2)=p_2(E_{21}-\overline{E_2})=p_2(1-p_2)(-c_2+g+e_2-e_4+e_4p_3) \tag{22-8}$$

当 $p_3=\dfrac{c_2-g-e_2+e_4}{e_4}$ 时，由于 $c_2>g$，$e_2<e_4$，p_3 存在，此时无论 p_2 取何值，皆为稳定策略。

当 $p_3\neq\dfrac{c_2-g-e_2+e_4}{e_4}$ 时，令 $F(p_2)=0$，得 $p_2=0, p_2=1$。

对 $F(p_2)$ 求导，得

$$F'(p_2)=(1-2p_2)(-c_2+e_2-e_4+g+e_4p_3) \quad (22\text{-}9)$$

当$0<p_3<\dfrac{c_2-g-e_2+e_4}{e_4}$时，$F'(p_2)\big|_{p_2=1}>0, F'(p_2)\big|_{p_2=0}<0$，可得$p_2=0$为演化稳定策略。

同理可得，当$\dfrac{c_2-g-e_2+e_4}{e_4}<p_3<1$时，$F'(p_2)\big|_{p_2=1}<0, F'(p_2)\big|_{p_2=0}>0$，可得$p_2=1$为演化稳定策略。当金融服务养老机构提供优质服务的意愿比较高时，服务评估机构将倾向于更为真实的评估结果。当金融服务养老机构提供优质服务的意愿比较低时，服务评估更愿意进行虚假评估。对此结果可以做出如下解释，当金融服务养老机构能够普遍提供优质服务时，机构将没有理由寻求服务评估机构的虚假评估审计，故会引导服务评估机构向真实评估的方向发展。

3. 金融服务养老机构的演化均衡分析

金融服务养老机构选择提供优质服务的预期收益为

$$E_{31}=-c_3+f \quad (22\text{-}10)$$

其平均收益为

$$\overline{E_3}=p_3E_{31}+(1-p_3)E_{32}=-p_3c_3+p_3f+(1-p_3)[-p_1e_3+j-e_4-p_2(j-e_4)] \quad (22\text{-}11)$$

其复制动态方程为

$$\frac{\mathrm{d}p_3}{\mathrm{d}t}=F(p_3)=p_3(1-p_3)[-c_3+f+p_1e_3-j+e_4+p_2(j-e_4)] \quad (22\text{-}12)$$

当$p_2=\dfrac{-c_3+f-j+p_1e_3+e_4}{e_4-j}$时，无论$p_3$取何值，$F(p_3)=0$恒成立，故皆为稳定策略。

就短期来看，金融服务养老机构提高服务质量所要花费的附加成本c_3必定大于短期获得的声誉价值f，故$c_3-f>0$，此处为保证$p_2>0$，要求$e_4-j+p_1e_3<c_3-f$，即寻租费用与经营收益的差额低于不同模式下经营成本与经营声誉价值的差额。

当$p_2\neq\dfrac{-c_3+f-j+p_1e_3+e_4}{e_4-j}$时，令$F(p_3)=0$，得到$p_3=0, p_3=1$。

对$F(p_3)$求导，得

$$F'(p_3)=(1-2p_3)[-c_3+f+p_1e_3-j+e_4+p_2(j-e_4)] \quad (22\text{-}13)$$

当$0<p_2<\dfrac{-c_3+f-j+p_1e_3+e_4}{e_4-j}$时，$F'(p_3)\big|_{p_3=1}>0, F'(p_3)\big|_{p_3=0}<0$，可得$p_3=0$为演化均衡策略。

当$\frac{-c_3+f-j+p_1e_3+e_4}{e_4-j}<p_2<1$时，$F'(p_3)\big|_{p_3=1}<0, F'(p_3)\big|_{p_3=0}>0$，可得$p_3=1$为演化均衡策略。

结果表明金融服务养老机构的博弈策略选择是与服务评估机构的策略密切相关的。当监管部门对金融服务养老机构服务质量进行严格审查时，金融服务养老机构会选择提高服务质量以规避罚金。而当审查力度减弱时，基于经营成本的考虑，金融服务养老机构就会趋向于提供低质量服务。

4. 博弈分析

逐步分析三个博弈主体的策略选择后，我们可以发现三者的博弈策略都是以对方的策略选择为基础的。金融服务养老机构提供的服务质量随着监管机构的严格程度的变化幅度而改变，并会产生相互影响；评估机构的评估真实性会随着金融服务养老机构提供服务质量的变化而反向变动，但其根本原因在于监管机构对市场变化做出的行为。政府监管部门通过审计监督对另外两个博弈主体进行行为模式干涉，能够平衡市场由逐利动机带来的不利因素。理想中三方博弈所体现出的均衡策略为$p_1=0, p_2=1, p_3=1$，即政府监管机构采取宽松监管，服务评估机构采取真实评估，金融服务养老机构采取优质服务。

从模型中的稳定策略分析来看，当$\frac{c_1-e_2-e_3}{(1-p_2)e_2+e_3}<p_3<1$时，$p_1=0$，当$c_1>e_2+e_3$且差值越大时，$(1-p_2)e_2+e_3$越小，$p_3$的取值越大。故当监管方式带来的成本差异越大且罚款金额越小，服务评估机构更倾向于真实评估时，金融服务养老机构更加倾向于提供优质服务。

当$\frac{c_2-g-e_2+e_4}{e_4}<p_3<1$时，$p_2=1$，此时当$g+e_2<e_4+c_2$且差值越大，$e_4$越小，即$g$越小时，$p_3$的取值越大。于是，寻租的费用越低，声誉对服务评估机构的影响力越大，监管机构对服务评估机构的罚款金额越少，评估机构评估真实性差异越小，则金融服务养老机构更倾向于选择提供优质服务。此时服务评估机构在演化博弈中也会选择真实评估。

当$\frac{-c_3+f-j+p_1e_3+e_4}{e_4-j}<p_2<1$时，$p_3=1$，此时当$f+p_1e_3+e_4>c_3+j$且差值越大时，$e_4-j$越小，即$f+p_1e_3$的取值越大。

由上式可得，p_1与e_3越小，越有利于金融服务养老机构选择优质服务，故f需要尽可能增大，j需要尽可能减小。其实际意义在于当金融服务养老机构提供优质服务所获得的声誉越高时，提供劣质服务产生的收益越小，为自己的不良行为需要缴纳的罚款越少，且监管机构严格监管的概率越低，p_2的上限越高，此时金融服务养老机构的稳定策略为提供优质服务。

通过以上分析，我们可以发现，提供养老服务的金融机构离理想的演化稳定策略还有差距。它能够实现的是，在监管部门尽可能放松监管的前提下，另两个博弈主体相互间的牵制与平衡，在模型中体现为 p_2 与 p_3 提高对方选择优势策略的下限。当构成最大值的诸多变量皆达到最优时，它能够无限趋向于 1。

22.2 基于均值—方差模型的金融服务养老风险防范与监管实证分析

以企业年金基金为对象，基于均值—方差模型的金融服务养老风险防范与监管实证分析，主要目的是了解企业年金基金投资的预期收益率与风险。利用不同的投资工具进行企业年金基金的投资，具有不同的预期收益率与风险。在所有投资工具中，权益类投资的风险是最大的。只有进行组合投资，才能实现收益最大化、风险最小化。

22.2.1 分析假设

对于养老基金的投资，学术界已有不少学者进行了研究，如迟国泰等（2001，2014）和赵新顺（2004）等。其中，陈加旭（2016）等基于均值—方差模型对养老基金投资进行的研究为风险防范提供了参考。但是，如何进一步进行金融服务养老风险防范与监管完善还需要深入研究下去。与动态博弈模型分析的假设不同，均值—方差模型分析的假设是金融服务养老只进行现金及现金等价物、固定收益类和权益类等三种工具的投资选择，金融服务养老投资组合存在方差或标准差。这一分析注重以方差或标准差为主要内容的偏离度分析。

22.2.2 实证研究

1. 模型的改进与完善

因金融服务养老三方博弈模型假设的局限性，为了进一步分析金融服务养老风险，我们用均值—方差模型为分析和选择最优的投资组合提供依据。企业年金基金是由三种投资工具构成的投资组合基金，其预期收益率公式为

$$E(R)=w_1R_1+w_2R_2+w_3 \quad (22\text{-}14)$$

企业年金基金的预期收益率方差为

$$\sigma^2= w_1[R_1-E(R)]^2+w_2[R_2-E(R)]^2+w_3[R_3-E(R)]^2 \quad (22\text{-}15)$$

其中，w_1、w_2、w_3分别为企业年金基金对现金及现金等价物、固定收益类和权益类投资工具等三种投资工具的资金配置比重；R_1、R_2、R_3分别为它们的预期收益率。投资组合预期收益率的方差表示总体风险水平。因金融服务养老的复杂性和数据收集的困难，我们在此暂不考虑其他因素的影响，而用方差或标准差代表投资组合的风险。

国家对上述三类投资工具的监管，是通过年金基金投资比例限制来实现的。根据《企业年金基金试行办法》(2004 年)、《企业年金基金管理办法》(2010 年)、《关于扩大企业年金基金投资范围的通知》(2013 年) 中的相关规定，我们整理出相关监管要求的变动情况，见表 22-2。

表22-2 中国企业年金基金投资比例限制的变动情况

投资工具	2004 年监管要求	2010 年监管要求	2013 年监管要求
现金及现金等价物	不低于基金财产净值的 20%	不得低于投资组合企业年金基金财产净值的 5%	不得低于投资组合委托投资资产净值的 5%
固定收益类	不高于基金财产净值的 50%；国债的比例不低于基金资产净值的 20%	不得高于投资组合企业年金基金财产净值的 95%	不得高于投资组合委托投资资产净值的 135%
权益类	不高于基金资产净值的 30%；投资股票的比例不高于基金净资产的 20%	不得高于投资组合企业年金基金财产净值的 30%	不得高于投资组合委托投资资产净值的 30%

在表 22-2 中，中国企业年金基金投资比例限制的变动表明，各类比例都在发生变化。其中主要是鼓励年金基金进行现金及现金等价物和固定收益类的投资，目的是在更好地防范风险的同时加快金融服务养老的发展。

2. 变量及数据选取

根据企业年金基金投资的三类不同投资工具，选取各投资工具的资金配置比例作为分析变量，运用历史数据分析计算出其预期收益率。需要说明的是，在其他条件不变的情况下，考虑到实务操作中基金管理者通常会投资于一年期银行定期存款，故我们使用 2007~2019 年银行一年期定期存款利率的平均值作为预期收益率。如果利率在一年中多次变化，则取其加权平均值。经计算，得出其平均收益率为 2.44%，见表 22-3。

表22-3　2007~2019年银行一年期定期存款利率

年份	一年期定期存款利率
2007	2.64%
2008	4.07%
2009	2.25%
2010	2.63%
2011	3.25%
2012	3.13%
2013	3.00%
2014	2.75%
2015	2.00%
2016	1.50%
2017	1.50%
2018	1.50%
2019	1.50%
平均收益率	2.44%

资料来源：根据中国人民银行网站 2007~2019 年数据整理而得

固定收益类投资工具主要包括国债、金融债、企业债、保险、信托产品等，我们使用 2007~2019 年中证国债指数和中证企业债指数进行估计，经过计算得出固定收益类投资工具的预期收益率为 4.54%，见表 22-4。

表22-4　2007~2019年中证国债、中证企业债年收盘价及平均收益率

年份	中证国债年收盘价	中证国债指数收益率	中证企业债年收盘价	中证企业债指数收益率	平均收益率
2007	111.0900%	−2.44%	113.2800%	−6.87%	−4.66%
2008	129.7900%	16.83%	131.3000%	15.91%	16.37%
2009	127.4100%	−1.83%	129.8800%	−1.08%	−1.46%
2010	129.8700%	1.93%	137.3000%	5.71%	3.82%
2011	138.7602%	6.85%	144.0903%	4.95%	5.90%
2012	142.4179%	2.64%	153.1696%	6.30%	4.47%
2013	138.4175%	−2.81%	155.4848%	1.51%	−0.65%
2014	153.7386%	11.07%	171.3104%	10.18%	10.63%
2015	165.8366%	7.87%	188.2046%	9.86%	8.87%
2016	170.0654%	2.55%	193.6588%	2.90%	2.73%
2017	166.8904%	−1.87%	196.1813%	1.30%	−0.29%
2018	181.3127%	8.64%	211.7688%	7.95%	8.30%
2019	189.1600%	4.33%	223.6800%	5.62%	4.98%

资料来源：WIND（WIND 数据是由金融数据、信息和软件服务企业 wind 资讯提供的金融财经数据）

权益类投资工具包括股票等权益类产品，在 2013 年扩大范围允许机构参与投资股指期货。此类投资工具是在三类中收益率的波动率最大的，同时也是风险最大的。本章选择上海证券交易所股票价格综合指数（简称上证综指）2007~2019 年的指数作为样本，计算出 13 年间投资于股票市场的平均收益率达到 9.69%，见表 22-5。

表22-5　2007~2019年上证综指收盘价变化

年份	上证综指收盘价	收益率
2007	5261.5600	96.66%
2008	1820.8050	−65.39%
2009	3277.1390	79.98%
2010	2808.0770	−14.31%
2011	2199.4170	−21.68%
2012	2269.1280	3.17%
2013	2115.9780	−6.75%
2014	3234.6770	52.87%
2015	3539.1820	9.41%
2016	3103.6373	−12.31%
2017	3307.1721	6.56%
2018	2493.8962	−24.59%
2019	3050.1200	22.30%
平均收益率	—	9.69%

资料来源：WIND

3. 实证分析

第一，描述性分析。对于三种投资工具，我们可以得到不同投资工具的风险度量，见表 22-6。

表22-6　三种投资工具的风险度量

统计指标	现金及现金等价物	固定收益类	权益类
平均值	2.43%	4.54%	9.69%
标准差	0.79%	5.45%	42.70%
方差	0.01%	0.32%	19.76%
变异系数	0.003%	0.071%	2.040%
夏普比率	—	0.387%	0.170%

资料来源：根据实证分析结果而得

在表 22-6 中，我们可以发现，三种投资工具间的风险与收益呈正相关关系，权益类投资工具的平均收益率高达 9.69%，而风险相应也极大（19.76%）。在剔除了量纲影响后，权益类投资工具的变异系数为 2.040%，远高于现金及现金等价物的 0.003%和固定收益类的 0.071%。但是固定收益类投资工具的夏普比率高于权益类投资工具，这体现出投资于固定收益类金融工具时，每多承担一单位风险所获得的超额收益是高于权益类投资工具的，也就是说其安全性与性价比更好。金融服务养老参与者普遍更偏好于固定收益类的基金投资的原因正是如此。从 2011~2020 年的实际情况来看，中国资本市场尚不够成熟，风险高于发达国家资本市场。因此，对于权益类投资的限制是非常必要的。所以，加强对金融服务养老的监管主要是加强对权益类投资的监管。

在表 22-7 中，三种投资工具具有不同的协方差和相关系数。现金及现金等价物与固定收益类的相关系数最高，其他两类都较低。

表22-7　三种投资工具的相关性

统计指标	协方差	相关系数
现金及现金等价物与固定收益类	0.000 157 285	0.366 8946 38
固定收益类与权益类	−0.015 465 663	−0.664 325 221
现金类与权益类	−0.000 871 043	−0.259 381 077

第二，模型预测分析。结合相关规定及根据历史数据，我们可以测算出预期收益率。假如不存在融资融券行为，则可以将式（22-14）、式（22-15）写为

$$E(R)=2.35\%\times w_1+4.23\%\times w_2+7.24\%\times w_3 \tag{22-16}$$

$$\sigma^2= w_1[2.35\%-E(R)]^2+w_2[4.23\%-E(R)]^2+w_3[7.24\%-E(R)]^2 \tag{22-17}$$

其中，$w_1+w_2+w_3=1$，$w_1\geqslant 5\%$，$0\leqslant w_2\leqslant 95\%$，$0\leqslant w_3\leqslant 30\%$。

结合上述投资组合预期收益率模型式（22-16）与投资组合的收益率方差测算模型式（22-17），利用 Excel 的规划求解器进行非线性规划，计算出风险最小时的养老基金资产配置组合，见表 22-8。

表22-8　不同预期收益率水平下各投资组合的最小方差

预期收益率	现金及现金等价物比例	固定收益类投资工具比例	权益类投资工具比例	最小方差
2.44%	100.000%	0	0	0.000 061 8%
2.48%	99.493%	0	0.507%	0.000 057 1%
3.00%	79.241%	18.341%	2.418%	0.000 120 6%
3.50%	59.837%	35.941%	4.222%	0.000 285 4%
4.00%	40.428%	53.545%	6.027%	0.000 552 0%
4.50%	25.391%	65.000%	9.609%	0.001 020 9%
4.52%	25.115%	65.000%	9.885%	0.001 062 1%
5.00%	18.491%	65.000%	16.509%	0.002 893 3%
5.50%	11.590%	65.000%	23.410%	0.006 520 2%
5.98%	5.000%	65.000%	30.000%	0.011 621 2%

资料来源：根据实证分析结果而得

在表 22-8 中，我们可以看出，当预期收益率较低时，金融服务养老投资组合的资金主要配置于现金及现金等价物和固定收益类投资工具。随着要求回报率逐渐升高，资金配置比例逐渐向权益类投资工具偏移，此时风险也逐渐增大。当以风险最低为目标进行规划求解时，得到的投资组合为 99.493%的现金加上 0.507%的权益类投资工具，此时的预期收益率为 2.48%。当放弃了风险控制要求时，最大能够实现 5.98%的预期收益率。可见，我们可以通过合理的规划与风险测算，以更小的风险实现更大的收益。实证分析为中国企业年金基金的投资管理提供了思路——应该尽可能地将资金投入固定收益类产品中以期在最小的风险下获得最大的收益。

表 22-9 显示了 2007~2019 年企业年金基金投资管理情况，在排除了 2007 年企业年金基金建立初期的极端值后，平均加权收益率为 4.52%，与我们所测算出的最高收益率仍存在一定差距，通过均值—方差模型模拟出在方差最小的前提下其三类投资工具所占的比例分别为 25.115%、65.000%和 9.885%。

表22-9 2007~2019年中国企业年金基金投资管理情况

年份	投资组合		资产		当年加权平均收益率
	个数/个	增长率	金额/亿元	增长率	
2007	212	77.4%	154.63	30.0%	41.00%
2008	588	78.4%	974.90	530.5%	−1.83%
2009	1 049	31.3%	1 591.02	63.2%	7.78%
2010	1 504	43.4%	2 452.98	54.2%	3.41%
2011	1 882	25.1%	3 325.48	35.5%	−0.78%
2012	2 210	17.4%	4 451.62	33.9%	5.68%
2013	2 519	14.0%	5 783.60	29.9%	3.67%
2014	2 740	8.8%	7 402.86	28.0%	9.30%
2015	2 993	9.2%	9 260.30	25.1%	9.88%
2016	3 207	7.2%	10 756.22	16.2%	3.03%
2017	3 568	11.3%	12 537.57	16.6%	5.00%
2018	3 929	10.1%	14 502.21	15.7%	3.01%
2019	4 229	7.6%	16 746.74	15.5%	6.03%

注：根据人力资源和社会保障部社会保险基金监管局《2019 年度全国企业年金基金业务数据摘要》整理和进行实证分析而得

图 22-1 显示出企业年金基金在投资实现中长期保值增值功能中的乏力，有些

年份收益率较低无法抵御通货膨胀带来的资产贬值压力。均值—方差模型揭示了在长期中企业年金能够达到的平均回报水平，在一定程度上反映出低收益率风险长期存在并影响着金融服务养老的发展，不利于真正解决中国当前和未来面临的人口老龄化问题，因而改革势在必行。均值—方差模型体现了企业年金基金存在着一定的收益率风险，但市场收益率是如何影响中国企业年金规模与收益率风险的，还有待于进一步的研究。

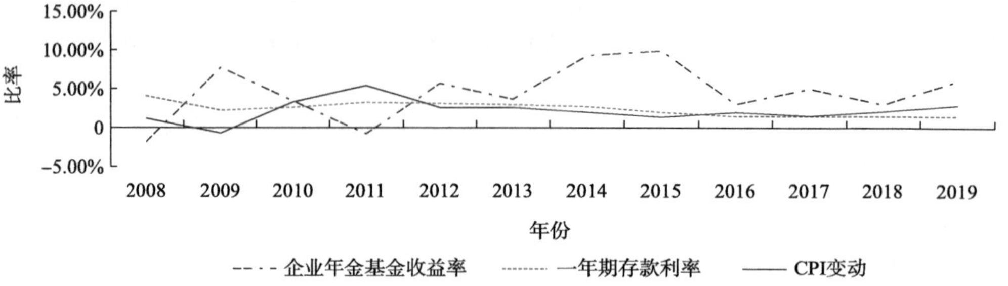

图 22-1　2008~2019 年全国企业年金基金投资收益率与一年期存款利率、CPI 指数对比

资料来源：WIND、《2019 年度全国企业年金基金业务数据摘要》

22.3　基于 VAR 模型的年金收益率风险来源实证分析

为了准确把握金融服务养老的风险特别是企业年金基金的风险，对基于 VAR 模型的年金收益率风险来源进行实证分析是很必要的。年金基金投资的风险与其年金基金企业数量和外部宏观经济环境密切相关，持有长期的金融服务养老产品更有利于价值增值。

22.3.1　模型选取

1.测算模型

根据研究的需要，为了能很好地反应收益与风险状况，本书继续选取 VAR 模型进行实证分析。根据 VAR 模型，我们可以进一步探究不同变量对金融服务养老收益率的风险影响程度。

2. 变量及数据选取

综合数据的可得性与代表性，我们选取企业年金基金规模、参加企业年金计划企业数量、企业年金基金平均加权收益率、企业年金收益率理论最大值和不同持有期企业年金基金的收益率等五个变量进行实证分析。

根据《2019 年度全国企业年金基金业务数据摘要》，年金基金规模由 2007 年的 154.63 亿元增长到 2019 年的 16 746.74 亿元，参加年金计划的企业数量由 3.2 万家增加到超过 9.3 万家，年均增长率为 9.30%并仍处在不断增长中。这直接反映出企业年金的发展状况与保障覆盖面的基本情况。自该年起持有至今，加权年平均收益率反映的是不同期间投资组合的投资收益率水平，到 2019 年，仍有 21 个于 2007 年前设立的企业年金基金在运行中，其存续期间的加权平均收益率为 6.36%，规模达 130.1 亿元。企业年金基金平均加权收益率数据已在 22.2 节中进行了分析，在此不再赘述，见表 22-10。

表22-10　2007~2019年中国企业年金基金数据

年份	参加企业数/个	实际运作金额/亿元	当年加权平均收益率	自该年起持有至今加权年平均收益率
2007	32 000	154.63	41.00%	6.36%
2008	33 100	974.90	−1.83%	4.30%
2009	33 500	1 591.02	7.78%	5.18%
2010	37 100	2 452.98	3.41%	4.77%
2011	44 900	3 325.48	−0.78%	4.92%
2012	54 737	4 451.62	5.68%	5.74%
2013	66 120	5 783.60	3.67%	5.72%
2014	73 261	7 402.86	9.30%	6.12%
2015	75 454	9 260.30	9.88%	5.24%
2016	76 298	10 756.22	3.03%	3.68%
2017	80 429	12 537.57	5.00%	3.99%
2018	87 368	14 502.21	3.01%	3.01%
2019	93 422	16 746.74	6.03%	—

资料来源：WIND、《2019 年度全国企业年金基金业务数据摘要》

为了更好地分析金融市场对年金收益率的影响，结合历史数据与监管要求变化，我们以收益率最大化为目标，在不考虑风险大小的前提下拟合出年金基金收益率的理论最大值。这里的理论最大值指最大化地投资高风险高收益资产，即权益类资产，并非单个基金的最高收益率。经测算的理论最大值，见表 22-11。

表22-11　2006~2019年中国企业年金基金理论最高收益测算

年份	中证国债指数	中证企业债指数	上证综指	一年期存款利率	债券收益率	股权类收益率	监管要求	理论最高收益率
2006	113.8700	121.6400	2675.4700	2.34%			现金（20%）国债（20%）企业债（30%）股票（30%）	
2007	111.0900	113.2800	5261.5600	2.64%	−4.66%	96.66%		26.98%
2008	129.7900	131.3000	1820.8050	4.07%	16.37%	−65.39%		−10.67%
2009	127.4100	129.8800	3277.1390	2.25%	−1.46%	79.98%		23.75%
2010	129.8700	137.3000	2808.0770	2.63%	3.82%	−14.31%		−1.67%
2011	138.7602	144.0903	2199.4170	3.25%	5.90%	−21.68%	现金（5%）债券（65%）股票（30%）	−2.51%
2012	142.4179	153.1696	2269.1280	3.13%	4.47%	3.17%		4.01%
2013	138.4175	155.4848	2115.9780	3.00%	−0.65%	−6.75%		−2.30%
2014	153.7386	171.3104	3234.6770	2.75%	10.62%	52.87%		22.90%
2015	165.8366	188.2046	3539.1820	2.00%	8.87%	9.41%		8.69%
2016	170.0654	193.6588	3103.6373	1.50%	2.72%	−12.31%		−1.85%
2017	166.8904	196.1813	3307.1721	1.50%	−0.28%	6.56%		1.86%
2018	181.3127	211.7688	2493.8962	1.50%	8.29%	−24.59%		−1.91%
2019	189.1600	223.6800	3050.1200	1.50%	4.98%	22.30%		10.00%

资料来源：WIND、《2019 年度全国企业年金基金业务数据摘要》

记企业年金基金规模为 VALUE、企业年金基金平均加权收益率为 ROE、企业年金收益率理论最大值为 MAXROE、持有期间年加权平均年收益率为 QJROE。为了更好地刻画数据的变化，我们将参加企业年金计划企业数量取对数记为 LNQY 进行分析。以 2007 年为例，我们假定当年基金的投资组合配置为 20%的现金类资产、20%的国债资产、30%的企业债资产和 30%的权益类资产，那么，其收益率计算公式为 20%×2.64%+20%×（111.09−113.87）/113.87+30%×（113.28−121.64）/121.64 + 30%×96.66% = 26.98%。

3. 数据处理工具与平稳性检验

本节选用 EViews 8.0 进行数据的处理与分析。对四组时间序列数据进行平稳性检验的结果显示，在 5%的置信水平下，ROE、MAXROE 均为平稳序列。LNQY 与 QJROE 在一阶差分之后为平稳序列。VALUE 具有时间趋势且在取对数后仍需进行二阶差分才可得到平稳序列，考虑到可得数据数量有限且 VALUE 与 LNQY 有较高的相关性，因此，我们舍去 VALUE，仅将 LNQY 作为反映年金发展情况的变量。

22.3.2　建立 VAR 模型

对 LNQY 与 QJROE 进行一阶差分以去除其时间趋势，平稳后的数据记为 DLNQY 与 DQJROE。在四组平稳序列的基础上以 1 作为最优滞后数建立 VAR 模型，向量自回归的 VAR 模型表达式如下：

$$\begin{aligned}DLNQY=&0.1065\times DLNQY(-1)+6.6409\times DQJROE(-1)-0.5495\times ROE(-1)\\&-0.2979\times MAXROE(-1)+0.1403\end{aligned}\tag{22-18}$$

$$\begin{aligned}DQJROE=&0.0384\times DLNQY(-1)-0.2247\times DQJROE(-1)-0.2341\times ROE(-1)\\&+0.0381\times MAXROE(-1)+0.0036\end{aligned}\tag{22-19}$$

$$\begin{aligned}ROE=&0.3894\times DLNQY(-1)-3.6692\times DQJROE(-1)-0.4458\times ROE(-1)\\&+0.3948\times MAXROE(-1)+0.0089\end{aligned}\tag{22-20}$$

$$\begin{aligned}MAXROE=&0.8972\times DLNQY(-1)-9.8931\times DQJROE(-1)-1.3569\times ROE(-1)\\&+0.6975\times MAXROE(-1)-0.0234\end{aligned}\tag{22-21}$$

在建立了 VAR 模型之后对其进行特征根检验，经检验其四个特征根全部位于单位圆内，模型本身是稳定的。我们将通过该模型探究 DLNQY、DQJROE、MAXROE 的变动对于 ROE 的影响。

22.3.3　格兰杰因果检验

为了掌握在获得收益时，企业年金基金投资的风险源自何处，各种收益率之间存在什么样的关系，我们有必要进行 AR 单位根检验和格兰杰因果检验（图 22-2）。

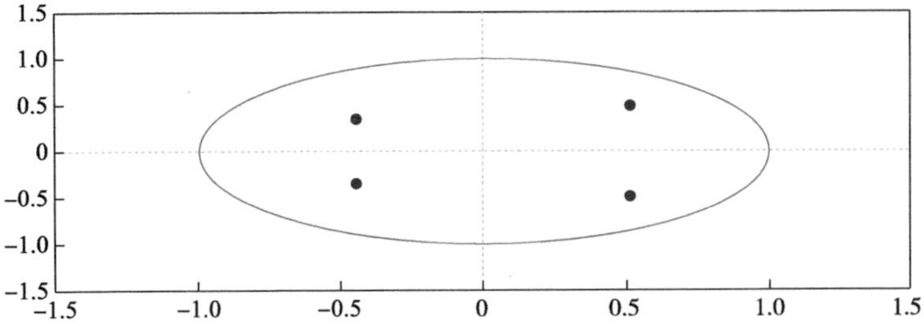

图 22-2　AR 模型的单位根

格兰杰因果检验的基本思想是，对于两组经济变量 x 和 y，如果 x 前一期的改变会导致 y 本期发生变化，那么可以认为变量 x 是变量 y 的格兰杰原因。它的好处在于能够了解它们之间的因果关系。用 EViews 8.0 软件对上述 VAR 模型进行格兰杰因果检验的结果如下（表 22-12）。

表22-12　格兰杰因果检验

Excluded	Chi-sq	*df*	Prob.
DLNQY	2.859 320	1	0.090 8
DQJROE	2.751 002	1	0.097 2
MAXROE	2.904 917	1	0.088 3
All	3.788 293	3	0.285 3

从表 22-12 中，我们可以看出，在 10%的置信水平下，年金基金平均加权收益率 ROE、年金收益率理论最大值 MAXROE 和持有期间年加权平均年收益率 DQJROE 均为加权平均收益率的格兰杰原因，揭示了模型中存在着客观的因果关系，进一步增强了模型的合理性与说服力。但是，鉴于该模型格兰杰因果检验总体结果并不显著，无法确定变量的顺序，因此我们采取不受变量顺序影响的广义脉冲响应法（generalized impulse respnse method，GIRF）开展进一步的研究。

22.3.4　脉冲响应

因能捕捉到不同变量一个标准差的变动对各个变量所产生的动态影响，我们选择广义脉冲响应函数进行分析。本节在此分析探究 DLNQY、DQJROE 和 MAXROE 受到冲击时对 ROE 产生的影响。

1. 企业年金规模对于年金基金收益率的影响

图 22-3 表明，如果给企业规模一个标准差的冲击会使得 ROE 产生显著的负效应，该影响会在第 2 期转化为正向影响并在第 6 期之后逐渐消失，长期来看冲击影响趋于收敛。这表明企业年金的规模效应在设立初期极为明显，而随着规模的逐渐增大，其边际收益逐渐递减。

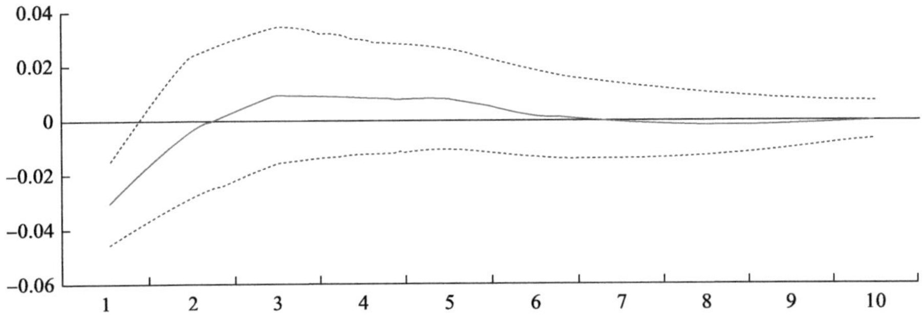

图 22-3　DLNQY 对于 ROE 的冲击图形

2. 持有期限对年金基金收益率的影响

在图 22-4 中，我们可以看出期限因素对收益率的影响。从长期来看，对于年金基金的收益率的影响并不大，其收益率波动在第 4 期开始向 0 收敛。这说明金融服务养老的投资收益对于期限的长短并不敏感，越是长期持有所得的回报越具有稳定性。金融服务养老参与者想在短期内获得稳定回报是不现实的。

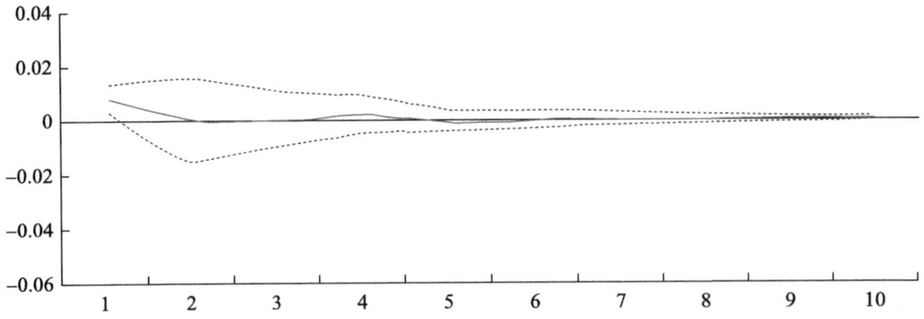

图 22-4　DQJROE 对于 ROE 的冲击图形

3. 理论最大收益率对于年金基金收益率的影响

在图 22-5 中，我们观察到在给予 MAXROE 一个标准差的冲击之后，其在第 2 期达到了最大值 0.027，表现为一个较大的正冲击。该效应从第 2 期减小之后在第 3 期转为负效应，最终在第 7 期前后收敛为 0。这说明资本市场及宏观经济的运行情况对于年金基金收益率的影响较为显著，该变量的变化直接关系到投资人的收益率情况。同时该结果还表明市场的冲击具有动量效应，在经历第 1 期、第 2 期的较大反应之后会在长期回归正常。所以，理论最大收益率对金融服务养老投资，尤其是年金基金投资是有影响的。

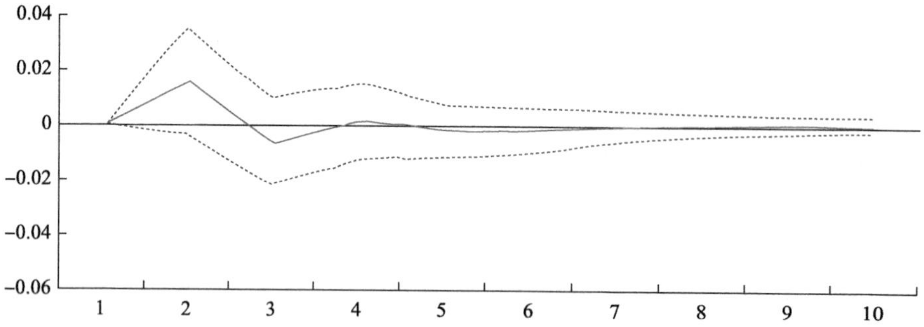

图 22-5　MAXROE 对于 ROE 的冲击图形

22.3.5　方差分解分析

方差分解是将 VAR 模型中所有变量的方差都各自分解，分解的目的是将方差归因于各个扰动因素，从而能够得出不同扰动因素对相关研究变量的扰动程度。为了更清楚地掌握金融服务养老的风险来源，我们对模型中的四个变量进行了方差分解并展开了研究，见表 22-13。

表22-13　方差分解结果

Period	S.E.	DLNQY	DQJROE	ROE	MAXROE
1	0.032 830	90.230 89	5.875 363	3.893 747	0.000 000
2	0.038 426	66.375 96	4.300 141	11.614 10	17.709 80
3	0.040 391	65.297 72	3.892 966	12.270 10	18.539 21
4	0.041 226	66.108 42	3.929 455	12.066 99	17.895 13
5	0.041 932	66.892 43	3.856 375	11.672 97	17.578 22
6	0.042 013	66.693 70	3.841 865	11.699 94	17.764 50
7	0.042 051	66.726 57	3.840 195	11.690 05	17.743 18
8	0.042 111	66.812 40	3.831 767	11.663 47	17.692 37
9	0.042 153	66.852 55	3.824 832	11.642 43	17.680 19
10	0.042 157	66.849 56	3.824 166	11.641 28	17.685 00

我们可以看出，ROE 受年金基金设立的企业数量的影响较大。在设立之初，该影响尤为明显，之后下降到 66%上下。这表明，年金基金的规模效应明显，越来越多企业的重视对于提升基金收益率和发挥金融服务养老资金与资产的保值增值作用有着积极的影响。随着期数的增长，MAXROE 对于年金收益率的影响逐渐显现，这表明资本市场与宏观经济运行对于年金基金收益率风险的高低至关重要。

由此，我们认为，年金的主要收益率风险来源于参与年金计划的企业数量与宏观经济的运行状况。

我们还可以看出，持有期限的长短对于收益率的影响随期数递减，从第 1 期的 5.875 363%逐渐减少到第 10 期的 3.824 166%。为什么呢？可能是因为在大样本的背景下各年金基金的管理水平趋于平均。尽管个别基金由于基金管理者的投资水平等其他因素影响而获得高额回报，但在长期持有下，其对总收益的影响并不显著。这并非显示我们应该短期持有基金以期获得较高收益，而是说明在长期持有的条件下，预期收益率会趋于稳定。较小的收益率波动有利于降低收益率风险，这使得长期持有金融服务养老产品更容易达到保值增值的投资目标。

22.4　金融服务养老风险防范与监管存在的问题

基于动态博弈模型、基于均值—方差模型与基于 VAR 模型所进行的金融服务养老实证分析，我们可以发现金融服务养老风险防范与监管完善还存在不少问题。

22.4.1　监管重叠与监管真空并存

由于金融服务养老涉及群体的特殊性，对它的风险防范与监管需要多家政府职能部门的参与。但是多部门监管难免会形成职责的交叉及监管盲区，如对企业年金的监管；当年金在各个金融监管机构之间转入转出时，会发生漏损及在投资中的道德风险，以及逆向选择问题；当金融服务养老以交叉性金融形态出现时，其监管可能既涉及银行保险监管又涉及证券监管，由于产品设计的复杂性等，可能出现多重监管的现象，也可能出现部分领域监管真空。

22.4.2　金融服务养老准入标准不规范

目前，金融服务养老业务准入受到约束，在市场上各种金融服务养老形式层出不穷，因缺少相关的准入标准与规范导致风险防范与监管缺失。基于此，在大量的金融服务养老需求背景下，一方面，规范金融机构难以快速发展金融服务养老业务；另一方面，各类机构借名推出的金融服务养老业务层出不穷，导致了金融服务养老市场的混乱。与此同时，金融服务养老监管也忽视参与者的准入门槛，金融服务养老的参与者主要为中老年人，他们大都缺乏金融知识并且容易受感性因素的影响，不仅风险意识淡薄而且预期也不当，这就导致中老年人无法作为理性经济人正常参与到市场竞争中。加强金融服务养老准入标准的监管变得十分重要。

22.4.3　金融服务养老市场秩序监管不力

从博弈论的角度来看，放开监管并不会爆发出大量滥竽充数的机构及产品，因为只要调整监管的频率及随机性，在机构眼里监管对其的威胁会一直存在，也就自然会注意自身的决策。但目前金融机构内部控制不完善、监管真空的存在，仍然使得金融服务养老市场有较高的风险。一方面，金融机构的内部控制制度还有待完善，预警机制与评估标准还有待规范。另一方面，监管制度及监管体制机制的设计不能快速调整以跟上金融服务养老市场发展的需要。在鼓励金融服务养老发展的同时，还要严惩假借金融服务养老名义进行非法集资的行为，以防其严重扰乱金融服务养老市场的健康发展。

22.5　总　　结

从上述金融服务养老风险防范与监管分析可以看出，基于不同模型进行的分析所发现的问题是有差异的。基于均值—方差模型的金融服务养老的不同投资工具的投资风险和基于 VAR 模型的年金收益率风险来源的实证结果表明，预期收益率、风险与监管之间存在密切的关系。只有进行全面的分析才能找出金融服务养老风险存在问题与原因，并由此进行有针对性的风险防范与实施差别化的监管。

第23章　中老年家庭风险金融资产参与的实证研究[①]

根据第七次全国人口普查的数据，2020年中国60岁及以上的老年人口总量为2.6亿人，已占到总人口的18.7%，相比2010年第六次人口普查提高了5.4个百分点，我国老年人口处于高速增长阶段。随着老龄少子化的加剧，我国的社会保障体系受到一定的冲击，金融市场作为居民养老体系的重要组成部分，近年来养老金融产品不断涌现。然而其一方面产品种类单一，另一方面受到传统观念和金融素质的限制，需求侧积极性不高，我国的金融"有限参与"问题相比发达经济体仍然较为严重。在此背景下，需要对中老年居民的金融参与情况进行研究，探索"十四五"时期应对人口老龄化的金融路径，以此让更多的养老者享受到金融服务。

2020年11月，《中共中央关于制定国民经济和社会发展第十四个五年规划和二〇三五年远景目标的建议》(以下简称《规划》)发布，《规划》将积极应对人口老龄化作为国家战略。随后，2021年5月，中共中央政治局召开会议，会议指出将进一步优化生育政策，实施一对夫妻可以生育三个子女的政策及配套支持措施，这有利于改善我国人口结构、积极落实应对人口老龄化国家战略、保持我国人力资源禀赋优势。至此，"三孩"作为多年来社会上下关注的热点，千呼万唤始出来，成为"十四五"时期第一个重大人口政策。

"三孩"政策落地后，出生人口数量可能会有短期的上涨，再加上相关配套政策的推进，一些家庭的子女数量将有所增加，尤其对于中年家庭而言，其正处于满巢期阶段，因此可能选择再生育一个子女。同时伴随着更多新生儿的诞生，其与父母的年龄差距及家庭平均代际年龄差距都将有所扩大。子女数量的增多和扩大的代际年龄差将对家庭金融决策产生何种影响？在此背景下，本章基于中老年家庭的子女数量与代沟效应对中老年家庭风险金融资产参与的影响进行研究，这对于如何更好地推进金融服务养老发展具有重要的价值，能够

① 此部分实证研究发表于《武汉金融》2021年第12期，题目略微改动，后经讨论修改而得。

为“三孩”政策落地后的相关金融政策提供理论支持和有益参考。

23.1 文献综述与研究假设

23.1.1 子女数量与家庭资产配置的相关研究

基于家庭生命周期理论，子女的诞生会改变家庭结构，使家庭进入一个新的发展阶段，家庭对子女未来支出的提前规划会影响当下家庭的资产配置行为。在国内外关于子女数量对家庭金融参与行为的研究中，大多认为子女数量的增加对家庭风险金融资产的持有具有负向作用，但对其作用路径的观点有所不同。具体来看，一些学者指出子女数量的增加提高了家庭的相关支出，降低了家庭的风险偏好度，提高了家庭的预防性储蓄，可自由支配的投资风险资产的资金减少，进而显著降低了家庭参与风险金融市场的概率（吴倩华，2018；Guragai and Peabody，2018）。人力资本对未来个人收入水平有着显著的正向影响，可以通过后天投资取得（Becker，1993），子女数量越多的家庭，其人力资本投资，如医疗保健、教育培训等费用可能越多，进而挤压了家庭的风险金融资产配置的空间（王军和詹韵秋，2021）。另外，住房资产作为我国家庭总资产中的重要组成部分，在子女尤其是男性子女步入婚姻阶段时起到了重要的作用（刘华等，2021），家庭子女数量的变化也影响了家庭住房资产（侯明慧，2018）；王翌秋和王昊宇（2018）发现出于利他动机和遗传动机，满巢期阶段的家庭会因子女数量的增加而增加房产的持有，同时减少金融资产的持有。对于中老年家庭，随着子女数量的增加，家庭往往会偏向低风险投资，减少风险金融资产投资，以此保证稳定的现金流收入（史代敏和宋艳，2005）。基于以上分析，提出以下研究假设。

假设 23-1：子女数量的增加显著减少了中老年家庭风险金融资产的配置，家庭储蓄、人力资本投资和住房资产在其中起到了部分中介作用。

23.1.2 子女代沟与家庭资产配置的相关研究

随着技术的进步和生活水平的提高，数字代沟，即父母和子女在新媒体采纳、使用及与之相关的知识方面的差距，逐渐出现并占据主要地位，这是传统代沟在数字时代的延伸（周裕琼，2014）。此后，学术界针对数字代沟展开了一系列理论研究。王倩（2017）提出了“数字反哺”的概念，即“反向社会化”（由年轻一代传递给长辈的过程）在数字技术和新媒体使用上的体现。接着，郑超月和徐晓婕（2019）深入研究了数字反哺的形成机制，数字反哺来源于父母的需求，在此过程中加强了彼此的互动和交流，结果是提高了子女的家庭地位，促进了代际交流。对于代沟效应的实证研究目前还较少，多以代际关系为研究对象。熊波（2016）通过调查问卷研究了代沟对代际支持的影响，结果表明代沟越大，子女与父母的劳务和情感支持越少，而对于经济支持的影响并不明显。2020 年在新型冠状病毒肺炎疫情影响下，子女与父母之间的代沟表现更加显著，周裕琼等（2020）通过调查问卷发现家庭祖孙三代在通过新媒体获取、评估与分享健康信息方面都存在显著的数字代沟，尤其是健康代沟，深入研究发现，数字代沟与健康代沟呈显著正相关关系。

家庭成员之间尤其是父母与子女之间普遍存在代沟现象，由于年龄和生活环境的不同，当代子女与父母之间有着各种各样的代沟。其中，数字代沟成为当今代际矛盾的主要来源，由此引起的文化反哺现象日益常见。周裕琼（2014）发现亲子两代之间存在显著的数字代沟，子女对父母的反哺显著多于父母对子女的哺育，而反哺现象越深的家庭子女往往在家庭中的地位越高；代沟现象产生的重要原因是年龄差异导致的生活环境差异，我们认为，父母与子女之间年龄差越大，子女带来的反哺作用可能越大，进而在家庭金融资产配置决策中有较高的话语权。基于以上内容我们提出以下研究假设。

假设 23-2：代际年龄差，即代沟越大，中老年家庭的风险金融资产参与概率与深度显著提升，子女的数字反哺在其中起到了一定的中介效应。

总而言之，在这些关于子女数量效应的文献中，鲜有针对中老年家庭的相关研究，且使用的数据较为陈旧，大多为 2015 年及以前的数据。本章采用中国家庭金融调查最新一次公开数据进行分析，尽可能使数据贴近当前状况；另外，针对子女代沟效应的相关研究较少，大多为理论基础文献，缺乏实证研究，且极少将其与金融联系起来对家庭的金融参与行为进行分析，本章首次加入了代际年龄差这一变量，以研究代沟现象对中老年家庭金融资产配置的影响，并初步探讨了其影响机制。

23.2　研究设计

23.2.1　数据来源

本章采用的数据来源于中国家庭金融调查（China Household Finance Survey,

CHFS），该调查搜集了有关家庭金融的微观信息，包括家庭成员基本信息、资产与负债、收入和支出等内容，我们使用的 2017 年的调查样本，该样本覆盖了全国 29 个省（自治区、直辖市），355 个县（区、县级市），1428 个村（居）委会，样本规模为 40 011 户。

参考朱涛等（2016）的做法，将数据分为中年家庭（户主年龄为 45 岁以上 60 岁以下）和老年家庭（户主年龄为 60 岁及以上）。另外，为保证结论的准确性，我们剔除了一些关键问题表述不明确样本、数据缺失和极端样本，以及明显不符合逻辑的样本，如家庭总资产在 100 元以下的样本、户主年龄在 80 岁以上的样本、子女年龄大于户主年龄和风险态度回答为“不知道”的家庭。

23.2.2　变量说明与描述性统计

表 23-1 报告了本章的变量定义及描述性统计。其中被解释变量为风险金融资产参与和风险金融资产占比，参考尹志超等（2014）的研究，我们界定风险金融资产包括股票、基金、公司债券、理财产品及金融衍生品；无风险金融资产包括活期存款、定期存款和政府债券。再根据 CHFS 调查问卷中的问题回答得出风险金融资产和无风险金融资产的市值，计算出风险金融资产占比，计算方法如下：

$$\text{风险金融资产占比}=\frac{\sum\text{风险金融资产市值}}{\sum\text{风险金融资产市值}+\sum\text{无风险金融资产市值}} \tag{23-1}$$

表23-1　变量定义及描述性统计

变量类型	变量名称	变量定义	观测数	均值	最小值	最大值
被解释变量	风险金融资产持有	家庭是否持有风险金融资产，0 为未持有，1 为持有	25 587	0.14	0	1
核心解释变量	子女数量	家庭子女的数量	25 587	0.73	0	7
	代际年龄差	户主年龄与子女平均年龄之差	13 939	28.97	18	71
户主特征	性别	户主性别，男性为 1，女性为 0	25 587	0.80	0	1
	年龄	户主年龄	25 587	60.55	45	80
	受教育年限	0 为未上过学，6 为小学，9 为初中，12 为高中，15 为专科，16 为大学本科，19 为硕士研究生，22 为博士研究生	24 955	9.01	0	22

续表

变量类型	变量名称	变量定义	观测数	均值	最小值	最大值
户主特征	健康状况	健康为 1，反之为 0	25 587	0.80	0	1
	婚姻状况	已婚为 1，未婚为 0	25 574	0.88	0	1
	政治面貌	党员或预备党员为 1，否则为 0	23 432	0.11	0	1
家庭特征	资产对数	家庭总资产的对数	25 587	12.67	0.69	17.22
	风险态度	家庭风险态度赋值为 1~5，数字越大代表风险越厌恶	25 584	4.15	1	5
	社会互动	家庭红白喜事和节日支出，没有相关支出为 0，低于平均值为 1，高于平均值为 2	25 587	0.99	0	2
地区变量	城乡二元变量	0 为城镇，1 为农村	25 587	0.34	0	1

由于 2017 年 CHFS 数据中未涉及子女数量相关问题，本章通过“受访者与户主的关系”和“某调查对象与受访者的关系”间接得到户主的子女数量；在 CHFS 问题“如果您有一笔资金用于投资，您愿意选择哪种投资项目？”中，选项“1.高风险、高回报的项目”至“5.不愿意承担任何风险”表示风险态度由偏好到厌恶，数字越大代表越厌恶风险；在 CHFS 问题“您家庭会因下列哪些项给非家庭成员现金或非礼金？”中，选择“1.春节、中秋节等节假日”和“2.红白喜事”的支出金额表示社会互动程度

从描述性统计结果中我们可以看到，只有 14%的家庭持有了风险金融资产，子女数量均值为 0.73，表明大部分家庭子女数量为 1 个及以下，样本家庭户主与子女平均年龄差为 28.97 岁；样本家庭中的户主男性居多，户主年龄均值在 60 岁左右，基本符合我们对数据的预期，户主受教育年限平均为初中毕业，大部分户主自认为或被认为身体健康；样本家庭资产对数存在较大差异，对于风险态度，大部分家庭的风险态度较为保守；家庭所在地区大多为城镇。各变量具有较大变异性，满足实证分析之需。

图 23-1 统计了样本家庭风险金融资产参与情况。在 25 587 户中老年家庭样本中，16.27%的中年家庭持有风险金融资产，相比老年家庭更多。在风险金融资产当中，我们得出中老年家庭股票的持有比例最高，占持有风险资产的家庭的 60.6%以上，而基金、理财产品持有相对较少，购买公司债券、衍生品的家庭均低于 0.1%。这一方面说明我国金融市场产品种类不完善，居民的选择不多，另一方面也说明我国投资者金融素质整体不高。对于无风险金融资产的持有，我们看到几乎所有持有金融资产的中老年家庭都持有无风险金融资产，80%以上的中老年家庭都持有银行存款等安全性较高的资产。在目前老龄化日益加剧的背景下，无风险资产并不能保证资产保值增值，我国中老年居民需要接受金融教育，科学认识和利用金融市场。

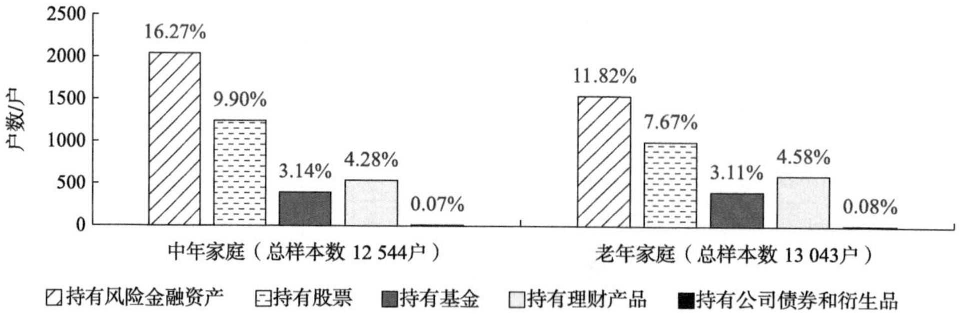

图 23-1　中年家庭与老年家庭风险金融资产参与情况

资料来源：2017 年 CHFS 数据

23.2.3　模型选取

我们研究子女数量和代际年龄差对中老年风险金融资产参与的影响时，由于是否持有风险金融资产属于二元虚拟变量，本章采用 Probit 模型进行实证研究，模型设计如下：

$$\text{risk\_asset}_i = 1\left(\alpha_1 \text{child\_num}_i + \alpha_2 \text{gen\_gap}_i + \alpha_3 X_i + \mu > 0\right) \qquad (23\text{-}2)$$

其中，$\mu \sim N(0, \sigma^2)$；risk_asset_i 为第 i 个家庭是否持有风险金融资产；child_num_i 和 gen_gap_i 分别表示第 i 个家庭的子女数量和代际年龄差；X_i 表示户主特征、家庭特征、地区二元变量等控制变量，具体变量定义见表 23-1。

为探索子女数量、代际年龄差与中老年家庭金融资产配置之间可能存在的影响机制，我们引入中介变量，深入研究其影响路径。借鉴温忠麟和叶宝娟（2004）的检验方法，构建以下模型：

$$M_i = \gamma \text{child\_num}_i + \mu \qquad (23\text{-}3)$$

$$\text{risk\_asset}_i = \delta_1 \text{child\_num}_i + \delta_2 M_i + \delta_3 X_i + \mu \qquad (23\text{-}4)$$

$$M_j = \gamma' \text{gen\_gap}_i + \mu \qquad (23\text{-}5)$$

$$\text{risk\_asset}_i = \delta_1' \text{gen\_gap}_i + \delta_2' M_j + \delta_3' X_i + \mu \qquad (23\text{-}6)$$

其中，模型（23-3）和模型（23-4）为子女数量中介效应检验模型；模型（23-5）和模型（23-6）为代际年龄差中介效应检验模型；M_i 为子女数量的中介变量；M_j 为代际年龄差的中介变量；其他变量含义同模型（23-2）。

对于子女数量的影响机制，具体的检验过程如下：第一步，基于模型（23-2）检验子女数量的总效应，如果系数 α_1 显著，继续检验 γ 和 δ_2，否则停止中介效应检验。第二步，若 γ 和 δ_2 均显著，则中介效应存在，此时若 δ_1 显著，则 M_i 部分中介效应存在，若 δ_1 不显著，则为完全中介效应；若 γ 和 δ_2 至少有一个不显著，进行 Sobel 检验，如果通过检验，则该中介效应存在，否则该中介效应不存在。针对代际年龄差的中介效应检验，所用方法与上述步骤类似。

23.3 实 证 分 析

为了保证实证结果的可靠性，本章对模型中涉及的变量进行多重共线性检验，检验结果显示各个变量的方差膨胀因子值（variance inflation factor，VIF）远小于 10，最大的 VIF 值为资产对数，仅为 1.5，变量之间不存在多重共线性问题①。

23.3.1 基础回归结果

表 23-2 为本章的基准回归结果，其中第（1）列至第（4）列为 Probit 回归结果，为了尽可能减少不可观测因素对估计结果的影响，我们采用逐步回归法，在二元回归的基础上，逐步加入户主特征、家庭特征和省份效应。第（1）列结果显示，子女数量的增加在 1%的水平上显著，降低了中老年家庭持有风险金融资产的概率；第（2）列至第（4）列在逐步加入控制变量后，可以发现结果仍然显著为负，初步证明了我们的估计结果是稳健的。第四列结果显示中老年家庭中每增加一位子女，家庭持有风险资产的概率便降低 3.6%。从代际年龄差的回归结果来看，第（1）列至第（4）列的边际效应基本保持在 0.003 左右，且均在 1%的水平上显著，即代沟的扩大将显著促进家庭风险金融资产的配置。

在户主特征中，户主是男性或共产党员、身体状况良好都能够显著促进家庭参与风险金融市场；家庭特征中，资产越多、风险态度越激进、社会互动越频繁的家庭持有风险金融资产的概率将更高。另外，地区虚拟变量显示，农村家庭的金融配置决策将更为保守。

① 为节省篇幅，未报告 VIF 检验结果。

表23-2　基准回归结果

变量	风险金融资产持有				
	（1）	（2）	（3）	（4）	（5）
子女数量	−0.086***	−0.092***	−0.040***	−0.036***	−0.591***
	（0.006）	（0.007）	（0.006）	（0.006）	（0.191）
代际年龄差	0.003***	0.005***	0.003***	0.003***	0.152***
	（0.001）	（0.001）	（0.001）	（0.001）	（0.019）
性别		−0.073***	−0.031***	−0.028***	−0.504***
		（0.008）	（0.008）	（0.007）	（0.050）
年龄		−0.004***	−0.002***	−0.002***	−0.041***
		（0.000）	（0.000）	（0.000）	（0.006）
受教育年限		−0.001	−0.001	−0.001	−0.002
		（0.001）	（0.001）	（0.001）	（0.004）
健康状况		0.113***	0.026***	0.022**	0.354***
		（0.010）	（0.009）	（0.009）	（0.049）
婚姻状况		0.201***	0.001	−0.000	0.180***
		（0.054）	（0.061）	（0.061）	（0.062）
政治面貌		0.089***	0.027***	0.031***	0.335***
		（0.009）	（0.008）	（0.008）	（0.050）
资产对数			0.065***	0.055***	0.317***
			（0.002）	（0.002）	（0.015）
风险态度			−0.037***	−0.037***	−0.204***
			（0.002）	（0.002）	（0.014）
社会互动			0.016***	0.020***	0.232***
			（0.004）	（0.004）	（0.023）
城乡二元变量			−0.116***	−0.115***	−0.849***
			（0.008）	（0.008）	（0.085）
省份效应	NO	NO	NO	YES	YES
第一阶段 F 值					72.18
Wald 检验					79.11
N	13 939	13 521	13 521	13 521	13 521
R^2/adj R^2	0.018	0.059	0.245	0.260	0.199

注：***表示 p 值<0.01，**表示 p 值<0.05，第（1）列至第（4）列结果均为边际效应。为了保证结果的稳健性，表 23-2 括号内为稳健的标准误，下同

回归结果能够成立的重要条件是解释变量与扰动项不相关，但实际上解释变量与扰动项相关，即内生性问题常常无法避免。子女数量和代际年龄差作为本章的核心解释变量，可能由于遗漏变量和双向因果问题使模型存在内生性问题，我

们为缓解遗漏变量带来的结果偏误，加入了尽可能多的控制变量，但并不能完全解决内生性问题。因此，本章引入工具变量（instrumental variable，IV），参考王军和詹韵秋（2021），选取家庭第一个孩子的性别和计划生育政策作为子女数量的工具变量。我们将第一个孩子为男性的赋值为 1，否则为 0；第一个孩子在 1978 年计划生育政策全面实施之前出生的赋值为 1，反之为 0。另外，我们将“父母最高受教育年限”作为代际年龄差的工具变量，这是由于户主父母的受教育年限越高，家庭的经济状况可能越好，使户主及其配偶的初育时间提前（胡佩和王洪卫，2020），进而缩小代际年龄差，而父母的最高受教育年限并不能直接影响我们的被解释变量。

表 23-2 第（5）列汇报了 IV 的估计结果。通过 Wald 检验值我们可以看到，各列均显示可以在 1%的水平上认为子女数量和代际年龄差为内生变量，同时一阶段 F 值也表明我们的工具变量对内生变量具有较强的解释力。考虑了内生性问题后，子女数量和代际年龄差的系数方向均未发生变化，且仍然高度显著。

23.3.2　影响机制分析

基于前面的分析，本章拟探究数量效应和代沟效应的作用机制。其中，子女数量的作用机制包括家庭预防性储蓄、人力资本投资和住房资产，由于数据限制，本章将 CHFS 数据中的活期存款额（deposits）、教育支出（edu_exp）和房产数量（house_num）分别作为代表变量进行研究。同理，我们将互联网使用时间（on_time）和互联网活动多样性（on_act）[①]作为数字反哺的代表变量，研究数字反哺在代沟效应中的作用（图 23-2）。

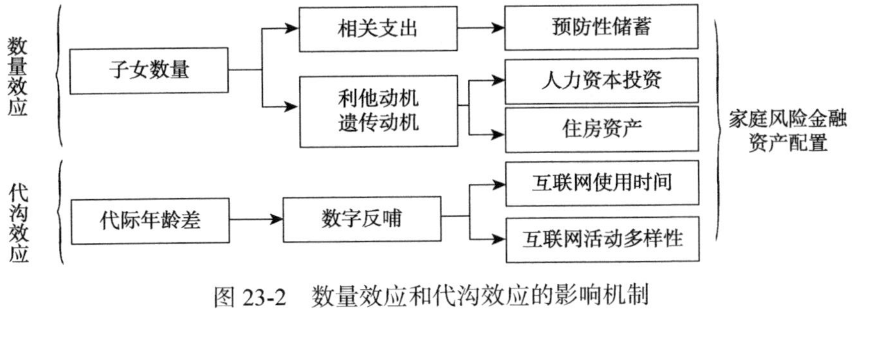

图 23-2　数量效应和代沟效应的影响机制

① 每个家庭的子女数字反哺程度并没有在 CHFS 数据中得到体现，由于数字反哺往往以互联网为主要媒介对父母产生影响，我们将父母的互联网使用时长和活动多样性作为子女数字反哺作用的代表变量，具体计算方法为将 2017 减去 CHFS 问题中“您第一次使用互联网是在哪一年？”的回答附值作为“互联网使用时间”；将“您目前主要利用网络进行以下哪些活动？”的选择个数作为“互联网活动多样性”。

表 23-3 报告了数量效应的作用机制检验结果①。在家庭储蓄这一机制的检验过程中，通过第（1）列至第（3）列的估计结果我们可以看到，α_1、γ、δ_1 和 δ_2 四个系数均显著，表明家庭储蓄存在部分中介效应，子女数量的增加扩大了相关支出，家庭将保留更多的预防性储蓄以备未来支出和不时之需，从而使金融风险资产的配置受到挤压。然而，根据第（4）列至第（6）列的结果，我们注意到人力资本投资这一中介效应与子女数量的直接效应符号相反，根据温忠麟和叶宝娟（2004）的研究，我们将人力资本投资这一路径按遮掩效应论及，效应量$|\gamma\times\delta_2/\alpha_1|$=17.1%，可能是子女数量的增加导致家庭考虑到未来教育支出而投资风险金融资产以保证资产增值。最后我们对住房资产这一路径进行验证，第（7）列至第（9）列为住房资产的中介效应检验结果。第（9）列显示住房资产的系数 δ_2 不显著，于是我们对这一路径进行 Sobel 检验，结果表明其中介效应确实存在，随着家庭子女数量的增多，家庭的房产购买也相应增多，风险金融资产配置空间较小。假设 23-1 得到部分验证。

表23-3　作用机制检验（数量效应）

变量	PATH 1 预防性储蓄		
	（1）	（2）	（3）
	risk_asset	deposit	risk_asset
子女数量	−0.214***	0.061***	−0.118***
	（0.034）	（0.004）	（0.042）
家庭储蓄			−1.071***
			（0.047）
Controls	YES	NO	YES
N	13 521	14 294	7 591
Sobel（p 值）	无须 Sobel 检验		
中介效应	存在部分中介效应		
变量	PATH 2 人力资本投资		
	（4）	（5）	（6）
	risk_asset	edu_exp	risk_asset
子女数量	−0.214***	0.915***	−0.228***
	（0.034）	（0.013）	（0.034）
教育支出			0.040***
			（0.009）
Controls	YES	NO	YES
N	13 521	25 587	13 521
Sobel（p 值）	无须 Sobel 检验		
中介效应	存在遮掩效应		

① 由于我们只检验核心解释变量的中介效应，表内并未显示控制变量的估计结果，读者如有需要可向作者索取，下表同。

续表

变量	PATH 3 住房资产		
	（7）	（8）	（9）
	risk_asset	house_num	risk_asset
子女数量	−0.214***	0.055***	−0.192***
	（0.034）	（0.004）	（0.035）
住房资产			−0.025
			（0.022）
Controls	YES	NO	YES
N	13 521	23 652	12 762
Sobel（*p* 值）	0.004***		
中介效应	存在部分中介效应		

注：***表示 $p<0.01$；由于本部分目的为验证中介效应是否存在，报告边际效应的意义不大，于是我们只报告了回归系数，下同

表 23-4 报告了代沟效应的作用机制检验结果。与数量效应类似，我们发现互联网使用时间的四个系数均在 1%的水平上显著，表明其部分中介效应存在，代际年龄相差越大，数字反哺作用越明显，使父母使用互联网更加频繁，接触的信息更加复杂多样，进而带动了家庭参与风险金融资产配置。但我们发现第（5）列中代际年龄差的系数并不显著，我们随即通过 Sobel 检验进行进一步检验，结果仍不显著，这表明互联网活动多样性的中介效应并不存在。

表23-4　作用机制检验（代沟效应）

变量	PATH 1 互联网使用时间			PATH 2 互联网活动多样性		
	（1）	（2）	（3）	（4）	（5）	（6）
	risk_asset	on_time	risk_asset	risk_asset	on_act	risk_asset
代际年龄差	0.017***	0.079***	0.010***	0.017***	0.002	0.015***
	（0.003）	（0.015）	（0.004）	（0.003）	（0.003）	（0.004）
互联网使用时长			0.055***			
			（0.003）			
互联网活动多样性						0.189***
						（0.016）
控制变量	YES	NO	YES	YES	NO	YES
观测数	12 521	6 756	6 549	13 521	7 182	6 968
Sobel（*p* 值）	无须 Sobel 检验			0.801		
中介效应	存在部分中介效应			不存在中介效应		

注：***表示 $p<0.01$

23.3.3　稳健性检验

稳健性检验中考虑了替换被解释变量、替换核心解释变量、样本调整及替换模型四个方面。表 23-5 报告了稳健性检验结果。其一，替换被解释变量。从图 23-1 中可以看出，我国中老年投资者参与风险金融市场的主要方式为投资股票，因此我们将风险金融资产持有替换为是否持有股票。第（1）列显示替换被解释变量后，结论依然稳健。其二，替换核心解释变量。我们将子女数量替换为子女数量在家庭成员数中的占比，代际年龄差替换为户主与第一个孩子的年龄之差，再次进行回归。第（2）列估计结果显示子女数量和代际年龄差的系数均在 5%的水平上显著，且与基础回归结果高度相似。其三，剔除部分样本。由于本章的变量“子女数量”在 2017 年 CHFS 问卷中没有直接体现，我们通过“受访者与户主的关系”和“某调查对象与受访者的关系”两个问题间接得到家庭子女数量，为了保证结果的稳健，我们仅保留了受访者为户主且该家庭成员为其子女的样本，第（3）列可以看到结果依然显著，且方向未发生变化。其四，替换 Logit 模型。第（4）列为替换模型后的几率比（odds ratio）回归结果，依然显示我们的结论是稳健的。

表23-5　稳健性检验

变量	（1）	（2）	（3）	（4）
	替换被解释变量	替换解释变量	剔除部分样本	替换模型
子女数量	-0.331^{***}	-0.283^{**}	-0.249^{***}	0.668^{***}
	（0.046）	（0.134）	（0.051）	（0.065）
代际年龄差	0.017^{***}	0.022^{***}	0.022^{***}	1.029^{***}
	（0.003）	（0.003）	（0.004）	（0.005）
Controls	YES	YES	YES	YES
省份效应	YES	YES	YES	YES
N	13 487	13 521	7 635	13 521
R^2	0.305	0.159	0.278	0.263

注：***表示 $p<0.01$

23.3.4　异质性分析

至此，本章已验证子女数量显著降低了中老年家庭参与风险金融资产配置的概率，同时代际年龄差的扩大能够对中老年家庭配置风险金融资产起到一定的推动作用。为了进一步考察数量效应与代沟效应在不同环境下的不同表现，本章将样本划分为中年与老年家庭、城镇与农村家庭，以及体制内与体制外家庭，异质性分析结果见表 23-6。

表23-6　异质性分析

变量	风险金融资产持有					
	（1）	（2）	（3）	（4）	（5）	（6）
	中年	老年	城镇	农村	体制内	体制外
子女数量	-0.284^{***}	-0.260^{***}	-0.239^{***}	−0.025	-0.160^{*}	-0.175^{***}
	（0.058）	（0.085）	（0.040）	（0.062）	（0.095）	（0.043）
代际年龄差	0.016^{***}	0.017^{***}	0.017^{***}	0.003	0.015^{***}	0.017^{**}
	（0.004）	（0.004）	（0.003）	（0.008）	（0.004）	（0.007）
Controls	YES	YES	YES	YES	YES	YES
N	9188	4333	8846	3916	2045	7864

注：***表示 $p<0.01$，**表示 $p<0.05$，*表示 $p<0.1$

1. 中老年家庭差异

家庭生命周期理论指出，家庭生命周期不同，家庭各项决策的考虑因素也有所不同，我们首先将样本家庭按照生命周期划分为中年家庭与老年家庭，表 23-6 第（1）列、第（2）列结果显示，整体来看，数量效应和代沟效应在中老年家庭的表现差异并不明显，其中数量效应对中年家庭的影响程度略深。这可能是由于中年时期的家庭面临子女和父母的双重压力，风险承受能力更弱，子女数量越多，中年家庭越倾向于配置低风险、高流动性资产；而老年家庭的子女此时已经大多进入工作稳定期，子女数量的增长总体对老年家庭来说影响并不大。

2. 城镇与农村家庭差异

由于城乡居民在基础设施、传统观念、家庭收入等方面存在显著差异，本章进行了城镇与农村家庭的异质性分析。表 23-6 第（3）列、第（4）列显示子女的数量效应和代沟效应对城镇家庭的作用明显大于农村家庭，这可能是由于城乡居民生育观念的差异，城镇家庭相对重视子女的教育投入，子女数量越多意味着教育支出将越大，再加上城镇地区的住房资产价格较高，挤压了家庭风险金融资产的配置，子女数量的负面效果更大。不仅如此，城镇地区的互联网普及率较高，数字反哺效果更好，代沟效应也就能够发挥更大的作用。农村家庭往往希望子女务农，缓解家庭压力，再加上农村金融体系不完善，数字化水平较低，所以子女对农村家庭参与风险金融市场的影响有限。

3. 体制内与体制外差异

改革开放以来，我国形成了国有（体制内）和非国有（体制外）部门并存的二元劳动力市场结构，二者在人员配置机制、薪酬决定方式和工资及福利水平等方面存在较大差异（吴愈晓等，2015）。本章拟对户主的工作性质进行分类，即按照户主是否在体制内工作划分样本再次对其子女的数量和代沟效应进行检验。表 23-6 第（5）列、第（6）列结果表明，子女数量和代际年龄差对体制外工作的中老年家庭的影响程度更深，代沟效应也存在一定的差异性。导致这一现象的原因可能是国有部门的工资水平和福利待遇相比体制外更高，且增长幅度更大（夏庆杰等，2012），再加上体制内家庭一般住房资源较为充足，抗风险能力较强，子女数量带来的负面效应和子女的反哺效应有所减弱；与此相对，体制外的家庭收入水平相对更低，抗风险能力较弱，子女数量越多的家庭也会储备更多的预防性储蓄以备不时之需，子女数量带来的负效应也会因此而强化。

23.4　结论与启示

本章以 2017 年 CHFS 数据为基础，以中老年家庭为研究对象，分别探讨了子女数量和代际年龄差对家庭风险金融资产配置的影响及其作用机制，并进一步比较了中年与老年家庭、城镇与农村家庭及体制内与体制外家庭之间存在的异质性，研究结果表明以下几点。

①采取工具变量法缓解内生性问题后发现，子女数量的增加显著降低了中老年家庭配置金融风险资产的概率；而代际年龄差的扩大能够对家庭金融风险资产的配置产生一定的促进作用。②我们研究的子女的数量效应和代沟效应的影响机制的结果是，对于数量效应，家庭储蓄、住房资产在其中存在部分中介效应，而人力资本投资存在一定的遮掩效应；另外，由子女的数字反哺引起的互联网使用时间增加在代沟效应中起到了部分中介效应。③在异质性分析部分，我们发现，子女数量效应和代沟效应对中年家庭和城镇家庭的影响程度更大。此外，我们还发现一个具有中国特色的现象，将样本划分为体制内和体制外家庭后，子女的数量效应和代沟效应对体制外的家庭影响程度可能更深。

基于以上结论，我们提出以下相应政策建议：第一，子女数量的增加在一定程度上不利于中老年家庭参与风险金融市场。据此推测，“三孩”政策落地后，有可能对金融市场产生一定的负面效应。对此，需尽快推出金融配套政策，推动国内普惠托育服务和银发经济的发展，进而带动国内大循环和金融体系的完善。第二，数字反哺在代沟效应中起到了一定促进作用。基于此，发展金融服务养老，应深化金融知识普及，不仅针对中老年居民，同时还应注重对其子女的互联网和金融教育，加强学校与社会的协同效应，以充分发挥其正向反哺作用带动中老年家庭参与金融市场。第三，缩小城乡金融差距。针对数量效应和代沟效应的城乡异质性，需要加快推进乡村振兴战略，缩小城乡金融差距，提高农村家庭创收能力，同时优化农村金融体系，发展农村数字普惠金融，为农村居民提供更多更优质的金融服务。第四，加强体制内外的协调。针对体制内外的差异，我们建议，优化二元劳动力市场结构，平衡体制内与体制外的资源配置，让处于不同体制的养老者享受到大致相同的金融服务。

第24章　现有金融服务养老的风险防范与监管完善问题总结

现有的金融服务养老存在着各种风险和监管问题。由前面的分析可知，这些问题主要有金融服务养老的各种创新问题、金融监管难以克服金融服务养老风险问题、金融服务养老的金融审计监督问题、金融服务养老的不良预期影响问题和金融服务养老风险预期的持续性问题。

24.1　金融服务养老的各种创新问题

金融服务养老存在机构、产品、服务、业务、方式方法、制度、监管、模式等方面的创新问题。由于利益的影响和技术进步的作用，金融服务养老出现诸多创新问题。金融机构、养老机构创新不足，养老产品缺少针对性与个性化特点，养老服务缺乏便利性，养老方式方法不够丰富，制度创新不及时，监管创新的动力不足，还没有形成多样化的创新模式。

24.1.1　金融服务养老的全面创新问题

金融服务养老是一个系统工程，其创新涉及一系列内容。没有金融服务养老的全面创新，也就难以有金融服务养老的大发展。但是，金融服务养老的创新也会带来不少问题。金融服务养老的创新有时是局部的，有时是全面的。由于利益的影响和技术进步，金融服务养老的全面创新会遇到不少问题。有的时候，金融机构缺少创新的积极性，所提供的产品、服务、业务不能完全满足养老的需要。

金融监管受到手段、方法、措施的影响，也会缺少创新。特别是监管创新动力的缺乏，在很大程度上制约了金融服务养老的发展。政府有关职能部门受利益的影响也有可能影响制度的创新，导致金融服务养老模式单一。

总之，中国目前大多数养老者对养老资金的使用较为单一，金融服务养老产品创新跟不上时代发展的步伐，养老服务缺少个性化的专门特色。金融服务养老监督仍然同其他金融分业经营监督类似。政府在引导金融服务养老创新中的作用极其有限。迄今为止，中国还没有比较成功的金融服务养老模式。

24.1.2　金融服务养老创新的态度问题

老年人对金融服务养老充满着各种期待。他们怕创新但又期待创新。一方面，由于接受新生事物比较保守，他们担心金融服务养老创新会使他们的利益受损。他们希望金融服务养老产品和服务相对稳定，不希望它随时变动。另一方面，由于对晚年美好生活和幸福生活的向往，他们又期待金融服务养老的创新可以给他们带来更多的好处。他们希望金融服务养老产品和服务不断地创新，从而获得更多、更好的服务，保证他们过上更加幸福的晚年生活。

老年人希望创新可以带来好处，且不会出现风险，更不能有风险损失。如果创新会带来新的风险，那还不如不创新。由于老年人经受不起风险的打击，抗风险的能力特别弱。他们希望或期待的金融服务养老创新是低风险或没有风险的创新。他们期待从创新中获得金融服务养老方面新的好处。从有关的调查研究结果来看，老年人对金融服务养老创新的满意度还有待提高。

24.2　金融监管难以克服金融服务养老风险问题

有关当局对金融服务养老监管经验的缺乏导致了对金融服务养老风险的监管不足问题和监管效率低下的问题。目前，金融服务养老监管还没有将风险降到最低限度。在金融服务养老活动中，老年人利益受损甚至上当受骗时有发生。

24.2.1　金融服务养老风险的监管不足问题

金融服务养老风险的监管不足的主要表现为没有专门的监管机构和监管人员进行监管，对提供服务的机构准入过程监管力度大，退出过程监管力度小，甚至缺少监管的法律制度安排或供给。由于人口老龄化的严重性及金融服务养老市场广阔，许多金融机构都想参与这一领域。监管机构通常是对提供服务养老的机构进行准入监管。有时，金融机构在提供服务时会出现损害老年人利益的情况，实际监管并不到位，甚至还会由于利益关系而出现监管不严现象。当金融机构出现资不抵债、经营困难重重、完全不能提供金融服务养老时，对应退出而没有退出的机构监管不足。

过去，老年人的养老钱总是被骗，这与监管不到位密切相关。现在，参与金融服务养老的收益与风险不对应，与监管不足或监管不到位有关。对金融服务养老作为一般的金融活动进行监管的多，进行的专业化监管少。对金融服务养老功能监管不足，使得其出现监管真空。正是监管不足导致了金融服务养老风险的普遍性及危害的严重性。为了让金融服务养老更快、更好地发展，相关机构必须加强对金融服务养老风险的监管。金融服务养老信息不对称现象普遍存在，给双方带来了不少问题。特别是处于弱势的老年人利用自己的资金、资产、权益通过金融市场参与养老，但对信息了解不全。这就导致老年人上当受骗的现象十分普遍，需要客观上加强对金融服务养老的监管。

24.2.2　金融服务养老风险的监管效率问题

金融服务养老风险的监管效率问题主要是效率不高或说有待提高。金融服务养老监管制度缺失、监管体制不合理、监管沟通协调机制不当，以及缺少对过程和内容的监管导致监管效率低下。由于中国金融服务养老发展的时间不长，缺少监管经验，所以，还并没有建立起完整的金融服务养老监管制度。由于分业监管的体制不尽合理，各监管机构之间缺少沟通协调机制，所以，金融服务养老发展的成本大、收益小。特别是金融服务养老还存在较为严重的重复监管及监管真空。面对重复监管或监管真空，金融监管机构需要加强对金融服务养老风险的监管，不断提高金融服务养老的监管效率。

24.3　金融服务养老的金融审计监督问题

除了内部管理与外部监管外，金融服务养老还需要金融审计监督。金融审计监督既需要对养老资金、养老资产和养老权益进行监督，又需要对有关政策实施情况进行全程跟踪审计。由于金融服务养老兴起的时间不长，金融审计监督还没有对其实现全覆盖。金融审计对金融服务养老发挥的监督作用十分有限。正是如此，建立健全金融服务养老审计监督体制机制非常重要并且具有紧迫性。

24.3.1　金融服务养老需要从外部进行审计监督

金融审计监督是金融服务养老发展的内在要求。它可以为金融服务养老提供良好的秩序，促进金融服务养老监督与管理体制的改革，提高金融服务养老的效率。金融服务养老也需要外部的金融审计监督。只有外部监督健康有效，金融服务养老才能获得持续快速健康的发展。所以，除了自身的内部管理外，金融服务养老外部的审计监督是其良好发展的客观需要。

24.3.2　金融服务养老的审计监督还没有发挥出应有的作用

尽管涉及国有及国有占控股地位的资产已有审计监督，但绝大多数养老资金、养老资产、养老权益还没有被纳入审计监督范围。金融服务养老的审计监督还没有发挥出应有的作用，养老资金、养老资产没有实现审计全覆盖，金融服务养老政策没有实施跟踪审计、经营管理人员的经济责任审计、养老权益审计。现在进行的金融服务养老审计也需要提高监督效率。为了更好地发挥金融审计监督的作用，需要构建以金融审计免疫功能为基础的金融服务养老审计监督机制，以审计全覆盖、大体系为基础的金融服务养老审计监督体系和提高金融服务养老效率的审计监督机制。

24.4 金融服务养老的不良预期问题

预期通过收益、成本和风险影响金融服务养老。同其他经济活动相同，养老者在金融服务养老上存在乐观预期与悲观预期、正确预期与错误预期、理性预期与非理性预期、恰当预期与不恰当预期、合理预期与不合理预期、孔明预期与非孔明预期等（江世银，2010，2012，2014）。这些不同的预期都影响着金融服务养老，特别是会导致供求失衡。

24.4.1 预期对金融服务养老的影响

预期对金融服务养老具有重要的影响。预期影响参与金融服务养老的收益、成本、风险和意愿等方面。有时，它在很大程度上影响着金融服务养老的参与度。

（1）预期影响参与金融服务养老的收益。参与金融服务养老的目的就是获得收益，为养老提供生活保障。为了更好地实现养老，养老者在一个时期或时点付出金融服务养老的成本，目的就是在另一个时期或时点获得比成本更多的收益。参与金融服务养老在一定意义上就是一种以获得预期收益为目的的垫支行为。由于未来时间中各种不确定性的存在，养老风险也总是或多或少存在的。预期收益值偏高是金融服务养老中普遍存在的现象。养老者普遍期待，金融服务养老就是金融机构和其他政府职能部门为养老提供全面的服务。养老者需要什么服务，金融就提供什么服务。养老者需要哪些服务，金融就提供哪些服务。

（2）预期影响参与金融服务养老的成本。天下没有免费的午餐，参与金融服务养老需要付出成本。这些成本就是养老者的养老资金、养老资产或养老财富。将这些成本投资于养老，目的就是获得养老生活的保障。支付了成本可能会获得收益，并且这些收益可能会高于成本。在此过程中，养老者的预期是成本越低越好，收益越多越好，风险越小越好。当预期收益大于成本支付时，养老者参与金融服务养老。当预期收益小于成本支付时，养老者退出金融服务养老。

（3）预期影响参与金融服务养老的风险。金融服务养老本身存在风险，因为金融活动是有风险且有高风险的活动。有风险，就有风险的预期。风险存在也具有不确定性。养老风险的不确定性导致养老者对其难以做出准确的判断或估计。在参与金融服务养老的过程中，养老者往往侧重于对预期利益的考虑或分析，而对潜在风险难以预测。

（4）养老者的预期收益影响着参与金融服务养老的意愿。如果实际收益大于预期收益，他们就会持续参与。如果预期收益难以达到，他们就会退出参与。所以，养老者参与金融服务养老的意愿与预期收益的多少呈高度的正相关。推动金融服务养老发展，需要提高养老者的参与意愿，增加他们的预期收益。

24.4.2　金融服务养老各种预期不良影响问题

正如前述，金融服务养老有乐观的预期与悲观的预期、有正确的预期与错误的预期、有理性的预期与非理性的预期、有恰当的预期与不恰当的预期、有合理的预期与不合理的预期、有孔明预期与非孔明预期。诸多的预期对金融服务养老产生了不同的影响。

（1）金融服务养老的乐观预期与悲观预期的影响。由于支付成本的巨大和风险的存在，养老者难免会根据外部经济环境和养老情况的变化形成乐观预期和悲观预期。乐观的预期使养老者认为，参与金融服务养老值得，对未来的养老生活保障持乐观的看法。他们认为，金融服务养老是一种较好的养老方式，不仅提供了源源不断的生活保障，而且也能保证参与投资的收益最大化、风险最小化。悲观的预期使养老者认为，能否得到金融服务无所谓，金融服务对他们的养老没有多大的作用，对未来的养老生活保障持悲观的看法。他们认为，金融服务养老并不是一种好的养老方式。特别是在面对金融服务养老风险时，他们更是提心吊胆。

（2）金融服务养老的正确预期与错误预期的影响。获得金融服务的养老者的预期有正确的预期，也有错误的预期。正确的预期使养老需求者形成的预期也是正确的。他们认为，金融服务养老既有收益又有风险。没有只有收益而无风险的金融服务养老，也没有只有风险而无收益的金融服务养老。正确的预期与客观事实基本相符。错误的预期使养老者看不到金融服务养老的前景。他们认为，金融服务养老就是圈他们的钱或骗他们的钱。他们甚至看不到金融服务养老给他们带来的好处。

（3）金融服务养老的理性预期与非理性预期的影响。面对金融服务养老，养老者根据服务水平、质量等形成理性的预期和非理性的预期。养老者的理性预期认为，金融服务养老既有好处又有风险。他们根据自己的年龄、养老需要和金融所提供的服务等情况而形成接近实际的预期，比较接近客观现实。养老者的非理性预期认为，金融服务养老是只要有付出就有无限的收益，是理想化的预期。这种预期脱离客观实际，缺少科学的依据，所形成的预期与客观实际相差甚大。

（4）金融服务养老的恰当预期与不恰当预期的影响。有的预期是恰当的，有的预期是不恰当的。恰当的预期使他们的预期与实际偏差不大。即使预期有出入，也可以忽略不计。不恰当的预期与实际偏差较大，无限放大了风险的预期与收益的预期。不管是什么样的预期，只要是不恰当的预期，都会或多或少地影响金融服务养老的过程与结果。

（5）金融服务养老的合理预期与非合理预期的影响。由于对成本与收益的预期有的合理有的不合理，金融服务养老有合理的预期与不合理的预期。合理的预期认为，参与金融服务养老付出成本是理所应当的，一分付出一分收获。不合理的预期认为，金融服务养老就如同政府所提供的社会保障一样是全覆盖的。他们期望收益是无限的，不需要支付任何成本。即便支付成本也是极低的，因为养老者没有劳动，没有收益，是天经地义的社会消费者。特别是他们期望金融机构为其提供只有收益而无成本的服务。养老者的不合理预期影响了他们参与金融服务养老的积极性。

（6）金融服务养老的孔明预期与非孔明预期的影响。绝大多数参与金融服务养老的投资者的预期受信息和预期形成方法的影响，是非孔明预期。非孔明预期使得预期与实际出现的结果存在差距。正是如此，会影响养老者的金融服务养老参与意愿，有时出现金融服务养老的需求不足。确有极少数参与金融服务养老的投资者的预期达到了孔明预期。他们掌握完全的信息，利用科学的预期方法形成预期，预期的结果与实际发生的结果是完全一致的。这种孔明预期使得养老者的金融服务养老参与意愿高，从总体上增加了金融服务养老的需求。

24.5　金融服务养老风险预期的持续性问题

金融服务养老存在风险预期。这种风险预期就是参与金融服务养老的老年人对风险的看法、估计和主观判断。由于老年人厌恶风险，经不起折腾，总是会形成风险预期并将其持续下去，所以，就形成了风险预期的持续性问题。它会一直存在于金融服务养老的过程中。如果对金融服务养老风险预期的持续性问题解决得不好，则势必会影响金融服务养老的发展。

24.5.1　风险预期的持续性导致金融服务养老风险预期增大

本来，金融服务养老的风险不存在或并不严重，但在风险预期持续性的影响下，老年人形成了金融服务养老的风险预期。金融服务养老的风险即便存在，也并不突出，在风险预期的持续性的影响下，老年人形成了金融服务养老风险增大的预期。如果不注重对这方面的预期引导和调节，金融服务养老则将难以获得快速发展。不仅如此，风险预期的持续性会导致金融服务养老风险预期增大。风险预期的增大会固化，特别是老年人，不容易改变这样的预期。风险预期增大被固化后是非常难以改变的。若不改变这种被固化了的风险预期，则将对金融服务养老的发展十分不利。所以，想要金融服务养老过程中的风险预期不被固化，首先就得防止风险预期的持续及扩大。

24.5.2　风险预期的持续性导致金融服务养老风险预期的惯性

预期具有惯性，只要一产生，就会持续存在下去，不仅不会迅速消失，甚至还难以消失。风险预期的持续性导致了金融服务养老风险预期的惯性。金融服务养老风险预期也同样具有惯性。如果金融服务养老过程中的不良的预期、悲观的预期、错误的预期、非理性的预期、不恰当的预期、不合理的预期等一经形成并持续下去，就会形成预期的惯性。这种惯性会影响金融服务养老的正常发展。它主要表现为老年人参与金融服务养老的意愿不高，风险预期增大，不利于金融服务养老的发展。有时，金融服务养老的环境与政策较好，但发展仍然不理想，其中的一个重要原因就是金融服务养老风险预期的惯性影响。

24.5.3　预期传染机制导致金融服务养老风险的放大

本来，即使有金融服务养老风险的存在，其影响也不大，但有时它会被风险预期放大。预期传染机制产生了重要的影响，它造成金融服务养老风险扩大和无限蔓延。正是预期传染机制的影响，导致风险预期增大，进而影响了金融服务养老的发展。如果某种金融服务养老出现风险，其预期传导会非常快，影响非常大，甚至可能使一般的风险演变为系统性的风险。由此可见，要想防止金融服务养老风险放大，就要切断预期传染机制。

24.6　金融服务养老的制度配套不完善问题

除了这些问题外，金融服务养老还存在体制不完全合理问题和法律保护问题等。有的问题是近期的问题，有的问题是长远发展的问题，如金融服务养老监管体制、法律体系问题，金融服务养老的制度配套不完善问题。这些问题包括金融服务养老监管体制机制问题、金融服务养老监管的政策保障问题等。

24.6.1　金融服务养老监管存在的体制机制问题

尽管金融服务养老有越来越多的人参与，发展势头良好，但是，金融服务养老的监管体制机制还不甚合理。金融服务养老没有专门的金融监管机构，都是分散在不同的机构中进行监管，这就难免会出现监管真空、重复监管等问题。监管体制的不合理导致金融服务养老难以从整体上推进。例如，住房反向抵押贷款不仅涉及银行、保险等金融机构，而且还涉及资产评估、会计标准、法律保障等规定。从机制上来说，金融服务养老还没有一个完善的监管机制，一般约束的多，激励的少。如果有一个好的金融服务养老监管机制，那么，金融服务养老会走向良性运行和协调发展。

24.6.2　金融服务养老的政策保障问题

金融服务养老离不开政策的制定和实施。恰当的政策能保证金融服务养老的正常开展。目前，金融服务养老正在兴起，各机构不断推出金融服务养老产品和服务，老年人为了更好的养老生活也需要越来越多的服务。然而，相关的政策没有相应地跟上，政策的滞后性导致金融服务养老实践没有政策依据。这在相当大程度上影响了金融服务养老的发展。而现今已有的政策也仅仅是某个单方面的政策，没有从总体上构建金融服务养老政策体系。所以，要实现金融服务养老的长期可持续发展，需要解决政策保障问题。

此外，金融服务养老需要依法进行。老年人的养老权益、金融机构如何依照法律提供服务、监管机构如何依法进行监管，这些都需要法律法规提供保障。金融服务养老的法律法规不健全，已经影响到了金融服务养老的正常开展。特别是政策没有依法保护参与金融活动获得养老服务的老年人的权益。金融服务养老执法不严、违法不究现象还时有发生。金融服务养老也存在法律保障问题。

总之，金融服务养老中存在的诸多问题，在很大程度上影响了金融服务养老的开展。金融服务养老存在结构性失衡问题和供给侧结构性改革问题。只有找准了这些问题并深刻地揭示其原因，才能更好地促进金融服务养老的发展。也只有努力协调各方面的利益，特别是保护养老者的利益，才能较好地解决金融服务养老中的各种问题。金融服务养老需要解决这些问题进而形成中国路径，并由此提出针对中国实际、可供操作的对策建议。

第五部分　金融服务养老的中国路径研究

本部分主要进行的是金融服务养老的中国路径研究。我们认为，针对中国养老人口众多、未富先老、未备先老的实际情况，金融服务养老应走出一条具有中国特色的道路。有中国特色的金融服务养老路径应是一条既遵循金融服务养老的国际惯例，又结合中国人口老龄化所带来的养老实际的路径。这条路径注重金融服务养老风险防范与监管，逐步形成具有中国特色的金融服务养老体系。随着中国老龄化社会问题的挑战，推进具有中国特色的养老服务模式日益重要，金融如何服务养老，以及金融在国家养老服务中的作用到底如何发挥是一个非常具有现实意义的重大课题。本书在前面三个部分中对已有的金融服务养老相关课题进行了充分研究，包括对金融服务养老的国际经验、风险管理及中国的现状等问题都进行了探讨，为本部分课题研究提供了全面的背景支持。本部分课题我们主要讨论金融服务养老的中国路径问题，在可以确定的中国路径之上，同时研究与此路径相关的目标、供求、创新、风险防范、监督、法律法规及体系等问题，为日益严峻的中国养老服务难题提供可行的金融解决方案。

第25章　金融服务养老的中国路径研究总述

经过前期的探索，可以发现中国人口老龄化日益快速发展面临众多挑战：如何发展养老服务业，加强社会养老服务体系建设；如何立足国情，正确处理政府和市场的关系，实现金融服务养老创新，精准预测金融服务养老路径。这些都是如今中国养老服务决策的现实需求。

金融服务养老的实践在过去已经形成了固有的路径，其中包括制度的设计与创新、参与者的主观价值认同及社会效果。这种路径在时间序列上会形成不同的分布，前后的时点分布之间存在一定的因果关系，并形成一种相互影响的动力机制，路径一旦形成，就具有固有的动力机制。养老服务的供给与政府相关部门、国有企业与民间资本的投入有关。政府相关部门一般迫于民生需求，通过行政权力推动相关政策的出台，国有企业一般基于落实政府政策或者投资收益的考虑投身于养老事业，民间资本更多的是基于利润的追逐而投资于养老事业。除了上述三种模式的养老实践需要金融支持外，金融业本身的金融服务养老供给也是金融服务养老的主要支持手段。传统的金融服务养老路径的发展，形成了固有的模式，这种路径在现有的制度框架下必然产生路径依赖。

不同程度的老龄化问题、不同的经济金融发展状况及不同的金融服务养老要求，决定着不同的路径选择。金融服务养老的中国路径受到老龄化量大、问题严重，经济金融发展落后及金融服务养老需求大的约束。金融可以通过各种路径依赖和选择服务养老。有中国特色的金融服务养老路径不同于西方国家的金融服务养老路径。它是在维持金融服务养老市场的良好运行的基础上，通过适合中国国情的金融服务养老监管机构和金融审计监督等服务养老的。有中国特色的金融服务养老路径是既遵循金融服务养老的国际惯例，又结合中国人口老龄化所带来的养老实际的路径。

25.1　路径、路径依赖与路径选择

路径是专门用来达到目标的道路。路径依赖决定着金融服务养老的具体方式。实现金融服务养老目标，需要进行正确的路径选择，不能照抄西方国家的路径，要结合中国老龄化与金融服务的实际情况来采取相应的中国对策。否则，日益突出的老龄化问题更难以解决。

25.1.1　路径

路径是指通向某个目标的道路。它包括道路、到达目的地的路线等。途径与路径不同。途径特指通向目标的方法、路子。路径则既包含途径的意思又有道路的本意。路径侧重于表示实际存在的路，也表示方式和方法。途径既是方法又是路子，侧重于方式方法，而不是具体、实在的路。由此可见路径与途径的差异。

通常，路径对达到目标具有重要的影响。一个目标能否达到，路径非常重要。正确的路径，有利于顺利达到目标。路径不当，可能会走更多的弯路才能到达目的地，甚至难以达到目标。研究或分析路径就是为了少走弯路，尽可能较为顺利地到达目的地。这就出现了路径依赖与路径选择的概念。达到某个目标，依赖什么路径，进行何种路径选择，都是需要进行探索的。

25.1.2　路径依赖

任何制度都会因起点不同而沿着不同的路径发展，这就是制度经济学中的路径依赖。1993 年，在经济学领域中，美国的 North 是第一个系统阐述路径依赖概念的经济学家。在论述制度经济学制度变迁理论的相关内容中，他指出，新古典经济学理论包含两个错误假定：①制度无关紧要；②时间无关紧要。这说明制度在经济中有重要作用，而路径依赖又是制度变迁的方向，决定着制度的走向。因此，路径依赖就是指演变的历史过程。North 创立了制度变迁的轨迹概念，从制度出发，我们总能找到答案。

所谓路径依赖，是指一旦选择了某个制度或体制，由于规模经济、学习效应、协调效应、适应性预期及既得利益约束等因素的存在，会使之沿着既定的方向得到自我强化。它是一个过程，意味着过去的选择决定了现在可能的选择。也可以说，路径依赖就好比开弓没有回头箭一样。这说明路径依赖是有持续性影响的。North 认为，制度变迁能否成功取决于市场与制度。就完全市场而言，它与制度相结合。就制度带来的报酬而言，North 强调，制度变迁可能呈现出路径依赖轨迹和锁定轨迹。包括风险在内的可能的新收入来源都是内生的，而纯粹的收入再分配情况是外生的。从稀缺和竞争出发，North 认为稀缺导致竞争，而竞争促使人们学习，通过学习人们会改变对现存制度的评价，进而进行选择，使高效率的制度代替低效率的制度。中国金融服务养老的相关制度设计及变迁必须选择良性循环方向的路径依赖模式，使养老服务最终为大众服务，而不是为少数人服务。所以，中国金融服务养老的路径必须遵循原有的制度变迁路径，不断优化相关制度性因素，形成中国特色的金融服务养老路径。

路径依赖理论是一种专门研究为什么存在路径依赖、路径是如何依赖的理论。该理论被总结出来之后，被广泛应用在选择和习惯的各个方面，并由此得到丰富和完善。路径依赖理论认为，后来的制度会受到先前制度选择模式的影响和制约，并对其造成依赖。这一理论还认为，在一定程度上，由于人们总是从过去来预见未来，人们的一切选择都会受到路径依赖的影响。过去做出的选择决定了人们现在可能的选择，现在的可能选择影响将来的可能选择。人们关于习惯的一切理论都可以用路径依赖来解释。

25.1.3 路径选择

路径选择目的是在众多达到目标的路径中确定到达目的地的最佳路径。这种路径选择达到目标的路径最短，花费的成本最小，获得的收益最多，实现的效率最高。有的路径选择也可以达到目标，但得不偿失，经济不可行。所以，有了目标之后，路径选择十分重要。路径选择正确了，才有可能快速取得胜利或成功达到目标。研究路径选择，目的是以最小的成本、最快的速度达到目标，从而获得最多的收益。目标达到了，就说明路径选择是正确的，是切实可行的。

实现目标需要路径依赖，进行路径选择。正确地选择路径，可以降低路径选择的成本，顺利地达到目标。否则，路径选择不当，目标会难以达到，或者达到目标的路径选择成本过高。金融服务养老是一个复杂的过程，在老龄化问题突出、对经济发展制约较大的国家，选择何种路径具有重要的影响。一般说来，达到目标的路径选择多种多样。因此，要结合本国金融服务养老的实际，选择最佳的路径。

25.2　金融服务养老的路径依赖与路径选择

金融服务养老发展有其路径依赖与路径选择。前者是指老年人参与金融服务而达到养老目标的道路。后者是指老年人为达到养老目标而需要进行的最佳路径选择。金融服务养老的路径依赖与路径选择，都是金融服务养老中的重要内容。

25.2.1　金融服务养老的路径

目标与达到目标之间需要恰当的路径。路径决定了达到目标的难易程度。同样，实现金融服务养老的目标，需要采取一定的路径，它决定了金融服务养老的效率。路径恰当，金融服务养老的效率可能会高；路径不当，金融服务养老的效率也会受到影响。有时，路径不当甚至会达不到预期的目的。所以，金融服务养老同其他活动一样，需要采取恰当的路径。

金融服务养老的路径有一般的路径和特殊的路径。金融服务养老的一般路径是影响其全过程的道路。金融服务养老离不开金融机构或养老机构提供的产品或服务，离不开为养老准备的年轻人或正需要养老的老年人的参与，需要受到严格、有效的监管，需要得到政府相关职能部门的支持与管理。一般路径及特殊路径在金融服务养老活动中发挥着各自的作用。一般路径影响着金融服务养老的特殊路径。甚至有时，金融服务养老的一般路径决定着金融服务养老的特殊路径。金融服务养老的特殊路径是指其最佳路径或最优路径。这种特殊性体现在人口老龄化下，因老年人养老需求不同而需要采取最佳或最优的路径。例如，金融服务养老的便捷性、人性化等。金融服务养老的最佳路径需要多样化的产品、便捷和人性化的服务。金融服务养老的最优路径需要参与者以最低的成本，获得最优的服务。具体表现为：金融服务养老的效率是高的，金融机构或养老机构有利可图，为养老准备的年轻人或正需要养老的老年人满意度高，金融监管机构监管效率高，政府相关职能部门的管理形成合力，即无论利益各方，都能达到最优化。金融服务养老的特殊路径是金融服务养老的一般路径的具体体现。

25.2.2　金融服务养老的路径依赖

金融服务养老的发展需要依赖一定的路径。其路径依赖主要是老年人按其需要而参与相应的金融服务养老活动。金融服务养老的路径依赖是：金融机构或养老机构提供金融服务养老产品或服务，老年人根据其需要参与到金融服务活动中，金融监管机构对金融服务养老活动进行监管，政府相关职能部门制定金融服务养老活动的制度、规定或操作流程。

金融机构或养老机构是金融服务养老活动的主体，即提供者；为养老准备的年轻人或正需要养老的老年人是客体，即参与者；金融监管机构是金融服务养老活动的监管者；政府相关职能部门是金融服务养老活动的管理者。不管是什么样的金融服务养老，都应包括金融机构或养老机构，包括为养老准备的年轻人或需要养老服务的老年人，还包括金融监管机构和政府相关职能部门。如果没有金融机构或养老机构提供的产品或服务，金融服务养老就成了无源之水。如果没有为养老准备的年轻人或正需要养老的老年人，金融服务养老就失去了服务的对象。如果没有金融监管机构，金融服务养老就可能会出现各种风险或乱象。如果没有政府相关职能部门，金融服务养老就可能会失序甚至无序进而不能正常发展。

25.2.3　金融服务养老的路径选择

金融服务养老选择什么样的路径，对其发展影响较大。由于人口总数不同，人口老龄化程度不同，人口老龄化的速度不同，需要根据各自的具体情况选择金融服务养老。对于未富先老、未备先老的国家来说，金融服务养老发展更多的选择是采取银行、保险服务方式进行养老。对于经济发展程度较高并且有准备的国家来说，金融服务养老发展更多的选择是采取证券、信托、基金服务方式进行养老。

金融服务养老的发展需要采取恰当的路径，在正确理论的指导下参考借鉴成熟的国家的经验，才能少走弯路，才能走出一条具有本国特色的路子来。有的国家人口与经济社会相适应，老龄人口占总人口的比重恰当，金融服务养老问题不多，即使有问题，解决起来也相对容易。与之不同，有的国家人口众多，人口增长速度过快，经济社会承受不了，老龄人口占总人口的比重过大且增长速度较快，特别是未富先老、未备先老，金融服务养老不仅问题多而且难以解决。这就需要依赖路径选择，走出一条具有本国特色的路子来。中国就属于后一种情况。中国人口众多，老龄化问题严重，未富先老、未备先老非常突出，需要探索有中国特色的金融服务养老路径。

25.3　走有中国特色的金融服务养老路径

走有中国特色的金融服务养老路径既要遵循金融服务养老的国际惯例，又要结合中国人口老龄化所带来的养老实际。这一路径将充分发挥金融机构、金融市场、金融监管、金融审计监督和政府其他职能部门各自服务养老的作用。走有中国特色的金融服务养老路径还必须在中国共产党的领导下，高度重视养老作为主要民生工作的政治意义，充分发挥社会主义制度的优势，以养老服务业健康发展为基本目标，结合中国国情，形成切实可行的制度体系、务实推进相关实施方案、发动社会资金的积极投资、鼓励全国人民行动参与。

25.3.1　金融服务养老路径

金融服务养老路径就是为老年人参与金融服务养老活动所采取的道路、办法和措施。或者说，它是金融机构等相关机构提供养老服务的道路、办法和措施。金融服务养老使老年人和金融机构都能够从中受益。老年人从中获得养老的生活保障，金融机构从中通过服务获得收益。这种路径是养老与金融相结合的路径。采取不同的金融服务养老路径可以通过不同的道路、不同的方面、不同的办法、不同的领域和不同的措施达到一个目标，都是共同为金融服务养老服务的。

（1）金融机构服务养老路径。金融服务养老离不开金融机构的参与与提供的服务。是谁在提供金融服务养老呢？这就是金融服务养老的服务主体问题。这个主体主要依赖于提供金融服务养老机构的参与，包括银行、债券公司等。例如，为养老服务的金融机构提供的服务主要是开展养老理财业务。未来的人们更加关注并采取这一养老模式实现自己的养老，达到老有所养的目标。其他金融机构也各自提供各具特色的养老模式。在老龄化社会条件下，老年人依靠各种金融机构提供的产品和服务进行养老。没有各种提供服务养老的金融机构，就没有金融服务养老活动。这是金融服务养老的最基本的路径。

金融机构服务养老需要积极推进金融机构发展养老服务业。因为养老服务业涉及领域广、产业链长、服务面宽、回报慢、综合效益不明显，金融机构服务养老必须依托金融机构的大力配合和支持。金融机构通过为养老服务业提供投融资、资产管理和运营管理服务，帮助养老机构获得相应的投资回报，从而保证养老服务的有效供给。

（2）金融市场服务养老路径。金融机构通过向老年人提供以养老资金或资产的保值增值为核心，利用金融市场的资金流等去覆盖养老规划、存取汇兑、支付结算等方面的个人养老服务的资产管理服务，来引导释放他们的养老需求，最终目的是满足老年人的金融消费和投资的需求。不管是短期的货币市场还是长期的资本市场，都可以通过它们为养老提供服务，以此满足养老者的各种养老需要。

金融服务养老通过金融市场对养老投资进行检验，客观地反映老年人的养老资金或资产情况，满足老年人养老投资和资金支取的需要。不仅如此，它还有利于分散养老投资风险和拓宽养老投资渠道，满足老年人养老的需要。可以说，金融服务养老丰富了养老方式，为老年人养老方式的选择提供了条件。这种养老是一种能够经受市场评判的养老。随着经济的发展，社会财富的日益扩大，养老者的财富积累也在不断地增加，如何利用自身积累的财富使其保值增值已受到全社会的普遍关注。养老者的养老财富通过参与金融市场服务，不仅使财富实现了保值增值，也满足了养老生活的需要。

（3）金融监管服务养老路径。由于金融服务养老的风险性和安全性，需要金融服务养老监管。金融服务养老监管可以规范金融机构筹集资金，有利于养老服务的可持续发展。它可以使金融机构具有稳定的现金流量，减少养老服务风险因素的干扰，提高金融服务养老的效率。

金融服务养老监管主要是在一般监管制度和规定的基础上制定和实施专门的金融服务养老制度和规定。这些制度包括金融服务养老监管的规定、体制、目标、原则、过程、内容、方法和手段。金融服务养老监管涉及金融服务养老监管的法律法规，金融服务养老监管的心理预期引导和调节，金融服务养老监管的政策、措施等。可见，金融监管服务养老路径有制度层面的、法律法规层面的、政策措施层面的、心理预期层面的路径。制度层面的金融监管服务养老为其提供基本的制度保障。法律法规层面的金融监管服务养老为其提供法律保障。政策措施层面的金融监管服务养老为其提供政策保障。心理预期层面的金融监管服务养老为其提供心理接受上的认可保障。各种金融监管服务养老共同作用于金融服务养老。

（4）金融审计监督服务养老路径。金融审计监督服务养老路径就是由专门进行金融审计的机构对服务养老的机构、金融服务养老资金运行、养老资产运作和政策实施跟踪等进行监督。这是从外部对金融服务养老开展的一种审计监督。它的目的是维护养老者的合法权益，监督相关机构开展正常的养老服务，保证金融服务养老资金或资产的安全运行等。养老者的合法权益包括金融消费的权益、金融投资的权益、金融获益的权益等类别。每种权益都可以进行细分，如养老者金融消费的权益包括日常生存消费、安全消费、医疗消费、护理消费、享乐消费的权益等。凡是涉及金融服务养老的资金，如果进行严格的审计监督，其风险会大大降低。可以说，金融审计监督是金融服务养老的保护伞。

（5）政府其他职能部门服务养老路径。政府的管理职能是关系经济社会发展的重要职能。金融服务养老管理是其发展的重要路径。金融服务养老管理得好，养老投资收益高，老年福利水平也就高，养老者也就越满意。金融服务养老管理得不好，养老投资收益低，老年福利水平也就低，养老者也就越不满意。所以，金融服务养老管理与老年福利水平、满意度是呈高度正相关的。政府其他职能部门服务养老主要是通过制定金融服务养老制度、建立和完善金融服务养老体制机制、制定与实施金融服务养老政策、进行全方位的金融服务养老监管来发挥其职能和重要作用的。

政府其他职能部门服务养老路径主要涉及金融服务养老的相关政府职能机构或部门服务养老。这些路径包括社会保障部门、劳动人事部门、人口老龄委员会、卫生健康部门、科技部门、教育部门等。它们从不同的层面为养老提供金融服务和支持。这些部门从相关的金融政策和规定中直接或间接地服务养老。社会保障部门主要是进行社会保障资金的投资和运营管理服务，劳动人事部门主要是提供养老保险和年金的投资、运营管理服务，人口老龄委员会主要是从养老发展规划、信息统计等方面提供服务，卫生健康部门主要是从长期护理、就医、保健等方面与金融相结合提供服务，科技部门主要是从养老产品创新方面提供金融服务，教育部门主要是从普及和培训金融知识方面提供金融智力服务。它们与金融结合，从不同的角度、不同的层面共同服务于养老。

金融服务养老路径就是充分发挥金融机构的作用为养老提供各种产品服务，为其创造各种便利条件。在这个过程中，各种金融机构、金融市场、金融监管、金融审计监督和政府其他职能部门都可提供多种多样的养老服务方式并采取相应的路径，让养老者感受到金融服务养老的好处，并对金融服务养老产生信任。国内外实践都表明，缺少任何方面的服务都会影响金融服务养老的效率。

25.3.2　有中国特色的金融服务养老路径选择

有中国特色的金融服务养老是基于中国人口老龄化问题突出与金融欠发达相结合的国情而形成的。走有中国特色的金融服务养老路径应遵循这一基本事实，在有中国特色的金融服务养老总路径下，需要维持金融服务养老市场的良好运行，既通过建立适合中国国情的金融服务养老监管机构服务养老，又发挥金融审计监督对金融服务养老的监督作用，还要通过加强金融服务养老的预期管理来引导和调节，建立与完善更加公平、可持续的金融服务养老制度。

（1）有中国特色的金融服务养老总路径。根据人口老龄化趋势和养老的需要，习近平总书记曾经指出：加强人们全生命周期养老准备[①]。适应社会主要矛盾的变化，未来的金融服务养老路径将走出一条具有中国特色的金融服务养老路径。这种金融服务养老瞄准长寿红利，藏富于老、投资于老、服务于老，是有中国特色的金融服务养老总路径。

走有中国特色的金融服务养老路径既要遵循金融服务养老的一般规律，又要结合中国老龄人口多且增长快、经济发展水平不高、金融不断创新的实际，实现老年人日益增长的美好生活需要。储蓄养老很好，但它不如投资养老。虽然老年人爱储蓄，为养老存了很多钱，但是从长期来看储蓄养老仍不如投资养老，而且也存在一些风险。金融服务养老通过投资养老方式改善家庭金融资产配置，把国民储蓄养老变成投资养老。尽管投资养老存在的风险可能会更大，但它更能满足老年人养老的需要。这种路径既不同于西方的金融服务养老，又不同于中国过去传统的养老模式或方式，是能够做到老有所养、老有所靠的金融服务养老路径。

金融服务养老的中国具体路径：需要实现供求平衡；优化金融服务养老环境和创新服务手段，完善养老基本金融设施，避免由金融服务养老创新所带来的风险，兼顾发展创新类个人养老理财产品，不断推出服务养老产品创新，及时推出养老服务的金融创新，实现制度与模式创新；需要防范金融服务养老带来的系统性风险和非系统性风险，增强金融服务养老参与者的风险防范意识，全程防范金融服务养老风险，健全金融服务养老运行、风险防范机制；需要构建金融服务养老的监管体制，充分发挥“一行一会一署”[②]的金融服务养老监管作用，不断完善金融服务养老监管合作机制，继续完善金融服务养老的相关政策，推动金融服务养老落地；完善银行、证券、保险、信托、基金服务养老体系，构建“大养老”“养老大”“老养大”体系；需要建立和完善适应中国金融服务养老的法律法规体系。这是一条具有中国特色的金融服务养老路径。

（2）努力维持金融服务养老市场的良好运行。走有中国特色的金融服务养老路径就是要采取各种办法和措施维持金融服务养老市场的良好运行。金融服务养老市场的良好运行就是供求大体平衡，没有大的波动和风险。不仅金融机构有钱，而且老年人也获益；不仅金融监管机构监管成本低，而且政府的管理效率也高；不仅金融服务养老涉及利益各方满意，而且非涉及利益方也是满意的。也就是说，金融机构、老年人、政府和其他社会各方都对金融服务养老十分满意。对此，凡是能用到的金融服务养老手段、方式、方法，金融服务养老项目、产业、产品、服务都要用上，让金融服务养老处于良性运行和协调发展状态。努力维持金融服务养老市场的良好运行是有中国特色的金融服务养老路径的重要表现。

---

① http://www.xinhuanet.com/politics/2016-05/28/c_1118948763.htm[2021-12-31]。

② 一行一会一署是指中国人民银行、中国金融服务养老管理委员会、中华人民共和国审计署。

金融服务养老市场的运行有良性运行、中性运行和恶性运行。最好的金融服务养老市场运行是良性运行，能满足老年人在金融服务上的需求。这种运行的成本低，服务好，满意度高。最差的金融服务养老市场运行是恶性运行。处于老龄化陷阱的金融服务养老市场运行多半是恶性运行，长期供求失衡，难以满足老年人在金融服务上的需求。这种运行的成本高，收益小，服务差，满意度低。介于二者之间的金融服务养老市场运行是中性运行。它有时能满足老年人在金融服务上的需求，有时不能或不完全能满足老年人在金融服务上的需求。这种运行的成本有时高有时低，服务有时好有时差，满意度有时高有时低。维持金融服务养老市场的良性运行是有条件的。如果不具备条件，金融服务养老市场的运行可能就会由良性运行转化为中性运行。更有甚者，可能转向恶性运行。要实现金融服务养老市场的恶性运行向中性运行转化或中性运行向良性运行转化都要有一个过程，并且需要具备一定的条件。努力维持金融服务养老市场的良好运行是有中国特色的金融服务养老路径的具体体现。

（3）建立适合中国国情的金融服务养老监管机构。尽管目前还没有专门的金融服务养老监管机构，但是，随着金融服务养老的快速发展和金融服务养老监管的客观需要，中国应尽早成立一个专门服务于养老的综合金融监管机构，就是我们建议成立的中国金融服务养老管理委员会。因为中国目前的老龄化问题比任何国家、任何时期都突出，参与金融服务的养老者会越来越多，金融服务养老的规模会越来越大，金融服务养老的问题会越来越突出，仅依靠现有的“一行两会”已经很难履行金融服务养老的监管职责。成立适合中国国情的金融服务养老监管机构进行有效监管，是有中国特色的金融服务养老路径的重要表现。这个机构对提供养老服务的金融机构进行监管，避免养老者遭遇掠夺性条款和欺骗性金融产品及服务，确保其可以获取准确、无误、透明的服务信息，享受公平的待遇和服务。监管机构对养老新产品及时采取措施进行监管。

（4）充分发挥金融审计对金融服务养老的监督作用。金融服务养老涉及人员广，机构众多，服务创新不断，资金规模庞大，内控管理复杂，安全性和收益性要求极高，单凭相关的业务办理机构是难以管理好的，仅仅依靠金融监管机构的监管也是不够的，所以，从外部对金融服务养老进行审计监督是有中国特色的金融服务养老路径的重要体现。从监督上来说，金融审计可促进金融服务养老有效运行，有利于养老资金的正常运行、养老资产的保值增值和养老服务的安全。实践证明，金融审计监督可以为金融服务养老的顺利发展提供外部保证，保证金融服务养老的良性运行和协调发展。金融审计监督的目的在于为金融服务养老提供外部监督服务，让相关的利益机构加强内部管理与控制，提高服务的效率和水平。通过金融审计监督，从外部确保金融服务养老的持续、快速和健康发展，逐步走出一条有中国特色的金融服务养老道路来，由此不断满足老年人日益增长的美好生活需要和晚年幸福生活需要。

对国有及国有占控股地位的金融服务养老的资金或资产、权益，要尽可能实现审计全覆盖并不断完善审计监督。对非国有及非国有占控股地位的金融服务养老资金或资产、权益，要有步骤地将其纳入审计监督。对提供金融服务的养老机构的资金或资产及对养老政策的落实，要实现审计全覆盖。对于金融服务养老的监管机构，要实现审计全覆盖并不断完善审计监督。要在借鉴其他政策实施跟踪审计经验的基础上，实现金融服务养老政策实施的审计监督。总之，对于涉及金融服务养老的任何机构、资金、资产、权益、产品、服务、业务、政策实施、监管等都要纳入审计监督范围。

（5）通过加强金融服务养老的预期管理来引导和调节。预期管理是现代社会管理的重要内容（江世银，2015）。金融服务养老同样存在预期管理。在人口老龄化问题突出、未富先老、未备先老的情况下，老年人对参与金融服务养老活动报有很高的预期。他们期望支付的成本低甚至不支付费用、风险小甚至完全没有风险，获得的回报高。这样理想的预期势必会与现实有差距。当老年人遇到风险时，在没有达到预期结果后，他们可能还会抱怨政府及相关金融机构。鉴于这种情况，金融服务养老相关机构在事前、事中、事后都应进行对老年人收益预期的引导和调节，努力使老年人增加风险的预期，减少收益的预期，形成有利于金融服务养老发展的良好预期，用预期管理来促进金融服务养老发展。

对于非理性的预期，要引导老年人形成理性的预期；对于不合理的预期，要引导老年人形成合理的预期；对于过高的预期，要引导老年人降低其预期；对于悲观的预期，要引导老年人形成乐观的预期；对于过于乐观的预期，要引导老年人形成恰当的预期；对于不好的预期，要引导老年人形成良好的预期；对于消极的预期，要引导老年人形成积极的预期；对于高风险的预期，尽量引导老年人形成低风险的预期；对于不合理收益的预期，尽量引导老年人形成合理收益的预期。总之，通过预期管理，尽量引导和调节金融服务养老预期，使之与实际相一致，特别是通过减少风险预期的持续性来减少预期惯性，形成有利于金融服务养老可持续发展的预期。加强金融服务养老的预期管理是有中国特色的金融服务养老路径的重要方面。

（6）建立与完善更加公平、具有可持续性的金融服务养老制度。西方的金融服务养老获得了较快的发展，与其经济金融发展特别是金融服务养老制度密切相关。有中国特色的金融服务养老制度是建立与完善更加公平、更加具有可持续性的金融服务养老制度。一方面，它更加公平。金融服务养老不是少数养老者的天堂，而是惠及全体老年人的金融服务。另一方面，它具有可持续性。金融服务养老不仅需要满足这一代老年人的养老服务，而且还要满足下一代老年人的养老服务。有中国特色的金融服务养老制度是可持续的金融服务养老制度。这不仅是新时代中国特色的金融服务养老制度优越于西方的金融服务养老制度的根本之所在，而且也是中国养老制度的重要组成部分。

新时代有中国特色的金融服务养老制度也是有中国特色的金融服务养老的具体路径。它是一条让老年人在金融服务方面实现老有所养、老有所金、老有所融、老有所资、老有所产、老有所权、老有所理、老有所务，围绕老有所生、老有所活、护有所融、融有所服、病有所医而服务于养老的路径[①]。这一制度下的金融服务养老使得养老者能够更好地养老。老有所养就是老了有吃有穿，老有所金就是老了手中有钱，老有所融就是老了还能进行资金融通，老有所资就是老了还能拥有养老资产，老有所产就是老了还有家业，老有所权就是老了拥有养老的权益，老有所理就是老了能够得到护理，老有所务就是老了也能获得所需要的服务。也就是说，老年人不是老了就无依无靠，而是老了有老的生活。

总之，有中国特色的金融服务养老路径适应中国人口老龄化问题突出、未富先老、未备先老的需要，既不同于西方国家的金融服务养老，又不同于中国传统方式的养老，而是一条让老年人在金融服务方面实现老有所养、老有所金、老有所融、老有所资、老有所产、老有所权、老有所理、老有所务，围绕老有所生、老有所活、护有所融、融有所服、病有所医的目标而选择服务养老的恰当路径。

25.4 有中国特色的金融服务养老路径的实施步骤

改革开放以来，中国在养老服务业和养老金融中的实践与探索为建立有中国特色的金融服务养老路径提供了坚实的基础。2011 年 12 月，《社会养老服务体系建设规划（2011—2015 年）》实施，这可视为中国首个提及养老和金融相结合的政府文件。这些举措为金融服务养老发展提供了路径依赖的条件，但要最终形成有中国特色的金融服务养老路径还需要经历相当长一个阶段。

中国不仅是世界上老年人口最多的国家，而且也是全球人口老龄化速度最快的国家。未来老龄化形势不可逆转，中国已经并将继续成为老龄化规模最大的国家。2013 年，中国老年人口超过了 2 亿，根据全国老龄工作委员会办公室

① 根据《中国老龄事业发展“十二五”规划》，老龄工作的目标是：老有所养、老有所医、老有所教、老有所学、老有所为、老有所乐。这“六老”工作目标上实际上分别对应养老产业的各种产品和服务。

曾经的预测，2026 年将超过 3 亿，2037 年将超过 4 亿，2050 年前后将达到峰值，为近 5 亿。中国老龄人口是发达国家的 2 倍以上，养老问题比其他任何国家都突出。在中国，参与金融服务养老的老年人比例很小，金融如何服务养老还是一个崭新的课题。可以预料的是，金融服务养老能够更好地解决中国的老龄化问题。国外的养老问题是在十分富裕、广泛储蓄和充分准备后出现的问题，而中国的养老问题是在“未富先老”“未储先老”“未备先老”的情况下出现的。国外金融服务养老经验为中国在金融服务养老管理、风险防范和模式选择方面提供了重要的参考与启示。中国发展金融服务养老需要参考国外成功的经验，结合中国养老实际，走出一条具有中国特色的道路

25.4.1　第一阶段是完善法规阶段（2021 年之前）

第一阶段是在达成大力发展养老服务的共识后，由政府主导推进完善金融服务养老的法律法规。为了适应金融服务养老发展的需要，《关于金融支持养老服务业加快发展的指导意见》颁布实施，这是中国第一次从国家层面对养老领域金融服务做出的重要指导。这一阶段，有关金融服务养老的法规发布了约 10 个，显示金融服务养老进入完善法规阶段。

25.4.2　第二阶段是服务优化阶段（2022~2030 年）

第二阶段的重点是形成完善的银行、证券、保险、信托、基金等金融服务养老体系。金融服务养老的目标是基本建成与人口老龄化进程相适应的金融服务养老体系。在金融服务养老产业方面，进一步完善养老服务企业上市和债券融资的法规，形成有利于养老服务企业的融资机制。在养老金管理方面，开展多元化的管理模式。大力发展养老型目标基金产品与进行其他创新，完善多支柱的养老保险体系。积极借鉴国际经验，推进形成完善的金融服务养老体系，提升金融服务老年群体的可获得性。

25.4.3　第三阶段是完善金融服务养老阶段（2030 年之后）

第三阶段是加强金融服务养老的监管和绩效评价。形成金融服务业和养老服

务业和谐发展和优先发展的机制，达到金融服务养老的供求平衡，使中国养老事业得到老龄群体及其家庭的认可。重点监管民间资本投资的养老服务企业，避免老龄消费者权益受到损害。对于中低收入群体和农村贫困地区老龄群体，政府应该发挥兜底的功能，避免在我们这样一个社会主义大国出现因养老问题引发的家庭悲剧，切实解决好人民关心的养老民生难题。

有中国特色的金融服务养老路径既遵循金融服务养老的一般规律又结合中国老龄人口众多、增长过快、未富先老、未备先老的实际，需要不断地增加供给满足其需求。总的来看，形成有中国特色的金融服务养老路径还需要经历相当长的一个阶段。

第 26 章　切实解决金融服务养老的供求失衡问题

金融服务养老的运行可能会出现供大于求，也可能出现求大于供，还可能出现供求大体平衡的情况。在受经济发展，特别是资产有限、收入水平不高的条件制约，老年人的金融服务需求长期被抑制，从而影响了金融服务养老的供求平衡。金融服务养老的中国路径需要实现金融服务养老的可持续发展。要实现金融服务养老的可持续发展，需要切实解决金融服务养老的供求失衡问题。因为只有供求平衡了，金融服务养老才能获得长期可持续发展，见图 26-1。

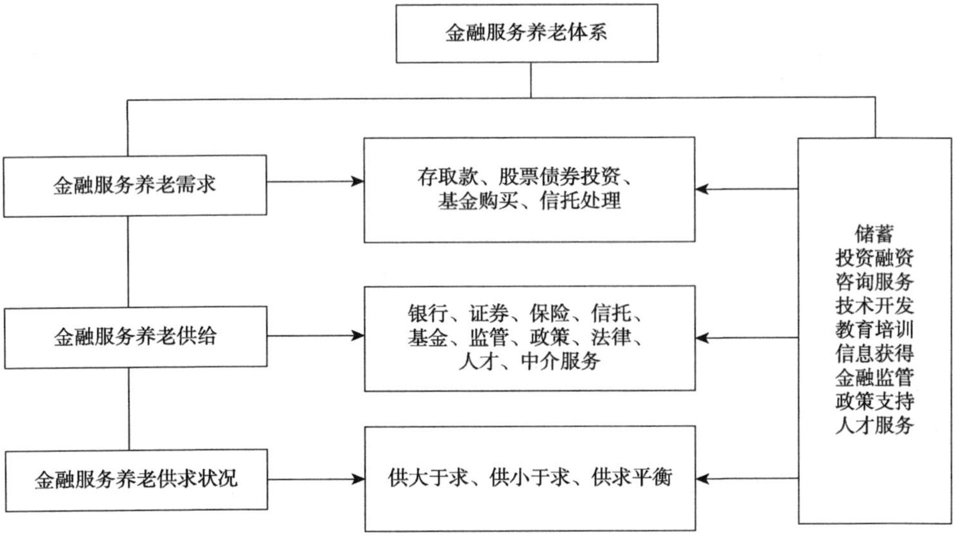

图 26-1　金融服务养老供求

26.1　不断地增加金融服务养老的需求

养老者既有投资理财的一般金融需求，也有与健康、教育、休闲、保健、护理和维权等相结合的特殊金融服务需求。增加金融服务养老的需求，需要探索适应中国老龄化问题严重、老龄人口增长快实际的路径，并采取恰当的政策推进金融服务养老的发展。

26.1.1　增加金融服务养老的需求路径

养老理财、养老基金和养老信托等养老服务层出不穷，可供老年人养老投资选择。金融服务养老专门服务于老年人的各方面需求，具有较强的针对性和有效性，能增加老年人的生活效用（建投研究院，2016）。有关机构可采取恰当的路径增加金融服务养老的需求。

（1）不断增加老年人的金融服务养老需求。金融机构向老年人提供金融专业知识普及教育，利用线上线下多渠道方式，加大理财产品等新型金融产品的知识普及力度，保护老年人的合法权益。适应老年人养老的需要，提高金融服务的便捷性并满足老年人多元化的金融服务养老需求。在低端的服务需求被满足后，金融机构应及时推出高端的金融产品和服务。为了充分保护老年人获得金融服务的权益，金融机构允许老年人在一定期限内拥有反悔权，以此提高他们参与金融服务养老的意愿。

（2）增加老年人的收入预期。老年人参与金融服务养老，除安全性外，还需要考虑收益性和流动性。能否增加收入预期是影响老年人是否参与金融服务养老活动的重要因素。如果老年人的收入预期不佳或不稳定，他们就没有意愿或只有很低的意愿参与金融服务养老活动，这或多或少会影响金融服务养老的需求。政府应出台相关的养老政策和其他社会福利政策，让老年人增加收入预期，由此形成良好的收入预期进而增加金融服务养老的需求。

（3）降低金融服务养老的风险。老年人属于弱势群体，其理财最关心的是资金等的安全性。在参与金融服务养老过程中，各种风险无时、无处不在。只有不断地降低金融服务养老的风险，才能增加金融服务养老的需求。降低金融服务养老风险的过程，不仅是增加金融服务养老需求的过程，而且也是增加金融服务养老需求的路径。当风险出现时尽量降低金融服务养老的风险，当风险还没有出现时将金融服务养老风险消除在萌芽状态。有风险并不可怕，只要能降低风险，将风险降到可控范围，让养老者放心，就可以大大增加金融服务养老的有效需求。

（4）解除老年人养老的后顾之忧。尽管老年人有养老资金、养老资产等财富或其他养老权益，但养老后顾之忧的存在也会在很大程度上影响老年人参与金融服务养老的意愿和需求。这就需要解除老年人养老的后顾之忧。解除老年人养老的后顾之忧是增加金融服务养老需求的路径之一。第三支柱养老金的实质是在个人自愿基础上，自主进行养老储蓄、养老保险和养老投资选择。它可以成为解除老年人养老后顾之忧的有效手段。

（5）更新养老的观念。传统的养老观念在很大程度上制约着金融服务养老的开展。那种自我养老或养儿防老难以适应社会经济发展的需要。由于金融服务养老还处于起步阶段，金融市场发展还不完善，养老投资产品种类不多，导致很多养老者都选择银行储蓄模式养老。这种养老方式风险小，但受通货膨胀的影响大。即便老年人有住房等养老资产，但一般是由子女继承的，反过来，子女提供养老也是天经地义的。这种传统的养老观念在很大程度上制约了金融服务养老活动的开展。只有更新观念，才会有越来越多的老年人参与金融服务养老活动，不断增加金融服务养老需求。

养老观念的更新，使老年人认识到金融服务养老与自我养老、养儿防老或政府养老金养老只是模式或方式的不同。金融服务养老更加强调在步入老龄前的准备及进入老年而退出劳动后进行的再投资。金融服务养老不是简单的金融机构养老，而是通过它提供的服务而养老。当然，在不断地增加金融服务养老需求的同时，也要对过度的需求进行抑制。对老年人的金融产品需求及未来因老龄化而可能导致的融资需求增大的情况，有关部门有必要采取适当的限制措施。这些都需要更新养老的观念。

26.1.2　不断地增加金融服务养老的需求政策

增加金融服务养老的需求，也需要较好的需求政策。政府有关职能部门要制定和实施完善的需求政策，鼓励老年人积极参与金融服务养老，减少政府养老的负担。

（1）以增加收入来增加金融服务养老的需求。收入决定投资需求和消费需求。收入的多少决定金融服务养老的需求规模。正因如此，促进金融服务养老发展，需要改革收入分配制度，通过增加老年人收入适当向他们倾斜。随着经济的发展，老年人可以不断增加可支配收入，以此不断地增加金融服务养老的需求。

（2）满足老年人最低的生活需要。政府对不管是否参与金融服务养老活动的老年人都随时提供最基本的或最低的生活需要。只有满足了吃、喝、住、穿、用、行等最基本的生存需要，才能提高老年人参与金融服务养老活动的意愿，满足他们对更高层次生活的向往。政府的基础养老金所提供的最基本的或最低的生活需要就是最基本的养老保障、生活护理和医疗保障。这些都是养老者最基本、最起码的养老生活需要。政府要满足他们的基本需要，需要制定相关的政策以使其有制度上的保障。所以，制定和实施专门保护养老者利益的养老政策是非常有必要的。

（3）减少金融服务养老的风险。金融服务养老的风险直接影响着需求。对于有养老服务需求的人来说，因为养老资金具有风险分散和跨期支付功能，所以它能规避风险。只有这样，才能与养老保障和财富传承相匹配。养老风险的存在，或多或少地影响了老年者的养老选择，特别是养老的需求。为了增加金融服务养老的需求，政府应将风险降到最低限度，让年老者没有顾虑地安度晚年。

与其他人群相比，老年人的消费水平相对较低，但仍需要满足其最低生活的需要。为了解决老年人最低的生活需要问题，政府配合金融服务养老安排了专款为养老者的基本生活需要提供保障。特别是那些既没有养老资金、养老资产或权益，又没有子女的老年人，为其提供基本生活需要是非常重要的。否则，老年贫困与金融服务养老是不相称的。

26.2　确保持续的金融服务养老供给

金融服务养老需要确保持续的供给。只有保持持续的供给，才能满足老年人的需要，实现金融服务养老的可持续发展。

26.2.1　确保持续的金融服务养老供给路径

除了增加金融服务养老的需求外，它的发展还需要确保持续的供给。只有制订和实施金融服务养老发展中长期规划，为老年人提供专业金融服务和个性化的自助金融服务，普及金融知识及加强金融服务养老人才队伍建设，给予老年人养老投资选择权，建立“大养老”的金融服务供给体系，防止出现老龄化陷阱等，才能确保持续的金融服务养老供给。

（1）制订和实施金融服务养老发展中长期规划。金融服务养老不是一时之计，需要实现可持续发展。确保持续的金融服务养老供给，需要根据中国金融服务养老需求的实际，制订和实施一系列的金融服务养老发展规划。这些规划包括金融服务养老五年发展规划、十年发展规划、二十年发展规划和五十年发展规划。根据老年人口规模增长速度及老年人养老需求增加的现实情况，金融服务养老发展五十年规划属于长期规划，二十年规划、十年规划、五年规划属于中期规划。它们都属于中长期规划。金融服务养老中长期规划的主要内容包括：中国老年人口规模增长情况，金融服务需求趋势，金融机构、养老机构的数量，养老资金、养老资产总额及其增长率，养老资金、养老资产、养老权益利用情况，金融服务养老政策及其他实施保障等。

（2）为老年人提供专业金融服务。老年人是特殊的人群，需要特殊的服务。为解决老年人取款等候时间长等问题，银行设立老年通道，进行上门服务，免费为社保金客户办理折换卡业务，向老年人广泛宣传使用手机银行、网上银行、自助银行等的好处和便利；开通老年专服柜台，由银行大堂经理为老年人进行面对面、一对一的操作指导；增加对服务人员的金融服务养老满意度考核。不会因为养老服务麻烦、利润不佳而出现歧视现象。通过多形式的老年专服，鼓励老年人更多地使用自助设备，不断提高他们使用自助服务的能力，让老年人通过自助服务感受到金融服务养老的好处。与此同时，对办理提前支取业务或进行投资理财的情况，银行可以提供老年人专属咨询，增加优质服务。银行等可精心安排专门人员主动了解老年人的需求，现场解决操作问题和提供专门的咨询，减少老年人不必要的担忧，让老年人感受到金融服务养老的便利性和益处。

（3）为老年人提供个性化的自助金融服务。自助银行服务既可避免奔波之苦，又可遏制冒领养老资金的行为。在大数据、人工智能和区块链时代，金融机构应发挥金融电子化的科技优势，为老年人提供自助服务。特别是推出简单且易为老年人接受的产品，着力为其提供一系列简单、便利的金融服务操作流程。除了吸收、运作养老资金外，未来的金融服务养老还应提供退休消费规划。这些服务以自助金融服务为主，主要是满足老年人的理财需求和生活需求。针对老年人身体不便、活动范围小、追求简便操作等特征，金融服务可采取远程授权和简便操作等流程，方便养老者开展金融服务养老业务。金融机构为老年人提供小额快捷支付通道，将医院挂号、公交支付、物业缴费、市场购买、休闲支付等与金融结合起来，切实解决便民支付问题。银行为养老者特别是年老体弱多病者提供就医便利。在老年人的日常生活中，将金融与公交、物业、菜场等结合，为他们提供便利的金融服务。银行可为老年人的自助旅游休闲提供便利的自助结算服务。相关机构在办理金融服务养老业务时借助移动互联网认证，可大大提高金融服务养老的便利性、可得性和可达性。即使养老者身在异地或行动不便，刷脸认证也可随时随地完成。

（4）普及金融知识。大部分老年人文化程度不高，连基本的金融常识都没有，何谈参与金融服务养老。他们习惯于到柜台办理业务，不习惯于自助设备，因为他们存在畏难甚至抵触情绪。这增加了银行柜台业务办理的压力，给大力发展金融服务养老带来了不少问题。其中的重要原因是金融教育的落后，特别是金融知识的欠缺。金融机构应注重对老年人金融知识的培训教育。普及金融知识，主要包括如何识别常见的理财骗局等内容。相关机构应充分利用营业网点宣传栏、电子视频设备及报刊，在老年人经常活动的社区、超市、公园、养老健身地方和其他活动集中场所等，宣传和介绍银行自助系统的使用方法。广泛宣传金融常识，通过相关机构和媒体教会老年人使用网上银行、手机银行、电话银行及银行自助设备，消除老年人对现代金融服务手段的恐惧，提高网点服务效率和水平。凡是有利于养老需求者接受的宣传手段都用上，大力普及金融教育。为了提高金融服务质量，一方面，金融机构要严格进行风险管理，避免出现系统性风险进而造成巨大的损失，也要在提供服务时向客户明确风险；另一方面，金融机构还要承担起向各社会群体宣传金融知识的责任，避免他们由于自身知识、能力不足而遭受损失（卢亚娟等，2018b）。针对因现代金融快速发展而产生的各种新产品、新技术、新服务，金融机构在进行金融创新和业务拓展的同时，要将金融知识送进社区、送进家庭、送进老年人群体，积极开展针对老年人的金融常识普及教育活动，为老年人进行金融扫盲，特别是加强老年人养老投资与养老理财的教育普及与知识培训。持续为老年人普及金融知识，与报纸杂志、广播电视、手机、网络等老年人接触多的媒介建立沟通合作纽带。对老年人进行风险预警宣传与教育，提高他们的风险防范意识，让全社会共同防范金融诈骗。

（5）加强金融服务养老人才队伍建设。金融机构服务养老，需要各种各样的专门人才参与预测养老者的服务需求变化，制订相应的金融服务方案供其选择。这些人才主要是进行养老规划与个人投资理财。金融服务养老资金或资产的管理，需要既懂金融又懂专业护理的专业技术人才。这类人才主要是进行专门的养老护理与金融服务供给。

（6）给予老年人养老投资选择权。金融服务养老涉及金融服务养老投资。在金融服务养老投资过程中，金融机构在严格控制养老投资风险的同时还应采取灵活多样的投资方式，给予老年人养老投资更多的选择权和知情权。对于不同的风险承受能力者和拥有不同金融知识水平的老年群体，在制度和政策上宜采取不同的养老风险投资。一般说来，对有较高金融知识水平且风险承受能力强的老年人，可以放开个人投资选择权，允许他们自主选择、自担风险。金融机构面向众多的养老者提供综合金融服务，提供健康管理、财产保障、精神慰藉和法律顾问等多种增值服务。

（7）建立“大养老”的金融服务供给体系。发达完善的“大养老”金融服务供给体系不仅有利于金融服务养老的发展，而且有利于老年人拥有美好的养老生活。“大养老”的金融服务供给体系涉及金融机构、养老机构、金融监管机构和政府相关职能部门。各种金融机构是金融服务养老产品、服务的供给主体，各种养老机构主要是配合提供养老服务，金融监管机构制度和规定的供给主体，政府相关职能部门主要是制定相关的金融服务养老规定。它们各有各的作用，共同服务于养老。“大养老”的金融服务供给机构体系的建立需要多机构、多部门、多方面的分工作用与相互配合，努力实现在各个部分发挥自身作用的基础上形成金融服务养老的巨大合力。

（8）防止出现老龄化陷阱。老龄化陷阱是中国可能出现的养老问题。在老龄化问题日益突出的情况下，要不断地增加金融服务养老供给，防止老龄化陷阱的出现。第一，不断地增加提供服务养老的金融机构和养老机构。凡是符合金融服务养老要求的金融机构或养老机构，按照相关规定予以批准。充分发挥各种银行金融机构与非银行金融机构在养老服务中的作用，允许养老机构也参与到金融服务中去。第二，努力实现金融服务养老产品和服务的供给保障。不断地推动技术进步，充分发挥人工智能的作用，积极推动产品和服务创新，增加有效供给。积极开拓新的金融服务养老渠道和方式，让金融服务养老的需求者有充分的选择余地和空间，实现养老生活与金融服务的有机结合。

此外，相关机构还需要为营造良好的金融服务养老环境各负其责。加强金融服务养老教育，防止养老者受骗。根据当前老年人金融教育缺失的现状，加强对金融服务养老消费群体的风险承受能力评估、老年人的金融教育等，完善金融服务养老销售流程的监管机制，切实保护养老消费者利益。排查市场上现存的金融服务养老产品，及时叫停不合规的金融产品销售，规范市场秩序。为营造良好的环境，一方面，金融机构要进一步公开银行信息，多方位进行信息披露，稳定老年人的心理预期，增强老年人对金融机构的信心，既不盲目从众又不相互攀比。另一方面，通过向其提供个人金融服务以解决养老规划、支付结算、生命保险等问题，持续满足老年人的消费需求。在规范金融服务养老行业的管理与运作的同时，加强政府对金融机构与市场的监管，及时公开涉及养老的金融信息，严厉打击金融诈骗等违法行为。有关金融服务养老法律制度供给问题的解决将在第 31 章中提及。

26.2.2　确保持续实行各种金融服务养老供给政策

金融服务养老的可持续发展，需要相关政策体系的持续供给。能否持续提供相关的政策，关系到金融服务养老的发展。金融服务养老制度和一系列相关政策的出台，明确了金融服务养老的发展路径。为实现金融服务养老的创新，各种机构需要提供更加丰富多样的金融产品和服务，不断丰富金融服务养老的内容和形式。从金融服务养老供给政策来说，就是要提供实现美好生活的金融服务养老供给政策体系和良好的社会环境。

（1）实现脱贫和迈向小康时期的金融服务养老供给政策。在实现脱贫和迈向小康时期，政策陆续出台，金融服务养老发展路径初步明确，相关政策制度为银行服务养老业务开展提供了依据。2009 年 3 月，《关于进一步加强银行卡服务和管理有关问题的通知》区分了服务对象，要求各银行开设老弱病残绿色通道，做到急老年人之所需，必要时提供上门服务。政策的目的都是提高服务的满意度。这是专门的金融养老服务政策。

金融服务养老随着经济金融的发展和收入水平的提高而产生，也随着金融服务养老政策的制定和实施而发展，特别是金融服务养老政策促进了金融服务养老需求的不断增加。为适应养老服务发展的需要，国家应逐渐加大对养老服务业的扶持力度，出台一系列的政策，并将金融服务养老作为养老服务业的重要内容，逐步明晰金融服务养老的发展路径。要满足金融服务养老的需求，还需要各方面的政策支持，因此，各部门相继出台一系列支持养老服务业发展的政策文件。2011 年 12 月，《社会养老服务体系建设规划（2011—2015 年）》提出了鼓励和引导金融机构创新金融产品和服务方式，改进和完善对社会养老服务产业的金融服务，增加对养老服务的信贷投入，拓展社会养老服务产业市场化融资渠道。金融服务养老产业、产品和服务等都是金融服务养老的重要组成部分。“老年金融服务”概念在《关于加快发展养老服务业的若干意见》中首次被提出，这表明国家开始重视金融服务养老。最近几年，《关于推动养老服务产业发展的指导意见》《关于推进养老服务发展的意见》等金融服务养老政策颁布实施。这些金融服务养老供给政策为金融服务养老的发展提供了金融保证。

（2）实现美好生活时期的金融服务养老供给政策。这包括以银行、证券、保险、基金和信托为主体的服务养老政策。2011~2020 年，《养老机构设立许可办法》《养老机构管理办法》政策的出台，引发了投资者对养老的关注和投资。《关于全面放开养老服务市场提升养老服务质量的若干意见》《关于推进养老服务发展的意见》的制定与实施，真正实现了养老相关具体政策的落实。2020 年后，国家针对养老产业的发展又发布了一系列文件。相关制度与政策为金融服务养老业务的开展提供了基本的依据。

第一，以银行为主体的服务养老政策。银行服务养老，特别需要国家通过制定和实施金融服务养老的中长期规划及相关政策来确保其顺利实施。银行业开发了一系列专业金融服务养老产品，形成了以银行为主体的服务养老领域。《关于加快发展养老服务业的若干意见》《关于金融支持养老服务业加快发展的指导意见》从供给上提出了构建金融服务养老体系的相关政策，成为养老和金融结合的重要政策文件。这些意见也提出要创新养老资金运用方式，推动基本养老保险基金、全国社会保障基金、企业年金基金、职业年金基金委托市场化机构等多种渠道开展投资，实现资金保值增值，提升金融服务能力。养老资金创新运用方式为金融服务养老提供了资金来源和运用方式。

第二，以证券为主体的服务养老政策。证券业推出了专项债券投资等养老型产品和服务，形成了以证券为主体的服务养老领域。2014 年 9 月，《关于加快推进健康与养老服务工程建设的通知》(简称《通知》)提出了加快推进健康与养老服务建设的重要意义、目标与原则、实施安排和政策措施。除了银行服务养老外，《通知》还提出了以证券为主体的服务养老政策，加大金融支持力度。2015 年 4 月，《养老产业专项债券发行指引》旨在加大债券融资方式对养老服务的支持，积极开展债券品种创新。2018 年 2 月，《养老目标证券投资基金指引(试行)》旨在推出养老目标基金。这个指引为证券服务养老提供了导向。在未来，养老股票、养老债券具有上升的趋势，在金融服务养老中所占的比重也会越来越大。相应地，所出台的以证券为主体的服务养老政策也会越来越多。我们建议，根据需要和发展趋势，政府应尽快出台一系列证券服务养老的政策。

第三，以保险为主体的服务养老政策。保险业不断完善其个人商业养老保险、住房反向抵押养老保险和养老保障委托管理业务等，形成了以保险为主体的服务养老领域。这些领域还缺少系统的政策支持，仅有一些原则性的规定，有的缺少可操作性，有的在实际操作中变了样。从养老保险政策来看，这方面的政策既有国家顶层制度的设计，又有管理机构的具体规定。国家先后发布了《关于加快发展养老服务业的若干意见》《关于加快发展商业健康保险的若干意见》《关于金融支持养老服务业加快发展的指导意见》《关于加快发展商业养老保险的若干意见》，提出了完善多层次社会养老保险体系，特别强调补充养老保险和第三支柱个人税延养老保险的重要性。如果离开金融服务，这些社会养老保险就难以有效地运转。这些国家层面政策的出台，为商业保险服务养老做出明确、细致、操作性强的顶层设计和路径规划提供了制度保障。“以房养老”是养老的重要方式和手段。商业保险公司选择北京、上海等地率先试点，积累了一些经验。

2014 年 8 月，《关于加快发展现代保险服务业的若干意见》要求，把商业保险建成社会保障体系的重要支柱。2015 年 7 月，《养老保障管理业务管理办法》规定，养老保险公司可以开展养老保障业务。此后，养老保障管理业务发展迅速，虽然还存在许多问题，但是这些规定不仅为保险服务养老提供了基本的政策依据，而且也为具体政策实施提供了操作依据。2016 年 3 月，《关于金融支持养老服务业加快发展的指导意见》对加快保险产品和服务方式创新产生了重要的影响，金融服务养老在其中大有可为。

为了发展个人税收递延型商业养老保险，2017 年 6 月，《关于加快发展商业养老保险的若干意见》明确了到2018年前，启动个人税收递延型商业养老保险试点。它是金融服务养老与税收相结合的产物。2018年4月，《关于开展个人税收递延型商业养老保险试点的通知》中提出了个人税收递延型商业养老保险的开展，特别是规范税延养老保险产品的开发设计。2018年5月，《个人税收递延型商业养老保险产品开发指引》将税延养老保险产品积累期养老资金的收益区分为不同的类型。这种养老保险对于投资者来说享有较大的税收激励优惠。它是一种新型的金融服务养老方式，对于加强养老资金或资产与资本市场之间的互动具有重要的意义。

第四，以基金为主体的服务养老政策。基金业探索出生命周期基金和养老主题基金等养老型基金，形成了以基金为主体的服务养老领域。2014年9月，《关于加快推进健康与养老服务工程建设的通知》特别提出了以基金为主体的服务养老政策，主要是政府引导、推动设立由金融和产业资本共同筹资的健康产业投资基金。2015年8月，《基本养老保险基金投资管理办法》规定，只要是能够满足养老需要的全部金融产品，基本养老保险基金都可以投资，养老基金可以进入资本市场，成为长期战略投资者。该资金仅可用于境内投资，既包括债券、票据、股票、期货等金融工具的交易，也包括参与国家重大工程、地方具有核心竞争力的龙头企业的股权投资等。该办法还规定投资于银行活期存款、中央银行票据、货币市场基金及其他流动性资产的比例不得低于总资产的5%等。除此之外对于其他类型的投资均有不同程度的监管要求。这些规定为证券服务养老提供了基本的政策支持。

2016年3月，《关于金融支持养老服务业加快发展的指导意见》首次提出养老型基金产品。它提出积极开发可提供长期稳定收益、符合跨生命周期需求的差异化的金融服务养老产品。这是在政策层面首次提出“养老型基金产品”概念，标志着基金服务养老的开始。随着基金的发展，特别是养老基金的快速发展，我们建议，加快制定和实施有利于养老基金可持续发展的一系列政策，包括养老基金投资、转让、营运、管理政策等。以基金为主体的服务养老政策既注重投资收益又注重风险防范。

第五，以信托为主体的服务养老政策。信托服务养老是金融服务养老的主要组织形式。养老信托业务运作资金数额巨大，如果因监管不力导致运作失败，将会给养老参与者造成巨大的损失。所以，以信托为主体的服务养老政策至关重要，它能为信托服务养老提供基本的依据。

1986年，《金融信托投资机构管理暂行规定》对信托资金来源进行了规范。国家对信托业的管理开始走向法治化道路。2001年1月，《信托投资公司管理办法》对信托管理进行了清理和规范。同时，作为信托业基本法律的《中华人民共和国信托法》诞生，以法律重构的方式引导信托业健康、稳定发展。2002

年 6 月，《信托投资公司资金信托管理暂行办法》实施。至此，信托业形成了“一法两规”的法制基本架构。2008 年 12 月发布的《银行与信托公司业务合作指引》和 2010 年发布的《关于规范银信理财合作业务有关事项的通知》，进一步加强了对信托的管理。2014 年 12 月，中国出现了首只养老消费信托产品。2016 年 3 月，《关于金融支持养老服务业加快发展的指导意见》提出加快老年信托产品创新。这些政策有力地支持了养老信托的发展。随着信托的发展，特别是养老信托的快速发展，我们建议，加快制定和实施有利于养老信托长远发展的一系列政策。

第六，以金融综合为主体的服务养老政策。2013 年 9 月，《关于加快发展养老服务业的若干意见》提出了“老年金融服务”的概念。它提出从提供养老服务的金融机构的高度去开发金融服务养老产品。但是，已有政策也难以具体地操作并达到政策初衷。在实施中，不少政策都因受到各方利益的影响而难以奏效。2019 年 3 月，《关于推进养老服务发展的意见》从商业银行、商业保险机构、证券机构等方面提出了服务养老的相关政策。商业银行为养老服务提供贷款支持，商业保险机构参与养老服务运营，证券机构参与养老服务产业债券发行与运营。这个通知为金融服务养老提供了更具体的政策支持。

26.3　努力实现金融服务养老的供求平衡

实现金融服务养老的供求平衡不仅有益于金融持续、快速、健康发展，而且对养老问题的解决也具有重要的意义。这不仅关系到老年人的生活质量，同样还关系到金融乃至整个宏观经济健康发展。为了实现金融服务养老的可持续发展，我们建议采取恰当的路径和实施良好的政策，不断克服金融服务养老供求失衡的问题，努力实现金融服务养老的供求平衡（沈佳倩和江世银，2019）。要达到这一目的，需要制定和实施实现金融服务养老供求平衡的政策。实践证明，这些政策主要包括加强信贷政策引导，不断完善金融监管政策，形成金融服务养老的政策合力。此外，要实现供求平衡，还要强化金融服务养老政策落实、效果监测和政策实施效应评估。其中，形成金融服务养老的政策合力是实现金融服务养老供求平衡的核心政策。

26.3.1 加强信贷政策引导

金融服务养老的发展离不开信贷政策的支持和帮助。金融服务养老本身就是一种专为特殊的老年人群服务的金融活动或过程。如果不满足上述要求，那就是一般的金融活动或过程。为了加强信贷政策引导，鼓励金融机构和养老机构加大对金融服务养老的支持力度，政府应专门制定和实施一些有利于金融服务养老的信贷政策，如利率优惠的信贷政策，对涉及养老方面的项目、产业、产品和服务优先给予信贷支持，运用再贷款、再贴现工具，引导金融机构加大对小微养老服务企业的信贷支持。

26.3.2 完善金融监管政策

金融监管政策是否恰当对金融服务养老也有重要的影响。适应当时现实情况的金融服务养老监管政策能促进其发展。变化了的金融服务养老形势需要变化了的金融监管。由于老年人金融服务需求的变化和金融创新的层出不穷，过时的金融监管政策会有一定的局限性。因此，只有不断地完善金融监管政策才能更好地促进金融服务养老的发展，才能有利于以金融创新的发展来满足金融服务养老的需求。

26.3.3 形成金融服务养老的政策合力

金融政策从不同方面、不同的角度为养老提供实实在在的服务和支持。单一方面的政策难以形成合力，甚至有些政策有时不但形不成合力，反而还相互掣肘。这就需要加强金融服务养老的金融政策协调和信息沟通，努力形成金融服务养老的金融政策合力。各种不同的政策相互配合，从不同的方面共同为金融服务养老发展作出贡献。尽快完善金融服务养老相关领域的配套政策，如在养老项目开发、养老机构建设、养老产业融资、养老产品和服务创新等多重领域出台相关政策，不断推动养老服务创新的金融产品和服务的发展。

26.3.4 加强政策落实与效果监测

再好的金融服务养老政策，如果落实得不好，也没有多大用处。凡是国家制定和实施的金融服务养老政策都需要不折不扣地贯彻执行。加强政策落实和效果监测，需要各金融机构、养老机构逐步建立和完善金融服务养老的专项统计制度，加强对养老领域的金融服务业务的统计与监测。这些统计和监测既可以更好地为防范金融服务养老风险服务，又可以提高金融服务养老的监管效率。养老领域的金融服务业务的统计和监测与金融服务养老信息平台相结合，共同服务于老年人。

总之，不断地增加金融服务养老的需求，确保持续的金融服务养老供给，努力实现金融服务养老的供求平衡，不断地进行供给侧结构性改革是切实解决金融服务养老供求失衡问题的有效之策。老龄化问题是重大的经济社会问题，并非仅靠某个部门制定政策就能够很好地解决。老龄化战略是长远的国家战略，也不是靠某一领域的努力就能实施好的国家战略。除了金融机构和养老机构外，金融服务养老发展问题特别需要借助政府的力量，让全社会重视应对，只有这样，方可顺利解决。

第 27 章　努力实现金融服务养老各方面的创新

随着经济、金融全球化快速发展及各种市场间不断发生的巨变和各机构之间的相互赶超，金融服务养老会不断地得到创新，金融产品和服务会更加多样化，使用范围会更加广泛，规模会不断扩大，老年人获得服务会更加便捷。不仅如此，金融服务养老需要各金融机构以创新的金融思维和金融模式来面对金融服务养老活动与业态的新蓝海。金融服务养老的中国路径需要优化金融服务养老环境，推进养老基本金融设施创新，不断推进金融服务养老的产品创新，及时推进金融服务养老的服务创新，推行规避业务风险的金融服务养老创新，实现金融服务养老方式方法的创新，进行金融服务养老的制度创新，推动金融服务养老的监管创新，进行金融服务养老的模式创新。

27.1　推进养老基本金融设施创新

要实现金融服务养老的创新，需要加快完善养老基本金融设施。在某种程度上，养老基本金融设施是金融服务养老发展的决定性因素。加快完善养老基本金融设施，充分发挥养老基本金融设施的作用，能为金融服务养老的快速发展提供重要的保障。

27.1.1　基本金融设施

基本金融设施是指金融运行的硬件设施和制度安排，包括金融机构及其支付体系、公司治理、会计准则、信用环境、反洗钱，以及由金融监管、最后贷款人职能、投资者保护制度和法律环境等所组成的金融安全网。基本金融设施对服务养老犹如基础设施对经济发展一样重要。发达完善的基本金融设施是金融服务养老发展的重要条件。金融服务养老活动需要在一系列制度和规定下进行养老资金支付。不管是养老者还是金融机构，都要诚信行事。除了一般的设施外，由于老年人抵御或抗风险能力低下，经受不起风险的打击，金融服务养老还需要有严格的监管。这些都涉及基本金融设施。

27.1.2　基本金融设施的作用

健全的支付体系是金融运行的基本前提。完善的公司治理体系是金融良好运行的必要条件。通过建立在高质量的信息披露和公开透明基础上的会计制度，投资者可获得知情权，增强对金融报告可靠性的信心。良好的信用环境是金融发展的基本保证。完善的金融法律法规体系是金融市场正常运转的保证。有了基本金融设施，金融服务养老才能健康持续地发展。没有基本金融设施，金融难以有效地服务于养老。

良好的支付体系便于老年人接受金融服务养老产品，规范的会计准则和公司治理可以保证金融服务养老的良好秩序，公正的法律环境和良好的信用环境有利于老年人放心参与金融服务养老，严格的金融监管使老年人参与金融服务养老有基本的保证。这些基本金融设施都是金融服务养老所需要的。基本的金融设施不仅能为金融服务养老的需求和供给提供基本的保证，还可以促进金融服务养老供求的平衡。如果缺少基本的金融设施，不仅正常的金融活动难以开展，而且金融也难以稳定，更不要说金融服务养老市场的活跃了。良好的基本金融设施会促进金融服务养老的快速发展，而基本金融设施的欠缺会延缓金融服务养老的发展。

27.1.3　持续推进养老基本金融设施的创新

金融服务养老离不开适合老年人的差异化的养老基本金融设施的供给。养老基本金融设施既包括金融网点、自助设备、咨询，又包括便捷的转账交易、银行卡结算、网上交易及查询等设施。老年人由于年事高，行动迟缓、理解困难，基本金融设施的供给需要充分考虑这些制约因素。只有如此，才能最终达到便利结算、人性服务和不断学习的目的。技术的进步不断推进着养老基本金融设施的创新，金融机构通过升级营业网点基础设施，为老年人群量身定做金融产品，做好支付结算、投资运营和账户管理等基础服务，通过提供配套增值服务来提高老年人的满意度。金融机构针对老年人发行了各种专属借记卡，如金晖卡，为其提供了网点优先、养老俱乐部等金融服务。政府为金融服务养老提供良好的信用环境，倡导养老信用。同时，政府还为金融服务养老提供了良好的法制环境，倡导养老法制。

在做好个人银行储蓄养老的同时，各金融机构还要不断介入养老保险、养老证券投资等业务中。要建设养老基本金融服务设施既要拓宽金融服务养老渠道，又要提供良好的服务环境。各金融机构在为老年人管理好养老资金或资产的同时，还应提供多渠道的查询、领取方式，以个性化和人性化的金融服务特点赢得养老者的赞同。

27.2 不断推进金融服务养老的产品创新

不断推进金融服务养老产品创新既是金融机构生存和发展的内在要求，又是满足金融服务养老的重要途径。为了生存，金融机构需要不断地推出新产品。为了发展，金融机构也需要以新产品参与竞争。养老者对金融服务养老产品创新一直都有愿望和期待，特别是消费型金融创新产品。金融发展表明，传统金融服务越来越少，金融机构可充分利用各种金融产品和金融服务的创新来实现服务养老。

27.2.1 推进金融服务养老产品创新

不断推进金融服务养老产品的创新，引导更多市场主体参与金融服务养老创新发展，特别是通过互联网、大数据和人工智能等技术的创新进而持续应用于服务养老者。进行金融服务养老的创新，核心是提高养老服务金融产品的创新性、针对性和有效性。一方面，产品类别要丰富，老年人的金融需求广泛，除了传统的储蓄、保险、贷款等业务外，还包括针对养老的理财业务、遗嘱信托等新业务。另一方面，产品需要有针对性和创新性，可以根据不同年龄阶段的特性，针对其风险承受能力的不同，创建不同的养老服务金融产品，满足多元化的养老服务金融需求等（董克用和姚余栋，2018）。养老服务只有不断创新，具有强烈的针对性，服务效果才能深得老年人的满意。各金融机构应借鉴国际先进经验，加强理论研究与产品创新，并结合未来老年养老服务需求，积极引导年轻人、中老年人转变养老观念，在年轻时就利用储蓄、证券、保险、基金、信托、房地产等金融产品积攒财富，让自己老有保障。基于老年人安全、稳健的资产管理需求，专门创设风险等级为极低和低的老年客户专属理财产品。

（1）积极开发个人养老理财产品。你不理财，财不理你。不管是基本养老还是更高层次的养老都需要个人养老理财产品。在金融市场的完善过程中，金融服务养老产品也不断创新。除了银行存款或商业养老保险产品外，银行理财、股票、债券、基金、信托、私募基金、住房反向抵押等产品都已成为老年人的养老选择方式。随着金融的创新发展，基金、券商和信托机构等由于投资范围广、经营机制灵活，能够提供更加令人满意的个人养老理财产品。这是把双刃剑，既会给传统理财产品带来挑战，也有可能为金融机构带来合作的新机遇。相关机构可以根据金融服务养老的特点，开发适销对路的养老理财产品，不断降低准入门槛，拓宽金融覆盖面。江海洋和谷政（2018）建议，保险公司要为老年人设计差异化的理财产品，满足家庭的养老需要，为国家的养老事业做出贡献。

金融服务养老产品需求是不断变化的。原有的需求会消失，新的需求会产生。通过大数据分析方法，金融机构可以掌握金融服务养老大数据，以此不断地进行养老服务产品的创新，从而满足他们的需求。根据养老服务产品大数据的变化方向与趋势，金融机构能够及时掌握与金融服务养老投资、运营、管理相关的大数据，利用金融平台更新服务养老产品经营模式和方式，以金融服务养老运营新理念开发新类型的养老服务产品，如股票型基金产品、混合型基金产品、住房双向抵押产品。金融机构采取措施多方面降低养老理财产品的风险，提高其回报率。除此以外，金融机构还需进一步转变金融服务养老的观念，开发能满足老年人养老理财需求的新产品。

（2）推出个人养老理财产品创新。在金融服务上，金融机构将储蓄、保险、基金等金融理财产品进行整合，提供多样化的投资理财产品选择，为不同年龄、收入的需求者提供整个生命周期的金融服务。总体来看，目前老年人对于参与金融服务养老的意愿还是比较强烈的。已有越来越多的老年人选择个人养老理财产品投资。但由于经济发展水平差异及对风险认知差异等因素的影响，他们对个人养老理财产品的需求和偏好呈现出不同的特征，有的偏好此产品，有的偏好彼产品。只有市场开发出多种能满足不同老年人需求的个人养老理财产品，才能更好地满足他们的需求。我们建议，金融机构应根据老年人的理财偏好，不断地创新金融服务养老产品，促进个人养老理财产品投资，满足他们的多元化需求。

（3）设计金融服务养老创新产品。设计金融服务养老创新产品，金融机构要引导人们及早规划养老，利用现代金融工具更好地配置有限的养老资源。金融创新为养老带来了许多新的机会，有直接为养老服务提供的，也有间接为养老服务设计的。由于权益类产品难以提供长期稳定的预期收益率，低风险、高收益的金融服务养老创新产品便如雨后春笋般应运而生。这些创新产品为金融服务养老作出了贡献。

（4）开发多元化的金融服务养老产品。养老服务需求的多样化要求提供多元化的金融服务养老产品。养老资金保值增值是完全积累制的个人养老金制度有效运转的关键，而多元化的养老投资则是养老金保值增值的有效保障。金融机构需要根据不同老年人的金融服务养老偏好和需求，不断调整经营策略，适时开发出多元化的、满足不同老年人需求的金融服务养老产品。

据我们的调查，老年人对于涵盖财富、便捷、出行、健康等的金融服务，最希望的是安全便捷。所以，我们认为，商业银行可以与相关养老服务机构合作，设计、开发融保障、健康、投资管理为一体的创新型养老理财产品。根据养老投资的需求，银行可重点推出期次型理财产品，由此锁定其长期投资的预期收益，使老年人的养老投资需求获得满足。

27.2.2 将银行、基金、保险等多种金融服务养老产品纳入备选范围

金融服务养老产品只有不断地创新，才能满足不断增长的金融服务养老需求。如果缺少创新，金融服务养老产品必然会受到供求的影响。只有不断提供创新性的金融产品，金融服务养老才有生机和活力。既然是创新性的金融服务养老产品，就应克服过去产品单一等问题。在未来的金融服务养老中，金融机构应针对不同老年人的养老需求开发出不同的金融服务养老产品，而不是落后的普适性养老产品。对于养老需求者来说，这就又涉及金融服务养老的产品选择问题。选择范围窄，必然会影响到他们的参与意愿。由于金融服务养老参与面广，如果将养老投资选择限制在某一特定产品类别中，无疑会影响养老效用最大化。可见，为养老需求者提供选择范围广的金融产品是加快金融服务养老发展的重要途径。据此，我们建议将银行、基金、保险等多种金融服务养老产品纳入备选范围，供养老需求者选择。

27.2.3 加快推进消费型金融产品创新

消费型金融产品需求是养老者的基本需求。要满足老年人多层次、多样化的需求，需要消费型金融创新产品。所谓消费型金融创新产品，是指专门为提高老年人生活水平而创新的金融消费产品。这些产品除了满足老年人的一般需要外，还应满足他们提高生活质量的需要。伴随着年龄增长和身体健康状况的下降，老

年人在日常照护、老龄用品、医疗消费和旅游等方面的支出会不断增加。设计个人金融服务养老产品的核心是创新，金融机构应与其他机构合作，积极运用各种金融新工具，提供能满足老年人需要的消费型金融创新产品。这些消费型金融创新产品能够提高老年人参与金融服务养老的积极性，为金融服务养老增添活力。

27.2.4　持续推进投资型金融产品创新

投资型金融产品需求是养老者的派生需求或引致需求。要满足老年人多层次、多样化的服务需求，需要投资型金融创新产品。所谓投资型金融创新产品，是指为提高老年人生活质量而利用养老资金或资产进行投资的金融投资产品。进行这种类型的金融产品的创新是为了满足老年人更好养老的需要。进行这方面的创新，要引导金融机构以向老年人提供按月或按季定期投资的方式，为他们提供更大范围、更大空间的金融服务养老选择，引导老年人愿意并能够进行长期的养老投资。通过多样化的选择来提高选择意愿，进一步吸引潜在老年群体的参与。养老基金投资产品为养老提供了金融服务选择。持续推进投资型金融产品创新，信托公司具有独特的优势。信托参与服务养老，不仅可以获得低成本的长期资金，而且能更好地发挥跨市场投资的优势，确保服务养老所获得的效益。随着未来个人第三支柱的建立，具有专业投资管理人的公募基金将发挥更重要的作用。

27.2.5　继续推进养老保险产品创新

保险机构是过去金融服务养老的主要参与者。保险公司不断推进养老保险产品创新，不仅有利于自身的快速发展，而且能让老年人有更好的选择。养老保险产品与商业保险同根同源。商业养老保险与老年人的生命密切相关。保险公司不断推进养老保险产品创新，可实现长期与短期、大额与零星、保险与基金等的结合，共同服务于养老。特别是保险公司要积极做好老年人资产的委托投资和管理服务，依据保险标的的属性、支付能力、可保保费和风险程度等设计多样化的保险产品，以促进养老事业的发展（卢亚娟和王家华，2018）。

再有，保险服务养老还可推出保险服务养老的新产品。进行住房倒按揭的银行提供了主要的资金，承担了利率变动、房价波动的风险。这些风险可以由保险公司开办一种新的保险业务，如住房倒按揭保险予以防范。养老者每年事先向保险公司缴纳一定数额的住房倒按揭保险费，当养老者去世并且抵押房子的价值在偿还贷款本息时出现不足的风险时，由保险公司向银行进行补偿。这种保险产品创新兼顾了各方的利益，受到普遍欢迎。

27.2.6　不断开发养老证券投资产品

证券服务养老是未来养老的大势所趋。证券服务养老就是证券公司为养老提供产品投资渠道和方式，让养老需求者根据自己的实际情况进行选择。养老证券投资是养老投资的重要方式和渠道。它不仅能使老年人的资金或资产投资获得收益，并且能够分散和转移风险。经调查，尽管养老证券投资风险大、时期长的特点导致其还不是金融服务养老的主体，但还是有越来越多的人选择股票、债券投资来养老。这是金融服务养老未来的方向。养老证券投资产品的创新打破了储蓄养老的单一方式或渠道，可以满足养老投资的需要。随着金融服务养老的发展，养老证券投资将成为一种最主要的金融服务养老模式或方式。

27.2.7　努力推出养老信托产品创新

信托服务养老是一种崭新的金融服务养老。信托制度的财产独立、风险隔离功能，能够充分保障受益人的利益。养老信托产品能弥补基本养老保险和商业养老保险的不足，是信托领域重要的金融创新。有创新便有风险，需要处理好创新与风险防范的关系。不能为创新而创新，忽视风险防范；也不能为防范风险而不进行创新。在金融服务养老的新领域，需要加快推出养老信托创新产品。信托破产隔离机制、受益人保护机制能为信托更好地服务于养老提供保障。加快推出养老信托创新产品，需要为养老信托创新完善相关交易机制并提供必要的制度和市场环境。

随着经济的发展和社会的进步，遗嘱信托越来越普遍。遗嘱信托是遗嘱人在其生前设立的，委托专门的养老信托公司对其遗产进行管理，在其死亡后发生效力的信托。遗嘱信托创新产品不仅可以满足老年人养老选择的需要，而且有利于充分利用一切可用的养老资源。它可为老年人提供养老的补充。遗嘱信托产品创新，就是开发新的遗嘱信托产品，为养老提供新的渠道和方式。有遗产的老年人通过信托将遗产继承权明确下来，让享有继承权的信托公司等机构提供养老金，以满足养老的需要。这种低风险的遗嘱信托产品创新受到老年人的欢迎。它要求一系列的制度规定和观念的更新。推出遗嘱信托创新产品，是金融服务养老上升到更高层次的表现，金融机构任重道远。

27.2.8　力争实现权益服务类产品创新

权益服务类最主要的是养老消费信托。养老消费信托是既获得部分现金收益同时又获得养老服务权益的信托。也就是说，这是一种权益服务类创新产品，有利于金融服务养老整体质量的提升和快速发展。金融服务养老创新产品扩大了市场规模，并且呈螺旋式上升的态势。相关机构引导和规范商业银行、保险公司、证券公司等金融机构开发适合老年人的理财、信贷、保险等产品，在方方面面进行金融服务养老产品的创新。

27.2.9　加快推进房地产类金融产品创新

推进住房反向抵押贷款①，为养老者提供将持有住房的产权抵押给银行或其他金融机构而获得养老资金的渠道。各方各取所需。老年人以自己拥有的住房进行抵押，银行按约定发放养老贷款金额进入养老者个人账户。其他非银行金融机构也可以参照进行养老贷款。对于老年人来说，他们可以灵活地选择贷款本金与利息的偿还期限。对于金融机构来讲，它所推出的产品开拓了市场，有了新的经营领域并拥有利润增长的机会与空间。提供这方面的金融服务养老创新产品，往往会受到观念、评估、审计、操作规定及监管等的影响，这就需要进行一系列的改革，为房地产类创新产品提供条件。

27.2.10　实现组合类金融产品创新

除了以上金融服务养老创新产品外，金融机构更多是要提供组合类金融创新产品。组合类金融创新产品是为不熟悉金融业务的老年人专门设计的。它既有由银行金融机构又有由非银行金融机构提供的养老服务；既有个人银行储蓄类又有证券投资类、商业保险类、信托服务类、投资基金类的金融服务养老产品。把个人银行储蓄类、证券投资类、商业保险类、养老信托类、养老基金类老龄金融产

---

① 住房反向抵押贷款又称住房逆向抵押贷款或倒按揭，是指借款人以自有房产向贷款人作抵押，将房屋的价值折算成现金，贷款人定期或者一次性向借款人支付一定的金额，期满后贷款人拍卖此房产获得本息收入的一种贷款方式。逆抵押贷款的发放数额与住房价值、借款人寿命、利率水平等因素有关。它与住房反向抵押贷款保险有些差异。住房反向抵押贷款保险在本质上是一种商业养老保险。它将抵押住房与养老年金进行了一次尝试性的整合，具有房屋所有权和土地使用权的老年人把房子抵押给了保险公司，老年人直至去世前都可以占有和使用房屋，但是在这之后，房屋的一切权利就收归保险公司，除了偿还养老保险的相关费用，剩余皆为利润所得。

品打包运作，为老年人提供全面的金融服务。老年人既可以选择单一的某类产品，也可选择多种组合类的产品。从操作方式来看，除了养老金外，依托房地产和其他养老资产，运用保险、信托、基金等方式，也能为老年人提供全面的金融服务。可以通过不同养老资产的组合投资，实现金融服务养老产品创新，使其在未来保值增值。金融服务养老的主要目的是给予老年人真切的幸福感、满足感和安全感，这需要各金融机构对老年人的生活方式、行为方式、思维方式进行细化分析，全面掌握他们的养老服务需求及其变化趋势，推出他们迫切需要的组合类创新产品，以更好地满足他们对美好养老生活的需要，保证所提供的创新性金融产品实现最大的效用。

总之，不断推进服务养老产品创新，需要银行、证券公司、保险公司、信托公司、基金公司等各类相关金融机构广泛参与，让养老者来做出选择。养老者可以根据自身风险偏好度、年龄及生命周期预期等因素，做出自己的投资选择。金融服务养老产品创新实现多样化，使老年人可以选择适合自己的养老投资。

27.3 及时推进金融服务养老的服务创新

金融服务养老是金融向养老服务渗透融合的结果。除了加强养老理财产品的创新之外，金融机构还可以在健康管理、旅游休闲、文化娱乐和法律顾问等方面进行服务创新。金融创新不断出现，创新使得金融养老服务创新与金融产品创新密切相关。

27.3.1 及时推出养老服务创新

随着经济发展水平的提高和人口老龄化趋势的加快，养老保障制度、体系和水平越来越受到全社会特别是养老需求者的关注。人都有老的时候，老了如何养老是一个现实问题。老龄人口的增加、养老意识的增强，使得全社会都开始关心养老问题。不同的人群关注点可能会不同，但如何更好地养老是他们一致关注的重点。除了国家强制的基本养老保险外，补充养老保险的需求被市场激发，其他金融服务需求越来越旺。在这种社会环境前提下，金融机构更应把握好市场契机，及时推出养老服务创新，抢占金融服务养老市场，不断扩大金融服务养老业务内容和范围。这就需要金融机构注重提供新产品、新服务，利用服务养老来实现金融产品和服务的创新。

金融服务养老既是一种金融活动、过程，又是一种知识密集型产业。针对老年人在健康、保险、法律、理财等方面服务的需要，金融服务养老可提供全方位的专业服务，实现服务的创新。以金融机构为平台对购买了相关金融产品的老年人提供延伸增值服务，是金融与养老服务融合发展的创新。鼓励金融租赁公司开发适合养老服务特点、价格公允的金融服务，特别是提供恰当的融资租赁等金融服务。

27.3.2　推进金融机构构建金融服务链

金融服务养老业不是单独存在的行业。它包括金融与老年人衣、食、住、行、用、医、娱、学等物质精神文化方面所构成的产业服务链，是多个产业交叉的综合性服务产业，同时也是经济发展与社会进步的必然产业。老年人参与金融养老，客观上需要推进金融机构构建金融服务链，整合老年护理、医疗、消费和金融等养老产业服务链，不断地提供更加精细化的金融服务。金融与老年人预防、保健、护理、理疗、康复训练和健康教育相结合，构建完整的服务链，为他们提供一体化的综合金融服务。要适应未来养老服务需求的新变化，金融服务养老的重点在于确定服务养老流程与进行服务创新选择。金融机构提供的养老服务创新，不是单一的某种服务，而是整个金融养老服务链。

为满足美好养老生活的新需求，提供养老服务的金融机构和养老机构可充分利用报刊、电视电话、网络媒体进行宣传介绍，拓宽金融服务咨询渠道。根据老年人对金融服务的需求特点，可从他们的实际需求出发去创新、开发相应的金融服务，设计高效、标准化的金融业务流程，用严格的服务流程和标准来确保金融服务养老的顺利实现。针对不同老年人要提供多样化的金融服务选择，金融机构要提供一系列的金融服务链和一站式的综合金融服务。提供养老服务的金融机构和养老机构还可以用区块链金融来研发设计精细化、个性化的金融服务，以满足老年人的养老需求。

27.3.3　开发长期护理保险产品服务

长期护理保险是保险为养老所提供的一种金融服务。老年人的护理需求日益增加，然而，在商业人寿和健康保险市场中，老年人护理保险基本上还是空白。换句话讲，就是已有的护理与金融结合得较少，不能很好地满足老年人长期护理保险的需要，金融在护理保险中发挥的作用十分有限。但是，金融机构又应该如何开展长期护理保险呢？南通市的长期护理保险产品经验值得借鉴。老年人在缴纳保险费用后，由保险公司在医院、康复中心、养老机构等专门护理机构及时支付因接受或结算个人护理服务而发生的合理护理费用，使长期护理保险将护理、保险与养老很好地结合了起来，这种做法有重要的借鉴意义。

27.4 推行规避业务风险的金融服务养老创新

有创新，就有风险，不少风险也是由创新所带来的，特别是盲目创新。因此，金融机构要避免忽略潜在风险的盲目创新。创新不足将难以跟上时代步伐，盲目创新将与需要脱节。从长期的国际经验来看，尽管金融服务养老的风险不可避免，资本市场有所波动，但一定是投资收益高于储蓄收益的。由于各种风险的影响，老年人过去都是进行长期储蓄，期望通过储蓄来养老，而今后，金融服务养老的快速发展将会逐渐改变老年人的消费观和风险观，更多地把储蓄养老变成投资养老。

27.4.1 做好金融服务养老业务创新所带来的风险防范

进行金融创新，难免出现风险，特别是推进金融服务养老创新，更应注意由创新所带来的风险。应尽可能减少由创新所带来的风险，为风险防范做好充分的准备。要做好对金融服务养老创新所带来风险的防范，一是事前树立创新风险防范意识。不管是什么金融创新，在带来益处的同时都有可能带来或大或小、或多或少的风险，从来就没有只带来益处而没有风险的金融创新。二是提前进行创新风险识别。创新风险识别要预见到创新有什么风险，有多大的风险，如何迎接风险。三是将创新所带来的风险防范关口前移，在风险没有出现前就已经为消除或化解风险做了充分的准备，让风险在出现时难以继续扩大并演变为系统性的金融风险，进而危及老年人的利益。

27.4.2 加强金融服务养老业务创新所带来的流动性风险管理

金融服务养老需要在安全的基础上要求流动性与获得收益。仅仅保证金融服务养老的安全，不进行服务创新，也不能满足老年人养老选择的需要。服务创新会带来养老资金或养老资产的流动性。有流动性，就有可能会出现风险。有风险，就需要加强服务创新所带来的流动性风险管理。在服务创新过程中，相关机构要不断加强对流动性风险的管理。为此，金融机构需要充分掌握金融创新业务资金流动信息，全程跟踪服务，协调好表内外资产的流动性风险管理和资金的统一调度。

27.4.3　将防范金融服务养老支付风险放在第一位

金融创新由零散单一转向综合化、一体化，能让需要创新的养老者获得满足。要将防范金融服务养老支付风险放在第一位，提高养老支付能力。防范金融服务养老支付风险主要是要做到安全支付。在安全支付方面，针对养老者的存款安全，可以由养老者指定网点办理支付手续，最大限度地保证他们获得服务的便利与存款的安全。在保险支付方面，同样要防范创新风险所带来的支付风险。在其他投资获益支付方面，只有具备足够可靠的安全性条件，才能在约定的时间、地点和条件下按程序进行支付。

27.5　实现金融服务养老方式方法的创新

实现金融服务养老方式方法的创新，优化金融服务养老环境和创新服务方式方法，以优质的服务养老环境和创新的服务方式方法赢得市场。只有不断地优化服务环境和创新服务手段，金融服务养老才能红红火火，赢得称赞。立足于不同的养老服务模式与方式，营造良好的金融服务养老环境和创新服务手段，积极探索和创新与之相适应的金融服务方式方法，提供有针对性的金融服务，随时以全新的服务方式方法面向养老者，以争取赢得最多的赞誉。

27.5.1　提供个性化的金融服务养老服务

与其他人相比，老年人的金融服务需求相对多样化。这就需要具体情况具体分析，并据此为他们提供个性化的金融服务。金融服务养老不能过于单一，模式要多样化。金融机构要根据他们的健康状况、资产多寡、现实需求、未来预期等，提供相应的金融产品和服务，特别是个性化的服务。由于老年人接受新事物的能力下降，他们更喜欢传统的产品和服务。相比创新型金融产品，他们更加看重金融服务的便捷性和简单化。据调查，有 75%以上的老年人不喜欢新的金融产品和服务。这就要求金融服务养老要特别增强老年人金融服务的便捷性，在网点向养老者提供引导服务。网点较多的银行可发挥服务半径广的优势，向老年人提供精细化的养老服务。条件较好的金融机构可以在老年人较多的地区增加咨询网点，简化手续、公开信息，专门为老年人设置服务绿色通道，努力巩固已经形成的稳定的金融服务老年人群。可推广使用老年特色银行卡、为老年人提高费用免除优惠（如免取现金和转账手续费、短信通知服务费等）、提供护理和健康医疗等增值服务。提供养老服务的金融机构还可为不能到现场办理业务的老年人提供延伸上门服务。金融机构可以在营业大厅为老年人提供风油精、万金油、仁丹、清凉糖、保心丸、急救医疗包和老花镜等，为老年人提供更加人性化的服务。为了更好地满足行动不便的老年人的服务需要，由专门的机构和人员在他们提取养老金时为他们提供轮椅等服务，处处体现对老年人的悉心关爱。

金融提供的个性化养老服务，可以让老年人享受到智慧金融的便利。智慧金融养老是个性化的金融服务养老。它利用先进的互联网、云计算、可穿戴设备和人工智能等新技术手段，构建面向家庭养老的金融信息服务系统。这个系统能客观地为养老者提供养老金、养老资产的投资选择，能较为准确地分析金融服务养老的具体情况、投资方向、投资收益与风险变化等。

27.5.2 提供方便快捷的人工和自助金融服务

除了个性化的金融服务外，金融机构还可提供 24 小时方便快捷的人工和自助金融服务。政府出台措施，为老年人架设绿色通道、开设服务专区，提供高效、便捷的人工金融服务。一方面，金融机构为老年人搭建绿色服务通道，减少老年人的排队等候时间。在金融服务养老过程中，金融机构大力推广银医通系统，减少老年人患病就医期间重复排队、付费的次数，让他们获得金融服务便利。另一方面，金融机构为老年人开设服务专区。养老服务专区能让老年人获得对账单、电话、短信、网络、自助终端等多渠道的信息，享受到养老信息查询的相关金融服务。对于自助信息查询有困难的老年人，相关机构会提供人工信息查询服务。为行动不便、视力不佳等情况特殊的老年人提供延伸金融服务。

目前，网络的推广和普及都在深刻地影响着养老方式。为适应这些变化，金融服务养老需要努力实现养老服务创新，为老年人提供 24 小时方便快捷的全球养老金信息查询服务。互联网的发展和智能手机的普及缩短了空间距离并提高了服务效率。金融机构可以通过官方网站、网上银行、手机银行和手机 App、互联网金融信息平台等，让老年人享受到专业贴心的精细化服务。

27.5.3　营造良好的金融服务养老环境

金融服务养老的发展离不开良好的服务环境。营造金融服养老环境不仅是发展金融服务养老的客观需要，而且也是顺应老龄化社会发展的必然举措。为了让老年人享有更好的服务环境，社会各界要共同努力，特别是金融服务养老监管机构要设置专门的金融安全提示，营造良好的人性化金融服务氛围。服务养老的金融机构面临着巨大变化。金融机构要根据不同的对象对老年人做好耐心细致的引导、宣传和解释，妥善、快速和有效地处理可以及时避免的突发事件；对于参与保险的老年人给予耐心的宣传解释；对于进行投资的老年人讲清收益与风险的相关性。

坚持风险可控，营造良好的金融服务养老环境，实现金融服务养老方式方法的创新。养老服务是公益性的微利行业，尤其需要开放养老信贷，加大对养老服务业的贷款投入，重点是创新金融支持、优化金融环境两大方面，在坚持风险可控的前提下，进一步拓宽融资渠道、鼓励金融产品和服务创新，营造良好的金融环境，鼓励和引导更多社会力量参与养老服务业（张瑾等，2018）。一方面，加强金融服务养老的硬环境建设。提供服务养老的金融机构不断构建便捷式的服务平台，利用新的技术服务养老。另一方面，改善金融服务养老的软环境服务。进行金融服务养老的监管机构以良好的监管规则服务养老，相关政府职能部门制定和实施良好的政策并进行相应的宣传。不断优化服务养老环境，实现金融服务养老环境上的创新。

27.5.4　以优质的金融服务养老环境赢得市场

良好的环境有利于金融服务养老的良性运行和健康发展。金融服务养老在优质的服务养老环境下才有广阔的市场，优质的服务才能赢得老年人的喜欢。金融服务养老环境包含多方面的内容，既有硬环境又有软环境。前者主要是金融服务养老的一些技术手段，后者主要是金融服务养老的一些政策、法律等制度安排。政府为优质的养老服务环境提供相应的制度保障。金融服务养老是一个系统工程，涉及各方利益，其发展受到全社会的关心。要以优质的服务环境赢得市场，努力使金融服务养老达到服务优质化，让全社会关心，让子女放心，让老年人舒心，让政府不用担心。

营造金融服务养老的良好环境，坚决纠正、杜绝不良行为与现象，切实保护和实现良好的环境。具体来说，对于破坏金融服务养老环境的行为，坚决予以纠正；对于影响金融服务养老环境的现象，坚决予以杜绝；对于良好的金融服务养老的环境，努力给予保护；对于有利于金融服务养老发展的环境，努力加以营造。全社会为形成优质的金融服务养老环境共同努力，以环境赢得金融服务养老市场，从而促进其快速发展。

27.5.5　实现金融服务养老手段创新

参与金融服务养老的老年人由于多方面的原因，需要便捷的服务手段。根据老年人社保资金办理时间与地点相对集中的特点，各网点可以按情况设置专门的老年办理窗口以减少他们的等待时间。除了养老资金、养老资产外，有权益的老年人也可用权益获得养老资金。实现金融服务养老手段创新，可从多方面进行。从手续来说，提供服务的机构能简化金融服务养老手续的，尽量简化；从简单化来说，能减少金融服务养老麻烦的，尽量减少；从解决问题的时间来说，能当日解决金融服务养老问题的，尽量当日解决，绝不隔日。不断创新金融服务养老手段，结合医疗技术、通信技术和互联网技术等，加快提升金融服务养老的智能化、信息化、现代化服务水平，以服务手段创新促进金融服务养老的快速发展。

27.6　进行金融服务养老的制度创新

金融服务养老创新还需要制度创新。中国老年人口众多，存在养老服务刚性需求，是金融服务养老发展的蓝海领域。如何通过投融资体系的构建促进金融服务养老发展，这就涉及制度安排与创新。只有进行金融服务养老的制度创新才能更好地发展金融服务养老。实行的什么样的金融服务养老制度，直接影响着老年人的养老生活。进行金融服务养老的制度创新，就是要实行有利于金融服务养老发展的基本制度和体制、机制，让老有所养，所养更好。创新金融服务养老制度，一方面，要实行自己养老和金融服务养老相结合的制度和体制；另一方面，要实行以金融服务养老为主、其他养老为辅的养老制度和体制。

27.6.1　进行金融服务养老的基本制度创新

金融服务养老创新在相当大程度上依赖于制度投入（供给）和制度创新。金融服务养老的基本制度涉及金融在养老服务中的基本规定。这种制度应该用法律法规来保障，就是要对涉及养老服务方面的权利与义务作出明确的规定。它从根本上影响着实行什么样的金融服务养老体制、机制和操作流程。有关部门应进一步明确金融服务机构与参与主体的权利与义务、规范操作流程等各项具体制度，从制度上确保金融服务养老业务有章可循。金融服务养老的基本制度创新为具体制度创新提供基本的方向。

27.6.2　进行金融服务养老的具体制度创新

金融服务养老是一项复杂的系统工程，涉及各方权益，而具体的制度和规定可以确定各方的权益。这些权益包括各机构提供什么样的服务，相关部门如何有效地进行监督和管理，养老者如何参与并获得哪些便利性的服务等。如何进行金融服务养老的具体制度创新呢？在老龄社会条件下，除了亲情，我们必须依靠银行、证券、保险、信托、基金等金融机构提供的金融产品，年轻时购买，年老时置换产品和服务，这是为养老所做的个人战略规划。它会影响社会的制度安排，使其离不开各种金融服务产品。为了使金融更好地服务于养老，经研究，我们认为，可以进行以下金融服务养老的具体制度创新。

（1）完善金融市场运行制度。金融市场运行制度从根本上决定着金融服务养老的开展。金融服务养老也需要完善的金融市场制度。如果仅以现有的制度而不加以完善，将不利于金融服务养老的进一步开展。没有完善的市场制度为金融服务养老提供保障，会增加市场的不确定性，交易双方易产生冲突，会对交易进行形成障碍，进而阻碍市场制度的发展与完善，形成恶性循环。提供金融服务养老的机构条件、财务管理制度、交易服务安排、监管制度等都是进行金融服务养老的制度创新、完善市场制度的具体表现。

（2）完善会计核算管理制度。会计核算管理制度对金融服务养老有重要的影响。良好的会计核算管理制度可以减少金融服务养老的麻烦。完善会计核算管理制度，提高会计核算指标的可比性，及时核算资金或资产会计，明晰会计凭证、账簿、报表等资料，确保成本、收益与风险相匹配。完善的会计核算管理制度为金融服务养老提供基本的核算保障。

（3）实行信息定期披露制度。良好的信息披露制度有助于降低金融服务养老的风险。为了更好地服务养老，我们建议，金融服务养老应实施信息定期披露制度，负责提供养老服务的机构每隔一段时间就向社会公布养老资金、资产、收益、风险、升值贬值、现金流量等财务状况。信息披露特别是定期向社会公布重大事项变动情况，有利于让老年人了解服务内容、过程、趋势和结果。这样，既便于养老者获知相关的信息，又便于金融机构受到全社会的监督。

（4）实施常态化的金融审计监督制度。常态化的金融审计监督有利于金融服务养老的良好运行。审计者需要熟悉金融服务养老的政策和法律法规，掌握金融服务养老的发展态势，按照严格的审计程序和最新的审计方法，保证审计者有能力对金融服务养老进行有效的审计监督，并提出相应的合理性建议。特别是进行金融大数据审计，全面掌握金融服务养老的相关信息，能为全面监督金融服务养老过程提供基本依据。审计监督养老资金的流向与流量，监督养老资产的保值增值情况，监督养老权益的保护情况等。金融服务养老过程中的审计监督不是权宜之计，而是常态化的过程。实施常态化的金融审计监督制度，是金融服务养老发展的重要保障。

除了以上这些具体制度创新外，金融服务养老还可进行登记制度、查询制度、责任追究制度和其他制度创新，通过这些制度创新来规范金融服务养老的操作和运行。为实现金融服务养老的持续快速发展，要用金融服务养老的具体制度创新来推动金融服务养老的发展。

27.6.3　进行金融服务养老的政策创新

政策是涉及一系列利益关系的规定的总和。政策的实施对金融服务养老具有重要的影响。金融服务养老兴起时间不长，发展尚不规范，政策创新势在必行，制定和实施更加有利于金融服务养老发展的政策十分重要。不断推出新政策，加强金融服务养老政策对金融服务养老业务发展的引导性作用，通过政策制定和实施来提高养老领域的金融服务水平。进行这方面的政策创新就是要引导供给者为养老提供足够的金融服务，引导需求者提高参与金融服务养老的意愿。进行金融服务养老的政策创新，打破原有束缚金融服务养老的政策，推行新的有利于金融服务养老发展的政策。

进行金融服务养老的政策创新，可从供给与需求两方面着手。一方面，及时清理银行、证券、保险、信托、基金中不利于金融服务养老发展的金融政策，鼓励银行提供优质的服务、证券提供低风险的投资、保险提供稳定的保障、信托提供满意的回报、基金提供可观的收益。另一方面，制定和实施有利于金融服务养老的政策，通过预期引导和调节，加强外部审计监督，确保金融服务养老的参与回报，不断提高老年人的参与意愿。

27.7　推动金融服务养老的监管创新

为了适应金融的创新和金融服务养老的发展，金融服务养老监管也要进行相应的创新。经济的高速发展和收入的快速增加带来的财富变化会直接导致人们对新的金融产品和服务的需求增加。金融的发展与人口老龄化使新的金融产品层出不穷，但也伴随着风险。只有监管也不断创新，跟得上产品服务更新的速度，才能保持市场稳定运行秩序。金融的创新带来了金融服务养老的创新，满足养老需要的金融产品不断出现，金融服务更加完善。在金融产品层出不穷的情况下，金融服务养老监管不仅需要加大力度，而且还需要不断进行创新，以更好地提供监管上的保障。

27.7.1　推动金融服务养老的监管体制机制创新

一个好的金融服务养老监管体制机制，能为金融服务养老提供制度上的保障。经济金融的发展、技术的进步和养老服务需求的变化都需要金融服务养老的监管体制机制创新。要改革现有金融监管体制，建立适应金融服务养老发展的新监管体制。建立一系列与金融监管体制改革相适应的金融服务养老发展的监管新机制，如监管分工合作机制、监管协调联动机制、监管稳定长效机制等，实现金融服务养老的监管体制机制创新。

27.7.2　推动金融服务养老的监管手段创新

金融服务养老监管有别于其他金融监管，其面对的是经受不起风险打击的人群。因此，需要推动金融服务养老的监管机构创新，成立专门的监管机构进行监管来降低风险。同时，推动金融服务养老的监管手段创新，既需要经济手段、法律手段又需要辅以必要的行政手段。在经济手段的创新方面，要细化对金融服务养老的业务范围、会计处理、资本计提的监管要求，运用延伸调查权掌握养老资金的流入与流出，跟踪金融机构与养老机构在会计记账、资本计提等方面的处理情况。在法律手段的创新方面，明确界定养老需求者与服务者、服务者与监管者之间的法律关系，做到金融服务养老监管有法可依，防止因交易主体叠加引发的纠纷。在行政手段的创新方面，直接、间接干预违反养老权益运营的机构，对于有损养老者利益的行为应及时予以纠正，对于以违反行业限制、规避监管为目的的金融服务养老业务坚决予以取缔。综合协调运用经济、法律和行政手段，共同推动金融服务养老的监管手段创新。

27.7.3　推动金融服务养老的监管方式方法创新

金融服务养老的监管，既需要间接方式的监管又需要直接的干预。采取多样化、灵活的方法交替进行监管，可以避免金融服务养老市场与产品缺少生机和活力。推动金融服务养老监管方式方法的创新，建立金融服务养老产品交易流转登记系统，及时披露产品和交易信息，全程监测掌控资金流向，让养老资金安全、高效地运行。

27.7.4　推动金融服务养老的监管模式创新

推动金融服务养老的监管模式创新，既采用集中式的监管模式又采用分散化的监管模式。对于风险相对较小的个人银行养老储蓄、商业养老保险等采用分散化的监管模式，而对于风险相对较大的养老股票投资、债券投资等采用集中式的监管模式。推动金融服务养老的监管模式创新，防止在银行、证券、保险、基金、信托监管上千篇一律，搞一刀切。这就需要加强对金融服务养老特别是银行服务养老的监管，实现银行服务养老监管的全覆盖（南京审计大学国家社科基金重大招标项目“金融服务养老”赴苏北两县调研组，2020）。

27.8　进行金融服务养老的模式创新

传统的养老模式单一，不能满足老年人对美好生活的需求，因此，金融服务养老的模式需要创新。为了更好地开展金融服务养老，其模式应随着金融创新的发展而不断创新。为与人口老龄化相适应，养老模式特别是金融服务养老模式要不断创新。人口老龄化和金融创新的发展推动产生了原来没有的模式，实现了金融服务养老模式的创新。由于老龄化问题越来越严重，养老服务需求种类越来越多、差异越来越大，仅靠政府的单一投入不能完全满足多样化的养老服务需求，所以政府应积极引导形成多元化金融服务养老模式，实现养老模式的创新。

27.8.1　银行服务养老模式的创新

银行机构有网点多、覆盖面广、服务便利、声誉较好等特点，能更直接地支持养老服务，逐步形成养老储蓄模式或养老投资模式，并且这些模式更容易被老年人接受。随着经济金融的快速发展及养老预期的提高，实现银行服务养老模式的创新显得天经地义。如何实现银行服务养老模式的创新呢？我们认为，通过完善养老服务的金融硬件设施和提升养老服务的水平，不断满足养老的需求，推动银行服务养老逐步形成新的模式，创新金融服务，提高养老服务的支付能力，可以实现银行服务养老模式上的创新。

27.8.2　证券服务养老模式的创新

到现在，股票及债券为养老提供了更加多元化的投资服务，逐步形成了养老股票投资模式或养老债券投资模式。养老金在金融稳定中起了巨大作用，美国股市有将近一半资金是养老金，债券也占相当大的比重。实现养老金的保值增值，需要证券服务养老模式的创新。特别是养老者拥有的资金、资产或权益的增加，使得他们有更多的养老股票或养老债券投资的选择，可以选择最适合自己的养老模式。金融服务养老采取股票养老和债券养老的模式，需要解决的最大问题就是公司如何保持长期持续稳定的增长，使得老年人的养老资金不仅安全而且有可观的投资回报。证券服务养老模式的创新主要在于如何实现养老证券的安全性、流动性和收益性的统一。养老者所预期的证券服务养老模式是较安全的、流动性较高的和收益最大化的模式。证券服务养老模式能否创新，取决于资本市场的发展情况。股票养老和债券养老模式从不成熟走向成熟，是资本市场良好发展的标志。目前，资本市场上的养老服务投资占比低，养老服务投资进入资本市场的也不多，出现了资本市场发展与养老服务之间难以融合的问题。要解决这一问题，则需要证券服务养老模式的创新、资本市场运行环境的不断优化及良好的投融资体系的建立。

27.8.3 保险服务养老模式的创新

保险服务养老已经成为并将继续作为金融服务养老的主要领域。根据金融服务养老的需要，保险服务养老也需要进行模式创新。在继续保持商业养老保险的基础上，有关机构还需要开拓新的养老保险产品、服务，实现保险服务养老模式的创新。我们需要在风险可控的前提下，创新基础养老保险、个人税收递延型商业养老保险、住房反向抵押养老保险服务方式方法，通过股权、债权、基金、资产支持计划、保险资产管理产品等形式为保险服务养老模式提供持续的资金保证，逐步形成商业养老保险投资模式。

27.8.4 信托服务养老模式的创新

信托服务养老的目的是为老年人提供养老收益保障或其他养老服务等。与其他养老服务相比，信托服务养老模式由于可以保证资产隔离、实现养老特定目的、投资范围广泛等特点，受到老年人的喜欢。信托服务养老模式的创新需要引导养老信托投资公司利用信托制度优势，与其他金融机构合作，积极开发各类附带养老保障的信托产品和服务，如养老信托投资基金，不断地满足老年人养老的金融服务需求，支持养老服务健康发展，逐步形成有中国特色的养老信托投资模式。

27.8.5 基金服务养老模式的创新

基金服务养老可以为公司带来巨大的资金流量，将养老基金用于稳定的资金投资等可以为其带来收益，进而降低相关机构的授信风险。迄今为止，基金在服务养老方面进行了积极探索，逐步形成了基金服务养老的新模式。要大力发展养老型基金产品，鼓励个人通过各类专业化金融产品投资增加养老收入，通过基金服务提高自我养老保障能力，逐步形成有中国特色的养老基金投资模式。

总之，金融服务养老模式也需要多方面的创新。金融机构可以运用互联网、物联网等技术手段创新养老服务模式，将金融与养老需要的电子商务、文化娱乐、体育健身、休闲旅游、服务缴费、精神慰藉、法律服务等适合老年人的服务项目结合起来，建设金融服务养老网络平台。

第 28 章　防范金融服务养老运行中的各种风险

金融服务养老的风险防范是指在风险识别、估测、评价的基础上，对风险进行事先的预防，优化各种风险组合，及时预防风险可能带来的严重后果，以期减少金融服务养老所出现的波动。它需要早期的、多方面的准备。金融服务养老存在着各种风险，包括系统性风险与非系统性风险，不同的风险对金融服务养老的作用和影响是不同的。风险防范贯穿于金融服务养老的各个方面和各个环节，其目的是及时识别风险、预测风险并降低风险带来的损失，将风险控制到最低限度。金融服务养老的中国路径需要防范所带来的系统性风险和非系统性风险，增强金融服务养老参与者的风险防范意识，全程防范金融服务养老风险，建立金融服务养老信息平台，健全金融服务养老运行、风险防范机制。

28.1　防范金融服务养老所带来的系统性风险

虽然系统性风险是不可分散的风险，但是，如果相关机构强化金融服务养老监管，着力解决长寿风险，那么也可以将系统性风险的损失降到最低。防范金融服务养老运行中的系统性风险的目的是确保涉及的养老现金流的稳定，充分发掘风险带来的好处，努力克服风险带来的负面影响。养老者也存在规避系统性风险的需要，希望通过系统性风险的防范来减少自己的损失。由于系统性风险比较隐蔽，往往很难被发现，但一旦出现，它所带来的影响就是巨大的。所以，系统性风险的防范比非系统性风险的防范更复杂、更困难，花的时间也更长，成本也更大。

28.1.1 树立参与者的风险防范意识

金融风险存在于服务养老业务活动的始终。系统性风险不仅影响金融自身，而且还会导致养老者产生的巨大损失。它具有传染和倍数扩散效应，一旦风险大量出现，就会对提供养老服务的金融机构自身的安全及业务发展产生很大的影响。金融服务养老业务的不断开发和创新，不仅需要加强金融服务养老监管，而且还需要提高金融服务养老参与者的风险防范意识。参与者不仅包括金融机构和养老机构，而且还包括养老者。在风险出现之前，先是树立金融服务养老参与者的风险防范意识。有了防范意识，他们就会自觉或不自觉地进行风险防范。只要参与金融服务养老活动，都或多或少地存在着风险。那种只获得收益而无风险的金融服务养老是不存在的，只有风险的大小之分，而无有无风险之分。树立金融服务养老参与者的风险防范意识，一是加强金融知识宣传、教育等，二是加大金融诈骗特别是养老诈骗的打击力度，营造金融服务养老的全程风险防范氛围，无论是事前、事中还是事后，有关机构都要让养老者树立金融服务养老参与的风险防范意识，这是养老者进行风险防范的前提。

28.1.2 着力解决长寿风险问题

防范金融服务养老所带来的系统性风险，需要研究设计开发养老长寿债券，着力解决长寿风险问题。如果忽视长寿风险问题的解决，将给金融服务养老带来严重的问题。解决长寿风险问题，需要对长寿风险进行识别、量化并积极应对长寿风险。一方面，建立长寿风险预警机制，逐步建立长寿风险转移市场，完善长寿风险的监管制度。另一方面，提高保险产品创新能力，满足不同长寿风险管理需求。金融机构可以发行与通货膨胀挂钩的养老长寿债券等产品，以应对养老者因利率风险与通货膨胀风险而导致的养老金贬值。养老长寿债券及与通货膨胀挂钩的金融服务养老债券对于转移长寿风险意义重大，有利于实现代际风险转移和分担。

28.1.3 强化金融服务养老的系统性风险监管

为了更好地让老年人获得金融服务，金融监管机构应强化对金融服务养老的监管，建立与之相适应的审慎稳健的监管制度及相应的体制、机制。用合理的监管体制、机制来确保金融服务养老的顺利开展。无论是金融服务养老产品还是服务，都有可能出现系统性风险。有风险并不可怕，可怕的是没有对风险的防范和监管。为适应监管的需要，要加强金融服务养老的系统性风险防范与监管，建立恰当的监管制度，不断改革金融监管体制，建立良好的监管机制，形成合理的监管框架，让金融服务养老监管成为系统性风险防范的“保镖”和“警卫”，引导金融机构在审慎稳健条件下运作，为老年人提供更多、更好的金融服务。

金融服务养老监管机构的重要职责和任务是防止个别或局部风险转化为系统性风险，要将它消灭在萌芽状态。在风险发生之前，先是防范单个金融机构的微观风险，将微观风险消除在萌芽状态。根据风险的性质，鉴别提供养老服务的金融机构经营管理可能引起的风险的根源并采取相应的防范措施。在风险发生期间，防范风险的蔓延扩大。在风险发生之后，建立与防范风险蔓延、扩大和风险化解的相关机制。建立全流程的监测体系，对风险进行事前预测、事中防范和事后化解。只要能防住金融服务养老的系统性风险，就能稳定金融服务养老市场。强化金融服务养老监管，努力建立公开、透明、统一、高效的金融服务养老产品市场，努力维持良好的服务秩序。与此同时，要建立金融机构破产和担保机制，减少金融服务养老的系统性风险，切实维护老年人的合法权益。在建立担保机制的过程中，金融监管机构应该采取多种措施防范金融服务养老带来的系统性风险，这不仅可以将金融服务养老风险降到最低点，而且可让其所带来的系统性风险在可控范围内。

系统性风险的出现会严重打击老年人的信心，很容易引起老年人的恐慌情绪。防范金融服务养老所带来的系统性风险，需要树立金融服务养老参与者的风险防范意识，着力解决系统性长寿风险，强化金融服务养老的系统性风险监管。

28.2　防范金融服务养老所带来的非系统性风险

非系统性风险是可控的风险。既然非系统性风险是可控的风险，那么相关机构就应采取有效的措施防范金融服务养老所带来的非系统性风险。加强对金融服务养老非系统性风险防范的管理、加强对金融服务养老创新的监管和尽可能地分散或转移风险是防范金融服务养老非系统性风险的较好选择。

28.2.1 加强对金融服务养老非系统性风险防范的管理

除了系统性风险外，非系统性风险对金融服务养老的影响也很大，所以，还需要加强对金融服务养老非系统性风险防范的管理。金融服务养老都是人所为的，需要人力资源队伍提供服务。大力发展金融服务养老咨询业，建立专业的金融服务咨询队伍，为金融服务养老非系统性风险防范的管理提供人力保障。根据老年人知识水平、资金情况、资产状况、养老权益和需求层次的不同，建立个性化的金融专业咨询服务队伍。相关机构采取恰当的金融措施，切实加强对金融服务养老非系统性风险防范的管理，制定和执行专业咨询服务人员的进入资格标准，不断提高专业咨询服务人员的技能和金融服务标准，制定公开、透明、科学、合理的专业咨询收费标准，以此促进金融服务养老市场的长期稳定发展。

28.2.2 加强对金融服务养老创新的监管

金融机构在推出养老创新产品前会进行试点，试点成功后普遍推广。在推进过程中，会不断改进养老服务方式与方法。金融监管机构将进行严格的审查监督，防止给金融市场带来不必要的风险。金融机构主要依据每种服务的风险收益特征引入产品，通过组合满足养老者的需求。从负债端到资产端形成一个全流程的监管体系，确保老百姓的养老钱、保命钱绝对安全（中国银行保险监督管理委员会，2020）。要不断完善金融服务养老监管的相关政策，加强对金融机构、产品和服务方式创新的监管，防止无序竞争、过度竞争和盲目竞争，努力实现金融服务养老的良性运行和协调发展。

为了更好、更有效地防范金融服务养老风险，保障金融服务养老安全，我们需要从两方面努力。一方面，更新金融服务养老监管理念，明确监管内容及范围，进行合理的监管分工，建立监管的沟通机制，加强不同机构之间的监管协调，实现金融服务养老监管模式、监管手段和监管内容等多方面的创新，不断提高金融服务养老的监管效率和监管水平。特别是实行“大养老”的监管模式，将凡是涉及养老服务的机构、资金往来、产品、服务和政策实施等均纳入全方位的监管。另一方面，完善金融服务养老监管执法手段，加快监管的整体转型，将监管工作的重心从事中、事后监管向事前把关转移，实施全程的监管。运用现代化的监测分析手段和方法，努力实现金融服务养老的及时性、可达性、便捷性和有效性。创新金融服务养老监管方式，明确执法权限、完善执法手段、整合执法力量、创新执法机制，及时对金融服务养老违规行为进行处理，加大违法行为打击力度，跟踪服务措施落实过程，严格按照相关规定处罚违法行为，提高金融服务养老监管的执行力，使金融服务养老监管更具威慑力。

28.2.3　尽可能分散或转移风险

为了不让养老的负担落在子孙后代肩上，对于养老者来说，当没有劳动时收入就会消失，这时收入、支出的平衡显得十分重要。如何尽可能地分散或转移风险？银行可以与其他机构，如证券公司、保险公司、信托投资公司、养老基金公司等协调来分散或转移风险。例如，流动性风险的解决并非难事，国外银行大量开办的资产证券化业务就是减少甚至消除流动性风险的好办法。金融服务养老涉及资金的流动，需要保证的资金安全。如何保证资金的安全呢？就要尽可能分散或转移风险。有关部门积极支持有发展前途、受到老年人拥护的养老服务机构上市，发行债券融资，切实为其提供养老资金供给的保障。对于资金流动过程中可能会出现的风险，如养老服务的大额信贷风险，可由银行分散转移给多家投资者分担，由此大大降低由银行单独承担的信贷风险。银行可利用资产证券化手段分散非系统性风险，提高养老资金的投资效率，与此同时，其他资金也找到了适宜的投资渠道，从而可以实现资源的优化配置。

养老者参与金融服务养老，最关心的是投资预期收益和风险情况。有收益而无风险的情况是几乎不存在的。有风险而无收益是普遍存在或完全可能的。最为常见的是既有收益又有风险。预期收益和风险之间的关系构成了一个投资组合的可能集。在既定的预期收益水平下，应尽可能地分散或转移风险，使预期组合风险水平达到最低。

28.3　增强金融服务养老参与者的风险防范意识

风险防范意识如何，影响着金融服务养老的开展。如果老年人缺少风险防范意识，在选择金融服务养老产品时就可能会选择风险大、收益高的产品组合，一旦出现风险，资产会大幅缩水，无心理准备的养老者会陷入困境，甚至导致出现社会不稳定的情况。具有风险防范意识的参与者往往会更加注意并考虑金融服务养老的风险性。他们将安全性或风险性放在收益性和流动性之前。防范金融服务养老所带来的风险，需要树立事前的风险防范意识，扎下事中的风险防范意识，敲响事后的风险防范意识，要强化广大金融服务养老参与者的风险防范意识，保障其合法权益，促进服务养老的金融稳健发展。

28.3.1 树立事前的风险防范意识

增强金融服务养老参与者的风险防范意识，需要树立事前的风险防范意识。风险贯穿于金融服务养老过程的始终，这就需要有事前的风险意识。树立事前的风险防范意识，是正确分析风险的前提和有效应对风险的基础，这是一个常态化的过程。树立事前的风险防范意识，可以做到防患于未然，有效地对潜在风险进行合理预期和检查，从而提高抵御金融服务养老风险的能力。如果事前就有风险防范意识，那么他们会谨慎行事。如果缺少事前的风险防范意识，那么一旦在参与金融服务养老过程中出现风险，他们就会很被动甚至出现利益受损。

树立事前的风险防范意识，除了提供养老服务的金融机构和金融监管机构要牢固树立风险意识、守住风险底线、确保养老资金安全外，养老者也要意识到参与金融服务养老不是无风险的活动，而是随时随地都有风险的活动。特别是进行养老股票投资、养老债券投资、养老信托投资、养老基金投资都是风险较大的投资。据我们的调查，不少养老者由于缺少风险意识，常被推销人员所误导而遇到风险。要树立事前的风险防范意识，进行对老年人的教育与培训，让养老者在参与前就已经形成并有强烈的风险意识。陈超（2015）认为，面对我国庞大的老年群体及其日益增长的金融服务需求，为避免老年人成为金融诈骗的受害者，政府有关部门应适时推行金融机构老年人服务资格认证制度，及时向老年人提供专业化、标准化的咨询服务，强化老年客户的金融风险意识。这是很有针对性的建议。

28.3.2 扎下事中的风险防范意识

增强金融服务养老参与者的风险防范意识，需要扎下事中的风险防范意识。扎下事中的风险防范意识是指能在风险发生时将损失降到最低限度。养老者、金融机构、金融监管机构、政府相关职能部门共同参与，各自有意识地防范风险。在金融服务养老过程中，风险变化无常，且随时可能会出现新的风险。实践表明，金融服务养老新产品和服务也会放大风险，导致风险传播范围更广、路径更多、速度更快、影响更大。另外，各个阶段的风险性质严重程度、影响结果等也不尽相同。事中的风险防范主要是高度关注金融服务养老的各种风险，防止风险的传染和扩散，防范金融服务养老的偿付能力风险、投资运营风险、外部控制风险和会计控制风险。

28.3.3　敲响事后的风险防范意识

增强金融服务养老参与者的风险防范意识，需要敲响事后的风险防范意识。敲响事后的风险防范意识就是要善于总结金融服务养老的风险，即何时出现风险，是什么类型的风险，有多大的风险，风险的影响程度如何，是否经受得住风险，如何防范和化解风险，特别是如何吸取应对风险的经验与教训等。敲响事后的风险防范意识是增强金融服务养老风险防范意识的重要组成部分。

总之，增强金融服务养老参与者的风险防范意识主要是树立事前的风险防范意识、扎下事中的风险防范意识和敲响事后的风险防范意识等。各阶段的风险防范意识都有，大的风险才可以化解为小的风险，小的风险才可以化解为零，再大的风险也不怕。如果没有风险防范意识，接受金融服务的养老者经受不起风险打击，将会直接影响金融服务养老的开展。

28.4　全程防范金融服务养老风险

由于金融服务养老风险会给老年人带来打击和影响，需要相关部门提前识别金融服务养老风险，正确度量金融服务养老风险，恰当管控金融服务养老风险。全程防范金融服务养老风险是金融服务养老的中心环节。金融服务养老风险防范就是识别、分析、测量和应对并控制这些风险的过程，保证金融服务养老的正常支付，实现养老资金保值增值，达到良性运行和协调发展。

28.4.1　提前识别金融服务养老风险

金融服务养老风险识别是指相关部门对从事养老服务面临的各种潜在的风险或已经存在的风险进行认识、鉴别和分析。它要解决的问题是确定哪些风险应予以考虑和注意，以及分析引起风险的原因和风险的类型、性质、后果及危害等。

提前识别金融服务养老风险是为了防患于未然。老年人经受不起风险的打击，可能一次风险就会使养老者无法面对。如果出现这种情况，金融服务养老则不是给养老者带来益处，而是给他们带来灾难。

不同的金融服务养老风险具有不同的特性，有的可以通过投资分散、降低或消除，有的则无法分散、降低或消除。识别金融服务养老风险，可以为制定风险防范策略提供理论基础和操作依据。提前识别金融服务养老风险，可以分清哪些是主要的风险，哪些是次要的风险；哪些是危害性大的风险，哪些是危害性小的风险；哪些是直接影响养老生活的风险，哪些是间接影响养老生活的风险。只有识别了风险，才能更有效地防范金融服务养老风险。

提前识别重在提前。这就是说，在老年人参与金融服务养老活动之前就要提前告知风险是什么，有多大的风险，如何减少或避免风险带来的影响。对金融服务养老风险暴露进行判断与分析可以更好、更有效地防范风险。将金融服务养老风险关口前移，让各方都能识别风险，注重风险防范。能不能提前识别风险最关键的一步就是能不能将金融服务养老风险关口前移。提前识别金融服务养老风险，主要是识别因信息和资料使用不当导致的决策失误，以及会计核算资料不全或不准确所带来的风险。或许这些风险看似不大，但一旦发生不仅会给金融机构、养老机构，而且会给养老者都会带来意想不到的损失。对于有风险隐患的金融服务养老，有关机构会给予警示或告示。对于投资型的金融服务养老，风险识别特别要注重风险分析的全面性、准确性。金融服务养老监管机构提前介入，严禁提供养老服务的金融机构只为自身的利益而误导老年人开展高风险投资行为。提前识别对于风险防范至关重要。

28.4.2 正确度量金融服务养老风险

对金融服务养老风险的度量旨在衡量各种风险导致损失的可能性大小及损失发生的范围和程度。客观准确地度量金融服务养老风险的大小对最大限度地减少养老者的损失和实现预期收益都很有帮助。金融服务养老风险的度量是金融服务养老风险识别的延续。对金融服务养老的风险度量是金融服务养老风险防范和监管的核心部分。

风险预警和早期纠错对于防范金融服务养老风险具有重要的作用。根据风险预警理论，可识别金融服务养老过程中的各种风险，建立相应的数学模型和风险预案，确定多种风险的指标体系，将风险大小客观地度量出来，将此作为风险预警的核心，确定风险警戒线。如果风险超过警戒线，需要及时发现和特别关注并采取相应的措施，准确预测养老投资风险所带来的损失情况，以规避风险、降低损失。要进一步加强系统性风险监管，建立和完善服务养老的金融机构风险预警机制和早期纠错机制，切实防范和化解系统性风险。

正确度量重在正确。这就是说，正确度量金融服务养老风险需要在一般风险度量的基础上采取更科学、更合理的方法进行。这些方法包括均值—方差模型分析法、风险度量的 VAR 方法、投资组合的 VAR 方法、条件 VAR 方法等。进行这些度量还需要与实际相结合，搞清楚金融服务养老风险理论上的度量与实际发生的偏差或偏离度。不正确的度量不仅不能防范风险，而且可能导致防范不当。

金融服务养老风险度量还需要结合养老者、金融机构、金融监管机构等，采取预期的方法与审计的方法进行。如果养老者感觉到预期的风险并不大或没有风险，那么，金融服务养老风险可能会相对较小。如果对养老资金或养老资产进行大数据审计，现实的资金量与历史上的资金量是趋于一致的，养老资产没有贬值或受损的趋势，那么金融服务养老风险度量对防范和监管具有可信度。按照这种方式度量的金融服务养老风险是可控的。

28.4.3　恰当管控金融服务养老风险

恰当管控金融服务养老风险是指对已经实施的风险防范措施或监管措施进行检查、反馈和调整。对于不同的金融服务养老风险，可以根据其各自的风险性质、特征和水平采取不同的管控办法。如何调整服务养老的金融机构的资产负债比例结构、使用哪些工具进行防范和监管，这些都需要恰当地进行管控。提供金融服务养老的机构需要完善养老的内部控制体系，对受托管理公司进行风险防范，确保养老资金、资产或权益的实现，达到委托代理双方利益最大化的目标。

恰当管控重在恰当。这就是说，有关金融服务养老风险防范的管理部门或监管机构根据金融服务养老风险识别与度量情况，督促服务养老的相关金融机构严格执行风险防范和监管的有关规章制度，确保已实施的方案得以落实，适时地调整不恰当的管控措施，及时地废除不合理的管控措施。如果发现金融服务养老风险隐患，相关机构需要进行监控，采取各种措施迅速加以纠正或补救，减少养老者的损失。监控就是分析风险产生的原因、表现、大小、走向、危害等。所采取的措施就是定期公布金融服务养老运行情况，加强金融服务养老资金、资产或权益的审计监督，惩处违法违规的金融服务养老行为，建立健全金融服务养老的相关制度、体制、机制和操作流程，对金融服务养老风险管控效果进行评估，为恰当管控金融服务养老风险提供科学的依据。

总之，金融服务养老风险防范需要按照内外环境分析风险起点、流程等，规范金融服务养老风险的分析、识别、度量和控制过程，建立健全内部控制与外部监督体系。金融服务养老风险防范的过程就是提前识别金融服务养老风险，正确度量金融服务养老风险，恰当管控金融服务养老风险。只有全程防范金融服务养老风险，让金融服务养老风险消失在潜在状态，才能让各种风险远离老年人，才能提高他们参与金融服务养老的积极性。

28.5 建立金融服务养老信息平台

根据金融服务养老信息公开和监管的需要，建立金融服务养老信息平台对于防范风险与监管完善是十分必要的。养老者及其家属、金融机构、养老机构、金融监管机构和政府职能部门不仅需要而且也可以通过平台掌握金融服务养老的各方面情况。

28.5.1 金融服务养老信息平台的作用

金融服务养老平台的建设对于养老者获得知情权，金融机构与养老机构掌握其运行情况，监管机构监管，政府加强管理、进行预期引导和审计监督都具有重要的作用。特别是对防范风险、加强监管有重大意义。信息对称、沟通畅通是养老服务政策制定和落实的必要条件。

（1）金融服务养老信息平台有利于各方了解需要的信息。如果金融服务养老各方信息不对称或不完全，则不利于金融服务养老的发展。信息平台可收集各种有关养老的业务型数据及文字资料。张瑾等（2018）认为，统一的养老服务信息平台不仅是老年人获得信息的“统一门户”，也是养老服务行业管理的“统一入口”，同时为政府决策提供了“统一数据库”，更为养老服务部门间的协调提供了技术支持和条件。养老者可从中知道自己的养老资金、养老资产或养老权益情况，金融机构或养老机构可从中知道老年人的情况，金融监管机构可从中知道金融服务养老的运行情况，政策职能部门也可从中知道如何进行改革或政策调整。

（2）金融服务养老信息平台有利于防范风险。金融服务养老信息平台是一个由政府提供的应对老龄化、完善金融服务养老体系的基本公共信息服务平台。这一平台为金融服务养老的顺利开展提供了便利的服务信息。金融服务养老信息平台对于风险防范具有重要的作用。完善的信息有利于金融服务养老各方了解相关情况，共同防范风险。根据平台提供的风险信息，只有养老者谨慎投资、监管部门加强监管才能分散、化解风险。

（3）金融服务养老信息平台特别有利于老年人获得养老服务的知情权。老年人对于养老服务是否知情，在很大程度上影响着他们的参与意愿。金融服务养老信息平台还是进行维权的重要平台。不仅如此，老年人还可通过金融服务养老信息平台获得诸多的便利服务。将金融服务养老信息平台植入手机 App 中，养老者就能获取各种服务信息，为养老者带来快速、便捷、高频的金融服务。

28.5.2　金融服务养老信息平台内容

金融服务养老信息平台具有众多的内容，主要包括提供金融服务养老机构（金融机构、养老机构等）的信息、金融服务养老产品与服务的信息、金融服务养老监管的信息、政府有关职能部门的信息、养老者的信息、养老者相关利益者的信息及其他相关信息等。

金融服务养老信息平台主要是进行个人开户、提取、投资和查询。个人开户就是个人到银行开设专门的个人金融服务养老账户。这个账户与个人身份证信息绑定，可在任何时间任何地点享有终生服务。个人开户是进入金融服务养老的第一步。个人提取就是个人凭借信息在银行账户中自行提取。个人提取是参与金融服务养老的常态化。个人投资就是在个人做出投资决策后可以直接按照金融服务养老产品和服务的性质完成相应的投资流程。个人投资是获得金融服务养老的重要内容。个人查询就是个人可通过金融服务养老信息平台来查看个人缴费、投资收益等信息。个人查询是进行金融服务养老的必要补充。

28.5.3　建立服务信息平台

金融服务养老信息平台所提供的服务不是某种单一的金融服务，而是一站式的养老综合金融服务。其通过创新网上银行、移动支付服务、专属手机 App，为老年人提供个性化的服务。信息平台可提供多渠道的资金查询、提取方式，让老年人能够共享金融服务养老的信息。

金融服务养老信息平台将老年人的大量相关金融活动信息收集在一起，将这些分散的海量信息存储进而形成一个系统化的数据库。信息平台实时监控老年人的金融信息变化情况，一旦发现老年人的金融信息数据存在异常，就会在信息平台中反映出来，从而引起监管者的注意。有关机构在搜集监管对象的数据信息时，优先从金融服务养老信息平台获得，以减轻监管成本和额外的负担，强化养老者的利益保护。

解决金融服务养老信息共享渠道不畅问题，我们建议，实现金融服务养老信息公开，建立健全信用惩戒机制，不断完善社会信用体系。充分发挥全国金融信用信息基础数据库的作用，建立包括老年人、金融机构、养老机构、金融监管机构和政府其他管理部门等在内的金融服务信息共享机制。鼓励、推动有条件的银行探索利用综合化金融服务养老信息平台，整合医疗、保健、护理、休闲旅游、房地产等实业机构进行跨界合作，综合运用银行储蓄、商业养老保险、资产管理、股权投资、债务融资、养老基金、信托计划等，实现投贷联动、产融结合、金融机构与养老者互动，实现金融服务养老供给与需求更好地融合。

28.6　建立健全金融服务养老运行、风险防范机制

建立金融服务养老准入机制、建立金融服务养老退出机制、形成养老投资顾问的培育机制、健全养老保险基金风险防范机制、建立健全金融服务养老的政府监管机制是健全金融服务养老运行、风险防范机制的重要内容。只有健全金融服务养老运行、风险防范机制，金融服务养老才能实现可持续发展。

28.6.1　建立金融服务养老准入机制

金融服务养老准入机制主要包括金融服务养老机构的准入机制和产品与服务的准入机制。提供金融服务养老的机构，必须符合相关的条件并经有关机构批准。其中，最基本的条件是要有专门的法人机构、有相应资质的专业经营管理人员、符合准入的最低资本金要求并且有相应的承诺。对于金融服务养老产品与服务的准入机制，主要是具备相关的条件，不断地开发养老者所需要的金融服务产品与提供便捷的服务。特别是为了适应未来美好养老生活的需要，逐步形成金融服务养老产品与服务准入的长效机制。对于难以长期、持续提供金融服务养老产品与服务的机构则让其难以进入。

尽管银行、证券、保险、信托、基金等行业的金融产品极为丰富，但适合老年人需要的养老产品并不多见。即使有适合老年人需要的养老产品，也不一定能

满足他们的需要。如果不建立金融服务养老准入机制，不允许服务需求者在金融市场范围内自由选择金融服务养老产品，那么金融服务养老的产品匹配度可能会失去保证。在第三方投资服务下，可能会出现参与者风险偏好与产品风险特征不匹配的问题，出现参与者难以选择导致不理性投资的情况。最终结果可能是金融机构提供不加选择的金融服务养老产品，也许绝大多数是老年人不需要的，仅有少数是他们所需要的。老年人选择了这些金融服务养老产品，不仅难以获得收益，而且流动性低、风险大。建立金融服务养老准入机制，可以使金融服务养老发展得到保证。由第三支柱涉及的相关机构建立金融服务养老准入机制，金融服务养老才有保证。凡是拟进入金融服务养老选择范围的养老产品，都应该经过评估方的评估，合格后才有资格进入，使养老者在拥有资格的金融养老产品范围内自由选择。

28.6.2　建立金融服务养老退出机制

对于长期不能较好地提供服务养老的银行、证券、保险、信托、基金等金融机构及养老机构，需要建立相应的退出机制。没有退出机构，不能做到优胜劣汰，金融服务养老将难以获得持续、健康的发展。但凡金融服务养老做得好的国家，几乎都有优胜劣汰机制。做到有进有退，退是为了更好地进；坚持有所为，有所不为，这样才有利于金融服务养老的正常开展。否则，金融服务养老风险难以避免，可能会导致服务不满意问题经常发生。

对有问题但可以弥补的金融服务养老机构，如果其在短期内能渡过难关，则可以通过多方扶持或重新注资，让其继续提供服务。对有问题但自身难以提供优质服务的金融服务养老机构，如果其在长期都难以度过困难，则可以通过合并或破产清算等方式让其退出。对于长期声誉不好、服务不佳、养老者与社会不满意的金融服务养老机构，应给予相应的处罚并限期整改甚至勒令其退出。

28.6.3　形成养老投资顾问的培育机制

由于金融服务养老发展历程相对短暂，绝大多数老年人不具备专业的投资决策能力，所以他们需要专业的金融服务养老投资顾问（机构）为其提供专门的咨询服务。作为中介角色的投资顾问，可以减少由金融服务养老所带来的系统性风险与非系统性风险。当参与金融服务养老时，老年人可以通过向专业养老投资顾问咨询来选择投资产品，进行合理的资产配置和投资管理。专业养老投资顾问的职责主要是提供可选择的金融服务养老产品与服务，根据老年人的身体情况，养老资金、资产或权益情况，以及养老需要，为其量身定制最适合的投资选择，并向其介绍各种投资选择收益的多少及可能出现的风险种类和大小、金融服务养老参与流程与注意事项等。

28.6.4　健全养老保险基金风险防范机制

2019 年，全国基本养老保险全年的收入、支出分别达到 5.6 万亿元和 4.9 万亿元，加上补充养老保险、全国社保基金，结存量为 8 万亿元。为了更好地开展金融服务养老，对这笔巨额养老资金必须实行最严格的监督和管理。养老保险基金风险防范是一场没有硝烟且输不起的战争。除了健全金融服务养老监管措施外，还需要全面构建养老保险基金风险防范内部监管机制、外部监督机制和社会监督机制，努力用一个好的机制来确保金融服务养老的良性运行与正常开展。健全养老保险基金风险防范机制，实现由强制型个人账户和自愿性个人账户共同组成的积累型金融服务养老，维护养老权益，增强养老保障能力。同时，这种机制还可减轻财政养老支付负担，由此降低金融服务养老的风险。完善养老风险管理机制，体现在坚持审慎经营理念、强化资本约束、足额计提风险拨备、强化内部控制、确保稳健经营。

28.6.5　建立健全金融服务养老的政府监管机制

发展金融服务养老，除了充分发挥市场的作用外，也离不开政府的作用。政府管理金融服务养老，不是直接管理到每个机构，而是提供制度、政策、法律法规规定和相应的金融环境等。特别是建立健全金融服务养老的政府监管机制，充分发挥政府对金融服务养老的监管作用，让金融服务养老没有真空，时时、事事、处处都在严格的监管之下运行。对于提供养老服务的各种金融机构所出现的内部控制体系也难以减少的代理风险，政府需要通过外部控制等一系列激励和监管实现对此风险的控制。

第29章 建立和健全金融服务养老监管体制机制

金融是现代经济的核心，其风险时时处处需要监管。金融监管需要相应的监管制度、体制和机制。金融服务养老涉及诸多部门、行业和机构，要保障其正常运行，防范其运行过程中出现的风险，必须有一套完整、高效和科学的监管体制机制。本章主要梳理金融服务养老中政府部门的监管职责，并就如何加强各监管机构的统筹监管展开论述，以期构建新型的监管体制，规范金融服务养老。金融服务养老的中国路径需要构建金融服务养老的监管体制，充分发挥“一行四会一署”[①]的金融服务养老监管作用，破除制约金融服务养老发展的体制机制障碍，不断完善金融服务养老监管合作机制，继续完善金融服务养老政策实施机制，推动金融服务养老落地。

29.1 “一行两会”的金融服务养老监管体制机制的合理性与局限性

金融监管体制、机制都是金融监管制度的表现。金融制度是经济社会发展的根本制度或基础性制度。金融体制机制是经济社会发展的重要基本制度。中国现有的金融监管体制，包括对金融服务养老的监管体制，既有其合理性又有其局限性。它基本能保证金融服务养老的正常运行，但也有不完善的方面。

① “一行四会一署”是指作者提出的金融服务养老监管机构，包括中国人民银行、中国银行保险监督管理委员会、中国证券监督管理委员会、国务院金融稳定发展委员会、中国金融服务养老管理委员会、中华人民共和国审计署。

29.1.1　合理性

金融服务养老是人口老龄化下出现的新的金融产品和业务，有其自身的特点。从目前的金融监管来看，金融服务养老监管实行的是机构监管。"一行两会"的金融服务养老风险监管体制有其合理性。实行机构的分业监管符合刚刚兴起的金融服务养老监管要求。中国人民银行的职责主要是稳定金融秩序。中国银行保险监督管理委员会的职责主要是监管银行等金融机构的养老服务业务，如监管个人养老储蓄存款、银行养老住房反向抵押贷款、养老信托投资和养老基金投资，再如监管商业养老保险、养老住房反向抵押贷款保险等。中国证券监督管理委员会的职责主要是监管涉及养老方面的股票和债券投资等。国务院金融稳定发展委员会意在加强"一行两会"之间的沟通协同。

"一行两会"适应金融分业经营、分业监管的需要，能够监管好简单的金融服务养老活动。在金融服务养老的兴起时期，金融服务养老产品少，服务有限，业务量小，且银行提供的服务占主体，证券、保险、信托和基金提供的养老服务十分有限，所以"一行两会"能较好地监管金融服务养老。中国人民银行制定相关的金融服务养老政策，"两会"从行业监管角度进行业务监管，使金融服务养老能够获得较好的发展。这种监管使得相关利益方，包括老年人、金融机构、金融监管机构及政府都能各取所需。

29.1.2　局限性

金融监管体制机制尚未健全完善，原有的金融服务养老监管体制只适合金融服务养老初期的监管。随着金融创新和老年人服务需求的变化，其监管正面临前所未有的挑战。"一行两会"的金融服务养老风险监管体制机制局限性十分明显。尽管金融服务养老需要更多的监管来防止如此之多的风险，但过量或设计不良的监管会损害金融体系的有效性，这也是很危险的。

总之，"一行两会"的金融服务养老风险监管体制机制既具有合理性又有局限性。对于其合理的方面，未来的金融服务养老监管需要坚持；对于不合理的方面，未来的金融服务养老监管需要进一步创新。建立健全相关机制，坚持与创新并重，目的都是促使金融更好地服务于养老。

29.2　构建金融服务养老的监管体制

金融服务养老监管机构在组织上如何设置才能更有效地实现其监管目标，不仅是金融监管也是金融服务养老监管的一个重要内容。构建金融服务养老的监管体制，需要强化与整合“一行两会”的金融服务养老监管职能，充分发挥国务院金融稳定发展委员会的作用，建立适应金融服务养老运行的金融审计监督体制，成立适应养老服务管理所需的中国金融服务养老管理委员会，实现从“一行两会”的“一二监管”向“一行四会一署”的“六一监管”的转变，恰当地处理中国金融服务养老管理委员会与其他监管或监督机构的关系。

29.2.1　强化与整合“一行两会”的金融服务养老监管职能

尽管“一行两会”在金融服务养老中发挥了重要的监管作用，但随着金融服务养老出现的新变化，还需要强化与整合其监管职能。

（1）确定中央银行的金融服务养老监管职能。对于金融服务养老，中央银行服务养老的主要内容是提供广泛的政策及相关的规定等特殊服务，也可根据服务需要制定资产管理规定和养老的长远投资规划。构建金融服务养老的风险监管体制，一方面，坚持问题导向，针对复杂问题加强协调，中央银行更加注重功能监管和行为监管。另一方面，健全风险监测预警和早期干预机制，推进金融监管信息共享。虽然中央银行是制定和实施货币政策、稳定金融市场的机构，但将有关金融服务养老职责纳入其中也是非常必要的。确定中央银行的金融服务养老监管职能，需要落实相关的监管职责并进行监管问责，以确保金融服务养老市场的稳定。中央银行对金融服务养老政策的制定和实施具有不可推卸的责任，对于金融服务养老监管具有重要的职能和作用。对于老年人来说，其风险偏好普遍很低，避害重于趋利，偏好具有保障性的金融服务产品。因此，要不断地强化中央银行的金融服务养老监管职能，将风险降到最低程度。

（2）整合中国银行保险监督管理委员会、中国证券监督管理委员会的金融服务养老监管职能。尽管金融混业经营是大势所趋，但银行、证券、保险、信托、基金仍然存在分业经营情况，需要采取不同的监管手段、措施和方法。银行、证券、保险、信托、基金等主要的金融机构和金融市场之间关系越密切，界限越模糊，就越需要整合监管机构的金融服务养老监管职能。随着金融服务养老的发展，需要适度改革现有的金融监管体制与架构，整合现有的“一行两会”的监管力量，明确各监管机构的养老分工监管职责，实现养老服务的大监管体系。

（3）政府承担监督主体责任。政府作为金融服务养老的监督主体，应承担最主要的监督责任。它进行监督的责任主要体现在制定和实施有利于金融服务养老发展的各种政策、法律法规和其他相应的规定上。政府利用全民监督减少腐败、诈骗等违法现象，利用自身所掌握的信息服务于养老。

29.2.2 充分发挥国务院金融稳定发展委员会的作用

众多的监管机构需要统筹协调。在实行多个监管机构分工监管的情况下，特别是出现新的金融机构和新的金融业务时，容易导致监管职责不清、责任不明或出现纠纷问题。这可能出现两种情况：要么各监管机构都主张对某种新的金融机构和金融业务的监管负责；要么各监管机构都认为某一新的金融机构或金融业务不属于自己的监管范围。高效的监管需要一个综合的协调机构。于是，成立一个综合的监管议事协调机构并充分发挥它的作用显得非常必要。这个机构是什么呢？就是国务院金融稳定发展委员会。

（1）国务院金融稳定发展委员会的成立及职责。2017 年 11 月，为适应金融发展的需要，国务院金融稳定发展委员会成立。它是国务院统筹协调金融稳定和改革发展重大问题的议事协调机构。它的职责是：落实决策部署；审议改革发展重大规划；统筹改革发展与监管，协调政策与监管相关事项，统筹协调监管重大事项等；研究风险防范处置和重大政策；进行业务监督和履职问责等。更具体来讲，它有四个方面的职责。它服务于经济社会发展，确保风险可控，以防范系统性金融风险为底线，以发挥市场在金融资源配置中的决定性作用为己任。

（2）国务院金融稳定发展委员会对金融服务养老的监管职责。根据金融服务养老的实际需要，我们建议，国务院金融稳定发展委员会应该将金融服务养老过程中涉及的金融机构、投融资模式和交易行为等纳入监管范畴。金融服务养老监管机构包括中国人民银行、中国银行保险监督管理委员会、中国证券监督管理委员会、财政部、民政部、国家税务总局、人力资源和社会保障部、国家卫生健康委员会、国务院国有资产管理委员会、国家市场监督管理总局、全国社会保障基金理事会和中国金融服务养老管理委员会等政府职能部门。我们认为，进行合理的分工、明确监管的职责，国务院金融稳定发展委员会可以承担很好的协调作用。

国务院金融稳定发展委员会担负着整个国家金融高质量发展和安全稳定的使

命，在金融服务养老监管方面也能发挥积极作用。当前，基本养老金的直接管理主体为财政部、人力资源和社会保障部，养老金的投资运作很多都集中在国内的金融市场上，如何协调财政部、人力资源和社会保障部、金融监管部门和中国金融服务养老管理委员会之间的关系，如何监管其在金融市场上的投资行为，如何维护养老金资产在金融市场上不受损失，需要国务院金融稳定发展委员发挥其独特的政府协调和监管的职责。

通过国务院金融稳定发展委员会构建金融服务养老监管协调机制，在财政部、人力资源和社会保障部、“一行两会”、中国金融服务养老管理委员会和养老金投资管理机构之间建立信息分享平台，来帮助各部门及时掌握养老资金运行、养老金投资组合、资产质量等信息。从维护金融市场稳定的角度来看，要维护养老金投资平衡收益和风险的关系，就要杜绝只看收益而不顾市场稳定，甚至扰乱金融市场稳定的投资行为。要引导养老金长期投资大蓝筹公司股票，注重稳定利息分红收入，使其成为多层次资本市场建设过程中的坚实力量。

29.2.3　建立适应金融服务养老运行的金融审计监督体制

金融服务养老涉及提供服务的机构、资金、政策实施和相关的管理者，这些都需要从外部进行审计监督。建立适应金融服务养老运行的金融审计监督体制是建立健全金融服务养老监管体制的重要内容。

（1）必要性与可能性。要适应金融服务养老发展的需要，建立全方位的金融审计监督体制是非常必要的。目前，金融服务养老的审计监督几乎是一片空白。所以，将审计署纳入金融服务养老审计监督是客观必然的。将整合审计署中涉及金融服务养老的相关审计机构进行综合审计，可以更好地满足老年人养老的需要，更好地促进金融服务养老的发展。这也是有中国特色的金融服务养老监督的组成部分。

建立适应金融服务养老运行的金融审计监督体制不仅非常必要，而且完全是可能的。金融审计监督已经积累了丰富的经验。金融服务养老本身需要从外部进行审计监督，金融服务养老越发展，越需要外部审计监督。金融审计监督正好能发挥其独特的作用。

（2）建立与完善适应金融服务养老的金融审计监督体制。将凡是涉及金融服务养老的机构、业务、活动、资金往来都纳入审计监督，实行金融服务养老审计的全覆盖。对于国有或国有占控股地位的金融服务养老机构、业务、活动、资金往来，由政府进行专门的金融审计。政府金融审计由审计署及各级审计机构承担。对于社会民间资本、老年人的私人资本参与的金融服务养老机构、业务、活动、资金往来由专门的社会机构进行专门的社会审计。社会审计由具有资格、条件的审计师事务所承担。对于政府制定的金融服务养老政策实施进行全过程的跟踪审计，对于政府提供的金融服务养老的资金扶持进行全程审计。这两方面的监督也由政府金融审计承担。建立与完善适应金融服务养老的金融审计监督体制有利于它的持续快速健康发展。

29.2.4 成立适应养老所需的中国金融服务养老管理委员会

金融服务养老涉及各方利益，监管难度很大，中国政府需要站在更高的角度未雨绸缪，前瞻设计，合理规划，特别需要成立一个专门的机构进行监管。这个机构可以叫作中国金融服务养老管理委员会。中国金融服务养老管理委员会成立不是为了集权，而是基于中国金融服务养老发展的长远大计，是中国养老现实情况的真实需求。目前，金融服务养老监督管理涉及很多部门。各部门政令迭出，犹如“九龙治水”，碎片化管理十分明显，分业监管成本高昂，效率低下。成立中国金融服务养老管理委员会迫在眉睫。成立中国金融服务养老管理委员会有利于国家高屋建瓴地进行顶层设计与运筹帷幄，最终提高民众的福祉。它与其他机构共同服务于养老，既进行常规的管理，又承担风险防范的重要职能。

（1）必要性与可能性。成立中国金融服务养老管理委员会既有必要性又是可能的。第一，必要性。推动金融服务养老监管体制改革，成立中国金融服务养老管理委员会，是为了让这一专门的管理机构更好地履行宏观审慎管理和系统性风险防范的职责，更好地为养老提供金融服务。一方面，金融服务养老的快速发展客观上需要专门的监督管理机构为其提供管理服务。养老问题既涉及每一个养老者的晚年幸福安康，又关系到国家长治久安的未来发展大计。金融服务养老作为养老问题的关键环节，涉及每一个微观主体的储蓄计划、消费需求、投资规划，涉及国家整体的金融资源的合理配置、不同产业的金融融合、金融市场中不同金融机构的参与，以及多个监管部门之间的协调管理。另一方面，由于金融服务养老的复杂性，原有分散的金融监管体制和监管机构既难以发挥监督作用又难以管理好这个方面的金融业务。对于养老金资产配置的监管，信息公开原则极为重要。要建立信息公开披露机制，以防范养老金资产配置监管漏洞和养老资金流失。通过建立中国金融服务养老管理委员会，将分散的主体、权力、资源、信息集中进行管理，改变以往的条块式分割监管，合理筹划，提高监管的效率，优化交易成本，更好地服务于养老。为了更好地发挥金融跨期资源配置功能，建立全国统一层次的中国金融服务养老管理委员会实属必要。中国金融服务养老管理委员会是金融服务养老的专设机构，具有相对的独立性。它对提高金融服务养老监管治理水平及促进金融服务养老持续快速健康发展具有非常重要的意义。

第二，可能性。金融服务养老是涉及全国人民的现实福祉与长久发展大计的战略布局，所成立的中国金融服务养老管理委员会的级别设置不能太低，否则将无法达到理想效果。另外，金融服务养老涉及部门众多，为了统一协调不同政府部门的行动，级别也不能太低，否则在现实中很难履行其职责。我们认为，中国金融服务养老管理委员会应该归属国务院直接领导，对国务院负责，应为正部级机构，与“一行两会”级别平行。其非但不能接受“一行两会”的直接管辖，而且需要“一行两会”的积极配合。中国金融服务养老管理委员会应协调好与“一行两会”的关系，处理好行业交叉和部门重叠存在的利益矛盾冲突。

根据中国金融服务养老管理委员会的相关职能，我们初步拟定相关的职能框架包括：养老金统筹部、养老金投资部、养老服务部、养老产业部、规划发展部、市场开发部、法律部、协调部、研究部、稽查部、内审部等，由中国金融服务养老管理委员会统一管理。所以，设立中国金融服务养老管理委员会不仅必要而且有可能。

（2）中国金融服务养老管理委员会的管理职能。这一机构主要是进行常规的养老服务管理、普及老年人的金融知识、调节金融服务养老市场的运行、实现金融服务养老信息共享、协调配合其他金融服务养老监管等。中国金融服务养老管理委员会根据相关统计及信息，定期开展对金融服务养老工作的绩效评估，加强对金融服务养老的审计监督，及时评估运行风险，制定相关问题和难点的解决对策，“一行两会”负责具体落实相关政策，保障金融服务养老的绩效。

第一，进行常规的养老服务管理。没有政府监管只靠市场调节，金融服务养老业务也许不会得到广泛的认可，也就不能大力发展金融服务养老和健全金融服务养老体系，也就没有金融服务养老的贡献。中国金融服务养老管理委员会可以通过一系列程序和标准来控制金融服务养老投资市场的准入，对金融机构涉及养老业务的收费及费率、信息披露、资产评估与交易、管理等进行严格的审查。这些管理可以减少监管的成本，提高运营的效率。金融服务养老管理功能是中国金融服务养老管理委员会的首要功能。

更具体来说，是将不同的养老资金、养老资产、养老权益统一纳入中国金融服务养老管理委员会的账户，进行资产管理，建立规范统一的投资管理架构。由于三大支柱资金的来源种类不同，应该对基础养老金、企业年金、职业年金、税收递延型养老保险、社保基金建立独立的账户并进行单独管理。当前的现实是，各地政府除了根据当地实际需求进行直接投资外，会以基础养老金的适当比例进行委托投资管理。基础养老金与社保基金的性质并不相同，前者用于当期收支，注重安全性。后者兼顾安全性与成长性。投资限制存在明显差异，具体运作模式差别也较大。因此，由这一独立机构专门进行个人养老账户的运作与统筹管理。

第二，普及老年人的金融知识。中国金融服务养老管理委员会向老年人普及金融资产投资风险和进行监管的重要性，促进全民主动参与金融服务养老的监督与管理。一老参与，全家关注。通过网点发放宣传资料与网络宣传等方式，普及老年金融投资与消费教育，加强对老年人的金融知识宣传，防止各类金融诈骗现象的发生。金融服务养老知识普及功能是中国金融服务养老管理委员会的内在功能。

第三，调节金融服务养老市场的运行。尽管金融服务养老市场具有广阔的前景，但它的运行却是有起伏波动的。有时处于波峰，有时处于波谷，供求总是不平衡。平衡是暂时的，是有条件的，因而是相对的。不平衡是永恒的，是无条件的，因而是绝对的。保持金融服务养老市场的良好运行是其顺利发展的重要前提。当金融服务养老市场运行出现波动时，需要采取相应的措施进行调节。中国金融服务养老管理委员会担负起调节的专门职责。当金融服务养老市场处于波谷、市场预期欠佳时，中国金融服务养老管理委员会应采取预期管理等措施努力保持旺盛的需求。反之，当金融服务养老市场处于波峰、市场预期过于乐观时，中国金融服务养老管理委员会应采取相应的措施努力保持充足的供给。金融服务养老管理功能是中国金融服务养老管理委员会的基本功能。

第四，实现金融服务养老信息共享。我们倡议成立中国金融服务养老管理委员会，目的就是克服金融服务养老过程中的信息不对称问题，打通各个政府部门的信息孤岛，使它成为金融服务养老监管的重要组成部分。中国金融服务养老管理委员会设立专门部门以对接国务院金融稳定发展委员会、中国人民银行、中国银行保险监督管理委员会、中国证券监督管理委员会，保证相关机构及时沟通，以便在发现问题时能够进行应急处理。各省份再设立地方金融服务养老管理委员会，负责该地区的金融服务养老监管工作。

中国金融服务养老管理委员会可以借助金融科技来提高金融监管的效率。如利用大数据功能对全社会的养老产业、养老资本、养老机构进行调查、统计分析，向银行、证券、保险、信托和基金等金融机构提供有价值的信息，向各金融监管机构和财政部等金融服务养老相关监管部门提供监管信息。我们建议，中国金融服务养老管理委员会应用区块链技术建立金融服务养老信息共享平台，让相关企业、金融机构、机构投资者通过指定的应用程序编程（application programming interface，API）接入平台，将涉及养老的交易数据自动记录，并上传至信息共享平台。中国金融服务养老管理委员会对信息平台中的交易数据进行甄别和筛选，对可疑业务模式和交易行为会同其他金融监管部门进行重点关注和监管。

第五，协调配合其他金融服务养老监管。由于国务院金融稳定发展委员会与中国金融服务养老管理委员会属于不同的部门，代表不同的利益要求，在监管时难免会出现监管真空或重复监管。为了解决这一问题，需要一个专业性强、能够进行协调的机构。这个机构就是中国金融服务养老管理委员会，它能进行协调，建立沟通协调合作监管机制。这不仅是金融服务养老监管协调之需，而且是有中国特色的金融服务养老路径的表现。金融服务养老协调功能是中国金融服务养老管理委员会的重要功能。

（3）中国金融服务养老管理委员会的风险防范职能。养老带上金融两个字，表示势必产生金融风险。金融风险的波动性、易变性较大，无论是对宏观经济还是对微观经济主体都具有很强的负外部性。加强对金融服务养老风险的防范，不仅直接影响微观经济主体的运营，还对宏观经济的稳定起着重要作用。尽管中国金融服务养老管理委员会承担着宏观统筹与微观审慎管理的职能，但赋予它系统的宏观审慎监管职能并不现实，其上还有相应的监管部门进行专门监管。因此，对中国金融服务养老管理委员会风险防范的定位是，有效地履行内部风险管理、控制、防范职能。

针对一些风险较高的金融服务产品，中国金融服务养老管理委员会应通过金融知识教育、宣传等方式提醒老年人谨慎投资，有时甚至可以直接干预。它制定相关的规定要求金融机构及养老机构注重防范风险，使老年人即使蒙受损失也不会造成生活困难，它要求金融机构在产品销售之前设定可投资金额，目的是不能影响他们正常的养老生活。中国金融服务养老管理委员会全程、全方位地为风险防范跟踪服务。

在养老金资产配置方面，由于中国金融服务养老管理委员会承担着养老金投资的功能，针对不同的养老金资产管理应该实行账户隔离、独立运营、独立核算、独立托管。另外，养老金的资产配置应按照相关的投资法律法规，进行市场化透明操作，筛选合格的投资机构。在金融服务养老方面，虽然有关机构加大了对金融服务养老的支持力度，但由于消费群体是老龄群体，风险承受能力较弱，金融支持不足与金融支持过度同时并存。如果金融支持过度，会对未来的还款造成压力，形成不良资产。因此，对相关养老金投资的方向、规模应该加强审核，合法保护老年群体的利益。

根据金融机构为金融服务养老提供的不同类型产品和服务，及时进行有效监管。一旦发现养老机构资产出现问题或负债过高，要做出正确的处理，以免造成更大的损失。在监管过程中，实现功能监管与机构监管的有效互补，为金融服务养老的有序发展保驾护航。由于中国金融服务养老管理委员会具有广泛的金融服务养老监管权，它还承担各金融监管机构之间的协调与权力制衡职能。它促使金融机构在进行产品、服务创新时高度关注创新产品与服务的风险。金融服务养老监管的主要任务是保障金融服务养老体系处于稳定运行状态。它需要金融监管机构有效调动资源，消除危及金融服务养老安全的不确定性与不稳定因素，防止金融风险的出现特别是防范其演变为金融危机。

29.2.5　实现从“一行两会”的“一二监管”向“一行四会一署”的“六一监管”的转变

为适应金融服务养老快速发展的需要，中国金融服务养老需要尽快实现从“一行两会”的“一二监管”向“一行四会一署”的“六一监管”的转变，由此形成具有中国特色的金融服务养老监管体制。

（1）必然性。为适应金融服务养老监督管理的需要，整个金融监管将由“一行两会”（“一二监管”）向“一行四会一署”（“六一监管”）转变。正是因为“一行两会”的金融服务养老风险监管体制机制的局限性及国务院金融稳定发展委员会缺少对金融服务养老监管的综合协调性，“一行四会一署”代替“一行两会”，由“一二监管”向“六一监管”转变具有必然性。一方面，“一行两会”的金融服务养老风险监管都只有某个方面的监管，即只有专业性的监管，不能全面、系统、及时地进行监管，特别是监管措施、手段和政策的不完善使金融服务养老受到了很大的影响。另一方面，国务院金融稳定发展委员会也不能提供全面、系统、及时的专业化监管。因此，“六一监管”比“一二监管”更加符合金融服务养老的客观实际。它可以避免监管不协调、监管重复、监管分歧或监管真空问题。

（2）可能性。由于金融服务养老快速发展，养老产品越来越多，养老服务也越来越多，业务繁杂，单一的监管难免会出现管理漏洞，所以，实现由“一二监管”向“六一监管”转变是完全可能的。中国人民银行主要负责防范金融服务养老的系统性风险，中国金融服务养老管理委员会专门进行行业内部的具体管理，审计署从外部对金融服务养老活动进行审计监督，国务院金融稳定发展委员会对涉及的金融服务养老监督与管理进行综合协调。此外，充分发挥对金融服务养老影响比较大的部门，如财政部、国家税务总局、人力资源和社会保障部、国家卫生健康委员会、国务院国有资产管理委员会、国家市场监督管理总局、全国社会保障基金理事会等的作用。让它们各司其职，各负其责，共同监管金融服务养老活动。

29.2.6　恰当地处理中国金融服务养老管理委员会与其他监管或监督机构的关系

中国金融服务养老监管体制是一个彼此分工合作、各司其职、各尽其责的监管体制。在这个体制中，我们需要恰当地处理中国金融服务养老管理委员会与其他监管或监督机构的关系。只有这样，才能保证金融服务养老的良性运行和协调发展。

（1）与中国人民银行的关系。中国人民银行的职责是宏观审慎管理和系统性风险防范，是对整个金融的全面监管。与之不同，中国金融服务养老管理委员会的职责是监督管理金融服务养老活动。它们之间是中央银行与专门的监督管理机构之间的关系，是全局与局部、整体与部分的监管。金融服务养老的专业性监管由中国金融服务养老管理委员会负责，一般的政策制定和实施由中国人民银行负责。微观的金融服务养老监管职权由中国金融服务养老管理委员会负责，防范和化解系统性风险、维护金融体系安全的宏观职责由中国人民银行负责。二者各司其职，各负其责，共同为养老监管服务。

（2）与中国银行保险监督管理委员会的关系。中国银行保险监督管理委员会统一监督管理银行、保险公司、金融资产管理公司、信托投资公司及其他存款类金融机构，维护银行和保险业的合法、稳健运行。中国金融服务养老管理委员会的职责是监督管理金融服务养老活动。它们之间是专业监督管理机构与专门管理机构之间的关系。金融服务养老的专业性监管由中国金融服务养老管理委员会负责，金融服务养老的银行、保险、信托、基金支持政策的制定和实施、资金运行等由中国银行保险监督管理委员会负责。二者各司其职，各负其责，共同为养老监管服务。

（3）与中国证券监督管理委员会的关系。中国证券监督管理委员会统一监督管理全国证券期货市场，保障其合法运行。在金融服务养老方面，它主要负责养老金的投资运营监督，实现养老资产的保值增值。徐忠（2018）提出，养老金投资运营要落实功能监管。养老金投资运营机构参与资本市场活动应由中国证券监督管理委员会负责监管，以维护养老金投资运营的安全性。我们完全赞同这种主张。中国金融服务养老管理委员会的职责是监督管理金融服务养老活动。它们之间是专业监督管理机构与专门管理机构之间的关系。金融服务养老的专业性监管由中国金融服务养老管理委员会负责，金融服务养老的证券支持政策制定和实施、资金运行等由中国证券监督管理委员会负责。二者各司其职，各负其责，共同为养老监管服务。

（4）与国务院金融稳定发展委员会的关系。由于中国金融服务养老管理委员会肩负重大职能与系统性风险，除了直接向国务院负责之外，它还需要进行监管协调。国务院金融稳定发展委员会是议事协调机构，中国金融服务养老管理委员会的职责是监督管理金融服务养老活动。它们之间是专业监督管理机构与专门管理机构之间的关系。中国金融服务养老管理委员会负责金融服务养老的专业性监管，国务院金融稳定发展委员会不负责金融服务养老政策的制定和实施，只对其进行议事协调。当金融服务养老政策有矛盾时，它可以发挥协调的作用。二者分工合作，各司其职，各负其责，共同为养老监管服务。国务院金融稳定发展委员会的联席会议应该在“一行两会”的基础上增加中国金融服务养老管理委员会，变成“一行四会”的联席会议制度。“一行四会”应该对金融服务养老中出现的系统性风险的预警、监测、预防、化解、处置等相关问题进行决策，必要时采用行政手段对相关部门和机构进行问责、处罚。

（5）与审计署的关系。面对庞大的金融系统和复杂多变的金融活动，要想更好地发挥监督作用，金融监管机构就需要审计署的协同与配合。中国金融服务养老管理委员会与审计署是平级部门，在金融服务养老监管及监督中发挥着各自的独特作用。将审计署纳入金融服务养老监督是对金融服务养老风险防范和监督的加强。审计署是经济管理和监督体系中不可或缺的力量，是国家治理的重要手段之一。由于审计机关没有直接监管功能，在金融服务养老过程中，不能发挥像中国人民银行一样的主体监督作用。但是，审计署可以发挥金融服务养老的独特监督作用，对金融监管部门难以触及的领域进行审计。这有利于统筹安排监督力量，形成监督的合力，彼此分工合作，更好地处理金融创新与金融风险防范的关系。金融服务养老的专业性监管由中国金融服务养老管理委员会负责，金融服务养老活动的审计监督由审计署负责。二者各司其职，各负其责，共同为养老监督与管理服务。

在由机构监管向功能监管转变的过程中，中国金融服务养老管理委员会在加强与各机构协作的同时，与审计署密切配合，发挥各自的监管职能与特长，彼此分工合作，各司其职，各负其责，提升协调监督管理效应，提高监督管理效率。

29.3　构建金融服务养老监管（监督）作用机制

建立健全金融服务养老监管的体制机制，还需要充分发挥“一行四会一署”

的监管（监督）作用，构建金融服务养老监管（监督）作用机制。根据现有的职责分工，特别需要发挥专业性极强的监管（监督）机构的职能，如发挥中国金融服务养老管理委员会和审计署等机构的金融服务养老监督作用。

29.3.1　构建“一行”的金融服务养老监管作用机制

中国人民银行是金融监管的重要机构。它通过制度、政策等对包括金融服务养老等在内的金融机构、金融业务等进行宏观上的监管。金融服务养老的发展离不开中央银行发挥的监管作用。从中央银行自身的职责来看，它负责监控金融体系的系统性风险，为金融监管提供基本的依据。中央银行不仅能对金融领域的系统性风险进行防范，而且拥有支付、清算、结算等职能的信息优势，可以进行具体的操作。

中国人民银行在金融服务养老监管体系中处于中枢地位，中国银行保险监督管理委员会与中国证券监督管理委员会处于微观监管地位，负责具体细节监管。中国人民银行可以协调功能监管与机构监管的关系，以功能监管维护市场稳定，以机构监管保证金融服务养老过程中的各项业务合法合规。中国人民银行与国务院金融稳定发展委员会携手共建金融服务养老统计跟踪系统，并实现信息共享，确保其监管的主导地位。

29.3.2　构建“四会”的金融服务养老监管作用机制

中国银行保险监督管理委员会与中国证券监督管理委员会对银行、基金、信托、保险与股票、债券投资等中涉及的金融服务养老进行分工监管。它们主要是防止金融服务养老中个别的非系统性风险转化为整体的系统性风险，为养老者的资金、资产和权益提供专业化的监管保障。

中国金融服务养老管理委员会是金融服务养老的专门机构，首要目标是服务养老。它的职能是制定和实施金融服务养老监管政策，促进金融服务养老持续快速健康发展。它通过制度、政策等对包括金融服务养老等在内的金融机构、金融业务等进行全面的监管。它制定和实施金融服务养老政策，进行金融服务养老机构的准入与退出管理，全程管理金融服务养老的运行，维护良好的环境与秩序。它对金融服务养老突发事件及相关风险的性质、范围进行锁定，在各个监管机构之间建立起合理、稳妥的处理危机的应急机制。

国务院金融稳定发展委员会在金融服务养老监管中发挥综合协调作用。它协调各监管机构之间的分工、合作关系，协调金融服务养老政策的制定和实施，防止金融服务养老的重复监管与监管真空，共同维护金融服务养老的正常运行。“一行两会”和中国金融服务养老管理委员会需要对国务院金融稳定发展委员会负责，协调好金融服务养老过程中的风险监管，维护国家金融安全。

29.3.3 构建“一署”的金融服务养老监督作用机制

审计署是专门进行审计监督的机构。其中的金融审计部门，即金融审计司是专门对国有及国有占控股地位的金融机构进行审计监督的机构。金融审计的目的明确，一方面是防范金融风险，维护金融稳定；另一方面是督促金融政策的贯彻落实和保证经济金融的健康发展。金融审计不是管理提供养老服务的金融机构、金融市场和金融监管，而是维护金融服务养老稳定的环节。在这种状态下，金融服务养老健康运行，金融服务养老政策稳健有效，生态环境不断改善，提供养老服务的金融机构、金融市场和金融基础设施能够发挥资源配置、风险管理、支付结算等关键功能。金融审计监督从无到有、从不成熟到成熟、从不规范走向规范、从不完善走向完善，已经成为金融治理的重要组成部分。现代没有审计监督的金融是不成熟的金融。金融越成熟，越需要金融审计监督。金融审计在推动金融改革、加强金融监督、促进金融管理、防范金融风险、稳定金融秩序等方面发挥着极其重要的作用。

（1）金融服务养老需要发挥金融审计监督的作用。作为一种重要的金融活动，金融服务养老随时随地都存在风险，不仅特别需要金融监管，而且特别需要金融审计监督。因此，需要充分发挥审计署的金融服务养老监督作用，构建多层次的金融审计监督管理体系。金融服务养老资金、资产、权益的监督和政策实施跟踪特别需要加强政府审计、社会审计与各监管机构之间的协调与合作。

金融服务养老的审计范围很广，包括对提供养老服务的金融机构和所涉及的各种养老机构的运行情况、养老资金或养老资产的安全情况、养老权益的保护情况，特别是对养老资金或养老资产质量、风险防范与管理进行全面的监督。这是肯定成绩、揭露问题、发现隐患、防范风险、维护金融服务养老运行安全的有效方法和重要途径。金融审计监督既要掌握每个机构的风险情况，也要掌握整个金融服务养老的风险情况，并且要提出金融服务养老风险防范的建议和整改措施。此外，金融审计监督还为金融服务养老提供咨询服务。通过这一服务，它可以为相关机构和所涉及人员出现的问题的解决提供帮助。

（2）金融审计监督可为金融服务养老发展提供审计监督保证。建立和完善金融服务养老的外部审计监督机制，让金融审计监督成为金融服务养老的重要组成部分，充分发挥金融审计对金融服务养老的监督作用。建立与完善金融审计与“一行两会”、中国金融服务养老管理委员会、国务院金融稳定发展委员会的沟通、协调与合作的长效机制，让金融审计监督成为金融服务养老的组成部分，充分发挥金融审计参与金融服务养老监管、监督的再监督作用。

（3）充分发挥审计署的金融服务养老监督作用。一方面，金融审计揭露和纠正违规违法从事金融服务养老业务活动的行为；另一方面，金融审计为防范、化解金融风险和维护金融稳定服务。凡是涉及金融服务养老的机构、资产、资金、项目、产品、服务、产业等，不管是国有及国有占控股地位还是非国有及非国有占控股地位的，都要纳入审计监督范围。国有及国有占控股地位的机构、资产、资金、项目、产品、服务、产业等由专门的政府机关进行金融审计，非国有及非国有占控股地位的由社会机构进行专门的金融审计。凡是涉及金融服务养老支持政策实施的，都要进行全程跟踪的金融审计。为此，我们建议将审计署纳入金融服务养老监督体系内，与其他机构共同为维护金融稳定服务。

（4）不断扩大金融服务养老审计范围，实现金融服务养老审计全覆盖。不断扩大金融服务养老审计范围，从过去只审计涉及国有及国有占控股地位资产的养老服务发展到未来全方位审计涉及金融养老的服务，将它们都纳入审计监督范围。实现金融服务养老机构审计全覆盖，需将相关金融机构、资产、资金、项目、产品、服务、产业等都纳入审计范围。从机构来说，将不管是国有、国有占控股地位的金融机构，还是非国有、非国有占控股地位的金融机构都纳入审计监督范围。从资金或资产来说，将不管是国有养老资金、资产，还是养老者的资金、资产都纳入审计，包括所有者权益审计、养老收费与支付审计、养老投资收益审计、养老投资风险审计、养老经营成本及费用审计、营业税金和附加审计等。总的来说，要将不管是什么项目、产品、服务和产业，都纳入审计监督。

总之，审计署可以在以下三方面发挥其他监督、管理机构所无法替代的监督作用。一是进行金融服务养老机构审计。通过对国家金融服务养老的监管、业务部门进行全方位的审计，梳理各部门之间的主次关系，提高各部门运行效率。二是对养老资产、养老保险基金、民间资本投资养老产业进行定点定时审计，及时发现问题，向其主管部门传递监管意见。三是进行金融服务养老绩效审计。将财务审计与绩效审计相结合，审计机关揭露金融服务养老的主体部门的贪污、舞弊、挪用等违法违规行为，督促主体部门合理地配置资源，杜绝因投资决策失误导致资产减值。通过跟踪审计，可以及时发现金融服务养老过程中的问题。

29.4　建立健全金融服务养老供求平衡机制

金融服务养老供求失衡，与其供求平衡机制密切相关。由于缺少金融服务养老的供求平衡机制，金融服务养老难以自动平衡。许多政策调整就是为了使其达到平衡。目前，有许多制约金融服务养老的体制机制障碍，需要采取相应的措施来破除障碍并建立健全金融服务养老的供求平衡机制。

29.4.1　金融服务养老供求失衡的机制障碍

找准制约金融服务养老的体制机制障碍，为破除制约金融服务养老的体制机制障碍打下基础，扫清金融服务养老发展的一切障碍。

（1）金融服务养老供需脱节。金融服务养老的供给人员，要么是只懂医学护理的人员，要么是只懂金融的人员，缺少二者都懂的复合型专业人员来提供金融服务。有供给而没有需求，有需求又没有供给。适合老年人又深得老年人喜欢的金融服务供给较少，金融机构能够提供的金融创新产品和服务的需求又不旺。

（2）金融服务养老的行政推动色彩过浓。虽然金融服务养老更多的是一种市场行为，但是，目前还有不少金融服务养老产品和服务本身就是由政府采取行政力量自上而下推动建立起来的，市场行为在这方面还不明显。这种行政推动的政府行为限制了金融服务养老机构的开拓性和创新性，缺少市场行为作用的金融服务养老因此缺少生机和动力。这些金融机构没有根据老年人的实际需求提供养老服务的内容和形式，而是为完成任务提供的，因而其服务产品缺乏较强的针对性。正是由于行政推动色彩过浓，不少机构提供的养老服务不符合老年人的养老需求，不少服务不受老年人的喜爱。

（3）金融服务养老的市场化运营机制不健全。由于金融服务养老处于发展初期阶段，市场配置资源效率不高，市场化机制不健全，所以，它大大滞后于经济社会的发展。金融服务养老主要依托传统媒介，现代化信息化智能化水平不高，效率低。受创新成本和老年人观念等的影响，养老智能化金融产品开发难以及时跟上，并且服务普及率不高。金融服务养老还需要加深市场化程度，在政府引导下充分发挥市场的作用。与此相适应，金融服务养老的市场化运营机制还需要健全。

（4）金融服务养老存在重复监管、监管真空问题。金融服务养老是一种特殊的金融活动，其参与对象是经受风险能力较弱的老年人，与一般的金融活动有很大的差异。受利益、监管体制机制与监管经验的影响，金融服务养老存在重复监管、监管真空现象。监管机构都愿意负责监管有好处的服务，导致出现重复监管，而对于成本大、没有好处的服务，则存在监管真空或监管不到位的问题。重复监管、监管真空制约了金融服务养老的发展。这就需要破除制约金融服务养老的体制机制障碍，建立健全良好的监管服务机制，特别是建立健全各监管机构彼此分工、共同协作的监管体制机制。

29.4.2　建立健全金融服务养老的供求平衡机制

建立供给与需求相对应的金融服务养老供求平衡机制，破除金融服务养老的行政约束，建立健全金融服务养老的市场化运营机制，破除金融服务养老重复监管、监管真空的体制机制，通过建立健全金融服务养老的供求平衡机制来促进金融服务养老的可持续发展。

（1）建立供给与需求相对应的金融服务养老供求平衡机制。加强对金融支持与养老服务业发展的各类规划和政策的衔接，以满足“老有所养”、推进医养结合和建设社会养老服务体系需求作为重点，加大金融支持力度。当供大于求时，努力增加老年人的需求；当求大于供时，努力增加金融机构的产品和服务。破除制约金融服务养老发展的体制机制障碍，努力实现金融产品与服务的创新，形成金融服务养老供求平衡机制。

（2）破除金融服务养老的行政约束。建立健全金融服务养老的供求平衡机制，充分发挥金融机构在养老服务中的作用。根据老年人金融服务的需求，政府的职能只是进行金融服务养老的立法和司法，制定和实施相关的金融服务养老政策，提供良好的金融服务养老环境。只有当金融机构不能较好地提供金融服务、损害老年人的利益时，政府才能进行直接的干预。

（3）建立健全金融服务养老的市场化运营机制。凡是涉及金融服务养老的产品与服务定价都由市场说了算，引导社会力量参与金融服务养老，充分利用各种资源服务养老。不断提高金融服务养老的现代化、信息化、智能化水平。只有当市场不能发挥作用或出现市场秩序混乱时，政府才能积极介入。金融服务养老需要养老产业的市场化。基于此，陈曦和江世银（2020）建议，借鉴英美日等发达国家处理老龄化问题的经验，对养老产业给予信贷支持，通过提供扶持养老基金等，提高养老产业的市场化运作，加强对养老产业市场化的监督与管理，以保障老年人的合法权益。

（4）破除金融服务养老重复监管、监管真空的体制机制。凡是有利于金融服务养老的体制机制，坚持实行。对于金融服务养老中重复监管、监管真空的体制机制，给予改变。对于约束金融服务养老的其他监管体制机制障碍，通过破除革新让其更加有利于金融服务养老的发展。

29.4.3　建立和完善基于博弈视角的金融服务养老监管机制

基于不同的视角，金融服务养老监管机制存在很大的差异。第四部分的三方博弈视角中，我们认为，为了金融服务养老能获得更好的发展，需要建立和完善基于博弈视角的金融服务养老监管机制。

（1）实施力度适当的金融服务养老监管。监管机构在三方博弈中扮演的是一个处于优势地位的博弈主体，在面对另外两个博弈主体的决策策略时，监管机构需要及时做出应对，调节市场上的行为异动。从第四部分的模型中，我们可以看到，如果监管机构始终采取高压的监管模式，会消耗大量的资源与成本，有违我们设立三方博弈模型的初衷。不仅如此，这种模式无法保证金融服务养老机构与服务评估机构的行为一定能达到政府预期，很有可能属于无效监管。所以，监管机构进行力度适当的弹性监管是有必要的。当金融服务养老处于良性运行和协调发展时，可以减轻监管力度，将日常的监管审计下放到委托机构中，监管机构负责进行随机的二次监管。这既能调动市场资源，又有利于监管机构担任其他职责。

（2）完善金融服务养老监管奖惩制度。从第四部分的模型分析中可以看到，服务评估机构与金融服务养老机构的行为策略是与经营利润、奖惩力度、寻租费用等变量紧密关联的。当减少惩罚措施时，并不会像我们预想的那样爆发出大量劣质服务机构。对此做出的解释是，当市场发展到一定程度且具有高度的自律意识时，提供高质量服务及做出真实评估所能带来的市场效益大于铤而走险做出的违规行为，此时作为理性经济人的养老参与者会自发地选择高效益决策。政府通过完善奖惩制度，能够激发参与者的积极性，让二者充分认识到其创造的价值越高，所能获得的收益也将越高。

（3）构建金融服务养老的协同监管机制。模型中博弈主体之间的博弈并不是依靠单次博弈解决问题的，而是建立在前一次博弈基础上的重复动态博弈。因此，在监管时引入服务评估机构这个既包含监管职责又有着牟利能力的多元主体，能够在市场上对金融服务养老机构的行为进行预测及规范。通过监管的明显分层，将日常的监管任务下放到市场上，既能够减轻监管机构的日常监管审计成本，也能够充分利用市场资源，调动市场积极性。监管机构拥有的最顶端的监管能力，是对服务评估机构及金融服务养老机构双方的制约，也减少了双方徇私舞弊的可能性。

（4）加快立法进程，实现金融服务养老法律保障的全覆盖。借鉴欧美国家金融服务养老发展的成功经验，通过立法推进金融服务养老业健康发展，促进第二支柱与第三支柱尽早发挥出应有的作用，使第一支柱的基本养老金回归兜底作用，建立一个健康可持续的金融服务养老体系。在以立法保护金融服务养老消费者权益的同时，推出更多的金融服务养老创新产品，吸引老年人由被动养老转向主动养老，真正做到金融服务养老有法可依。

（5）改进监管模式，加快养老金入市。学术界一直存在着要求将金融服务养老监管由分业监管转变为混业监管的呼声，过于繁杂的监管在一定程度上阻碍了金融创新的渠道。整合监管之下的风险控制也一定会更加行之有效。目前，中国基本养老保险基金规模庞大但投资收益长期维持在 2%左右，社会保障基金投资在专业管理下收益率较高，但其监管要求投资于银行存款和国债的资金比例不低于 50%，这极大地限制了其盈利能力。企业年金的收益率已经相对较高，但仍未能满足金融服务养老发展的需要。如果想要获得更高的养老基金投资收益率，就必须在完善资本市场的基础上突破对权益类金融工具投资的限制，加快养老金入市步伐。如果将权益类金融工具的监管要求提高到不高于 50%，固定收益类金融工具比例下调到 45%，测算出最高收益可以达到 5.64%，此时方差为 0.000 271 6，仍在可接受的范围之内。

29.5　不断完善金融服务养老监管合作机制

建立健全金融服务养老监管的体制机制，还需要不断完善金融服务养老监管合作机制，充分发挥各监管机构的合力作用。金融服务养老监管合作能提高监管的效率。传统的监管合作机制已经难以适应快速发展的金融服务养老需要。这就需要进一步完善金融服务养老监管合作机制。

29.5.1　金融服务养老监管合作机制是金融服务养老发展的重要保证

金融服务养老制度是关乎老年人养老生活的重要制度安排，其整个运作流程涉及诸多相关利益机构，如何平衡各方利益，实现效用最大化的养老服务是一个很值得研究的课题。时间延误、相关监管机构职责不清晰及各部门之间的政治利益冲突往往是加剧危机程度、造成严重损失的主要原因。相关利益方主要有养老者、金融机构、养老机构、政府监管机构等，受各自利益的影响，这些利益方之间难免出现利益之争。特别是涉及监管的机构，如“一行两会”、国务院金融稳定发展委员会、中国金融服务养老管理委员会等之间难免会出现监管不合作或各自为政的现象，从而导致重复监管或监管真空。因此，金融服务养老的发展需要不同机构之间建立好监管合作机制。金融服务养老监管合作机制是金融服务养老发展的重要保证。有监管合作机制，才能保证金融服务养老持续、快速、健康发展。

29.5.2 完善金融服务养老监管合作机制

金融服务养老监管，需要众多的监管机构履行职责。这些机构需要彼此分工合作，形成金融服务养老监管合作机制以确保监管顺利进行。在金融服务养老过程中，包括缴费与获益给付政策等，应由人力资源和社会保障部门负责制定政策并实施监管。税收政策的制定和实施需要财政部门负责，国家税务机构通过养老金计划的税收优惠资格认定和监察来具体监督执行税收优惠政策。在养老金投资运营阶段，更加注重发挥金融监管机构的职能和作用，各机构应承担对金融服务养老资金或资产的监督管理职责。总之，完善金融服务养老监管合作机制、促进金融服务养老的发展需要相关机构的通力合作。

29.5.3 建立金融服务养老监管协调联动机制

加强金融服务养老监管机构之间的沟通协调，实现分工合作的联动监管。对于相互嵌套的金融服务养老服务，建立监管协调联动机制，通过分工合作、信息共享、定期沟通、协调有序和联合执法等方式有效避免监管真空、监管重复和监管不足等问题。某种金融服务养老产品或服务，只要涉及其他养老产品或服务，越过了监管界线，就应与其他监管机构共同配合监管，这样才能提升监管响应速度，提高监管效率，不断缩小以金融服务养老为名、实而进行套利的空间。总之，以建立监管协调联动机制来促进金融服务养老的发展。

第四部分所构建模型中，博弈主体之间的相互博弈并不是依靠单次博弈解决问题的，而是依靠建立在前一次博弈基础上的重复动态博弈解决问题的。因此，在进行金融服务养老监管时可引入服务评估机构，既包含监管职责又有着盈利能力的多元主体，能够在市场上预测且规范金融服务养老机构的行为。通过对金融服务养老监管的明显分层，将日常的监管任务下放到市场上，既能够减轻监管机构的日常监管成本，也能够充分利用市场资源，发挥市场的作用。金融服务养老监管机构拥有的最顶端的监管能力，是对服务评估机构及金融服务养老机构双方的制约，也减少了双方徇私舞弊的可能性。

29.5.4 建立具有中国特色的金融服务养老监管稳定长效机制

维护金融服务养老的稳定是一项系统工程，涉及各方利益，因此，需要建立具有中国特色的金融服务养老监管稳定长效机制。这一机制以密切关注养老者的利益为核心，能实现多部门密切合作，随时化解各种风险，优化金融服务养老产品和服务结构，完善金融服务养老市场，加强金融服务养老基础设施建设，不断改善金融服务养老生态环境，特别是能针对中国养老人口基数大、增长迅速、未富先老、未备先老的国情，最终建立起具有中国特色的金融服务养老监管稳定长效机制。更具体来说，这一长效机制以金融机构治理和内控为基础、以偿付能力监管为核心、以金融审计监管为抓手、以养老资金运用监管为关键、以保险保障基金为屏障，最终形成有中国特色的金融服务养老风险防范的长效机制。

29.6 继续完善金融服务养老政策实施机制

金融服务养老领域既具有经济效益又具有社会效益，需要金融机构、养老机构和政府相关部门共同参与和管理。金融服务养老需要明确政府与市场的有效边界及各自的职能范围，如政府不仅需要提供基本养老服务，而且还需要完善金融服务养老政策实施机制。有了好的政策实施机制，才能努力推动政策落地、生根、开花、结果。

29.6.1　金融服务养老政策的重要性

金融服务养老本身是一个过程。在此过程中，用政策管理金融服务养老贯穿于政策决策、执行和监督的全过程。政策的有效落实是保证政策实施效果的基础，金融服务养老通过政策满足养老服务需要。推动金融服务养老发展，需要政府进行相应的顶层制度设计。事实上，金融服务养老中的关系是委托代理的关系。政府在加强金融服务养老监管的同时，制定和完善相关的政策，不断提高金融服务养老的管理效率也非常重要。没有相关政策，金融服务养老的发展就没有保证，有政策，没有认真贯彻执行，金融服务养老也难以实现可持续发展。政府通过明晰权责、合理分工来实现相关管理机构间的制衡，确保金融服务养老低风险、高效率地运行。

金融服务养老的相关政策界定各利益方的责、权、利。有了明确的责、权、利，各方才能更好地服务于养老。金融机构就是源源不断地提供金融服务养老的有效供给；养老机构就是为养老服务提供专门的场所；监管机构就是为风险防范和监管提供保证；对于政府相关职能部门来讲，就是为金融服务养老提供管理规定和外部环境。随着金融创新和养老需求的变化，原有的金融服务养老政策可能会过时，新的金融服务养老的相关政策需要及时跟进。只有各方都完成自己的职责且明确有效，才能保证金融服务养老的可持续发展。

29.6.2　继续完善金融服务养老政策实施机制，推动金融服务养老落地

从金融服务养老实践来看，《关于加快发展养老服务业的若干意见》《关于金融支持养老服务业加快发展的指导意见》具体规定了金融服务养老的相关政策。不断完善金融监管政策，加强对银行、证券、信托、基金、保险等金融机构在养老领域金融、产品和服务方式创新方面的监管，以利于金融创新稳妥有序开展。只有有了好的政策，再通过金融服务养老政策的实施机制打破政策执行的障碍，才能提高政策的执行力。

（1）政策导向。未来，明确的政策导向是金融服务养老规范、有序发展的重要保证。在众多机构提供服务的基础上，集合政府相关部门出台落实金融支持养老服务的操作细则和规定。操作细则和规定力戒抽象。同时，各地政府还要根据自己的养老实际出台配套政策，通过财政贴息和引导基金等方式，为金融机构开展养老服务提供良好的政策环境。

（2）财政贴息。财政贴息是政府专门为提供养老产业、养老产品、养老项目的金融机构或养老机构提供资金支持的一种方式。由于金融服务养老是一种市场化的资源配置方式，再加上养老是一种需要投入的公益性事业，难免会面临各种市场的风险。当出现风险时，政府的财政贴息可以解决这方面的问题，使养老产业、养老产品、养老项目不受其影响。

（3）贷款专项基金。政府制定专门的贷款专项基金政策，专为养老提供金融服务，让需要发展养老事业的机构能够获得资金支持。这一政策接受广泛的社会监督并实现贷款专项基金政策实施审计常态化。通过各方面的监督和审计常态化，实现贷款专项基金投资管理、日常会计核算控制等。

总之，改变过去不适应金融服务养老可持续发展的监管体制机制，构建新的金融服务养老监管体制机制，实现从“一行两会”的“一二监管”向“一行四会一署”“六一监管”的转变，充分发挥“一行四会一署”的金融服务养老监管（监督）作用，破除制约金融服务养老的体制机制障碍，不断完善金融服务养老监管合作机制，建立健全与金融服务养老发展要求相适应的体制机制。这就是有中国特色的金融服务养老监管体制机制。

第 30 章　建立和完善中国金融服务养老的审计监督体制机制

除了内部监管和日常管理外，金融服务养老还需要从外部进行审计监督。随着金融服务养老的快速发展和风险防范的需要，建立和完善适应中国金融服务养老的审计监督体制机制是形成有中国特色金融服务养老体制机制的重要路径。

30.1　金融服务养老审计监督的必要性

除了金融监管机构的监管和金融机构、养老机构的管理外，金融服务养老还需要发挥审计监督的作用。它可以防止养老金被私自挪用、披露完全的信息、促进管理制度的完善、防范养老保险基金的给付风险等。进行金融服务养老审计监督是完全必要的。

30.1.1　养老金出现被私自挪用

社保机构不仅要负责养老金的运营，还要对其自身进行监管。财政部规定，养老金必须专款专用，任何人都没有权力私自挪用，但仍有个别地方政府并没有认真贯彻落实，出现养老金被私自挪用事件。养老金被私自挪用案件逐年增加，涉嫌严重违纪。2003~2019 年的数据显示，养老金被挪用金额每年呈快速增长趋势，如 2003 年是 84 亿元，2007 年破 100 亿元，2013 年则达到 609 亿元，2019 年竟高达 1000 多亿元。养老金管理存在缺陷，强有力的审计监督和约束机制必不可少。

30.1.2 企业养老金的会计处理不当且信息披露不充分

中国目前养老金资产配置采取的是既定缴存模式的会计处理模式。国外对于企业养老金的会计处理已经形成较为完善、科学的养老金会计体系。中国养老金会计研究还处于初始阶段，经常出现因养老金会计处理不当导致的虚增资产、虚增费用等问题。空账问题是目前养老金存在的一大问题，由于监管措施不到位，社会统筹基金亏欠个人账户很多资金，因而引发了大规模的空账问题。即使管理机构会发布个人账户的相关信息，但其只侧重于披露对自己有利的信息，信息披露不充分使得公众无法更好了解养老金的运营情况。如果要解决信息不完全问题，那么有效的审计监督必不可少。

30.1.3 养老金资产配置效率低下且养老金收不抵支

根据有关审计，养老金损失率非常高、风险非常大。2011~2020 年，养老金投资收益率平均不到 2%，扣除通货膨胀率，年均收益率为负，处于贬值风险中。有专家指出，如果可以有效管理养老金，过去 20 年早已增值几千亿元。然而这些资金大部分都被存放在银行中，银行平均年化存款利率不到 2%，在扣除平均通货膨胀率之后，养老金缩水近 1000 亿元。可见，养老金资产配置效率是很低的，结果是养老参与者利益受损。养老金不仅资产配置效率低，而且收不抵支。对于养老金收不抵支的原因，专家各有不同的看法。有的专家认为，个人账户制度规定的不合理是其中的一个重要原因。由于失去了本来可以用作支付长寿者养老金待遇的资金来源，个人账户基金面对着系统性的、由长寿导致的额外养老金支出，形成了不应有的亏损。产生这一问题的重要原因之一是缺乏有效的审计监督。

30.1.4 对养老保险基金给付风险的审计监督

《基本养老保险基金投资管理办法》规定，养老基金可以投资于资本市场，养老金入市序幕逐渐拉开。当今中国老龄化高速增长，养老金收入没有大幅增加、市场又难以实现养老金保值增值，国家养老金账户承受的财务压力越来越大，这种情况必然会导致养老金缺口越来越大。养老金投资资本市场存在很多风险，若缺乏有力监管，风险问题会时常发生。因此，为了保证养老金安全，强有力的审计监督不可或缺。对养老保险基金实行有效控制需要强有力的审计监督，从而可以查出各种违规违纪问题，提高管理效率，进而能安全、有效地管理养老金。由于金融服务养老存在一些制度问题，相关机构需从养老基金管理内部控制和征收环节进行审计，控制和避免养老金给付风险。同时对养老金支付、养老金财务管理、养老保险基金信息系统管理情况进行审计监督。如果审计监督不到位，可能会出现违规领取，基金收支未严格实行“收支两条线”和财政专户管理，对未达账项不能及时作出账务处理，不按规定进行录入、修改、访问、使用、维护数据，缺少应急处理预案等问题。有效的审计监督，可以有效降低养老金给付风险。

30.2 金融服务养老审计监督的可能性

金融服务养老审计监督不仅是必要的，而且也是可能的。从审计的技术、审计者的水平、审计与金融服务养老的关系和政策等方面，开展金融服务养老审计监督都是完全可能的。

30.2.1 技术方面的可能性

一直以来，金融服务养老审计就面临涉及单位和劳动者众多、财务数据繁杂且十分庞大的难题，而传统纸质审计方法往往导致审计效率低下、查账难以查透、透明度不足、出错率较高，这些弊端随着社会不断发展被日益放大。也就是说，过去的纸质审计已无法满足当今社会审计监督的基本需要。进入 21 世纪后，科学技术显著进步和信息工程不断完善，审计也在此背景下加快了自身系统的信息化建设，利用计算机管理技术对金融服务养老机构财务工作各环节严加把控，全面检查核实社会养老保障资金运营全过程，使审查输入、输出数据变得真实可靠，从而不断降低审计失误风险，提高审计效率。同时，由于养老金保险基金处在动态变化之中，对养老保险基金的审计不能故步自封，必须适应数字化管理，现如今大数据、互联网、区块链的广泛应用也恰恰提供了技术上的可能，能够对金融服务养老相关数据进行归集、筛选和分析，实现由原来独立财务审计向整个行业全方位审计转变。一旦养老保险基金运营过程中某一环节出现问题，即可运用现代审计技术迅速找出关联原因并及时纠正，从而更好地审计监督金融服务养老。

30.2.2　人员方面的可能性

随着科技的进步和审计科学的发展，审计者综合素质的提升也给金融服务养老带来了审计监督的可能性。一方面，以往审计者难以适应复杂的金融服务养老活动。另一方面，过去的审计者普遍缺乏现代化审计能力和计算机运用技能。两方面原因都使得养老金融审计效率与质量大打折扣。近些年，金融大数据审计兴起，社会对审计者综合素质的要求也越来越高，如今高校的审计人才培养方案除了要求学生掌握基本社保业务、财务会计等专业知识外，还对其计算机专业能力提出了高要求，同时也要求学生熟知与养老社保相关的法律法规和政策规章制度，且具备基本的金融服务养老行业最新政策解读分析能力。如此一来，毕业后有着高专业理论水平、高操作实践水平、高政治基本素养的审计人员进入审计部门工作将会大大改善过去养老金融业审计人才稀缺的状况，提升整个养老金融业审计监督的工作效率。另外，引进复合型审计人才也会提升社会信服度，推动全社会金融服务养老审计工作更好地展开。

30.2.3　联系方面的可能性

金融服务养老与审计监督存在必然联系，也就是说，存在金融服务养老审计监督的可能。首先，审计机构通过审查金融机构的会计记录、会计报表和其他财务资料来检验其业务活动的真实性、合规性和经济效益，以此向金融服务养老机构提供真实可靠的财务审查数据。金融服务养老机构是金融审计监督的重要对象，理应及时主动向审计部门提交会计报告。其次，金融审计可以借助预算执行审计、政策跟踪审计和经济责任审计三大平台，依靠大数据创新方法，揭示当前经济金融服务养老领域的各种风险及风险隐患，促使金融全面服务于养老，促进金融服务养老监管改革，提升监管绩效，重拳打击腐败。其目标效果与金融服务养老监管机构相契合，有助于督促提供养老服务的金融机构降低发生信用风险、支付风险、操作风险、道德风险的可能，使得整个金融服务养老平稳有序运行。最后，金融服务养老监管机构与金融审计彼此促进，通过审计发现并分析被审计的金融机构存在的风险问题，以及提供金融服务养老机构自身既定目标完成程度和所造成影响的报告，为其决策提供整改意见，从而规范金融服务养老监管行为，提升监管效率和效益，完善金融服务养老监管体制。

30.2.4　政策方面的可能性

金融服务养老的审计监督还需要政策的支持。各种养老资金的运行状况如何，通过审计监督可以让公众知晓。长期经验表明，如果养老保险金在筹集过程中出现分散筹款或筹款不及时的问题，会给事后审计带来极大不便，容易引起审计风险，同时未缴齐保险金的受险人很有可能在后期占得便宜，造成国家财政损失，而实行基本养老保险统筹制能较好解决这一问题。2016~2020 年，城镇养老保险的统筹实施，为金融服务养老提供了审计监督政策上的可能。不少地方政府在相关政策制度的影响下也已积累了越来越多的经验，尚未达到统筹标准的省市可以向其借鉴学习，从而有利于在全国范围内打造较为完善的新型养老保险体系，进一步提高对金融服务养老进行审计监督的效率。其他类型的金融服务养老的审计监督也是相同的。

30.3　建立健全金融服务养老审计监督体制机制的重要性和紧迫性

大多数老年人的资金不多、资产有限，参与金融服务养老面临各种风险。除了加强内部管理和由专门的监管机构进行监管外，金融服务养老运行还需要专门的外部审计监督。不仅社会保险制度，就连金融服务养老制度本身在运行过程中也面临众多的不确定性，既包括主观的人为风险，也包括社会经济与政治环境等客观风险。这就必然需要建立某种监管机制和采取必要保障手段，而审计就是识别、评估、规范和监督各种资源配置风险的手段（王玉芳和吴传俭，2018）。金融审计可以完善金融服务养老监督，降低以上风险。建立健全金融服务养老审计监督体制机制不仅十分重要而且非常紧迫。

30.3.1　金融服务养老风险防范要求健全金融监管体制

在美国次贷危机中，虽然中国金融体制经受住了考验，但仍暴露出许多问题：金融监管的领域仍存在监管真空；混业经营和分业监管导致部分领域监管不到位；金融监管机构之间的协调能力有待加强；金融监管法治化、信息化建设较为落后等。伴随着金融业的高速发展，尤其是 2013 年以来，社会融资规模存量以高于

15%的速度增长，到 2019 年末达到 156 万亿元。包括金融服务养老在内的金融风险在这个过程中不断聚集，甚至出现集中爆发的趋势，如何守护金融安全、守住不发生系统性金融风险底线成为当前乃至未来监管的重中之重，完善金融监管体制非常紧迫。这些都表明了建立健全防范金融风险的金融监管体制越来越重要。

30.3.2　建立健全金融服务养老审计监督体制机制

金融服务养老监管滞后、金融服务养老监管创新带来的问题及金融服务养老监管道德风险等迫切需要充分发挥审计的独特监督作用，建立健全金融服务养老审计监督体制机制。由于金融服务养老监管道德风险的存在及影响，一般的监督与管理都难以及时地发现问题，所以，防范金融服务养老监管道德风险需要建立健全金融服务养老审计监督体制机制。

1）建立中央与地方分别监督金融服务养老的体制

涉及有关金融服务养老审计的政策规定与一般操作流程，基础养老金投资、运营与管理的审计规定，金融服务养老审计的法律法规和金融服务养老审计监督大体系的建设等，由国家审计机关制定；涉及这些方面的政策执行、具体操作流程和具体执法由国家审计机关的派出机构或地方审计机关负责。金融服务养老实行中央与地方分工审计、共同监督的体制，既要充分发挥中央审计监督的作用，又调动地方审计监督的积极性。

2）建立健全金融服务养老的审计监督机制

一方面，建立健全金融服务养老的审计监督激励机制。对于做得好的金融服务养老审计监督，加强宣传，认真总结、推广其经验。另一方面，建立健全金融服务养老的审计监督约束机制。对于监督不到位、作用发挥不大的金融服务养老审计，增强约束性，不断吸取教训。用好的机制来维护金融服务养老的秩序，保护老年人的合法权益。

30.4　构建以金融审计免疫功能为基础的金融服务养老审计监督机制

防范金融服务养老风险，加强金融服务养老监管，需要构建以金融审计免疫功能为基础的金融服务养老审计监督机制。充分调动中央审计与地方审计的两个积极性，充分发挥政府审计、社会审计和内部审计在金融服务养老中的作用，建立健全金融服务养老的审计监督体制和机制。

30.4.1　发挥金融服务养老的各种审计监督作用

由于金融服务养老风险防范的需要，除了内部控制和专门的金融监管机构外，还需要建立健全金融服务养老的审计监督体制和机制从外部进行审计监督。一方面，金融审计对金融服务养老具有独特的监督作用。审计包括政府审计、社会审计和内部审计，它们在金融服务养老监管体系中的监督各有优劣。政府审计可以独立地对金融机构进行全方位审计，更具有权威性，监督的力量更大。不管是什么机构，不管是什么金融活动，也不管是什么监管机构，凡是涉及养老服务的金融机构、业务办理、资金流动、养老金资产配置、金融服务养老政策实施、金融监管等的都纳入审计监督。社会审计可以根据监管当局的需要较大频度地对金融机构某些方面的业务进行专项审计或全面审计。作为常态化的内部审计，可以提高风险防范的自觉性。另一方面，政府金融审计力量单薄。目前，广泛的社会审计和内部审计所发挥的作用极其有限，还需要进一步发展扩大，加入金融审计大队伍中。金融服务养老的各种审计监督还没有形成合力。正是如此，金融服务养老的外部监督还需要构建以金融审计免疫功能为基础的金融服务养老审计监督机制。

30.4.2　构建以免疫功能为基础的金融服务养老审计监督机制

金融审计全面参与金融服务养老监管，可为防范金融服务养老风险打下基础。由于中国金融服务养老监管起步晚，金融审计监督发挥的作用还十分有限。这已经影响了金融服务养老持续快速健康发展。从国外来看，它们的金融服务养老发展快速，一个重要原因是审计监督发挥了重要作用，以此弥补其他监管力量的不足。它们完善整个金融服务养老监管系统的功能等经验值得参考借鉴。有效利用金融审计推进金融服务养老监管，是实现金融服务养老安全目标的必然要求。一方面，金融审计对金融服务养老政策制定部门、监督机构的再监督，可以促进监管者更好地履行金融服务养老的监管责任。另一方面，金融审计与其他监督机构共同进行监督，有助于规范金融服务养老监管行为。此外，基于免疫系统功能的金融服务养老机构管理的绩效审计，有助于金融审计拓宽审计范围，实现对金融服务养老运行全方位、全过程的监督，进而有效防范金融服务养老风险，保障养老资金、养老资产的安全。它还可优化金融服务养老监管体系，完善金融安全网。

30.5　构建以审计全覆盖、大体系为基础的金融服务养老审计监督体系

尽管金融服务养老中的审计监督发挥的作用越来越大，但现有审计体系中的政府审计、社会审计和内部审计还没有形成合力，还很不适应金融服务养老监督的要求。为了实现金融服务养老的长期可持续发展，需要重新进行金融审计的制度设计和安排，对政府审计、社会审计和内部审计进行准确定位、合理分工、彼此合作，达到有效利用和形成监督合力的目的。

如何充分发挥金融审计对金融服务养老的监督作用呢？借鉴西方发达国家的经验，金融审计可以对银行执行和实施审慎性监管法律法规的情况进行检查，对保险机构办理养老业务进行监督，以此促进和改善银行、保险的审慎经营管理水平，从而有利于保障养老者的各种权益，维护银行、保险的良好运行和可持续发展。金融审计促进对养老证券投资过程和业务的全面监督，有利于维护养老金资产配置市场的安全与稳定。构建以审计全覆盖、大体系为基础的金融服务养老审计监督体系，既充分发挥政府审计、社会审计和内部审计各自的作用，又与银行、证券、保险监管相配合，共同维护金融服务养老的良好秩序。

30.5.1　实现金融服务养老审计监督的全覆盖

为了更好地进行外部审计监督，建立健全金融服务养老的审计监督体系，应不断地拓展金融审计的免疫系统和体检功能，扩大审计监督的风险管理的覆盖范围，实现审计控制点向养老金资产配置前后延伸，切实把控风险形成的连续、动态、循环监控节点。通过增加有效的审计控制点，可形成金融服务养老风险的全过程控制和重点风险防范，实现金融服务养老审计的全覆盖，包括对金融机构的养老业务活动进行监督、对金融机构的管理养老服务进行评价、对金融监管的管理活动进行监督、对金融监管的政策实施进行评价。

30.5.2　构建金融服务养老监督管理大体系

根据以上分析，应理顺政府审计、内部审计、社会审计的监督关系，以及金融审计与金融服务养老监管的关系，实现金融服务养老各专业监管机构、外部审计监督与政府相关职能机构各方的分工与合作，构建金融服务养老监督管理大体系。

金融审计是金融服务养老风险监督体系的重要组成部分。金融审计监督相对旧监管体系更适合当前经济环境，对金融服务养老风险有更强的抵御、预警和修复能力。但由于实际经济形势的复杂性，如何结合现行金融服务养老监管缺失的状况，利用金融审计完善金融服务养老监管体系还需要更多摸索。形成审计合力，是对金融服务养老风险监管理念的实践，有利于充分发挥审计监督综合优势，实现对金融服务养老风险全过程、全方位的管理。金融审计只有独立存在于金融服务养老系统外部，与金融服务养老风险的发生没有直接责任关系，才能够对金融服务养老机构行使客观、公正的审计监督职权，独立提出金融服务养老监管改革建议。构建金融服务养老监督管理大体系，可以充分发挥政府审计、内部审计和社会审计各自的优势，实现审计监督的全覆盖。政府审计在审计监督系统中占主导地位，有利于充分发挥金融服务养老监督职能。通过金融审计，收集金融服务养老机构微观风险信息和金融服务养老监管机构内控风险信息，将其中的微观风险信号向金融服务养老机构的内部审计部门和当地金融服务养老监管机构传达，由此实现审计风险监督的全程化。金融审计将政府审计机关发出的风险信号传达到金融服务养老监管机构和金融服务养老机构中，促使其采取措施应对和防范风险。金融审计利用内部审计信息优势，发挥金融服务养老监管机构内部审计的监督作用；利用社会审计先进的技术方法，对金融服务养老机构进行全面的监督；采用委托社会审计的方式收集金融服务养老机构微观风险信息，从而进行全面监督。

为更好地实现金融服务养老风险信息综合管理，构建金融服务养老监督管理的大体系，可借鉴其他国家经验，如美国设立了金融风险监管委员会，由专门的机构进行金融服务养老监督管理。这个专门的风险监督管理机构可以叫作中国金融服务养老管理委员会，它是一个综合的专业性管理机构。国务院金融稳定发展委员会统一协调中国人民银行、中国银行保险监督管理委员会、中国证券监督管理委员会、中国金融服务养老管理委员会、审计署等关于养老服务方面的职能。这一机构主要是解决职能混淆问题，减少合作障碍；将审计监督系统风险信息综合管理，并向“一行两会”内部风险监管部门直接报告，加强各方协同，使各类金融服务养老机构能在风险预警等方面相互配合，同时在制定制度时有效避免监管真空。

除了外部审计监督和专门的监管外，政府职能部门也对金融服务养老监管发挥作用。相关的管理部门包括：人力资源和社会保障部、财政部、国家税务总局、民政部、国家卫生健康委员会、住房和城乡建设部、国家发展和改革委员会、国务院国有资产监督管理委员会、国务院金融稳定发展委员会、中国人民银行、中国银行保险监督管理委员会、中国证券监督管理委员会、全国老龄工作委员会办公室、全国社会保障基金理事会甚至地方政府等，几乎涵盖了所有部门。例如，人力资源和社会保障部负责基本养老金、企业年金的收付与管理，商业养老保险主要由中国银行保险监督管理委员会收付与管理，其上由中国人民银行进行指导。养老目标基金由中国证券监督管理委员会监管。社保基金运营归属财政部管理，而民政部也从金融支持养老服务业的角度参与管理，住房和城乡建设部也涉及以房养老管理。地方政府根据当地具体经济情况出台不同的养老金融支持政策，进行养老金的收集与管理。国家发展和改革委员会与国务院国有资产监督管理委员会也对金融服务养老产业提供资金支持。可以想见，不同的管理部门对金融服务养老都可以参与进来，政出多门，形成各自不同的利益需求，出台不同的法律法规框架，从而使得作用于金融服务养老发展的政策拧不成一股绳，无法形成合力，“九龙治水”的现象导致缺乏整体协调规划，资产管理产品创新单一，管理效率低下。也就是说，这些机构都对金融服务养老的监督与管理发挥着作用。这些机构与审计监督机关合作，共同作用于金融服务养老。

30.6　建立提高金融服务养老效率的审计监督机制

发挥金融服务养老审计监督的作用，以审计全覆盖、大体系构建实现金融服务养老的审计监督大体系，建立健全金融服务养老审计监督体制机制，都是为了提高金融服务养老的审计监督效率，更好地防范和降低金融服务养老风险，保护养老者的权益。建立提高金融服务养老效率的审计监督机制，是金融服务养老发展和审计监督的内在要求。

提高金融服务养老的审计监督效率，一是要整合政府审计、社会审计与外部审计的力量，分别发挥其在审计方面的独特功能与作用。只要是金融服务养老，都要受到审计的监督。不同内容、不同功能的金融服务养老，发挥不同的政府审计、社会审计与外部审计的作用。二是努力降低金融审计监督的成本。用好的制度、体制来规范金融服务养老的审计监督，用好的机制来激励约束金融服务养老的审计监督。尽快对涉及金融服务养老的政策实施跟踪审计、责任审计、绩效审计和大数据审计，以高效率的金融服务养老审计监督来提高养老者的服务满意度。

建立提高金融服务养老效率的审计监督机制，对提供养老服务的金融机构、养老机构进行常态化的审计监督，对监管金融服务养老机构的金融监管机构实施经常性的审计监督，通过不断提高金融服务养老监管的效率来提高金融服务养老的效率。

第31章　建立和健全适应中国金融服务养老的法律法规体系

金融服务养老的中国路径需要建立和健全适应中国金融服务养老的法律法规体系。建立和健全适应中国金融服务养老的法律法规体系，需要建立、健全相关法律法规体系，建立金融服务养老准入、退出、运营和监管制度，规范金融服务养老市场行为，构建金融服务养老风险管理机制和符合国际标准的金融服务养老监管法律法规体系，吸收国外养老服务的先进监管法律法规经验，拓宽养老服务市场，提高养老监管效率。

31.1　遵循国际标准的监管法律法规体系

法律法规是国家机关制定的规范性制度、规定。众多的法律法规形成了法律法规体系。不同的国家有不同的法律法规及其体系。世界各国都应将全部经济活动，特别是金融活动置于法律法规体系的监督之下。金融服务养老，需要健全的法律法规体系的维护，而遵循国际标准的监管法律法规体系是金融服务养老持续快速健康发展的重要保证。

31.1.1　金融监管法律法规

任何金融都需要监管，并且金融部门是受到监管最严格的经济部门之一。所谓金融监管，是指金融监管机构依据金融法律、法规，运用经济手段、行政手段和法律手段对金融机构、业务、市场的活动进行规范、管理与监督。金融监管需要有法律依据，做到依法监管。金融监管法律是指金融监管机构对金融机构、市场实施监督和管理的法律规范的总称。它是其他金融监管法规的基础。金融监管法规是金融监管法律在金融监管中的具体规定和要求。它是金融监管法律的具体化和实施细则。金融监管法具有行为法的属性，监管主体主要通过做出法定的监管行为来完成监管活动，使得监管客体被依法依规监管，监管内容有法可依。金融服务养老监管法律法规是专门涉及养老的监管的规定。

到目前为止，涉及金融服务养老监管方面的法律法规和规定主要有：《保险公司养老保险业务管理办法》《基本养老保险基金投资管理办法》《国务院办公厅关于加快发展商业养老保险的若干意见》《关于开展个人税收递延型商业养老保险试点的通知》等。这些重要的法律法规规范着金融服务养老的运行（养老金的投资）。因此，从微观层面讲，金融服务养老法律法规是相对完善的，只不过还需要更加明确、具体。

金融服务养老归根结底依然是金融服务，因此，同样受已有金融监管法律法规体系的约束，受“一行两会”等的金融监管。金融监管法从金融机构的准入、经营行为、退出机制，以及金融监管机构的职能、权限的规定等方面对整个金融机构和金融市场作出具体的法律规定。金融监管以此作为法律依据，做到依法监管。确认金融机构的法律地位，培育和完善金融市场体系，规范金融市场行为，协调金融市场各参与者的行动、确保各方合法权益，提高资金运营效益，规范金融调控、管理、监督行为，完善金融监督体系和开展重要的金融监管都需要法律的保障。有了金融监管法律的保障，金融活动才能正常开展。

31.1.2 国际标准的监管法律法规体系

金融的变化特别是金融的创新要求金融监管法律法规作出改变。金融监管从政府全面干预的法律监管到安全优先的法律监管，再到效率优先的法律监管的方向的改变，反映了金融发展的内在要求。在履行监管职责时，金融监管机构依据有关法律、行政法规和规章进行监管。

金融监管法律法规体系既符合国际标准，又有各国自己的特点。符合国际标准的监管法律法规体系是金融监管的必需。它能确保金融的健康运行和良好发展。它不仅对金融机构、金融监管机构进行监管，而且对金融市场、金融活动、金融业务也进行监管。由于各国的制度不同，历史渊源、法理基础、金融发展程度和现实需要也不同，金融监管法律法规体系各有特点，几乎没有完全相同的金融监管法律法规体系。但是，国际标准的监管法律法规体系仍是任何金融监管都必须遵循的金融监管法律法规。

31.1.3　遵循国际通行标准的监管法律法规体系

遵循国际标准的监管法律法规体系为法律的实施提供了制度上的有力保证。依据国际标准的监管法律法规体系开展的金融监管以风险管理为核心，遵循效率优先和最低成本的要求，按照国际通行标准对不同的金融机构进行量体裁衣的有效监管。依法把握对银行、证券、保险的宽严、松紧并济的监管尺度，促进金融机构真正成为金融市场的自由竞争者。

31.2　建立和健全符合中国国情与国际标准的金融服务养老法律法规体系

养老服务需要金融法律法规的支持。金融监管法律确定了金融机构行为秩序，从宏观制度层面保证了金融体系的有效运行，促进了利益最大化的实现。金融监管法规是金融监管法律的具体体现。一个好的完善的金融服务养老法律制度是金融服务养老监管的前提和基础。立法机构通过颁布符合本国国情的金融服务养老的法律体系来加强对其的监管。以法律的形式细化具体保护金融服务养老参与者的金融消费权益措施，这是国际通行的监管法律保障。在制定或修改金融相关法规时，细化老年人的权益保护条款。随着金融服务养老的进一步发展，专门出台相应的法律法规，强化对老年受害者的法律援助和事后救济措施。

31.2.1　加快金融服务养老立法

养老者既不同于劳动时获得收入的中青年人，又不同于在学校的在读学生。他们的身体素质和自然寿命参差不齐，需要清楚地界定他们在参与金融服务养老活动时的责任、义务。如果金融服务养老立法滞后，可能会产生一系列的问题。为了更有利于运行和操作，建立和完善金融服务养老的相关法律和法规，保障金融机构开展养老服务有法可依、明确各方的权责是必须的。

为了养老做到有法可依，中国形成了以宪法为基础，以《老年人权益保障法》《侵权责任法》为核心，包括涉及养老的法律、行政法规、规章和相关政策在内的养老法律法规政策体系的雏形。随着金融服务养老的产生和发展，金融服务养老立法提上了议事日程。金融服务养老应高度重视立法建设，尤其是处于社会转型期问题和人口老龄化问题双重冲击下的养老服务，更应为老年人提供全面的法律服务。加快金融服务养老立法是保障老年人获得金融服务的客观需要。

适应了金融服务养老快速发展的需要，我们建议尽快制定、实施“金融服务养老法”和与之相适应的一系列法律法规及实施细则。根据金融服务养老法律保护的需要，加快制定和实施一系列法律法规势在必行。在制定和实施“存款保护法”“养老证券投资法”“养老保险法”“养老信托投资法”“养老投资基金管理法”“金融养老权益保护法”“金融服务养老监管法”等新的法律法规的同时，不断总结经验，根据实际需要，加快出台“银行服务养老法”“证券服务养老法”“保险服务养老法”“信托投资服务养老法”“基金服务养老法”等法律法规的实施细则，增强法律法规的可操作性，真正解决当前金融监管过程中无法可依和有法难依及执法不严等诸多问题。前者从总体上为养老者获得金融服务提供法律保护，后者从具体操作上为养老者获得金融服务提供法律保护。在此基础上，为适应操作的需要，还应将这些有关养老服务方法的法律法规进一步细化，制定“养老理财产品管理办法”及细化“基本养老保险基金投资管理办法”等。前者对养老产品的购买金额、期限、收益、投资范围等作出明确规定，为金融机构发展养老理财产品提供更加明确的法规依据。后者从保值增值的角度出发，以防范和化解风险为宗旨，适当扩大投资范围，允许在二级市场进行交易。

“银行服务养老法”包括养老资本监管、资产风险分类、养老损失准备计提、法人治理、养老风险管理和内部控制等，涵盖从金融机构服务养老的市场准入、持续性经营到养老市场退出全过程监管的银行养老服务审慎监管法律法规体系。“证券服务养老法”包括保护证券服务养老投资者的合法权益、构建多部门参与的上市公司综合监管法律法规体系。“保险服务养老法”包括完善保险服务养老市场准入机制，拓宽养老保险资金及资产投资渠道，引导保险服务养老行业自律，以偿付能力监管为核心，以养老资金运用监管为关键环节，建立健全保险服务养老监管法律法规体系。同时，逐步完善“信托投资服务养老法”“基金服务养老法”的投资理财、资产运营、财富管理的监管法律法规体系。

由于金融服务养老服务的质量好坏与专业服务人员的素质高低存在必然的内在联系，我们建议制定“金融服务养老专业人员从业资格及法律规定”。在金融服务养老过程中，用法律手段规范养老服务专业人员的责权利关系，建立从事金融服务养老的专业人员的资格认证制度，明确他们的法律责任，对造成老年人人身或财产损害的金融机构依法追究法律责任。

健全养老者的金融法律援助的法律法规，确保养老者参与金融服务养老的合法权益。一是建立金融服务养老受理投诉与专项调查制度，构建金融服务养老损害求偿和索赔制度，整合各金融监管部门涉及金融服务养老权益保护事宜的职能，赋予其准司法权，对侵犯金融服务养老的行为进行调查甚至起诉，方便养老者起诉求偿。二是建立养老者金融法律援助档案，定期回访养老金到账情况、投资收益情况和投资风险情况。三是加强养老者金融法律援助案件的监督管理，确保每一案件、每个养老者都能受到金融服务养老法律法规的保护。

31.2.2　严格金融服务养老执法

我国关于金融服务养老违法违规行为的处罚措施已经走在国际前列。但是，对金融服务养老进行处罚并不是目的，弥补损失最为重要。严格金融服务养老执法，完善金融服务养老资金运营管理的细则，借助法律规定对违法行为进行有效的打击。金融监管机构对不严格执行金融服务养老法律法规的金融机构和养老机构进行严肃的惩处，绝不手软。相关执法机构对涉及养老服务的金融监管机构、金融机构、养老机构开展执法大检查，主要检查是否有偏离养老服务的机构、行为等。制定适合中国国情的非现场检查制度，明确监管者与被监管者的责任与义务，用制度加以规范，保证养老资金、养老资产数据的真实性和有效性。金融审计监督养老服务活动，定期和不定期发布养老服务方面的信息，坚决打击损害养老者利益的违法行为。总之，在养老金的投资、运营和管理过程中，无论是过失性管理不善，还是恶意为之而引起的养老金损失，都是政府和养老者不能容忍的。要严厉打击金融服务养老中的各种违法与犯罪，特别是严厉打击对老年人养老的诈骗，维护养老者的正当合法权益。增加信息披露的透明度，保护养老服务的金融秩序。金融服务养老监管法律，不仅要对监管权力的运用作出详细的规定，便于监管者操作，使监管真正落到实处，而且还要建立健全金融服务养老执法监督机制，实现对监管工作的再监督。金融服务养老监管法律的主要作用是制裁各种金融违法行为，维护金融机构合法权益，以确保金融安全稳定。

金融服务养老严格执法，有利于其发展。凡是违反金融服务养老法律法规的金融机构、养老机构和个人，都应受到应有的惩罚。对提供养老服务的违法机构，予以曝光、停业整顿、罚款、吊销资格，甚至由司法机关作出严肃处理等处罚。对违反养老者权益的个人，给予罚款、取消从业资格，甚至移送司法机关严肃处理等处罚。坚决取缔弄虚作假的相关机构所获得的收益，坚决维护金融服务养老权益人的合法权益，坚决从重从快打击各种金融服务养老违法活动，切实为金融服务养老提供一个良好的执法环境。

31.2.3　保证在金融服务养老中的守法

建立和健全符合中国国情与国际标准的监管法律法规体系，约束提供养老服务的金融机构和养老机构的行为，使其守法。对不守法的金融服务养老机构与直接参与养老服务的机构予以限期整改、经济处罚、吊销执照甚至其追究法律责任的处罚。加大金融服务养老的违法成本，减少金融服务养老违法的所得收益，特别是将金融服务养老违法的所得收益最小化和成本最大化，建立一套守法的长效机制，让其不违法比违法更合算或违法比不违法更不合算。实现金融服务养老审计监督的常态化。

建立和健全符合中国国情与国际标准的金融服务养老法律法规体系，在立法、执法和守法中保护养老者的权益。随着老龄化的变化、经济金融的发展和养老者需求的增加，要不断地建立和健全相应的法律法规体系，切实为金融服务养老提供法律保障，真正做到金融服务养老有法必依、执法必严、违法必究，充分保障在金融服务养老中利益涉及各方自觉守法。

建立和健全符合中国国情和国际标准的金融服务养老法律法规体系，既要参考借鉴国际标准的金融服务养老法律法规体系，又要结合中国养老实际，逐步形成具有中国特色的金融服务养老监管法律法规体系。这是一个长期的过程。在此过程中，要坚持不断地对不合理的金融服务养老监管法律法规及时进行修改与调整，对非常需要的金融服务养老监管法律法规及时建立和健全。让金融服务养老监管法律法规切实保证养老人获得养老的金融服务，并形成具有中国特色的金融服务养老监管法律法规体系。

31.3　建立和健全具有中国特色的金融服务养老监管法律法规体系

金融服务养老的发展，需要强化制度建设，建立和健全具有中国特色的金融服务养老监管法律法规体系，充分保护老年人的养老权益。以建立金融监管法律法规体系、监管指标体系及评价标准为契机，加快金融服务养老法律法规体系建设。

31.3.1　制定科学合理的监管法律法规

虽然中国有相对完善的资金筹集、账户管理、基金投资管理等法律法规，但是，在一些关键问题上仍需要通过法律法规进一步明确对金融服务养老的监管要求。金融服务养老的监管依然有许多不足，如监管重复、监管空白、监管部门合作机制欠缺、责任不清等，这些问题的解决要求立法部门即刻开展这方面的立法研究，从金融服务养老监管的重点与难点出发，在分析各种风险特殊性的基础上，准确区别法律关系，制定科学合理的监管法律法规，以更好地促进金融服务养老的发展。特别是根据老年人的特点和需求状况，以保护老年人养老的合法权益为出发点，制定出具有中国特色的金融服务养老法律法规。

31.3.2　成立专门制定和实施金融服务养老监管法律法规的金融服务养老办公室

为了更好地推进金融服务养老发展，做到有法可依，可借鉴美国等发达国家的经验，建立或指定专门组织机构协调对老年金融消费者的保护。这个部门或机构可以叫金融服务养老办公室。它的职责是制定和实施具有中国特色的金融服务养老监管法律法规体系，开展金融服务养老教育，引导养老者的金融消费，保护老年人金融消费的合法权益。一方面，金融服务养老办公室协助建立以立法为主导、政策为支撑的金融服务养老服务法律制度体系，提升法律位阶，加强立法与金融服务养老政策之间的衔接。另一方面，金融服务养老办公室要提升养老者权益保障制度的知晓度，加强金融服务养老权益保障的宣传。此外，它还制定和实施金融养老服务规范化标准，推进对金融服务养老专业人员的法律教育，增强金融服务养老法律法规的针对性和可操作性。这一机构可以隶属于中国金融服务养老管理委员会或全国老龄工作委员会办公室。

31.3.3　细化可供操作的金融服务养老法律条款

细化老年金融消费者保护条款，使得服务养老的金融机构可以有根据地进行操作。加强对金融服务养老创新的监管，细化可供操作的金融服务养老法律条款，可以切实维护老年金融消费者的利益。金融创新引起了金融服务养老交易的复杂化，交易的不确定性和风险的增加，将可能使金融服务养老交易费用上升，这就要求有增强契约管理、抗风险能力和监管能力等方面的法律条款。

为了更好地服务养老，我们建议专门制定“金融服务养老机构法”“金融服务养老监管法”。“金融服务养老机构法”对提供养老服务的金融机构设立原则与条件，审批权限与程序，许可证申领及管理，金融服务养老操作流程与规定，养老资金或运营资金缴纳与管理，机构的变更、终止与年检，违法违规处罚等方面进行规定。与此同时，我们还建议制定和实施“金融服务养老机构撤销条例”“金融服务养老机构违法行为处罚办法”“银行服务养老操作指引”“证券服务养老操作指引”“保险服务养老操作指引”“信托服务养老操作指引”“基金服务养老操作指引”等金融服务养老法律条款。通过一系列法律法规的制定和实施，为金融服务养老提供可操作的保障。

“金融服务养老监管法”对提供服务养老的金融机构、养老机构的业务与活动，金融服务养老项目与产业融资，金融服务养老产品与服务，违法违规的处罚，养老者的权益诉讼，防范和化解金融服务养老风险措施等作出相应的规定。此监管法律法规与其他监管法律法规一同为金融服务养老提供基本的法律保障。与此同时，制定和实施“银行服务养老监管法”“证券服务养老监管法”“保险服务养老监管法”“信托服务养老监管法”“基金服务养老监管法”及与之相适应的法律法规，共同为金融服务养老监管提供具体的法律法规保障。

31.3.4　开展金融服务养老的法律法规教育活动

由于老年人法律意识薄弱，缺少法律知识，容易上当受骗。为了确保老年人获得与之付出相匹配的等价的金融服务，保障其晚年生活，有关部门需经常开展服务养老的金融法律法规教育活动，通过合法途径帮助老年人维护应有的金融服务权利。吴成居（2015）建议，由中国人民银行牵头组织相关部门开展老年人金融知识、产品服务和消费者权益保护等宣传活动，实现养老服务法律法规教育活动常态化。

发展金融服务养老，制订和实施老年人金融教育中长期规划和具体的金融教育计划，广泛开展针对老年人的金融教育和培训活动，守住他们的养老钱，防止他们上当受骗。这些金融教育和培训的主要内容是金融的基本知识，金融服务养老风险的表现和防范，适合养老的金融投资组合选择，金融服务养老办理的规定与流程，有关金融、养老的法律法规等。开展多样化的服务养老的金融法律法规教育活动，让老年人知道相关法律法规，为老年人提供法律保障。经常开展养老者的金融风险教育和知识普及，增加他们对金融知识、金融产品、金融服务、金融创新、金融机构、金融市场和金融监管的了解，引导他们树立正确的投资理念和风险意识。通过对金融产品、服务和金融机构的筛选，强化对金融机构的市场约束，不断地提高老年人的金融素质。

31.3.5　提供金融服务养老的法律法规智力帮扶

针对骗取老年人养老金的诈骗案件和养老机构虐待养老者的事件，相关机构应既加大对犯罪分子的打击力度，同时进行普惠式的金融知识宣传，通过微信、网页平台扩大金融知识宣传力度。一方面，电台、报纸、广播等新闻媒体可进一步开办金融服务养老专栏、专版、专题报道等，通过多渠道方式来宣传这一新兴行业。另一方面，利用微博、QQ、微信等手机媒体、网络媒体加强宣传，让全社会充分认识到金融服务养老的前景及现实意义。在宣传中贯彻相关法律法规，让金融服务养老法律法规进入人们的头脑。提供金融服务养老的法律法规智力帮扶，定期或不定期进行专门的金融知识及法律法规的普及教育，让金融知识进入每个养老者的头脑。以典型案例教育养老者，增强他们金融服务养老风险防范的法律意识。

加快立法进程，建立和完善金融服务养老的法律法规体系，为金融机构和养老机构提供开展金融服务养老的法律依据。老年人由于知识文化水平不高，需要专门的法律服务保障。有关部门经常开展金融服务养老的智力帮扶，给老年人培训经济金融知识，宣讲老年人权益保障法，开发老年人的智力，提高老年人的金融服务养老参与意愿，正确地引导老年人参与金融服务养老活动，向他们介绍基本金融知识，为老年人了解有关知识创造条件，对老年人难以解决的投资问题、风险问题、法律问题给予智力上的大力支持。

31.3.6　建立高效、严谨、强有力的法律体系与机制

建立和健全具有中国特色的金融服务养老监管法律法规体系，既要从法律法规体系着手又要从法律保护机制方面努力。一方面，根据金融服务养老的模式特点制定出具有针对性的准入标准，并对各种违规行为制定惩治措施，列出相关负面清单，打消一些金融机构和信息平台钻空子的想法，建立高效、严谨、强有力的法律体系，促进金融服务养老行业健康规范发展。另一方面，根据金融服务养老的需要，建立专门针对金融服务养老的纠纷解决机制和司法保护机制，在明确监管主体的基础上，加强其他有关部门的辅助作用，统一监管标准，促进监管的一致性、协调性，为金融服务养老提供相关的法律保护机制。高效、严谨、强有

力的法律法规体系为依法保护老年人获得金融服务提供法律依据，使得金融服务养老有法可依。金融服务养老的法律保护机制使得金融服务养老有法律保障。

31.3.7 制定金融服务养老法律法规和制度流程

有了金融服务养老的相关法律和法规，还需要可供操作的具体流程。因此，建立和完善适应中国金融服务养老的法律法规体系，还需要制定金融服务养老的具体法律法规和制度流程。

（1）金融服务养老需要做到有法可依、有章可循。这就需要制定金融服务养老的具体法律法规和制度流程。为了更好地开展金融服务养老，金融机构严格按照相关金融法律法规和制度流程服务养老，公平对待老年金融消费者。制定“金融服务养老法”“老年人金融消费法”“金融服务养老流程”等具体的法律法规和制度流程对于开展这方面的工作是非常必要的。金融服务养老法律可由专门的立法机关制定，金融服务养老法规可由政府部门制定，金融服务养老流程可由金融监管机构或相关的管理机构，如中国金融服务养老管理委员会制定。与此同时，还要从法律上明确监管合作机制的架构，逐步健全金融稳定协调机制。

（2）建立养老服务的金融法律制度保障。一方面，建立“金融服务养老突发事件应急预案”，为迅速有效处理金融服务养老突发事件，确保金融安全提供基本的制度保障。另一方面，制定“金融服务养老的非法金融机构和非法金融业务活动取缔办法”，为取缔非法金融机构和非法金融业务活动提供基本的法律制度依据。此外，制定和实施“养老保险代理、经纪公司养老业务监管办法”“养老保险业务监督管理暂行办法”“养老基金管理公司条例”“养老信托管理公司条例”，让金融服务养老公司有法可依、有章可循。完善养老信托立法，健全养老信托业务的风险管理。不断健全金融服务养老监管协调服务机制，构建良好的金融法律制度环境，切实防范各种风险。

总之，建立和健全具有中国特色的金融服务养老监管法律法规体系，需要遵循国际惯例并结合中国实际，制定和实施金融服务养老监管法律法规，以金融服务养老监管法律法规体系服务于金融服务养老并提供法律法规保障。

第32章　完善银行、证券、保险、信托、基金服务“养老大”体系

金融体系的各种资产在服务养老中发挥着重要的作用。2019年底，银行业资产在中国金融体系的资产比例中处于绝对主导地位，占金融业总资产的85%。其次是信托业占6%和保险业占5%，最后是证券业和基金业，各仅占2%。除了权益养老外，金融服务养老的中国路径需要创新金融服务养老产品和服务，完善银行、证券、保险、信托、基金服务养老体系，构建“大养老”“养老大”“老养大”体系。

32.1　完善银行服务养老体系

银行作为重要的金融服务养老提供者，对其他金融机构的活动具有重要影响。要整合银行内外部资源，充分发挥银行在金融服务养老中的重要作用，构建金融服务养老综合体系。加快银行服务养老体系建设，不断完善银行服务养老体系，对于推动金融服务养老的发展具有重要的意义。

32.1.1　银行服务养老情况

传统的金融服务养老主要是银行服务养老。银行服务养老主要是进行个人银行养老储蓄。这种服务养老的风险相对较低。由于收入的限制，个人银行养老

储蓄相当有限。它不利于保值增值，特别是在通货膨胀较为严重的情况下更是如此。一半以上的中国养老者参与金融服务养老采取这种方式。随着其他金融服务养老方式的兴起和发展，我们预期这种方式所占的比例将会呈现下降趋势。但是，在相当长一个时期内，银行服务养老仍然是金融服务养老的重要方式和形式。随着金融服务养老的发展，一些银行向老年人提供专属金融服务，包括为老年人提供存款安全保障、便捷的支付手续、网点优先服务及应急取款服务；为老年人提供休闲旅游、医疗护理保健和住房反向抵押贷款等消费贷款；为老年人提供医疗健康管理服务、财产保障与存款保险服务、养老基金投资服务、尊享异地休闲养老服务、法律顾问服务等。

32.1.2　不断完善银行服务养老体系

尽管银行服务养老较为传统，但在相当长一个时期内它将仍然是金融服务养老重要的方式和手段。为了充分发挥银行服务养老的作用，还需要从储蓄、理财、投资基金和信贷等方面完善银行服务养老体系。

（1）充分发挥个人养老储蓄的作用。面对未来收入的不确定性及其他金融服务养老方式的兴起，储蓄会不断地减少。根据这一趋势，需要充分发挥个人养老储蓄的作用，建立时间银行，为养老者提供银行方面的服务。发挥个人养老储蓄的作用，不断满足养老储蓄的个性化需求，将个人养老储蓄变为多样化的投资。这既分散了风险又可以获得投资收益。金融服务养老越发展，越需要将个人养老储蓄变为多样化的投资。

（2）进一步发挥银行养老理财的作用。银行为了开拓市场，实现养老服务的创新，提供了越来越多的养老理财项目和产品。这些养老理财产品既有长期的又有短期的，既有收益较高但风险较大的，又有收益不高但较稳定的，既有流动性较强的又有流动性一般的。要不断地进行养老理财产品，如安愉人生、幸福养老、夕阳红等的创新，更好地满足老年人养老的需要。

（3）积极发挥银行养老投资基金的作用。如果银行可以获得金融服务养老投资管理人资格，那就能分享养老基金投资管理收益。银行可以通过向老年人提供金融服务以解决养老规划、支付结算等问题，引导并激发消费需求，由此满足老年人的多样化服务需求。发挥银行对小微养老机构的信贷支持作用。我们建议，银行给予小微养老机构贷款支持、利率优惠，以最优惠的利率提供贷款服务，以便其能提供源源不断的金融服务，满足老年人养老的需要。

32.2　完善证券服务养老体系

证券服务养老是未来金融服务养老的主渠道和生力军，在金融服务养老中占有越来越重要的地位。当前，体系的不完善在很大程度上制约了它的发展。充分发挥证券服务养老的作用、完善证券服务养老体系是完善金融服务养老体系的重要部分。加快证券服务养老体系建设，不断地完善证券服务养老体系，对于推动金融服务养老的发展具有重要的意义。

32.2.1　证券服务养老情况

现代金融服务养老越来越多。证券服务养老是未来养老者进行养老的主要方式。为了获得更多的收益，养老者将自己的养老资金、资产或权益交给专门的公司打理，实现保值增值，确保收益稳定。2004 年 2 月，国务院批准全国社会保障基金可以用于投资境外证券市场。2016 年，《全国社会保障基金条例》对基金的投资范围、种类和比例，以及基金内部管理和监督都做了详细规定。证券将成为服务养老的金融主体。与银行个人储蓄养老和保险理财产品相比，证券养老基金以养老债券投资为主、养老股票投资为辅，收益一般高于银行和保险理财产品。随着资本市场的逐步发展特别是投资结构的改变，以及投资观念、投资习惯的变化，来自养老证券资产投资的客户数量和资产规模必将大幅度增长。在人口老龄化情况下，居民的股票投资将会上升（卢亚娟等，2018b），证券服务养老会更加普遍。

32.2.2　不断完善证券服务养老体系

如果老年人以上市公司现金分红作为获益手段并将其作为稳定的投资收益来源，那么它可成为一种保障养老的有效手段。但是，做好证券服务养老仍需要证券服务养老体系的进一步完善。

（1）完善养老股票投资体系。有关部门要为养老股票的发行、流通、转让提供相应的投资服务体系，让养老股票成为养老者进行长期投资的主要选择。完善养老股票投资体系，及时披露完全的信息，做好养老股票的发行、销售、转让服务工作，减少养老股票投资的风险，引导投资者形成恰当的预期，确保他们有稳定的投资收益。

（2）完善养老物业证券化体系。有关部门要为养老物业证券化提供相应的投资服务体系，让养老物业证券化成为养老者进行长期投资的必要选择。完善养老物业证券化体系，做好养老物业证券的发行、销售、转让服务工作。提供养老物业证券化的会计信息标准，做好相关的评估工作，加强对养老物业证券化的管理，不断提高监管的效率。

（3）完善养老债券投资体系。有关部门要为养老债券的发行、流通、转让提供相应的投资服务体系，让养老债券成为养老者进行长期投资的重要选择。完善养老债券投资体系，做好养老债券的发行、销售、转让服务工作。减少养老债券投资的风险，做好养老债券投资的预期引导，通过严格的监管实现养老债券投资的可持续发展。

（4）完善证券服务养老监管体系。一个健全完善的证券服务养老监管体系是证券服务养老发展的重要保障。与其他金融服务养老相比，由于投资收益的不确定性和各种风险的存在，证券服务养老特别需要更严格的监管。严格的监管需要完善的监管体系。完善证券服务养老监管体系，将凡是涉及养老的证券都纳入监管，既遵循一般的证券监管，又遵循养老服务特殊的证券监管。提供养老服务的证券公司在监管下加强自身内控，将证券服务养老风险降到最低限度。

32.3　完善保险服务养老体系

完善保险服务养老体系，实现多元化的投资，拓宽投资渠道，广泛投资于养老股票、养老债券，对于实现保险基金的保值增值具有重要的影响。加快保险服务养老体系建设，不断地完善保险服务养老体系，对于推动金融服务养老的发展具有重要的意义。

32.3.1　保险服务养老情况

保险服务养老一直是金融服务养老发展的重要力量。它在未来仍将是一种养老的主要方式。保险公司既保留了传统的商业养老保险，又推出新的养老保险。保险公司通过向养老者出售其发行的养老资产——保单，为老年人提供各种标的的保险保障，并以收取保费的方式积聚大量资金。与此同时，通过在资本市场上的投资，将养老保险资金投资于诸如养老股票、养老债券、养老基金等资产上，并运用这些资产所得的收入来支付保单所确定的收益。它凭借丰富的养老保险业务及长期资产配置经验和多牌照资格优势，以及具有积极参与养老保险服务的充分条件，为进一步推动金融服务养老发展，应对人口老龄化和促进经济社会健康发展提供了强有力支持，做出了积极贡献。保险服务养老在市场行为监管的基础上，偿付能力监管不断完善，公司治理监管从无到有，初步形成了保险服务养老的基本框架。正是恰当的监管，才使得保险服务养老的规模越来越大，参与人数越来越多。作为第三支柱的个人储蓄养老金，我国的商业养老保险规模是 GDP 的 2.6%，美国的第三支柱规模是 GDP 的 42.5%（殷剑锋，2018）。保险服务养老不仅在过去，在现在及将来仍然是金融服务养老的主要方式。

32.3.2　不断完善保险服务养老体系

尽管保险服务养老是重要的金融服务养老方式，但它所发挥的作用还十分有限。要充分发挥保险服务养老的作用，还需要完善保险服务养老体系，充分发挥商业养老保险的储蓄效应、投资效应和其他效应。

（1）完善商业养老保险服务体系，发挥商业养老保险的储蓄效应。商业养老保险的储蓄效应是指商业养老保险基金用于储蓄所产生的经济效应。储蓄效应不同，获得养老保险的服务不同。基金制养老保险是一种强制的个人养老储蓄计划，具有强制储蓄的特点，其本身就是为年老而进行的养老储蓄；而商业养老保险是一种自愿的个人养老储蓄计划，具有自愿储蓄的特点，其本身是为年老时能够保持原有生活水平或享受更高质量生活而进行的养老储蓄。完善保险服务养老体系，需要充分发挥商业养老保险的储蓄效应。

（2）完善商业养老保险服务体系，充分发挥商业养老保险的投资效应。一般说来，商业养老保险会对投资产生重要的影响。商业养老保险会抑制个人对有价证券的投资。商业养老保险的投资效应是指养老保险基金用于投资所产生的经济效应。不管是哪一种商业养老保险，只要有资本的形成和基金的投资，就会产生投资效应。要充分发挥保险投资的优势，促进新型商业养老保险健康发展。完善保险服务养老体系，需要充分发挥商业养老保险的投资效应。

（3）完善住房反向抵押贷款保险服务体系，充分发挥养老住房资产的消费效应。住房反向抵押贷款保险也是保险服务养老的重要部分。老龄化问题越突出，老年人资产越多，越需要开展住房反向抵押贷款保险，并完善一系列与之相适应的服务体系。除了金融机构外，这些服务还涉及许多机构，包括住房价值登记、评估、过户、抵押、支付等内容。有住房的老年人将其住房抵押给银行，相应的机构提供保险，由银行向养老者发放养老资金，供养老者进行消费。所谓养老住房资产的消费效应，就是养老者通过住房消费而产生的消费效应。不管是什么样的住房，只要用于老年人的消费就会产生消费效应。要完善住房反向抵押贷款保险服务体系，充分发挥养老住房资产的消费效应。

（4）完善保险服务养老监管体系，发挥保险服务养老的监管效应。完善保险服务养老体系，需要完善保险服务养老监管体系。一个健全完善的保险服务养老监管体系是保险服务养老发展的重要保障。不仅一般的金融监管体系得以完善，而且保险服务养老监管体系也得到完善。完善保险服务养老监管体系，凡是涉及商业养老保险和住房反向抵押贷款保险服务的，都要纳入严格的监管。对保险服务养老进行严格的监管，使其成为养老者晚年生活的保障，显现老年生活的监管效应。在保险服务养老监管体系下，监管引导保险服务养老公司建立严格的内控制度，加强风险管理体系建设，建立能对风险进行持续监控、定期评估和准确预警的综合保险服务养老风险管理体系。

32.4　完善信托服务养老体系

养老信托能够扮演养老产业整合者、养老产品使用者的角色，并能够解决老年人财富传承问题。信托通过二次委托和直接投资的方式影响养老产业资源，为老年人提供包括养老护理、医疗康复在内的产业链服务。信托服务养老机构是专业的财产管理机构，其养老信托业务能够确保收益。在法律法规的保障下，它能够确保养老资金、养老资产的安全。加快信托服务养老体系建设，不断地完善信托服务养老体系，对于推动金融服务养老具有重要的意义。

32.4.1　信托服务养老情况

养老信托具有独特的财产保护和破产隔离功能，能保证养老财产的保值增值。信托参与养老市场并服务养老，既能拓展新的盈利增长点，又能开拓信托蓝海市场。养老信托制度本身的财产独立、风险隔离的功能能够充分保障老年人的各项利益。通过银行专门账户管理，养老信托实现信托财产独立运作，并按照约定向老年人支付信托收益，保障养老及其他需求。养老信托在中国大有可为，将为金融服务养老提供一种新的渠道。信托服务养老是一种有前途的养老。从产品角度来看，中国现有的养老信托产品尚未涉及房产、土地等资源，主要是金融信托产品。从监管来看，外部制度环境条件和监管部门的协同监管能力、水平都与国外存在不小的差距。养老信托在实际操作过程中也非常困难。

32.4.2　不断完善信托服务养老体系

根据信托服务养老的发展趋势，推广诚信安全的养老信托业务，完善信托服务养老体系主要是完善养老信托机构体系、养老信托产品体系和养老信托监管体系。尽管信托服务养老发挥的作用范围比较有限，但它的作用成效越来越明显。要充分发挥信托服务养老的作用，还需要完善信托服务养老体系。

（1）完善养老信托机构体系。完善养老信托机构体系，需要从多方面着手，允许国有机构、集体机构、民营机构和外资机构参与养老信托开发；充分发挥各机构提供信托服务的特点，让老年人根据自己的情况进行养老信托选择；进一步健全养老信托机构体系，实现不同的养老信托机构之间的公平竞争，使其提供源源不断且更加优质的金融服务。将养老信托与基金相结合，为养老者提供养老信托投资基金产品。

（2）完善养老信托产品体系。信托可以投资于私有化的基础设施。放宽对信托产品投资领域的限制，不断地推出养老信托产品，逐步形成养老信托产品体系，满足养老者对信托产品的需要。

（3）完善养老信托服务体系。养老信托服务不是单一的服务，而是以进入、运营、退出与管理为主要内容的信托服务体系。完善养老信托服务体系，引导信托机构提供养老信托服务，开展多形式的养老信托服务，以最优的信托服务满足老年人养老的需要。

（4）完善养老信托监管体系。一般说来，养老信托机构的监管部门与牌照的颁发部门通常为同一机构。中国养老信托的监管采取的是对养老金信托机构进行专业化、有针对性的严格监管。它既有好处又有局限性。这就需要完善专业化的养老信托监管体系和健全养老信托的准入、运营、监管体系。除了中国银行保险监督管理委员会的专业监管外，将养老信托纳入审计监督，也能不断完善养老信托监管体系。

32.5　完善基金服务养老体系

完善基金服务养老体系，是完善金融服务养老体系的重要组成部分。发展金融服务养老，完善基金服务养老体系，不仅可以确保养老基金在养老服务中的作用，而且对于分散金融服务养老风险也具有十分重要的意义和作用。

32.5.1　基金服务养老情况

伴随金融服务养老的发展，基金服务养老也快速发展。特别是公募基金为养老服务发挥了重要的作用。过去的 20 年中，公募基金已成为养老投资的主要产品。公募基金以专业的投资能力助力个人养老投资取得良好的收益。金融机构提供的基金产品越来越多，普遍受到养老者的欢迎。作为长期证券投资基金的生命周期基金，得到了不同年龄人群的喜爱。养老需求者投资养老基金，可以享受养老基金大额投资在成本上的相对优势，降低养老投资成本，提高养老投资效益。目前，养老基金资产配置大大落后于保险合同资产配置（占 90%以上）。随着基金服务养老的开展，未来会有越来越多的养老需求者选择基金投资。在基金服务养老监管方面，《养老目标证券投资基金指引（试行）》《养老型公开募集证券投资基金指引（试行）》的实施，使得投资基金更加规范。推出养老型基金对于公募基金服务养老投资、满足养老者的投资需求并且获益，既非常必要又具有重要的意义。这些指引为基金服务养老提供了基本的导向。

32.5.2　不断完善基金服务养老体系

养老基金与一般投资不同，具有现金流长期且稳定，易于精算未来支出的特点。相对于银行、保险公司提供的养老服务，养老基金的品牌影响力、营销渠道处于劣势地位。但是，它依托于基金公司运作，在投资上更具专业性。

（1）完善养老基金投资管理体系。完善基金服务养老体系主要是完善养老基金投资和管理体系，发展高效灵活的养老基金业务。完善这一体系是一个长期的过程，涉及各方利益，既要促进养老基金投资，又要加强养老基金管理，由此逐步形成养老基金投资管理体系。

（2）完善养老基金信托体系。完善这一体系，需要大力发展适合老年人需要的养老信托基金业务，如生命周期型理财养老信托、以房养老的信托产品和财产保护型养老信托等。随着养老资产特别是住房资产的积累，未来特别需要开发以房养老的信托产品和服务。

32.6　创新金融服务养老构建“大养老”“养老大”“老养大”体系

为积极应对人口老龄化问题，我们需要建立起与之相适应、与经济社会发展水平相协调、包括金融服务养老在内的社会养老服务体系。在子女没有担负其养老责任的情况下，如果老年人没有最基本的养老资金、养老资产或养老权益，那么，他们的晚年生活将难以得到保障。如果有健全的金融服务养老体系，老年人可以自主投资，选择多种金融服务养老产品，为晚年安居提供可靠的养老保障。2013 年，《关于加快发展养老服务业的若干意见》提出了到 2020 年，全面建成以居家为基础、社区为信托、机构为支撑的，功能完善、规模适度、覆盖城乡的养老服务体系。这一意见为金融服务养老提供了原则性指导。为了更加方便地实施金融服务养老政策，2016 年 3 月，《关于金融支持养老服务业加快发展的指导意见》提出了建成覆盖广泛、种类齐全、功能完备、服务高效、安全稳健的金融服务体系。这一意见正在逐步指导实践，并取得了一些成效。这两个文件都明确提出了建成包括金融服务在内的养老服务体系。这个体系包括构建“大养老”“养老大”“老养大”三大金融服务养老体系。三大体系是新时代有中国特色的金融服务养老体系的重要内容。

32.6.1　创新金融服务养老，努力构建“大养老”体系

“大养老”体系是指金融机构与提供养老服务的相关机构共同为养老提供多层次、全方位的服务的体系。凡是养老需要的服务，都尽力将之与金融结合起来，共同构成“大养老”体系。金融服务养老的核心在于服务养老需求者。正是如此，满足他们的需求是金融服务养老的内在要求。基于日益严峻的人口老龄化问题，

通过顶层制度设计，努力构建多层次、系统化、全方位的大金融服务养老体系。“大养老”体系中的金融服务养老以金融机构为主体、以养老者为中心、以养老机构为平台、以金融监管机构为核心、以政府相关职能部门为主导。没有金融机构的参与，就没有金融养老服务的提供；没有养老者的参与，金融服务养老就没有市场；没有养老机构为平台，金融服务养老就难以开展；没有金融监管机构的监管，金融服务养老就难以避免风险；没有政府相关职能部门的参与，金融服务养老就难以顺利发展。没有制度的完善就难以保证其健康发展。相关部门积极针对金融服务养老产品和服务，通过商业银行、证券、保险、信托、基金为养老者提供所需要的金融服务，进一步完善金融服务养老体系。“大养老”体系以建立健全配套的金融服务养老服务机构体系、市场体系和制度体系为主要内容。

“大养老”体系是有中国特色的金融服务养老体系的具体体现之一。“大养老”体系是指能够参与服务的金融机构、养老机构都参与，能够利用的金融服务养老市场都用上，能够通过监管服务养老的机构都监管，能够提供服务的政府职能部门都提供相应的服务，由此形成全社会都关心金融服务养老，都为金融服务养老做出应有贡献的体系。在“大养老”体系中，老年人积极参与，子女经常关心，金融机构不断创新，政府相关部门齐抓共管。在继续做好现有金融服务养老的基础上，根据金融服务养老的特点，通过积极构建多层次的金融服务“大养老”体系，由独立的金融机构负责投资、运营与管理，全方位、专业化支持金融服务养老的快速发展。

32.6.2　创新金融服务养老，努力构建“养老大”体系

“养老大”体系是指将养老作为一个大的产业并与金融密切结合形成的体系。养老只有形成了大体系，才能更有利于金融服务养老的可持续发展。民间养老机构与公办养老机构，金融机构与非金融机构，养老服务机构与监管机构，养老服务机构与政府职能机构都与金融服务养老相结合，从不同的方面、以不同方式提供服务，形成一个金融服务养老大体系。

“养老大”体系表明养老是一个大体系，涉及提供养老服务的相关机构和政府职能部门，涉及养老者衣、食、住、行、用、医、娱、学等物质、精神文化方面所构成的产业部门，涉及个人、家庭、社区、政府等初级社会群体与社会组织，涉及储蓄、股票投资、债券买卖、保险、信托、基金、权益等金融服务产品，涉及金融、经济、社会、文化、政治、法律和观念等方方面面。也就是说，金融服务养老涉及不同的板块、产品、服务、个人与机构，这就需要整合外部资源，将涉及金融服务养老的不同业务进行重新调整和规划，对内建立统一的金融服务养

老产品研发平台，对外提供高信誉度的金融服务养老品牌，不断地完善金融服务“养老大”体系。

“养老大”体系是有中国特色的金融服务养老体系的具体体现之二。大力发展养老信托参与生命周期金融服务养老综合服务，建立健全生命周期金融服务养老综合服务体系。这个“养老大”体系主要是为储备养老资金或资产进行准备，为实现养老资金或资产的保值增值和为养老相关产业提供投融资支持的金融服务体系。养老不是单方面的行为，而是一个涉及资金、资产、权益的体系。它需要构建这样的大体系，确保养老能够顺利进行。以建立健全生命周期金融服务养老综合服务体系构建“养老大”体系是中国特色金融服务养老路径的表现之一。没有整个生命周期过程的金融服务养老综合服务，就没有真正的金融服务。

32.6.3　创新金融服务养老，努力构建“老养大”体系

“老养大”体系是指金融机构整合金融服务养老业务部门、产品联动部门和营销联动部门等内部资源，解决老年人金融服务养老业务模式零散化、产品碎片化问题的体系。这就是老年人养老的大体系。这个体系中的服务对象是老年人，服务内容是养老，服务手段是金融。这些服务不是单一的服务，而是一个综合的金融服务大体系。商业银行对养老服务需求者提供包含受托、账户管理、托管、投资管理、综合金融服务等在内的一揽子服务。其他金融机构也不断推出一系列适合老年人养老的服务。

“老养大”体系是指老年人养老的大体系。这个体系与国民经济的其他产业密切相关，包括农业服务体系、工业实体经济服务体系、除金融服务养老外的第三产业服务体系。只要是与老年人养老有关的产业，都尽力与金融相结合，形成老年人养老的金融服务大体系。有关方面整合各种资产，通过多层次、可持续、可复制的商业模式提供更好的金融服务养老产品和服务，鼓励各类机构进行金融服务养老创新，探索金融服务业和养老产业深度融合的方式方法，加快建立完善金融服务养老大体系。

“老养大”体系是有中国特色的金融服务养老体系的具体体现之三。如何构建“老养大”体系呢？构建“老养大”金融服务养老体系，需要制定环环相扣的服务流程，包括适用于厌恶风险及有更高消费需求的老年人的养老服务流程，养老需求助推的养老产业金融流程。这一体系将老年人的基本养老金储蓄、养老保险、老年理财产品连同与其相关的整个涉老产业融为一体，满足了养老者多方面的金融服务需求。建立起能够连接养老产品、养老产业和金融服务养老的大体系，不断增加金融服务养老产品和服务的供给，满足多样化的金融服务养老需求。由

于养老服务变化的复杂性和金融的创新，构建“老养大”体系不是短期的权宜之计，而是一个长期的过程。

由此可见，金融服务养老在其发展初期属于财政范畴，不断演变，逐渐具有金融属性，进而以金融属性为主，财政属性为辅。最终，金融服务养老的核心问题是金融问题。在多支柱金融服务养老体系中，三支柱都已入市。总之，金融服务养老的中国路径，特别是有中国特色的金融服务养老不仅需要完善银行、证券、保险、信托、基金服务养老体系，而且也需要创新金融服务养老，构建“大养老”“养老大”“老养大”体系。在这些体系中，虽然各种金融机构、金融市场、金融监管发挥的作用不同，但银行、证券、保险、信托、基金共同服务于养老，不断地进行养老产品与服务的创新，形成金融服务养老的整体合力。要加快建立完善金融服务养老大体系，共同推动金融服务养老发展。构建“大养老”“养老大”“老养大”体系，是有中国特色的金融服务养老路径的重要体现。

第33章　南京市金融服务养老问题调研及思考

为了找准金融服务养老存在的问题，并由此提出具有可操作性的对策，本章选择金融服务养老具有代表性的案例①，采取调研的方法进行分析。

33.1　调查研究设计

根据调研的需要，我们设计了南京市金融服务养老调查研究方案，目的是了解金融服务养老的现状，找出老年人、社区、相关机构进行金融服务养老存在的问题，由此提出可供操作的政策措施。通过这一研究总结出金融服务养老的一般规律和借鉴经验，可供有关部门决策参考。

33.1.1　研究背景

在当前人口老龄化日益严重的大背景下，金融服务养老越来越受到重视。南京是我国较早进入老龄化社会的城市。截至2019年，全市60岁以上老龄人口的规模超过146.8万人，占总人口的20.7%。老龄人口年均增长3.0%~4.0%（市政协主席会议建议案关注养老，2019）。为解决可持续养老问题，政府从2011年就开始推进金融服务养老并出台相关政策。然而，金融服务养老在兴起过程中存在不少问题，亟待解决。作为新的养老方式或模式，在金融服务养老概念上，学者众

① 此部分来自“金融服务养老”调研小分队的调研成果，发表于《金融经济》2018年第10期，题目略微变动，后经讨论修改而得。

说纷纭。例如，胡继晔（2017）指出，目前金融服务养老刚刚破题，主要机构分布在银行业、信托业、保险业和证券业四大行业；在发展方面，如董克用和张栋（2017）指出，老年人的用钱理念较为传统，量入为出，并且他们对资金安全性的疑虑，也降低了老年人参与金融服务的积极性；同时，田新朝（2016）也提出，对于借鉴国外而来的住房反向抵押贷款等新型金融服务养老，存在老年人知晓度低、参与度不高、相应的配套支持政策不完善、容易被不法分子曲解以骗取老年人牟利等问题。这些研究为我们准确找到制约金融服务养老发展的因素和问题并由此提出相应的政策措施提供了参考方向。不仅老年人及其后代，而且金融机构、养老机构和政府相关部门等都高度关注金融服务养老问题。我们认为，正是金融服务养老推进中的诸多问题，制约了其快速发展。

33.1.2　研究意义

作为住房反向抵押贷款和开展其他特色服务的较早试点地区，进行南京市金融服务养老调研，对南京市及江苏省，乃至全国都有一定的参考意义。这有利于指明今后的金融服务养老的发展方向，为其他地区提供成功经验，为有关部门的决策提供参考借鉴。

（1）明确金融服务养老的发展方向。本章的调查问卷嵌入了有关金融服务养老现状和需求的问题，通过随机发放问卷并对结果进行数据分析，可以有效地获知老年人群真实的养老需求和目前金融服务养老推广缓慢的原因，明确金融服务养老的发展方向，助力中国新兴的金融服务养老产业发展。

（2）为金融机构及养老机构创新产品、提高服务质量提供参考建议。本章的调研将数据及分析结果呈递给相关金融服务养老机构，作为改善或者创新其产品和服务的依据，已得到有关方面的重视。这为其提高产品与服务质量，更好地为老年人提供产品和服务，以及找到新的利润增长点提供了重要的抓手。

（3）为公共部门指导和提供养老服务出谋划策。本章的调研通过线上线下问卷调查、随机采访老年人和重点社区调研等方法，了解到当下公共养老的不足和城乡之间的差异，总结出公共养老的痛点问题，并可将调查结果及建议呈递给相关部门，帮助有关部门真正有效落实养老政策，将温暖送到老年人心中。

（4）对社会秩序安定做出贡献。老年人手中的闲余资金可以投入资本市场，获得收益。不仅如此，调研成果能为政府相关部门提供参考性建议，以期减轻政府以社保基金解决养老问题的压力。此研究可为社会秩序安定提供条件。

33.1.3　研究方法

本章采取专家咨询法、案例分析法、问卷调查法和重点访谈法对老年人、社区、提供服务养老的相关机构进行专门的研究。其目的是了解金融服务养老现状，找出其存在的问题并提出解决这一问题的科学依据。

（1）对老年人个体的调查——问卷调查与访谈法。这一调研方法采用随机抽样与重点调查有机结合的方式。对老年人进行随机抽样，询问老年人包括金融服务在内的养老需求情况，收集用于后期针对性研究的基础数据；对六合区雄州街道灵岩社区进行重点调查分析。基于老年人人数众多的实际情况，调查存在一定困难，采用网络调查作为随机抽样调查的补充；在南京公园、广场，如鼓楼公园、玄武湖公园、河西中央公园、九龙湖公园、浦口市民中心等地实地调查，发放问卷并及时回收总结。

（2）对专家学者的调查——专家咨询法。我们的调研通过咨询高校、科研院所在这一领域有相当研究的相关专家学者，加深对金融服务养老的理论研究现状的了解。并且，调研团队联系了南京审计大学和其他高校研究金融服务养老的教师，获取了专家对金融机构提供产品或服务的针对性及创新性等问题的不同见解。一些调研人员还走访了南京市审计局金融审计方面的人员，询问金融服务养老审计实施现状。

（3）对社区的调查——案例分析法。我们的调研把六合区雄州街道灵岩社区作为重点研究对象，通过对灵岩社区居民委员会的负责人进行咨询，了解社区金融服务养老的现状（产品、模式、思想）；团队成员对老年人随机分发问卷并进行访谈，详细了解老年人对金融服务养老产品的了解、态度和参与度。调研最终共回收 300 份问卷，其中有效问卷 278 份。团队成员基于问卷数据总结出金融服务养老在该社区的发展程度，以及老年人的参与程度。我们希望通过借鉴社区在金融服务养老方面的宝贵经验，使该调研的相关调查为有关部门提供更具可行性的对策。

（4）对服务机构的调查——重点访谈法。调研团队实地走访了校友创立的南京乐康养老服务有限公司、江苏尽孝道信息科技有限公司，采访了身为负责人的南京审计大学校友，咨询了新型金融服务养老公司的经营情况，以及客户群体、客户反馈等情况。深入了解了当下金融养老机构的运营状况、发展方向，以及他们在市场调研和客户交流过程中发现的问题。调研团队还采访了江苏恒生保险销售公司和幸福人寿保险公司的负责人，了解了金融服务养老的重要组成部分——养老保险，并获得了在当前严重的老龄化问题下如何适应市场需求、创新保险产品等的启示。

33.2　老年人参与金融服务养老的实地调查

根据研究的需要，课题组对老年人参与金融服务养老的情况进行了广泛的调查。调查的内容主要是老年人参与金融服务养老现状和影响因素等。从调查得到的结果来看，老年人参与金融服务养老的水平不高，有许多因素影响着金融服务养老。

33.2.1　老年人参与金融服务养老现状

金融服务养老的发展是国家推动养老“第三支付”的必然要求，拥有广阔的前景与市场。以南京市为例，其老龄化程度较高且未来有加大趋势。当前在这广阔的市场里，老年人的需求动力不足，以稳健型投资为主，但其未来对产品的需求将增加且趋于多元化。通过调查，2018 年，南京市老年人投入金融服务养老产品的资金占总收入的比重总体不高，如图 33-1 所示，26.8%的老年人没有进行养老金融投资，25.8%的受访者投资占收入的比例为 0~10%（含），仅有 9.0%的受访者投入金融服务养老产品的资金占其收入的 40%以上。

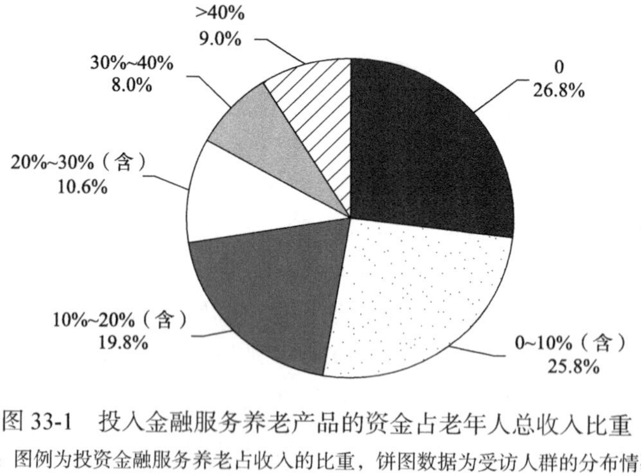

图 33-1　投入金融服务养老产品的资金占老年人总收入比重

注：图例为投资金融服务养老占收入的比重，饼图数据为受访人群的分布情况

在产品选择上，位列前三的依次是占比 76.1%的储蓄、占比 35.9%的理财产品和占比 26.1%的商业保险，见图 33-2，而这三种都是风险相对较小且收益较稳定的产品。

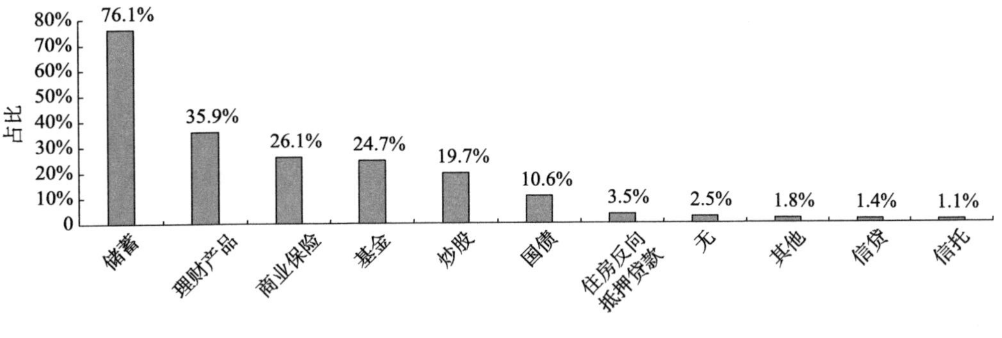

图 33-2　老年人正在使用的金融服务养老产品

本次调研的特点之一是关注老年人和社区在金融服务养老上的联系。社区作为老年人生活和较信任的组织，在推进金融服务养老的发展上发挥了一定作用。调研结果显示，55.2%的老年人需要社区提供金融服务养老；其中，有 34.3%的老年人希望开设“科普理财知识”的宣传和教育活动；1/4 左右的老年人希望社区可以联络金融机构入驻并协助提供相关服务；近 1/5 的老年人希望社区可以对老年人的闲余资金进行统一管理。

33.2.2　影响老年人参与金融服务养老的因素分析

中国“未富先老”的特殊国情，金融市场的发展程度和相关法律法规、政策等现状使得老年人参与金融服务养老的问题具有特殊性、复杂性和现实性等特点。金融服务养老的参与度主要受到资金（资产）、知识和传统观念等因素的限制。调查发现，27.0%的老年人不参加金融服务养老，主要原因是缺乏资金（资产）。通过调查分析可见，收入越低者，越不会参与金融服务养老。也就是说，参与金融服务养老是老年人是收入达到一定程度后的选择。如图 33-3 所示，月收入在 1000 元以下（此处的收入来源多为退休工资或社保）的受访人群中，半数以上（约 63%）不了解或不参与金融服务养老，而月收入在 8000 元以上的人群中，这一比例占到 10%左右，远小于 63%。

除了资金因素，缺乏金融意识和知识是另一大阻碍因素。在实地调研中，团队成员发现，目前一些老年人由于文化水平低和年龄大等原因，不愿意或没有能力参与金融服务养老。但是，如今随着老年人数量的增加，知识水平的限制作用越来越小。一方面，有统计显示，在退休人群中，具有大专以上学历的专业技术人员达 700 多万人，其中高层次知识分子约 70 万人。这说明老年人未来将有能力接触这些新兴金融产品和服务。另一方面，有关知识可以通过教育和宣传进行弥

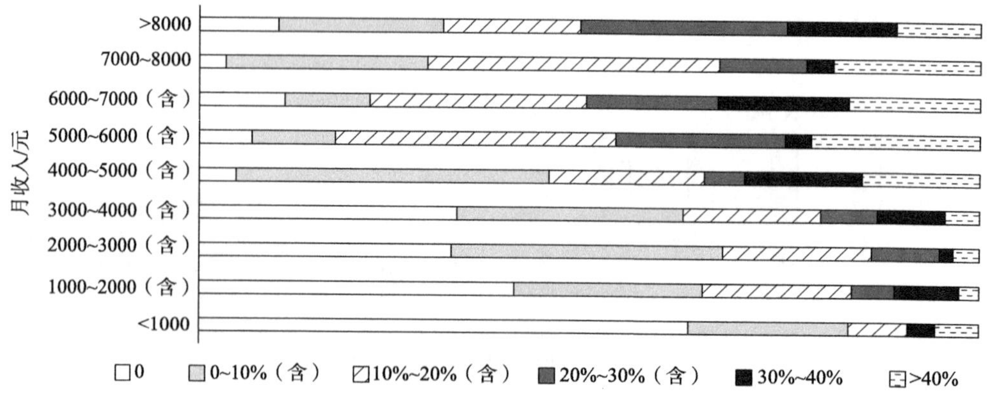

图 33-3　月收入对老年人参与金融服务养老的影响

补。这也是许多老年人希望社区开展相关科普的原因。由此可见，社区在普及金融服务养老知识上将大有可为。另外，传统观念对老年人参与金融服务养老的影响很大。“养儿防老”“只信赖四大银行[①]”“期盼政府多补助”等观念还影响着老年人。至于金融服务养老，大多数老年人尚未接受或支持。有的甚至还出现抵触心理，认为金融服务养老就是骗老年人的养老钱。他们从心底里排斥这一新兴事物，并不接受金融服务养老。

在产品选择上，老年人更偏向于储蓄这一类稳健安全型养老方式。这是因为，一方面，老年人的风险意识较为淡薄，处于保守思想状态，抗风险能力也较弱；另一方面，当前，国内金融市场缺乏专门针对老年人的性价比较高的产品，服务与市场很不规范。这使得老年人对金融服务养老望而却步。

通过收入和老年人产品选择的交叉分析，我们可以发现，收入越高者的投资组合越丰富，储蓄占投资组合比重越小。而收入较低者的选择有限，多选择储蓄等方式或者根本不参与金融服务养老，见图 33-4。

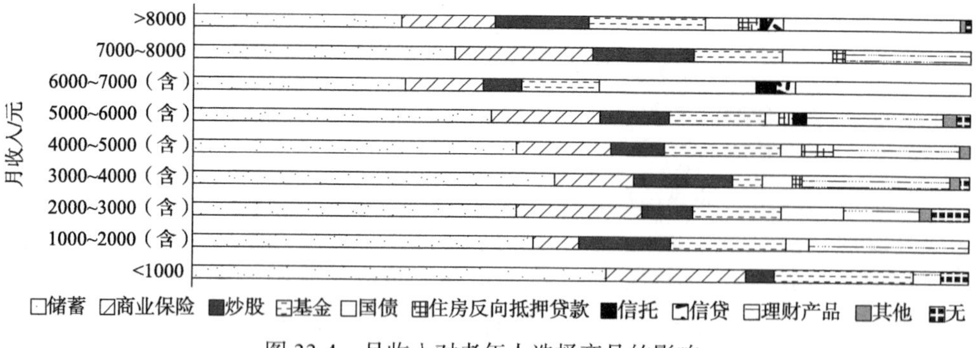

图 33-4　月收入对老年人选择产品的影响

① 四大银行指中国工商银行、中国农业银行、中国建设银行、中国银行。

33.3　金融服务社区养老的现状调查

社区养老尚处于发展阶段，能够提供的金融养老服务较少，与金融服务的结合度不高。目前，南京市各区老年人的养老模式主要属于居家养老模式，健康护理与医养结合的养老社区受到老年人的普遍欢迎。养老社区开展的金融养老服务有限，但未来社区养老模式的发展离不开金融服务养老的支持。金融服务养老的开展将拓展社区养老模式，为老年人提供更加便利的金融服务。南京市六合区雄州街道灵岩社区为本次调研的重点，调研团队在社区随机发放调查问卷、采访社区内的老年人与工作人员，以了解社区的养老情况、探究发展问题并提出针对性建议。

33.3.1　灵岩社区基本情况

2018 年，灵岩社区共有 7680 人，其中 60 岁以上的人口有 1443 人，占 18.8%，具有发展社区养老的优势基础。多数老年人使用储蓄、银行理财等风险较低、收益更加稳定的金融产品（南京审计大学泽园书院“金融服务养老”调研小分队，2018）。目前，社区提供的养老服务仍以传统的健康护理和文化娱乐为主，如“晚霞红”日常照料服务等。此外，社区也提供一些金融服务，曾联络保险公司进行金融产品的宣传与推广。

33.3.2　灵岩社区老年人参与金融服务养老的现状

调研团队在灵岩社区随机发放 300 份问卷，收回有效问卷 278 份。多数老年人对金融服务养老不熟悉。50.0%的老年人没有使用过金融养老产品与服务，29.0%的老年人将收入的 0~10%（含）投入金融养老产品与服务中，21.0%的老年人将收入的 10%~20%投入其中，见图 33-5。

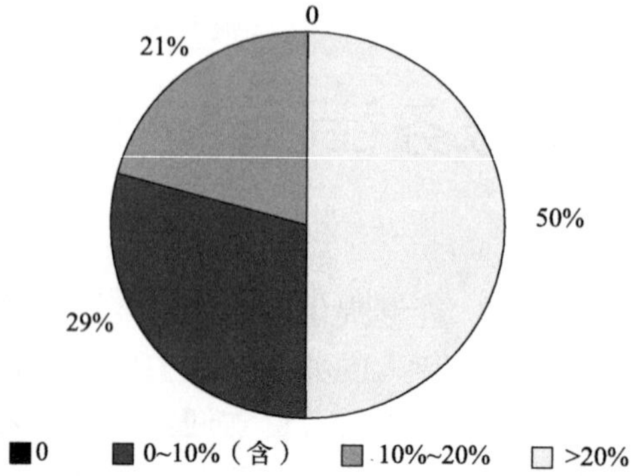

图 33-5　投入金融服务养老的产品或服务占月收入的比重

老年人未能参与金融养老市场的原因首先为缺乏资金，占 62.5%，地区及行业间的差异导致老年人的退休金差异较大。其次，有 35.6%的老年人表示对金融养老市场不了解没兴趣，因此没有办法参与。19.2%的老年人认为金融市场风险过高，特别是缺乏安全保障。16.4%的老年人满足现有生活不愿参与金融服务养老。因资金不充足而没有参与金融养老的老年人表示，更倾向于储蓄、银行理财、商业养老保险等金融产品，见图 33-6。

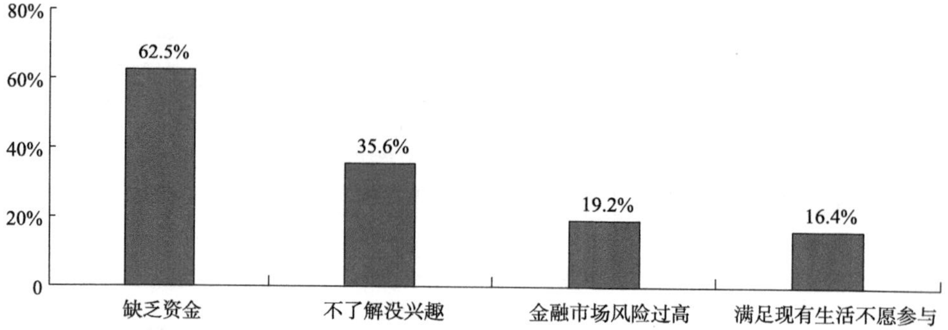

图 33-6　不使用金融养老产品与服务的原因

在参与到金融养老市场的老年人中，使用传统金融产品与服务的老年人居多。其中，进行储蓄的老年人达到了 76.0%，购买商业保险、国债的比例分别为 26.1%和 10.6%。但他们中间也出现了购买理财产品、基金、股票等金融产品的老年人。影响老年人金融投资的主要原因为收益与风险。85.0%的老年人表示选择购买以上金融产品的原因为风险低收益稳定。有 15.0%的被调查者认为，这些产品更加适合自身经济状况。另有 10.0%的被调查者受身边人的影响选择了这些金融产品，见图 33-7 和图 33-8。

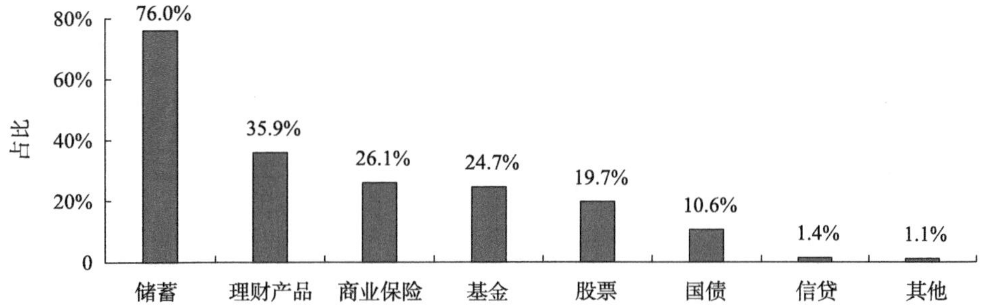

图 33-7　目前正在使用的金融养老产品

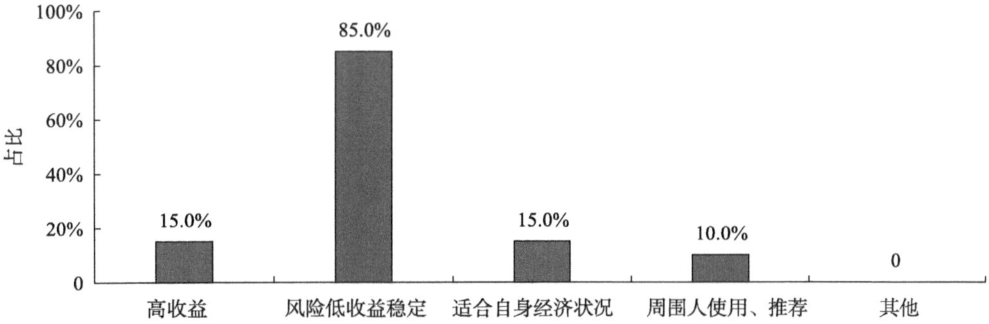

图 33-8　选择金融养老产品或服务的原因

33.3.3　金融服务社区养老存在的问题

目前，灵岩社区内有金融服务养老需要的老年人比例高达 18.8%。只不过，该社区仍存在参与少、服务体系不全与政策支持不到位等诸多问题。

（1）老年人的金融服务社区养老参与度低。首先，老年人对金融服务养老的认知不够。受自身知识文化水平的限制，老年人对金融服务社区养老尚存偏见，部分老年人对金融机构与社区缺乏信任。其次，老年人收入有限。这是限制其参与金融服务社区养老的重要因素。低收入的老年人群体在满足基本生活需求后很难进入金融服务养老市场。加之老年人的风险承受能力比较差，社区的老年人更愿意选择银行储蓄等风险较低的传统金融产品。

（2）社区的金融服务养老建设尚待完善。老年人、社区与金融的结合程度不高，灵岩社区在金融服务社区养老的建设方面尚待完善。首先，灵岩社区的工作人员未接受过相应培训，缺乏开展此类工作的能力。目前，社区提供的养老服务仍以传统的健康护理和文化娱乐为主，工作人员缺乏开展金融服务社区养老的工作经验。只有社区的工作人员掌握了一定的金融知识并与金融机构沟通联系，才能做好代理人，才能增强老年人的信任度。金融服务如何更好地与社区养老结合，如何开展、整合和管理还有待进一步探索。其次，入驻社区的金融机构少、类型单一。受社区发展水平、金融机构的业务规模等的影响，灵岩社区内仅有邮政储蓄银行、紫金农商银行两家金融机构。它们只办理储蓄、理财等，针对老年人养老的产品与服务较少，在产品与服务体系的建设方面尚待完善。它们也没有针对老年人群体的特殊性开展相应的营销推动与渠道拓展。

（3）缺乏金融服务社区养老的针对性政策支持。尽管金融服务养老提倡得较早，但是这一社区有利于养老服务的针对性政策较少。一些养老政策，要么是金融服务的内容少，要么是缺少针对养老服务的内容。所以，社区养老与金融服务结合的具体政策支持尚不足。社区服务养老缺乏具体的政策支持与经验借鉴，也没有法律保证，使金融服务社区养老推进缓慢（尤元文，2016）。

此外，金融服务社区养老还存在宣传不够、监管不到位等问题。政府缺乏从长远大计出发的眼光，没有进行广泛的宣传，让金融服务养老逐步取代养儿防老、政府基础养老金养老等。由于金融服务养老风险的存在、相关机构监管的不到位，老年人上当受骗的现象时有发生。有的老年人终生积累的养老钱被骗一空，出现轻生现象。这表明，越需要推进金融服务养老的发展，越需要加强金融服务养老的监管与风险防范。

33.4　机构提供养老服务的现状调查

从2016年中国人民银行等六部委出台的《关于金融支持养老服务业加快发展的指导意见》到现在，机构提供的养老服务越来越多。以南京市为例，截至2018年底，市内共有112家金融机构（不包含分支网点），还有合作金融、担保、创业投资、小额贷款、农村资金互助社等为“三农”和中小企业服务并逐步形成规模的融资体系，民间金融机构占比大概为15.2%，且大部分都有老年服务或金融产品。中国的养老服务机构已超过14.9万家，而南京有207家，仅占0.1%。此次调研，团队选取了两家分别涉及创新型保险销售和金融服务养老服务的金融机构——幸福人寿保险公司（简称幸福人寿）和南京市乐康养老服务有限公司（简称乐康老年俱乐部）进行研究，以了解金融机构的金融服务养老发展现状和问题，并提出有效建议。

33.4.1　机构服务养老现状——基于幸福人寿和乐康老年俱乐部的调查

本章对幸福人寿和乐康老年俱乐部进行了调查，基本了解了金融机构提供养老服务情况。可以说，金融服务养老离不开金融机构所提供的服务。

（1）幸福人寿发展现状。在幸福人寿中，专门服务于老年人的“住房反向抵押贷款”就是国内金融服务养老的创新产品之一。在保证老年人正常居住的前提下，保险公司将房产作为抵押物折现给老年人，目的是增加老年人的收入，以此提高其晚年的生活质量。与大多数创新型金融服务养老产品一样，从 2014 年开始到现在，其发展依然缓慢。尽管有相关政策的支持，但是，政府召集的六家保险公司中只有幸福人寿承接了这个产品。就南京市“以房养老”试点而言，除了政策支持，在宣传推广方面覆盖面已过万人，但是来咨询此产品的只有一百多人，仅占 1.0%。从 2017 年第一单落成到目前为止，最终落实的也只有五家。由于处理流程由参与者来挑选第三方公证人，透明公正，对于这五家投保人，幸福人寿会定期去拜访并提醒收款，所以，投保人对产品和后续服务的反馈评价很高。

但是，“以房养老”办公室的负责人表示，在发展“住房反向抵押贷款”的期间，还是存在阻力。一是新型的保险产品条款要求严格。经过监管部门的审批之后也就不能改变，因此愿意使用产品中符合条件的老年人少之又少。二是这种消费的模式不为众多人群所接受。大多数老年人的传统观念还是将房产留给子女，而子女也不愿意将房产让出以发挥房产变现的作用。三是缺乏针对性强的政策支持。虽然政府有政策支持，但它没有针对性，下属机构的执行能力也有待加强，如对政策的片面解读致使公证处对接效率低。四是运行风险难以避免。此款产品本身属于大量现金流出的公益产品，对于公司而言承接产品更多的是出于社会责任。由于房价的不稳定，经济风险会对公司的正常运营有很大影响，因此其往后的发展也有待考虑。

（2）乐康老年俱乐部发展现状。乐康老年俱乐部是在 2017 年底创立的养老服务公司，主要提供财富管理、保险、“银发人才”和健康管理四大块产品和服务，因为新生代退休人群在思想上更加的开放一些，也有自主的决策能力，所以这部分人群的养老需求就不仅仅限于健康护理之类的传统需求。他们还会有精神文化层面及金融层面的服务需求，因此乐康老年俱乐部围绕着“健康、快乐”的宗旨更多地为这部分人群提供服务。

乐康公司的负责人表示，公司规模较小，出于盈利以维持正常运转的需要，目前主要是针对相对富裕的退休阶层，没有开拓中低端市场的打算，因为中低端的养老者更适合居家养老或医养结合等，这部分最重要的是政府的扶持，而不是需要资金来维持运营的民营公司。就市场开发来说，乐康老年俱乐部的推广联系是直接联系参与者本人，没有通过其儿女或家属，因此沟通对接更为直接有效，也更受参与者的信赖，这点在业内也是属于高质量、高效率的服务。乐康老年俱乐部也主动接受参与者的反馈，在提供产品和服务期间不断地根据参与者的建议与反馈，完善自己产品、服务的流程和体系，提高产品、服务的质量，让受益者满意。

关于金融服务方面，乐康老年俱乐部主要提供财富管理及保险销售等服务，由于对每个顾客定期进行信息的公开及回访，并且在资金维持上保持着高效的管理，一直保持着 85.0%以上的参与者满意度。一方面，乐康老年俱乐部从属的智上村集团下属多个与养老、金融有关的公司，包括理疗院建设、资产投资管理等，已经足够成熟的集团拥有稳定的参与者及完善的产品和服务。乐康老年俱乐部作为其中一个公司也继承了集团的商誉、产品和服务等。另一方面，乐康老年俱乐部的咨询顾问、理财经理等也是专业知识与经验丰富、值得参与者信赖的专业顾问，因此能够对参与者进行一站式负责的服务，为其提供针对性专业化的服务。

33.4.2 机构提供金融服务养老存在的问题

受许多因素及金融服务养老发展的时间短等的影响，金融机构等提供的养老服务还存在许多问题，如参与者不多、产品缺乏创新、扶持和监管力度不够等。

（1）参与者条件欠缺。正如前述，大部分退休人群的收入来源极少，且存在不同职业之间贫富差距不断拉大的问题，因此，金融机构的参与者群体整体收入其实不尽如人意。即使老龄化程度严重，养老群体数量不断增加，也还是处于未富先老、未备先老的状态，金融服务养老的需求仍然不旺。金融机构是需要参与者的资金来维持运转的，即使需求存在，也无法担着破产的风险与避免支付的风险而为低收入的老年群体提供低利润甚至负利润的产品或服务。新生代老年人群虽然赶上了改革开放的潮流，接受了先进的思想教育，打开了眼界，但大部分低收入人群并没有资产管理的意识。同时，受到自身收入来源的影响，退休人群确实也不能承受有风险的、不稳定的资金来源及生活，以致对金融服务养老服务的需求量还是相对较小。

（2）金融机构产品缺乏创新。无论是从老年人群的受访情况来看，还是从对专业人士的采访来看，金融机构和养老机构提供的产品和服务都过于单一，缺乏有针对性、适合不同群体的创新产品。尽管从国外引进了针对孤寡老年人的“住房反向抵押贷款”等新型养老产品，但开展时间较短，还无法适应中国特殊的国情，没有对具体的条款进行本土化的调整，所以还处在摸索阶段，无法大范围推广。

以乐康老年俱乐部为例，尽管乐康老年俱乐部已经开发出了相对先进的养老服务，但还只是对高收入群体提供服务，并没有很多适合低收入养老群体的服务。正如业内人士所说，国内目前养老与金融结合的产品总体来说可分为三种：养老保险、众筹养老院及以房养老倒按揭。由于国内整个金融服务养老行业其实还处在起步阶段，业内的产品和服务处于供不应求的状态，规范化和标准化适用于目前的状态，以后才会逐步开发新型产品来吸引更多的老年人参与。

另外，在调研中，部分受访者表示，尽管自己有意向投入资金，但很难找到适合自身情况的针对性产品，一些金融机构推出的专门服务软件操作复杂、不适用于老年人使用。也就是说，金融机构亲老设施不够、无法方便老年人前来开展办理各种养老业务等。由此可见，不光是金融服务养老产品和服务的开发缺乏创新，与产品、服务相关的基础软硬件设施也缺乏针对老年人的创新。

（3）政府扶持和监管力度不够。首先，政策支持不够。尽管政府从 2011 年就开始发文并出台相关政策，提倡发展民间资本市场，将养老与金融结合，但直到 2018 年，这些文件都只是在泛泛而谈、过于笼统，没有具体化的指导性操作流程。即使有具体的建议和指导或规定，也只是针对个别的产品或服务，如以房养老倒按揭或者对养老院的床位补贴等。更不用说可操作的对策建议了。这些扶持和补贴只是解决了很小部分的问题，并没有为整个养老行业的发展起到关键性的作用。其次，监管不完善。政府提倡市场自由发展以尽快解决现有养老问题，但存在监管不完善的问题，如民间机构不在审计监督范围内、审计监督流程过于简单而没有效果，让不法分子有机可乘，从而形成欺诈骗局等不良风气，造成行业声誉受损，更进一步加深了中老年群体对提供养老服务的金融机构的误解和不信任。不信任导致参与者减少，以致金融机构的产品和服务得不到好的发展及逐步完善，会进一步导致现有顾客的不满甚至不信任，形成恶性循环。

所以，虽然相对自由的市场更适合新兴事物的发展，但是涉及资金的领域较为敏感，政府监管及相对统一公开的评级系统不能松弛，应对金融服务养老，特别是养老群体的养老保障尽到应有的监管责任。金融服务养老的发展迫切需要及时跟进的全面监管。

33.5　促进金融服务养老可持续发展的思考

通过对老年人、社区、机构等的调查，发现金融服务养老的问题各有表现，我们就此分别进行了促进金融服务养老实现可持续发展的思考。政府也需要为此做出努力。只有各方面共同努力，形成合力，才能实现金融服务养老的可持续发展。

33.5.1　老年人参与金融服务养老的思考

是否通过金融服务养老获得更多、更好的养老权益与利益，这是个体的事。但广大老年人群参与金融服务养老，还需要积极学习金融养老知识，完善投资理念，不断增强风险防范意识。

（1）老年人积极学习金融服务养老知识。根据问卷结果分析，35.6%的受访者不参与金融服务养老的原因是“不了解没兴趣”，而实际上有很多金融机构和社区都面向老年人开展了金融知识讲座并广为宣传金融服务养老风险等，并且还有诸如互联网、宣传手册等各种各样的学习、宣传渠道。

大多数老年人受经济基础及思维定势的影响，不愿意学习金融服务养老的知识，只满足于现状。老年人大多数不能自发调动学习的热情，做到活到老学到老，用新兴的金融养老产品为自己的老年生活添砖加瓦。这就更需要普及这方面的知识，让老年人懂得金融服务养老给他们带来的好处。

（2）更新投资理念。问卷结果分析发现，老年人的投资偏向于传统的金融产品，如储蓄、养老保险、债券等，而这些产品往往投资回报率较低，资金活跃度不高。在采访中，小队成员还发现部分老年人甚至没有任何储蓄，而是选择持有纸币。当下，金融市场十分活跃，各种创新产品和服务纷纷涌现，老年人可以根据自身需求灵活选择其需要的产品和服务，适当放宽可接受的风险程度，改善传统封闭的投资意识，拿出一部分资金投入新兴的金融市场，为自己的老年生活增加更多的物质保障。有关部门要积极引导老年人更新投资理念，让他们参与到金融服务养老投资中去。

（3）增强风险防范意识。老年人普遍关注金融服务养老产品的安全性，而市场上的许多骗子正阻碍着老年人享受金融服务养老带来的实惠。从老年人自身的角度出发，他们应该与时俱进，学习新兴的金融产品，积极参加正规金融机构或社区组织的防骗讲座，守好自己的养老钱。有风险意识的老年人比无风险意识的老年人更能适应金融服务养老的需要。只有树立起了较强的金融服务养老风险防范意识，才能更好地促进金融服务养老的发展。

33.5.2　社区发展金融服务养老的思考

社区发展金融服务养老，充分发挥其在养老者与金融之间的桥梁作用，承办开展金融服务养老的相关活动，探索与金融机构的合作机制等。

（1）社区要积极发挥桥梁作用。社区作为最贴近老年人的组织机构，在金融服务社区养老中占据重要地位。社区老年金融服务建设涉及众多金融机构、社区助老点、社区助老服务供应方、资金结算、社保、各行政管理机构、房产商等。充分发挥各个机构、部门在养老服务中的作用，架起社区、老年人、金融之间的桥梁。社区应通过培养或引进具备专业金融知识的人才来提供服务。社区积极引导老年人参与金融服务养老，特别是促进拥有养老资金或资产者参与到其中。同时，社区服务人员可以更好地与相关部门进行沟通、反馈有效信息，助力金融服务养老市场的良性发展。在社区金融服务养老活动开展中，相关机构充分发挥社区在老年人与金融中的桥梁作用。

（2）社区应积极承办开展金融服务养老的相关活动。社区应积极联系相关专家，以及诸如商业银行、保险公司、基金公司等金融机构，开展金融知识讲解科普、金融诈骗手段防范科普、金融产品推广科普、手机 App 网上银行普及等硬件设施使用科普等多种形式的讲座。

33.5.3 机构开展金融服务养老的思考

机构开展金融服务养老，需要根据养老者的需求主动适应、积极创新，加大金融服务养老方面的宣传，主动承担相应的社会责任等。

（1）机构应主动适应、积极创新。有关调查显示，老年参与者逐步成为银行理财生力军。随着老年人口数量的增加，金融机构老年参与者整体投资素质进一步提高。当前，金融机构的养老服务项目和内容大多具有公益性及社会责任承担者角色，但不可忽视社区金融服务的潜在需求。从长远角度看，金融机构发展社区业务、金融服务社区养老势在必行。金融机构进驻社区应区分适应及创新两个不同的阶段，由此开展不同层次的金融服务养老服务。在适应阶段，金融机构可以建立面向社区老年人的职业团队，以此为社区民众提供更多、更好的服务。我们发现老年人对社区银行很欢迎，于是推出以社区银行为信托的重点产品，并推广包括代扣代缴、支付平台、水电、交警罚没款等业务（辛继召，2016）。在社区内建立以银行为代表的机构网点，增强服务性，在更大程度上便利老年人的日常生活。在创新阶段，除了在社区内设立相关金融服务网点外，金融机构可以开发适合老年人的手机银行、理财 App 等工具。在降低营业成本的同时，机构可提供社区老年人自助式理财服务，更好地满足其投资理财需求。创新产品包括建立老年人投资基金会、提供住房反向抵押贷款服务等，满足老年人个性化需求。由此，金融机构可以兼顾经济效益和社会效益。

（2）相关机构应加大金融服务养老方面的宣传。相关机构可以加强与社区的沟通和合作，积极配合社区进行相关产品的宣传，重视社区方面的反馈。有条件的金融机构可以入驻社区试点。一方面，这些机构在社区内定期、不定期地进行广泛的宣传，以此使多方受益。另一方面，这些机构也可以充分了解老年人的金融服务养老需求及其变化规律。通过对机构相关产品进行有效宣传，能够使有意参与金融服务养老的老年人更好地发现适合自身实际情况、满足他们需求的产品。同时，进行有针对性的产品宣传，能够增强无意参与的老年人对金融服务养老概念和形式的认识，在一定程度上可吸引处于犹豫阶段的那部分老年人参与到金融服务养老过程中。金融机构应该尽力贴近老年人参与者，可以通过加强与社区合作等渠道，对老年人开展市面上现有产品科普等类型的讲座，或进行专门的防范金融诈骗的相关宣传，以此提高老年人对金融产品和金融服务养老的认识，增强识别产品优劣的信心，提高警惕性和辨别能力，提升金融服务养老参与度，并加深对金融服务养老的认同感。

（3）相关机构应主动承担相应的社会责任。金融服务养老市场的供求失衡状况要求金融机构和养老机构应主动承担应负的社会责任，响应国家号召，高效利用政府相关扶持政策，积极开拓市场，为提供更多的优质老年生活服务付出努力。

33.5.4　政府促进金融服务养老发展的思考

政府在促进金融服务养老发展中具有重要的作用，需要加强对金融服务社区养老的扶持力度，进行金融服务养老的全覆盖，加强审计监督，促进立法先行。

（1）政府加强对金融服务社区养老的扶持力度。社区在金融养老服务中起到桥梁作用，但还需要政府提供有针对性的支持政策推动其发展。政府通过政策补贴引导老年人积极参与；督促社区服务人员强化自身技能，引导相关人员树立金融服务养老意识及提高专业素养，促进社区优秀人才队伍建设并促进社区与金融机构的合作，对社区给予一定的补贴等相关支持；对主动探索社区老年顾客群体的金融机构给予税收优惠减免等措施，促进金融机构探索与创新的积极性。相关部门出台具体的指导意见，提高老年人、社区和金融机构在参与金融服务养老模式上的积极性，并提供法律上的安全保障。创新社区、金融机构与养老机构提供养老服务的方式，以此为老年人提供更加贴心的、个性化的服务。

（2）政府加强审计监督。政府加强金融监管，规范金融服务社区养老的发展，积极做金融服务养老模式发展和普及的推动者。金融审计本身会具有一定的威慑作用（刘冬晨，2017）。目前而言，金融审计内容也存在局限性。伴随着信息化技术的发展，金融行业的发展日新月异，金融审计的内容逐渐落后于机构产品的扩充。政府应加强针对金融行业的审计监督检查，不断健全制度、创新金融审计的方式及拓展审计的内容，促进金融服务养老产业健康发展。同时，政府还应注意审计预期问题，加强预期管理（江世银，2012，2014），引导公众形成理性的审计预期，增强公众对政府审计的信心和耐心（江世银，2016）。政府加强审计监督、引导公众形成理性的预期，有效防范并打击以金融服务养老为旗号的金融诈骗活动，增强老年人参与金融服务养老的信心和勇气，有效减少非市场性的风险损失，为金融服务养老市场的健康发展提供良好的条件。

（3）政府促进立法先行。金融审计工作的顺利开展和良好运行需要健全的法律环境，要把审计监督融入金融服务养老全过程中。政府完善金融审计的相关法律法规是政府加强金融服务养老监督的必要前提和基础，也是增强养老者信心的重要手段。

33.6　总　　结

我们通过问卷调查、个案调查等形式，以及案例分析法、参观访谈法、专家咨询法等方法，对南京市老年人、社区及相关金融机构进行了广泛调研。调研克服了种种困难，达到了预期的目的，为老年人获得社区、金融机构、养老机构的养老服务提供了基本素材。

调研团队通过实地调研，充分了解了南京市老年人金融服务养老需求、社区相关服务及金融机构相关产品服务现状；通过深入的实际调查，发现了在金融服务养老过程中老年人、社区、金融机构、养老机构和政府管理部门等不同主体所面临的问题；根据发现的问题最终提出了可供操作的对策建议，以期助力金融服务养老的健康发展，实现为老年人提供更多、更好金融服务的初衷。

在金融服务养老模式的形成过程中，政府应拓宽融资渠道和创新补助形式，加强对金融服务养老的扶持力度，增进对服务需求及金融行业等现状的了解，加强监管服务和解除金融服务养老风险等后顾之忧；相关机构应加强金融服务养老产品和服务创新，深入了解老年人的金融服务养老需求，增进与老年人的沟通，以行业前景和社会责任为导向积极开展相关服务；社区应积极探索新的服务模式，加强服务人才队伍建设，积极沟通、主动了解，加强科普及防骗等类型宣传；相关部门应当加大对坑害老年人利益等违法犯罪行为的打击力度。

在金融服务养老中，民众和机构是参与者，社区是桥梁，政府是助力者。金融服务养老市场的良性健康发展需要多方合作、互联互通、共同促进。特别是要适应老龄化趋势，让老年人过上更好的晚年生活，涉及金融服务养老的各方要尽职尽责，共同为促进金融服务养老可持续发展而努力。

参 考 文 献

阿达姆. 2012. 尼日利亚养老金管理制度研究[D]. 华中师范大学硕士学位论文.
艾伦 F，盖尔 D. 2002. 比较金融系统[M]. 王晋斌，朱春燕，丁新娅，等译. 北京：中国人民大学出版社.
安辉. 2016. 金融监管、金融创新与金融危机的动态演化机制研究[M]. 北京：中国人民大学出版社.
伯南克 B S，劳巴克 T，米什金 F S，等. 2006. 通货膨胀目标制国际经验[M]. 孙刚，钱泳，王宁，译. 大连：东北财经大学出版社.
博迪 Z，默顿 B C，克利顿 D L. 2010. 金融学. [M]. 北京：中国人民大学出版社.
布莱克 D. 2014. 养老金金融学[M]. 尹隆，王蒙，译. 北京：机械工业出版社.
蔡宗溢. 2020-09-18. 医养结合：日本养老模式的特色[N]. 学习时报，（002 版）.
曹德云. 2018. 国际养老产业投资经验对我国的启示[J]. 当代金融家，(12)：35-38.
曹璞. 2019. 审计视角下金融服务大健康产业路径探索[J]. 市场研究，(1)：53-54.
柴时军. 2019. 信任视角下的家庭融资渠道偏好研究[J]. 经济与管理研究，(11)：56-69.
柴效武. 2004. 生命周期理论及其在售房养老模式中的运用[J]. 西安财经学院学报，(4)：5-9.
柴效武. 2017. 以房养老——理念与模式[M]. 北京：清华大学出版社.
常沁芮. 2016. 中国金融服务养老现状与政策研究[D]. 西北大学硕士学位论文.
陈诚诚. 2016. 德日韩长期护理保险制度比较研究[M]. 北京：中国劳动社会保障出版社.
陈冬梅，陈之衡. 2015. 商业保险介入养老产业模式研究[J]. 上海保险，(2)：5-10.
陈红. 2012. 北京发展商业长期护理保险的必要性及途径[J]. 人口与经济，(6)：82-87.
陈华，王晓. 2017. 养老金融的现状、问题及建议[J]. 党政论坛，（10）：32-34.
陈加旭. 2016. 中国养老基金投资行为研究[M]. 成都：西南财经大学出版社.
陈健，黄少安. 2013. 遗产动机与财富效应的权衡：以房养老可行吗？[J]. 经济研究，(9)：56-70.
陈赛权. 2000. 中国养老模式研究综述[J]. 人口学刊，(3)：30-36，51.
陈守东. 2007. 金融资产波动模型与风险度量[M]. 北京：经济科学出版社.
陈曦，江世银. 2020. 我国居民养老金融资产配置的影响因素研究[J]. 金融发展研究，(3)：65-71.
陈显友. 2020. 基于 Citespace 文献计量软件的养老服务供需研究现状与热点分析[J]. 社会科学家，(1)：35-42.
陈怡. 2014. 金融支持养老服务业路径[J]. 中国金融，(23)：73.
陈艺. 2013. 中国养老金融业发展现状分析[J]. 经济研究导刊，(4)：83-84.

陈游. 2014. 中国社会老龄化背景下商业银行养老金融业务创新的机遇——借鉴美国经验[J]. 现代经济探讨，(6)：69-73.
程成. 2015. 基于时间银行的居家互助养老模式研究[D]. 西安建筑科技大学博士学位论文.
迟国泰，郝君，徐琤，等. 2001. 信贷风险评价指标权重的聚类分析[J]. 系统工程理论方法应用，(1)：64-67.
迟国泰，潘明道，齐菲. 2014. 一个基于小样本的银行信用风险评级模型的设计及应用[J]. 数量经济技术经济研究，(6)：102-116.
党俊武. 2013. 老龄金融是应对人口老龄化的战略制高点[J]. 老龄科学研究，(5)：3-10.
邸达. 2014. 我国养老金融业功能定位与风险监管研究[D]. 河北大学硕士学位论文.
董克用，张栋. 2017. 中国养老金融：现实困境、国际经验与应对策略[J]. 行政管理改革，(8)：16-21.
董克用，姚余栋. 2016. 中国养老金融发展报告（2016）[M]. 北京：社会科学文献出版社.
董克用，姚余栋. 2017. 中国养老金融发展报告（2017）[M]. 北京：社会科学文献出版社.
董克用，姚余栋. 2018. 中国养老金融发展报告（2018）[M]. 北京：社会科学文献出版社.
董克用，姚余栋. 2019. 中国养老金融发展报告（2019）[M]. 北京：社会科学文献出版社.
董克用，姚余栋. 2020. 中国养老金融发展报告（2020）[M]. 北京：社会科学文献出版社.
杜森贝利 J S. 1949. 收入、储蓄和消费行为理论[M]. 波士顿：哈佛大学出版社.
段诗琪. 2011. 后金融危机时代社会养老保险基金投资策略研究基于亚洲新兴市场国家的政策研究[J]. 特区经济，(5)：104-105.
珐玛 E F. 1965. 股票市场价格的行为[J]. 商业杂志，(4)：21.
范华. 2021. 以养老信托构建养老金融服务新生态[J]. 银行家，(2)：7，108-110.
盖英文，孙慧妍. 2016. 开发性金融支持养老产业发展的实践分析[J]. 开放性金融研究，(1)：83-87.
高建平. 2016. 建立完善金融服务养老服务体系[J]. 中国金融家，(3)：60-61.
格利 J，肖 E. 1998. 金融理论中的货币[M]. 贝多广，译. 上海：生活·读书·新知三联书店.
格罗鲁斯 K. 2002. 服务管理与营销[M]. 中文版. 韩经纶，译. 北京：电子工业出版社.
顾为东. 2015. 构建我国现代养老产业体系——以江苏为例[M]. 南京：江苏人民出版社.
关博. 2016. 建立更加公平的养老保险制度：理论分析与中国实践[M]. 北京：经济管理出版社.
郭金龙，周小燕，陆明涛. 2017. 长寿风险及其管理的理论和实证分析[M]. 北京：经济管理出版社.
国家信息中心经济预测部，加拿大养老基金投资公司. 2019. 人口老龄化背景下的养老服务业发展研究[M]. 北京：社会科学文献出版社.
国务院发展研究中心社会部课题组. 2019. 养老服务体系发展的国际经验与中国实践[M]. 北京：中国发展出版社.
哈耶克 F F. 1997. 自由秩序原理（下）[M]. 邓正来，译. 北京：生活·读书·新知三联书店.
韩雅煌，朱庆文，王晓芳，等. 2016. 英国、日本社区养老服务经验对我国的启示[J]. 中国初级卫生保健，30（4）：5-6.
韩再. 2014. 住房反向抵押贷款运作机制[M]. 北京：中国金融出版社.
贺强. 2011. 中国金融服务养老体系势在必行[J]. 海内与海外，(6)：8-9.

洪崎. 2016. 创新养老金融模式[J]. 中国金融，(7)：13-15.
侯成晓，宫杰. 2017. 供给侧结构性改革下的商业银行养老金融业务创新[J]. 银行家，(5)：72-73.
侯明，熊庆丽. 2017. 我国养老金融发展问题研究[J]. 新金融，(2)：54-59.
侯明慧. 2018. 家庭人口结构对住房需求的影响——基于 CHFS 数据的实证研究[D]. 首都经济贸易大学硕士学位论文.
侯菊君. 2011. 我国城市社区老年金融服务的供给与需求分析[D]. 复旦大学硕士学位论文.
胡继晔. 2012. 金融服务养老：未来国家层面的发展战略[J]. 中国社会保障，(10)：34-35.
胡继晔. 2013a. 养老金融：理论界定及若干实践问题探讨[J]. 财贸经济，(6)：43-52.
胡继晔. 2013b. 论养老金监管立法[M]. 北京：中国政法大学出版社.
胡继晔. 2016. 养老金融：促进社会保障可持续的重要战略[J]. 中国党政干部论坛，(1)：50-52.
胡继晔. 2017. 金融服务养老的理论、实践和创新[J]. 西南交通大学学报（社会科学版），(4)：1-9.
胡佩，王洪卫. 2020. 住房价格与生育推迟——来自 CGSS 微观数据的证据[J]. 财经研究，46(4)：79-93.
胡晓虹. 2020. 商业银行构建养老金融生态圈的对策建议[J]. 时代金融，（23）：44-45.
胡晓荣. 2013. 基于委托代理理论视角下的养老基金监管博弈研究[J]. 金融与经济，(10)：63-65，93.
扈秀海. 2019. 大国养老：越来越多的老年人将如何安置？[M]. 北京：人民日报出版社.
黄崇珍，曹奇. 2017. 基于 GARCH-VaR 模型的开放式基金风险度量[J]. 统计与决策，(1)：152-155.
黄达. 2012. 金融学[M]. 3 版. 北京：中国人民大学出版社.
黄葵华. 2016. 金融支持养老产业面临的问题[J]. 经济研究参考，(6)：27-28.
黄鸣奋. 2004. 需要理论及其应用[M]. 北京：中华书局.
黄少宽. 2014. 我国“时间储蓄”养老服务模式的研究进展[J]. 社会保障研究，(6)：104-111.
霍 T S Y，李尚斌. 2007. 金融建模：应用于资本市场、公司金融、风险管理与金融机构[M]. 蔡明超，张健，季俊哲，译. 北京：上海财经大学出版社.
建投研究院. 2016. 投资新视野Ⅱ养老服务[M]. 北京：社会科学文献出版社.
江海洋，谷政. 2018. 社会互动与家庭保险市场参与基于 CHFS 的实证分析[J]. 金融理论探索，(3)：56-64.
江生忠，薄滂沱. 2015. 商业养老保险及其产业链延伸国际比较研究[M]. 天津：南开大学出版社.
江世银. 1998. 论建立和完善我国农村社会保障体系[J]. 理论与改革，(6)：74-76.
江世银. 2000. 论信息不对称条件下的消费信贷市场[J]. 经济研究，(6)：19-26.
江世银. 2004a. 预期对中国资本市场作用和影响的验证[J]. 当代经济科学，(3)：19-25.
江世银. 2004b. 资本市场预期理论评介[J]. 经济学动态，(4)：69-72.
江世银. 2004c. 预期与资本市场投资分析[J]. 金融研究，(7)：112-117.
江世银. 2004d. 论投资膨胀预期和投资紧缩预期[J]. 财贸经济，(9)：35-40.
江世银. 2005a. 中国资本市场预期[M]. 北京：商务印书馆.
江世银. 2005b. 我国农村社会保障体系存在的问题及解决构想[J]. 理论视野，(5)：36-38.

江世银. 2006a. 论中国的最优金融体系[J]. 财贸经济，(9): 81-85.
江世银. 2006b. 中国经济发展的宏观金融经济学探索[M]. 北京：中国经济出版社.
江世银. 2007. 金融创新背景下的监管协调机制改革[J]. 南方金融，(5): 69-70.
江世银. 2008a. 国有商业银行股份制改革问题及其深化[J]. 云南财经大学学报，(2): 64-69.
江世银. 2008b. 预期理论史考察——从理性预期到孔明预期[M]. 北京：经济科学出版社.
江世银. 2009a. 金融监管体制改革问题及其深化[J]. 金融理论与实践，(1): 26-29.
江世银. 2009b. 中央银行体制改革及其深化[J]. 河北经贸大学学报，(1): 43-47.
江世银. 2010. 预期作用于金融宏观调控的效率[M]. 北京：中国金融出版社.
江世银. 2011-06-14. 加强宏观经济中的预期引导[N]. 人民日报，(007 版).
江世银. 2012. 预期理论在宏观经济中的应用[M]. 北京：人民出版社.
江世银. 2014. 通货膨胀预期管理研究[M]. 北京：人民出版社.
江世银. 2015-12-07. 建立进行社会预期管理的相关机制[N]. 光明日报，(011 版).
江世银. 2016. 论审计中的预期[J]. 现代经济探讨，(10): 15-19.
江世银. 2017. 社会预期管理论[M]. 北京：中国社会科学出版社.
江世银. 2019a. 论金融服务养老的供给侧结构性改革[J]. 贵州省党校学报，(2): 26-31.
江世银. 2019b. 当代中国金融审计研究 (1983—2018) [M]. 北京：人民出版社.
江世银. 2020. 金融介入养老服务的创新问题与对策研究[J]. 贵州省党校学报，(5): 22-28.
江世银，陈曦. 2020. 基于多维度视角的生命周期基金评价研究[J]. 北京社会科学，(12): 89-99.
江世银，刘欢，曹嘉宝. 2021. 探索有中国特色的金融服务养老路径[J]. 行政管理改革，(3): 36-42.
江世银，杨小玲，陈孙媞，等. 2018. 一门新兴的金融学科——论养老金融学[J]. 金融理论与教学，(1): 31-34.
江世银，张通. 2020. 国外金融服务养老的管理、风险防范与模式[J]. 社会保障研究，(6): 68-77.
姜睿，苏舟. 2012. 中国养老地产发展模式与策略研究[J]. 现代经济探讨，(10): 38-42.
蒋道霞. 2020. 瑞典的养老政策和服务及启示[J]. 山东农业工程学院学报，(10): 87-91.
金凤伟. 2012. 金融发展进程中的养老基金与经济增长研究[D]. 辽宁大学硕士学位论文.
金乐琴. 2014. 外国宏观经济管理[M]. 北京：中国人民大学出版社.
靳晓黎. 1999. 外国宏观经济管理概论[M]. 北京：中国物价出版社.
阚超. 2021. 长期护理险助力养老体系建设[J]. 中国金融，(10): 60-62.
科特勒 P. 2001. 营销管理[M]. 中文版. 王永贵，于洪彦，何佳讯，等，译. 北京：中国人民大学出版社.
李宝元. 2016. 2015/16 中国人本发展报告 何以养老[M]. 北京：经济科学出版社.
李超. 2015. 中国老龄产业发展研究[M]. 北京：中国人民大学出版社.
李达，陈颖. 2015. 欧盟和德国金融监管改革的实践及启示[J]. 金融发展评论，(4): 54-69.
李稻葵. 2015. 中国消费信贷市场研究[R]. 清华大学研究报告.
李东卫. 2012. 老年人金融服务问题探析[J]. 青海金融，(11): 18-20.
李洁明，许晓茵. 2003. 养老保险改革与资本市场发展[M]. 上海：复旦大学出版社.
李凯宣，刘胜题. 2016. 老龄化背景下浙江省养老金融发展研究[J]. 改革与开放，(1): 89-90.
李连宁. 2020-09-30. 加快养老服务立法进程[N]. 中国老年报，(004 版).

李文. 2021. 商业银行发展养老服务金融的必要性和策略分析[J]. 商讯，(4)：79-81.
李文龙，俞自由. 2003. 论养老基金投资风险的凸现与控制[J]. 财经研究，(11)：28-32，40.
李晓琳. 2017. 开发性金融推动我国健康服务与养老服务融合研究[J]. 开发性金融研究，(1)：33-40.
李雪娇. 2018. 养老服务金融的市场探索[J]. 经济，（2）：77-79.
李莹. 2017. 新型农村社会养老保险基金运营管理研究[M]. 北京：知识产权出版社.
李仲飞，唐征球，刘倩薇. 2017. 文化多样性与股票市场繁荣基于WVS数据的实证分析[J]. 国际金融研究，（5）：66-75.
梁琪. 2016. 银行影子、资本缓冲与流动性风险监管[J]. 经济研究参考，(3)：57-58.
廖霏. 2014. 我国商业银行金融服务养老发展机遇和对策[D]. 上海交通大学硕士学位论文.
廖理. 2010. 中国消费金融调研报告[M]. 北京：经济科学出版社.
廖勤翔. 2007. 房地产信托投资基金的全球化趋势及中国的对策[J]. 宁夏社会科学，(5)：39-41.
林长秀. 2017. 我国养老服务业与养老金融支持问题探析[J]. 中小企业管理与科技，(31)：86-87.
刘昌平，殷宝明. 2011. 发展养老产业 助推老龄经济[J]. 学习与实践，(5)：25-31.
刘冬晨. 2017. 论金融审计现状及其对策[J]. 时代金融，(36)：18.
刘华，胡思研，陈力朋. 2021. 子女性别与家庭住房资产[J]. 中南财经政法大学学报，(3)：69-78，159.
刘杰锋，朱沙，曾胜. 2014. 以房养老：理念、模式和经验[J]. 西部论坛，(3)：32-39.
刘瑞. 2020. 国民经济管理学概论[M]. 3版. 北京：中国人民大学出版社.
刘彤. 2021. 老龄化下商业银行的养老财富管理[J]. 银行家，(4)：92-94.
刘锡良，刘蕾. 2017. 金融监管组织结构研究评述[J]. 经济学动态，(1)：102-133.
刘晓星，何建敏，刘庆富. 2005. 基于VaR-EGARCH-GED模型的深圳股票市场波动性分析[J]. 南开管理评论，(5)：11-15.
刘媛. 2013. 金融消费者法律保护机制的比较研究[M]. 北京：法律出版社.
卢亚娟，刘澍，王家华. 2018a. 人口老龄化对家庭金融资产配置的影响——基于家庭结构的视角[J]. 现代经济探讨，(5)：40-45.
卢亚娟，孟丹丹，刘澍. 2019b. 农村家庭结构对金融资产选择的影响分析[J]. 财贸研究，(6)：61-73.
卢亚娟，孟丹丹，王舒鸥. 2018b. 金融普惠对我国家庭收入的影响研究——基于CHFS数据的分析[J]. 金融理论探索，(2)：25-32.
卢亚娟，王家华. 2018. 老龄化视角下家庭商业保险持有行为影响因素研究基于CHFS调研数据的实证分析[J]. 河海大学学报（哲学社会科学版），(1)：25-30，90.
卢亚娟，张雯涵，孟丹丹. 2019a. 农村家庭商业保险参与度的影响因素研究——基于CHFS数据的实证分析[J]. 金融发展研究，(8)：11-17.
陆磊. 2000. 信息结构、利益集团与公共政策：当前金融监管制度选择中的理论问题[J]. 经济研究，(12)：3-10，75-76.
鹿野嘉昭. 2003. 日本的金融制度[M]. 余熳宁，译. 北京：中国金融出版社.
吕劲松，王志成. 2011. 也谈中国金融监管体制改革基于独立的审计视角[J]. 审计研究，(2)：53-58.

麦金农 R I. 1994. 经济发展中的货币与资本[M]. 卢骢，译. 上海：上海三联书店.
梅丹 Y. 2000. 金融服务营销学[M]. 中文版. 王松奇，译. 北京：中国金融出版社.
孟德峰，李丹，刘志友. 2019. 保险素养与商业养老保险决策[J]. 金融理论与实践，(12)：95-103.
米什金 F S. 2016. 货币金融学[M]. 4 版. 蒋先玲，等，译. 北京：机械工业出版社.
默顿 R C. 2013. 连续时间金融[M]. 郭多祚，王远林，徐占东，译. 北京：中国人民大学出版社.
南京审计大学国家社科重大招标项目“金融服务养老”赴苏北两县调研组. 2020. 加快商业银行服务养老发展的思考与建议[J]. 金融理论与实践，(3)：40-44.
南京审计大学泽园书院“金融服务养老”调研小分队. 2018. 金融服务社区养老的建议——基于南京市六合区灵岩社区的调研[J]. 金融经济，(10)：26-28.
诺思 D C. 2008. 制度、制度变迁与经济绩效[M]. 杭行，译. 上海：格致出版社.
欧新煜，赵希男. 2013. 保险公司投资养老社区的策略选择[J]. 保险研究，(1)：119-127.
佩恩 A. 2003. 服务营销精要[M]. 2 版. 郑薇，译. 北京：中信出版社.
彭晓娟. 2017. 老龄化挑战下养老信托优势和发展对策研究[J]. 西南金融，(4)：8-12.
齐玲. 2017. 人口老龄化问题的动态研究[M]. 北京：社会科学文献出版社.
齐明珠. 2017. 中国人口老龄化：回眸与展望[M]. 北京：中国人口出版社.
齐明珠，张成功. 2019. 人口老龄化对居民家庭投资风险偏好的影响[J]. 人口研究，(1)：79.
祁峰，高策. 2018. 发展“时间银行”互助养老服务的难点及着力点[J]. 天津行政学院学报，(3)：19-25.
任治俊，陈学明. 2007. 美国公共管理研究[M]. 成都：西南财经大学出版社.
沈佳倩，江世银. 2019. 实现金融服务养老供求平衡的对策研究[M]//魏礼群. 中国社会治理现代化 70 年回顾与前瞻. 北京：中国言实出版社：312-322.
沈晓凯. 2010. 以房养老模式在中国的可行性研究[D]. 山西财经大学硕士学位论文.
生厚良，董敬茹，王友健. 2017. 应改善金融支持养老环境[J]. 中国金融，(19)：102.
史代敏. 2012. 居民家庭金融资产选择的建模研究[M]. 北京：中国人民大学出版社.
史代敏，宋艳. 2005. 居民家庭金融资产选择的实证研究[J]. 统计研究，(10)：43-49.
史静欣，李静. 2021. 商业银行应对人口老龄化发展的战略研究[J]. 中国银行业，(4)：25-27.
市政协主席会议建议案关注养老. 2019-06-06. 协商破解医养融合服务进社区、进家庭难题[N]. 南京日报，(A05 版).
苏蕾，李俊茹. 2017. 商业银行支持养老服务业探析[J]. 武汉金融，(3)：70-72.
孙博. 2014. 养老金投资收益补偿制度的国际经验视角[J]. 金融市场研究，(8)：120-125.
孙博. 2015-12-17. 应对老龄化需要大养老金融思维[N]. 中国经济时报，(005 版).
孙晓放. 2016. 中国养老金融行业现状及发展[J]. 中国老年学杂志，36(12)：3062-3065.
孙英昊. 2021. 商业银行养老金融业务服务体系的创新对策[J]. 企业改革与管理，(13)：104-106.
孙颖，等. 2017. 中美涉老法律制度概览[M]. 北京：北京大学出版社.
孙玉岭. 2015. 金融支持社会养老服务体系建设探讨[J]. 河北金融，(1)：26-27.
孙智慧. 2018. 养老金融服务的市场探索[J]. 中国市场，(27)：59，63.
唐大鹏. 2015. 社会保险基金风险管理[M]. 大连：东北财经大学出版社.
田新朝. 2016. 养老消费金融发展路径与政策研究[J]. 理论月刊，(12)：162-167.
汪淳. 2016. 供给侧改革背景下的商业银行养老金融服务浅析[J]. 管理观察，(35)：46-48.

王斌. 2004. 老年服务业的发展和社区养老服务[J]. 社会福利，(5)：13-17.
王朝阳. 2013. 金融服务产业集群研究[M]. 北京：社会科学文献出版社.
王广谦. 2005. 经济全球化进程中的中国经济与金融发展[M]. 北京：经济科学出版社.
王广谦，应展宇，江世银. 2008. 中国金融改革：历史经验与转型模式[M]. 北京：中国金融出版社.
王海涛，方彧. 2013. 人口老龄化社会中的金融创新研究[J]. 北京金融评论，(4)：76-84.
王海艳，司辛欣. 2014. 充分发挥商业保险对基本养老的补充作用[J]. 上海保险，(12)：51-53.
王杰秀，安超. 2018. 全球老龄化:事实、影响与政策因应[J]. 社会保障评论，2(4)：14-30.
王军，詹韵秋. 2021. 子女数量与家庭消费行为：影响效应及作用机制[J]. 财贸研究，32(1)：1-13.
王力平，隋杰. 2020. 我国养老服务金融的发展困境与突破——基于区块链技术的分析[J]. 金融与经济，(12)：71-77.
王美桃. 2017. 欧盟社会养老保险开放性协调机制研究[M]. 北京：经济管理出版社.
王倩. 2017. 数字代沟和数字反哺：新媒体使用与亲子关系的实证研究[D]. 重庆大学硕士学位论文.
王瑞华，杨长汉. 2017. 养老金金融理论与中国实践[M]. 北京：经济管理出版社.
王伟，高雅. 2016. 住房反向抵押贷款养老模式的国际经验与启示[J]. 金融与经济，(2)：60-63，32.
王伟，刘金山. 2016. 我国股票型开放式基金经理的投资绩效评价——基于改进的 Carhart 四因素模型[J]. 南方金融，2016(2)：60-67.
王晓方. 2016. 老有所养：养老保险[M]. 北京：中国民主法制出版社.
王洋. 2012. 我国养老"时间储蓄"服务研究[D]. 北京交通大学硕士学位论文.
王翌秋，王昊宇. 2018. 城乡家庭子女数量与家庭资产组合选择行为研究[J]. 金融与经济，(3)：26-32.
王勇，隋鹏达，关晶奇. 2014. 金融风险管理[M]. 北京：机械工业出版社.
王宇航，张青龙. 2019. 生命周期基金净值预测研究基于 GA-BP 神经网络模型[J]. 科技与管理，21(1)：91-95.
王玉芳，吴传俭. 2018. 社会保险审计监管国际比较[M]. 南京：江苏人民出版社.
王玉国. 2018. 老龄化背景下养老信托的功能与模式创新[J]. 山西财经大学学报，40(S1)：5-8.
王章华，黄丽群. 2010. 我国老龄产业现状、问题及建议[J]. 宏观经济管理，(1)：37-39.
韦佳杏. 2016. 浅析"时间银行"社区养老模式在运行中的困境和应对措施[J]. 法制与社会，(13)：178-179.
韦琳. 2014. 社保基金投资效益与风险监控[M]. 北京：中国金融出版社.
魏礼群. 2019. 中国社会治理现代化：70 年回顾与前瞻[M]. 北京：中国言实出版社.
魏丽莹. 2018. 中国老龄化背景下养老金融服务研究综述[J]. 现代管理科学，(9)：70-72.
温忠麟，叶宝娟. 2014. 中介效应分析：方法和模型发展[J]. 心理科学进展，22(5)：731-745.
乌丹星. 2015. 老年产业概论[M]. 北京：中国纺织出版社.
吴成居. 2015. 加快老龄金融创新 应对老龄社会浪潮[J]. 福建金融，(7)：66-67.
吴杰. 2018. 美国经验对我国构建商业养老体系的启示[J]. 保险理论与实践，(7)：100-114.

吴倩华. 2018. 家庭结构对金融风险资产配置的影响[D]. 湘潭大学硕士学位论文.
吴锡扬，黄灿云. 2016. 国际养老金融发展经验及启示[J]. 福建金融，（5）：40-45.
吴玉韶，党俊武. 2014. 中国老龄产业发展报告（2014）[M]. 北京：社会科学文献出版社.
吴愈晓，王鹏，黄超. 2015. 家庭庇护、体制庇护与工作家庭冲突——中国城镇女性的就业状态与主观幸福感[J]. 社会学研究，30（6）：122-144，244-245.
午言. 2020-11-30. 发展养老金融 服务养老事业[N]. 人民日报，（018 版）.
伍海华. 2002. 西方货币金融理论[M]. 北京：中国金融出版社.
希克斯 J. 1999. 经济史理论[M]. 厉以平，译. 北京：商务印书馆.
夏庆杰，李实，宋丽娜，等. 2012. 国有单位工资结构及其就业规模变化的收入分配效应：1988—2007[J]. 经济研究，47（6）：127-142.
夏志琼. 2019. 日本金融服务养老服务路径与借鉴[J]. 当代金融家，（Z1）：148-149.
肖洋，段进. 2010. 商业银行深度介入养老金金融的动力及路径研究[J]. 国际金融研究，（6）：86-92.
辛继召. 2016. 老年客群渐成银行理财生力军 银行探路社区银行+养老金融模式[J]. 21 世纪经济报道，（10）.
熊彼特 Y. 1999. 资本主义、社会主义与民主[M]. 关良健，译. 北京：商务印书馆.
熊波. 2016. “代沟”对代际支持有影响吗——基于农村老年父母视角的考察[J]. 华中科技大学学报（社会科学版），30（5）：130-136.
熊军. 2014. 养老基金投资管理[M]. 北京：经济科学出版社.
徐丹. 2013. 商业银行发展金融服务养老策略分析[J]. 新金融，（11）：36-41.
徐敬惠. 2020. 保险视角下的养老金融发展机遇与对策[J]. 中国保险，（12）：5.
徐升. 2016. 人口老龄化背景下商业银行老年金融服务的需求分析[J]. 现代经济信息，（2）：296-297.
徐忠. 2018. 新时代背景下中国金融体系与国家治理体系现代化[J]. 经济研究，（7）：4-20.
许安，杨馥铭. 2016. 养老金融发展的国际经验借鉴及启示[J]. 金融纵横，（1）：55-59.
许凌艳. 2016. 金融监管法制比较研究[M]. 北京：法律出版社.
许云云，虞文美，王时雨. 2018. 我国金融发展服务养老研究[J]. 市场周刊（理论研究），（5）：109-110.
杨继军，张二震. 2013. 人口年龄结构，养老保险制度转轨对居民储蓄率的影响[J]. 中国社会科学，（8）：47-66，205.
杨继军，张为付，张二震. 2019. 养老金体系改革对中国经济动态效率的影响[J]. 经济学动态，（5）：28-41.
杨胜刚. 1999. 论市场经济条件下的消费金融[J]. 消费经济，（3）：33-35.
杨伟刚. 2016. 我国银行业养老金融业务发展浅析[J]. 甘肃金融，（1）：60-62.
杨文鹤. 2016-03-15. 从政策制度建设谈养老金融服务[N]. 中国老年报，（002）.
杨燕嫒. 2014. 中国老龄社会与养老保障发展报告（2013）[M]. 北京：清华大学出版社.
杨燕绥，刘广君，胡乃军. 2017. 银色经济与嵌入式养老服务[M]. 北京：清华大学出版社.
杨寓涵. 2020. 养老金融服务研究[J]. 现代商业，（28）：96-98.
杨云辉. 2012. 从私人银行看养老服务创新[J]. 上海国资，（9）：97.

姚余栋. 2019. 中国金融养老之路的战略研究[M]. 北京：企业管理出版社.
姚余栋，王赓宇. 2016. 发展养老金融与落实供给侧结构性改革[J]. 金融论坛，(5)：13-17.
殷剑峰. 2018. 比较金融体系与中国现代金融体系建设[J]. 新金融评论，(5)：31-58.
尹隆. 2014. 老龄化挑战下的养老信托职能和发展对策研究[J]. 西南金融，(1)：23-28.
尹志超，宋全云，吴雨. 2014. 金融知识、投资经验与家庭资产选择[J]. 经济研究，(4):62 -75.
尤元文. 2013. 老龄问题与养老工作资料选编第一辑[M]. 北京：中国经济出版社.
尤元文. 2014. 老龄问题与养老工作资料选编第二辑[M]. 北京：中国经济出版社.
尤元文. 2015. 老龄问题与养老工作资料选编第三辑[M]. 北京：中国经济出版社.
尤元文. 2016. 养老方式政策与实践第一辑[M]. 北京：中共中央党校出版社.
尤元文. 2017. 养老方式政策与实践第二辑[M]. 北京：中共中央党校出版社.
尤元文，秦绪强. 2020. 健康养老政策与实践[M]. 北京：中共中央党校出版社.
余全强. 2014. 人口老龄化背景下发展养老金融的必要性及对策分析[J]. 金融经济，(14)：3-7.
袁斌. 2019. 我国养老行业“时间银行”发展模式研究[D]. 浙江大学硕士学位论文.
袁国方，陈近. 2017. 金融机构开展住房反向抵押贷款业务的产品定价分析——基于风险中性模型的实证模拟[J]. 经济与管理，(4)：54-62.
岳磊. 2016. 布局养老金融业务——基于供给侧角度[J]. 银行家，(5)：71-73.
岳向华，林毓铭. 2019. 政府监管下养老机构服务质量博弈分析[J]. 广西社会科学，(11)：60-65.
翟振武，陈佳鞠，李龙. 2017. 2015~2100 年中国人口与老龄化变动趋势[J]. 人口研究，（4）：60-71.
张爱民. 2017. 商业银行金融服务养老业务发展浅议[J]. 合作经济与科技，(24)：66-67.
张春丽. 2016. 我国养老基金投资的审慎投资人规则[J]. 中国法学，(5)：239-259.
张家忠. 2003. 从安然破产案看美国 401K 养老金计划[J]. 广西金融研究，(2)：4-6.
张杰，王璨，吴雪华. 2018. 商业银行理财产品风险控制以民生银行假理财案件为例[J]. 荆楚理工学院学报，(1)：60-64.
张杰，张雯涵. 2020. 住房反向抵押养老再担保研究[J]. 河北经贸大学学报（综合版），（2）：65-70.
张杰，张雯涵，孙亮. 2019. 商业保险公司参与住房反向抵押养老的风险控制研究[J]. 保险研究，（7）：91-98.
张瑾，等. 2018. 我国养老服务体系建设重点问题研究[M]. 北京：中国经济出版社.
张澜天. 2017. 创新商业银行金融服务养老业务的对策研究[J]. 商业经济，(4)：28-30.
张明. 2009. 中国的高储蓄：特征事实与部门分析[M]. 北京：中国金融出版社.
张佩，毛茜. 2014. 中国养老金融创新发展：现实障碍、经验借鉴与应对策略[J]. 西南金融，(7)：43-47.
张维. 2017. 金融安全论[M]. 北京：中国金融出版社.
张维. 2018. 系统性金融风险的历史考察与防范对策[J]. 南京审计大学学报，(2)：1-7.
张维，周勇，严伟祥，等. 2016. 中国对冲基金报告[M]. 北京：经济科学出版社.
张晓燕，何德旭. 2017. 系统重要性银行监管框架设计——基于金融包容视角[J]. 甘肃社会科学，（1）：205-210.

张雪兰. 何德旭. 2016. 次贷危机之后全球金融监管改革的趋势与挑战[J]. 国外社会科学，（1）：94-113.

张岩松. 2016. 老龄产业发展对策研究[M]. 北京：清华大学出版社.

张艳英. 2016. 金融机构老龄服务供给侧改革思考基于我国人口老龄化形势[J]. 吉林工商学院学报，（6）：79-82.

张玉华. 2021. 商业银行发展养老金融业务的对策探析[J]. 现代金融，（1）：26-28.

张中锦. 2020. 养老金融：理论溯源、分析框架与发展战略[J]. 现代经济探讨，（5）：36-42.

赵东霞. 2018. 人口老龄化与养老资源配置[M]. 北京：科学出版社.

赵文姬. 2016. 公共服务视角下城市老年人社区养老金融服务探索[D]. 山东大学硕士学位论文.

赵晓明，唐飞. 2014. 养老产业融资模式创新研究——以河北省为例[J]. 经济研究参考，（65）：92-96.

赵新顺. 2004. 行为理性偏误与投资者生存投资决策过程研究[D]. 西南交通大学博士学位论文.

赵雅冰. 2018. 我国养老服务供给问题研究[J]. 市场研究，（1）：7-9.

甄新伟，张初霞. 2019-07-17. 改革金融服务 推动养老产业发展[N]. 经济参考报，（007 版）.

郑秉文，张笑丽. 2016. 中国引入“金融服务养老”的政策基础及其概念界定与内容分析[J]. 北京劳动保障职业学院学报，（4）：3-8.

郑超月，徐晓婕. 2019. 数字反哺机制研究——以 95 后及其父母的短视频使用为例[J]. 中国青年研究，（3）：12-17.

郑联盛，何德旭. 2009. 美国金融危机与金融监管框架的反思[J]. 经济社会体制比较，（3）：21-27.

郑向婧. 2019. 我国商业银行养老金融业务研究[D]. 云南财经大学硕士学位论文.

郑则鹏，邓慧博. 2012. 养老信托业务的国际比较研究[J]. 湖北社会科学，（10）：70-73.

中工. 2017. 商业养老保险知多少[J]. 新天地，（8）：6-7.

中国金融服务养老 50 人论坛. 2018. 中国金融服务养老发展报告（2018）[M]. 北京：社会科学文献出版社.

中国银行保险监督管理委员会. 2020-01-03. 确保老百姓的养老钱绝对安全[N]. 光明日报，（010 版）.

中国银行养老金业务部. 2019. 构建金融服务养老服务体系服务“银色经济”[J]. 中国银行业，（4）：47.

周渭兵. 2004. 社会养老保险精算理论、方法及其应用[M]. 北京：经济管理出版社.

周小川. 2015-11-25. 深化金融体制改革[N]. 人民日报，（006 版）.

周小川. 2020. 养老金改革考验我们经济学的功底和智慧[J]. 金融研究，（1）：1-8.

周晓明，唐小飞. 2014. 金融服务营销[M]. 北京：机械工业出版社.

周玉. 2018. 北京市社会养老服务体系构建的金融支持研究[D]. 首都经济贸易大学博士学位论文.

周裕琼. 2014. 数字代沟与文化反哺：对家庭内“静悄悄的革命”的量化考察[J]. 现代传播（中国传媒大学学报），36（2）：117-123.

周裕琼，杨洸，许广梅. 2020. 新冠疫情中的数字代沟与健康代沟——基于 2018 年与 2020 年中国家庭祖孙三代的问卷调查[J]. 新闻与写作，（10）：21-29.

朱大旗. 2014. 法理念视野下住房金融服务养老的推进理路[J]. 政治与法律，（6）：2-8.

朱麒. 2018. 养老金融消费中的风险[J]. 大众理财顾问，（10）：42.

朱涛，谢婷婷，王宇帆. 2016. 认知能力、社会互动与家庭金融资产配置研究[J]. 财经论丛，（11）：47-55.

宗庆庆，刘冲，周亚虹. 2015. 社会养老保险与我国居民家庭风险金融资产投资——来自中国家庭金融调查（CHFS）的证据[J]. 金融研究，（10）：99-114.

Allen，Gale. 2000. Comparing Financial System，Cambridge[M]. MA：MIT Press.

Becker G S. 1993. Human Capital：Atheoretical and Empirical Analysis with Special Reference to Education [M]. Chicago：The University of Chicago Press.

Bodie Z，Davis E P. 2000. The Foundations of Pension Finance[M]. London：Edward Elgar Publishing.

Bovenberg L，Gradus R.2015.Reforming occupational pension schemes：the case of the Netherlands [J]. Journal of Economic Policy Reform，18（3）：244-257.

Bravo J H. 2001.The chilean pension system：a review of some remaining difficulties after 20 years of reform [D]. Satiago：Universidad De Chile.

Brunner J K. 2002. Welfare effects of pension finance reform [D]. Linz：Johannes Kepler University.

Burren R J. 1951. Possibility of experimental methods of investment strategy[EB/OL]. https://max. book118. com/html/2018/0606/171004395.shtm[2021-10-01].

Campbell J Y.2006. Household finance [J]. The Journal of Finance，（4）：1553-1604.

Chan K C，Hendershott P H，Sanders A B. 1990. Risk and return on real estate：evidence from equity REITs [J]. Real Estate Economics，18：431-452.

Chi F. 2019. Establishing a fair and sustainable social security system[C]//Chi F. Winning at the Turning Point：the Great Trend of China's Economic Transformation（China's Economic Transformation，Innovation and Development）. Singapore：Palgrave Macmillan：55-74.

Chinloy P，Megbolugbe I F. 1994. Reverse mortgages：contractions and cross over risk [J]. Journal of the American Real Estate and Urban Economics Association，（2）：367-386.

Clark G L. 1998. Pension fund capitalism：a causal analysis[J]. Geografiska Annaler，80（3）：45-72.

Clark G L，Mansfield D，Tickell A.2001.Emergent frameworks in global finance：accounting standards and german supplementary pensions[J]. Economic Geography，77（3）：250-271.

Czechowska.I D. 2014. The importance of older people's participation in the financial services market[J].Przedsiebiorczosc i Zarzadzanie，15（2）：47-71.

da Costa Cabral N. 2019. Pensions at a crossroad between social rights and financial markets：which way to be chosen?[C]//da Costa Cabral N，Cunha Rodrigues N. The Future of Pension Plans in the EU Internal Market.Financial and Monetary Policy Studies. Springer：Cham：60-97.

Dai R. 2010. Essays on pension finance and dynamic asset allocation.open access publications from Tilburg University[D]. Tilburg：Tilburg University.

Davis E P. 1999. Linkages between pension reform and financial sector development[J]. labour，27（3）：80-107.

Del Carmen Boado-Penas M, Godínez-Olivares H, Haberman S.2020. Automatic balancing mechanisms for pay-as-you-go pension finance：do they actually work?[C]//Peris-Ortiz M.，Álvarez-García J, Dom í nguez-Fabián I, et al. Economic Challenges of Pension Systems. Cham: Switzerland: 70-87.

Devesa E，Doménech R.2020. Pensions，economic growth and welfare in advanced economies//[C] Peris-Ortiz M，Álvarez-García J，Dom í nguez-Fabián I，et al. Economic Challenges of Pension Systems. Cham：Switzerland：45-76.

Diamond P. 1965. National debt in a neoclassial growth mode[J]. The American Economic Review，（3）：23-47.

Dong K，Sun B. 2018. Financing old age care：Definition，theoretical framework and trend[C]//Dong K，Yao Y. Annual Report on Financing Old Age Care in China. Singapore：Springer：32-48.

Donkor-Hyiaman K A，Pärn E A，Owusu-Manu D. et al.2019.Pension reforms，risk transfer and housing finance innovations[J]. Journal of Housing and the Built Environment，34（4）：1149-1167.

Duesenberry J S. 1948. Income-consumption relations and their implications[A]//Metzler L，et al. Income，Employment and Public Policy. New York：WW Norton & Company：53-77.

Eggleston K N. 2019. Financing longevity：The economics of pensions，health，and long-term care：introduction to the special issue [J]. The Journal of the Economics of Ageing，13：1-6.

Fama E. 1965. The behavior of stock market prices[J]. Journal of Business，38：34-105.

Fama E. 1998. Market efficiency，long-term returns，and behavioral finance [J]. Journal of Financial Economics，49：283-306.

Ferrara E L.2003.Kin groups and reciprocity：A model of credit transactions in Ghana[J]. The American Economic Review，（5）：65-78.

Fisher I. 1963. The Purchasing Power of Money [M]. New York：Augustus M. Kelley Publisher.

Freeman H. 1979. Financial services [A]. New York：American Express.

Friedman M. 1956. The quantity theory of money：a restatement，in Friedman [D]. Chicago：University of Chicago Press.

Friedman M. 1957. A Theory of the Consumption Function [M]. Princeton：Princeton University Press.

Friedman M，Becker G S. 1957. A theory of the consumption function. A statistical illusion in judging Keynesian models [J].Journal of Political Economy，65（1）：64-75.

Goldsmith R W. 1969. Financial Structure and Development [M]. New Haven：Yale University Press.

Guragai B，Peabody S D. 2018.Demographic factors affecting US households' investment in stocks[J]. International Journal of Economics and Finance，10（4）：112-122.

Gurley J G，Shaw E S. 1960. Money in a Theory of Finance[M]. Washington DC：Brookingstituition.

Horizons. 2016. Are the social security benefits of pensions or child-care policies best financed by a consumption tax? [J]. Business and Economic，（12）：56-69.

Hu Y W. 2012. Growth of asian pensiong assets：implications for financial and capital markets[J]. SSRNE Lectronic Journal，（6）：78-99.

Javalgi R G，Thomas E G，Rao S R.2000.Meeting the needs of the elderly in the financial services marketplace：an empirical analysis[J]. Journal of Professional Services Marketing，20（2）：87-105.

Kahneman D，Tversky A. 1979. Prospect theory：an analysis of decision under risk[J]. Econometrica，（47）：263-291.

Kaldor N. 1956. Alterative theory of distribution[J]. Review of Economic Studies，23（2）：83-100.

Kausel E E，Hansen E，Pablo Tapia P. 2016. Responsible personal finance：the role of conscientiousness in bank and pension savings chile [J]. International Review of Finance，16（1）：67-76.

Keynes J M. 1936. The General Theory of Employment，Interest and Money[M]. Cambridge：Cambridge University Press.

Kuné，Jan B. 2001. Population ageing and pension finance：how best to secure pension claims? [J]. Pensions an International Journal，6（3）：24-47.

Lefebvre M. 2006. Population ageing and consumption demand in Belgium [D]. Brussels：Kuleuven University.

Leland H E. 1968. Saving and uncertainty：the precautionary demand for saving [J]. Quarterly Journal of Economics，82（3）：465-473.

Lintner J. 1965. The valuation of risk assets and the selection of risky investments in stock portfolios and capital budgets[J]. The Review of Economics and Statistics，（47）：13-37.

Liu L，Zhang T. 2015. Economic policy uncertainty and stock market volatility [J]. Finance Research Letters，（4）：42-63.

Mankiw N G. 1986. The allocation of credit and financial collapse [J]. Quarterly Journal，（5）：67.

Margaret J L. 2019. Pension contributions，pension awareness，and changing personal finances[J]. Contemporary Economic Policy，37（4）：33-61.

Markowitz H M. 1952. Portfolio Selection[J]. Journal of Finance，（7）：77-91.

Mckinnon R I. 1986. Issues and persecutions：an overview of banking regulations and monetary control[C]//Tan A，Kapur B. Pacific Growth and Financial Interdependence. Sydey：Allen and Unwin：32-45.

Meidan A. 1983. Distribution of bank services and branch location [J].International Journal of Physical Distribution & Materials Management，13（3）：44-71.

Meidan A，Peck M，Handscombe R D.2000.Marketing performance and business risk in acutecare health trusts—a new comparative approach [J]. The Service Industries Journal，20（3）：26-51.

Merton R，Bodie Z. 1995. The Global Financial System：a Functional Perspective [M]. Boston：Harvard Business School Press.

Merton R，Robert C. 1973. An intertemporal capital asset pricing model [J]. Econometrica，41（5）：98.

Modigliani F. 1966. The life cycle hypothesis of saving，the demand for wealth and the supply of capital[J]. Social Research，33（2）：160-217.

Modigliani F，Brumberg R E. 1954. Utility analysis and the consumption function：an interpretation of cross-section data[J]. Journal of Post Keynesian Economics，（6）：78.

Modigliani F, Brumberg R E. 1955. Utility analysis and the consumption function：an interpretation of cross-section data[C]//Kurihara K. Post Keynesian Economics. New Jersey：Rutgers University Press：45-68.

Monika Bütler, Sabrina Stadelmann. 2020. Building on a pension：second pillar wealth as a way to finance real estate?[J]. The Journal of the Economics of Ageing,（17）：87.

OECD. 2019. Pensions at a Glance 2019：OECD and G20 Indicators[M]. Paris：OECD Publishing.

Petersen M A. 1996. Allocating assets and discounting cash flows[J]. Pension Plan Finance,（4）：60.

Phua Kai Lit. 2006. The Japanese experience with population ageing and the financing of social security, health and other social services for the elderly：Lessons for other nations[J]. Asian Journal of Social Science, 34（4）：30-55.

Pierre-Olivier Gourinchas, Jonathan A P.2002.Consumption over the life cycle[J]. Econometrica,（11）：67.

Podstawka. 2019. Old-age pension insurance in ZUS and KRUS[J]. Context of the Insured and Public Finances, 12（3）：312-325.

Poterbat, Samwick. 1997. Household Portfolio allocation over the life cycle[J]. NBER Working Paper, 6185：127-152.

Ramsey F P. 1927. A contribution of the theory of taxation[J]. The Economic Journal, 37（145）：47-61.

Ross S A. 1976.The arbitrage theory of capital asset pricing[J]. Journal of Economic Theory,（13）：341-360.

Samuelson P A. 1958. An exact consumption-loan model of interest with or without the social contrivance of money[J]. Journal of Political Economy, 66（6）：467-482.

Sharpe W F. 1964. Capital Asset Prices：a theory of market equilibrium under conditions of risk[J]. Journal of Finance, 19（3）：425-442.

Silbor W. 1975. Towards a Theory of Financial Innovation[M]//Silber W.Financial Innovation, D. C. Health. Lexington：MA：53-85.

Stefan G, Jochen R, Stefan S. 2019. As you like it：explaining the popularity of life-cycle funds with multi-cumulative prospect theory[J]. Risk Management and Insurance Review, 22（2）：35-44.

Terris D D, Myer F C N. 1995. The relationship between healthcare REITs and healthcare stocks[J]. The Journal of Real Estate Research, 4（10）：483-495.

Tobin J. 1965. Money and economic growth[J]. Econometrica,（32）：671-684.

Urban M A. 2020. Rescaling of American public pension finance：are state and local plans running away from Wall Street? [J].Territory, Politics, Governance, 8（3）：431-450.

Volodymyr K, Ivan V. 2017. The features of financing the system of compulsory state pension insurance in the conditions of financial crisis[J]. Biznes Inform, 12（479）：49-76.

Wills Towers Waston. 2019-02-10. Global pension assets study 2019[R]. Boston：Thinking Ahead Institute.

Yaari M E.1965. Uncertain lifetime, life insurance, and the theory of the consumer [J]. Review of Economic Studies, 32（2）: 137-150.

Zhao C M, Qu X. 2021. Peer effects in pension decision-making: evidence from China's new rural pension scheme[J]. Labour Economics, （2）: 24-50.

附录 1　金融服务养老的个体需求调查问卷

调查内容 1：第 33 章的金融服务养老调查内容

（直接在您认为适合的画√）

1. 您的年龄是多大?

□<45 岁　□45~55 岁　□56~65 岁　□66~75 岁　□>75 岁

2. 您的职业是什么?

□公务员　□事业单位　□企业单位　□个体

□务农　□务工　□其他

3. 您当前的月收入有多少?

□<1000 元　□1000~2000（含）元　□2000~3000（含）元

□3000~4000（含）元　□4000~5000（含）元　□5000~6000（含）元

□6000~7000（含）元　□7000~8000 元　□>8000 元

4. 您投入金融服务养老产品（如储蓄、社保、商业保险、炒股、基金、信托等）的资金占您的收入比重约为多大?

□0　□0~10%（含）　□10%~20%（含）

□20%~30%（含）　□30%~40%　□>40%

（“0”请转至第 6 题）

5. 您目前正在使用哪些金融服务或产品？ [多选题]

□储蓄　□商业保险　□炒股　□基金

□国债　□住房反向抵押贷款　□信托

□信贷　□理财产品　□其他________□无

（填完请转至第 8 题）

6. 您不参与使用金融服务养老产品的原因是什么？[多选题]

□缺乏资金　□不了解没兴趣

□金融市场风险过高　□满足现有生活不愿参与

（“缺乏资金”请转至第 7 题）

7. 如果您有闲余资金，您愿意使用哪些金融服务或产品？[多选题]

□储蓄　□商业保险　□炒股　□基金

□债券　□住房反向抵押贷款　□信托　□信贷

□理财产品　□其他________　□不了解，没法选

（除“不了解，没法选”外请转至第 9 题）

8. 您选择使用以上金融服务或产品的原因是什么？[多选题]

□高收益　□风险低收益稳定　□周围人使用、推荐

□适合自身经济状况　□其他 ________

9. 您对金融服务养老的现状有什么不满意的地方？[多选题]

□金融机构服务不到位

□很多金融机构资质认证不够，不安全，保障差

□产品或服务投资收益低，回收周期长

□产品单一，没有适合我的产品

□政府监管机构监管不到位，市场混乱

□资金短缺

□其他 ________

10. 您所在的社区目前提供了哪些相关的金融服务养老服务？[多选题]

□开设金融投资理财等知识的宣传教育

□帮忙联络外部金融服务机构在社区内开设便民服务网点

□帮忙联络外部金融服务机构为社区内的老年人提供金融服务

□帮忙组织社区内老年人的闲余资金进行统一管理和投资

□其他 ________

□无

11. 您希望社区能为您提供哪些相关的金融服务养老服务？[多选题]

□开设金融投资理财等知识的宣传教育

□帮忙联络外部金融服务机构在社区内开设便民服务网点

□帮忙联络外部金融服务机构为社区内的老年人提供金融服务

□帮忙组织社区内老年人的闲余资金进行统一管理和投资

□其他 ________

□不了解或不希望

12. 对于现状，您有什么预期或改进的建议吗？

感谢您的填写，祝您生活愉快！

调查内容 2：对社区金融服务养老的采访提要

1. 社区里面的老年人情况怎么样？老年人多吗？
2. 社区里面有养老服务机构吗？（有转至问题 3，没有转至问题 8）
3. 是社区自设的还是外面商家进入营业的？
4. 是什么类型的养老机构？提供什么养老服务？有亲老设施吗？
5. 老年人对此机构满意度怎么样？使用的老年人多吗？
6. 如果是自设的，您认为还有哪些地方需要改进？
7. 在经营此机构时遇到什么困难没有？如果有困难，您认为该如何解决？
8. 社区内的老年人或者其家属有向社区提出过希望开设养老服务机构吗？
9. 依据您对社区老年人情况的了解，您认为有开设老年服务机构的必要吗？
10. 如果想要自设或者引入外部商家，您希望能为老年人提供哪些服务？
11. 社区有为老年人提供一些亲老设施吗？

附录 2　金融服务养老调查问卷

尊敬的女士/先生：您好！

本调查问卷受到国家社会科学基金重大招标项目的资助，旨在全面了解金融服务养老状况和具体需求，为金融服务养老相关政策的出台提供决策参考。

您所提供的信息非常重要。我们郑重承诺这些信息仅供本研究使用并严格承担保密责任。真诚感谢您如实填写本问卷，感谢您对我们研究工作的热情支持和帮助！

国家社会科学基金重大招标项目

"金融服务养老的理论框架、国际经验、中国路径研究"课题组

（直接在您认为适合的选项前面画√）

1. 您的性别是什么？[单选题]

A. 男　　B. 女

2. 您的年龄段在哪个区间？[单选题]

A. 50~55 岁　　B. 56~60 岁　　C. 61~65 岁　　D. 66~70 岁

E. 71 岁及以上

3. 您的学历是什么？[单选题]

A. 小学以下　　B. 小学　　C. 初中　　D. 高中

E. 大专　　F. 本科　　G. 研究生

4. 您目前拥有的共居人有几个？[单选题]

A. 0　　B. 1　　C. 2　　D. 3

E. 4 个及以上

5.　您现在拥有几套房产？[单选题]

A. 0 套　B. 1 套　C. 2 套　D. 3 套

E. 3 套以上

6. 您认为自己的健康状况如何？[单选题]

A. 非常不健康　B. 较不健康　C. 一般　D. 较健康

E. 非常健康

7. 您的月收入多少？[单选题]

A. 完全无收入　B. 2000 元及以下

C. 2000~4000（含）元　D. 4000~10 000 元

E. 10 000 元及以上

8. 您的月支出多少？[单选题]

A. 2000 元及以下　B. 2000~4000（含）元

C. 4000~10 000 元　D. 10 000 元及以上

9. 您认为目前的养老保险能否满足您的养老需求？[单选题]

A. 完全可以保障　B. 基本能够保障

C. 基本不能保障　D. 完全不能保障

10. 您认为养儿防老是主流的养老方式吗？[单选题]

A. 非常不同意　B. 一般不同意

C. 保持中立　D. 同意

E. 非常同意

11. 您认为养老的主要责任应该由政府承担吗？[单选题]

A. 不同意　B. 一般同意　C. 同意　D. 非常同意

12. 您对老年生活的预期如何？　[单选题]

A. 非常悲观　B. 一般悲观　C. 中立　D. 乐观

E. 非常乐观

13. 您认为未来的养老方式是多元化的养老方式吗？[单选题]

A. 非常不同意　B. 一般不同意　C. 保持中立　D. 同意

E. 非常同意

14. 您认为金融服务养老的必要性如何？[单选题]

A. 完全没有必要　　B. 必要性较小

C. 有必要　　D. 完全有必要

15. 您参与金融服务养老的选择是什么？[单选题]

A. 银行储蓄养老　　B. 股票养老

C. 债券养老　　D. 保险养老

E. 基金养老　　F. 信托养老

G. 住房养老　　H. 权益养老

16. 您现在主要的投资选择是什么？[单选题]

A. 银行储蓄　　B. 股票　　C. 债券

D. 保险　　E. 基金　　F. 信托

17. 您目前购买了哪些理财产品？[多选题]

A. 从不购买

B. 股票

C. 股票型基金

D. 货币型基金

E. 银行固定期限理财产品

F. 国债或定期存款

G. 各类保险产品

18. 您是如何购买以下理财产品的？[多选题]

A. 银行柜台办理　　B. 电脑或手机终端购买

C. 委托亲友购买　　D. 专门的理财师购买

19. 您认为金融服务养老的风险如何？[单选题]

A. 完全没有风险　　B. 有风险但不大

C. 风险较大但能承受　　D. 风险大，难以承受

20. 您认为金融服务养老的监管如何？[单选题]

A. 监管完全不到位　　B. 监管有缺陷

C. 监管较严　　D. 监管很好

21. 您会选择让子女继承房产吗？[单选题]

A. 一定不会　　B. 可能不会　　C. 视情况而定

D. 可能会　　E. 一定会

22. 您对住房反向抵押贷款的了解程度如何？[单选题]

A. 没听说过　　B. 听说过，但不太了解

C. 基本了解　　D. 非常了解

23. 您会选择住房反向抵押贷款吗？ [单选题]

A. 不会选择　　B. 可以考虑　　C. 会选择

24. 您认为选择住房反向抵押贷款的原因是什么？[单选题]

A. 提高老年生活品质

B. 补充养老金的不足

C. 减少赡养压力

D. 无继承人

E. 在多套房产中用一套尝试

25. 请您提出对金融服务养老的宝贵意见：[简答题]

____

问卷结束，非常感谢您的参与与支持！

后　记

本书是在国家社会科学基金重大招标项目“金融服务养老的理论框架、国际经验、中国路径研究”（批准号：17ZDA072）的最终成果的基础上修改而成的。项目获得批准后，课题组立即进行调研。为保证课题组成员有足够的时间和精力进行认真负责的研究，课题组对成员进行了充实和调整。尽管深感压力大，但课题组成员信心十足，知难而进。为了成果能在实践中具有可操作性，课题组咨询了众多有关专家，在这些专家的指导下，课题组广泛调研政府部门、金融机构、金融监管部门、养老机构、养老者等后，多次召开研讨会集体讨论，并对资料整理、图表设计、初稿写作等进行合理分工。课题组成员已将部分阶段性成果发表在一些报刊上，并得到了一些省部级领导的批示，引起了同行的广泛关注。

在研究中，非常感谢西藏自治区林芝市审计局局长刘应萍、河南省项城市副市长王拥军、中国银行保险监督管理委员会四川省泸州市银行保险监督管理分局副局长赵寅、中国民生银行江苏省无锡分行北塘支行行长孙敏、恒丰银行无锡分行贸易金融部总经理蒯庆华、浙商银行无锡分行营业部部长邱波、中国农业银行泗阳县支行副行长古艳艳、江苏涟水农村商业银行、江苏洋河酒厂股份有限公司、泗阳县民政局、泗阳县养老院、南京市许多养老院、四川泸县养老院等提供的调查研究方便及资料。随着调研和探讨的深入，课题组发现一份研究报告难以把本项目的内容表达清楚，随即果断将之修改完善为学术专著。在完成初稿后，课题组又广泛征求同行专家和实际工作部门的意见，反复修改完善，数易其稿。本项目的最终成果由科学出版社以《金融服务养老研究》为题公开出版。总的来看，课题组已按预期研究计划按时保质地完成了任务。

本书得到了南京审计大学金融学国家级一流本科专业的支持。本书的首席专家是南京审计大学二级教授江世银博士。他负责拟定提纲、分工、组织调研。本书的具体分工为：导言由江世银教授完成（第 1 章）。第二部分金融服务养老的理论框架研究由中央财经大学金融学院院长李建军教授主持，参与者有李建军教授（第 2 章、第 5 章）、刘欢硕士与江世银教授（第 3 章）、李长咏研究生与奚晴硕士（第 4 章）、杨小玲博士（第 6 章）、沈佳倩硕士（第 7 章）；第三部分金融服务养老模式及国际经验研究由南京审计大学金融学院（原政府审计学院）吴传俭教授主持，参与者有吴传俭教授（第 8 章、第 9 章）、王玉芳副研究员（第 10 章）、陈曦硕士与江世银教授（第 11 章）、吴星泽副教授（第 12 章）；第四部分金融服务养老运行、风险防范与监管问题研究由南京审计大学金融风险管理研究中心主任王家华教授主持，参与者有王家华教授（第 13 章、第 14 章）、张杰副研究员（第 15 章）、江茜茜硕士与江世银教授（第 16 章）、姜枫硕士与江世银教授（第 17 章）、韩泽硕士与江世银教授（第 18 章）、张通硕士与江世银教授（第 19 章）、余履明硕士与江世银教授（第 20 章）、徐玉华教授（第 21 章）、俞瑞硕士与方津玮硕士（第 22 章）、曹嘉宝硕士与江世银教授（第 23 章）、付会敏硕士与江世银教授（第 24 章）；第五部分金融服务养老的中国路径研究由原南京审计大学党委常委、统战部部长张维教授主持，参与者有张维教授（第 25 章）、付淑换博士（第 26 章）、江世银教授（第 27 章）、陶可博士与严伟祥副教授（第 28 章）、严伟祥副教授与陶可博士（第 29 章）、刘骅教授（第 30 章）、王春副教授（第 31 章）、李志斌副教授（第 32 章）、张杰副研究员与王怡菡等（第 33 章）。各部分负责人负责各部分的调研、讨论、写作与修改。

徐州医科大学总会计师卢亚娟教授；南京审计大学组织人事部部长陈祖华教授，金融工程实验室主任徐玉华教授，金融学院院长石岿然教授、副院长刘骅教授、党委书记谷政副教授、孙清教授、刘志友教授、郑登元教授、孟德峰副教授与李丹博士，硕士研究生韩泽、刘欢、江茜茜、姜枫、沈佳倩、陈曦、张通、余履明、付会敏、曹嘉宝、王雪晴、孟丹丹、王舒鸥、王璨、吴雪华、江海洋、刘澍、张雯涵；中国铁塔股份有限公司江苏省分公司审计部陈孙媞硕士，以及英国布里斯托大学奚晴硕士等众多领导、老师、研究生和本科生参与调研、讨论。李长咏、江泽晟同志参加了全课题的许多基础性工作及文稿校对。沈佳倩、陈曦、张通、余履明、陈皓东、俞晴、胡雅婷、付会敏、曹嘉宝、王越、姜俞、魏建华、王志杰、王莹、唐冬杰、朱月雯、马青云、林奕慧、赵袆格、蔡依依、陈清雅、梁馨月、王怡婷、张颖、杨莉、宋佳敏、李耘欧、张迅、冯瑞莹、刘芷珈等进行了文字的校对。还有一些同志也参与了研究，这里就不一一列出。

在研究中，我们得到了众多单位及领导的大力支持，特此表示感谢！成果得到国家发展和改革委员会、中国老龄协会（全国老龄办公室）、中华全国归国华侨联合会等中央部委及有关部门的领导批示 3 份，上报党中央、国务院并送有关部委决策参考。前国家发展和改革委员会副主任兼国家统计局局长宁吉喆同志，新闻发言人袁达同志，政策研究室发展研究处处长李玉举同志，中国老龄协会会长（全国老龄办公室副主任）王建军同志，中国老龄协会（全国老龄办公室）事业部主任孔伟同志，重庆市社会科学界联合会副主席潘勇同志，天津市社会科学界联合会副主席袁世军同志，审计署审计科研所金融审计研究处处长隋学深研究员，南京工业大学经济与管理学院院长王冀宁教授、副院长陈庭强教授、陈红日教授，徐州工程学院副院长曹杰教授，南开大学党委副书记梁琪教授，西南大学校长张卫国教授，中国社会科学院金融研究所何德旭研究员，中国人民大学经济学院原党委副书记刘瑞教授，中山大学管理学院李仲飞教授，大连理工大学经济管理学院迟国泰教授，上海财经大学金融学院丁剑平教授，西南财经大学校长卓志教授、长江学者刘锡良教授与金融学院原院长张桥云教授，北京大学人口研究所所长陈功教授，湖南大学公共管理学院院长李永友教授，武汉大学公共管理学院副院长向运华教授，中国人民大学《经济理论与经济管理》编辑部杨万东研究员，北京市社会科学院《北京社会科学》编辑部牛金莉主任，南京市社会科学院经济研究所黄男所长，东华大学管理学院王千红教授，上海对外经贸大学金融管理学院吴婷婷副教授，中共四川省委党校经济学教研部丁英教授、徐林副教授，泸州市审计局副局长周习兵同志，成都市审计局电子数据审计处处长程世斌同志等为本课题的研究提供了学术方向的指点和帮助。在此一并表示感谢！同时，也非常感谢南京审计大学党委书记晏维龙教授；副校长俞安平研究员，副校长董必荣教授；科研部部长汪自成教授，副部长冯利伟教授、奚学峰同志、周丹同志、周玲同志；研究生院朱斌同志；人力资源部苟丽华同志等提供的种种支持和帮助！

本书的出版，特别要感谢科学出版社的编辑和工作同志的支持。同时，本书的出版得到了国家一流专业建设点金融学（教高厅函〔2019〕46号）和江苏省高校优势学科三期南京审计大学应用经济学（苏政办〔2018〕87号）的资助。尽管本书几经修改完善，但仍有许多疏漏之处，恳请读者见谅，我们会继续从事金融服务养老问题的研究。随着实践的发展和认识水平的提高，我们必定会有更多的新认识。

项目首席专家：江世银

2021年11月20日